de Gruyter Studienbuch

Strafprozeßrecht

Eine Einführung

von

Karl Schäfer

mit einem Geleitwort von

Ernst-Walter Hanack

1976

Walter de Gruyter · Berlin · New York

Dr. Karl Schäfer, Senatspräsident a. D. am Oberlandesgericht Frankfurt a. M.

Sonderausgabe der Einleitung zu: Löwe-Rosenberg, Strafprozeßordnung, 23. Auflage (1975).

CIP-Kurztitelaufnahme der Deutschen Bibliothek

Schäfer, Karl
Strafprozeßrecht: e. Einf.
(de-Gruyter-Studienbuch)
ISBN 3-11-006759-5

Printed in Germany

Satz und Druck: Heenemann KG, Berlin 42
Bindearbeiten: Lüderitz & Bauer, Buchgewerbe GmbH, Berlin 61

Geleitwort

Gern folge ich der Bitte, dieser Studienausgabe ein Wort der Einführung vorauszuschicken:

Unser Schrifttum ist nicht reich an Darstellungen, die dem Studenten den Zugang zu einem echten Verständnis des Strafprozeßrechts eröffnen oder es dem jungen Praktiker ermöglichen, über das bloß Handwerkliche hinaus zu den Grundlagen des Strafprozesses vorzustoßen. Ich will zwar nicht behaupten, daß die merkwürdig skeptische Auffassung eines bedeutenden Prozessualisten, für ihn sei „der Prozeß ... das ‚technische Recht' in seiner allerschärfsten Ausprägung, von wechselnden Zweckmäßigkeiten beherrscht, der Ewigkeitswerte bar" (Fr. Stein, 1921), unsere Hör- und Gerichtssäle prägt. Aber daß der fehlende — und nicht leicht zu gewinnende — Einblick in die Strukturfragen, Grundlagen, Entwicklungen und rechtspolitischen Spannungsfelder des Rechtsgebiets nicht nur die verbreitete Unlust selbst vieler begabter Nachwuchsjuristen an der Materie mit erklärt, sondern sich auch in mancherlei enttäuschenden Fehlleistungen von Richtern, Staatsanwälten und Verteidigern niederschlägt, ist kaum zu bezweifeln.

So erscheint es mir als Glücksfall, daß *Schäfer* seine Einleitung zum „Löwe-Rosenberg", dem traditionsreichen Großkommentar zur Strafprozeßordnung und dem Gerichtsverfassungsrecht, nunmehr in einer gesonderten Studienausgabe vorlegt und auf diese Weise einem breiteren Leserkreis besser zugänglich macht.

Denn diese Einleitung, die Schäfer seit der 21. Auflage des Kommentars (1963) betreut, enthält mittlerweile eine eindringliche und sehr intensive Einführung in das Strafprozeßrecht.

Ihr spezifisches Anliegen, das auch der Leser nicht aus den Augen verlieren sollte, ist es, dem Benutzer des Gesamtwerks diejenigen Grundlagen und Grundfragen nahezubringen, die er als gewissermaßen „Allgemeinen Teil" zum Verständnis und zur Handhabung der Einzelnormen braucht. Zugeschnitten auf diesen Zweck birgt die Abhandlung eine in sich geschlossene und weiterführende Darstellung der gesamten entwicklungsgeschichtlichen und dogmatischen Grundlagen des Strafverfahrensrechts und seiner Einzelinstitute, die die Reformbemühungen ebenso umfaßt wie z. B. die modernen Einflüsse und Entwicklungen aufgrund des Verfassungsrechts oder die Verzahnungen mit den anderen Rechtsgebieten. Der Leser, der diese Studienausgabe sinnvoll nutzt, wird nicht nur mit dem „Stoff" des Strafprozeßrechts umgehen können, sondern auch seinen eigentümlichen Reiz erkennen.

Die Eignung zum Studium im weitesten Sinne liegt nicht zuletzt an der durchaus besonderen Prägung der Abhandlung. Sie ergibt sich zum einen aus der behutsamen Anknüpfung an die Arbeitsergebnisse früherer Mitautoren des Kommentars; es gelingt Schäfer, diese so aufzunehmen und fortzuführen, daß er, bei aller unverwechselbaren Eigenständigkeit, den ganzen Reichtum des Bemühens älterer Generationen lebendig halten kann. Zum anderen — und vielleicht vor allem — ist es das Verhältnis zwischen praxisbezogener Theorie und theoriebezogener Praxis, das seine Arbeit so fesselnd und wertvoll macht; die Art, wie Schäfer die Bedürfnisse und Probleme der Praxis mit den Einsichten und Entwicklungen der Lehre kritisch zu konfrontieren und zu einem fruchtbaren Ganzen zu verbinden weiß, erscheint bewundernswert und enthält eine Leistung von hoher Anziehungskraft.

Mainz, im Februar 1976 *Ernst-Walter Hanack*

Inhaltsverzeichnis

Vorwort

Früher als im finanziellen Interesse der Bezieher erwünscht, wird die 23. Auflage des LÖWE-ROSENBERG notwendig, weil der Bundestag durch etwa fünfzehn Gesetze die Strafprozeßordnung und das Gerichtsverfassungsgesetz geändert hat. Unter den Änderungsgesetzen befinden sich so umfangreiche wie das Einführungsgesetz zum Strafgesetzbuch vom 2. März 1974 (BGBl. I 469, 502) und so tiefgreifende wie das Gesetz zur Ergänzung des Ersten Gesetzes zur Reform des Strafverfahrensrechts vom 20. Dezember 1974 (BGBl. I 3686).

Der Kommentar wird, soweit er sich auf die Strafprozeßordnung bezieht, vereinfachend als einer zu deren Fassung durch die Bekanntmachung vom 7. Januar 1975 (BGBl. I 129) bezeichnet. Schon die Anfang 1976 erscheinende Lieferung mit den Abschnitten Zeugen, Beschlagnahme usw. wird aber die Bestimmungen des *nach* der Bekanntmachung 1975 verkündeten Gesetzes über das Zeugnisverweigerungsrecht der Mitarbeiter von Presse und Rundfunk vom 25. Juli 1975 (BGBl. I 1973) kommentieren; die Unterabschnitte Untersuchungshaft und Verteidigung können erst erscheinen, wenn die Reformgesetzgebung für diese Legislaturperiode abgeschlossen sein wird, weil sie in dieser noch Änderungen erfahren werden.

Die 23. Auflage ist in vielen Teilen sehr weitgehend neu bearbeitet. Der Verlag hat diese Wandlung benutzt, auch die äußere Gestalt zu ändern. Wie andere Großkommentare ist auch dieser, ohne auf die systematische Gliederung zu verzichten, auf Randnummern umgestellt, um das Zitieren zu erleichtern. In ähnlicher Weise werden die Kommentare anderer Autoren zitiert, wobei die Bezeichnungen hinter dem Paragraphen sich, wenn Randnummern fehlen, auf die Anmerkungen beziehen. Um die Lesbarkeit zu erleichtern, wird ein gefälligerer Schriftgrad gewählt. Hierdurch, durch das normale Wachstum jeder Auflage eines auch der Dokumentation dienenden Kommentars und durch die Besonderheit dieser Auflage, die viele Änderungen und eingeschobene Paragraphen zu erläutern hat, wird das Werk auf vier Bände anwachsen.

Herr Leitender Ministerialrat Dr. Karl Heinz Kunert, der die Abschnitte Privat- und Nebenklage für die letzte Auflage betreut hat, ist auf seinen Wunsch alsbald wieder ausgeschieden. Herr Vorsitzender Richter am Bundesgerichtshof Professor Dr. Werner Sarstedt hat seine Teile, die durch seine Individualität besonders geprägt waren, wegen vieler sonstiger Verpflichtungen in andere Hände gelegt. Neben Herrn Senatspräsidenten a.D. Dr. Karl Schäfer hat Herr Bundesanwalt a.D. Dr. Max Kohlhaas die größte Zahl von Auflagen des Kommentars mitbetreut. Nach einem schweren Autounfall und durch einen ländlichen Wohnsitz von Bibliotheken abgeschnitten, hat er sich wegen der dadurch eingetretenen Erschwerungen der Arbeit am Kommentar veranlaßt gesehen, aus dem Kreis der Autoren auszuscheiden. Der Unterzeichnete hat sich insbesondere auch der Neugestaltung des Werkes wegen stärker als bei den Vorauflagen der Koordinierungstätigkeit bei der Herausgabe gewidmet. Er hat daher von ihm bearbeitete Teile abgegeben.

Ein jeder der Genannten hat auf seine Weise dem Kommentar gedient, dort Spuren hinterlassen und ein Gebäude errichtet, an dem nun, auf dieser Arbeit aufbauend, andere weiterarbeiten. Herr Vorsitzender Richter am Kammergericht Karlheinz Meyer, bereits während des Erscheinens der 22. Auflage in den Kreis der Bearbeiter eingetreten, hat erfreulicherweise weitere Teile übernommen. Es ist uns gelungen, die Herren Dr. Lutz Meyer-Goßner, Vorsitzenden Richter am Landgericht München I, und Günter Wendisch,

Generalstaatsanwalt in Bremen, zur Mitarbeit zu gewinnen und auf diese Weise den Stamm der Mitarbeiter zu erneuern, aber nicht zu vergrößern. Bei der Durchführung der koordinierenden Tätigkeit hat der Unterzeichnete das Ziel verfolgt: Der Kommentar soll seine alte Form behalten; *ein* Werk, das im Beitrag eines jeden Autors den LÖWE-ROSENBERG erkennen läßt, aber die Individualität der Autoren in Stil und Bearbeitung erhält. Daher sollte beim Zitieren der Abkürzung LR der Name des jeweiligen Verfassers angefügt werden.

Bremen, im Oktober 1975

Hanns Dünnebier

Abkürzungsverzeichnis

Abg.	Abgeordneter
AbgO	s. AO
abl.	ablehnend
ABl.	Amtsblatt
AcP	Archiv für die zivilistische Praxis
ÄndG	Änderungsgesetz
a. F.	alte Fassung
AG	Amtsgericht; in Verbindung mit einem Gesetz: Ausführungsgesetz
AGGewVerbrG	Ausführungsgesetz zum Gesetz gegen gefährliche Gewohnheitsverbrecher und über Maßregeln der Sicherung und Besserung vom 24. 11. 1933 (RGBl. I S. 1000)
AGGVG	Gesetz zur Ausführung des Gerichtsverfassungsgesetzes (Landesrecht)
AGStPO	Ausführungsgesetz zur Strafprozeßordnung (Landesrecht)
AHK	Alliierte Hohe Kommission
AktG	Gesetz über Aktiengesellschaften und Kommanditgesellschaften auf Aktien (Aktiengesetz) vom 6. 9. 1965 (BGBl. I S. 1089), zuletzt geändert durch Ges. vom 2. 3. 1974 (BGBl. I S. 469)
AktO	Anweisung für die Verwaltung des Schriftguts bei den Geschäftsstellen der Gerichte und der Staatsanwaltschaften (Aktenordnung)
Alsb.E	Die strafprozessualen Entscheidungen der Oberlandesgerichte, herausgegeben von Alsberg und Friedrich (1927), 3 Bände
Alsberg-Nüse	Alsberg-Nüse, Der Beweisantrag im Strafprozeß, 4. Aufl. (1969)
amtl. Begr.	amtliche Begründung
AnwBl.	Anwaltsblatt
AöR	Archiv des öffentlichen Rechts
AO	Reichsabgabenordnung vom 13. 12. 1919 i. d. F. vom 22. 5. 1931 (RGBl. I S. 161), zuletzt geändert durch Ges. vom 24. 6. 1975 (BGBl. I S. 1509)
AOStrÄndG	Gesetz zur Änderung strafrechtlicher Vorschriften der Reichsabgabenordnung und anderer Gesetze vom 10. 8. 1967 (BGBl. I S. 877)
ArchKrim.	Archiv für Kriminologie
ArchPR	Archiv für Presserecht (Beilage zum „Zeitungs-Verlag und Zeitschriften-Verlag")
AtomG	Gesetz über die friedliche Verwendung der Kernenergie und den Schutz gegen ihre Gefahren (Atomgesetz) vom 23. 12. 1959 (BGBl. I S. 814), zuletzt geändert durch Ges. vom 18. 5. 1975 (BGBl. I S. 1885)
AuslG	Ausländergesetz vom 28. 4. 1965 (BGBl. S. 353), zuletzt geändert durch Ges. vom 25. 6. 1975 (BGBl. I S. 1542)
AusnVO	Ausnahme-(Not)Verordnung (1) VO zur Sicherung von Wirtschaft und Finanzen vom 1. 12. 1930 (RGBl. I S. 517)

	(2) VO zur Sicherung von Wirtschaft und Finanzen vom 6. 10. 1931 (RGBl. I S. 537, 563)
	(3) VO zur Sicherung von Wirtschaft und Finanzen und zum Schutz des inneren Friedens vom 8. 12. 1931 (RGBl. I S. 743)
	VO über Maßnahmen auf dem Gebiet der Rechtspflege und Verwaltung vom 14. 6. 1932 (RGBl. I S. 285)
AV	Allgemeine Verfügung
AWG	Außenwirtschaftsgesetz vom 28. 4. 1961 (BGBl. I S. 481), zuletzt geändert durch Ges. vom 2. 4. 1975 (BGBl. I S. 705)
BÄO	Bundesärzteordnung vom 2. 10. 1961 i.d.F. vom 4. 2. 1970 (BGBl. I S. 237), zuletzt geändert durch Ges. vom 26. 3. 1975 (BGBl. I S. 773)
BAnz.	Bundesanzeiger
Baumbach-Lauterbach-Albers-Hartmann	Baumbach-Lauterbach-Albers-Hartmann, Zivilprozeßordnung, Kurzkommentar, 33. Aufl. (1975)
BaWü.	Baden-Württemberg
Bay.	Bayern, bayerisch
BayBS	Bereinigte Sammlung des Bayerischen Landesrechts (1802 bis 1956)
BayObLG	Bayerisches Oberstes Landesgericht
BayObLGSt.	Sammlung von Entscheidungen des Bayerischen Obersten Landesgerichts in Strafsachen
BayVerf.	Verfassung des Freistaates Bayern vom 2. 12. 1946 (BayBS I 3)
BayVerfGHE	s. BayVGHE
BayVerwBl.	Bayerische Verwaltungsblätter
BayVGHE	Sammlung von Entscheidungen des Bayerischen Verwaltungsgerichtshofs mit Entscheidungen des Bayerischen Verfassungsgerichtshofes, des Bayerischen Dienststrafhofs und des Bayerischen Gerichtshofs für Kompetenzkonflikte
BayZ	Zeitschrift für Rechtspflege in Bayern (1905-34)
BB	Der Betriebs-Berater
BBG	Bundesbeamtengesetz vom 14. 7. 1953 i. d. F. vom 22. 10. 1965 (BGBl. I S. 1776), zuletzt geändert durch Ges. vom 23. 5. 1975 (BGBl. I S. 1173)
BDH	Bundesdisziplinarhof (jetzt Bundesverwaltungsgericht)
BDO	Bundesdisziplinarordnung vom 28. 11. 1952 i.d.F. vom 20. 7. 1967 (BGBl. I S. 751, ber. BGBl. I S. 984), zuletzt geändert durch Ges. vom 20. 12. 1974 (BGBl. I S. 3716)
Begr.	Begründung
BEG-SchlußG	Zweites Gesetz zur Änderung des Bundesentschädigungsgesetzes vom 14. 9. 1965 (BGBl. I S. 1315), geändert durch Ges. vom 30. 8. 1971 (BGBl. I S. 1426).
Bek.	Bekanntmachung
Bek. 1924	Strafprozeßordnung i. d. F. der Bekanntmachung vom 22. 3. 1924 (RGBl. I S. 299, 322)
Bek. 1950	Strafprozeßordnung i.d.F. der Bekanntmachung vom 12. 9. 1950 (BGBl. S. 629)
Bek. 1965	Strafprozeßordnung i.d.F. der Bekanntmachung vom 17. 9. 1965 (BGBl. I S. 1373)
Bek. 1975	Strafprozeßordnung i. d. F. der Bekanntmachung vom 7. 1. 1975 (BGBl. I S. 129)
Beling	Beling, Deutsches Reichsstrafprozeßrecht (1928)
Beling BewVerb.	Beling, Die Beweisverbote als Grenzen der Wahrheitserforschung im Strafprozeß (1903)

Bennecke-Beling	Bennecke-Beling, Lehrbuch des deutschen Strafprozeßrechts (1900)
BeurkG	Beurkundungsgesetz vom 24. 8. 1969 (BGBl. I S. 1513), geändert durch Ges. vom 17. 12. 1974 (BGBl. I S. 3602)
BFH	Bundesfinanzhof
BGB	Bürgerliches Gesetzbuch vom 18. 8. 1896 (RGBl. S. 195), zuletzt geändert durch Ges. vom 18. 12. 1974 (BGBl. I S. 3603)
BGBl. I, II, III	Bundesgesetzblatt Teil I, II und III
BGH	Bundesgerichtshof
BGHGrS	Bundesgerichtshof, Großer Senat (hier in Strafsachen)
BGHSt.	Entscheidungen des Bundesgerichtshofs in Strafsachen
BGHZ	Entscheidungen des Bundesgerichtshofs in Zivilsachen
Binding	Binding, Grundriß des Deutschen Strafrechts, Allgemeiner Teil (1913)
Binding Lehrb.	Binding, Lehrbuch des gemeinen Deutschen Strafrechts, Besonderer Teil, 2. Aufl. I 1902, II 1904/5
BinnSchiffG	Gesetz betr. die privatrechtlichen Verhältnisse der Binnenschiffahrt (Binnenschiffahrtsgesetz) vom 15. 6. 1895 (RGBl. S. 301) i.d.F. vom 15. 6. 1898 (RGBl. S. 868), zuletzt geändert durch Ges. vom 2. 3. 1974 (BGBl. I S. 469)
Birkmeyer	Birkmeyer, Deutsches Strafprozeßrecht (1898)
BKrimAG	Gesetz über die Einrichtung eines Bundeskriminalpolizeiamtes (Bundeskriminalamtes) vom 8. 3. 1951 (BGBl. I S. 165), zuletzt geändert durch Ges. vom 9. 12. 1974 (BGBl. I S. 3393)
Bln.	Berlin
Bln.GVBl.Sb.	Sammlung des bereinigten Berliner Landesrechts, Sonderband I (1806 bis 1945) und II (1945 bis 1967)
Blutalkohol	Blutalkohol, Wissenschaftliche Zeitschrift für die medizinische und juristische Praxis
Bockelmann	Bockelmann, Die Unverfolgbarkeit der Abgeordneten nach deutschem Immunitätsrecht (1951)
Bonn.Komm.	Kommentar zum Bonner Grundgesetz, Loseblattausgabe
BMI	Bundesminister(-ium) des Inneren
BR	s. BRat
BRAGebO	Bundesgebührenordnung für Rechtsanwälte vom 26. 7. 1957 (BGBl. I S. 861), zuletzt geändert durch Ges. vom 20. 8. 1975 (BGBl. I S. 2189)
Brandstetter	Brandstetter, Straffreiheitsgesetz, Kommentar (1956)
BranntWMonG	Branntweinmonopolgesetz vom 8. 4. 1922 (RGBl. I S. 405; BGBl. III 612-7), zuletzt geändert durch Ges. vom 15. 8. 1975 (BGBl. I S. 2171)
BRAO	Bundesrechtsanwaltsordnung vom 1. 8. 1959 (BGBl. I S. 565), zuletzt geändert durch Ges. vom 20. 8. 1975 (BGBl. I S. 2258)
BRat	Bundesrat
BRDrucks.	Drucksachen des Bundesrats
BReg.	Bundesregierung
Brem.	Bremen
BRProt.	Protokolle des Bundesrates
Brunner	Brunner, Jugendgerichtsgesetz, Kommentar, 4. Aufl. (1975)
BS	Sammlung des bereinigten Landesrechts
BSG	Bundessozialgericht
BTag	Bundestag
BTDrucks.	Drucksachen des Bundestags
BTProt.	s. BTVerh.
BTRAussch.	Rechtsausschuss des Deutschen Bundestags

BTVerh.	Verhandlungen des Deutschen Bundestags
Bumke	Bumke, Gerichtsverfassung und Strafprozeßordnung (1927)
Burchardi-Klempahn	Burchardi-Klempahn, Der Staatsanwalt und sein Arbeitsgebiet, 3. Auf. (1966)
BVerfG	Bundesverfassungsgericht
BVerfGE	Entscheidungen des Bundesverfassungsgerichts
BVerfGG	Gesetz über das Bundesverfassungsgericht vom 12.3. 1951 (BGBl. I S. 243), zuletzt geändert durch Ges. vom 2.3. 1974 (BGBl. I S. 469)
BVerwG	Bundesverwaltungsgericht
BVerwGE	Entscheidungen des Bundesverwaltungsgerichts
BZRG	Gesetz über das Zentralregister und das Erziehungsregister (Bundeszentralregistergesetz) vom 18. 3. 1971 (BGBl. I S. 243), zuletzt geändert durch Ges. vom 9. 12. 1974 (BGBl. I S. 3393)
ChE	Chiemsee-Entwurf (Verfassungsausschuß der Ministerpräsidentenkonferenz der Westlichen Besatzungszonen. Bericht über den Verfassungskonvent auf Herrenchiemsee vom 10. bis 23. 8. 1948) (1948)
Cramer	Cramer, Straßenverkehrsrecht StVO-StGB, Kommentar (1971)
DA	Dienstanweisung
DAG	Deutsches Auslieferungsgesetz vom 23. 12. 1929 (RGBl. I S. 239), zuletzt geändert durch Ges. vom 2. 3. 1974 (BGBl. I S. 469)
Dahm	Georg Dahm, Völkerrecht Band I (1958), Band II (1961) Band III (1961)
Dahs, Hdb.	Dahs, Handbuch des Strafverteidigers, 3. Aufl. (1971)
Dahs-Dahs	Dahs-Dahs, Die Revision im Strafprozeß (1972)
Dalcke	Dalcke-Fuhrmann-Schäfer, Strafrecht und Strafverfahren, Kommentar, 37. Auf. (1961)
Dallinger-Lackner	Dallinger-Lackner, Jugendgerichtsgesetz und ergänzende Vorschriften, Kommentar, 2. Aufl. (1965)
DAR	Deutsches Autorecht
DDevR	Deutsche Devisen-Rundschau (1951-59)
DDR	Deutsche Demokratische Republik
Die Justiz	Die Justiz, Amtsblatt des Justizministeriums Baden-Württemberg
Die Polizei	Die Polizei (seit 1955: Die Polizei — Polizeipraxis)
Diss.	Dissertation
Ditzen	Ditzen, Dreierlei Beweis im Strafverfahren (1926)
DJ	Deutsche Justiz, Rechtspflege und Rechtspolitik (1933-45)
DJT	Deutscher Juristentag (s. auch VerhDJT)
DJZ	Deutsche Juristenzeitung (1896-1936)
DÖV	Die Öffentliche Verwaltung
DOGE	Entscheidungen des Deutschen Obergerichts für das Vereinigte Wirtschaftsgebiet
Dohna	s. Graf zu Dohna
DR	Deutsches Recht (1931 bis 1945)
DRechtsw.	Deutsche Rechtswissenschaft (1936-43)
Drees-Kuckuck-Werny	Drees-Kuckuck-Werny; Straßenverkehrsrecht, 2. Aufl. (1972)
Dreher	Dreher, Strafgesetzbuch, Kurzkommentar, 35. Aufl. (1975)
DRiG	Deutsches Richtergesetz vom 8. 9. 1961 (BGBl. I S. 1665) i. d. F. vom 19. 4. 1974 (BGBl. I S. 713), zuletzt geändert durch Ges. vom 20. 12. 1974 (BGBl. I S. 3686)
DRiZ	Deutsche Richterzeitung
DRpfl.	Deutsche Rechtspflege (1936 bis 1939)
DRsp.	Deutsche Rechtsprechung, herausgegeben von Feuerhake (Loseblattsammlung)

Drucks.	Drucksache
DRZ	Deutsche Rechts-Zeitschrift (1946 bis 1950)
DSteuerR	Deutsches Steuerrecht
DStR	Deutsches Strafrecht (1934 bis 1944)
DStrZ	Deutsche Strafrechts-Zeitung (1914 bis 1922)
DVBl.	Deutsches Verwaltungsblatt
DVO	Durchführungsverordnung
DVollzO	Dienst- und Vollzugsordnung vom 1. 12. 1961 i. d. F. vom 1. 1. 1970 (bundeseinheitlich)
DVOVereinf.VO	Verordnung zur Durchführung der Verordnung über Maßnahmen auf dem Gebiete der Gerichtsverfassung und der Rechtspflege vom 8. 9. 1939 (RGBl. I S. 1703)
DVOZust.VO	Verordnung zur Durchführung der Verordnung über die Zuständigkeit der Strafgerichte, die Sonderstrafgerichte sowie sonstige strafverfahrensrechtliche Vorschriften vom 13. 3. 1940 (RGBl. I S. 489)
EAG	Europäische Atomgemeinschaft
EAGV	Vertrag zur Gründung der Europäischen Atomgemeinschaft
Eb. Schmidt	Eberhard Schmidt, Lehrkommentar zur Strafprozeßordnung und zum Gerichtsverfassungsgesetz, Teil I: Die rechtstheoretischen und die rechtspolitischen Grundlagen des Strafverfahrensrechts, 2. Aufl. (1964), Teil II: Erläuterungen zur Strafprozeßordnung und zum Einführungsgesetz zur Strafprozeßordnung (1957); Nachträge und Ergänzungen zu Teil II (1967); Nachtragsband II (1970) Teil III: Erläuterungen zum Gerichtsverfassungsgesetz und zum Einführungsgesetz zum Gerichtsverfassungsgesetz (1960)
EG	Einführungsgesetz
EGBGB	Einführungsgesetz zum Bürgerlichen Gesetzbuch vom 18. 8. 1896 (RGBl. S. 604), zuletzt geändert durch Ges. vom 30. 5. 1973 (BGBl. I S. 501)
EGGVG	Einführungsgesetz zum Gerichtsverfassungsgesetz vom 27. 1. 1877 (RGBl. S. 77), zuletzt geändert durch Gesetz vom 2. 3. 1974 (BGBl. I S. 469)
EGKS	Europäische Gemeinschaft für Kohle und Stahl
EGKSV	Vertrag über die Gründung der EGKS vom 18. 4. 1951 (BGBl. II S. 447)
EGOWiG	Einführungsgesetz zum Gesetz über Ordnungswidrigkeiten vom 24. 5. 1968 (BGBl. I S. 503), zuletzt geändert durch Ges. vom 2. 3. 1974 (BGBl. I S. 469)
EGStGB 1870	Einführungsgesetz zum Strafgesetzbuch vom 31. 5. 1870 (RGBl. S. 195)
EGStGB 1974	Einführungsgesetz zum Strafgesetzbuch vom 2. 3. 1974 (BGBl. I S. 469), zuletzt geändert durch Ges. vom 2. 7. 1975 (BGBl. I S. 1745)
EGStPO	Einführungsgesetz zur Strafprozeßordnung vom 1. 2. 1877, zuletzt geändert durch Ges. vom 12. 9. 1950 (BGBl. S. 455)
EGZPO	Einführungsgesetz zur Zivilprozeßordnung vom 30. 1. 1877 (RGBl. S. 244), zuletzt geändert durch Ges. vom 8. 7. 1975 (BGBl. I S. 1863)
EhrenGHE	Ehrengerichtliche Entscheidungen (der Ehrengerichtshöfe der Rechtsanwaltschaft des Bundesgebietes und des Landes Berlin)
EJF	Entscheidungen aus dem Jugend- und Familienrecht (1951-1969)
EmmingerVO	Verordnung über Gerichtsverfassung und Strafrechtspflege vom 4. 1. 1924 (RGBl. I S. 23)

EntlG	Gesetz zur Entlastung der Gerichte vom 11. 3. 1921 (RGBl. S. 229), zuletzt geändert durch Ges. vom 5. 11. 1969 (BGBl. I S. 2065)
Entw.	Entwurf
Entw. 1908	Entwurf einer Strafprozeßordnung und Novelle zum Gerichtsverfassungsgesetz nebst Begründung (1908), E 1908, Mat. zur StrRRef. Bd. 11;
Entw. 1909	Entwürfe 1. eines Gesetzes, betreffend Änderungen des Gerichtsverfassungsgesetzes, 2. der Strafprozeßordnung (1909),E 1909 RT-Verhandl. Bd. 254 Drucks. Nr. 1310 = Mat. zur StrRRef. Bd. 12; Bericht der 7. Kommission des Reichstags 1909 bis 1911 zur Vorbereitung der Entwürfe 1. eines Gesetzes betreffend die Änderung des Gerichtsverfassungsgesetzes, 2. einer Strafprozeßordnung, 3. eines zu beiden Gesetzen gehörenden Einführungsgesetzes = Mat. Zur StrRRef. Bd. 13
Entw. 1919/1920	Entwürfe 1. eines Gesetzes zur Änderung des Gerichtsverfassungsgesetzes (1919), 2. eines Gesetzes über den Rechtsgang in Strafsachen (1920), E 1919/1920, Mat. zur StrRRef. Bd. 14;
Entw. 1930	Entwurf eines Einführungsgesetzes zum Allgemeinen Deutschen Strafgesetzbuch und zum Strafvollzugsgesetz 1930, EGStGB-Entw.1930, RTDrucks. Nr. 2070 = Mat. zur StrRRef. Bd. 7;
Entw. 1939	Entwurf einer Strafverfahrensordnung und einer Friedens- und Schiedsmannsordnung (1939), StPO-Entw. 1939, Bericht der Amtlichen Strafprozeßkommission;
Erbs	Erbs, Handkommentar zur Strafprozeßordnung, (1950)
Erbs-Kohlhaas	Strafrechtliche Nebengesetze, Kurzkommentar von Erbs, Kohlhaas, Lorz, Mayr, Potrykus, Zipfel, Loseblattsammlung
ErgBd.	Ergänzungsband
EuGH	Gerichtshof der Europäischen Gemeinschaften
EuGHE	Entscheidungen des Gerichtshofs der Europäischen Gemeinschaften. — Amtliche Sammlung
EurGHMR	Europäischer Gerichtshof für Menschenrechte
EurKomMR	Europäische Kommission für Menschenrechte
EWG	Europäische Wirtschaftsgemeinschaft
EWGV	Vertrag zur Gründung der Europäischen Wirtschaftsgemeinschaft vom 25. 3. 1957 (BGBl. II S. 766)
FAG	Gesetz über Fernmeldeanlagen vom 6. 4. 1892 i.d.F. vom 14. 1. 1928 (RGBl. I S. 8), geändert durch Ges. vom 2. 3. 1974 (BGBl. I S. 469)
FamRZ	Zeitschrift für das gesamte Familienrecht
Feisenberger	Feisenberger, Strafprozeßordnung und Gerichtsverfassungsgesetz (1926)
FGG	Gesetz über die Angelegenheiten der freiwilligen Gerichtsbarkeit vom 17. 5. 1898 i.d.F. vom 20. 5. 1898 (RGBl. S. 771), zuletzt geändert durch Ges. vom 20. 12. 1974 (BGBl. I S. 3651)
FGO	Finanzgerichtsordnung vom 6. 10. 1965 (BGBl. I S. 1477), zuletzt geändert durch Ges. vom 20. 8. 1975 (BGBl. I S. 2189)
FinVerwG	Gesetz über die Finanzverwaltung vom 6. 9. 1950 (BGBl. S.448) i.d.F. vom 30. 8. 1971 (BGBl. I S. 1426), geändert durch Ges. vom 18. 3. 1975 (BGBl. I S. 705)
FlRGes.	Gesetz über das Flaggenrecht der Seeschiffe und die Flaggenführung der Binnenschiffe (Flaggenrechtsgesetz) vom 8. 2. 1951 (BGBl. I S. 79), zuletzt geändert durch Ges. vom 11. 9. 1974 (BGBl. I S. 2317)

Frank	Frank, Das Strafgesetzbuch für das Deutsche Reich, 18. Aufl. (1931)
Fußn.	Fußnote
G 10	Gesetz zur Beschränkung des Brief-, Post- und Fernmeldegeheimnisses (Gesetz zu Artikel 10 Grundgesetz) vom 13. 8. 1968 (BGBl. I S. 949)
GA	Goltdammer's Archiv für Strafrecht, zitiert nach Jahr und Seite; (bis 1933: Archiv für Strafrecht und Strafprozeß, zitiert nach Band und Seite)
GBA	Generalbundesanwalt
GBl.	Gesetzblatt
GenG	Gesetz, betreffend die Erwerbs- und Wirtschaftsgenossenschaften vom 1. 5. 1889 i.d.F. vom 20. 5. 1898 (RGBl. S. 810), zuletzt geändert durch Ges. vom 9. 10. 1973 (BGBl. I S. 1451)
Gerland	Gerland, Der Deutsche Strafprozeß (1927)
GerS	Der Gerichtssaal (1849-1942)
GeschlkrG	Gesetz zur Bekämpfung der Geschlechtskrankheiten vom 23. 7. 1953 (BGBl. I S. 700), zuletzt geändert durch Ges. vom 2. 3. 1974 (BGBl. I S. 469)
GewO	Gewerbeordnung vom 21. 6. 1869 i.d.F. vom 26. 7. 1900 (RGBl. S. 871), zuletzt geändert durch Ges. vom 26. 3. 1975 (BGBl. I S. 774)
GewVerbrG	Gesetz gegen gefährliche Gewohnheitsverbrecher und über Maßregeln der Sicherung und Besserung vom 24. 11. 1933 (RGBl. I S. 995)
GG	Grundgesetz für die Bundesrepublik Deutschland vom 23. 5. 1949 (BGBl. S. 1), zuletzt geändert durch Ges. vom 28. 7. 1972 (BGBl. I S. 1305)
Giese	Giese, Grundgesetz für die Bundesrepublik Deutschland, 8. Aufl. (1970)
GKG	Gerichtskostengesetz vom 18. 6. 1878 i.d.F. vom 26. 7. 1957 (BGBl. I S. 941), zuletzt geändert durch Ges. vom 20. 8. 1975 (BGBl. I S. 2189)
Glaser	Glaser, Handbuch des Strafprozesses, in Binding, Systematisches Handbuch der Deutschen Rechtswissenschaft (I 1883, II 1885)
GmbHG	Gesetz, betreffend die Gesellschaften mit beschränkter Haftung vom 20. 4. 1892 i.d.F. vom 20. 5. 1898 (RGBl. S. 846), zuletzt geändert durch Ges. vom 2. 3. 1974 (BGBl. I S. 469)
GMBl.	Gemeinsames Ministerialblatt
Gneist	Gneist, Vier Fragen zur deutschen Strafprozeßordnung mit einem Schlußwort über die Schöffengerichte (1874)
GnO	Gnadenordnung (Landesrecht)
Göhler	Göhler, Gesetz über Ordnungswidrigkeiten, Kurzkommentar, 4. Aufl. (1975)
Goldschmidt	Goldschmidt, Der Prozeß als Rechtslage (1925)
GoltdA	s. GA
Graf zu Dohna	Graf zu Dohna, Das Strafprozeßrecht, 3. Aufl. (1929)
Grau-Schäfer	Grau-Schäfer, Strafvollstreckung, 2. Aufl. (1932)
GrSSt.	Großer Senat in Strafsachen
Gruchot	Beiträge zur Erläuterung des deutschen Rechts, begründet von Gruchot
Grunau	Grunau, Vollzug von Freiheitsentziehung, Teil I Kommentar zur Untersuchungshaftvollzugsordnung 2. Aufl. (1972)
GRUR	Gewerblicher Rechtsschutz und Urheberrecht
GS	Gesetzessammlung

GSNW	Sammlung des bereinigten Landesrechts Nordrhein-Westfalen (1945-56)
GSSchlH	Sammlung des schleswig-holsteinischen Landesrechts, 2 Bde. (1963)
GStA	Generalstaatsanwalt
GV	Gemeinsame Verfügung (mehrerer Ministerien)
GVBl.	Gesetz- und Verordnungsblatt
GVBl. II	Sammlung des bereinigten Hessischen Landesrechts
GVG	Gerichtsverfassungsgesetz vom 27. 1. 1877 (RGBl. S. 41) i.d.F. vom 12. 9. 1950 (BGBl. S. 513), zuletzt geändert durch Ges. vom 20. 8. 1975 (BGBl. I S. 2189)
GVGÄG 1971	Gesetz zur Änderung des Gerichtsverfassungsgesetzes vom 8. 9. 1971 (BGBl. I S. 1513)
GVGÄG 1974	Gesetz zur Änderung des Gerichtsverfassungsgesetzes vom 25. 3. 1974 (BGBl. I S. 761)
GWB	Gesetz gegen Wettbewerbsbeschränkungen vom 27. 7. 1957 i.d.F. vom 3. 1. 1966 (BGBl. I S. 37), zuletzt geändert durch Ges. vom 22. 5. 1975 (BGBl. I S. 1157)
Haager Abk.	Haager Abkommen über den Zivilprozeß vom 17. 7. 1905 (RGBl. 1909 S. 409)
Hahn	Hahn, Die gesamten Materialien zur Strafprozeßordnung und dem Einführungsgesetz, Bd. I (1880), Bd. II (1881)
Hamb.	Hamburg
HambJVBl.	Hamburgisches Justizverwaltungsblatt
Hans.	Hanseatisch
HansGZ	Hanseatische Gerichtszeitung (1880 bis 1927)
HansJVBl.	Hanseatisches Justizverwaltungsblatt (bis 1946/47)
HansOLGSt.	Entscheidungen des Hanseatischen Oberlandesgerichts in Strafsachen (1879 bis 1932/33)
HansRGZ	Hanseatische Rechts- und Gerichtszeitschrift (1928-43), vorher:
HansRZ	Hanseatische Rechtszeitschrift für Handel, Schiffahrt und Versicherung, Kolonial- und Auslandsbeziehungen sowie für Hansestädtisches Recht (1918 bis 1927)
Henkel	Henkel, Strafverfahrensrecht, Lehrbuch, 2. Aufl. (1968)
HdR	Handwörterbuch der Rechtswissenschaft, herausgegeben von Stier-Somlo und Elster (1926 bis 1937)
Hess.	Hessen
HESt.	Höchstrichterliche Entscheidungen, Sammlung von Entscheidungen der Oberlandesgerichte und der Obersten Gerichte in Strafsachen (1948-49)
HGB	Handelsgesetzbuch vom 10. 5. 1897 (RGBl. S. 219), zuletzt geändert durch Ges. vom 17. 7. 1974 (BGBl. I S. 1481)
von Hippel	von Hippel, Strafprozeßrecht (1941)
HRR	Höchstrichterliche Rechtsprechung (1928 bis 1942)
HV	Hauptverhandlung
i.d.F.	in der Fassung
IKV	Internationale Kriminalistische Vereinigung
JA	Juristische Arbeitsblätter für Ausbildung und Examen
Jagusch	Jagusch, Straßenverkehrsrecht, Kurzkommentar, 21. Aufl. (1974)
JahrbÖR	Jahrbuch des öffentlichen Rechts der Gegenwart
JahrbPostw.	Jahrbuch des Postwesens (1937 bis 1941/42)
JAVollzO	Jugendarrestvollzugsordnung vom 12. 8. 1966 (BGBl. I S. 505)
JBeitrO	Justizbeitreibungsordnung vom 11. 3. 1937 (RGBl. I S. 298), zuletzt geändert durch Ges. vom 20. 8. 1975 (BGBl. I S. 2189)

JBl.	Justizblatt
JBlRhPf.	Justizblatt Rheinland-Pfalz
JBlSaar	Justizblatt des Saarlandes
Jescheck	Jescheck, Lehrbuch des Strafrechts, Allgemeiner Teil, 2. Aufl. (1972)
JGG	Jugendgerichtsgesetz vom 4. 8. 1953 (BGBl. I S. 751) i.d.F. vom 11. 12. 1974 (BGBl. I S. 3427)
JKassO	Justizkassenordnung
JKostG	Justizkostengesetz (Landesrecht)
JMBl.	Justizministerialblatt
JMBlNRW	Justizministerialblatt für das Land Nordrhein-Westfalen
John	John, Strafprozeßordnung (I 1884, II 1888, III Lfg. 1: 1889)
JR	Juristische Rundschau
JurJahrb.	Juristen-Jahrbuch
JuS	Juristische Schulung
Justiz	Die Justiz, Amtsblatt des Justizministeriums Baden-Württemberg
JVBl.	Justizverwaltungsblatt
JVKostO	VO über Kosten im Bereich der Justizverwaltung vom 14. 2. 1940 (RGBl. I S. 357), zuletzt geändert durch Ges. vom 20. 8. 1975 (BGBl. I S. 2189)
JVollz.	Jugendstrafvollzugsordnung: s. auch JAVollzO
JW	Juristische Wochenschrift
JZ	Juristen-Zeitung
Kalsbach	Kalsbach, Bundesrechtsanwaltsordnung, Kommentar (1960)
Kaufmann	Kaufmann, Der polizeiliche Eingriff in Freiheiten und Rechte (1951)
Keller	Keller, Die Strafprozeßordnung für das Deutsche Reich nebst Einführungsgesetz, 2. Aufl. (1882)
Kern-Roxin	Kern-Roxin, Strafverfahrensrecht, Kurzlehrbuch, 13. Aufl. (1975)
Kern-Wolf	Kern-Wolf, Gerichtsverfassungsrecht, 5. Aufl. (1975)
KG	Kammergericht
KGJ	Jahrbuch der Entscheidungen des Kammergerichts in Sachen der freiwilligen Gerichtsbarkeit, in Kosten-, Stempel- und Strafsachen (1881-1922)
Kleinknecht	Kleinknecht, Strafprozeßordnung mit GVG und Nebengesetzen, Kurzkommentar, 32. Aufl. (1975)
KO	Konkursordnung vom 10. 2. 1877 (RGBl. S. 351) i.d.F. vom 20. 5. 1898 (RGBl. S. 612), zuletzt geändert durch Ges. vom 17. 7. 1975 (BGBl. I S. 1481)
Kohlrausch	Kohlrausch, Strafprozeßordnung und Gerichtsverfassungsgesetz, 24. Aufl. (1936)
Kohlrausch-Lange	Kohlrausch-Lange, Strafgesetzbuch, Kommentar, 43. Aufl. (1961)
KonsG	Gesetz über die Konsularbeamten, ihre Aufgaben und Befugnisse (Konsulargesetz) vom 11. 9. 1974 (BGBl. I S. 2317)
KostÄndG	Gesetz zur Änderung und Ergänzung kostenrechtlicher Vorschriften vom 26. 7. 1957 (BGBl. I S. 861), zuletzt geändert durch Ges. vom 20. 8. 1975 (BGBl. I S. 2189)
KostMaßnG	Gesetz über Maßnahmen auf dem Gebiet des Kostenrechts vom 7. 8. 1952 (BGBl. I S. 401)
von Kries	von Kries, Lehrbuch des deutschen Strafprozeßrechts (1892)
Kriminalistik	Kriminalistik, Zeitschrift für die gesamte kriminalistische Wissenschaft und Praxis

Krug-Schäfer-Stolzenberg	Krug-Schäfer-Stolzenberg, Strafrechtliche Verwaltungsvorschriften 3. Aufl. (1943)
Krumme-Sanders-Mayr	Krumme-Sanders-Mayr, Straßenverkehrsrecht, Loseblattausgabe (1970 ff.)
Kühn-Kutter	Kühn-Kutter, Abgabenordnung/Finanzgerichtsordnung, 11. Aufl. (1974)
k + v	Kraftfahrt und Verkehrsrecht, Zeitschrift der Akademie für Verkehrswissenschaft
Lackner	Lackner, Strafgesetzbuch, Kommentar, 9. Aufl. (1975)
LegPer.	Legislaturperiode
LG	Landgericht
von Lilienthal	von Lilienthal, Strafprozeßrecht (1923)
LK	Leipziger Kommentar zum Strafgesetzbuch, begründet von Ebermayer, Lobe und Rosenberg, 9. Aufl., herausgegeben von Baldus und Willms, (1970 bis 1975)
LM	Nachschlagewerk des Bundesgerichtshofs (Loseblattsammlung), herausgegeben von Lindemaier, Möhring u. a.
LMBG	Gesetz über den Verkehr mit Lebensmitteln, Tabakerzeugnissen, kosmetischen Mitteln und sonstigen Bedarfsgegenständen (Lebensmittel- und Bedarfsgegenständegesetz) vom 15. 8. 1974 (BGBl. I S. 1945)
LMG (1936)	Gesetz über den Verkehr mit Lebensmitteln und Bedarfsgegenständen (Lebensmittelgesetz) vom 5. 7. 1927 i.d.F. vom 17. 1. 1936 (RGBl. I S. 17), zuletzt geändert durch Ges. vom 2. 3. 1974 (BGBl. I S. 469)
Löffler	Löffler, Presserecht, 2. Aufl., Bd. I Allgemeines Presserecht (1969), Bd. II Landespressegesetze (1968)
Löwenstein	Löwenstein, Die Revision in Strafsachen, 2. Aufl. (1919)
LPG	Landespressegesetz
LRE	Sammlung lebensmittelrechtlicher Entscheidungen
LS	Leitsatz
Lucas-Dürr	Lucas-Dürr, Anleitung zur strafrechtlichen Praxis, 5. Aufl. (1931)
LuftVG	Luftverkehrsgesetz vom 1. 8. 1922 i.d.F. vom 4. 11. 1968 (BGBl. I S. 1113), zuletzt geändert durch Ges. vom 2. 3. 1974 (BGBl. I S. 469)
LuftVVO	Verordnung über den Luftverkehr i.d.F. vom 21. 8. 1936 (RGBl. I S. 659), zuletzt geändert durch Verordnung vom 30. 9. 1938 (RGBl. I S. 1327)
LVerf.	Landesverfassung
LZ	Leipziger Zeitschrift für Deutsches Recht (1907 bis 33)
von Mangoldt-Klein	von Mangoldt-Klein, Das Bonner Grundgesetz, 2. Aufl., Bd. I (1957), Bd. II (1964), Bd. III (1974)
Mat.	s. Hahn
MatStrRRef.	Materialien zur Strafrechtsreform (s. auch Entw.)
Maunz-Dürig-Herzog	Maunz-Dürig-Herzog, Grundgesetz, Kommentar, 3. Aufl. Loseblattausgabe (1970 ff.)
Maurach	Maurach, Strafrecht, Allgemeiner Teil, 4. Aufl. (1971) mit Nachtrag Zipf (1975); Besonderer Teil, 5. Aufl. (1969) mit Nachträgen (1970 und 1971)
MDR	Monatsschrift für Deutsches Recht
Meves	Meves, Das Strafverfahren nach der deutschen Strafprozeßordnung (1882)
Meyer-Höver	Meyer-Höver, Gesetz über die Entschädigung von Zeugen und Sachverständigen, Kommentar 13. Aufl. (1968) mit Nachtrag (1969)

MiStra.	Anordnung über Mitteilung in Strafsachen vom 15. 1. 1958 — bundeseinheitlich
MittJKV	Mitteilungen der Internationalen Kriminalistischen Vereinigung (1889 bis 1914; 1926 bis 1933)
Möhl-Rüth	Möhl-Rüth, Straßenverkehrsordnung und verkehrsrechtliche Bestimmungen des Strafgesetzbuches (1973)
Mot.	Begründung zur Strafprozeßordnung bei Hahn (s. dort)
MRG	Militärregierungsgesetz
MRK	Konvention zum Schutze der Menschenrechte und Grundfreiheiten vom 4. 11. 1950; Ges. vom 7. 8. 1952 (BGBl. II S. 685, 953), Bek. vom 15. 12. 1953 (BGBl. 1954 II S. 14)
MSchrKrim.	Monatschrift für Kriminologie und Strafrechtsreform
MSchrKrimPsych.	Monatschrift für Kriminalpsychologie und Strafrechtsreform (1904/05 bis 1936)
MStGO	Militärstrafgerichtsordnung i.d.F. vom 29. 9.1936 (RGBl. I S. 755)
Müller-Sax	Müller-Sax, Kommentar zur Strafprozeßordnung und zum Gerichtsverfassungs- und Ordnungswidrigkeitengesetz, 6. Aufl. (1966)
von Münch	von Münch (Hrsg.) Grundgesetz, Kommentar, Bd. I (1974)
NATO-Truppenstatut	Abkommen zwischen den Parteien des Nordatlantikvertrags vom 19. 6. 1951 über die Rechtsstellung ihrer Truppen (BGBl. 1961 II S. 1183, 1190), Bek. vom 16. 6. 1963 (BGBl. II S. 745)
Nds.	Niedersachsen
NdsRpfl.	Niedersächsische Rechtspflege
n.F.	neue Fassung
Nieders. GVBl. Sb. I, II	Niedersächsisches Gesetz- und Verordnungsblatt, Sonderband I und II, Sammlung des bereinigten niedersächsischen Rechts
Niese	Niese, Doppelfunktionelle Prozeßhandlungen (1950)
Nipperdey-Scheuner	Nipperdey-Scheuner, Die Grundrechte. 4 Bände (1954 ff.)
NJ	Neue Justiz (DDR)
NJW	Neue Juristische Wochenschrift
NotVO	s. Ausn.VO
NPA	Neues Polizei-Archiv
NRW	Nordrhein-Westfalen
ÖstJZ	Österreichische Juristen-Zeitung
ÖV	s. DÖV
OGHSt.	Entscheidungen des Obersten Gerichtshofes für die Britische Zone in Strafsachen (1949/50)
OLGSt.	Entscheidungen der Oberlandesgerichte zum Straf- und Strafverfahrensrecht
Olshausen-Niethammer	von Olshausen, Kommentar zum Strafgesetzbuch, 11. Aufl. (1927), ab § 247: 12. Aufl. (1942)
OrgStA	Anordnung über Organisation und Dienstbetrieb der Staatsanwaltschaften
OVG	Oberverwaltungsgericht
OWiG	Gesetz über Ordnungswidrigkeiten vom 24. 5. 1968 (BGBl. I S. 48 1) i.d.F. vom 21. 1. 1975 (BGBl. I S. 80), geändert durch Ges. vom 20. 8. 1975 (BGBl. I S. 2189)
Palandt	Palandt, Bürgerliches Gesetzbuch, Kurzkommentar, 34. Aufl. (1975)
PAuswG	Gesetz über Personalausweise vom 19. 12. 1950 (BGBl. S. 807), zuletzt geändert durch Ges. vom 2. 3. 1974 (BGBl. I S. 469)
Peters	Peters, Strafprozeß, Lehrbuch, 2. Aufl. (1966) mit Nachtrag (1970)
Pfeiffer-Maul-Schulte	Pfeiffer-Maul-Schulte, Kommentar zum Strafgesetzbuch (1969)

Piller-Hermann	Piller-Hermann, Justizverwaltungsvorschriften, Loseblattsammlung
Pohlmann	Pohlmann, Strafvollstreckungsordnung, 5. Aufl. (1971)
Polizei	s. Die Polizei
PostG	Gesetz über das Postwesen vom 28.7. 1969 (BGBl. I S. 1006) geändert durch Ges. vom 2. 3. 1974 (BGBl. I S. 469)
PostO	Postordnung vom 16. 5. 1963 (BGBl. I S. 341), zuletzt geändert durch Verordnung vom 26. 2. 1974 (BGBl. I S. 426)
Potrykus	Potrykus, Kommentar zum Jugendgerichtsgesetz, 4. Aufl. (1955)
Pr.	Preußen
PräsVerfG	Gesetz über die Änderung der Bezeichnungen der Richter und ehrenamtlichen Richter und der Präsidialverfassungen der Gerichte vom 26. 5. 1972 (BGBl. I S. 841)
PrGS	Preußische Gesetzessammlung (1810-1945)
PrG	Pressegesetz
Prot.	Protokoll
PrZeugnVerwG	Gesetz über das Zeugnisverweigerungsrecht der Mitarbeiter von Presse und Rundfunk vom 25.7. 1975 (BGBl. I S. 1973)
Puchelt	Puchelt, Die Strafprozeßordnung für das Deutsche Reich (1881)
RA	Rechtsanwalt
RAbgO	s. AO
RAHG	s. RHG
RAussch.	Rechtsausschuß
RBerG	Gesetz zur Verhütung von Mißbrauch auf dem Gebiet der Rechtsberatung vom 13. 12. 1935 (RGBl. I S. 1478), zuletzt geändert durch Ges. vom 24. 6. 1975 (BGBl. I S. 1509)
RdErl.	Runderlaß
RdK	Das Recht des Kraftfahrers (1926-43, 1949-55)
Rdn.	Randnummer
RDStH	Entscheidungen des Reichsdienststrafhofs (1939-41)
RDStO	Reichsdiensttrafordnung vom 26. 1. 1937 (RGBl. I S. 71)
Rebmann-Roth-Herrmann	Rebmann-Roth-Herrmann, Gesetz über Ordnungswidrigkeiten, Loseblattkommentar (1968)
Recht	Das Recht, begründet von Soergel (1897 bis 1944)
Reg.	Regierung
RegBl.	Regierungsblatt
RG	Reichsgericht
RGBl., RGBl. I, II	Reichsgesetzblatt, von 1922 bis 1945 Teil I und II
RGRspr.	Rechtsprechung des Reichsgerichts in Strafsachen (1879 bis 1888)
RGSt.	Entscheidungen des Reichsgerichts in Strafsachen
RGZ	Entscheidungen des Reichsgerichts in Zivilsachen
RHG	Gesetz über die innerdeutsche Rechts- und Amtshilfe in Strafsachen vom 2. 5. 1953 (BGBl. I S. 161), zuletzt geändert durch Ges. vom 18. 10. 1974 (BGBl. I S. 2445)
RHGDVO	Verordnung zur Durchführung des Gesetzes über die innerdeutsche Rechts- und Amtshilfe in Strafsachen vom 23. 12. 1953 (BGBl. I S. 1569)
RhPf.	Rheinland-Pfalz
RiAA	Grundsätze des anwaltlichen Standesrechts — Richtlinien gem. § 177 Abs. 2 Satz 2 BRAO vom 21. 6. 1973
RiJGG	Richtlinien zum Jugendgerichtsgesetz
RiOWiG	Gemeinsame Anordnung über die Zuständigkeit der Staatsanwaltschaft zur Verfolgung von Ordnungswidrigkeiten und über die Zusammenarbeit mit den Verwaltungsbehörden

RiStBV	Richtlinien für das Strafverfahren und das Bußgeldverfahren vom 1. 12. 1970 (BAnz. Nr. 17/1971), geändert durch AV vom 25. 5. 1972 (BAnz. Nr. 99) bundeseinheitlich.
RiVASt.	Richtlinien für den Rechtshilfeverkehr mit dem Ausland in strafrechtlichen Angelegenheiten vom 15. 1. 1959, bundeseinheitlich.
RKG(E)	Reichskriegsgericht (Entscheidungen des RKG)
RMBl.	Reichsministerialblatt, Zentralblatt für das Deutsche Reich (1923-45)
RMilGE	Entscheidungen des Reichsmilitärgerichts
Rosenberg-Schwab	Rosenberg-Schwab, Lehrbuch des Zivilprozeßrechts, 11. Aufl., 1974
Rosenfeld	Rosenfeld, Der Reichsstrafprozeß, 4. bis 5. Aufl. (1912)
Rosenfeld StrafprR	Rosenfeld, Deutsches Strafprozeßrecht (1926)
Rotberg	Rotberg, Gesetz über Ordnungswidrigkeiten, 5. Aufl. (1975), neubearbeitet von Kleinwefers, Boujong und Wilts
Roxin	s. Kern-Roxin
Rpfleger	Der Deutsche Rechtspfleger
RpflG	Rechtspflegergesetz vom 5. 11. 1969 (BGBl. I S.2065), zuletzt geändert durch Ges. vom 20. 8. 1975 (BGBl. I S. 2189)
Rspr.	Rechtsprechung
RT	Reichstag
RTDrucks.	Drucksachen des Reichstags
RTVerh.	Verhandlungen des Reichstags
RVerf.	s. WeimVerf.
RVO	Reichsversicherungsordnung vom 19. 7. 1911 i.d.F. vom 15. 12. 1924 (RGBl. I S. 779), zuletzt geändert durch Ges. vom 24. 6. 1975 (BGBl. I S. 1536)
SaBremR	Sammlung des bremischen Rechts (1964)
SächsArch.	Sächsisches Archiv für Rechtspflege, seit 1924 (bis 1941/42) Archiv für Rechtspflege in Sachsen, Thüringen und Anhalt
SächsOLG	Annalen des Sächsischen Oberlandesgerichts zu Dresden (1880 bis 1920)
Sarstedt	Sarstedt, Die Revision in Strafsachen, 4. Aufl. (1962)
Sauer	Sauer, Allgemeine Prozeßrechtslehre (1951)
Sauer Grdl.	Sauer, Grundlagen des Prozeßrechts, 2. Aufl. (1929)
Schäfer-Dalcke	s. Dalcke
Schätzler	Schätzler, Gesetz über die Entschädigung von Strafverfolgungsmaßnahmen (1972)
SchiedsmZ	Schiedsmannszeitung (1926 bis 1945), seit 1950 Der Schiedsmann
SchlH	Schleswig-Holstein
SchlHA	Schleswig-Holsteinische Anzeigen
Schmidt-Räntsch	Schmidt-Räntsch, Deutsches Richtergesetz, 2. Aufl. (1973)
Schönke-Schröder	Schönke-Schröder, Strafgesetzbuch, Kommentar, 18. Aufl. (1975)
Schorn	Schorn, Der Strafrichter (1960)
Schulz/Berke-Müller	Schulz/Berke-Müller, Strafprozeßordnung 6. Aufl. (1975)
Schwarz	Schwarz, Strafprozeßordnung, Kurzkommentar, 22. Aufl. (1960)
Schwinge	Schwinge, Grundlagen des Revisionsrechts, 2. Aufl. (1960)
SchwZStr.	Schweizer Zeitschrift für Strafrecht
SeemG	Seemannsgesetz vom 26. 7. 1957 (BGBl. II 713), zuletzt geändert durch Ges. vom 18. 3. 1975 (BGBl. I S. 705)
SeuffBl.	Seufferts Blätter für Rechtsanwendung (1836-1913)
SGG	Sozialgerichtsgesetz vom 3. 9. 1953 i.d.F. vom 23. 8. 1958 (BGBl. I

	S. 613), zuletzt geändert durch Ges. vom 20. 12. 1974 (BGBl. I S. 3686)
SGV.NW	Sammlung des bereinigten Gesetz- und Verordnungsblatts für das Land Nordrhein-Westfalen (Loseblattsammlung)
SJZ	Süddeutsche Juristenzeitung (1946-50), dann Juristenzeitung
SK StGB	Systematischer Kommentar zum Strafgesetzbuch von Rudolphi, Horn, Samson, Schreiber (1975)
SortenSchG	Gesetz über den Schutz von Pflanzensorten (Sortenschutzgesetz) vom 20. 5. 1968 (BGBl. I S. 429), zuletzt geändert durch Ges. vom 9. 12. 1974 (BGBl. I S. 3416)
SprengstG	Gesetz über explosionsgefährliche Stoffe (Sprengstoffgesetz) vom 25. 8. 1969 (BGBl. I S. 1358, ber. BGBl. 1970 I S. 224), zuletzt geändert durch Ges. vom 2. 3. 1974 (BGBl. I S. 469)
StA	Staatsanwalt, Staatsanwaltschaft
StaatsGH	Staatsgerichtshof
StaatsschStrafsG	Gesetz zur allgemeinen Einführung eines zweiten Rechtszuges in Staatsschutz-Strafsachen vom 8. 9. 1969 (BGBl. I S. 1582)
StÄG	s. StRÄndG
Stein	Stein, Das private Wissen des Richters (1893)
Stein-Jonas	Stein-Jonas, Zivilprozeßordnung, bearbeitet seit 1953 von Pohle, seit 1967 fortgeführt von Grunsky, Leipold, Münzberg, Schlosser, Schumann; 19. Aufl., (1972)
StenB	Stenographischer Bericht
Stenglein	Stenglein, Kommentar zur Strafprozeßordnung, 3. Aufl. (1898)
Stenglein Lehrb.	Stenglein, Lehrbuch des Strafprozeßrechts (1878)
StGB	Strafgesetzbuch vom 15. 5. 1871 i.d.F. der Bekanntmachung vom 2. 1. 1975 (BGBl. I S. 1)
Stock	Stock, Strafprozeßrecht, Grundriß (1952)
StPÄG 1964	Gesetz zur Änderung der Strafprozeßordnung und des Gerichtsverfassungsgesetzes vom 19. 12. 1964 (BGBl. I S. 1067)
StPÄG 1972	Gesetz zur Änderung der Strafprozeßordnung vom 7. 8. 1972 (BGBl. I S. 1361)
StPO	Strafprozeßordnung vom 1. 2. 1877 (RGBl. S. 253) i.d.F. vom 7. 1. 1975 (BGBl. I S. 129)
StrafrAbh.	Strafrechtliche Abhandlungen, herausgegeben von Bennecke, dann von Beling, v. Lilienthal und Schoetensack
StRÄndG	Strafrechtsänderungsgesetz 1. — vom 30. 8. 1951 (BGBl. I S. 739) 2. — vom 6. 3. 1953 (BGBl. I S. 42) 3. — vom 4. 8. 1953 (BGBl. I S. 735), geändert durch Ges. vom 25. 6. 1969 (BGBl. I S. 645) 4. — vom 11. 6. 1957 (BGBl. I S. 597), zuletzt geändert durch Ges. vom 20. 5. 1970 (BGBl. I S. 505) 5. — vom 24. 6. 1960 (BGBl. I S. 477) 6. — vom 30. 6. 1960 (BGBl. I S. 478) 7. — vom 1. 6. 1964 (BGBl. I S. 337) 8. — vom 25. 6. 1968 (BGBl. I S. 741), zuletzt geändert durch Ges. vom 24. 3. 1971 (BGBl. I S. 265) 9. — vom 4. 8. 1969 (BGBl. I S. 1065) 10. — vom 7. 4. 1970 (BGBl. I S. 313) 11. — vom 16. 12. 1971 (BGBl. I S. 1977) 12. — vom 16. 12. 1971 (BGBl. I S. 1779) 13. — vom 13. 6. 1975 (BGBl. I S. 1349)
StraßenVSichG	1. Gesetz zur Sicherung des Straßenverkehrs (Straßenverkehrssicherungsgesetz) vom 19. 12. 1952 (BGBl. I S. 832)

	2. Zweites — vom 26. 11. 1964 (BGBl. I S. 921)
StREG	Gesetz über ergänzende Maßnahmen zum 5. StrRG (Strafrechtsreformergänzungsgesetz) vom 28. 8. 1975 (BGBl. I S. 2289)
StrEG	Gesetz über die Entschädigung für Strafverfolgungsmaßnahmen vom 8. 3. 1971 (BGBl. I S. 157), zuletzt geändert durch Ges. vom 9. 12. 1974 (BGBl. I S. 3393)
StrFG	Straffreiheitsgesetz — 1949 vom 31. 12. 1949 (BGBl. I S. 37) — 1954 vom 17. 7. 1954 (BGBl. I S. 203) — 1968 vom 9. 7. 1968 (BGBl. I S. 773) — 1970 vom 20. 5. 1970 (BGBl. I S. 509)
StrRG	Gesetz zur Reform des Strafrechts 1. — vom 25. 6. 1969 (BGBl. I S. 645), zuletzt geändert durch Ges. vom 14. 8. 1969 (BGBl. I S. 1112) 2. — vom 4. 7. 1969 (BGBl. I S. 717), zuletzt geändert durch Ges. vom 30. 7. 1975 (BGBl. I S. 909) 3. — vom 20. 5. 1970 (BGBl. I S. 505) 4. — vom 23. 11. 1973 (BGBl. I S. 1725) 5. — vom 18. 6. 1974 (BGBl. I S. 1297)
st.Rspr.	ständige Rechtsprechung
StVG	Straßenverkehrsgesetz vom 3. 5. 1909 i.d.F. vom 19. 12. 1952 (BGBl. I S. 837), zuletzt geändert durch Ges. vom 13. 6. 1975 (BGBl. I S. 1349)
StVO	Straßenverkehrsordnung vom 16. 11. 1970 (BGBl. I S. 1565, ber. 1971 S. 38), geändert durch VO vom 20. 10. 1972 (BGBl. I S. 2061)
StVollstrO	Strafvollstreckungsordnung vom 15. 2. 1956 (BAnz. Nr. 42) i.d.F. vom 20. 11. 1974 (BAnz. Nr. 230); bundeseinheitlich
StVollzGK	Strafvollzugsgesetz-Kommissionsentwurf, herausgegeben vom Bundesministerium der Justiz
StVollzK	Blätter für Strafvollzugskunde (Beilage zur Zeitschrift „Der Vollzugsdienst")
1. StVRG	Erstes Gesetz zur Reform des Strafverfahrensrechts vom 9. 12. 1974 (BGBl. I S. 3393)
1. StVRErgG	Erstes Gesetz zur Ergänzung des 1. StVRG vom 20. 12. 1974 (BGBl. I S. 3686)
StVZO	Straßenverkehrs-Zulassungs-Ordnung vom 13. 11. 1937 i.d.F. vom 15. 11. 1974 (BGBl. I S. 3193), zuletzt geändert durch VO vom 18. 4. 1975 (BGBl. I S. 967)
Thilo	Thilo, Die Strafprozeßordnung für das Deutsche Reich (1878)
Thomas-Putzo	Thomas-Putzo, Zivilprozeßordnung mit Gerichtsverfassungsgesetz und den Einführungsgesetzen, 8. Aufl. (1975)
TierschG	Tierschutzgesetz vom 24. 7. 1972 (BGBl. I S. 1277), zuletzt geändert durch Ges. vom 18. 3. 1975 (BGBl. I S. 705)
UdG	Urkundsbeamter der Geschäftsstelle
ÜF	Übergangsfassung
UHaftÄndG	Gesetz zur Abänderung der Untersuchungshaft vom 27. 12. 1926 (RGBl. I S. 529)
UrhG	Gesetz über Urheberrecht und verwandte Schutzrechte (Urheberrechtsgesetz) vom 9. 9. 1965 (BGBl. I S. 1273), zuletzt geändert durch Ges. vom 2. 3. 1974 (BGBl. I S. 469)
UVollzO	Untersuchungshaftvollzugsordnung vom 12. 2. 1953 i.d.F. vom 1. 12. 1970, bundeseinheitlich.
UWG	Gesetz gegen den unlauteren Wettbewerb vom 7. 6. 1909

	(RGBl. S. 499), zuletzt geändert durch Ges. vom 10. 3. 1975 (BGBl. I S. 685)
UZwG	Gesetz über den unmittelbaren Zwang bei Ausübung öffentlicher Gewalt durch Vollzugsbeamte des Bundes vom 10. 3. 1961 (BGBl. I S. 165), zuletzt geändert durch Ges. vom 2. 3. 1974 (BGBl. I S. 469)
VDA	Vergleichende Darstellung des Strafrechts, Allgemeiner Teil, Bd. 1 bis 6
VDB	Vergleichende Darstellung des Strafrechts, Besonderer Teil, Bd. 1 bis 9
VerbringungsverbG	Gesetz zur Überwachung strafrechtlicher und anderer Verbringungsverbote vom 24. 5. 1961 (BGBl. I S. 607), geändert durch Ges. vom 24. 5. 1968 (BGBl. I S. 503, 515)
VereinfVO	Vereinfachungsverordnung 1. —, VO über Maßnahmen auf dem Gebiet der Gerichtsverfassung und Rechtspflege vom 1. 9. 1939 (BGBl. I S. 1658) 2. —, VO zur weiteren Vereinfachung der Strafrechtspflege vom 13. 8. 1942 (RGBl. I S. 508) 3. —, Dritte VO zur Vereinfachung der Strafrechtspflege vom 29. 5. 1943 (RGBl. I S. 342) 4. —, Vierte VO zur Vereinfachung der Strafrechtspflege vom 13. 12. 1944 (RGBl. I S. 339)
VereinhG	Gesetz zur Wiederherstellung der Rechtseinheit auf dem Gebiete der Gerichtsverfassung, der bürgerlichen Rechtspflege, des Strafverfahrens und des Kostenrechts vom 12. 9. 1950 (BGBl. S. 455)
VereinsG	Gesetz zur Regelung des öffentlichen Vereinsrechts (Vereinsgesetz) vom 5. 8. 1964 (BGBl. I S. 593), zuletzt geändert durch Ges. vom 2. 3. 1974 (BGBl. I S. 469)
VerfGH	Verfassungsgerichtshof
Verh.	Verhandlungen des Deutschen Bundestages (BT), des Deutschen Juristentages (DJT) usw.
VerkMitt.	Verkehrsrechtliche Mitteilungen
VersR	Versicherungsrecht, Juristische Rundschau für die Individualversicherung
VG	Verwaltungsgericht
VGH	Verwaltungsgerichtshof
Vhdlgen	s. Verh.
VO	Verordnung; s. auch AusnVO
VOBl.	Verordnungsblatt
Voitus	Voitus, Kommentar zur Strafprozeßordnung (1877)
VRS	Verkehrsrechts-Sammlung
VwGO	Verwaltungsgerichtsordnung vom 21. 1. 1960 (BGBl. I S. 17), zuletzt geändert durch Ges. vom 20. 8. 1975 (BGBl. I S. 2189)
VwZG	Verwaltungszustellungsgesetz vom 3. 7. 1952 (BGBl. I S. 379), zuletzt geändert durch Ges. vom 19. 5. 1972 (BGBl. I S. 789)
Wach	Wach, Handbuch des Deutschen Zivilprozeßrechts (1885)
WDO	Wehrdisziplinarordnung vom 15. 3. 1957 i.d.F. vom 9. 6. 1961 (BGBl. I S. 697), zuletzt geändert durch Ges. vom 2. 3. 1974 (BGBl. I S. 469; 580)
WeimVerf.	Weimarer Verfassung, Verfassung des Deutschen Reichs vom 11. 8. 1919 (RGBl. S. 1383)
WeinG	Gesetz über Wein, Likörwein, Schaumwein, weinhaltige Getränke und Branntwein aus Wein (Weingesetz) vom 14. 1. 1971

	(BGBl. I S. 893), zuletzt geändert durch Ges. vom 2.3. 1974 (BGBl. I S. 469)
Welzel	Welzel, Das deutsche Strafrecht, 11. Aufl. (1969)
Wieczorek	Wieczorek, Zivilprozeßordnung und Gerichtsverfassungsgesetz, Kurzausgabe, 2. Aufl. (1966)
Wiener Übereinkommen	1. Wiener Übereinkommen über diplomatische Beziehungen vom 18.4.1961 (Zustimmungsgesetz vom 6.8.1964, BGBl. II S. 957) 2. Wiener Übereinkommen über konsularische Beziehungen vom 24.4.1963 (Zustimmungsgesetz vom 26.8.1969, BGBl. II S. 1585)
WiStG	Gesetz zur weiteren Vereinfachung des Wirtschaftsstrafrechts (Wirtschaftsstrafgesetz 1954) vom 9.7. 1954 i.d.F. vom 3.6. 1975 (BGBl. I S. 1313)
WStG	Wehrstrafgesetz vom 30.3. 1957 i.d.F. vom 24.5. 1974 (BGBl. I S. 1213)
WZG	Warenzeichengesetz vom 5.5. 1936 i.d.F. vom 2.1. 1968 (BGBl. I S. 29), zuletzt geändert durch Ges. vom 9.12.1974 (BGBl. I S. 3416)
ZAkDR	Zeitschrift der Akademie für Deutsches Recht (1934-44)
ZfZ	Zeitschrift für Zölle und Verbrauchssteuern
Zöller	Zöller, Zivilprozeßordnung, 11. Aufl. (1974)
ZollG	Zollgesetz vom 14.6. 1961 i.d.F. vom 18.5. 1970 (BGBl. I S. 529), zuletzt geändert durch Ges. vom 3.8. 1973 (BGBl. I S. 940)
ZPO	Zivilprozeßordnung vom 30.1. 1877 i.d.F. vom 12.9. 1950 (BGBl. I S. 533), zuletzt geändert durch Ges. vom 8.7. 1975 (BGBl. I S. 1863)
ZRP	Zeitschrift für Rechtpolitik
ZStW	Zeitschrift für die gesamte Strafrechtswissenschaft
ZuSEntschG	Gesetz über die Entschädigung von Zeugen und Sachverständigen vom 26.7. 1957 i.d.F. vom 1.10. 1969 (BGBl. I S. 1757), zuletzt geändert durch Ges. vom 20.8. 1975 (BGBl. I S. 2189)
zust.	zustimmend
ZustErgG	Gesetz zur Ergänzung von Zuständigkeiten auf den Gebieten des Bürgerlichen Rechts, des Handelsrechts und des Strafrechts (Zuständigkeitsergänzungsgesetz) vom 7.8. 1952 (BGBl. I S. 407)
ZustG	Gesetz über die Zuständigkeit der Gerichte bei Änderung der Gerichtseinteilung vom 6.12. 1933 (RGBl. I S. 1037), zuletzt geändert durch Ges. vom 20.5. 1975 (BGBl. I S. 1117)
ZustVO	Verordnung über die Zuständigkeit der Strafgerichte, die Sondergerichte und sonstige strafverfahrensrechtliche Vorschriften vom 21.2. 1940 (RGBl. I S. 405)
ZVG	Gesetz über die Zwangsversteigerung und die Zwangsverwaltung (Zwangsversteigerungsgesetz) vom 24.3. 1897 i.d.F. vom 20.5. 1898 (RGBl. S. 369, 713), zuletzt geändert durch Ges. vom 2.3. 1974 (BGBl. I S. 469)
ZWehrR	Zeitschrift für Wehrrecht (1936/37-44)
ZZP	Zeitschrift für Zivilprozeß, begründet von Busch

EINLEITUNG*

Übersicht

* Allgemeine Vorbemerkung: Verweisungen in dieser Einleitung auf Erläuterungen von StPO und GVG in diesem Kommentar (z.B. „Vorbem. IV 6 zu § 12 GVG") beziehen sich in der Regel auf die **22.** Aufl., da im Zeitpunkt der Niederschrift der Einleitung die Erläuterungen der **23.** Aufl. erst zum kleineren Teil vorliegen.

14 Beweisverbote

KAPITEL 1

Die Quellen des deutschen Strafverfahrensrechts und ihr Verhältnis zueinander.

Die Reichsgesetzgebung erfüllte nach der Reichsgründung 1871 die Aufgabe, ein einheitliches Verfahrensrecht für das Reichsgebiet herzustellen, dadurch, daß sie im Januar und Februar 1877 die als die „großen Reichsjustizgesetze" bezeichneten vier Gesetze, nämlich das Gerichtsverfassungsgesetz, die Strafprozeßordnung, die Zivilprozeßordnung und die Konkursordnung, je mit einem Einführungsgesetz erließ. Sie waren als Teile eines einheitlichen Ganzen gedacht. Insbesondere ist das Gerichtsverfassungsgesetz, wie die Motive bemerken, die gemeinsame Grundlage und die wesentliche Voraussetzung der beiden Gesetze über das Verfahren. **1**

Aus dem Zusammenhang des Gerichtsverfassungsgesetzes mit den beiden Prozeßordnungen erklärt sich, daß in das erstere neben den Vorschriften über die Ordnung des Gerichtswesens auch solche über Gegenstände rein verfahrensrechtlicher Art, wie die Rechtshilfe, die Öffentlichkeit der Verhandlung, die Sitzungspolizei, die Gerichtssprache, die Beratung und Abstimmung der Gerichte, aufgenommen wurden. Die Aufnahme dieser Gegenstände beruhte im wesentlichen auf äußeren Gründen, nämlich darauf, daß ein großer Teil der Vorschriften gleichermaßen für das bürgerliche Streitverfahren und für das Strafverfahren gelten sollte. Auch mit der Zivilprozeßordnung ist die Strafprozeßordnung insofern innerlich verbunden, als sie mehrfach, so in den §§ 37, 111 c Abs. 3, 111 d Abs. 2, 364 b Abs. 2, 406 b, 459 g Abs. 1 auf jene verweist. „Beide Verfahrensarten werden vom Gesetzgeber nicht als völlig getrennte Erscheinungen behandelt, sondern sind eng aufeinander bezogen" (BGHSt. **25** 25). **2**

Weitere Quellen des geltenden Strafverfahrensrechts sind ferner, soweit nicht inzwischen aufgehoben, die gemäß § 5 des Einführungsgesetzes zur Strafprozeßordnung aufrechterhaltenen verfahrensrechtlichen Vorschriften der Reichsgesetze, die vor der Strafprozeßordnung ergangen sind, sowie die Gesetze und Verordnungen, die nach dem Inkrafttreten der Strafprozeßordnung ändernd oder ergänzend in sie eingegriffen haben. Neben dem Bundesrecht gelten (in geringem Umfang) landesrechtliche Vorschriften in dem durch die Einführungsgesetze zur Strafprozeßordnung und zum Gerichtsverfassungsgesetz zugelassenen Rahmen. **3**

Eine **Besonderheit der neueren Rechtsentwicklung** besteht darin, daß neben die **4** die Einzelheiten des Gerichtsverfassungs- und Verfahrensrechts regelnden einfachen Bundesgesetze **Vorschriften der Verfassung und des zwischenstaatlichen Rechts** getreten sind, die in knapper, verallgemeinernder Form bestimmte Grundsätze aussprechen. Die im IX. Abschnitt („Die Rechtsprechung") zusammengefaßten Vorschriften der Art. 92 ff. GG brachten teils neues Recht, teils erhoben sie bisher schon geltendes Recht zum Rang von Verfassungsrecht, und teils statteten sie hergebrachte Rechtseinrichtungen mit institutioneller Garantie aus. Neben diesen Artikeln enthält das GG weitere verfahrensrechtlich bedeutsame Vorschriften, wie etwa die Art. 2 (Persönliche Freiheitsrechte)[1], Art. 4 (Glaubens-, Bekenntnis- und Gewissensfreiheit), Art. 10 (Brief-, Post- und Fernmeldegeheimnis), Art. 13 (Unverletzlichkeit der Wohnung), Art. 16 Abs. 2 (Auslieferungsverbot), Art. 35 (Rechts- und Amtshilfe), Art. 46, 47 (Immunität und Zeugnisverweigerungsrecht der Abgeordneten). Der Grundsatz der Unantastbarkeit der Menschenwürde (Art. 1 GG) führt zu wichtigen Folgerungen bei der Auslegung und Handhabung der Verfahrensvorschriften[2]. Die enge Beziehung der Glaubensfreiheit (Art. 4 GG) zur Menschenwürde schließt es auch im Strafverfahren aus, Verhaltensweisen, die aus einer bestimmten Glaubenshaltung fließen, ohne weiteres den Sanktionen zu unterwerfen, die die Prozeßgesetze für ein solches Verhalten vorsehen (BVerfGE **32** 98, 108; **33** 23, 29 betr. Verweigerung des „Schwörens"; vgl. dazu jetzt § 66 d StPO). Zwischenstaatlich vereinbartes Verfahrensrecht in grundsatzartiger Ausprägung enthält die kraft Gesetzes vom 7. 8. 1952 (BGBl. II 685, 953) einen Bestandteil des innerdeutschen Rechts bildende [3] Konvention der Mitgliedstaaten des Europarats zum Schutze der Menschenrechte und Grundfreiheiten vom 4. 11. 1950 (Menschenrechtskonvention — MRK —), die gemäß Bekanntmachung vom 15. 12. 1953 (BGBl. 1954 II 14) in Kraft getreten ist, in Berlin gemäß Ges. vom 20. 12. 1956 (BGBl. II 1879). Vgl. dazu ergänzend Bekanntm. der VerfO der Europ. Komm. und des Europ. Gerichtshofs für Menschenrechte vom 2. 5. 1963 (BGBl. II 332)[4] und die Gesetze und Bekanntm. vom 9. 5. 1968 (BGBl. II 422), 9. 5. 1968 (BGBl. II 1109) und vom 10. 12. 1968 (BGBl. II 1111). Das geltende innerdeutsche Verfahrensrecht entspricht den Anforderungen der Menschenrechtskonvention[5], auch wo sie Grundsätze aufstellt,

---

[1] **Schrifttum:**
Baumann Die Bedeutung des Art. 2 GG für die Freiheitsbeschränkungen im Strafprozeß, Festschrift f. *Eb. Schmidt* 1961 S. 525 ff. Über die Bedeutung des (auch) aus Art. 2 abgeleiteten Verhältnismäßigkeitsgrundsatzes s. unten Kap. 6, 10. Über Einzelfolgerungen vgl. z. B. BVerfGE **36** 264, 273 betr. Verletzung des Art. 2 Abs. 2 durch eine die Frist des § 121 Abs. 1 StPO erheblich überschreitende, aber bei Ergreifung aller zumutbaren Maßnahmen zur Beschleunigung des Verfahrens vermeidbare Dauer der Untersuchungshaft.

[2] **Schrifttum:**
Schorn Der Schutz der Menschenwürde im Strafverfahren 1963. Die Pflicht zur Achtung der Menschenwürde ist vornehmlich von Bedeutung bei den Beweisverboten (vgl. dazu etwa BGHSt. **14** 358 betr. Verwendung heimlich erfolgter Tondbandaufnahmen als Beweismittel; BGHSt. **19** 325 betr. Eingriffe in die Intimsphäre durch Verwendung von Tagebuchaufzeichnungen als Beweismittel; näheres unten Kap. 14).

[3] Zur Konstruktion der innerdeutschen Geltung und des Gesetzesranges der MRK vgl. BGHZ **45** 46, 49; BGHSt. **21** 81, 84; *Klein* Die Europ. MRK und Art. 25 GG, in Festschrift f. *Laun*, 1962, und die Nachw. bei *Kleinknecht* Vorb. 1, 2 vor Art. 1 (S. 1399).

[4] Vgl. amtl. Ausgabe der bisher verhältnismäßig kleinen Zahl von Entscheidungen dieses Gerichtshofs, C. Heymann's Verlag 1972, und Besprechungen ZPP **84** 228; **86** 450.

[5] Vgl. den schriftlichen Bericht des Bundestagsausschusses BTDrucks. der 1. Wahlperiode 1949 Nr. 3338.

die die StPO in dieser Form nicht enthält[6], jedoch sind die neuere Gesetzgebung und die Rechtsprechung um eine Verdeutlichung der Anforderungen des Art. 6 im innerdeutschen Recht bemüht.

6 Wie z. B. Art. 6 Abs. 2 der Konvention: „Bis zum gesetzlichen Nachweis seiner Schuld wird vermutet, daß der wegen einer strafbaren Handlung Angeklagte unschuldig ist". Aus der Rechtsprechung: Die sog. Unschuldsvermutung, die unausgesprochen auch der StPO zugrunde liegt (BGHSt. **14** 358), verstärkt den Grundsatz, daß jedes Strafverfahrensrecht auch Beschuldigten gerecht werden muß, die unschuldig sind (BGHSt. **20** 281, 283). Sie will in erster Linie verhindern, daß jemand ohne den Nachweis seiner Schuld in einem gesetzlich geregelten Verfahren als schuldig behandelt wird (BVerfG E **22** 265; BGH NJW **1975** 1831); dem innerstaatlichen Recht bleibt jedoch die Bestimmung überlassen, was zum gesetzlichen Nachweis der Schuld gehört und auf welche Weise der Schuldnachweis zu führen ist (BGHSt. **21** 306, 308). Art. 6 MRK hat an den Vorschriften des GVG über die Öffentlichkeit der Hauptverhandlung nichts geändert (BGHSt. **23** 82). Art. 13 MRK gibt kein selbständiges Beschwerderecht gegen eine nach deutschem Recht nicht mehr weiter anfechtbare Entscheidung (BGHSt. **20** 68). Andererseits kann aber Art. 6 MRK Anhaltspunkte für die Auslegung strafrechtlicher und strafprozessualer Vorschriften ergeben (vgl. z. B. BGHSt. **25** 49). Aus dem Schrifttum über die Bedeutung der MRK für den Strafprozeß vgl. u. a. *Pieck*.Der Anspruch auf ein rechtsstaatliches Gerichtsverfahren – Art. 6 Abs. 1 MRK – in seiner Bedeutung für das deutsche Verfahrensrecht, 1966; *Woesner* NJW **1961** 1381; *Herbst* Öffentlichkeit der Hauptverhandlung, Arztgeheimnis und Schutz der Menschenwürde, NJW **1969** 546; *Kleinknecht* Anh. Nr. 4 m. w. Nachw. Im einzelnen ist die Bedeutung der MRK jeweils bei den einschlägigen Vorschriften der StPO und des GVG näher behandelt.

KAPITEL 2

Zur Entstehungsgeschichte der Strafprozeßordnung und des Gerichtsverfassungsgesetzes[1].

1 Schon Art. 4 Nr. 13 der Verfassung des Norddeutschen Bundes sah eine **einheitliche Regelung des Strafverfahrens** für das Bundesgebiet vor. Die ersten Schritte zur Schaffung einer einheitlich geltenden StPO fallen noch in die Zeit vor Gründung des Deutschen Reichs. Im Jahre 1868 beschloß der Reichstag des Norddeutschen Bundes, den Bundeskanzler aufzufordern, Entwürfe eines gemeinsamen Strafrechts und einer gemeinsamen Strafprozeßordnung einschließlich der für die Gerichtsorganisation erforderlichen Vorschriften vorbereiten und dem Reichstag vorlegen zu lassen; der Bundesrat trat diesem Beschluß bei. Im Jahre 1869 ersuchte der Bundeskanzler den preußischen Justizminister um Aufstellung des Entwurfs einer Strafprozeßordnung. Der im November 1870 fertig vorliegende Referentenentwurf wurde im Jahre 1871 im preußischen Justizministerium wiederholt beraten und in der Gestalt, in der er aus diesen Beratungen hervorging, dem Reichskanzler übermittelt, auch Anfang 1873 mit Begründung im Druck der Öffentlichkeit vorgelegt. Der Bundesrat beschloß am 13. 3. 1873 die Einsetzung einer beratenden Kommission von elf Mitgliedern, die sich aus Ministerialbeamten, Richtern und Staatsanwälten sowie einem Professor der Rechte und einem Rechtsanwalt zusammensetzte. In der nach heutigen Vorstellungen unwahrscheinlich kurzen Zeit vom 17. 4. bis 3. 7. 1873 beriet diese Kommission in 39 Sitzungen den Entwurf in drei Lesungen, dessen Grundsätze sie im wesentlichen billigte, darunter auch die Vorschläge, die bisherigen Schwurgerichte mit ihrer Trennung von Richter- und Geschworenenbank durch große Schöffengerichte zu ersetzen und Schöffen auch zu den erkennenden erstinstanzlichen Gerichten mittlerer und unterster Ordnung zuzuziehen. Der Bundesrat beriet den Entwurf im Jahre 1874; die wesentlichsten Änderungen, die er vornahm, waren die Wiederaufnahme der Schwurgerichte in bisheriger Form und die Zuziehung von Schöffen nur zu den Strafgerichten unterster Ordnung. Im Herbst 1874 wurde der Entwurf der StPO (zusammen mit den Entwürfen einer ZPO und eines GVG) im Reichstag eingebracht, der die drei Entwürfe in erster Lesung vom 24. bis 26. 11. 1874 beriet und sie einer Kommission von 28 Mitgliedern des Reichstags überwies. Diese bestand zur Hälfte aus Richtern (14), im übrigen gehörten ihr ein Generalstaatsanwalt, vier Verwaltungsbeamte, sechs Advokaten, zwei Professoren der Rechte und ein Irrenheilanstaltsdirektor an; Namen wie etwa *Miquel*, *Bähr*, *Gneist*, *Lasker*, tauchen auf. Sie beriet die drei Entwürfe unter Hinzuziehung von Vertretern des Reichsjustizamts und der Landesjustizverwaltungen in der Zeit vom 26. 4. 1875 bis zum 3. 7. 1876; durch zwei Reichsgesetze vom 23. 12. 1874 und 1. 2. 1876 wurde sie ermächtigt, ihre Beratungen jeweils nach Schluß der laufenden Session des Reichstages bis zum Beginn der folgenden ordentlichen Session fortzusetzen.

2 Zu den schriftlich mitgeteilten Beratungsergebnissen der Reichstagskommission nahm der **Bundesrat** teils zustimmend, teils ablehnend Stellung; die Reichstagskommission verblieb jedoch in der Mehrzahl der strittigen Punkte bei ihren früheren Beschlüssen. Im Reichstag erfolgte die zweite Lesung des GVG in der Zeit vom 17. bis 26. 11., die der StPO vom 27. 11. bis 2. 12. 1876; der Reichstag trat in den meisten Punkten, in denen die Reichstagskommission vom Bundesrat abwich, der Stellungnahme der Reichs-

[1] Eine ausführliche Darstellung findet sich in der 19. Aufl. dieses Werkes, auf die hier verwiesen werden muß.

tagskommission bei. Dies veranlaßte den Reichskanzler, dem Reichstag mit Schreiben vom 12.12. 1876 eine Reihe von Punkten mitzuteilen, bei denen die Reichstagsbeschlüsse für den Bundesrat unannehmbar seien. Das führte zu vertraulichen Verhandlungen zwischen einer Reihe von Reichstagsmitgliedern und den Vertretern des Bundesrats. Das Ergebnis der Erörterungen war die Einbringung der sogenannten Kompromißanträge, die bei einem Teil der strittigen Punkte der Ansicht des Bundesrats Rechnung trugen, während bei einem anderen Teil die Landesregierungen ihren Widerspruch gegen die Auffassung des Reichstags aufgaben. In der dritten Beratung vom 18. bis 21.12. 1876 nahm der **Reichstag** die Kompromißanträge mit einzelnen unwesentlichen Änderungen an; der Bundesrat erteilte seine Zustimmung, und das GVG nebst Einführungsgesetz wurde unter dem 27.1. 1877, die StPO nebst Einführungsgesetz unter dem 1.2. 1877 vom Kaiser vollzogen und im Reichsgesetzblatt verkündet. Sie traten am 1.10. 1879 in Kraft.

KAPITEL 3

Die weitere Entwicklung der Strafprozeßordnung und des Gerichtsverfassungsgesetzes

1 **I. Die Entwicklung bis zum Beginn des ersten Weltkriegs (1914).**

1. Strafprozeßordnung und Gerichtsverfassungsgesetz wahrten von ihrem Inkrafttreten am 1. 10. 1879 ab geraume Zeit hindurch einen unveränderten Bestand und wurden bis zum Jahre 1913 nur von wenigen Änderungen betroffen.

2 **2. Gerichtsverfassungsgesetz und Einführungsgesetz dazu.** Das Gesetz vom 17. 3. 1886 (RGBl. S. 61) änderte den § 136 — damals § 137 —, das Gesetz vom 5. 4. 1888 (RGBl. S. 133) befaßte sich mit den §§ 172 bis 175 — damals §§ 173 bis 176 — sowie mit dem § 193 GVG. Der § 1 des Gesetzes vom 12. 6. 1889 (RGBl. S. 95) hob den § 12 EGGVG auf. Dann zog die Neugestaltung des bürgerlichen Rechts Änderungen der Gerichtsverfassung nach sich. Das Gesetz vom 17. 5. 1898 (RGBl. S. 252) gab den §§ 9 und 10 EGGVG sowie dem § 22 und dem die ausschließliche Zuständigkeit der Strafkammern betreffenden § 74 GVG eine andere Fassung. Der Reichskanzler veröffentlichte daraufhin auf Grund der Ermächtigung, die ihm das Gesetz vom 17. 5. 1898 (RGBl. S. 342) erteilt hatte, das GVG in der geänderten Fassung (RGBl. S. 371). Danach folgten bis 1913 einige wenige Änderungen (S. 5 der Vorauflage).

3 **3. Strafprozeßordnung.** Art. 35 EGBGB änderte den § 11 Abs. 1 und den § 149 Abs. 2 StPO; das Gesetz vom 13. 6. 1902 (RGBl. S. 227) fügte dem § 7 den Abs. 2 über den Gerichtsstand der Presse hinzu.

4 **4. Sonstiges.** In jenen Zeitraum fallen **außerhalb von StPO und GVG** mehrere auf das Strafverfahren bezügliche Maßnahmen. Zunächst wurden durch BundesratsVO vom 16. 6. 1882 einheitliche von den Staatsanwaltschaften verwaltete **Strafregister** eingeführt, in die alle Verurteilungen eingetragen wurden. Auskunft über die Eintragungen wurde nicht nur den Gerichten und Staatsanwaltschaften, sondern auf Ersuchen allen Behörden erteilt. Da diese Eintragungen außerdem bis zum Tode oder bis zur Erreichung des 80. Lebensjahres des Verurteilten erhalten blieben, war der einmal Verurteilte sein Leben lang — mit allen schädlichen Nebenwirkungen für sein Fortkommen — als „Vorbestrafter“ gekennzeichnet. Das heute im Vordergrund stehende Resozialisierungsbestreben fand damals nur unvollkommen in der Weise Berücksichtigung, daß im Laufe der Zeit in besonderen Härtefällen auf Antrag die Löschung im Gnadenweg bewilligt wurde. Eine BundesratsVO des Jahres 1913 legalisierte diese Handhabung; die „Löschung“ hatte im übrigen nur eine Beschränkung der Auskunft an Gerichte, Staatsanwaltschaften und höhere Verwaltungsbehörden zur Folge (zur weiteren Entwicklung vgl. unten Rdn. 8). Ferner wurden — in der Richtung des damals aufkeimenden Aufopferungsgedankens — das Gesetz betreffend die **Entschädigung** der im Wiederaufnahmeverfahren freigesprochenen Personen vom 20. 5. 1898 (RGBl. S. 345) und das Gesetz betreffend die Entschädigung der im Strafverfahren freigesprochenen Personen für unschuldig erlittene Untersuchungshaft vom 14. 7. 1904 (RGBl. S. 321) erlassen. Sie wurden in der Folgezeit durch Anordnungen der Justizverwaltungen ergänzt, die auch bei Einstellung des Ermittlungsverfahrens eine Billigkeitsentschädigung für unschuldig erlittene Untersuchungshaft gewährten (vgl. zuletzt die bundeseinheit-

lich geltende AV vom 15. 12. 1956, BAnz. Nr. 247). Wegen des heute geltenden Rechtszustandes vgl. unten Rdn. 91.

II. Die Gesetze von 1914 bis 1924. 5

1. **Während des Krieges von 1914 bis 1918** erfolgten nur geringfügige Änderungen, die dem Personalmangel Rechnung trugen (Verordnungen vom 4.6. und 7.10.1915, RGBl. S. 325, 562, die das Gebiet des Strafbefehls ausdehnten und die Zuständigkeit des Schöffengerichts erweiterten, später ersetzt durch das Gesetz zur Vereinfachung der Strafrechtspflege vom 21. 10. 1917).

2. Die **wirtschaftliche Not der Nachkriegszeit**, das Anwachsen der Kriminalität 6 und die politische Neugestaltung in der Zeit der Weimarer Republik führten dann aber zu einer Fülle von mehr oder weniger einschneidenden Änderungen des bisherigen Bestands, und die Unruhe, die damals in der Gesetzgebung über Gerichtsverfassung und Strafverfahren einsetzte, hat sich von da ab nicht mehr gelegt. Aus der Fülle der Vorschriften, die bis zur Währungsreform Ende 1923 ändernd in das GVG und die StPO eingriffen, sind etwa hervorzuheben: die VO über Sondergerichte gegen Schleichhandel und Preistreiberei — Wuchergerichte — vom 27. 11. 1919 (RGBl. S. 1909), die am 20. 3. 1924 (RGBl. I S. 371) wieder aufgehoben wurde; das Gesetz zur Verfolgung von Kriegsverbrechen und Kriegsvergehen vom 18. 12. 1919 (RGBl. S. 2125) mit dem Ergänzungsgesetz vom 24. 3. 1920 (RGBl. S. 341); das Gesetz vom 2. 4. 1920 (RGBl. S. 431), das die Aburteilung der in das hochverräterische Unternehmen vom März 1920 verwikkelten Heeresangehörigen den bürgerlichen Gerichten übertrug; das Gesetz zur Aufhebung der Militärgerichtsbarkeit vom 17. 8. 1920 (RGBl. S. 1579), das gegenstandslos gewordene Vorschriften von GVG und StPO beseitigt; das Gesetz zur Entlastung der Gerichte vom 11. 3. 1921 (RGBl. S. 229), das die Zuständigkeit des Schöffengerichts abermals erweiterte und hierdurch zugleich die Geschäftslast des Reichsgerichts erleichterte, das ferner die Zulässigkeit der Privatklage und des Strafbefehls ausdehnte, die Übertragung richterlicher Geschäfte auf andere Beamte teils vorschrieb, teils gestattete, die kürzere Anberaumung der Hauptverhandlung in gewissen Verratssachen ermöglichte, die Stellung der Reichsanwälte verbesserte und den § 180 GVG a. F., der die Festsetzung einer Ordnungsstrafe wegen Ungebühr gegen einen bei der Verhandlung beteiligten Rechtsanwalt oder Verteidiger vorgesehen hatte, aufhob.

Ferner sind, von zeitbedingten Vorschriften abgesehen, als auch für die Zu- 7 kunft bedeutungsvoll zu nennen: die Reichsabgabenordnung vom 19. 12. 1919 (RGBl. S. 1993), später mehrfach geändert, die das Verfahren in Abgabenstrafsachen neu regelte; der § 2 des Gesetzes zur Erweiterung des Anwendungsgebiets der Geldstrafen und zur Einschränkung der kurzen Freiheitsstrafen vom 21. 12. 1921 (RGBl. S. 1604), das Gesetz über die Heranziehung der Frauen zum Schöffen- und Geschworenenamt vom 25. 4. 1922 (RGBl. I S. 465); das Gesetz zur weiteren Entlastung der Gerichte vom 8. 7. 1922 (RGBl. I S. 569); das Gesetz über die Zulassung der Frauen zu den Ämtern und Berufen der Rechtspflege vom 11. 7. 1922 (RGBl. I S. 573); das Jugendgerichtsgesetz vom 16. 2. 1923 (RGBl. I S. 135); der Art. I des zweiten Gesetzes zur weiteren Entlastung der Gerichte vom 27. 3. 1923 (RGBl. I S. 217); das Gesetz zur Vereinfachung der Urliste vom 11. 7. 1923 (RGBl. I S. 647); der Art. I der VO zur Entlastung der Gerichte vom 23. 7. 1923 (RGBl. I S. 742); die 2. und 3. VO zur Entlastung der Gerichte vom 15. 9. 1923 (RGBl. I S. 884) und vom 30. 10. 1923 (RGBl. I S. 1041); die VO über die Aburteilung der Landesverrats- und Spionagefälle durch die Oberlandesgerichte vom 12. 12. 1923 (RGBl. I S. 1197); die weitere VO zur Entlastung der Gerichte und über die Gerichtskosten vom 12. 12. 1923 (RGBl. I S. 1186); die VO über die beschleunigte Aburteilung von Straftaten vom 17. 12. 1923 (RGBl. I S. 1231).

8 Eine in jene Zeit fallende Neuerung von großer kriminalpolitischer Bedeutung war der Erlaß des **Gesetzes über beschränkte Auskunft aus dem Strafregister und die Tilgung von Strafvermerken** vom 20. 9. 1920 (RGBl. 507), später mehrfach geändert. Dem Rehabilitierungs- und Resozialisierungsgedanken Rechnung tragend und die alte Lösung im Gnadenweg verdrängend (oben Rdn. 4), sah es vor, daß über die im Strafregister eingetragenen Verurteilungen — außer zu Todes- oder Zuchthausstrafe — nach Ablauf einer bestimmten, nach Art und Höhe der Strafe abgestuften Frist nur noch beschränkt (nämlich nur noch bestimmten Behörden und Stellen) Auskunft erteilt werde und nach Ablauf einer weiteren, wiederum abgestuften Frist, der Strafvermerk im Strafregister zu tilgen sei, mit der Folge, daß nach Eintritt der Auskunftsbeschränkung der Verurteilte sich privaten Stellen und Personen gegenüber als unbestraft, und sich nach Straftilgung schlechthin als unbestraft bezeichnen durfte. Unberührt blieb die Befugnis der Landesjustizverwaltung, im Einzelfall über die gesetzlichen Fristen hinaus Auskunftsbeschränkung und Tilgung anzuordnen. — Wegen des heute geltenden Rechtszustandes vgl. unten Rdn. 91.

9 **3. Die „Emminger"-Reform 1924.** Die die Zeit der Inflation beendende Währungsreform Ende 1923 zwang zu durchgreifenden Ersparnismaßnahmen auch auf dem Gebiet des Strafverfahrens und der Gerichtsverfassung. Diese Maßnahmen erfolgten durch die auf das Ermächtigungsgesetz vom 8. 12. 1923 (RGBl. I S. 1179) gestützte VO über Gerichtsverfassung und Strafrechtspflege vom 4. 1. 1924 (RGBl. I S. 11), die nach dem damaligen Reichsjustizminister sog. „Emminger-Verordnung". Die VO setzte die Zahl der Richter in den Senaten der Oberlandesgerichte und des Reichsgerichts herab. Sie überwies alle Sachen, für die bisher die Strafkammer im ersten Rechtszug zuständig gewesen war, und einen Teil der Sachen, die zur Zuständigkeit des Schwurgerichts gehört hatten, in die Zuständigkeit des Amtsgerichts. In weitem Umfang entschied nunmehr der Amtsrichter als Einzelrichter, und zwar in Sachen von größerer Bedeutung dann, wenn die Staatsanwaltschaft es beantragte. Soweit nicht der Einzelrichter zuständig war, hatte das aus dem Amtsrichter und zwei Schöffen zusammengesetzte Schöffengericht zu entscheiden. Auf Antrag der Staatsanwaltschaft mußte das Schöffengericht durch Zuziehung eines zweiten Amtsrichters erweitert werden. Für die neu in die Zuständigkeit des Amtsgerichts überwiesenen Sachen wurde der Umfang der Beweisaufnahme zum Nachteil des Angeklagten gegenüber dem bisherigen Recht eingeschränkt. Die Strafkammer war als erkennendes Gericht nur noch Berufungsgericht. Sie war als kleine Strafkammer mit dem Vorsitzenden und zwei Schöffen besetzt, wenn sich die Berufung gegen ein Urteil des Amtsrichters richtete, dagegen als große Strafkammer mit drei Richtern und zwei Schöffen, wenn ein Urteil des Schöffengerichts angefochten war. Das bisherige Schwurgericht behielt diesen Namen bei, wurde aber dem Wesen nach in ein großes, aus drei Richtern und sechs Geschworenen zusammengesetztes Schöffengericht verwandelt, bei dem Richter und Geschworene über die Schuld- und Straffrage gemeinsam zu entscheiden hatten. Seine Zuständigkeit wurde auf bestimmte, besonders schwere Straftaten beschränkt. Für das Verfahren vor dem Schwurgericht waren die Vorschriften maßgebend, die bisher für das Verfahren vor der Strafkammer im ersten Rechtszug gegolten hatten. Für die Entscheidung über die Revision gegen die Urteile der kleinen Strafkammer und gegen diejenigen der großen Strafkammer, wenn im ersten Rechtszug das Schöffengericht in der regelmäßigen Besetzung entschieden hatte, waren die Oberlandesgerichte zuständig, für die Entscheidung über die Revision gegen die Urteile des Schwurgerichts und der großen Strafkammer, wenn im ersten Rechtszug das erweiterte Schöffengericht entschieden hatte, das Reichsgericht. Im übrigen führte die VO Ausnahmen vom Verfolgungszwang ein und erweiterte und erleich-

terte die Voraussetzungen für die öffentliche Zustellung, für die Befreiung des Angeklagten vom Erscheinen in der Hauptverhandlung und für den Erlaß eines Strafbefehls.

4. Ergänzungen. An diese VO schlossen sich zwei auf den Art. 48 Abs. 2 RVerf. 10
gegründete VOen. vom 4. und 13. 1. 1924 (RGBl. I S. 23 u. 29) an. Bedeutung für das Strafverfahren hatten weiter noch die VO über Vermögensstrafen und Bußen vom 6. 2. 1924 (RGBl. I S. 45) und die VO über das Verfahren in bürgerlichen Rechtsstreitigkeiten vom 13. 2. 1924 (RGBl. I S. 135). Der Reichsjustizminister, durch § 43 der „Emminger-VO" ermächtigt, das GVG und die StPO mit den später erlassenen Gesetzen und Verordnungen in Einklang zu bringen und in neuer Fassung zu veröffentlichen, kam diesem Auftrag durch die Bekanntmachung vom 22. 3. 1924 (RGBl. I S. 299, 322) nach.

5. Kritik an der Emminger-Reform. Deren z. T. tief einschneidenden Neuerun- 11
gen, die weit über den Rahmen bloßer Not- und Vereinfachungsmaßnahmen hinausgingen, waren in ihrem Wert lebhaft umstritten. Die geschichtliche Entwicklung hat aber gezeigt, daß eine Reihe von Hauptpunkten, insbesondere die Begründung der Zuständigkeit des Amtsrichters als Einzelrichter in gewissem Umfang, die Hinzunahme von Schöffen auch in die Strafkammer, die Ersetzung des alten Schwurgerichts mit seiner Teilung in eine Geschworenenbank und eine Richterbank, die Lockerung des Verfolgungszwangs in Fällen von geringer Bedeutung u. a. m., wertvolle und unverzichtbare Neuerungen darstellten, von denen namentlich die Lockerung des Verfolgungszwanges aus dem System des heutigen Strafverfahrensrechts nicht mehr wegzudenken ist. Als eine verfehlte Maßnahme erwies sich aber die Beseitigung der Strafkammer als Gericht des ersten Rechtszuges für schwerwiegende Straftaten; unter dem Zwang praktischer Notwendigkeiten wurde, wie weiter unten zu schildern, im Lauf der Zeit die erstinstanzliche Zuständigkeit der Strafkammer schrittweise wieder begründet. Auch die allenfalls nur als Notmaßnahme für beschränkte Zeit vertretbare Beschränkung des Umfangs der Beweisaufnahme mußte schon bald nach Besserung der wirtschaftlichen Verhältnisse wieder beseitigt werden.

III. Die Gesetze von 1925 bis 1932. 12

1. Die durch die Neufassung des GVG und der StPO erreichte Klarheit des Textes und Übersichtlichkeit des Rechtszustandes wurde alsbald wieder durch Gesetzesänderungen von mehr oder weniger großem Gewicht zerstört.

2. Das Gesetz zur Änderung der StPO vom 22. 12. 1925 (RGBl. I S. 475) gab 13
den §§ 245 Abs. 2 und 313 a. F. StPO eine andere Fassung und stellte den durch die Emminger-VO geänderten früheren Rechtszustand auf dem Gebiet des Beweisrechts wieder her. Das Gesetz vom 13. 2. 1926 (RGBl. I S. 99) hob den § 33 Nr. 3 GVG auf. Durch das Gesetz vom 22. 2. 1926 (RGBl. I S. 103) wurde das militärgerichtliche Verfahren, soweit es noch in Geltung war, verschiedenen Vorschriften der StPO angepaßt. Das Gesetz zur Änderung des Gesetzes zum Schutz der Republik vom 31. 3. 1926 (RGBl. I S. 190) änderte die §§ 134 Abs. 1, 139 GVG und beseitigte den § 137 GVG. Durch den Art. II Nr. 4 des Gesetzes zur Vereinfachung des Militärstrafrechts vom 30. 4. 1926 (RGBl. I S. 197) wurden die §§ 435 und 444 Abs. 2 Satz 3 StPO gestrichen.

3. In dieser Zeit beginnt auch der **Einfluß verfassungsmäßiger „Grundrechte"** 14
auf die Gestaltung des Strafverfahrensrechts sich deutlich abzuzeichnen. Das Grundrecht der Unverletzlichkeit der Freiheit der Person (Art. 114 Weim. Verf.) führte zu einer Änderung und Ergänzung des **Rechts der Untersuchungshaft** mit dem Ziel, den Beschuldigten vor unbegründeter Untersuchungshaft zu schützen. Das Gesetz vom 27. 12. 1926 (RGBl. I S. 523 — lex Höfle —), das die mündliche Verhandlung über den

Haftbefehl und das Haftprüfungsverfahren einführte, betraf die §§ 53 Abs. 1 Nr. 4, 114, 114a bis 114d, 115, 115a bis 115d, 124, 126, 131 Abs. 4, 132, 148 Abs. 3, 200 Abs. 2, 201, 218, 245 Abs. 1 und 3, 340, 445 Abs. 2 StPO sowie den § 28 JGG. Dem Ziel, der Freiheitsentziehung rechtsstaatliche Grenzen zu ziehen, diente auch das deutsche **Auslieferungsgesetz** vom 23. 12. 1929 (RGBl. I S. 239). Es ordnete das Verfahren, das bei der Auslieferung eines von der Behörde eines ausländischen Staates wegen einer strafbaren Handlung verfolgten oder verurteilten Ausländers einzuhalten ist. Es traf insbesondere Vorschriften über die Auslieferungshaft, über die Vernehmung des Verfolgten und über seine Unterstützung durch einen Rechtsbeistand. Im § 50 änderte es die StPO durch Aufnahme der §§ 154a und 456a ab, die die Voraussetzungen regelten, unter denen von der Erhebung der öffentlichen Klage oder von der Vollstreckung einer Freiheitsstrafe im Inland mit Rücksicht auf die Auslieferung abgesehen werden kann.

15 4. **Weitere Änderungen** von GVG und StPO brachte Art. I des Gesetzes vom 31. 3. 1927 (RGBl. I S. 175) durch Änderung des Titels XI und des § 153 GVG. Die AusfVO vom 3. 11. 1927 (RGBl. I S. 334) gab aus Anlaß des Fortfalls der Bezeichnungen „Gerichtsschreiberei“ und „Gerichtsschreiber“ den hier in Betracht kommenden Vorschriften des GVG und der StPO eine neue Fassung. Das Reichsministergesetz vom 27. 3. 1930 (RGBl. I S. 96), das u. a. die Berufung der Reichsminister zum Amt der Schöffen und Geschworenen und ihre Vernehmung als Zeugen und Sachverständige während der Dauer und nach Beendigung des Amts besonders regelte, brachte unter anderem Änderungen des § 34 GVG sowie der §§ 50, 54 und 76 StPO.

16 5. **Die Deflationsperiode.** Die in den Jahren 1930 bis 1932 als Folge einer weltweiten Wirtschaftskrise stark und stärker in Erscheinung tretende Finanznot von Reich und Ländern führte dazu, sich auch auf dem Gebiet der Strafgerichtsverfassung und des Strafverfahrensrechts nach weiteren Vereinfachungs- und Ersparnismöglichkeiten umzusehen. Die Änderungen erfolgten, da bei der zunehmenden parteilichen Zerklüftung des Reichstages Maßnahmen im Wege der ordentlichen Gesetzgebung nicht mehr zu erreichen waren, durch Notverordnungen des Reichspräsidenten auf Grund des Art. 48 Weim. Verf.

17 Die VO zur Sicherung der Wirtschaft und Finanzen vom 1. 12. 1930 (RGBl. I S. 517) ermöglichte die gleichzeitige Zugehörigkeit eines Amtsrichters zu mehreren Amtsgerichten und die von der Landesjustizverwaltung anzuordnende Zuweisung der Erledigung von Rechtshilfeersuchen an ein Amtsgericht für die Bezirke mehrerer Amtsgerichte. Sie bestimmte ferner, dem § 479 RAbgO i. d. Fass. vom 22. 5. 1931 (RGBl I S. 161) vorgreifend, inwieweit die §§ 419 bis 429 StPO für Steuerstrafsachen außer Kraft traten.

18 Die VO zur Sicherung von Wirtschaft und Finanzen vom 6. 10. 1931 (RGBl. I S. 537, 563) brachte für sog. **Monstreprozesse** — Verfahren von ungewöhnlichem Umfang oder ungewöhnlicher Dauer — die **Wiedereinführung der erstinstanzlichen Zuständigkeit der Strafkammer,** gegen deren Urteile nur die Revision zulässig war, um die kostspielige Wiederholung des Verfahrens in einer zweiten Tatsacheninstanz auf Berufung hin auszuschließen. Die VO erklärte die Große Strafkammer für zuständig für Verbrechen und Vergehen, die an sich zur Zuständigkeit des Amtsgerichts gehörten, wenn eine Voruntersuchung stattgefunden hatte, mit einer Verhandlungsdauer von mehr als sechs Tagen zu rechnen war und die Staatsanwaltschaft bei Einreichung der Anklageschrift die Hauptverhandlung vor der großen Strafkammer beantragte. Sie machte weiter die Verfolgung der Übertretungen davon abhängig, daß das öffentliche Interesse sie erfordere, erweiterte im übrigen das Recht der Staatsanwaltschaft zur

Einstellung des Verfahrens unter bestimmten Voraussetzungen, regelte das beschleunigte Verfahren nach § 212 StPO neu, gestattete die Befreiung des Angeklagten von der Pflicht zum Erscheinen in der Hauptverhandlung über den bisher im Gesetz gezogenen Rahmen hinaus, führte die Befugnis der Oberlandesgerichte, eine Revision durch Beschluß als offensichtlich unbegründet zu verwerfen, ein, erlaubte dem Gericht die Einstellung des Verfahrens bei den im Weg der Privatklage verfolgten Vergehen wegen geringfügiger Bedeutung und beschränkte die Rechtsmittel in Privatklagesachen. Sie ermächtigte endlich die Reichsregierung, im Bedürfnisfall Sondergerichte einzusetzen.

Eine Reihe von VOen (vom 28.3.1931, RGBl. I S. 79, vom 1.8. und 17.11.1931, RGBl. I S. 421, 679, vom 8.12. 1931, RGBl. I S. 743, vom 23.5. 1932, RGBl. I S. 231, und vom 14.6.1932, RGBl. I S. 297) ließen das abgekürzte Verfahren gemäß § 212 StPO in den von der Staatsanwaltschaft verfolgten Strafsachen wegen gewisser politischer Ausschreitungen und anderer öffentlich begangener Handlungen, wegen Verletzung der Vorschriften über Devisenbewirtschaftung und wegen Beleidigung ohne die Voraussetzung der freiwilligen Gestellung oder der Vorführung infolge vorläufiger Festnahme zu. Die VO vom 8.12.1931 räumte dem Gericht zugleich für Fälle, in denen eine Beleidigung den Gegenstand der Klage bildete, eine freiere Stellung gegenüber dem Beweisverlangen der am Verfahren Beteiligten ein. Die VO zum Schutz der Wirtschaft vom 9.3.1932 (RGBl. I S. 121) befaßte sich mit den §§ 172 bis 175 GVG. **19**

Diese verhältnismäßig kleinen Mittel genügten aber bei der sich verschärfenden Finanznot nicht. Die „Diktatur der Armut" zwang zu radikaleren Eingriffen. Dabei sollten auch neben Maßnahmen von zeitbedingter Dauer Reformgedanken von dauernder Bedeutung durchgeführt werden, wobei z. T. auf Vorschläge zurückgegriffen wurde, die der dem Reichstag am 20.5.1930 vorgelegte Entwurf eines Einführungsgesetzes zum Allgemeinen Deutschen Strafgesetzbuch und zum Strafvollzugsgesetz (RTDrucks. IV. Wahlperiode Nr. 2070) enthielt. Die VO über Maßnahmen auf dem Gebiet der Rechtspflege und Verwaltung vom 14.6.1932 (RGBl. I S. 285; Erläuterungen von *Koffka* und *K. Schäfer* 2. Aufl. 1933) brachte vor allem die **allgemeine Wiedereinsetzung der großen Strafkammer als Gericht des ersten Rechtszugs.** Sie änderte die Vorschriften über die sachliche Zuständigkeit unter Aufhebung des erweiterten Schöffengerichts dahin ab, daß die große Strafkammer im ersten Rechtszug für einen Teil der im § 24 Nr. 3 a. F. GVG bezeichneten Verbrechen ohne weiteres zuständig wurde und daß ihre Zuständigkeit für alle in der Zuständigkeit des Schöffengerichts verbleibenden Strafsachen durch einen Antrag der Staatsanwaltschaft begründet werden konnte. Sie ordnete weiter eine Beschränkung der Rechtsmittel gegen die Urteile des Amtsrichters und des Schöffengerichts in dem Sinn an, daß nach Wahl des Anfechtungsberechtigten die Berufung an das Landgericht oder die Revision an das Oberlandesgericht stattfand und daß der Berechtigte, der Berufung eingelegt hatte, nicht mehr Revision einlegen durfte. Sie gewährte ferner dem Gericht für die Verhandlungen vor dem Amtsrichter und vor dem Schöffengericht, ebenso vor dem Landgericht im Berufungsrechtszug das Recht, den Umfang der Beweisaufnahme nach freiem Ermessen zu bestimmen, ohne hierbei durch Anträge, Verzichte oder frühere Beschlüsse gebunden zu sein. Die weiteren Vorschriften der VO hatten den Verzicht auf das Haftprüfungsverfahren, die Befugnisse des Verteidigers im Schnellverfahren, die Erstreckung der Frist, innerhalb derer eine unterbrochene Hauptverhandlung fortzusetzen ist, die Verwerfung des gegen eine polizeiliche Strafverfügung angebrachten Antrags auf gerichtliche Entscheidung beim unentschuldigten Ausbleiben des Angeklagten in der Hauptverhandlung, die Ausdehnung der Wahlperiode der Schöffen und Geschworenen auf zwei Jahre und die Einführung des Einzelrichters in Jugendsachen zum Gegenstand. **20**

21 **IV. Die Gesetzgebung von 1933 bis 1945.**

1. Allgemeines. Die im Jahre 1933 mit der Machtergreifung durch den Nationalsozialismus einsetzende umfangreiche Gesetzgebungstätigkeit auf dem Gebiet des Gerichtsverfassungs- und Strafverfahrensrechts ist von sehr verschiedenem Gehalt. Eine Reihe von Vorschriften ergab sich aus dem Übergang der Justizhoheit der Länder auf das Reich und aus der Wiedereinführung der Militärgerichtsbarkeit nach Erneuerung der allgemeinen Wehrpflicht. Andere Vorschriften stellen sich als rechtstechnische Neuerungen ohne eine besondere kriminalpolitische Grundtendenz dar. Echte Reformvorschriften griffen z.T. auf Reformvorschläge aus vornationalsozialistischer Zeit zurück, z.T. aber wurden sie durch neue kriminalpolitische Grundvorstellungen aus der Ideenwelt des Nationalsozialismus beeinflußt, unter denen u.a. die Gedanken einer größtmöglichen Beschleunigung der Strafverfahren unter Beschränkung oder Verzicht auf Rechtsmittel und andere Maßnahmen zum Schutz des Beschuldigten (insbes. Bildung von Sondergerichten als Dauereinrichtung), der Einflußnahme der Staatsführung auf das Strafverfahren durch Erweiterung der Befugnisse des weisungsgebundenen Staatsanwalts unter Beschränkung oder Wegfall richterlicher Prüfungsmaßnahmen (Beschränkung der Voruntersuchung, Wegfall des Eröffnungsverfahrens) oder durch Wegfall des Präsidialsystems bei den Kollegialgerichten, und schließlich der „Durchsetzung der materiellen Gerechtigkeit gegenüber der formalen Rechtssicherheit" unter Beschränkung der bisherigen Konsumtionswirkung der Rechtskraft (Erweiterung der Voraussetzungen für die Wiederaufnahme des Verfahrens zuungunsten des Angeklagten, Nichtigkeitsbeschwerde gegen rechtskräftige Urteile, Beseitigung des Verbots der reformatio in peius), hervortreten. In chronologischer Reihenfolge und unter Verzicht auf Vorschriften von zeitlicher oder nur begrenzt örtlicher Bedeutung — eine vollständige Übersicht findet sich in der Einleitung zur 20. Aufl. S. 6 ff. — sind folgende das GVG und die StPO berührende Vorschriften zu nennen:

22 **2. Von 1933 bis 1935.**

a) Sondergerichte. Durch die auf die NotVO des Reichspräsidenten vom 6. 10. 1931 (RGBl. I 537) gestützte VO über die Bildung von Sondergerichten vom 21. 3. 1933 (RGBl. I S. 136) wurden für den Bezirk jedes Oberlandesgerichtes Sondergerichte zur beschleunigten Aburteilung gewisser nicht in die Zuständigkeit des Reichsgerichts — später des Volksgerichtshofs — oder des Oberlandesgerichts fallender politischer Verbrechen und Vergehen geschaffen und die Besetzung der Sondergerichte und ihr Verfahren geregelt. Wesentliche Punkte waren u. a. der Ausschluß der gerichtlichen Voruntersuchung, die Beseitigung des Eröffnungsbeschlusses, die Beschränkung des Umfangs der Beweisaufnahme und der Wegfall von Rechtsmitteln; als Ersatz für den Wegfall von Rechtsmitteln ließ die VO eine Wiederaufnahme des Verfahrens zugunsten des Verurteilten auch schon zu, wenn Umstände vorlagen, die die Nachprüfung der Sache im ordentlichen Verfahren notwendig erscheinen ließen. Die Zuständigkeit der Sondergerichte beschränkte sich ursprünglich auf Verbrechen und Vergehen gegen die VO zum Schutz von Volk und Staat vom 28. 2. 1933 (RGBl. I S. 83) und die VO zur Abwehr heimtückischer Angriffe gegen die Regierung der nationalen Erhebung vom 21. 3. 1933 (RGBl. I S. 135, später das Gesetz gegen heimtückische Angriffe auf Staat und Partei und zum Schutz der Parteiuniformen vom 20. 12. 1934, RGBl. I S. 1269). In der Folgezeit aber wurde die Zuständigkeit der Sondergerichte ständig erweitert, und zwar — in der hier zu betrachtenden Zeit bis 1935 — auf die Verbrechen nach § 1 des Gesetzes zur Abwehr politischer Gewalttaten vom 4. 4. 1933 (RGBl. I S. 162); die Verbrechen und Vergehen gegen § 8 des Gesetzes gegen Verrat der deutschen Volkswirtschaft vom 12. 6. 1933 (RGBl. I S. 360); die Verbrechen nach §§ 1 und 2 des Gesetzes zur Gewährleistung des Rechtsfriedens vom 13.10. 1933 (RGBl. I S. 723); die Vergehen gegen die §§ 134 a und 134 b StGB auf Grund der VOen. vom 20. 12. 1934 (RGBl. 1935 I S. 4) und 24. 9. 1935 (RGBl. I S. 1179); die Verbrechen nach § 315 Abs. 1 Satz 2 StGB gemäß Art. 8 Nr. 4 des Gesetzes vom 28. 6. 1935.

b) Militärgerichtsbarkeit. Wehrmachtsstrafverfahren. Die Wiedereinführung der Militärgerichtsbarkeit erfolgte durch das Gesetz vom 12. 5. 1933 (RGBl. I S. 264). Sie trat gemäß § 1 des Einführungsgesetzes zur Militärstrafgerichtsordnung vom 4. 11. 1933 (RGBl. I S. 921) mit Wirkung vom 1. 1. 1934 ab wieder allgemein in Kraft. Die gleichfalls am 4. 11. 1933 bekanntgemachte Militärstrafgerichtsordnung (RGBl. I S. 924) schrieb den Umfang und die Ausübung der Militärgerichtsbarkeit und das Verfahren vor den Militärgerichten vor. Ausführungsbestimmungen hierzu ergingen in der VO vom 21. 11. 1933 (RGBl. I S. 989). Die Gesetze vom 23. 11. 1934 (RGBl. I S. 1165) und vom 9. 10. 1935 (RGBl. I S. 1223) änderten die Militärstrafgerichtsordnung. **23**

c) Allgemeine Gerichtsverfassung. Das Gesetz zur Änderung der Vorschriften des GVG über die Präsidien der Gerichte vom 1. 7. 1933 (RGBl. I S. 451) verbesserte den Inhalt der §§ 62 bis 64 GVG und änderte im neuen § 64 a die Zusammensetzung und das Verfahren der Präsidien (Schaffung eines verkleinerten Präsidiums bei großen Land- und Oberlandesgerichten). Durch Art. 1 des Ausführungsgesetzes zum Gesetz gegen gefährliche Gewohnheitsverbrecher und über Maßregeln der Sicherung und Besserung vom 24. 11. 1933 (RGBl. I S. 1000) wurden die §§ 26 a und 171 a in das GVG eingefügt. Die Erledigung von Strafsachen bei Aufhebung von Gerichten der Länder regelte das Gesetz über die Zuständigkeit der Gerichte bei Änderung der Gerichtseinteilung vom 6. 12. 1933 (RGBl. I S. 1037). Das Gesetz zur Überleitung der Rechtspflege auf das Reich vom 16. 2. 1934 (RGBl. I S. 91) bestimmte unter anderem, daß alle Gerichte im Namen des deutschen Volkes Recht sprechen. Das Gesetz vom 24. 4. 1934 (RGBl. I S. 341) brachte im Zeichen der beginnenden militärischen Wiederaufrüstung verschärfte Vorschriften gegen Hoch- und Landesverrat, insbesondere Verrat militärischer Geheimnisse; im Zusammenhang damit wurde — aus Mißtrauen, daß bei den ordentlichen Gerichten eine nachhaltige Verfolgung einschlägiger Delikte nicht gewährleistet sei — dem Reichsgericht die erst- und letztinstanzliche Zuständigkeit für Hoch- und Landesverratssachen (§ 134 a. F. GVG) entzogen und dem neugebildeten, nur zum Teil mit Berufsrichtern besetzten Volksgerichtshof übertragen mit der Möglichkeit, weniger schwerwiegende Sachen an die Oberlandesgerichte abzugeben. **24**

Das Gesetz zur Änderung des GVG vom 13. 12. 1934 (RGBl. I S. 1233) brachte Vorschriften über die Befreiung von der deutschen Gerichtsbarkeit, über die Berufung der Vertrauenspersonen bei dem Ausschuß zur Wahl der Schöffen und Geschworenen und über die Rechtshilfe bei der Strafvollstreckung. Im dritten Gesetz zur Überleitung der Rechtspflege auf das Reich vom 24. 1. 1935 (RGBl. I S. 68) ordnete die Reichsregierung unter anderem an, daß mit dem 1. 4. 1935 die Justizbehörden der Länder Reichsbehörden und die Justizbeamten der Länder unmittelbare Reichsbeamte wurden. Das Gesetz über die Beseitigung der Gerichtsferien vom 7. 3. 1935 (RGBl. I S. 352) hob den 17. Titel des GVG auf. Die VO vom 19. 3. 1935 (RGBl. I 383) brachte die Aufhebung des BayObLG. Die VO zur einstweiligen Regelung der Gerichtsverfassung vom 20. 3. 1935 (RGBl. I S. 403), die sich auf den Art. 5 des ersten Gesetzes zur Überleitung der Rechtspflege auf das Reich stützte, brachte eine reichseinheitliche Ordnung für gewisse bisher landesrechtlich geregelte Materien auf dem Gebiet der Gerichtsverfassung. Sie regelte u. a. die Errichtung und Aufhebung von Gerichten und die Verlegung des Gerichtssitzes, die Änderung der Abgrenzung der Gerichtsbezirke, bei den Amtsgerichten die Errichtung von Zweigstellen und Abhaltung von Gerichtstagen, die Bestellung der auf- **25** sichtführenden Amtsrichter und die Verteilung der Geschäfte, bei den Land- und Oberlandesgerichten die Zuständigkeit zur Errichtung von Kammern und Senaten, ferner die Erledigung von richterlichen Geschäften durch Hilfsrichter und die Ausübung der Dienstaufsicht. Der Einbruch in das Präsidialsystem der Kollegialgerichte, das das Gesetz vom 1.7. 1933 (RGBl. I 451) noch unberührt gelassen hatte, zeichnet sich hier bereits durch die Bestimmungen ab, daß der Reichsjustizminister Grundsätze für die Verteilung der Geschäfte bei den Land- und Oberlandesgerichten aufstellen könne (§§ 7, 8). Schließlich eröffnete die Reichsregierung den Übergang zu der von ihr beabsichtigten völligen Umgestaltung des Verfahrensrechts im Gesetz zur Änderung von Vorschriften des Strafverfahrens und des GVG vom 28.6. 1935 (RGBl. I S. 844), das sich an das zugleich erlassene Gesetz zur Änderung des StGB (RGBl. I S. 839) anschloß. Das erstere Gesetz griff in das GVG ein, indem es das Reichsgericht ermächtigte, von Urteilen aus der Zeit vor dem 1.9. 1935 ohne Herbeiführung einer Plenarentscheidung abzuweichen, die Bildung von Großen Senaten beim RG anordnete und die §§ 136 bis 138 demgemäß durch andere Vorschriften ersetzte.

26 d) **Allgemeine Strafverfahren.** § 24 der VO zum Schutze des deutschen Volkes vom 4.2. 1933 (RGBl. I S. 35) dehnte die Zulässigkeit des beschleunigten Verfahrens nach § 212 aus. Die VO gegen Verrat am deutschen Volke und gegen hochverräterische Umtriebe vom 28.2. 1933 (RGBl. I S. 85), deren Inhalt später in das bereits unter Rdn. 24 erwähnte Gesetz vom 24.4. 1934 übernommen wurde, traf insbesondere Vorschriften über den Ermittlungsrichter des Reichsgerichts; sie bestimmte überdies, daß die Voruntersuchung in den zur Zuständigkeit des Reichsgerichts gehörenden Strafsachen bei einfachem Tatbestand entfalle. In derselben Richtung bewegte sich die VO zur Beschleunigung des Verfahrens in Hochverrats- und Landesverratssachen vom 13.3. 1933 (RGBl. I S. 131); sie ermöglichte die Überweisung von Hochverratssachen an die Oberlandesgerichte und ordnete die Einschränkung der Voruntersuchung für die zur Zuständigkeit der Oberlandesgerichte gehörenden Strafsachen sowie den Wegfall des Eröffnungsbeschlusses in den vor dem Reichsgericht oder vor den Oberlandesgerichten zu verhandelnden Sachen an; auch diese VO ging hernach in dem Gesetz vom 24.4. 1934 auf. Das Gesetz gegen Verrat der deutschen Volkswirtschaft vom 12.6. 1933 (RGBl. I S. 360) ordnete an, daß das Abwesenheitsverfahren nach den §§ 277 ff. gegen Angeklagte stattfinde, denen ein Verbrechen oder Vergehen im Sinn des Gesetzes zur Last gelegt wird; diese Vorschrift wurde später durch die Umgestaltung des Verfahrens gegen Flüchtige im Gesetz vom 28.6. 1935 überholt. Die VO zur Vereinfachung der Zustellung vom 17.6. 1933 (RGBl. S. 394) änderte die §§ 35, 146, 218 und 378 StPO sowie den § 87 GVG; sie beeinflußte das Strafverfahren auch im übrigen. Das schon genannte AGGewVerbrG vom 24.11. 1933 fügte die §§ 5 a, 80 a, 81 a, 81 b, 126 a, 233 a sowie die das Sicherungsverfahren betreffenden §§ 429 a bis 429 e und die auf die Strafvollstrekkung bezüglichen §§ 456 d und 463 a in die StPO ein und änderte die §§ 81, 113, 127 bis 129, 131, 140, 145, 148, 149, 154, 154 a, 160, 207, 260, 263, 265, 267, 270, 299, 305, 358, 359, 363, 371, 384, 407, 456 a, 458, 465, 466 und 467; die im Art. 14 des Gesetzes enthaltene Übergangsvorschrift, die ein nachträgliches Sicherungsverfahren zum Gegenstand hatte, gewann für die folgenden Jahre eine große Bedeutung.

27 Das **Gesetz zur Einschränkung der Eide im Strafverfahren** vom 24.11. 1933 (RGBl. I S. 1008), das ein kriminalpolitisch viel umstrittenes Problem anfaßte, war von dem Bestreben getragen, die Zahl unnötiger Eidesleistungen im Interesse der Heiligkeit des Eides nach Möglichkeit einzuschränken (Änderung der §§ 57 bis 66, Einfügung der §§ 66 a bis 66 e). Es ersetzte den Voreid durch den Nacheid und erweiterte erheblich die Zahl der Fälle, in denen das Gericht nach seinem Ermessen von einer Beeidigung abse-

hen durfte, ohne daß es indessen diesem Gesetz gelungen wäre, dem Streit um die rechtsstaatlich und kriminalpolitisch erwünschte und vertretbare Begrenzung des Eideszwanges ein Ende zu bereiten. Das unter Rdn. 24 erwähnte Gesetz vom 24. 4. 1934 (RGBl. I S. 341) brachte das Haftprüfungsverfahren für den ganzen Bereich der StPO in Wegfall. Das Gesetz über Devisenbewirtschaftung vom 4. 2. 1935 (RGBl. I S. 106) nahm verfahrensrechtliche Vorschriften auf, die sich mit der Aburteilung von Devisenzuwiderhandlungen im beschleunigten Verfahren nach § 212 sowie mit der Unterwerfung des Beschuldigten unter die von der Devisenstelle festgesetzte Strafe befaßte. Von besonderer Bedeutung war das bereits erwähnte Gesetz vom 28. 6. 1935 (RGBl. I S. 44). Es beließ es bezgl. des **Umfangs der Beweisaufnahme** bei dem durch die NotVO vom 14. 6. 1932 geschaffenen Rechtszustand, wonach der „Strengbeweis" des § 245 Abs. 1 StPO nur für erstinstanzliche Gerichte galt, gegen deren Urteile es keine Berufung, also keine zweite Tatsacheninstanz gab, während freies Ermessen des Gerichts entschied, wenn zwei Tatsacheninstanzen gegeben waren, führte aber auch, soweit Strengbeweis galt, das freie Ermessen des Gerichts für den Beweis durch Augenschein und durch Sachverständige ein. Ein Schritt von bleibender Bedeutung war, daß der neu eingefügte § 245 Abs. 2 (heute § 244 Abs. 3) im Anschluß an die in der Rechtsprechung des Reichsgerichts ausgebildeten Grundsätze die Voraussetzungen genau und abschließend umschrieb, unter denen in den Fällen des Strengbeweises allein ein Beweisantrag abgelehnt werden kann. Einer mißbräuchlichen Handhabung des freien Ermessens sollte der als beherrschender Grundsatz an die Spitze der Beweisaufnahme gestellte § 244 Abs. 2 entgegenwirken, wonach das Gericht von Amts wegen alles zu tun hat, was zur Erforschung der materiellen Wahrheit notwendig ist. Im übrigen bestimmte die Novelle, wie zu verfahren sei, wenn es sich um Rechtsschöpfung durch entsprechende Anwendung eines Strafgesetzes oder um Wahlfeststellung handelte, **hob** das in den §§ 331, 358 und 373 enthaltene **Verbot der reformatio in peius auf,** beseitigte die notwendige Voruntersuchung, führte den Hilfsuntersuchungsrichter ein, schuf als neue Haftgründe, neben Fluchtverdacht und Verdunkelungsgefahr, die Gefahr des Mißbrauchs der Freiheit zu neuen Straftaten und die durch die Schwere der Tat hervorgerufene Erregung der Öffentlichkeit und regelte das Verfahren gegen Flüchtige und bei Verletzung der Wehrpflicht.

e) **Strafverfahrensrechtliche Verwaltungsvorschriften.** Die aus Anlaß des Übergangs der Justizhoheit der Länder auf das Reich auf Vereinheitlichung bisher landes- **28**
rechtlich geregelter Materien gerichteten gesetzgeberischen Maßnahmen wurden ergänzt durch umfassende Vorschriften der Reichsjustizverwaltung für solche Gebiete, die einer Ordnung durch Justizverwaltungsanordnung zugänglich waren. Es sind hier u. a. zu nennen die Gnadenordnung vom 6. 2. 1935 (DJ 1935 203), die Richtlinien für das Strafverfahren vom 13. 4. 1935 (Sonderveröffentlichung Nr. 7 der DJ), die Strafvollstreckungsordnung vom 7. 12. 1935 (DJ 1935, 1800), die Allgemeine Verfügung des Reichsjustizministers über die Vereinheitlichung der Staatsanwaltschaft vom 18. 12. 1934 (DJ S. 1608), die Aufbau und Gliederung der Staatsanwaltschaft, die Aufsicht und Leitung, Zeichnungsbefugnis, Geschäftsverteilung und die Bestellung der Hilfsbeamten der Staatsanwaltschaft regelte, und die Allg. Verf. über Mitteilungen in Strafsachen vom 21. 5. 1935 (Amtl. Sonderveröffentl. der DJ Nr. 8). Diese (und andere) in der Folgezeit vielfach geänderten und ergänzten Anordnungen (Zusammenstellung bei *Krug/Schäfer/Stolzenburg,* Strafrechtl. Verwaltungsvorschriften, 3. Aufl. 1943) waren für die praktische Handhabung der Strafrechtspflege von wesentlicher Bedeutung; sie wurden nach dem Rückfall der Justizhoheit auf die Länder durch einheitlich geltende, durch Vereinbarungen zwischen den Justizverwaltungen des Bundes und der Länder geschaffene Vorschriften ersetzt (s. unten Rdn. 56).

29 **3. Von 1936 bis zum Ausbruch des Krieges 1939.** Die gesetzgeberischen Maßnahmen der Jahre 1933 bis 1935, soweit sie über die Regelung aktueller Bedürfnisse hinaus kriminalpolitische, oben Rdn. 21 gekennzeichnete Grundgedanken erkennen lassen, waren nur Vorläufer eines bald nach der Machtergreifung beschlossenen Planes, neben die bereits in Angriff genommene Reform des materiellen Strafrechts eine umfassende Reform der Gerichtsverfassung und des Strafverfahrens treten zu lassen. Nachdem das Gesetz vom 28.6. 1935 die für dringend notwendig erachteten Neuerungen auf diesen Gebieten vorweggenommen hatte, berief der Reichsjustizminister im Jahr 1936 eine Strafprozeßkommission ein, die einen den Anschauungen und Bedürfnissen des neuen Strafrechts entsprechenden Entwurf einer Strafverfahrensordnung und einer Friedensrichterordnung aufstellen sollte (vgl. dazu unten Kap. 4, 12).

Die Hoffnung auf baldigen Abschluß der Reform veranlaßte den Gesetzgeber zur Zurückhaltung, so daß die Zahl der in diesem Zeitraum erlassenen Gesetze gegenüber der vorangegangenen Zeit stark zurücktritt.

30 **a) Gerichtsverfassung.** Das Gesetz über die **Geschäftsverteilung bei den Gerichten** vom 24. 11. 1937 (RGBl. I S. 1286) erklärte die Geschäftsverteilung für eine Angelegenheit der Justizverwaltung, übertrug sie den Präsidenten der Gerichte und hob die Vorschriften des GVG über das Präsidium auf. Damit war die dem Grundsatz des „gesetzlichen Richters" (§ 16 GVG) entsprechende justizförmige Regelung der Geschäftsverteilung und Besetzung der Spruchkörper beseitigt und der Staatsführung auf dem Weg der Weisung an den als Justizverwaltungsorgan weisungsgebundenen Gerichtspräsidenten die politische Einflußnahme auf die Strafrechtspflege im allgemeinen, u. U. auch auf den Einzelfall, eröffnet; zugleich waren dem „Führerprinzip" zuliebe die ohnedies bescheidenen Ansätze einer kollegialen richterlichen Selbstverwaltung zum Schaden der — formell nicht angetasteten — richterlichen Unabhängigkeit vernichtet.

Auf den aufrechterhaltenen § 2 GVG bezogen sich das Gesetz über die Befähigung zum Richteramt vom 27.2. 1937 (RGBl. I S. 127), ferner die VOen über die Befähigung zum Richteramt, zur Staatsanwaltschaft, zum Notariat und zur Rechtsanwaltschaft vom 4. 1. 1939 (RGBl. I S. 5) und über die Laufbahn für das Amt des Richters und des Staatsanwalts vom 16.5. 1939 (RGBl. I S. 917) mit den Durchführungsbestimmungen vom 6.6. 1939 (DJ 1939, 996).

31 **b) Volksgerichtshof.** Das Gesetz vom 18.4. 1936 (RGBl. I S. 369) sprach dem Volksgerichtshof die Eigenschaft als ordentliches Gericht im Sinn des GVG zu — tatsächlich blieb es trotz dieser Etikettierung ein Sondergericht; vgl. BGH NJW **1954** 1777 — und bestimmte die Besetzung des Volksgerichtshofs sowie die Stellung der Beamten, die dort das Amt der Staatsanwaltschaft ausübten. Mit der Besetzung, der Zuständigkeit und dem Verfahren des Volksgerichtshofs befaßten sich weiter die VOen vom 18.4. 1936 (RGBl. I S. 398) und vom 4.5. 1936 (RGBl. I S. 341) sowie die Gesetze zur Änderung des Strafgesetzbuchs vom 2.7. 1936 (RGBl. I S. 532) und gegen Wirtschaftssabotage vom 1. 12. 1936 (RGBl. I S. 999).

32 **c) Sondergerichte.** Zunächst dehnte die VO vom 5.2. 1936 (RGBl. I S. 97) die Zuständigkeit dieser Gerichte noch weiter aus; eine gewisse Einschränkung brachte der durch das Gesetz vom 4.5. 1936 in die SondergerichtsVO vom 21.3. 1933 neu aufgenommene § 3 a, wonach die Anklagebehörde die Untersuchung an die Staatsanwaltschaft zur Behandlung im ordentlichen Verfahren abgeben konnte, wenn die alsbaldige Aburteilung der Tat für die Aufrechterhaltung der öffentlichen Ordnung oder für die Staatssicherheit von minderer Bedeutung oder wenn der Täter ein Jugendlicher war.

War aber bis dahin die Zuständigkeit der Sondergerichte auf Zuwiderhandlungen gegen bestimmte Strafvorschriften beschränkt geblieben, so ermächtigte nunmehr die VO über die Erweiterung der Zuständigkeit der Sondergerichte vom 20. 11. 1938 (RGBl. I S. 1632) die Anklagebehörde dazu, bei allen Verbrechen, die zur Zuständigkeit des Schwurgerichts oder eines niedrigeren Gerichts gehören, Anklage vor dem Sondergericht zu erheben, wenn die sofortige Aburteilung durch das Sondergericht nach der Ansicht der Anklagebehörde wegen der Schwere oder der Verwerflichkeit der Tat oder wegen der in der Öffentlichkeit entstandenen Erregung geboten war. Das bedeutete die Preisgabe des die §§ 13 und 16 GVG tragenden Grundsatzes, der verlangt, daß die Sondergerichtsbarkeit von der ordentlichen Gerichtsbarkeit durch Grenzen getrennt wird, die nach der Eigenart der Täter oder der Taten oder nach Geltungsraum oder Geltungszeit scharf bestimmt sind. Schließlich reihte die VO über Strafen und Strafverfahren bei Zuwiderhandlungen gegen Preisvorschriften vom 3.6. 1939 (RGBl. I S. 999) weitere Straftaten in die Zuständigkeit der Sondergerichte ein.

d) Wehrmachtsstrafverfahren. Das Gesetz vom 26.6. 1936 (RGBl. I S. 517) ordnete die Wiedereinrichtung eines Obersten Gerichtshofes der Wehrmacht an. Die VO vom 5.9. 1936 (RGBl. I S. 718) schuf demzufolge das Reichskriegsgericht mit dem Sitz in Berlin. Durch die Bekanntmachung vom 29.9. 1936 (RGBl. I S. 751) erhielten die Militärstrafgerichtsordnung und das Einführungsgesetz dazu eine neue Fassung. 33

4. Vom Ausbruch des Krieges bis zum Kriegsende am 8.5.1945. 34

a) Allgemeines.

Die umfangreiche Gesetzgebung während des Krieges auf dem Gebiet des Strafgerichtsverfassungs- und Strafverfahrensrechts hat zwiespältigen Charakter. Sie ist einerseits gekennzeichnet durch einschneidende Maßnahmen, die, durch die Kriegsverhältnisse, insbesondere den Kräftemangel und das Bedürfnis, die öffentliche Ordnung auch in gefährdeten Zeiten durch nachdrückliche Ahndung von Straftaten aufrechtzuerhalten, veranlaßt, als zeitlich begrenzte Notbehelfe gedacht waren. Zugleich aber zeigte sich, nachdem durch den Kriegsausbruch und die Dauer des Krieges die Hoffnung, die weit gediehenen Pläne nach einer umfassenden Reform des materiellen und des Gerichtsverfassungs- und Verfahrensrechts bald zu verwirklichen, geschwunden war, das Bestreben, wichtige Reformpunkte unter dem Gesichtspunkt (oder dem Vorwand) einer kriegsgebotenen Vereinfachung vorwegzunehmen und damit auf Dauer berechnetes Recht zu schaffen. Das gilt z. B. für die **Einführung des außerordentlichen Einspruchs und der Nichtigkeitsbeschwerde,** die Neugestaltung der sachlichen Zuständigkeit, die allgemeine Preisgabe des Eröffnungsverfahrens, den Einbau eines Verfahrens zur Entschädigung des Verletzten, die Änderung der Vorschriften über die Wiederaufnahme des Verfahrens sowie die Umwandlung der Jugendgerichtsverfassung und des Jugendstrafverfahrens. Nicht einzugehen ist an dieser Stelle auf gewisse außerhalb des geschriebenen Rechts vollzogene Maßnahmen und Verlautbarungen wie den bekannten, aus Mißtrauen gegen die Justizgerichte geborenen Beschluß des Reichstages vom 26.4. 1942, der den „Führer" zum „obersten Gerichtsherrn" erklärte mit dem Recht, auch den Richter „ohne Einleitung vorgeschriebener Verfahren aus seinem Amte, aus seinem Rang und seiner Stellung zu entfernen". Was hier an faktischen, gegen die richterliche Unabhängigkeit gerichteten politischen Einflußnahmen geleistet wurde, mag man etwa aus der Darstellung bei *Schorn* Der Richter im Dritten Reich (1959) ersehen.

b) Gerichtsverfassung. Die VO über Maßnahmen auf dem Gebiet der Gerichtsverfassung und der Rechtspflege vom 1.9. 1939 (RGBl. I S. 1658) ermächtigte den 35

Reichsminister der Justiz, Gerichte zu errichten und aufzuheben, ihren Sitz zu verlegen und ihre Bezirke anders zu begrenzen; sie verpflichtete die Richter zur Wahrnehmung von Dienstgeschäften auch außerhalb des Gerichts, dem sie als ständig angestellt angehörten, und ermöglichte die Verwendung von Hilfsrichtern und ihre Betrauung mit dem Vorsitz bei allen Gerichten. Die Mitwirkung der Laienrichter entfiel; die VO übertrug die Zuständigkeit des Schöffengerichts auf den Amtsrichter, die des Schwurgerichts auf die Strafkammer. Sie verringerte ferner die Zahl der in der Hauptverhandlung des ersten Rechtszuges mitwirkenden Richter der Strafsenate der Oberlandesgerichte. Zu dieser ersten VereinfachungsVO ergingen die DurchführungsVOen vom 8.9.1939 (RGBl. I S. 1709) und vom 4.10.1939 (RGBl. I S. 1994). Das Gesetz zur Änderung von Vorschriften des allgemeinen Strafverfahrens, des Wehrmachtsstrafverfahrens und des Strafgesetzbuchs vom 16.9. 1939 (RGBl. I S. 1841) regelte die Überweisung von Strafsachen aus der allgemeinen Gerichtsbarkeit an die Wehrmachtsgerichtsbarkeit und begründete den Besonderen Strafsenat des RG zur Entscheidung über den außerordentlichen Einspruch (s. unten Rdn. 38) und als Gericht des ersten Rechtszugs in Strafsachen von großer Bedeutung, die nicht zur Zuständigkeit des Volksgerichtshofs gehörten. Dazu ergingen die DurchführungsVOen vom 17.9. 1939 (RGBl. I S. 1847) und vom 11.12. 1939 (RGBl. I S. 2402). Die VO zum Schutz gegen jugendliche Schwerverbrecher ermächtigte den Staatsanwalt, Anklage gegen einen bei Tatbegehung über 16 Jahre alten Jugendlichen vor dem Erwachsenengericht zu erheben. Die VO vom 17.10. 1939 (RGBl. I S. 2107) begründete eine Sondergerichtsbarkeit in Strafsachen für Angehörige der SS und für die Angehörigen der Polizeiverbände bei besonderem Einsatz.

36 Weitere Eingriffe von tiefer und breiter Wirkung vollzog die VO über die **Zuständigkeit der Strafgerichte, die Sondergerichte** und sonstige strafverfahrensrechtliche Vorschriften vom 21.2. 1940 (RGBl. I S. 105). Sie bestimmte die sachliche Zuständigkeit der Strafgerichte nach neuen Grundsätzen derart, daß die Strafgewalt („Strafbann“) des Amtsrichters bis zu zwei Jahren Zuchthaus reichte und von den Maßregeln der Sicherung und Besserung nur die Sicherungsverwahrung und die Entmannung nicht umfaßte, während die Strafgewalt der Strafkammer keine Grenze hatte, und daß der Staatsanwalt die Anklage vor dem Amtsrichter erhob, wenn er dessen Strafgewalt für ausreichend hielt, im übrigen vor der Strafkammer, daß er aber auch bei ausreichender Strafgewalt des Amtsrichters vor der Strafkammer anklagen konnte, wenn er dies mit Rücksicht auf den Umfang oder die Bedeutung der Sache oder aus einem anderen Grund für angezeigt erachtete. Die DurchfVO vom 13.3. 1940 (RGBl. I S. 489) setzte in § 21 Nr. 3 unter anderen die §§ 24 bis 26a, 28, 79 bis 92, 134, 139 Satz 2 GVG sowie den § 9 EGGVG außer Kraft. Eine weitere Heranziehung von Referendaren zur selbständigen Wahrnehmung von Geschäften des Richters, des Staatsanwalts und des Rechtsanwalts wurde durch die VO zur Vereinfachung der Gerichtsverfassung vom 16.5. 1942 (RGBl. I S. 333) ermöglicht; der Reichsjustizminister erließ hierzu die Allg. Verf. vom 4.7. 1942 (DJ 454, 455). Die zweite VO zur Vereinfachung der Strafrechtspflege vom 13.8. 1942 (RGBl. I S. 508) erweiterte die Strafgewalt des Amtsrichters auf fünf Jahre Zuchthaus und schrieb vor, daß der Vorsitzer oder sein regelmäßiger Stellvertreter die Entscheidungen der Strafkammer, des Sondergerichts und des Strafsenats beim Oberlandesgericht allein treffen konnte, wenn er wegen der einfachen Sach- und Rechtslage die Mitwirkung der Beisitzer für entbehrlich hielt und der Staatsanwalt zustimmte. Der Art. 1 der VO zur weiteren Kräfteersparnis in der Strafrechtspflege vom 29.5. 1943 (RGBl. I S. 346) schritt in derselben Richtung fort, indem er den Vorsitzer der zuvor genannten Gerichte unter derselben Voraussetzung ermächtigte, zu bestimmen, daß ein

Beisitzer die Entscheidung allein trifft und daß Entscheidungen in der Besetzung von zwei Richtern mit Einschluß des Vorsitzers getroffen werden könnten; er ermöglichte dieselbe Besetzung für die außerhalb der Hauptverhandlung ergehenden Beschlüsse des Strafsenats und des Besonderen Strafsenats beim Reichsgericht.

c) **Jugendgerichtsverfassung und Jugendstrafverfahren.** Mit Wirkung vom 1.1. 37
1944 trat das Reichsjugendgerichtsgesetz vom 6.11. 1943 (RGBl. I S. 639) an die Stelle des Jugendgerichtsgesetzes vom Febr. 1923. In dem die Jugendgerichtsverfassung betreffenden Teil traf es insbesondere Vorschriften über die Jugendgerichte, die Aufgaben des Jugendrichters und die Bestellung der Jugendstaatsanwälte.

d) **Allgemeines Strafverfahren.** Die VereinfachungsVO vom 1.9. 1939 (oben 38
35) beschränkte die Rechtsmittel, engte die Voraussetzungen der notwendigen Verteidigung und der Bestellung eines Verteidigers von Amts wegen in anderen Fällen ein, gab dem beschleunigten Verfahren und dem Strafbefehl einen noch weiteren Raum, stellte die Entscheidung über Beweisanträge allgemein in das (pflichtgemäße) Ermessen des Gerichts (§ 24) und ermöglichte die Aussetzung der Entscheidung über einen Antrag auf Wiederaufnahme des Verfahrens. Das Gesetz vom 16.9. 1939 (oben 35) eröffnete eine bisher nicht gegebene Möglichkeit der Verbindung von Strafsachen der allgemeinen Gerichtsbarkeit und der Wehrmachtsgerichtsbarkeit, führte den „**Außerordentlichen Einspruch gegen rechtskräftige Urteile**" neu ein, der zur Folge hatte, daß der Besondere Strafsenat des Reichsgerichts in der Sache von neuem entschied, und verlieh dem Oberreichsanwalt beim Reichsgericht das Recht, Anklage vor diesem Senat in Sachen zu erheben, für die nicht der Volksgerichtshof zuständig war. Das Verfahren des Revisionsgerichts war Gegenstand der VO zur Durchführung und Ergänzung der VO gegen Gewaltverbrecher vom 28.12. 1939 (RGBl. 1940 I S. 17). Die ZuständigkeitsVO vom 21. 2. 1940 (Rdn. 36) faßte die bisherigen Vorschriften über das beschleunigte Verfahren vor dem Amtsrichter zusammen und ließ dieses Verfahren innerhalb der Strafgewalt des Amtsrichters auch bei Verbrechen zu, trug aber den großen Gefahren, die aus der Beschleunigung für die Gerechtigkeit des Urteils hervorgehen können, dadurch Rechnung, daß sie den Amtsrichter berechtigte und verpflichtete, die Aburteilung im beschleunigten Verfahren abzulehnen, wenn sich die Sache dazu nicht eigne. Dieselbe VO änderte die Vorschriften über die Verteidigung abermals und schuf in der **Nichtigkeitsbeschwerde des Oberreichsanwalts** einen weiteren Rechtsbehelf gegen rechtskräftige Entscheidungen des Amtsrichters, der Strafkammer und des Sondergerichts. Die Nichtigkeitsbeschwerde war zeitlich beschränkt und nur zur Abhilfe gegenüber einem Fehler bei Anwendung des Rechts auf die festgestellten Tatsachen zulässig; die Entscheidung über sie wurde den ordentlichen Strafsenaten des RG übertragen. Die zur ZuständigkeitsVO erlassene DurchführungsVO vom 13.3. 1940 (oben 35) erklärte im § 21 Nr. 1 u. 28 unter anderem die §§ 5 a, 140, 141, 142, 144 Abs. 1, 212, 270 Abs. 1 Satz 2, 281, 407 Abs. 4, 422 Abs. 2 StPO und die §§ 20 bis 22 der VereinfachungsVO vom 1.9. 1939 für nicht mehr gültig. Vorschriften über das Strafverfahren waren ferner in der VerbrauchsregelungsStrafVO vom 6.4. 1940 (RGBl. I S. 610) enthalten. Die VO über den Geltungsbereich des Strafrechts vom 6.5. 1940 (RGBl. I S. 754) nahm die §§ 8 a und 153 a in die StPO auf.

Die **zweite VO zur Vereinfachung der Strafrechtspflege** vom 13.8. 1942 (oben 39
35) schrieb die Beseitigung des Eröffnungsbeschlusses vor, ließ den Strafbefehl bis zur Höhe von sechs Monaten Freiheitsstrafe auch bei Verbrechen zu, ermächtigte den Staatsanwalt zum Verzicht auf Teilnahme an der Hauptverhandlung im Verfahren vor dem Amtsrichter, beseitigte den Zwang zur Mitwirkung eines Schriftführers in der

Hauptverhandlung allgemein und schränkte die Rechtsmittel durch das Erfordernis einer besonderen Zulassung der Beschwerde und der Berufung des Angeklagten, des Privatklägers oder des Nebenklägers ein. Sie **erweiterte die Voraussetzungen der Nichtigkeitsbeschwerde** so, daß sie erhoben werden konnte, wenn die Entscheidung wegen eines Fehlers bei der Anwendung des Rechts ungerecht erschien oder wenn ein erhebliches Bedenken gegen die Richtigkeit der tatsächlichen Feststellungen oder gegen den Strafausspruch bestand, und ermächtigte den Oberreichsanwalt zur Abgabe der mit der Nichtigkeitsbeschwerde angefochtenen Sachen an den Generalstaatsanwalt beim Oberlandesgericht. Das Privatklageverfahren wurde wesentlich beschränkt; Privatklagen wegen Beleidigung konnten grundsätzlich erst nach Ablauf eines Monats seit Erlangung der Kenntnis von Tat und Täter erhoben werden; in anderen Privatklagesachen konnte das Verfahren auf einen Monat ausgesetzt werden, wenn in dieser Zeit mit der Einkehr des Friedens zwischen den Beteiligten zu rechnen war.

40 Als **Dauerrecht** waren die Vorschriften über die Erledigung des **Privatklageverfahrens** in Fällen von geringerer Schwere durch **Friedensspruch** gedacht (Art. 8 §§ 2 bis 4). Im Friedensspruch konnte das Gericht eine Verwarnung aussprechen, dem Täter eine Friedensbuße in Geld auferlegen oder ihm, wenn zu befürchten war, daß er dem Verletzten gegenüber nicht Frieden halten werde, eine Friedensbürgschaft durch Leistung einer Sicherheit in Geld auferlegen, die verfiel, wenn er innerhalb der im Spruch bestimmten Zeit nicht Frieden hielt. Mit dem Friedensspruch konnten **Feststellungen zur Wiederherstellung des guten Rufs** des Verletzten verbunden werden. Weiter hob die VO die §§ 38, 172 bis 177, 220, 386 Abs. 2, 395 Abs. 2 und 472 StPO auf, so daß unmittelbare Ladung durch den Angeklagten, den Privatkläger und den Nebenkläger, das Klageerzwingungsverfahren und das Kreuzverhör in Wegfall kamen. Sie ersetzte die §§ 232, 233 und 233 a StPO, die sich mit der Aburteilung des abwesenden Angeklagten befaßten, durch einen neuen § 232 und gab dem § 235 demzufolge eine andere Fassung. Sie änderte überdies die §§ 36 Abs. 2, 116, 152, 153, 195 Abs. 1, 214 Abs. 1, 222, 229, 260, 266, 377 Abs. 1, 382 und 388 StPO; damit wurden die Befugnisse des Staatsanwalts erweitert, der nunmehr bei Antragsdelikten und geringfügigen Vergehen auch ohne amtsrichterliche Zustimmung von der Anklageerhebung absehen und über Beschränkungen während der Untersuchungshaft im Vorverfahren neben dem Amtsrichter entscheiden konnte. Die VO zur **Beseitigung des Eröffnungsbeschlusses** im Strafverfahren vom 13. 8. 1942 (RGBl. I S. 512) regelte im einzelnen das nach der Beseitigung des Eröffnungsbeschlusses einzuschlagende Verfahren; an die Stelle der Eröffnung des Hauptverfahrens trat die Anordnung der Hauptverhandlung, die nur unter bestimmten eng begrenzten Voraussetzungen vom Gericht abgelehnt werden konnte. Diese Neuerung hatte so zur Folge, daß die §§ 213, 215, 264 Abs. 2 StPO gestrichen und die §§ 16, 25, 148, 156, 217 Abs. 2, 243 Abs. 2, 4, 265, 267 Abs. 4, 270 Abs. 2, 3 und 279 Abs. 1 StPO geändert wurden oder anders als bisher angewandt werden mußten.

41 Mit Rücksicht auf die Neugestaltung der Vorschriften des StGB über den Meineid und auf die Neuaufnahme einer Vorschrift über die Bestrafung der falschen uneidlichen Aussage änderte der Art. 4 der VO vom 29. 5. 1943 (RGBl. I S. 341) die §§ 57, 59 und 66 b Abs. 2 Satz 2 vornehmlich in dem Sinn ab, daß das Gericht nach pflichtmäßigem Ermessen entschied, ob ein Zeuge zu vereidigen war; er strich demzufolge die §§ 61, 62, 79 Abs. 1 Satz 2, § 223 Abs. 3 und § 286 Abs. 2. Die dritte VO zur Vereinfachung der Strafrechtspflege vom 29. 5. 1943 (RGBl. I S. 342) vereinfachte das Verfahren bei Ausschließung und Ablehnung von Gerichtspersonen, änderte den § 200 Abs. 2 im Sinn einer Vereinfachung, ermöglichte allgemein die Abkürzung der Ladungsfrist bis auf vierundzwanzig Stunden und erleichterte die Verlesung von Niederschriften in der Hauptverhandlung. Darüber hinaus brachte sie als **Dauerrecht** gedachte Neuerungen, indem sie das **Adhäsionsverfahren** einführte (Änderung der bisherigen §§ 403 bis 406) und das Recht der **Wiederaufnahme des Verfahrens** in dem Sinne umgestaltete, daß sie die Gründe für die Wiederaufnahme des Verfahrens zuungunsten des Angeklagten denjenigen über die Wiederaufnahme zugunsten des Verurteilten anglich; zugleich wurde die Wiederaufnahme gegen einen rechtskräftigen Strafbefehl zugelassen.

e) Volksgerichtshof. Das Gesetz vom 16.9.1939 (oben 35) ließ den „außerordentlichen Einspruch" auch gegen die Urteile des Volksgerichtshofs zu, über den ein besonders zusammengesetzter Besonderer Senat des Volksgerichtshofs zu entscheiden hatte. Die ZuständigkeitsVO vom 21.2.1940 (oben 36) faßte die Vorschriften über die Zuständigkeit des Volksgerichtshofs zusammen und erklärte die Verteidigung vor diesem Gericht für notwendig. Die VO über die erweiterte Zuständigkeit des Volksgerichtshofs vom 10. 12. 1941 (RGBl. I S. 776) begründete seine Zuständigkeit für Spionage im Sinn des § 2 der KriegssonderstrafrechtsVO unter der Voraussetzung, daß das Oberkommando der Wehrmacht oder der Gerichtsherr erklärte, daß die militärischen Belange die Aburteilung durch ein Wehrmachtsgericht nicht erforderten. **42**

f) Sondergerichte. Die VereinfachungsVO vom 1.9. 1939 (oben 35) erweiterte den Tätigkeitsbereich der Sondergerichte. Sie ermöglichte die Erhebung der Anklage vor dem Sondergericht bei Verbrechen und Vergehen, die zur Zuständigkeit des Schwurgerichts oder eines niedrigeren Gerichts gehörten, ohne eine Grenze nach dem Gegenstand der Straftat zu ziehen. Dann unterstellten die VOen über außerordentliche Rundfunkmaßnahmen vom 1.9. 1939 (RGBl. I S. 1683), gegen Volksschädlinge vom 5.9. 1939 (RGBl. I S. 1679) und gegen Gewaltverbrecher vom 5. 12. 1939 (RGBl. I S. 2378, 1940 I S. 17) bestimmte Verbrechen der ausschließlichen Zuständigkeit der Sondergerichte. Schließlich faßte die ZuständigkeitsVO vom 21.2. 1940 (oben 36) die Vorschriften über den Aufbau und die Zuständigkeit der Sondergerichte, über das vor diesen Gerichten einzuhaltende Verfahren und über das Verhältnis zwischen Sondergerichten und ordentlichen Gerichten zusammen. Die bei den Landgerichten gebildeten Sondergerichte waren danach für bestimmte Straftaten ausschließlich und für andere Verbrechen und Vergehen dann zuständig, wenn die Anklagebehörde die Aburteilung durch das Sondergericht mit Rücksicht auf die Schwere oder die Verwerflichkeit der Tat, wegen der in der Öffentlichkeit hervorgerufenen Erregung oder wegen ernster Gefährdung der öffentlichen Ordnung oder Sicherheit für geboten erachtete. Die Unanfechtbarkeit der Entscheidungen der Sondergerichte wurde aufrechterhalten. **43**

g) Wehrmachtsstrafverfahren. Am 26.8. 1939 trat die VO über das militärische Strafverfahren im Krieg und bei besonderem Einsatz — Kriegsstrafverfahrensordnung — vom 17.8. 1938 (RGBl. I S. 1457) gemäß VO vom 26.8. 1939 (RGBl. I S. 1482) in Kraft. Das Gesetz vom 16.9. 1939 (oben 35) brachte u.a. neue Vorschriften über die **„Außerordentliche Wiederaufnahme auf Anordnung des Führers und Obersten Befehlshabers der Wehrmacht"**, über den für die erneute Verhandlung und Entscheidung zuständigen Sondersenat des Reichskriegsgerichts und über das Verfahren vor diesem. Von den VOen, die dann noch Einfluß auf das Wehrmachtsstrafverfahren ausübten, sind die vierte VO zur Durchführung und Ergänzung der Kriegsstrafverfahrensordnung vom 1.11. 1939 (RGBl. I S. 2132) sowie die VO vom 10. 12. 1941 (oben 42) hervorzuheben. Das Mißtrauen, das die politische Führung den Justizgerichten entgegenbrachte, erstreckte sich gegen Ende des Krieges auch auf die Wehrmachtsgerichte. So wurden die an den Ereignissen des 20.7. 1944 beteiligten Offiziere der Aburteilung durch die Wehrmachtsgerichte entzogen und dem Volksgerichtshof überstellt. Auf weitere Einzelheiten ist in diesem summarischen Überblick nicht einzugehen. **44**

45 **V. Die Nachkriegsgesetzgebung bis zur Entstehung der Bundesrepublik 1949.**

1. Allgemeines. Das Kriegsende im Mai 1945 hinterließ ein Rechtschaos. Schon die seit der letzten umfassenden Neutextierung durch die Bekanntmachung vom 22. 3. 1924 bis zum Beginn des Krieges im September 1939 ergangenen, das GVG und die StPO ändernden und ergänzenden Vorschriften hatten den Rechtsstand schwer übersehbar gemacht; eine dringend gebotene Neutextierung war aber wegen der im Gang befindlichen Reform unterlassen worden. Erst recht war jede Übersichtlichkeit geschwunden, als die rasch aufeinanderfolgenden und sich übersteigernden und überlagernden Kriegsmaßnahmen nicht mehr erkennen ließen, was als zeitgebundenes Notrecht und was als Dauerrecht gedacht war. Die Gesetzgebung sah sich jetzt vor eine doppelte Aufgabe gestellt: einmal, die Kriegsmaßnahmen abzubauen, soweit nicht die in der Nachkriegszeit weiterbestehenden und neuauftretenden Schwierigkeiten zu ihrer Aufrechterhaltung zwangen, zum anderen, nach dem grundsätzlichen Wandel der politischen Verhältnisse und Anschauungen diejenigen aus der Zeit der Herrschaft des Nationalsozialismus stammenden Änderungen, die als spezifisch nationalsozialistisch empfunden wurden, auszumerzen.

46 Diese Aufgabe aber konnte nicht reichseinheitlich von einer zentralen deutschen Gesetzgebung gelöst werden, da das Reich durch den Fortfall seiner Organe als Folge der bedingungslosen Kapitulation funktionsunfähig geworden war. Die Reichsgesetzgebungsgewalt wurde von den Besatzungsmächten ausgeübt. Als zwangsläufige Folge des Wegfalls der Reichsgewalt ergab sich im übrigen der Rückfall der Justizhoheit auf die — überwiegend neu gebildeten — Länder. Zum Erlaß von Gesetzen mit Wirkung für das Reichsgebiet errichteten die Oberbefehlshaber der Besatzungstruppen durch Kontrollrat-Proklamation Nr. 1 vom 30. 8. 1945 einen Kontrollrat. Die Methoden der gesetzgebenden Gewalt des Kontrollrats wurden durch Kontrollrat-Direktive Nr. 10 vom 22. 9. 1945 dahin festgelegt, daß der Kontrollrat seine Anordnungen allgemeinen Inhalts durch Proklamationen, Gesetze, Befehle oder Direktiven erlassen konnte. Das Gerichtsverfassungs- und Strafverfahrensrecht betrafen vornehmlich die Kontrollrat-Proklamation Nr. 3 betr. Grundsätze für die Umgestaltung der Rechtspflege vom 20. 10. 1945 (ABl. des Kontrollrats 1945 S. 22) und das Kontrollratsgesetz Nr. 4 über Umgestaltung des deutschen Gerichtswesens vom 30. 10. 1945 (ABl. S. 26). Die Kontrollrats-Proklamation Nr. 3 stellte lediglich einige Grundsätze auf, denen die Strafrechtspflege genügen müsse; insbesondere betraf sie die Schutzrechte des Angeklagten im Strafverfahren, sprach die Unabhängigkeit der Richter aus und hob den Volksgerichtshof und die Sondergerichte auf. Das Kontrollratsgesetz Nr. 4 regelte in großen Umrissen Aufbau und Zuständigkeit der Strafgerichte, wobei die Umgestaltung der Gerichte grundsätzlich in Übereinstimmung mit dem GVG in der Fassung der Bekanntmachung vom 22. 3. 1924 erfolgen sollte. Als ordentliche Gerichte wurden die Amts-, Land- und Oberlandesgerichte wiederhergestellt; das Reichsgericht war nicht mehr vorgesehen. Die Zuständigkeit der Amts- und Landgerichte sollte sich im allgemeinen nach dem am 30. 1. 1933 geltenden Recht richten. Über Berufungen gegen amtsgerichtliche Entscheidungen sollten die Landgerichte entscheiden; die Oberlandesgerichte waren Revisionsgerichte. Weiterhin grenzte das Gesetz die Zuständigkeit der deutschen Gerichte gegenüber derjenigen der Besatzungsgerichte ab. Die Durchführung dieser Grundsätze oblag den in den einzelnen Besatzungszonen bestehenden Gesetzgebungsgewalten.

2. In der folgenden kurzen **Übersicht** soll nur die **Rechtsentwicklung in den westlichen Besatzungszonen** geschildert werden.

a) In der **amerikanischen Besatzungszone** erließen die Länder Bayern, Bremen, Hessen und Württemberg-Baden auf Veranlassung der Militärregierung das Strafgerichtsverfassungsgesetz (StGVG) 1946 und die StPO 1946, die zwar in jedem Land als Landesgesetz ergingen, zunächst aber mit geringfügigen Abweichungen wörtlich übereinstimmten. In beiden Gesetzen wurde zwar weitgehend auf den Rechtsstand der vornationalsozialistischen Zeit zurückgegriffen, doch blieben auch eine Reihe von Änderungen aus der Zeit von 1933 bis 1945, wie etwa die Beseitigung des Eröffnungsbeschlusses, aufrechterhalten. Wesentlich war die einem Verlangen der Besatzungsmächte entsprechende Beseitigung des polizeilichen Strafverfügungsrechts, die zu einer Überflutung der Gerichte mit Übertretungsfällen führte. Das GVG wurde in der Folgezeit durch mehrere Länderratsgesetze ergänzt. Die Bildung von Schöffen- und Schwurgerichten und die Abgrenzung ihrer Zuständigkeit sowie die Besetzung der Strafkammern mit Schöffen blieb Anordnungen der obersten Landesjustizbehörde überlassen. Sie haben von dieser Ermächtigung erst in der Zeit ab 1947 Gebrauch gemacht (vgl. die Aufzählung in der 21. Aufl., S.17). Diese Anordnungen der Länder waren nicht einheitlich und hatten z.T. weitgehende Verschiedenheiten in der Besetzung und sachlichen Zuständigkeit der Strafgerichte zur Folge. Die durch die Emminger-Verordnung 1924 erfolgte Umwandlung des Schwurgerichts wurde im allgemeinen aufrechterhalten, doch wurde es z. B. in Hessen mit zwei Richtern und sieben Geschworenen besetzt. Aus dem Rahmen der in den übrigen Ländern getroffenen Anordnungen fiel die bayerische Neuordnung der Besetzung des Schwurgerichts heraus (VO vom 13.7. 1948, GVBl. 234); sie führte, z. T. unter Rückgriff auf den Rechtszustand vor der Emminger-Reform, die Trennung in eine Richterbank (drei Richter) und eine Geschworenenbank (zwölf Geschworene) ein, wobei über die Schuldfrage allein die Geschworenen entschieden, während über die Strafbemessung Richter und Geschworene gemeinsam entschieden. In Bayern wurde durch Gesetz vom 11. 5. 1948 (GVBl. S. 83) das im Jahre 1935 aufgehobene Bayerische Oberste Landesgericht wiedererrichtet. Durch Länderratsgesetz wurde 1948 in das GVG ein § 13 a eingefügt, der die Landesgesetzgebung ermächtigte, die in die Zuständigkeit der Amtsgerichte fallenden Strafsache **Friedensgerichten oder Friedensrichtern** zur Entscheidung zuzuweisen. Von dieser Ermächtigung hat Württemberg-Baden durch Gesetz über die Friedensgerichtsbarkeit vom 20.3. 1949 (RegBl. S. 47), das bei der Wiederherstellung der Rechtseinheit im Bundesgebiet aufrechterhalten wurde, für Übertretungen Gebrauch gemacht. Über das Schicksal dieses Gesetzes vgl. unten Kap. 16, 35. 47

b) In der **britischen Besatzungszone** (Niedersachsen, Nordrhein-Westfalen, Schleswig-Holstein, Hamburg) galt die von der Militärregierung erlassene Allg. Anweisung für Richter Nr. 2; durch VO der brit. Militärregierung vom 1. 10. 1945 (ABl. S. 50) wurde diese Anweisung, die im wesentlichen dem in der amerikanischen Zone geltenden Recht entsprach, mit Gesetzeskraft ausgestattet. In der Folgezeit wurde, zunächst durch übereinstimmende VOen der Oberlandesgerichts-Präsidenten, dann, nach Bildung des **Zentral-Justizamtes** für die britische Zone, durch VOen dieser Stelle der Text von GVG und StPO mehrfach geändert, so daß schließlich erhebliche Unterschiede gegenüber dem Recht der amerikanischen Zone bestanden. Auch in der britischen Zone wurde das polizeiliche Strafverfügungsrecht beseitigt und statt dessen durch VOen der OLG-Präsidenten i. J. 1946 neben dem Strafbefehl als weiteres summarisches Erledigungsmittel die **amtsrichterliche Strafverfügung** eingeführt. Das Recht der britischen Zone ist gekennzeichnet durch das Bestreben nach einheitlicher Rechtsetzung und Rechtsanwendung. Neben dem Zentraljustizamt, dem die zoneneinheitliche Gesetzgebungsbefugnis übertragen war, wurde als zonenhöchstes Revisionsgericht, dem an 48

Stelle des weggefallenen Reichsgerichts die Wahrung der Rechtseinheit in der Rechtsprechung oblag, durch VO Nr. 98 der brit. Militärregierung und DurchfVO des Zentraljustizamtes vom 17. 11. 1947 (VOBl. S. 149) der **Oberste Gerichtshof für die britische Zone** (OGH oder OGHBZ) mit dem Sitz in Köln geschaffen. Nach Bildung des die amerikanische und britische Zone umfassenden vereinigten Wirtschaftsgebiets wurde ferner durch Proklamation Nr. 8 der brit. und amerik. Militärregierung im Jahre 1948 das **Deutsche Obergericht für das Vereinigte Wirtschaftsgebiet** mit dem Sitz in Köln errichtet, das — freilich in engen Grenzen — über die Revision gegen Entscheidungen von Strafgerichten in der Doppelzone entschied, wenn es sich um grundsätzlich bedeutsame Fragen der Auslegung von Gesetzen der Verwaltung des vereinigten Wirtschaftsgebiets handelte. — Die Wiedereinführung der Schöffen- und Schwurgerichte und die Abgrenzung ihrer Zuständigkeit erfolgte in der brit. Zone durch VO des Zentraljustizamtes vom 22. 8. 1947 (VOBl. S. 115).

49 c) Die Länder der **französischen Besatzungszone** (Rheinl.-Pfalz, Baden, Württ.-Hohenzollern, bay. Kreis Lindau) erließen in den Jahren 1946 und 1947 inhaltlich im wesentlichen übereinstimmende Vorschriften, deren Grundgedanke war, daß sich das Verfahren im allgemeinen nach dem am 8. 5. 1945 geltenden Recht, Aufbau, Zuständigkeit und Besetzung der Gerichte dagegen nach dem GVG i. d. F. der Bekanntm. vom 22. 3. 1924 unter Berücksichtigung der bis zum 30. 1. 1933 erfolgten Änderungen richtete (vgl. die Aufzählung auf S. 18 der 21. Aufl.). Auch in der französischen Zone wurden wieder Schöffen und Geschworene tätig, die Zahl der Geschworenen wurde aber von sechs auf neun erhöht. Ein wesentlicher Unterschied gegenüber dem Recht der amerikanischen und der britischen Zone bestand u. a. darin, daß die polizeiliche Strafverfügung beibehalten wurde.

50 3. Das **Ergebnis dieser** in kurzen Zügen geschilderten **Nachkriegsentwicklung** war eine weitgehende Rechtszersplitterung. Nicht nur, daß die in den Ländern und Zonen geltenden Vorschriften im Wortlaut und in der Sache z. T. erheblich voneinander abwichen, es fehlte auch an einer einheitlichen Steuerung der Rechtsanwendung, da nach dem Wegfall des Reichsgerichts das letzte Wort in der Frage der Gesetzesauslegung jeweils dem einzelnen Oberlandesgericht (bzw. dem Obersten Gerichtshof der brit. Zone, dem Bayerischen Obersten Landesgericht) für seinen örtlichen Bereich zustand. Auch das hatte freilich wiederum sein Gutes: Die neuen „höchsten" Revisionsgerichte prüften frei und bindungslos, inwieweit die Ergebnisse der reichsgerichtlichen Rechtsprechung mit dem Wandel der Verhältnisse und Anschauungen vereinbar seien, und wenn auch die innere Autorität, die den Erkenntnissen des Reichsgerichts beigemessen wurde, sich weiterhin im großen und ganzen als ein einigendes Band erwies, so hat doch die Nachkriegsrechtsprechung auch in wesentlichen Fragen begonnen, sich von der Rechtsprechung des Reichsgerichts abzulösen; der Hinweis auf die Frage der Bedeutung des Strafrechtsirrtums mag hier genügen.

51 **IV. Die Rechtsentwicklung der Bundesrepublik bis zur „kleinen Strafprozeßreform" 1964.**

1. Die Wiederherstellung der Rechtseinheit.

a) Das Grundgesetz (GG) vom 23. 5. 1949 enthält eine Reihe von Vorschriften, die unmittelbar das Strafverfahren und die Gerichtsverfassung betreffen. Neben Vorschriften wie etwa Art. 3 (Gleichheit vor dem Gesetz), Art. 10 (Unverletzlichkeit des Brief- und Postgeheimnisses), Art. 13 (Unverletzlichkeit der Wohnung), Art. 16 (Verbot der Auslieferung Deutscher), Art. 35 (Rechts- und Amtshilfe), Art. 46, 47 (Immunität und Zeugnisverweigerungsrecht der Abgeordneten), Art. 60 (Begnadigungsrecht des Bundespräsidenten) kommt hier insbesondere der Abschn. IX („Die Rechtsprechung", Art. 92 ff.) in Betracht. Art. 96 schrieb für die ordentliche Gerichtsbarkeit die Errichtung eines oberen (jetzt: „obersten") Bundesgerichts vor; Art. 74 Nr. 1 legte dem Bund die konkurrierende Gesetzgebungsbefugnis für die Gebiete des Strafrechts und des Strafvollzuges, der Gerichtsverfassung und des gerichtlichen Verfahrens bei. Auf dieser Grundlage konnte das Werk, die verlorengegangene Rechtseinheit auf dem Gebiet der Gerichtsverfassung und des Strafverfahrens für das Gebiet der Bundesrepublik wiederherzustellen, in Gang gesetzt werden.

b) Im Jahre 1950 legte der Bundesminister der Justiz dem Bundestag den **Entwurf eines Gesetzes zur Wiederherstellung der Rechtseinheit** auf dem Gebiet der Gerichtsverfassung, der bürgerlichen Rechtspflege, des Strafverfahrens und des Kostenrechts mit Begründung vor (BTDrucks. Nr. 530). Bei der Dringlichkeit des Zieles mußte der Gedanke an eine umfassende Reform oder auch nur an wesentliche Neuerungen in größerer Zahl ausscheiden und ein solches Vorhaben späteren Zeiten vorbehalten bleiben. Um zu einem baldigen Abschluß der Rechtsvereinheitlichung zu gelangen, sollte vielmehr, wie die Begründung ausführt, in jedem Fall auf eine Regelung zurückgegangen werden, die vor dem Jahr 1945 schon einmal in Deutschland als einheitliches Recht bestanden und sich bewährt hatte. Die Vorschriften, die nationalsozialistisches Gedankengut enthielten oder aus dem Zwang der Kriegsverhältnisse erwachsen und mit einer geordneten, zuverlässig arbeitenden Rechtspflege unvereinbar waren, sollten beseitigt werden. Nur ausnahmsweise sollte das nach dem Jahr 1945 geschaffene Recht eines Landes oder eines Besatzungsgebietes in der Bundesrepublik eingeführt werden. Im Kern beabsichtigte also der Entw., das Recht der Gerichtsverfassung, des bürgerlichen Streitverfahrens und des Strafverfahrens wieder so in Kraft zu setzen, wie es vor den Eingriffen der nationalsozialistischen Regierung im Jahr 1933 bestanden hatte. Später eingeführte und im ganzen Reichsgebiet in Kraft gewesene Neuerungen sollten nur insoweit beibehalten werden, als sie Beratungen oder Entwürfen aus der Zeit vor dem Jahr 1933 entstammten und einen Fortschritt darstellten. **52**

Die **Beratung im Bundestag** führte nur zu wenigen Änderungen, die aber mehrere wichtige Vorschriften betrafen und von dem Bestreben getragen waren, die Rechtsstaatlichkeit des Verfahrens stärker zu gewährleisten, die Stellung des Beschuldigten zu verbessern und den Forderungen des GG zu genügen. So wurden die §§ 136 a, 69 Abs. 3, 161 Abs. 2, 163 Abs. 2 betr. verbotene Vernehmungsmittel neu in die StPO eingestellt. Von praktisch weittragender Bedeutung war die Regelung der summarischen Verfahren. Entgegen dem Vorschlag des Reg. Entwurfs, neben dem Strafbefehl und der richterlichen Strafverfügung allgemein die polizeiliche Strafverfügung wieder zuzulassen, lehnte der Bundestag (wenig konsequent und aus Gründen, die auf S. 21 der Vorauflage dargestellt sind) die polizeiliche Strafverfügung ab und ließ nur — unter der Bezeichnung „Strafverfügung" — die summarische Ahndung von Übertretungen durch den Richter ohne Beteiligung des Staatsanwalts zu. **53**

c) Das vom Bundestag am 12.9.1950 beschlossene und am 20.9. 1950 verkündete Gesetz (BGBl. S. 455) trat am 1.10. 1950 in Kraft. Die Verkündung des zur Ausführung des Art. 96 Abs. 2 GG ergangenen Richterwahlgesetzes vom 25.8. 1950 (BGBl. S. 368) war vorausgegangen. Das im Art. 96 vorgesehene obere Bundesgericht erhielt die Bezeichnung **Bundesgerichtshof** und übernahm die Aufgaben, die das Reichsgericht ausgeübt hatte. Seine Stellung als Hüter einer einheitlichen Rechtsanwendung **54** wurde — im Anschluß an Vorschläge des EGStGB-Entw. 1930 — gestärkt durch die Einführung einer Vorlegungspflicht, wenn ein Oberlandesgericht als Revisionsgericht in einer Rechtsfrage von einer Entscheidung des Bundesgerichtshofs oder eines anderen Oberlandesgerichts abweichen will (§ 121 Abs. 2 GVG).

55 d) Damit war die **dringlichste Aufgabe,** auf dem Gebiet der Gerichtsverfassung und des Verfahrensrechts die Einheitlichkeit des Gesetzes sowohl wie die Einheitlichkeit der Rechtsanwendung wiederherzustellen, geleistet. Wie nach der Emminger-Reform im Jahre 1924 wurde auch diesmal im Interesse der Übersichtlichkeit der gesamte Text von GVG, StPO und ZPO in der nunmehr geltenden Fassung in Anlagen zum Rechtsvereinheitlichungsgesetz bekanntgemacht. Die entsprechende Aufgabe für das Gebiet des materiellen Strafrechts, unter Verzicht auf eine umfassende Reform die in den Jahren 1933 bis 1945 erfolgten Änderungen und Ergänzungen des StGB und die Eingriffe des Besatzungsrechts daraufhin zu überprüfen, was beizubehalten und was auszuscheiden sei, wurde erst durch das 3. Strafrechtsänderungsgesetz vom 4. 8. 1953 (BGBl. I 735) und die Bekanntmachung des bereinigten StGB-Textes vom 25. 8. 1953 (BGBl. I 1083) gelöst. Aber auch für die Gerichtsverfassung und das Verfahrensrecht war die Überprüfungs- und Rechtsvereinheitlichungsarbeit noch nicht vollständig durchgeführt. Das Reichsjugendgerichtsgesetz 1943 wurde erst durch das Jugendgerichtsgesetz vom 4. 8. 1953 (BGBl. I 753) ersetzt.

56 e) Bald nach der Vereinheitlichung der maßgebenden Gesetze wurde auch die Arbeit in Angriff genommen, die für die Praxis so bedeutsamen zusammenfassenden **Justizverwaltungsanordnungen** auf dem Gebiet der Strafrechtspflege (oben 28) den veränderten Verhältnissen anzupassen und möglichst bundeseinheitlich zu gestalten. Nach dem Rückfall der Justizhoheit auf die einzelnen Länder konnten solche Maßnahmen nicht mehr von einer zentralen Stelle getroffen werden, sondern es bedurfte einer Einigung der einzelnen Landesjustizverwaltungen und, soweit auch sie beteiligt war, der Justizverwaltung des Bundes (des Bundesjustizministers), die dann jeweils eigne Weisungen mit inhaltlich übereinstimmendem Text erlassen mußten. Der Versuch, einen möglichst weitgehend bundeseinheitlich geltenden Text einer neuen Gnadenordnung als Ersatz für die GnadenO des Reichsjustizministers von 1935 zu schaffen, mißlang freilich, weil die Gegensätze in den einzelnen Ländern, welche Stellen als „Gnadenbehörden" tätig sein sollten, sich als unüberbrückbar erwiesen. Die Gnadenordnung der Länder weichen infolgedessen z. T. erheblich voneinander ab. Dagegen gelang im Lauf der Zeit die Schaffung einheitlicher Texte der „Richtlinien für das Strafverfahren" vom 1. 8. 1953; der Richtlinien zum JGG vom 15. 2. 1955, der Strafvollstreckungsordnung nebst Anordnung über die Einforderung und Beitreibung von Vermögensstrafen und Verfahrenskosten vom 15. 2. 1956, der „Mitteilungen in Strafsachen" vom 15. 1. 1958 (Bundesanz. Nr. 12) und der „Richtlinien über den Verkehr mit dem Ausland in strafrechtlichen Angelegenheiten" vom 15. 1. 1959. Zu ihnen trat später die von den Landesjustizverwaltungen bundeseinheitlich erlassene „Anordnung über Organisation und Dienstbetrieb der Staatsanwaltschaften" — OrgStA — vom 1. 6. 1960.

Diese Vorschriften sind seither wiederholt geändert, z. T. auch in neuer Fassung bekannt gemacht worden.

57 **2. Beschränkungen der deutschen Gerichtsbarkeit.** Auch nach der Gründung der Bundesrepublik und dem Erlaß des Besatzungsstatuts, das die Grenzen der Befugnisse der Besatzungsmächte festlegte, blieben, wenn auch in geringerem Umfang als früher, gewisse Beschränkungen der deutschen Gerichtsbarkeit zugunsten der von den Besatzungsmächten eingerichteten Besatzungsgerichte bestehen. Diese Beschränkungen

waren in dem von dem Rat der Alliierten Hohen Kommission erlassenen Gesetz Nr. 13 vom 25. 11. 1949 (ABl. der AHK Nr. 6) betr. Gerichtsbarkeit auf den vorbehaltenen Gebieten aufgezählt. Auf diesen Gebieten durften deutsche Gerichte nur mit ausdrücklich (allgemein oder im Einzelfall) erteilter Genehmigung des Hohen Kommissars der betreffenden Zone Gerichtsbarkeit ausüben. Die Vorbehalte betrafen insbesondere Taten von Angehörigen der alliierten Streitkräfte, Straftaten gegen die alliierten Streitkräfte und ihre Angehörigen, Zuwiderhandlungen gegen Rechtsvorschriften der Besatzungsmächte und die Nachprüfung der Gültigkeit oder Rechtmäßigkeit von Vorschriften, Entscheidungen oder Anordnungen der Besatzungsmächte. Entscheidungen deutscher Gerichte, die ohne Genehmigung auf den vorbehaltenen Gebieten ergingen, wurden für nichtig erklärt. In der Folgezeit wurden den deutschen Gerichten — in den einzelnen Besatzungszonen nicht einheitlich — eine Reihe genereller Genehmigungen erteilt. Diese Beschränkungen blieben bis zur Aufhebung des Besatzungsregimes und Wiedererlangung der Souveränität der Bundesrepublik am 5. 5. 1955 bestehen. Die seitdem kraft zwischenstaatlicher Vereinbarung noch bestehenden Beschränkungen der deutschen Gerichtsbarkeit gegenüber den auf deutschem Boden befindlichen Angehörigen der fremden Stationierungsmächte ergaben sich zunächst aus dem sog. Truppenvertrag (vgl. Bd. II, Anhang C der 20. Aufl. dieses Werkes) und jetzt aus dem Nato-Truppenstatut vom 19. 6. 1951 (BGBl. 1961 II 1183, 1190), das gemäß Bekanntmachung vom 16. 6. 1963 (BGBl. II 745) am 1. 7. 1963 in Kraft trat. Es wird ergänzt durch das Zusatzabkommen vom 3. 8. 1959 (BGBl. 1961 II 1183, 1218) nebst Unterzeichnungsprotokoll vom 3. 8. 1959 (BGBl. 1961 II 1183, 1313) und Gesetz vom 18. 8. 1961 (BGBl. II 1183) sowie die Art. 7 bis 9 des 4. Strafrechtsänderungsges. vom 11. 6. 1957 (BGBl. I 597; mehrfach geändert, zuletzt durch Art. 147 Nr. 1 EGStGB vom 2. 3. 1974).

3. Spätere Änderungen von GVG und StPO. Bald nach dem Erlaß des Rechts- **58**
vereinheitlichungsgesetzes wurden GVG und StPO wieder geändert. Das 1. Strafrechtsänderungsgesetz (StrÄG) vom 30. 8. 1951 (BGBl. I 739) brachte neue Strafvorschriften gegen Hochverrat, Staatsgefährdung und Landesverrat. Die Art. 2 und 3 änderten und ergänzten die für die Verfolgung dieser Taten maßgebenden Vorschriften des GVG und der StPO (§§ 24, 74 a — Staatsschutzstrafkammer —, 120, 122, 134, 134 a, 139 GVG — erstinstanzliche Zuständigkeit des Bundesgerichtshofs und der Oberlandesgerichte —, §§ 153 a, 168 a, 354, 374, 395, 433 StPO). Art. 15 des Ges. über Maßnahmen auf dem Gebiet des Kostenrechts vom 7. 8. 1952 (BGBl. I 401) änderte die §§ 304, 465 StPO. Art. 3 des Gesetzes zur Sicherung des Straßenverkehrs vom 19. 12. 1952 (RGBl. I 832) fügte den § 111 a StPO (vorläufige Entziehung der Fahrerlaubnis) ein und änderte oder ergänzte die §§ 212 b, 232, 233, 305, 463 a StPO. Durch das JGG vom 4. 8. 1953 (BGBl. I 1393), das das RJGG 1943 ersetzte, wurde § 26 GVG geändert und § 74 b GVG eingefügt. Zahlreiche Änderungen und Ergänzungen brachte das 3. StrÄG vom 4. 8. 1953 (BGBl. I 735). Sie bestanden vor allem in der Anpassung an die Änderungen des materiellen Strafrechts, insbesondere der Einführung der Strafaussetzung zur Bewährung und der bedingten Entlassung, die auf dem genannten Gesetz beruhten. Daneben wurden einzelne Streitfragen authentisch geklärt und in gewissem Umfang auch kleinere Reformen durchgeführt mit dem Ziel, die Rechtsstellung des Beschuldigten zu verbessern (z. B. Einfügung des § 35 a StPO betr. Rechtsmittelbelehrung, Änderung des § 308 StPO betr. rechtliches Gehör des Beschwerdegegners, Ergänzung des § 467 StPO betr. obligatorische Auslagenerstattung zugunsten des Beschuldigten bei Freispruch wegen erwiesener Unschuld) oder das Verfahren zu vereinfachen und zu verbessern (z. B. Änderung des § 188 Abs. 4 StPO betr. Zulassung der Kurzschrift bei Protokollierung). Im übrigen bezogen sich die Änderungen des 3. StrÄG auf die §§ 29

(Wiedereinführung des erweiterten Schöffengerichts), 51, 134 GVG, §§ 13 a, 35 a, 39, 53, 53 a, 81 a, 81 c, 97, 101 a, 152 a, 170, 188, 247, 260, 263, 267, 268, 268 a, 268 b, 305 a, 308, 346, 350, 362, 364, 374, 391, 395, 408, 429 e, 431, 450, 453, 453 a, 454, 467 StPO.

59 Durch Gesetz vom 9. 8. 1954 (BGBl. II 729) wurde die Aburteilungszuständigkeit bei Völkermord (§ 220 a StGB) unter Erweiterung des § 134 GVG dem Bundesgerichtshof übertragen. Bei der Wiedereinführung der Wehrpflicht und der Bildung der Bundeswehr wurde zwar grundsätzlich von der Erneuerung einer besonderen Militärstrafgerichtsbarkeit abgesehen. Der durch Gesetz vom 19. 3. 1956 (BGBl. I 111) in das GG eingefügte Art. 96 a (jetzt Art. 96 Abs. 2) übertrug aber dem Bund das Recht, Wehrstrafgerichte für die Streitkräfte als Bundesgerichte einzurichten, die indessen Strafgerichtsbarkeit nur im Verteidigungsfall sowie über Angehörige der Streitkräfte ausüben können, die in das Ausland entsandt oder an Bord von Kriegsschiffen eingeschifft sind. Gericht letzter Instanz ist hier der Bundesgerichtshof. Der Bund hat bisher von dieser Ermächtigung keinen Gebrauch gemacht. Das 4. StrÄG vom 11. 6. 1957 (BGBl. I 597) brachte neue Straftatbestände auf dem Gebiet der Landesverteidigung; im Zusammenhang damit wurde die Zuständigkeit der Staatsschutzstrafkammer (§ 74 a GVG) auf bestimmte die Landesverteidigung gefährdende Taten und die Vergehen nach § 42 a. F. BVerfGG erweitert und klargestellt, daß die Zuständigkeit dieser Strafkammer auch die in § 73 Abs. 1 GVG bezeichneten Entscheidungen umfasse. Für bestimmte Verbrechen und Vergehen aus dem Anhang A zum Truppenvertrag (oben 57) wurde die erstinstanzliche Zuständigkeit des Bundesgerichtshofs begründet. Im übrigen wurden die §§ 98, 105 StPO ergänzt (betr. Beschlagnahme und Durchsuchung von militärischen Dienstgebäuden und Anlagen) und ein § 153 c StPO geschaffen, der bei staatsgefährdenden und landeverräterischen Handlungen unter gewissen Voraussetzungen die Einstellung des Verfahrens zuließ. Durch das Kostenrechtsänderungsgesetz vom 26. 7. 1957 (BGBl. I 861) wurden § 55 GVG und die §§ 71, 84 StPO geändert und die §§ 165 GVG, 150 StPO aufgehoben. Das Atomgesetz vom 23. 12. 1959 (BGBl. I 814) ergänzte in seinem § 51 Abs. 4 die §§ 79, 80 GVG.

60 Bei der Schaffung der Verwaltungsgerichtsordnung durch Gesetz vom 21. 1. 1960 (BGBl. I 17) wurde § 17 GVG geändert, ein § 17 a GVG geschaffen und — als Maßnahme von weittragender Bedeutung — das EGGVG durch Vorschriften ergänzt (§§ 23 bis 30), die zur Nachprüfung der Rechtmäßigkeit von Maßnahmen der Justiz- und Vollzugsbehörden auf dem Gebiet der Rechtspflege den ordentlichen Rechtsweg eröffnen. Das 6. StrÄG vom 30. 6. 1960 (BGBl. I 478) erweiterte die Zuständigkeit der Staatsschutzstrafkammer durch Ergänzung des § 74 a GVG. Das in Erfüllung des Art. 98 Abs. 1, 3 GG geschaffene Richtergesetz vom 8. 9. 1961 (BGBl. I 1665) hatte zahlreiche Änderungen des GVG zur Folge (Aufhebung oder Änderung der §§ 2 bis 11, 29, 62, 68, 70, 77, 83, 88, 118, 125, 148, 198). Das Vereinsgesetz vom 5. 8. 1964 (BGBl. I 593), das u. a. die Vorschriften des StGB über sog. Organisationsdelikte neu ordnete, änderte § 153 c StPO und § 74 a GVG. Das 2. Strafverkehrssicherungsgesetz vom 26. 11. 1964 (BGBl. I S. 921) brachte im Gefolge der Einführung des Fahrverbots (§ 37 a. F. StGB) und weiterer die Verkehrsdelikte betreffender Änderungen des StGB, Änderungen und Ergänzungen der §§ 111 a, 232, 233, 267, 407 bis 409, 413, 450, 463 und die Einfügung des § 463 b StPO (betr. Beschlagnahme des Führerscheins und ausländischer Fahrausweise); die Neufassung des § 111 a sollte die in der Rechtsprechung entstandenen Meinungsverschiedenheiten über das Verhältnis der vorläufigen Maßnahmen des § 94 StPO (vorläufige Sicherstellung oder Beschlagnahme des Führerscheins) zu § 111 a a. F. (vorläufige Entziehung der Fahrerlaubnis) weitgehend klären (vgl. dazu BGHSt. **22** 385).

VII. Die kleine Strafprozeßreform 1964. Einschneidende Änderungen brachte das Strafprozeßänderungsgesetz (StPÄG) vom 19. 12. 1964 (BGBl. I 1067). 61

1. Wie schon oben ausgeführt, hatte das Rechtsvereinheitlichungsgesetz 1950 im wesentlichen nur das Ziel, so rasch wie möglich der in der Zeit nach dem 8. 5. 1945 bis zum Inkrafttreten des Grundgesetzes eingetretenen Rechtszersplitterung ein Ende zu bereiten. Eine **umfassende Reform** mußte notgedrungen ruhigeren Zeiten überlassen werden. Mit ihrer Vorbereitung sollte erst begonnen werden, wenn wenigstens die Konturen einer zunächst in Angriff zu nehmenden Generalreform des materiellen Strafrechts sich nach dem Gang der parlamentarischen Erörterungen und den Beschlüssen der Gesetzgebungsorgane einigermaßen deutlich abzeichneten. Die Strafrechtsreform wurde bekanntlich im Jahre 1954 mit der Bildung einer „Großen Strafrechtskommission" eingeleitet, brachte aber — von der Erneuerung einiger Teilgebiete abgesehen — erst mit dem 1. Strafrechtsreformgesetz vom 25. 6. 1969 (BGBl. I 645) und dem 2. Strafrechtsreformgesetz vom 4. 7. 1969 (BGBl. I 717) die ersten gesetzgeberischen Ergebnisse.

2. Angesichts des erwartungswidrig verlangsamten Ganges der Reform des materiellen Rechts waren nach Auffassung der Bundesregierung gewisse Fragen des **Prozeßrechts** so dringend **regelungsbedürftig,** gewisse Punkte so dringend änderungsbedürftig, daß ihre Behandlung nicht bis zu einer Gesamtreform zurückgestellt werden dürfe, sondern alsbald der Weg einer Teilreform beschritten werden müsse. Der im Sommer 1960 beim Bundestag eingebrachte Entwurf eines Gesetzes zur Änderung der Strafprozeßordnung und des Gerichtsverfassungsgesetzes konnte erst nach erneuter Wiedereinbringung in der nächsten Wahlperiode verabschiedet werden. Zahl und Bedeutung der Änderungen, die das StPÄG vom 19. 12. 1964 brachte, rechtfertigen es, von einer „kleinen Strafprozeßreform" zu sprechen. Die Entstehungsgeschichte des Gesetzes im einzelnen, seine Bedeutung im Licht der Reformforderungen und die anknüpfende Kritik sind im Ergänzungsband der 21. Auflage — S. 1 ff. — ausführlich dargestellt. Im Rahmen der vorliegenden Einleitung ist nur in Kürze auf die wichtigsten Änderungen hinzuweisen. Sein Hauptziel war die Verbesserung der Stellung des Beschuldigten im Strafverfahren durch Eröffnung einer rechtlich gesicherten Einflußnahme auf den Gang der Ermittlungen und die Entschließungen der Staatsanwaltschaft. In großen Zügen brachte das Gesetz folgende grundsätzlich bedeutsame Änderungen. 62

3. Strafprozeßordnung. 63

a) Art. I brachte eine Neufassung der Vorschriften über die **Untersuchungshaft mit dem Ziel ihrer Beschränkung** (§§ 112 ff.). Nach dem alle staatlichen Eingriffe beherrschenden Grundsatz der Verhältnismäßigkeit (vgl. dazu unten Kap. 6, 10) darf sie nicht außer Verhältnis zur Bedeutung der Sache und der zu erwartenden Strafe oder Maßregel der Besserung und Sicherung stehen (§ 112 Abs. 1 Satz 2). Bei Straftaten von geringerer Bedeutung (Straftaten, die nur mit Freiheitsstrafe bis zu sechs Monaten oder Geldstrafe — jetzt: bis zu 180 Tagessätzen — bedroht sind) darf die Untersuchungshaft wegen Verdunklungsgefahr überhaupt nicht (§ 113 Abs. 1), wegen Fluchtgefahr nur unter den engen Voraussetzungen des § 113 Abs. 2 angeordnet werden. Im übrigen wurden die Haftgründe — mit der Tendenz der Einschränkung — schärfer umrissen. Die Fluchtgefahr ist stets in Würdigung aller Umstände des Einzelfalles zu prüfen; eine Vorschrift entsprechend dem früheren § 112 Abs. 2 Nr. 1 StPO, wonach bei Verbrechen der Fluchtverdacht keiner weiteren Begründung bedurfte, kennt das Gesetz nicht mehr. Der Haftgrund der Verdunklungsgefahr wurde nicht nur genauer umschrieben, sondern setzt als zusätzliches Erfordernis voraus, daß aus der erkennbaren Absicht des Beschuldigten, Verdunklungsmaßnahmen zu ergreifen, die Gefahr droht, er werde dadurch die Ermittlung der Wahrheit erschweren. Der Haftgrund der Verdunklungsgefahr entfällt danach, wenn zwar die Absicht des Beschuldigten erkennbar ist, auf Mitbeschuldigte oder Zeugen in unlauterer Weise einzuwirken, aber schon genügende Beweise zur Feststellung der Wahrheit zur Verfügung stehen. Ausnahmen von den so verschärften Erfordernissen der Flucht- und Verdunklungsgefahr als Voraussetzungen eines Haftbefehls bestanden darin, daß nach § 112 Abs. 3 a. F. bei bestimmten Sittlichkeitsverbrechen auch die **Wiederholungsgefahr** einen Haftgrund bildete, d. h. die auf bestimmte Tatsachen gegründete Gefahr, daß der (dringend tatverdächtige) Beschuldigte vor rechtskräftiger Aburteilung eine weitere Tat dieser Art begehen werde, die nur durch Haft abgewendet werden kann, und als nach § 112 Abs. 4 a. F. bei dringendem Tatverdacht des Mordes, Totschlags (außer den Fällen des § 213 StGB) und Völkermordes der Haftbefehl nicht auf Flucht- oder Verdunklungsgefahr im technischen Sinn des § 112 Abs. 2, 3 gestützt zu werden braucht; doch reicht die Schwere des Delikts auch hier allein zur Anordnung der Untersuchungshaft nicht aus (BVerfGE **19** 342). Diese weitgehende „Liberalisierung" des Haftrechts durch enge Begrenzung der Haftvoraussetzungen, die dazu führte, daß bis 1968 die Haftfrequenz um mehr als ein Viertel sank (vgl. *Jescheck-Krümpelmann*, Die Untersuchungshaft S. 84 und *Jescheck* ZStW **86** 776), mußte freilich später z. T. wieder rückgängig gemacht werden (vgl. unten 87).

64 Ferner wurden die Möglichkeiten erweitert, den **Vollzug einer angeordneten Untersuchungshaft** durch schonendere Maßnahmen abzuwenden (§ 116), und zwar nicht nur — wie nach früherem Recht (§ 117 a. F.) — beim Haftbefehl wegen Fluchtverdacht, sondern auch bei Verdunklungsgefahr, wenn weniger einschneidende Maßnahmen „die Erwartung hinreichend begründen, daß sie die Verdunklungsgefahr erheblich vermindern werden"; als eine vornehmlich in Betracht kommende Maßnahme nennt das Gesetz die richterliche Anweisung des Beschuldigten, mit Mitbeschuldigten, Zeugen oder Sachverständigen keine Verbindung aufzunehmen. Der **Einschränkung der Dauer der Untersuchungshaft** dient vor allem auch die Einführung der „Sechsmonatsgrenze": nach § 121 darf, solange kein auf Freiheitsstrafe oder freiheitsentziehende Maßregel lautendes Urteil ergangen ist, der Vollzug der Untersuchungshaft wegen derselben Tat über 6 Monate hinaus nur aufrechterhalten werden, wenn die besondere Schwierigkeit oder der besondere Umfang der Ermittlungen oder ein anderer wichtiger Grund (z. B. längere Erkrankung wichtiger Zeugen) das Urteil noch nicht zulassen und die Fortdauer der Haft rechtfertigen; die Entscheidung darüber obliegt dem Oberlandesgericht (ausnahmsweise dem Bundesgerichtshof). Die so angestrebte grundsätzliche Höchstdauer des Haftvollzugs auf sechs Monate soll dem Art. 5 Abs. 3 MRK besser Rechnung tragen, wonach der Beschuldigte „Anspruch auf Aburteilung innerhalb einer angemessenen Frist oder auf Haftentlassung während des Verfahrens" hat. Die Erfahrung hat allerdings gezeigt, daß das Reformziel, die Haftdauer nachhaltig zu senken, sich nicht in dem erstrebten Umfang verwirklichen ließ (vgl. *Jescheck* ZStW **86** 776, Fußn. 59). Es war auch nicht durch die vereinzelt versuchte Konstruktion eines Verfahrenshindernisses der übermäßig langen Prozeßdauer zu erreichen (vgl. unten Kap. 12, 91). Die gesetzgeberischen Bemühungen sind deshalb jetzt auf generelle Maßnahmen zur Beschleunigung der Strafverfahren überhaupt gerichtet (vgl. Kap. 5, 27).

65 **b)** Die Art. 2, 4 erstrebten eine Verbesserung der Rechtsstellung des Beschuldigten durch **Erweiterung des rechtlichen Gehörs** und zwar durch Einführung der grundsätzlich obligatorischen Vernehmung des Beschuldigten im Ermittlungsverfahren. Nach § 169 a hat die Staatsanwaltschaft, wenn sie die Erhebung der öffentlichen Anklage erwägt, den „Abschluß der Ermittlungen" in den Akten zu vermerken. Spätestens vor dem Abschluß der Ermittlungen muß, sofern das Vorverfahren nicht zur Einstellung führt, der Beschuldigte vernommen werden; in einfachen Sachen genügt es, wenn ihm Gelegenheit zu schriftlicher Äußerung gegeben wird (§ 163 a). In Vorwegnahme seines Beweisantragsrechts in der Hauptverhandlung (§ 244 Abs. 3) wurde dem Beschuldigten nunmehr auch im Vorverfahren das Recht eingeräumt, Entlastungsbeweise zu beantragen, denen die Strafverfolgungsbehörde entsprechen muß, wenn sie von Bedeutung sind (§ 163 a Abs. 2).

Neben dieser in allen Strafsachen vorgeschriebenen Anhörung sah das Gesetz **66** vom 19. 12. 1964 noch im Bereich der schwereren Kriminalität die **Schlußanhörung** (§ 169 a Abs. 2) und — im Anschluß an Vorschläge in den Entwürfen von 1908, 1920 und 1939 — das **Schlußgehör** durch die Staatsanwaltschaft vor (§§ 169 b und 169 c). Damit sollte dem Beschuldigten nach Abschluß der Ermittlungen die Möglichkeit eröffnet werden, auf die Entschließung der Staatsanwaltschaft über die Erhebung der Anklage einzuwirken, um die Überziehung mit einer ungerechtfertigten Anklage zu verhindern. Danach war dem Beschuldigten, wenn die Staatsanwaltschaft die Erhebung der Anklage vor dem Schöffengericht oder einem Gericht höherer Ordnung erwog, der Abschluß der Ermittlungen mitzuteilen, und er konnte dann binnen einer ihm gesetzten Frist einzelne Beweiserhebungen beantragen oder Einwendungen gegen die Anklage vorbringen; er konnte auch (mit teils zwingender, teils fakultativer Wirkung) beantragen, **mündlich** durch den Staatsanwalt zum Ergebnis der Ermittlungen gehört zu werden. Die Erfahrung zeigte indessen — um dies vorwegzunehmen —, daß die auf die Schlußanhörung und das Schlußgehör gesetzten Erwartungen (aus verschiedenen Gründen; vgl. *Rieß* NJW **1975** 85) sich nicht erfüllten; insbes. das Schlußgehör ist in der Praxis „über ein Kümmerdasein nicht hinweggekommen". Das 1. Strafverfahrenreformgesetz (StVRG) vom 9. 12. 1974 (BGBl. I 3393) — unten Kap. 5, 27 — hat die Vorschriften der §§ 169 a Abs. 2, 169 b, 169 c wieder beseitigt.

c) Neben die vorgenannten Maßnahmen mit dem Ziel, dem Beschuldigten zu **67** seiner Entlastung Einfluß auf Gang und Umfang des Vorverfahrens einzuräumen, trat zur weiteren Verbesserung der Stellung des Beschuldigten die **Erweiterung des Umfangs der notwendigen Verteidigung und die Stärkung der Stellung des Verteidigers.**

Die Verteidigung wurde nunmehr auch in der Hauptverhandlung vor der erstinstanzlichen großen Strafkammer notwendig (§ 140 Abs. 1 Nr. 1) — also stets, wo nur eine Tatsacheninstanz gegeben ist —, und bei Verbrechen und langdauernder Untersuchungshaft erfolgt die Bestellung eines Verteidigers von Amts wegen und ohne Rücksicht auf den Antrag eines Verfahrensbeteiligten (§ 140 Abs. 1 Nr. 2, 5). Ferner wurde auch in weiterem Umfang die Amtsbestellung eines Verteidigers schon im Vorverfahren vorgesehen. Nach dem Abschluß der Ermittlungen muß auf Antrag des Staatsanwalts vom Vorsitzenden des für das Hauptverfahren zuständigen Gerichts ein Verteidiger bestellt werden, und der Staatsanwalt stellt diesen Antrag, wenn nach seiner Auffassung in dem gerichtlichen Verfahren die Verteidigung nach § 140 Abs. 1 oder 2 notwendig sein wird (§ 141 Abs. 3).

Die **Stellung des Verteidigers** wurde durch die neue Fassung des § 147 (Akten- **68** einsichtsrecht) und des § 148 (Verkehr des Verteidigers mit dem verhafteten Beschuldigten) gestärkt. Grundsätzlich hat danach der Verteidiger das Recht, die Verfahrensakten einzusehen, und zwar nicht nur die Gerichtsakten, sondern auch die des Vorverfahrens („die dem Gericht im Falle der Erhebung der Anklage vorzulegen wären"). Dieses Recht ist unbeschränkt, sobald der Abschluß der Ermittlungen in den Akten vermerkt ist; vor diesem Zeitpunkt kann — in den Grenzen des § 147 Abs. 2 — die Akteneinsicht versagt werden, wenn sie den Untersuchungszweck gefährden könnte.

Der Verkehr mit dem Verhafteten unterliegt keinen Beschränkungen. Die spätere Entwicklung hat allerdings gezeigt, daß es Fälle gibt, in denen einem Mißbrauch der Verteidigerstellung entgegengetreten werden muß (unten Kap. 5, 97 ff.).

69 d) Zur Vereinfachung und Beschleunigung der Verfahren **milderte** der neue § 154 a den **Verfolgungszwang** weiter dahin ab, daß abtrennbare Teile einer Tat (insbes. bei Sammelverbrechen und fortgesetzten Handlungen) und bei Tateinheit einzelne Gesetzesverletzungen von der Verfolgung ausgenommen werden können, soweit sie für die zu erwartende Strafe oder Maßregel nicht ins Gewicht fallen.

70 e) Das **Eröffnungsverfahren** wurde zwar — entgegen weitergehenden, auf Abschaffung gerichteten Reformwünschen — beibehalten, aber modifiziert. Das Eröffnungsgericht prüft (§ 203), ob der Angeklagte der strafbaren Handlung hinreichend verdächtig erscheint, im Fall der Bejahung aber lautet der Eröffnungsbeschluß nicht mehr — wie früher — dahin, daß der Angeklagte der Tat hinreichend verdächtig sei, sondern spricht nur (§ 207) aus, daß das Hauptverfahren eröffnet und die „Anklage zur Hauptverhandlung zugelassen" werde. In der Hauptverhandlung wird nicht mehr der Eröffnungsbeschluß durch das Gericht, sondern (§ 243 Abs. 3) der Anklagesatz durch den Staatsanwalt verlesen. Durch diese Gestaltung soll bei dem rechtunkundigen Angeklagten die irrige Vorstellung vermieden werden, das Gericht habe sich mit dem Erlaß des Eröffnungsbeschlusses in der tatsächlichen und rechtlichen Beurteilung seines Falles schon mehr oder weniger festgelegt (amtl. Begr. BT-Drucksache Nr. 2037 S. 38). Läßt das Gericht die Anklage nicht unverändert zur Hauptverhandlung zu, z. B. indem es bei Anklage wegen Tatmehrheit die Eröffnung des Hauptverfahrens wegen einzelner Taten ablehnt oder die Verfolgung nach § 154 a beschränkt oder die Tat rechtlich abweichend von der Anklageschrift würdigt, so legt es im Eröffnungsbeschluß die Änderungen dar, mit denen es die Anklage zuläßt (§ 207 Abs. 2). Die Folgerungen, die sich aus diesen Änderungen für den Staatsanwalt bei der Verlesung des Anklagesatzes ergeben, sind in § 243 Abs. 3 geregelt.

71 f) Über die neu eingeführten Einzelvorschriften (Rdn. 65) hinaus schuf Art. 8 ergänzende Vorschriften, um dem Verfassungsgebot des **rechtlichen Gehörs** (Art. 103 Abs. 1 GG) volle Beachtung zu sichern und im einzelnen die Folgerungen zu ziehen, die sich aus dem Verfassungsgrundsatz als prozessuale Rechte und Pflichten ergeben. Dies geschah in erster Linie durch die Einführung einer Generalklausel (neuer § 33 Abs. 3), wonach das Gericht bei Entscheidungen außerhalb der Hauptverhandlung — abgesehen von der Beteiligung der Staatsanwaltschaft — andere Verfahrensbeteiligte zu hören hat, bevor zu ihrem Nachteil Tatsachen oder Beweisergebnisse, zu denen sie noch nicht gehört sind (also auch dann, wenn diese vor Beginn ihrer Verfahrensbeteiligung liegen), verwertet werden. Der Gewährleistung des rechtlichen Gehörs dient es auch, wenn zwar dem Revisionsgericht die Befugnis blieb, eine Revision als offensichtlich unbegründet durch Beschluß zu verwerfen (§ 349 Abs. 2) — die dagegen z. T. im Schrifttum erhobenen Bedenken hielt[1] der Gesetzgeber insoweit mit Recht nicht für durchgreifend —, dem Beschwerdeführer aber zuvor Gelegenheit gegeben werden muß, schriftlich zum Antrag der Staatsanwaltschaft Stellung zu nehmen, den § 349 Abs. 2 nunmehr als Voraussetzung des Beschlußverfahrens fordert.

72 g) **Wiederaufnahmeverfahren.** Auf dem schon für die Umgestaltung des Eröffnungsbeschlusses maßgeblichen Gedanken, bei dem Angeklagten die Vorstellung einer

---

1 Vgl. dazu *Siegert* NJW **1959** 2152; *v. Stackelberg* NJW **1960** 505; *Jagusch* NJW **1960** 73; *Sarstedt* JR **1960** 1.

Befangenheit der Richter wegen einer Beteiligung an einem vorangehenden Verfahrensabschnitt auszuschließen, beruhte es auch, wenn nach dem neu eingefügten Absatz 2 des § 23, einem alten Reformanliegen entsprechend, in Wiederaufnahmeverfahren die Richter kraft Gesetzes ausgeschlossen sind, die bei der durch Wiederaufnahmeantrag angefochtenen Entscheidung mitgewirkt haben; bei Rechtsmittelentscheidungen erstreckt sich die Ausschließung auch auf die Richter der unteren Instanz. Änderungen des Wiederaufnahmeverfahrensrechts bestanden auch in der Einführung der Parteiöffentlichkeit bei der Beweisaufnahme im Probationsverfahren (neue Absätze 3, 4 des § 369). Man kann darin den Beginn einer Reform des Wiederaufnahmerechts sehen, der durch das 1. StVRG vom 9. 12. 1974 weitergeführt wurde (unten Kap. 5, 85; 86).

h) Den Wünschen, die Richter der Vorinstanz allgemein auch dann auszuschlie- **73**
ßen, wenn **auf Revision ein Urteil aufgehoben** und die Sache zur erneuten Verhandlung zurückverwiesen wird (vgl. *Seibert* JZ **1958** 609), entsprach das Gesetz (neuer Absatz 2 des § 354) nur insofern, als die Zurückverweisung an eine andere Abteilung oder Kammer oder einen anderen Senat des Gerichts zu erfolgen hat; dagegen ist nicht ausgeschlossen, daß in dieser anderen Kammer usw. Richter mit der zurückverwiesenen Sache befaßt werden, die schon bei dem aufgehobenen Urteil mitwirkten (vgl. BVerfGE **30** 149, 154; BGHSt. **21** 242; **24** 336; OLG Celle NJW **1966** 168).

i) Neu war auch die **zeitliche Erweiterung des Rechts zur Ablehnung eines Rich- 74**
ters wegen Befangenheit, die ebenfalls an frühere Reformarbeiten anknüpfte. Während nach § 25 a. F. StPO die Ablehnung nur bis zum Beginn des an die Vernehmung des Angeklagten zur Sache anschließenden Teils der Hauptverhandlung zulässig war, wurde die Ablehnungsbefugnis in der Hauptverhandlung bis zum letzten Wort des Angeklagten (§ 258 Abs. 2) ausgedehnt, aber nur, wenn die Umstände , auf die die Ablehnung gestützt ist, erst nach dem Beginn der Vernehmung des Angeklagten zur Sache eingetreten oder dem Ablehnungsberechtigten bekannt geworden sind, und die Ablehnung unverzüglich geltend gemacht wird. Gegen einen Mißbrauch des Ablehnungsrechts richtete sich der neue § 26 a (Verwerfung der Ablehnung unter Mitwirkung der abgelehnten Richter als unzulässig, wenn dadurch offensichtlich das Verfahren nur verschleppt oder nur verfahrensfremde Zwecke [Demonstration] verfolgt werden sollen).

j) Von weiteren bedeutsamen Änderungen mögen noch erwähnt werden die **75**
Verlängerung der Revisionsbegründungsfrist von zwei Wochen auf einen Monat (neuer § 345 Abs. 1), sowie Änderungen auf dem Gebiet des **Kostenrechts** (§§ 467, 467 a, 472), die u. a. die Beseitigung des sog. Freispruchs zweiter Klasse (= Freispruch mangels Beweises im Gegensatz zum Freispruch wegen erwiesener Unschuld oder Fehlen eines begründeten Verdachts) einleiteten.

4. Gerichtsverfassungsgesetz. 76

a) Die früher viel erörterte Frage, in welchem Umfang in der Hauptverhandlung **Film-, Rundfunk- und Fernsehaufnahmen** zulässig seien (vgl. dazu BGHSt. **10** 202; NJW **1961** 1781) wurde in dem neuen Satz 2 des § 169 dahin geklärt, daß Ton- und Fernseh-Rundfunkaufnahmen sowie Ton- und Filmaufnahmen zwecks öffentlicher Vorführung oder Veröffentlichung ihres Inhalts unzulässig seien; das gilt auch für solche Aufnahmen während der Urteilsverkündung.

b) Eine Ergänzung des § 69 a. F. (= jetzt § 21 g) GVG (betr. **Verteilung der Ge- 77**
schäfte innerhalb einer Kammer oder eines Senats durch den Vorsitzenden) durch einen neuen Abs. 2 sollte einer möglichst weitreichenden Durchführung des Grundsatzes des gesetzlichen Richters (Art. 101 Abs. 1 Satz 2 GG) dienen.

78 **VIII. Änderungen von Strafprozeßordnung und Gerichtsverfassungsgesetz nach der „Kleinen Strafprozeßreform" bis zum Beginn der „Großen Strafprozeßreform" 1974.**

1. Auf Grund der Ermächtigung in Art. 17 des StPÄG 1964 wurde die StPO unter dem 17.9. 1965 in neuer Fassung bekannt gemacht (BGBl. I 1373). Erst nach einer immerhin etwa dreijährigen Ruhepause erfolgten förmliche Änderungen der StPO wieder i.J. 1968. Das Sortenschutzgesetz vom 20.5. 1968 (BGBl. I 429) ergänzte (§ 55) die Nr. 8 des § 374 Abs. 1 StPO.

79 Dann aber brachte Art. 2 EG OWiG vom 24.5. 1968 (BGBl. I 503) zahlreiche Änderungen und Ergänzungen der StPO. Geändert oder ergänzt wurden die §§ 10, 45, 55, 110, 111 a, 272, 335, 385, 396, 407, 409, 413, 462, 464, 465, 466, 467, 467 a, 469, 470, 471, 472, 473. Gänzlich umgestaltet wurden die §§ 430 bis 432 a. F. (neue §§ 430 bis 442). Neu eingeführt wurden die §§ 127 a, 132, 268 c, 444, 464 a, 472 b. Nur z. T. waren diese Änderungen und Ergänzungen unmittelbar durch die nötige Anpassung der StPO an die materiell- und verfahrensrechtliche Neuordnung des Rechts der Ordnungswidrigkeiten durch das neue OWiG vom 24.5. 1968 (BGBl. I 481) veranlaßt, vielmehr verwirklichten sie z. T. auch **selbständige Reformwünsche** und dienten der Klärung hervorgetretener Zweifel oder der Beseitigung von Unbilligkeiten des bisherigen Rechts.

80 Hervorzuheben ist etwa die im Zusammenhang mit der Neuregelung der Einziehung (§§ 40 ff. StGB i. d. F. von Art. 1 EG OWiG; jetzt §§ 74 ff. StGB) erfolgte umfassende Ordnung der **verfahrensrechtlichen Stellung der „Nebenbeteiligten"**, die, ohne Täter oder Teilnehmer zu sein, von einer Einziehung betroffen werden, weil sie Eigentümer oder Inhaber eines sonstigen Rechts am Einziehungsgegenstand sind. §§ 430 bis 432 a. F. StPO regelten lediglich die Stellung der Einziehungsbeteiligten im selbständigen (objektiven) Verfahren; eine Beteiligung des tatunbeteiligten Dritteigentümers oder eines sonstigen durch die Einziehung Betroffenen am subjektiven Verfahren war früher allgemein verneint worden, und eine abweichende Auffassung wurde in der Rechtsprechung erst durch BGHSt. **19** 7 = NJW **1963** 1988 angebahnt. Die §§ 430 ff. n. F. regelten nunmehr ausführlich die Beteiligung der Einziehungsbeteiligten am subjektiven Verfahren.

81 Eine Teilreform **der kostenrechtlichen Vorschriften** war zwar weitgehend durch die Berücksichtigung der Nebenbeteiligten bedingt; selbständige Bedeutung kam aber insbesondere dem § 467 n. F. zu, durch dessen Gestaltung die von dem StPÄG 1964 eingeleitete (kostenrechtliche) Beseitigung des „Freispruchs zweiter Klasse" (s. oben 75) zugunsten des unverurteilt aus dem Verfahren entlassenen Angeklagten vollendet und die grundsätzliche Überbürdung der ihm durch das Verfahren erwachsenen notwendigen Auslagen auf die Staatskasse angeordnet wurde. Diese Beseitigung des „Freispruchs zweiter Klasse" geschah als Folgerung aus der Unschuldsvermutung des Art. 6 Abs. 2 MRK, die nur durch die Feststellung der Schuld (im Urteil) widerlegbar ist (vgl. dazu *Wimmer* Unschuldsvermutung — Verdacht — Freispruch, ZStW **80** [1968] 369). BVerfGE **25** 327 wies die Angriffe gegen die Grundgesetzmäßigkeit des § 467 in seiner nunmehr geltenden Fassung zurück. Die Eile, mit der diese Kostenreform betrieben worden war, brachte indessen zunächst eine weitgehende Rechtsunsicherheit (vgl. insbes. Anm. 4 zu § 465), die z. T. heute noch nicht abgeklungen ist.

82 2. Die Reform des **Staatsschutzstrafrechts** durch das 8. StrÄG vom 25.6. 1968 (BGBl. I 741) führte zu Änderungen der §§ 125, 128, 153 b, 153 d (bisher § 153 c), 165, 172, 395, 443 (bisher § 433) und zur Einfügung des § 153 c StPO betr. weitere Lockerung des Verfolgungszwangs bei Staatsschutzdelikten, wenn die Durchführung des Verfah-

rens die Gefahr eines schweren Nachteils für die Bundesrepublik herbeiführen würde, oder wenn der Verfolgung sonstige überwiegende öffentliche Interessen entgegenstehen. Geändert wurden ferner die Vorschriften des GVG über die Zuständigkeit in Staatsschutzstrafsachen (§§ 74 a, 134 a.F.).

3. Durch das Gesetz zur **Beschränkung des Brief-, Post- und Fernmeldegeheimnisses** (Gesetz zu Art. 10 GG) vom 13. 8. 1968 (BGBl. I 949) wurden die §§ 100 a und 100 b StPO eingefügt, die die bei Strattaten der schwersten Kriminalität und bei bestimmten Staatsschutzdelikten unter engen Voraussetzungen zugelassene Überwachung und Aufnahme des Fernmeldeverkehrs auf Tonträger betreffen. 83

4. Sodann machte das **1. Strafrechtsreformgesetz** vom 25. 6. 1969 (BGBl. I 645), das u. a. die Einheits(freiheits)strafe einführte, Ehrenstrafen sowie den Ausspruch der Eidesunfähigkeit beseitigte und eine Reihe von Strafvorschriften aufhob, zahlreiche Anpassungsänderungen der StPO (§§ 60, 61, 68 a, 80 a, 112, 113, 140, 209, 212 b, 232, 246 a, 267, 268 a, 277, 305 a, 375, 413, 431, 453, 453 b, 454, 460, 462, Einfügung des § 265 a) und des GVG (§§ 24, 25, 32, 36, 74, 175) erforderlich. Auch hier wurde die Gelegenheit benutzt, über die notwendige Anpassung hinaus selbständige Änderungen vorzunehmen (vgl. den die Vereinfachung der Vorschlagsliste betreffenden neu eingefügten Absatz 3 des § 36 GVG). 84

5. Das Gesetz zur **allgemeinen Einführung eines zweiten Rechtszuges in Staatsschutz-Strafsachen** vom 8. 9. 1969 (BGBl. I 1582) beseitigte, alten Reformforderungen entsprechend, die erst- und letztinstanzliche Zuständigkeit des Bundesgerichtshofs und der Oberlandesgerichte in Staatsschutz-Strafsachen. Danach wurde die bisherige erstinstanzliche Aburteilungszuständigkeit des Bundesgerichtshofs den Oberlandesgerichten (in den Landeshauptstädten) als Gerichten des 1. Rechtszuges übertragen, während der Bundesgerichtshof über die Revision gegen erstinstanzliche Urteile der Oberlandesgerichte und (in beschränktem Umfang, § 304 Abs. 4 Satz 2 § 310 StPO) über die Beschwerde gegen deren Beschlüsse entscheidet. Da es sich aus Gründen wirksamer Bekämpfung der Staatsschutzdelikte als erforderlich erwies, in weitem Umfang das Ermittlungsverfahren wie bisher durch den Generalbundesanwalt durchführen zu lassen, diesem auch als einem Bundesorgan in beschränktem Umfang die Kompetenz zur Erhebung und Vertretung der Anklage vor den Oberlandesgerichten als Gerichten der Länder zu überlassen (vgl. § 142 a Abs. 2, 3 GVG), bedurfte es zur Bereinigung der Kompetenzschwierigkeiten neuer konstruktiver Wege. Sie wurden dadurch eröffnet, daß der durch das Gesetz vom 26. 8. 1969 (BGBl. I 1357) eingefügte Abs. 5 des Art. 96 GG den Bundesgesetzgeber ermächtigte, zu bestimmen, daß Gerichte der Länder Gerichtsbarkeit des Bundes ausüben (sog. Organ-Leihe). Nach § 120 Abs. 6 GVG üben die erstinstanzlich zuständigen Oberlandesgerichte, soweit nach § 142 der Generalbundesanwalt zur Verfolgung der Strafsachen als Bundesorgan zuständig ist, Gerichtsbarkeit des Bundes aus. Gerichtsbarkeit des Landes üben sie aus, wenn der Generalbundesanwalt das Verfahren gemäß § 142 a Abs. 2, 3 GVG an die Landesstaatsanwaltschaft abgegeben hat. Auf weitere Einzelheiten ist hier nicht einzugehen. Die Neuordnung des Instanzenzuges führte zu Änderungen des GVG (§§ 24, 61, 74, 74 a, 120, 130, 135, 139, 166; Einfügung des § 142 a; Streichung der §§ 134, 134 a) und der StPO (§§ 121, 122, 140, 153 b, 153 c, 153 d, 168 a, 172, 178, 186, 198, 209, 210, 304, 310, 333, 354, 452, 462; Streichung des § 474 a.F.). 85

6. Die Bemühungen um eine schärfere Bekämpfung der **Wirtschaftskriminalität** führten zur Einfügung des § 74 c GVG (Ermächtigung zur Bildung gemeinschaftlicher Wirtschaftskammern für die Bezirke mehrerer Landgerichte) und des § 13 b StPO 86

(Gesetz vom 8.9. 1971, BGBl. I 1513). Das Gesetz vom 10.9. 1971 (BGBl. I 1557) brachte Änderungen der Vorschriften des Deutschen Richtergesetzes über den **juristischen Vorbereitungsdienst,** insbesondere die probeweise Zulassung der sog. einstufigen Ausbildung , die mit Änderungen und Ergänzungen der §§ 10, 142 GVG verbunden waren. Neue Strafvorschriften des 11. und 12. StrÄG vom 16.12. 1971 (BGBl. I 1977/1979) gegen erpresserischen Menschenraub, Geiselnahme und Angriffe auf den Luftverkehr (§§ 239 a, 239 b, 316 c StGB) führten zur Ergänzung des schwurgerichtlichen Zuständigkeitskatalogs in § 80 GVG und zur Anpassung des § 100 a Nr. 2 StPO. Das Gesetz vom 26.5. 1972 (BGBl. I 841) ordnete die Zusamensetzung der Präsidien bei den Gerichten und ihren Aufgabenbereich neu (neue §§ 21 ff. GVG), änderte (wohl aus mehr ideologischen Gründen als aus praktischem Bedürfnis) die hergebrachten **Amtsbezeichnungen** der Berufsrichter (Einfügung eines neuen § 19 a DRiG[2]) und die Bezeichnungen der ehrenamtlichen Richter (§ 45 a DRiG: Ersetzung der Bezeichnung „Geschworener“ durch „Schöffe“) mit der Folge zahlreicher Anpassungsänderungen von StPO, GVG und EGGVG, von deren Einzelaufzählung aus Raumersparnisgründen abgesehen wird[3].

87 7. Ein Ansteigen bestimmter Formen der Kriminalität führte dazu, daß durch Gesetz vom 7.8. 1972 (BGBl. I 1361) die Begrenzung der **Haftvoraussetzungen** durch die „kleine Strafprozeßreform“ des Jahres 1964 (oben 63) in gewissem Umfang gelokkert wurde, und zwar hauptsächlich durch die Ausdehnung des Haftgrundes der Wiederholungsgefahr auf gefährliche Serientäter (neuer § 112 a StPO). Nach § 112 a Abs. 1 Nr. 2 besteht ein Haftgrund auch, wenn der Beschuldigte dringend verdächtig ist, wiederholt oder fortgesetzt eine die Rechtsordnung schwerwiegend beeinträchtigende Straftat nach den §§ 223 a bis 226, 243, 244, 249 bis 255, 260, 263, 306 bis 308, 316 a StGB oder nach einzelnen Vorschriften des Betäubungsmittelgesetzes begangen zu haben und bestimmte Tatsachen die Gefahr begründen, daß er vor rechtskräftiger Aburteilung weitere erhebliche Straftaten gleicher Art begehen oder die Straftat fortsetzen werde; die Haft muß dann zur Abwendung der Gefahr erforderlich und es muß eine Freiheitsstrafe von mehr als einem Jahr zu erwarten sein. Die Untersuchungshaft hat hier zugleich die Aufgabe einer Vorbeugungshaft. Unter dem Gesichtspunkt der Systemwidrigkeit sind im Schrifttum Einwendungen gegen den Haftgrund der Wiederholungsgefahr erhoben worden (vgl. *Jescheck* ZStrW **86** 777); mit dem GG ist § 112 a aber vereinbar (BVerfG NJW **1973** 1363).

88 8. Durch § 61 Abs. 3 des Waffengesetzes vom 19.9. 1972 (BGBl. I 1797) wurde der **Straftatenkatalog** des § 100 a Nr. 2 erweitert. Terminologische und redaktionelle Anpassungen der §§ 100 a Nr. 2, 104 Abs. 2 und des § 112 a Abs. 1 Nr. 1 StPO brachten — neben einer Neufassung des § 80 GVG (Schwurgerichtszuständigkeitskatalog — auch Art. 3, 4 des 4. StrRG vom 23.11. 1973 (BGBl. I 1725). Das letztere Gesetz fügte auch als Vorschrift von allgemeiner Bedeutung den **§ 206 b** ein. Nach dieser Bestimmung stellt, wenn ein Strafgesetz, das bei Beendigung der Tat gilt, vor der Entscheidung geändert wird und ein gerichtlich anhängiges Verfahren eine Tat zum Gegenstand hat, die nach dem bisherigen Recht strafbar war, nach dem neuen Recht aber nicht mehr strafbar ist, das Gericht außerhalb der Hauptverhandlung das Verfahren durch (mit sofortiger Beschwerde anfechtbaren) Beschluß ein. Diese Vorschrift — eine Verallgemeine-

---

2 Gewisse Änderungen der Amtsbezeichnungen der Richter des Amtsgerichts in Beförderungsstellen wurden vom BVerfG DRiZ **1974** 356 für nichtig erklärt.

3 Vgl. statt dessen etwa die Zusammenstellung, die im *Schönfelder* unter „Änderungen des Gesetzes“ dem Text von StPO und GVG vorangestellt ist.

rung einer bereits in Art. 96 des 1. StrRG vorgesehenen Regelung — zieht, wie § 354 a StPO, verfahrensrechtliche Folgerungen aus dem materiellrechtlichen Gebot des § 2 Abs. 3 StGB, das mildeste Gesetz anzuwenden, wenn das bei Beendigung der Tat geltende Gesetz vor der Entscheidung geändert wird. Nach materiellem Recht müßte, wenn das Verfahren (durch Erhebung der Anklage) gerichtlich anhängig und die Eröffnung des Hauptverfahrens beschlossen ist, dem jetzt eintretenden Wegfall der bisherigen Strafbarkeit in der Weise Rechnung getragen werden, daß der Angeklagte in einer Hauptverhandlung freigesprochen wird. Denn § 206 a StPO ist unanwendbar, da der Wegfall der Strafbarkeit kein Verfahrenshindernis i. S. dieser Vorschrift darstellt. Zur Vereinfachung des Verfahrens wird jetzt das freisprechende Urteil durch einen Einstellungsbeschluß außerhalb der Hauptverhandlung ersetzt. Kann sich aber das Gericht nicht ohne Durchführung einer Hauptverhandlung von dem Wegfall der Strafbarkeit überzeugen und verschafft ihm erst die Hauptverhandlung diese Überzeugung, so lautet das Urteil nicht auf Einstellung des Verfahrens (§ 260 Abs. 3), sondern auf Freisprechung (§ 260 Abs. 1). Zu einer Durchführung der Hauptverhandlung kommt es auch, wenn ein Einstellungsbeschluß nach § 206 b auf sofortige Beschwerde (der Staatsanwaltschaft) aufgehoben wird, weil nach Auffassung des Beschwerdegerichts die Voraussetzungen des § 206 b nicht gegeben sind.

9. Schließlich erhielten durch Gesetz vom 25. 3. 1974 (BGBl. I 761) § 14 GVG **89**
(betr. besondere Gerichte) und die §§ 18 bis 20 GVG betr. Befreiung von der deutschen Gerichtsbarkeit neue Fassungen; § 21 GVG wurde aufgehoben. Art. 6 des 5. StrRG vom 18. 6. 1974 (BGBl. I 1297) brachte Erweiterungen des § 53 StPO und Änderungen des § 97 StPO. Art. 6 Nr. 3 b des Gesetzes vom 20. 12. 1974 (BGBl. I 3651) erhöhte die Beschwerdesumme des § 304 Abs. 3 StPO (neu gefaßt durch § 16 des Ges. v. 20. 8. 1975, BGBl. I 2248). Dem § 21 g GVG wurde ein neuer Absatz 3 eingefügt (Art. 2 des Gesetzes vom 20. 12. 1974, BGBl. I 3651).

Hiermit kann die Darstellung der Änderungen von StPO und GVG zunächst beendet werden. Eine Reihe weiterer Änderungen aus dem Jahre 1974 wird hier nicht erwähnt; sie gehören bereits zum Bereich des Beginns einer **Großen Strafverfahrensreform,** der an späterer Stelle (Kap. 5) darzustellen ist.

IX. Verfahrensrechtlich bedeutsame Änderungen außerhalb von StPO und GVG. **90**

1. Außerdem sind eine Reihe von Gesetzen ergangen, die, ohne daß GVG oder StPO förmlich geändert oder ergänzt worden wären, doch für die Gerichtsverfassung und das Strafverfahren von Bedeutung sind. Das Gesetz über die Einrichtung eines **Bundeskriminalpolizeiamts** vom 8. 1. 1951 (BGBl. I 165) i. d. F. des Gesetzes vom 19. 9. 1969 (BGBl. I 1717), das das Reichskriminalpolizeigesetz vom 21. 7. 1922 (RGBl. I 593) ablöste, schrieb zur Bekämpfung des nicht ortsgebundenen Verbrechertums die Einrichtung eines Bundeskriminalamts (mit dem Sitz in Wiesbaden) durch den Bund und die Errichtung von Landeskriminalämtern durch die Länder vor, ermächtigte unter bestimmten Voraussetzungen das Bundeskriminalamt zur Verfolgung strafbarer Handlungen im Einzelfall unter Einsetzung eigner Vollzugsbeamten und regelte das Zusammenwirken des Bundeskriminalamts mit den Polizeidienststellen der Länder und den Justizbehörden. Im Gegensatz zum Bundeskriminalamt sind dem auf Grund des Gesetzes vom 27. 9. 1950 (BGBl. 682) errichteten Bundesamt für Verfassungsschutz keine besonderen Befugnisse auf dem Gebiet der Strafverfolgung eingeräumt. Das Gesetz über das **Bundesverfassungsgericht** (BVerfGG) vom 12. 3. 1951 (BGBl. I 243) brachte die Möglichkeit, gegen rechtskräftige Strafentscheidungen jenes Gericht mit der Behauptung der

Verletzung von Grundrechten und bestimmter Verfassungssätze durch Verfassungsbeschwerde anzurufen (§§ 90 ff.) und schuf den Wiederaufnahme-Grund der Verurteilung auf Grund eines nichtigen Gesetzes (§§ 79, 96; vgl. Kap. 16, 34). Die Zuständigkeitsergänzungsgesetz vom 7. 8. 1952 (BGBl. I 401) bestimmte das für die Fortführung oder die Wiederaufnahme eines Verfahrens zuständige Gericht und die zuständige Vollstreckungsbehörde in solchen Fällen, in denen das früher zuständige Gericht seit dem 8. 5. 1945 weggefallen ist oder an seinem Sitz deutsche Gerichtsbarkeit nicht mehr ausgeübt wird; § 18 a. a. O. erweiterte zugleich die Voraussetzungen für die Wiederaufnahme des Verfahrens zugunsten des Verurteilten gegenüber Urteilen der früheren Wehrmachts- und Sondergerichte. Ferner sind hier zu nennen das Gesetz über das gerichtliche Verfahren in Binnenschiffahrtssachen vom 27. 9. 1952 (BGBl. I 641; mehrfach geändert); das Gesetz über innerdeutsche Rechts- und Amtshilfe vom 2. 5. 1953 (BGBl. I 161; zuletzt geändert durch Gesetz vom 18. 10. 1974, BGBl. I 2445), das sich insbesondere mit der Wirksamkeit von Strafurteilen von DDR-Gerichten in der Bundesrepublik befaßt; das Gesetz über das gerichtliche Verfahren bei Freiheitsentziehungen vom 29. 6. 1956 (BGBl. I 599) und das Rechtspflegergesetz vom 5. 11. 1969 (BGBl. I 2065; zuletzt geändert durch Art. 94 EGStGB vom 2. 3. 1974), nebst VO vom 26. 7. 1970 (BGBl. I 992), das die Mitwirkung des Rechtspflegers im Strafvollstreckungsverfahren regelt (§§ 22, 31). Das Gesetz zur Wahrung der Einheitlichkeit der Rechtsprechung der obersten Gerichtshöfe des Bundes vom 19. 6. 1968 schuf den Gemeinsamen Senat der Obersten Gerichtshöfe, der entscheidet, wenn ein oberster Gerichtshof in einer Rechtsfrage von der Entscheidung eines anderen obersten Gerichtshofs oder des Gemeinsamen Senats abweichen will. Auf das Gesetz vom 7. 8. 1952 (BGBl. II 685, 953) betr. Beitritt zur Menschenrechtskonvention ist bereits oben (Kap. 1, 4) hingewiesen worden. Wegen der Neuregelung der Beteiligung der Finanzbehörden am Steuerstrafverfahren vgl. unten 102.

91 2. Von wesentlicher Bedeutung für die Strafrechtspflege sind ferner das Gesetz über **die Entschädigung für Strafverfolgungsmaßnahmen** — StrEG — vom 8. 3. 1971 (BGBl. I 157), das an die Stelle der veralteten Entschädigungsgesetze von 1898/1904 (Kap. 3, 4) trat[3a], und das **Bundeszentralregistergesetz** — BZRG — vom 18. 3. 1971 (BGBl. I 243), das dem Resozialisierungsgedanken in weiterem Umfang Rechnung trägt als das bisherige Recht (oben Kap. 3, 8), insbesondere durch Nichtaufnahme bestimmter Verurteilungen in das Führungszeugnis, das jedermann auf Antrag über den ihn betreffenden Inhalt des Zentralregisters, und das auf Verlangen Behörden erteilt wird (§§ 28 ff.), im übrigen durch Verkürzung der Fristen, nach deren Ablauf die Strafe nicht mehr im Führungszeugnis vermerkt und der Strafvermerk im Zentralregister getilgt wird, wie auch durch Beschränkung des behördlichen Auskunftsrechts.

92 **X. Strafverfahren und Bußgeldverfahren.** Gegenüber den vorgenannten Gesetzen ragen an dogmatischer und praktischer Bedeutung für das Strafverfahren weit hervor die gesetzgeberischen Maßnahmen, die auf die Herauslösung des sog. Ordnungsunrechts aus dem Kriminalunrecht gerichtet sind, um einer hypertrophischen Anwendung der Kriminalstrafe entgegenzuwirken.

93 **1. Grundgedanken.** Zunächst erging das **Gesetz über Ordnungswidrigkeiten** (OWiG) vom 25. 3. 1952 (BGBl. I 177). Es ging von dem Grundgedanken aus, daß bei reaktionsbedrohten Gesetzesverstößen zwischen der Straftat und der Ordnungswidrig-

---

[3a] Über neuere Tendenzen nach gewissen Einschränkungen der Entschädigungspflicht vgl. ZRP **1975** 217.

keit zu unterscheiden sei. Zwischen den verschiedenen Arten der Gesetzesverstöße bestehe, so wird gelehrt, ein Unterschied, der nicht nur gradmäßiger (quantitativer), sondern wesensmäßiger (qualitativer) Art sei. Dem Gebiet des Kriminalunrechts ist danach die ethisch verwerfbare Verletzung wesentlicher Gemeinschaftsbelange zuzurechnen, dem des Ordnungsunrechts die ethisch indifferente, „wertneutrale" Verletzung von Vorschriften, die technischer Art sind und der Vorsorge für einen glatten Ablauf der Vorgänge und Spannungen dienen, die sich aus dem äußeren Zusammenleben der Menschen ergeben. Die Straftat löst die Kriminalstrafe aus, die der Richter im Strafverfahren verhängt; das strafrichterliche Erkenntnis hat die Bedeutung eines ethischen Unwerturteils über die Tat. Die Ordnungswidrigkeit dagegen führt nur zur Geldbuße als einer „scharfen Pflichtenanmahnung", die die Verwaltungsbehörde durch einen Verwaltungsakt, den Bußgeldbescheid, in einem elastisch geordneten Verwaltungsverfahren, dem Bußgeldverfahren, festsetzt. Die Geldbuße dient zwar auch der Ahndung des Gesetzesverstoßes, d. h. der repressiven Beantwortung des Gesetzesverstoßes durch den Staat; der Idee nach aber sollte sie nach dem OWiG 1952 vorzugsweise ein weiteres Mittel des Verwaltungszwanges in der Hand der Verwaltungsbehörden sein, um die äußere gute Ordnung des Gemeinwesens durchzusetzen. Und während die Verfolgung von Straftaten grundsätzlich vom Legalitätsprinzip beherrscht wird, wurde die Verfolgung von Ordnungswidrigkeiten dem im allgemeinen die Tätigkeit der Verwaltungsbehörden beherrschen Opportunitätsprinzip unterstellt (§ 7). Wie jeder beschwerende Verwaltungsakt, so wurde auch, entsprechend dem Gebot des Art. 19 Abs. 4 GG, der Bußgeldbescheid der gerichtlichen Nachprüfung unterworfen. Aber die Rechtskontrolle stand hier nicht den Verwaltungsgerichten (nach den Vorschriften der Verwaltungsgerichtsordnung vom 1. 1. 1960), sondern an ihrer Stelle den Strafgerichten zu (§§ 54 ff., 75). Da sich trotz aufgewandter literarischer Bemühungen andere praktikable Abgrenzungsmerkmale qualitativer Art nicht gewinnen ließen, zog das OWiG 1952 die Grenzlinie zwischen Straf- und Ordnungsrecht durch Aufstellung eines rein formalen Merkmals: Ordnungsunrecht liegt vor, wenn der Gesetzgeber im Einzelfall einen Gesetzesverstoß nur mit Geldbuße bedroht (§ 1 Abs. OWiG 1952), Kriminalunrecht dagegen, wenn ausschließlich Kriminalstrafe angedroht ist. Dazu trat die Sonderfigur der Mischtatbestände (§ 1 Abs. 3 OWiG 1952), die dadurch gekennzeichnet waren, daß ein Straftatbestand bei Hinzutritt privilegierender Umstände Geldbuße, ein Ordnungswidrigkeitstatbestand bei Hinzutritt qualifizierender Merkmale Kriminalstrafe androht; dann war die Handlung, je nachdem die besonderen Merkmale vorliegen oder nicht, entweder Straftat oder Ordnungswidrigkeit (§ 2).

2. Verfassungsrechtliche Bedenken. Die Grundkonzeption des OWiG 1952 stieß **94**
z. T. in Rechtsprechung und Schrifttum auf Widerspruch. Es wurde insbesondere darauf hingewiesen, daß der Gesetzgeber bei der formalen Abgrenzung der Bedrohung mit Geldbuße das Gebiet des geringfügigen Gesetzesunrechts, das dem der damaligen Übertretungen etwa entspreche, grundsätzlich verlasse, wenn er Geldbußen in Höhe vier- und fünfstelliger Zahlen oder in noch größerer Höhe androhe, daß die Belegung mit solchen Geldbußen den Betroffenen, auch wenn er dadurch nicht „vorbestraft" sei, und trotz ihrer Qualifizierung als „lediglich" eine nachdrückliche Pflichtenmahnung, härter treffe als die Ahndung mit einer geringen Vergehensgeldstrafe. Von diesem Standpunkt aus wurde im Hinblick auf die Art. 92 GG (Rechtssprechungsmonopol der Gerichte) die Grundgesetzmäßigkeit des OWiG angezweifelt. Das BVerfG (E **8** 207, **9** 167; **22** 78, 132; **23** 126; **27** 28; ebenso BGHSt. **24** 20) wies indessen die Angriffe gegen die Grundgesetzmäßigkeit des Bußgeldverfahrens zurück; nur die Kriminalstrafe sei eine echte, mit dem ethischen Schuldvorwurf verbundene Strafe, der Buße fehle dagegen der „Ernst der staatlichen Strafe". Es handele sich daher bei dem Bußgeldverfahren der

Verwaltungsbehörde nicht um ein verkapptes Strafverfahren, sondern um die durch den grundsätzlichen Unterschied der Ordnungswidrigkeit von der Straftat begründete grundgesetzmäßig einwandfreie Ausübung von Verwaltungstätigkeit.

95 **3. Ordnungswidrigkeitengesetz 1968.** Mit der **Grundkonzeption** des OWiG 1952 war **unvereinbar** das Nebeneinanderbestehen von Ordnungswidrigkeiten und **Übertretungen;** der mit dem OWiG beschrittene Weg führte zwangsläufig zur Beseitigung der Übertretungen und leichterer (nur mit Geldstrafe bedrohter) Vergehen. Das vollzog sich in Stufen. Zunächst wurde nach dem Inkrafttreten des OWiG 1952 grundsätzlich auf die Schaffung neuer Übertretungstatbestände und neuer Vergehenstatbestände, die nur Geldstrafe androhen, verzichtet und bei der Reform älterer Gesetze wurden die entsprechenden Tatbestände zu Ordnungswidrigkeiten umgestaltet. Der entscheidende Schritt wurde getan, als 1968 (Art. 3 EG OWiG) die Masse der verbliebenen Übertretungen — die Verkehrsübertretungen — dem Ordnungsrecht zugeordnet wurde. Der Rest der Übertretungen ist seitdem (mit Wirkung vom 1. 1. 1975) durch die Aufhebung des 29. Abschnitts des StGB und die Beseitigung der Übertretungen des Bundesneben- und des Landesstrafrechts (Art. 13, 19 Nr. 206 EGStGB vom 2. 3. 1974, BGBl. I 469) verschwunden; die bisherigen Übertretungstatbestände wurden teils in Vergehenstatbestände, teils in Ordnungswidrigkeiten umgewandelt, teils der Regelungsbefugnis des Landesgesetzgebers überlassen, teils ersatzlos beseitigt[4]. Es gibt nunmehr auf dem Gebiet des Kriminalstrafrechts nur noch Verbrechen und Vergehen. Damit erwies sich aber eine grundlegende Reform des OWiG in verfahrensmäßiger Hinsicht als erforderlich, die das OWiG 1968 durchführte, das jetzt — nach zahlreichen Änderungen durch Art. 29 EGStGB vom 2. 3. 1974 — in der Neufassung vom 2. 1. 1975 (BGBl. I 81) gilt.

96 Der Grundgedanke des OWiG 1952, daß die **Wesensverschiedenheit von Straftaten und Ordnungswidrigkeiten** notwendigerweise auch zu einer klaren Trennung bei der Verfolgung führen müsse und die Zuständigkeit der Strafverfolgungsbehörden scharf von der Verfolgungs- und Ahndungsbefugnis der Verwaltungsbehörde abzusetzen sei, erwies sich gerade bei den Verkehrszuwiderhandlungen als praktisch undurchführbar, weil hier die Übergänge zwischen strafbarem und nur ordnungswidrigem Verhalten in besonderem Maße fließend sind und sich vielfach nicht von vornherein, sondern erst nach abschließender Aufklärung Gewißheit ergibt, wessen sich der Täter schuldig gemacht hat, etwa ob die in § 315 c Abs 1 StGB unter Nr. 1 und 2 beschriebenen Verhaltensweisen von einer Ordnungswidrigkeit nach StVO oder StZVO in ein Vergehen umschlugen, weil sie mit einer konkreten Gefährdung von Leib oder Leben eines anderen oder fremder Sachen von bedeutendem Wert verbunden waren.

97 Das OWiG 1968 ermöglichte deshalb, wenn eine Rechtsverletzung eine Ordnungswidrigkeit, aber auch eine Straftat sein kann, eine abschließende **Entscheidung in einem Verfahren** und ebenso eine einheitliche verfahrensmäßige Behandlung, wenn Ordnungswidrigkeiten mit Straftaten zusammenhängen. Nach dem OWiG 1952 stand die Ahndung einer Ordnungswidrigkeit grundsätzlich nur der Verwaltungsbehörde zu, sie setzte durch den Verwaltungsakt des Bußgeldbescheids die Folgen der Ordnungswidrigkeit fest. Beantragte der Betroffene gerichtliche Entscheidung, so beschränkte sich die Nachprüfung des Gerichts darauf, ob der Bußgeldbescheid aufrecht zu erhalten, zu ändern oder aufzuheben sei. Die Aufgabe der Staatsanwaltschaft bestand grundsätzlich nur in der Kontrolle, ob die Verwaltungsbehörde nicht einen Sachverhalt erfasse, der als Straftat in die Verfolgungszuständigkeit der Strafjustizorgane fällt; im übrigen

---

[4] Vgl. dazu die Übersicht bei *Göhler* NJW **1974** 825, 827.

wirkte sie im gerichtlichen Stadium des Bußgeldverfahrens grundsätzlich nicht mit. Die Rolle des Verfolgungsorgans verblieb vielmehr auch in diesem Stadium der Verwaltungsbehörde; sie war im gerichtlichen Verfahren zu hören und konnte Rechtsbeschwerde einlegen. Nach dem OWiG 1968/1975 ist dagegen im Strafverfahren die Staatsanwaltschaft für die Verfolgung der Tat (i. S. des § 264 StPO) auch unter dem rechtlichen Gesichtspunkt der Ordnungswidrigkeit zuständig (§ 40). Sie kann der Verwaltungsbehörde die Verfolgung einer Ordnungswidrigkeit entziehen und sie selbst übernehmen, wenn sie eine Straftat verfolgt, die mit einer Ordnungswidrigkeit zusammenhängt (§ 42). Erhebt sie wegen der Straftat die öffentliche Klage, so erstreckt sie diese auch auf die Ordnungswidrigkeit (§ 64). Eine entsprechende umfassende Kognitionspflicht trifft auch das Gericht. Wird es durch Einspruch des Betroffenen gegen den Bußgeldbescheid der Verwaltungsbehörde mit der Sache befaßt, so ist es an die Beurteilung der Tat als Ordnungswidrigkeit nicht gebunden und kann vom Bußgeld- zum Strafverfahren übergehen (§ 81); im Strafverfahren nach Erhebung der öffentlichen Klage beurteilt es die in der Anklage bezeichnete Tat zugleich unter dem rechtlichen Gesichtspunkt einer Ordnungswidrigkeit (§ 82). Der fließende Übergang der Ordnungswidrigkeit zur Straftat führte dazu, das Verfahren der Verwaltungsbehörde und das der Staatsanwaltschaft bei Aufrechterhaltung des Opportunitätsprinzips grundsätzlich den Regeln der StPO zu unterstellen (§ 46 Abs. 1, 2); „im Grundsatz geht das neue OWiG. . . . von einer einheitlichen Verfahrensordnung aus und bestimmt davon nur die Abweichungen, die auf eine ganz wesentliche Vereinfachung des Verfahrens bei Ordnungswidrigkeiten abzielen“ (*Göhler [4]* Einl. S. 5). An dieser verfahrensrechtlichen Regelung hat auch das EGStGB vom 2. 3. 1974 nichts geändert; seine Änderungen des OWiG 1968 beschränken sich, was das Verfahrensrecht anlangt, auf geringfügige Anpassungen an neue Vorschriften von StGB und StPO.

4. Erneute dogmatische und verfassungsrechtliche Einwendungen. Die so entstan- 98
dene Rechtslage, daß sowohl die Verwaltungsbehörde durch Bußgeldbescheid (mit dem Vorbehalt, daß der Betroffene durch Einspruch die Entscheidung des Strafrichters herbeiführen kann), wie das Gericht im Verfahren auf Anklage der Staatsanwaltschaft unter der Herrschaft gleichartiger Verfahrensgrundsätze und in Anwendung desselben materiellen Rechts die gleichen Sanktionen für Gesetzesunrecht aussprechen können, daß insbesondere das Fahrverbot sowohl vom Gericht als Nebenstrafe neben einer Kriminalstrafe (§ 44 StGB) wie von der Verwaltungsbehörde unter dem Gesichtspunkt der Nebenfolge einer Ordnungswidrigkeit neben einer Geldbuße durch Bußgeldbescheid ausgesprochen werden kann (§ 25 StVG) führte erneut unter Berufung auf Art. 92 GG zu Angriffen gegen die Grundgesetzmäßigkeit des OWiG 1968. Sie wurden von BVerfG **22** 49 = NJW **1969** 1619 mit der Begründung zurückgewiesen, daß das Rechtsprechungsmonopol der Gerichte (Art. 92 GG) sich nur auf den Kernbereich des Strafrechts erstrecke, der alle bedeutsamen Unrechtstatbestände umfasse, während es verfassungsmäßig nicht zu beanstanden sei, wenn der Gesetzgeber Gesetzesverstöße mit geringerem Unrechtsgehalt, die sich von kriminellen Vergehen durch den Grad des ethischen Unwertgehalts unterscheiden, dem Bereich der materiellen Rechtsprechung entziehe und sie repressiv mit einer „nachdrücklichen Pflichtenmahnung“ erwidere, die keine ins Gewicht fallende Beeinträchtigung des Ansehens und des Leumunds des Betroffenen zur Folge habe. Der grundsätzliche Unterschied zwischen dem Fahrverbot als Nebenstrafe (§ 44 StGB) und dem Fahrverbot nach § 25 StVG als Nebenfolge der Ordnungswidrigkeit ist nach BVerfG NJW **1969** 1623 darin zu sehen, daß letzteres nach der gesetzgeberischen Intention in erster Linie eine Erziehungsfunktion habe, sich als „Denkzettel- und Besinnungsmaßnahme“ darstelle, aber keinen „gezielten Angriff auf

die Kraftfahrerehre" enthalte und den Betroffenen nicht „im Kern seiner Persönlichkeit" träfe. Ob namentlich diese letzteren Ausführungen gesteigerten Ansprüchen nach begrifflich-dogmatischer Vertiefung genügen, wo doch mit der Festsetzung des Fahrverbots nach § 25 StVG dem Betroffenen der Vorwurf gemacht wird, daß er grob oder beharrlich die Pflichten eines KFZ-Führers verletzt habe, mag dahingestellt bleiben.

99 **Theoretisch bleibt die Frage,** ob wirklich der behauptete wesensmäßige Unterschied zwischen dem Kriminalunrecht und dem „bloßen" Ordnungsunrecht besteht. Im neueren Schrifttum mehren sich die Stimmen, die — z. T. sogar neuerdings unter Aufgabe früherer abweichender Meinung — den qualitativen Unterschied verneinen oder in Zweifel ziehen (vgl. z. B. *Schoreit* GA **1967** 225; *Merten-Pfennig* MDR **1970** 807; *Mattes* ZStW **82** (1970) 25; *R. Schmitt* Ordnungswidrigkeitenrecht (1970) 14; *Schmidthäuser* AllgT (1970) 207; *Baumann* JZ **1972** 1; ZRP **1972** 273; *Lang-Hinrichsen* JZ **1970** 796 m. w. Nachw.; *Rotberg* OWiG[5] [1975] Einführung S. 46 ff.; *Kern-Roxin* § 74 A 2). Es ließe sich die Auffassung wohl vertreten, daß materiell auch die Ahndung durch die Verwaltungsbehörde im Bußgeldverfahren Ausübung von Rechtsprechung darstellt, und daß die Vereinbarkeit mit Art. 92 GG deshalb zu bejahen ist, weil letztlich dem Richter die Entscheidung zusteht. Eine Vertiefung dieser Fragen würde indessen den Rahmen der über die Rechtsentwicklung berichtenden Übersicht überschreiten.

100 **XI. Besonderheiten auf dem Gebiet des Steuerstrafverfahrens.**

1. Das frühere Recht kannte die Einrichtung des **Verwaltungsstrafverfahrens.** Sein Wesen bestand darin, daß Verwaltungsbehörden die Befugnis übertragen war, bei leichteren Straftaten — Vergehen und Übertretungen — Kriminalstrafen „vorläufig" durch Verwaltungsakt („Strafverfügung", „Strafbescheid") in der Weise festzusetzen, daß der Beschuldigte dagegen durch Einspruch oder Antrag auf gerichtliche Entscheidung die Entscheidung des Strafrichters herbeiführen konnte. Nach der Beseitigung der polizeilichen Strafverfügung durch das Rechtsvereinheitlichungsgesetz 1950 (Kap. 3, 53) kam ein Verwaltungsstrafverfahren nur noch in Betracht bei Zuwiderhandlungen gegen die Vorschriften über die Entrichtung von Postgefällen (§ 5 EGStPO in Verb. mit §§ 34 ff. des Postgesetzes vom 28. 10. 1871), bei Steuer- und Abgabezuwiderhandlungen nach §§ 421 ff. a. F. RAbgO und solchen landesrechtlichen Vorschriften, die auf die §§ 421 ff. RAbgO verwiesen (§ 6 Abs. 2 Nr. 2 EGStPO). Die Strafbefugnis beschränkte sich auf Geldstrafen und Nebenstrafen, die Festsetzung von Freiheits- und Ersatzfreiheitsstrafen war bereits durch Art. 104 Abs. 2 GG dem Richter vorbehalten.

101 2. Die **Grundgesetzmäßigkeit des Verwaltungsstrafverfahrens** war lange Zeit umstritten. Gegen seine Weitergeltung wurden im Schrifttum Bedenken im Hinblick auf Art. 92 GG (Rechtsprechungsmonopol der Gerichte) und auf Art. 6 Abs. 1 MRK (Anspruch auf Entscheidung durch ein Gericht) erhoben. Auch wurde geltend gemacht, daß im Verwaltungsstrafverfahren — wie ehedem im Inquisitionsprozeß — die Aufgaben des Ermittelns und Entscheidens, die Rollen des Anklägers und des Richters, in **einer** Hand vereinigt seien, eine solche Gestaltung des Verfahrens aber mit dem Grundgedanken des modernen Strafverfahrens und dem Grundsatz der Gewaltenteilung unvereinbar sei.

102 Die **Gegenmeinung,** die namentlich von den Gerichten (BGHSt. **13** 102 = NJW **1959** 1230; BFH NJW **1958** 846) vertreten wurde, ging dahin, daß es sowohl auf dem Gebiet des Strafrechts wie auch in außerstrafrechtlichen Angelegenheiten (vgl. BSG JZ **1959** 378) dem Rechtsprechungsmonopol der unabhängigen Gerichte und dem Grundsatz der Gewaltenteilung nicht widerspreche, Verwaltungsbehörden materielle

Rechtsprechungsaufgaben zu übertragen, sofern nur der Betroffene gegen ihre Entscheidungen den Richter anrufen könne, so daß letztlich das unabhängige Gericht entscheidet.

Den **Meinungsstreit beendete** BVerfG E **22** 49 = NJW **1967** 1219, indem es **103**
aussprach, Kriminalstrafen könnten nach Art. 92 GG nur durch den Richter verhängt werden und dürften deshalb auch bei minder gewichtigen strafrechtlichen Unrechtstatbeständen nicht in einem „Vorverfahren" oder „Vorschaltverfahren" ausgesprochen werden; die §§ 421, 445 und 447 a. F. RAbgO wurden als grundgesetzwidrig für nichtig erklärt. Implicite wurden damit auch die (praktisch wenig bedeutungsvollen) Vorschriften über die verwaltungsmäßige Ahndung von Postgefällszuwiderhandlungen für nichtig erklärt; in dem neuen Gesetz über das Postwesen vom 28. 7. 1969 (BGBl. I 1006), das das Reichspostgesetz vom 28. 10. 1871 ersetzte, fehlt es demgemäß an entsprechenden Vorschriften.

Der Bundesgesetzgeber zog aus der Entscheidung des Bundesverfassungsge- **104**
richts für Steuerzuwiderhandlungen die Konsequenzen durch die Gesetze zur Änderung der RAbgO vom 10. 8. 1967 (RGBl. I 887) und vom 12. 8. 1968 (BGBl. I 953; letztes Änderungsgesetz vom 9. 12. 1974, RGBl. I 3393, 3413). Eine Reihe bisheriger Steuerstraftatbestände wurden in Steuerordnungswidrigkeiten umgestaltet und ihre Ahndung durch Bußgeldbescheid (nach den Vorschriften des OWiG) dem Finanzamt übertragen (§§ 403 ff., 446 ff. RAbgO). Bei den bestehen gebliebenen mit Kriminalstrafe bedrohten Steuerstraftaten führt in der Mehrzahl der Fälle das **Finanzamt** das Ermittlungsverfahren **selbständig** durch und nimmt dabei die Rechte und Pflichten wahr, die der Staatsanwaltschaft im Ermittlungsverfahren zustehen (§§ 421, 433 RAbgO); bieten nach Abschluß der Ermittlungen diese genügenden Anlaß zur Erhebung der öffentlichen Klage, so beantragt das Finanzamt beim Amtsgericht den Erlaß eines Strafbefehls (§§ 407 ff. StPO), wenn die Sache zur Behandlung im Strafbefehlsverfahren geeignet erscheint; andernfalls überläßt das Finanzamt die weitere Behandlung der Staatsanwaltschaft (§ 435). Führt nicht das Finanzamt (selbständig), sondern die Staatsanwaltschaft das Ermittlungsverfahren durch, so hat das Finanzamt die gleichen Rechte und Pflichten wie die Polizeibehörden nach der StPO; es kann Zwangsmaßnahmen (Beschlagnahmen, Durchsuchungen und Untersuchungen) nach den für Hilfsbeamte der Staatsanwaltschaft (§ 152 GVG) geltenden Vorschriften anordnen (§ 437 RAbgO). Im gerichtlichen Verfahren wird das Finanzamt in und außerhalb der Hauptverhandlung gehört, d. h. es erhält Gelegenheit, die Gesichtspunkte vorzubringen, die von seinem Standpunkt für die Entscheidung von Bedeutung sind (§ 441 RAbgO).

KAPITEL 4

Die vorangegangenen Bemühungen um die „große" Reform.

1 **I. Allgemeines.** Jede Strafverfahrensregelung stellt sich letztlich dar als ein positivrechtlicher Ausgleich des Gesetzgebers zwischen den Interessen der durch den Staat verkörperten Rechtsgemeinschaft an einer möglichst raschen und zielstrebigen Strafverfolgung zur Wiederherstellung des Rechtsfriedens und möglichst umfassenden Mitteln zur Aufklärung des Sachverhalts auf der einen Seite und denen des Beschuldigten an möglichst weitgehenden Schutzrechten zur Verteidigung gegen den erhobenen Vorwurf. Die Vorstellungen über den kriminalpolitisch richtigen Ausgleich und über den zweckmäßigsten Weg zur Wahrheitsfindung aber sind wandelbar und werden durch Änderung der politischen und sozialen Verhältnisse, der Anschauungen über die Grenzen der Macht des Staates und der Bedeutung der Würde und Rechte des Individuums beeinflußt. Davon abgesehen, erweisen sich Verfahrensregelungen häufig in mehr oder weniger großem Umfang als verbesserungsbedürftig, weil die gehegten Praktikabilitätserwartungen sich nicht erfüllten oder unvorhergesehene Zweifelsfragen, Mängel und Unvollkommenheiten hervortraten. Weiter werfen neue Erkenntnisse und Erfindungen auf anderen Gebieten, etwa der Medizin und der Technik, die sich zur Verwendung bei der Verbrechensaufklärung eignen (Daktyloskopie, Blutproben, erbbiologische Ähnlichkeitsvergleiche, Wahrheitsseren, Lügendetektor, Tonbandaufnahmen), neue Probleme auf und machen neue Verfahrensvorschriften erforderlich. Schließlich führen Änderungen des materiellen Strafrechts, aber auch außerstrafrechtliche Neuerungen, insbesondere die Ausprägung von Grundrechten in neuen Verfassungen und überstaatliche Vereinbarungen zu Anpassungen auf dem Gebiet des Gerichtsverfassungs- und Verfahrensrechts. Die Klinke der Gesetzgebung muß also zwangsläufig oft betätigt werden, und die vielberufene Unrast der modernen Gesetzgebung beruht, soweit es sich um das Verfahrensrecht handelt, oft genug weniger auf ungezügeltem Reformdrang und perfektionistischem Bestreben als auf dem Zwang außerverfahrensrechtlicher Anstöße, denen die Verfahrensgesetzgebung genügen muß. Solange es geht, wird der Gesetzgeber sich mit Novellen begnügen; von Zeit zu Zeit muß dann das flickenübersäte Gewand durch ein neues ersetzt werden (in der Form der Bekanntmachung eines durchgängig bereinigten Textes). Immer wieder erhebt sich aber daneben der Ruf nach der umfassenden, der „großen" Reform, der Reform an Haupt und Gliedern oder wenigstens der Reform bestimmter Zentralpunkte, jedenfalls nach einer Reform, die das „Gesicht" des Verfahrens wesentlich verändert, wenn auch vielleicht nicht mit jener Tiefenwirkung, wie im 19. Jahrhundert der Übergang vom Inquisitionsprozeß zum reformierten Strafverfahren.

In der Übersicht in Kapitel 3 ist dargestellt worden, welche Änderungen StPO und GVG seit dem 1. 10. 1879 erfahren haben. Die dort gegebene Übersicht ist hier zunächst nach der Richtung zu ergänzen, daß die nicht verwirklichten Änderungswünsche wesentlicher Art, insbesondere aber die Versuche einer umfassenden Reform im Zusammenhang kurz geschildert werden[1], auch soweit ihre Vorschläge inzwischen z. T. verwirklicht sind. Anzuschließen ist die Darstellung der jetzt beabsichtigten „großen" Reform, deren Teilverwirklichung in das Jahr 1974 fällt.

[1] Eine eingehende Darstellung der älteren Reformbestrebungen mit Quellenangabe findet sich in der 19. Aufl. des Kommentars, S. 11 ff. In der Darstellung des Textes sind die dort geschilderten einzelnen Entwicklungsphasen summarisch zusammengefaßt.

II. Reformbestrebungen von 1879 bis 1914. 2

1. Die Bestrebung nach Änderung der StPO setzten schon bald nach deren Inkrafttreten am 1. 10. 1879 ein; sie hatten u. a. das bis heute umstrittene Problem der **Einführung einer zweiten Tatsacheninstanz gegen erstinstanzliche Strafkammerurteile** zum Gegenstand[2]. In den Jahren 1883 und 1884 stellten einige Abgeordnete im Reichstag den Antrag, die Berufung gegen Urteile der Strafkammern in 1. Instanz einzuführen, über die die Strafsenate der Oberlandesgerichte entscheiden sollten. Die Reichstagskommission, der diese Anträge überwiesen wurden, beantragte am 3. 2. 1885, der Reichstag möge die Erwartung aussprechen, daß die Regierung beschleunigt dem Reichstag einen entsprechenden Gesetzentwurf vorlege. Eine Beschlußfassung des Reichstagsplenums unterblieb, weil der Bundesrat damals mit einer Novelle zum GVG und zur StPO befaßt war, von der eine Regelung der Frage erwartet wurde. Der am 9. 5. 1885 vorgelegte Regierungsentwurf einer Novelle, der übrigens nicht im Reichstag beraten wurde, enthielt aber die Einführung der Berufung gegen Strafkammerurteile nicht, weil nach der Begründung die Regierung sich nicht habe überzeugen können, daß diese Maßnahme das geeignete Mittel sei, gerügten Übelständen abzuhelfen. Aus der Mitte des Reichstags wurde daraufhin erneut der frühere Antrag eingebracht, der diesmal auf Vorschlag der Reichstagskommission vom Plenum des Reichstags im Jahre 1886 in allen wesentlichen Punkten angenommen wurde. Der Bundesrat beharrte aber im März 1887 bei seinem Standpunkt. In den Jahren 1887 bis 1892 von Abgeordneten abermals eingebrachte entsprechende Anträge wurden zwar nicht im Reichstag verhandelt, hatten aber schließlich den Erfolg, daß in dem am 6. 12. 1894 von der Reichsregierung erneut dem Reichstag vorgelegten Entwurf einer Novelle u. a. auch die Berufung gegen erstinstanzliche Strafkammerurteile vorgesehen war. Der bei Sessionsende unerledigt gebliebene Regierungsentwurf wurde mit gewissen Änderungen im Dezember 1895 erneut dem Reichstag vorgelegt, schließlich aber zurückgezogen, weil die Regierung auf den Wunsch der Reichstagskommission, die erstinstanzliche Strafkammer mit fünf Richtern zu besetzen — der Regierungsentwurf sah nur drei vor —, nicht eingehen wollte. Nach mehrfachen erfolglosen Versuchen in den Jahren 1896 und 1897, die ins Stocken geratene Reform durch vermittelnde Anträge aus der Mitte des Reichstags wieder zu beleben, forderte schließlich der Reichstag zunächst bei den Verhandlungen über die Militärstrafgerichtsordnung am 4. 5. 1898, dann nochmals am 19. 4. 1902, einstimmig die Regierung auf, dem Reichstag in der nächsten Session alsbald einen Gesetzentwurf über die Berufung in Strafsachen vorzulegen.

2. Zur **Vorbereitung einer umfassenden Reform** berief nunmehr das Reichsjustizamt eine Kommission von 21 Mitgliedern, die aus Richtern, Staatsanwälten und Rechtslehrern bestand; ein Teil der Mitglieder war zugleich Reichstagsabgeordnete. Die Kommission erledigte ihre Aufgabe in der Zeit vom 16. 2. 1903 bis 1. 4. 1905 in 86 Sitzungen. Die Protokolle und eine Zusammenstellung der Kommissionsbeschlüsse wurden im Jahre 1905 veröffentlicht; eine lebhafte Kritik schloß sich in der juristischen Öffentlichkeit daran an[3]. Im September 1908 veröffentlichte das Reichsjustizamt einen von ihm 3

---

2 Vgl. dazu: *Tröndle* Zur Frage der Berufung in Strafsachen – Rückblick und Ausblick, GA **1967** 161; die vom Bundesjustizministerium im Juli 1974 herausgegebene Schrift „Reform der Rechtsmittel in Strafsachen. Bericht über die Entstehung der gegenwärtigen Rechtsmittelvorschriften und die Bemühungen um ihre Reform"; *Tröndle* Zur Reform des Rechtsmittelsystems in Strafsachen, in Probleme der Strafprozeßreform (1975) 73.

3 Vgl. u. a. *Aschrott* Reform des Strafprozesses 1906, *v. Liszt* Die Reform des Strafverfahrens 1906, *Heinemann* Die rechtliche Stellung des Angeklagten 1906; Mitteilungen der IKV. **14** 239, 300, 305, 309.

ausgearbeiteten „Entwurf einer Strafprozeßordnung und Novelle zum GVG" nebst Begründung (Verlag Otto Liebmann, Berlin 1908), der auf die Beschlüsse der Kommission wenig Rücksicht nahm. Der Entwurf sah die Berufung gegen erstinstanzliche Strafkammerurteile vor; doch sollten darüber nicht die Oberlandesgerichte, sondern bei den Landgerichten gebildete besondere Berufungssenate entscheiden. Weitere wichtige Vorschläge betrafen die Einschränkung des Legalitätsprinzips, die Erweiterung der Parteienöffentlichkeit, die Verbesserung des Zwischenverfahrens, die Regelung des Beweisantragsrechts und der Untersuchungshaft, die Beschleunigung des Verfahrens und das Verfahren gegen Jugendliche. Nachdem der Bundesrat dem Entwurf im wesentlichen zugestimmt hatte, wurde er am 26.3. 1909 dem Reichstag vorgelegt (RT-Verhandl. Bd. 254 Drucks. Nr. 1310), aber nicht mehr beraten und deshalb in der nächsten Periode am 26.11. 1909 unverändert neu eingebracht (RT-Verhandl. Bd. 270 Nr. 7). In der 1. Lesung vom 15. 1. 1910[4] überwies der Reichstag den Entwurf einer Kommission, die am 18. 1. 1911 einen eingehenden Bericht erstattete[5]. Die am 6. 2. 1911 im Reichstag begonnene 2. Lesung des Entwurfs wurde schon während der Beratung des GVG abgebrochen, da eine Einigung über die Besetzung der Berufungssenate nicht zu erreichen war. Der Streit ging um die Mitwirkung von Laienbeisitzern in der Berufungsinstanz, die der Reichstag forderte, die Regierung aber ablehnte. Die Weiterberatung der Vorlage wurde zunächst bis zum Herbst 1911 zurückgestellt, zu diesem Zeitpunkt aber nicht wieder aufgenommen. Die Reform war damit gescheitert. Der Ausbruch des Weltkrieges 1914 setzte den Reformplänen ein vorläufiges Ende.

4 **III. Reformbestrebungen von 1919 bis zur Emminger-Reform 1924.**

1. Nach dem Kriege wurden unter weitgehend veränderten Verhältnissen die Reformvorhaben wieder aufgenommen. Im Dezember 1919 ließ der damalige Reichsjustizminister *Schiffer* den Entwurf eines Gesetzes veröffentlichen, dem bald darauf — 1920 — der Entwurf über den Rechtsgang in Strafsachen folgte[6]. Dieser Entwurf entfernte sich weitgehend von den Grundgedanken der früheren Regierungsentwürfe und wollte neue Wege beschreiten. Unter den Vorschlägen sind hervorzuheben auf dem Gebiet der Gerichtsverfassung die Beseitigung der Strafkammer als Gericht erster Instanz und die Übertragung ihrer Zuständigkeit auf das Schöffengericht, die Besetzung auch der Berufungsgerichte mit Schöffen, die Heranziehung der Frauen zum Schöffen- und Geschworenenamt und auf dem Gebiet des Strafverfahrens die Beseitigung der Voruntersuchung und des Eröffnungsbeschlusses, die Ausdehnung der Privatklage (Eigenklage) und der Parteienöffentlichkeit, die Einschränkung der Untersuchungshaft und des Legalitätsprinzips. Diese Entwürfe, deren Vorschläge in der Öffentlichkeit z. T. heftige Kritik hervorriefen[7], gelangten nicht an den Reichstag; der Entw. 1920 ist schon vom Reichsrat nicht verabschiedet worden.

5 2. Am 19.6. 1921 legte der damals amtierende Reichsjustizminister Dr. *Radbruch* dem Reichsrat den Entwurf eines Gesetzes zur Neuordnung der Strafgerichte[8] vor. Auch dieser Entwurf hielt an dem Gedanken fest, die Strafkammer als Gericht erster Instanz zu beseitigen und ihre Zuständigkeit einem Schöffengericht mit erweiterter

4 Sten. Ber. S. 566.
5 Bd. 278 Nr. 638 S. 3108.
6 Erschienen im Verlag Otto Liebmann, Berlin 1920.
7 Vgl. JW **1920** 259,
8 Veröffentlicht im Reichsanzeiger Nr. 157 vom 19. 7. 1922.

Besetzung zu übertragen. In den Schöffengerichten und den Strafkammern als Berufungsgerichten sollten die Schöffen die Mehrheit haben. Weitere Vorschläge betrafen die Zusammensetzung der Ausschüsse für die Wahl der Schöffen und Geschworenen; das Stimmrecht des Amtsrichters und des Staatsverwaltungsbeamten sollte beseitigt und die Mitglieder dieses Ausschusses sollten nach den für die Wahl in politischen Angelegenheiten geltenden Grundsätzen gewählt werden. Der Entwurf wurde, nachdem zwischen Regierung und Reichsrat eine Einigung erzielt war, mit wesentlichen Abweichungen gegenüber der ursprünglichen Regierungsvorlage am 29. 5. 1923 von dem neuen Reichsjustizminister *Heinze* dem Reichstag vorgelegt[9]. Die wichtigste Abweichung bestand in dem Vorschlag, das Schwurgericht unter Beibehaltung seines Namens und unter Herabsetzung der Geschworenenzahl in ein besonders großes Schöffengericht umzuwandeln. Die Vorschläge des Entwurfs *Radbruch*, daß die Schöffen im Großen Schöffengericht und in der Berufungsstrafkammer die Mehrheit haben sollten und daß der Ausschluß für die Wahl der Schöffen und Geschworenen umzugestalten sei, wurden fallengelassen. Der Reichstag überwies in seiner Sitzung vom 5. 6. 1923 den Entwurf dem Rechtsausschuß; zu einer Beschlußfassung des Rechtsausschusses ist es nicht mehr gekommen.

3. Nachdem in der Zwischenzeit bereits einige Reformanliegen durch Einzelgesetze verwirklicht waren (Gesetz über die Heranziehung der Frauen zum Schöffen- und Geschworenenamt vom 25. 4. 1922 — RGBl. I 465 —, Gesetz über die Zulassung der Frauen zu den Ämtern und Berufen der Rechtspflege vom 11. 7. 1922 — RGBl. I 573 —, Jugendgerichtsgesetz vom 16. 2. 1923 — RGBl. I 135 —), machte die Reichsregierung von der ihr aus Anlaß der Währungsstabilisierung durch das Ermächtigungsgesetz vom 8. 12. 1923 (RGBl. I 1179) eingeräumten Befugnis Gebrauch, durch Verordnungen Recht zu setzen, um wesentliche Gedanken der steckengebliebenen Reform im Verordnungswege zu verwirklichen. Die Kap.3, 9 besprochene „Emminger"-VO vom 4. 1. 1924 (RGBl. I 15) führte die Vorschläge der Entwürfe *Radbruch* und *Heinze* hinsichtlich der Beseitigung der Strafkammern als Gerichte erster Instanz durch, wandelte die Schwurgerichte in große Schöffengerichte um und schränkte den Verfolgungszwang ein. Die Dreigliedrigkeit in der Besetzung des Amtsgerichts — Einzelrichter, einfaches Schöffengericht, erweitertes Schöffengericht mit zwei Richtern und zwei Schöffen — führte zu einer beweglichen Wahlzuständigkeit dergestalt, daß es in weitem Umfang von dem Willen der Staatsanwaltschaft abhängig gemacht wurde, ob die Verhandlung vor dem Einzelrichter, dem einfachen oder dem erweiterten Schöffengericht stattfand, und von dieser Entschließung hing es wiederum ab, ob für die Berufung die Kleine oder die Große Strafkammer und ob für die Revision das Oberlandesgericht oder das Reichsgericht zuständig war. Die auf Beschränkung der Untersuchungshaft gerichteten Vorschläge fanden erst aus Anlaß eines aufsehenerregenden Einzelfalles in der Novelle vom 27. 12. 1926 ihre Verwirklichung. **6**

4. **Lehren der Emminger-Reform.** Die viel angegriffene Methode der Emminger-Reform, unter Ausschaltung eines langwierigen parlamentarischen Gesetzgebungsganges Reformen durch Regierungsdekret einzuführen — mochten sie zunächst auch nur als eine unter dem Druck der Verhältnisse notwendige Zwischenlösung gedacht sein —, hatte aber immerhin den Vorteil, daß nunmehr praktisch erprobt werden konnte, ob die alte und umstrittene Reformforderung, grundsätzlich in allen Sachen eine zweite Tatsacheninstanz zu eröffnen, sich auf dem Weg einer Beseitigung der erstinstanzlichen Strafkammer befriedigend lösen lasse. Die Entwicklung hat gezeigt, daß **7**

9 RTDrucksache Nr. 5884 der 1. Wahlperiode.

diese „Patentlösung" sich nicht halten ließ. Diese Beurteilung wird auch nicht dadurch in Frage gestellt, daß es wiederum der Druck der Verhältnisse, die „Diktatur der Armut" war, die schrittweise durch die NotVOen vom 6.10. 1931 und 14.6. 1932 die Wiederherstellung der erstinstanzlichen Strafkammer erzwang. Das Verlangen, den Schwerpunkt der erstinstanzlichen Strafrechtspflege wieder an die Landgerichte zu verlegen, war schon vorher erhoben worden[10]. Die Erfahrung hatte jedenfalls gezeigt, daß die Befassung mit umfangreichen Verfahren die Kräfte auch eines erweiterten Schöffengerichts oft übersteigt. Das Problem der zweiten Tatsacheninstanz war damit freilich noch nicht erledigt, doch war auch nach dieser Richtung Erfahrungsmaterial insofern angefallen, als gerade die Figur der Monstreprozesse, die den ersten Anstoß zur Wiedereinführung der erstinstanzlichen Strafkammer gab, die Bedenken zeigte, die einer umfassenden Wiederholung des gesamten Prozeßstoffs in einer zweiten Tatsacheninstanz entgegenstehen können.

8 **IV. Die Reformvorschläge des EGStGB-Entw. 1930.**

1. Neue Impulse zu umfassenderen Reformvorschlägen ergaben sich im Zusammenhang mit den Bemühungen um die Schaffung eines Allgemeinen Deutschen Strafgesetzbuchs. Im Jahre 1927 hatte der Reichsjustizminister dem Reichstag mit Zustimmung des Reichsrats den Entwurf eines neuen StGB vorgelegt, dessen parlamentarische Behandlung im Rechtsausschuß schließlich infolge der Zuspitzung der innenpolitischen Lage auf zunehmende Schwierigkeiten stieß. Im Jahre 1930 war das Schicksal der Reform bereits kritisch geworden. Der gleichfalls im Jahre 1927 dem Reichstag vorgelegte Entwurf eines Strafvollzugsgesetzes, der namentlich eine gesetzliche Regelung der Rechtsstellung des Strafgefangenen im Vollzug vorsah (RT-Drucks. Nr. 3628), war noch nicht beraten worden. Unter dem 20. 5. 1930 legte der Reichsjustizminister mit Zustimmung des Reichsrats dem Reichstag den Entwurf eines „Einführungsgesetzes zum Allgemeinen Deutschen Strafgesetzbuch und zum Strafvollzugsgesetz 1930"[11] vor (RT-Drucks. Nr. 2070). Dieser Entw. enthielt in den Art. 68 bis 71 zahlreiche Vorschläge zur Änderung von GVG und StPO. Den Gedanken einer gleichzeitig mit der Strafrechtsreform durchzuführenden umfassenden Neuregelung des Strafverfahrens, verbunden mit einem tiefgreifenden Umbau der Gerichtsverfassung, wie letzterer damals namentlich von dem früheren Reichsjustizminister *Schiffer*[12] wieder gefordert wurde, lehnte die amtliche Begründung freilich ab als unvereinbar mit dem Ziel, die Strafrechtsreform möglichst bald durchzuführen und in Kraft setzen zu können; dieses Ziel sei nach den Erfahrungen der früheren Reformversuche und angesichts der Meinungsverschiedenheiten darüber, welche Linien eine Gesamtreform einzuhalten hätte, nur erreichbar, „wenn Gerichtsverfassung und Strafverfahren in ihren wesentlichen Grundzügen aufrechterhalten werden und das Einführungsgesetz sich damit bescheidet, solche Vereinfachungen und Verbesserungen des bestehenden Zustandes herbeizuführen, die sich in den vorhandenen Aufbau ohne große Schwierigkeiten und insbesondere ohne Zeitverlust organisch eingliedern lassen". Eine umfassende Reform oder die Regelung umstrittener Teilprobleme — die Begründung führt als Beispiele die Ersetzung des Offizialprinzips durch das Parteiprinzip nach englischem Muster und die Beseitigung der Voruntersuchung an — müsse einer späteren Zukunft vorbehalten bleiben.

---

[10] Vgl. namentlich *Graf zu Dohna* Gutachten zum 35. Deutschen Juristentag, Verhandl. Bd. 1 S. 129 ff.

[11] Im folgenden als EGStGB-Entw. 1930 zitiert.

[12] *Schiffer* „Die deutsche Justiz", und *Schiffer* „Entwurf eines Gesetzes zur Neuordnung des deutschen Rechtswesens nebst Begründung", Berlin 1928.

2. Immerhin wollte sich auch in diesem beschränkten Rahmen der Entwurf nicht nur mit solchen Änderungen von GVG und StPO begnügen, die in einer mehr oder weniger zwangsläufigen Anpassung an die Neugestaltung des materiellen Strafrechts bestanden, sondern gleichzeitig — z. T. im Anschluß an die früheren Entwürfe — eine **Reihe von Reformen** bringen, deren Lösung im Zusammenhang mit der Strafrechtsreform zwar nicht unbedingt geboten sei, aber ihrem Geiste entspreche und zweckmäßig sei. So wollte der Entwurf **auf dem Gebiet des GVG** es zwar bei der Beseitigung der erstinstanzlichen Zuständigkeit der Strafkammer und bei der Umgestaltung des Schwurgerichts belassen, doch sollte die Zuständigkeit des Einzelrichters gegenüber dem bisherigen Recht eingeschränkt werden (Art. 68 Nr. 30). Zur Erhaltung einer einheitlichen Rechtsprechung sollte eine Vorlegungspflicht eingeführt werden, wenn ein Oberlandesgericht als Revisionsgericht von einer in einer amtlichen Sammlung veröffentlichten Entscheidung des Reichsgerichts in einer Rechtsfrage des Reichsstrafrechts, Reichsstrafprozeßrechts oder der reichsrechtlichen Gerichtsverfassung abweichen wollte (Art. 68 Nr. 30). Die Öffentlichkeit des Verfahrens sollte in weiterem Umfang ausgeschlossen werden können, insbesondere dann, wenn die Verhandlung persönliche Angelegenheiten (z. B. intime Dinge des Privat- und Familienlebens) zum Gegenstand hat, die das öffentliche Interesse nicht berühren, sofern von einer öffentlichen Verhandlung für den Betroffenen erhebliche, außerhalb des Zweckes liegende Nachteile zu besorgen sind (Art. 68 Nr. 42 ff.). **9**

3. Auf dem **Gebiet der StPO** sind an bedeutsamen Vorschlägen u. a. zu erwähnen: die Beseitigung des Eröffnungsbeschlusses und sein Ersatz durch die Anordnung der Hauptverhandlung seitens der Vorsitzenden (Art. 70 Nr. 115), die Erleichterung der Wiederaufnahme des Verfahrens gegenüber einem rechtskräftigen Urteil oder Strafbefehl, wonach in erster Linie die Wiederaufnahmevoraussetzungen zugunsten des Verurteilten, in gewissem Umfang aber auch diejenigen zuungunsten des Angeklagten erweitert werden sollten (Art. 70 Nr. 195). Zur Verbesserung des Ehrenschutzes war die Ermöglichung eines besonderen Feststellungsverfahrens bei übler Nachrede vorgesehen. Danach sollte der Verletzte als Privat- oder Nebenkläger im Strafverfahren oder selbständig durch Erhebung einer Feststellungsklage, die in einem dem Privatklageverfahren ähnlichen Verfahren durchgeführt werden sollte, gegen den, der eine ehrenrührige Behauptung aufgestellt oder verbreitet hat, die Feststellung beantragen können, daß der Inhalt der Behauptung unwahr sei (Art. 70 Nr. 219). Weitere Vorschläge betrafen die Einführung des Adhäsionsverfahrens (Art. 70 Nr. 220) und die Einführung eines vereinfachten Verfahrens zur polizeilichen Ahndung von Übertretungen, wonach die Polizeibehörde bei bestimmten Arten von Übertretungen gegen den auf frischer Tat betroffenen Täter Geldstrafen in geringer Höhe sofort sollte festsetzen und erheben können, wenn der Täter die Zuwiderhandlung vorbehaltlos einräumt und zu sofortiger Zahlung der Geldstrafe bereit ist (Art. 70 Nr. 234). Als wichtige Änderungsvorschläge sind ferner noch zu nennen die Festlegung der Voraussetzungen, unter denen ein Beweisantrag abgelehnt werden kann (Art. 70 Nr. 136; Ergänzung des § 244 im Anschluß an die Entwürfe von 1908 und 1920), die Erweiterung des notwendigen Inhalts der Urteilsgründe (Art. 70 Nr. 145, § 267 e: Zwang zur Angabe der Tatsachen, aus denen beim Indizienbeweis die Täterschaft gefolgert wird, Darlegung der Gründe, die für die Überzeugung des Gerichts maßgebend sind, Zwang zur Würdigung von Tatsachenbehauptungen, deren Aufnahme ein Beteiligter als entscheidungswesentlich in das Protokoll begehrt hat, obligatorische Anführung der Strafbemessungsgründe), die Erweiterung des Inhalts des Protokolls und die Einführung des Protokollberichtigungsverfahrens (Art. 70 Nr. 149, §§ 273, 273 a), die Schaffung eines Gerichtsstands des Verwahrungsorts **10**

(Art. 70 Nr. 2, neuer § 8 a), die Rechtsmittelbelehrung bei Entscheidungen, die mit fristgebundenem Rechtsmittel anfechtbar sind (Art. 70 Nr. 15), die Verminderung der Eidesleistungen, indem die Beeidigung eines Zeugen nur noch ausnahmsweise, nämlich nur dann zulässig sein sollte, wenn das Gericht der Aussage ausschlaggebende Bedeutung für die Urteilsfindung beimißt und die Beeidigung bei Würdigung der Sachlage als äußerstes Mittel zur Herbeiführung einer wahrheitsgemäßen Aussage erachtet, während für den Regelfall der Zeugeneid durch eine Versicherung der Richtigkeit und Vollständigkeit der Aussage unter Berufung auf die Pflicht zur Wahrheit ersetzt werden sollte (Art. 70 Nr. 30). Endlich sollten die Vorschriften über die Strafvollstreckung (§§ 449 bis 463) in das Strafvollzugsgesetz übernommen und deshalb in der StPO gestrichen werden (Art. 70 Nr. 243).

11 In Wahrheit bezweckte danach der Entwurf angesichts der Zahl und Bedeutung der Änderungsvorschläge, trotz gegenteiliger Versicherung der amtlichen Begründung, eine umfassende, eine „große", Verfahrensreform. Mit dem Scheitern der Strafrechtsreform war auch das Schicksal des EGStGB-Entw. 1930 besiegelt; doch hat, wie in Kap. 3 dargestellt, die spätere Gesetzgebung auf eine Reihe von Vorschlägen des Entwurfs zurückgegriffen und sie unverändert oder abgewandelt zum Gesetz erhoben.

12 **V. Der StPO-Entw. 1939**[14].

1. Entstehungsgeschichte. Im Gegensatz zu den vorgeschilderten Reformplänen, zunächst eine Strafrechtsreform und erst später eine Erneuerung der Strafgerichtsorganisation und des Verfahrensrechts herbeizuführen, gingen die Absichten in der Zeit der Herrschaft des Nationalsozialismus von vornherein dahin, eine Totalreform auf den genannten Gebieten gleichzeitig durchzuführen. Während die „Amtliche Strafrechtskommission" mit der Aufstellung eines StGB-Entwurfs beschäftigt war, begann noch im Jahre 1933 eine innerhalb des Reichsjustizministeriums aus Praktikern und den Ministerialreferenten gebildete Vorkommission mit der Aufstellung des Vorentwurfs einer Strafverfahrensordnung, die zugleich die Strafgerichtsorganisation enthalten sollte. Nach Beendigung dieser Arbeit berief der Reichsjustizminister im November 1936 eine größere Kommission, die aus Richtern, Staatsanwälten, Rechtslehrern, einem Vertreter der Rechtsanwaltschaft und den Kommissaren des Reichsjustizministeriums bestand und unter dem Vorsitz des damaligen Reichsjustizministers Dr. *Gürtner* tagte. Der an Hand des Vorentwurfs erstellte Entwurf wurde in zwei Lesungen beraten. Die Arbeiten der „Amtlichen Strafprozeßkommission" waren Ende 1938 beendet. Auf dieser Grundlage entstand der im Reichsjustizministerium ausgearbeitete und am 1.5. 1939 abgeschlossene „Entwurf einer Strafverfahrensordnung und einer Friedensrichter- und Schiedsmannsordnung" mit Begründung, der im Druck vorlag, der Öffentlichkeit aber nicht zugänglich gemacht wurde. Diese wurde vielmehr nach der ersten Lesung durch den im April 1938 vom Reichsjustizminister *Gürtner* unter Mitwirkung von Mitgliedern der Kommission und Sachbearbeitern des Reichsjustizministeriums herausgegebenen Bericht „Das kommende Strafverfahren" unterrichtet. Der endgültige Entwurf weicht von dem vorangegangenen Entwurf nach mehreren Richtungen ab; die Abweichungen betreffen insbesondere die Gestaltung der Urteilsrüge und die Einführung von zwei

---

[14] **Schrifttum:**
W. P. Koch Die Reform des Strafverfahrensrechts im Dritten Reich unter besonderer Berücksichtigung des StPO-Entw. 1939. Ein Beitrag zur Strafrechtsgeschichte, Diss. Erlangen-Nürnberg 1972, und die in Fußnote 2 zu Rdn. 2 angeführte Schrift „Reform der Rechtsmittel in Strafsachen" S. 41 ff. (mit Darstellung des Schrifttums aus der Zeit von 1935 bis 1938).

außerordentlichen Rechtsbehelfen, des außerordentlichen Einspruchs und der Nichtigkeitsbeschwerde. Der Ausbruch des Krieges setzte den Reformplänen ein Ende, doch wurden, wie in Kap. 3, 34 ff. geschildert, durch die Kriegsgesetzgebung eine Reihe wesentlicher Reformpunkte in Form von Novellen durchgeführt.

2. **Grundhaltung des Entwurfs.** Was den Entwurf 1939 entscheidend von seinen **13**
Vorgängern abhebt, sind nicht die einzelnen Abweichungen vom bisherigen Recht, etwa nach dem Stand vom 30. 1. 1933, oder von den vorangegangenen Entwürfen zu einer Neuordnung des Verfahrensrechts — der Entwurf 1939 greift in einer Reihe von Fällen auf frühere Reformvorschläge zurück, und manches von dem, was aus ihm während des Krieges in Novellenform in Kraft gesetzt worden ist, gehört auch heute noch als wirklicher Fortschritt zum gesicherten Bestand und einzelne Vorschläge sind, wenn auch mit geänderten Vorzeichen, in der neueren und jüngsten Reformliteratur und -gesetzgebung wieder aufgegriffen worden —, sondern ist seine **geistig-weltanschauliche Grundhaltung.** Die amtliche Begründung (S. 1) führt dazu aus: „Die bisher geltende Strafprozeßordnung von 1877 ist individualistisch ausgerichtet. Sie bildet eine Ergänzung verfassungsmäßiger Grundrechte, die die möglichste Freiheit des Einzelnen gegenüber der Staatsgewalt zum Ausgangspunkt und Ziel haben. Die Voraussetzungen und Wege, unter denen sie Eingriffe in Ehre, Freiheit und Vermögen des Einzelnen zuläßt, sind wesentlich darauf abgestimmt, die Individualfreiheit zu schützen. Das Schutz- und Sühnebedürfnis der Volksgemeinschaft ist demgegenüber in der Strafprozeßordnung von 1877 stark vernachlässigt worden. Ein solches Verfahrensrecht, dessen Ausgangspunkt und Grundgedanken im Gegensatz zum nationalsozialistischen Rechtsdenken stehen, kann nicht durch Änderung einzelner Vorschriften derart umgestaltet werden, daß es den Anforderungen des neuen Rechtsdenkens entspricht. Eine von nationalsozialistischem Geist getragene Rechtswendung kann nur gewährleistet werden, wenn die Grundsätze dieses neuen Rechtsdenkens alle Einzelheiten durchdringen und die Arbeitsordnung der Strafrechtspflege im ganzen neu gestalten . . . ."

3. In der Tat waren alle **bisherigen Reformbemühungen** davon ausgegangen, **14**
daß einerseits das Interesse des Staates, den Strafanspruch zur Sicherung der Allgemeinheit rasch und nachdrücklich durchzusetzen, und andererseits der Schutz des Beschuldigten, dessen Schuld oder Unschuld ja erst festgestellt werden soll, vor nicht unumgänglich notwendigen Eingriffen in seine Persönlichkeitssphäre gleichrangige Anliegen seien und daß die staatlichen Zugriffsmöglichkeiten ihre Grenzen in der unverzichtbaren Achtung der Menschenwürde des Beschuldigten finden müssen; die eigentlichen Schwierigkeiten liegen dann in der richtigen Grenzziehung, in der gerechten Berücksichtigung der widerstreitenden Interessen. Indem der Entw. 1939 unter Preisgabe dieser Grundhaltung dem „**Schutz- und Sühnebedürfnis** der Volksgemeinschaft" grundsätzlich den Vorrang gegenüber dem „individualistischen" Bestreben nach möglichst weitgehendem Schutz der „Freiheit" des Beschuldigten einräumen wollte, erweist er sich als eine Episode in der Geschichte der modernen Strafverfahrensreform. Nur wäre es ungerecht, **allen** Vorschlägen des Entwurfs mit gleichem Mißtrauen zu begegnen; im einzelnen bringt der Entwurf, der ja selbst altes Reformgut aufnahm, manchen Gedanken, der, von der vorbezeichneten Grundeinstellung nicht berührt, bei künftigen Reformarbeiten der Erörterung wert erscheint.

4. Der Entwurf enthält zunächst **Vorschriften über die sachliche Zuständigkeit** **15**
und den Rechtsmittelzug in Strafsachen, während die Strafgerichtsorganisation im übrigen im GVG geregelt werden sollte. Als Strafgerichte des 1. Rechtszuges waren vorge-

sehen a) für die kleine und mittlere Kriminalität der Amtsrichter als **Einzelrichter.** Eine Beteiligung von Schöffen sollte es beim Amtsgericht nicht mehr geben. Die Strafgewalt des Amtsrichters sollte Haft, Gefängnis und Festungshaft bis zu fünf Jahren, Zuchthaus bis zu zwei Jahren und die sichernden Maßregeln mit Ausnahme von Sicherungsverwahrung, Entmannung und Berufsverbot auf Lebenszeit umfassen; b)für die schwere Kriminalität die beim Landgericht gebildete **Schöffenkammer,** in der Hauptverhandlung besetzt mit drei Berufsrichtern und zwei Schöffen. Das **Schwurgericht** sollte wegfallen: Die Strafgewalt der Schöffenkammer sollte sämtliche im Gesetz vorgesehenen Strafen und Maßregeln umfassen. Die Zuständigkeit von Amtsrichter oder Schöffenkammer im Einzelfall zu bestimmen, sollte Sache des Staatsanwalts bei Erhebung der Anklage sein; er sollte Anklage vor dem Amtsrichter erheben, wenn er dessen Strafgewalt für ausreichend hielt, und die Schöffenkammer nur angehen, wenn er die amtsrichterliche Strafgewalt nicht für ausreichend oder die Verhandlung vor dem Amtsrichter mit Rücksicht auf Umfang oder Bedeutung der Sache nicht für angezeigt hielt. Als erstinstanzliche Strafgerichte für **Sonderfälle** waren vorgesehen a)die beim Landgericht gebildete **Strafkammer** in der Besetzung mit drei Berufsrichtern (also ohne Schöffen), die an die Stelle der bisherigen Sondergerichte treten und deren Zuständigkeit neben einer Reihe bestimmter Straftaten solche Delikte umfassen sollte, bei denen der Staatsanwalt mit Rücksicht auf ihre Schwere oder Verwerflichkeit oder die in der Öffentlichkeit hervorgerufene Erregung die sofortige Aburteilung durch die Strafkammer für geboten hält; b) der **Volksgerichtshof** und — kraft Abgabe — die **Oberlandesgerichte** in Hoch- und Landesverratssachen und bei einigen gleichgestellten Delikten; sie sollten in der Hauptverhandlung mit zwei Berufsrichtern und drei ehrenamtlichen Richtern besetzt sein; c) der **Besondere Strafsenat** des Reichsgerichts, besetzt mit drei Berufsrichtern und zwei ehrenamtlichen Richtern, wenn — für seltene Ausnahmefälle gedacht — der Oberreichsanwalt vor ihm wegen der besonderen Bedeutung der Sache Anklage erhob.

16 5. Die **Rechtsmittel** sollten gegenüber dem bisherigen Recht **beschränkt** werden. Gegen Urteile des Amtsrichters sollte es nur die Berufung an die Schöffenkammer des Landgerichts geben, die dann letztinstanzlich entschied; die Oberlandesgerichte hätten damit aufgehört, Revisionsgerichte in Strafsachen zu sein. Gegen erstinstanzliche Urteile der Schöffenkammern war (nur) die Urteilsrüge, die an die Stelle der bisherigen Revision treten sollte, an das Reichsgericht, besetzt mit fünf Berufsrichtern, vorgesehen. Unanfechtbar sollten sein die erstinstanzlichen Urteile der Strafkammern, der Oberlandesgerichte, des Volksgerichtshofs und des Besonderen Strafsenats des Reichsgerichts. Diese Beschränkung der ordentlichen Rechtsmittel sollte mit einer Erweiterung der außerordentlichen Rechtsbehelfe gegen rechtskräftige Urteile verbunden werden. Neben der — namentlich zuungunsten des Angeklagten — erweiterten Wiederaufnahme des Verfahrens kannte der Entwurf noch an außerordentlichen Rechtsbehelfen gegen rechtskräftige Urteile die Nichtigkeitsbeschwerde („wenn das Urteil wegen eines groben Fehlers bei der Anwendung des Rechts auf die festgestellten Tatsachen ungerecht ist", § 370) und den außerordentlichen Einspruch („wegen schwerwiegender Bedenken gegen die Richtigkeit des Urteils", § 373), die nur dem Oberreichsanwalt beim Reichsgericht zustehen und zu einer Entscheidung des Reichsgerichts führen sollten.

17 **6.** Die **Gestaltung des Verfahrens** wird vornehmlich von zwei Gesichtspunkten beherrscht: der „Auflockerung des Verfahrens" zur Verwirklichung „wahrer Gerechtigkeit" und der Erweiterung der Machtbefugnisse des weisungsgebundenen Staatsanwalts auf Kosten bisheriger gerichtlicher Befugnisse.

a) Die **„Auflockerung des Verfahrens"** sollte — abgesehen von der vorerwähnten Beschränkung der Rechtskraft durch Erweiterung und Vermehrung der außerordentlichen Rechtsbehelfe — vor allem in der „Beseitigung aller nicht unbedingt notwendigen Formvorschriften" (Begr. S. 4) und in der Erweiterung des richterlichen Ermessens durch Beseitigung der das Ermessen beschränkenden Vorschriften bestehen, also in einem Abbau der bisherigen rechtsstaatlichen Garantien zum Schutze des Angeklagten. So sollten z. B. die im bisherigen Recht bestehenden förmlichen Bindungen des Gerichts an eine Zustimmung des Angeklagten zu bestimmten Verfahrenshandlungen beseitigt werden. Der Strengbeweis des bisherigen Rechts sollte abgemildert werden. Die Einschränkungen des richterlichen Ermessens bei der Ablehnung von Beweisanträgen sollten entfallen. Über den Umfang der Beweisaufnahme besagten die §§ 64, 65 nur, daß das Gericht von Amts wegen alles zur Wahrheitserforschung Notwendige zu tun habe und daß über Beweisanträge der Vorsitzer, der auch sonst, entsprechend dem „Führerprinzip", grundsätzlich die dem Urteil vorangehenden Entscheidungen zu treffen hatte (§ 50), durch Beschluß entscheide. Weiterhin sollten — in Einschränkung des Grundsatzes der Unmittelbarkeit — grundsätzlich alle vorhandenen Beweismittel ausgeschöpft werden können. „Der Entwurf lockert daher die zu starren Regeln des geltenden Rechts über die Zulassung und Verwendung von Beweismitteln. Die Möglichkeit, beim Mangel besserer Beweismittel Schriftstücke zu verlesen, wird im Interesse der Wahrheitsforschung erweitert. Das hervorragendste Beweismittel, die Zeugenaussage, wird für das Strafverfahren in weiterem Umfange nutzbar gemacht als bisher. Die Befugnis zur Aussageverweigerung aus persönlichen Gründen wird dem höheren Interesse der Volksgemeinschaft an der Wahrheitserforschung und Strafverfolgung untergeordnet" (Begr. S. 4). 18

b) **Die Erweiterung der Machtbefugnisse des Staatsanwalts,** die die Eingriffsmöglichkeiten der Justizverwaltung durch Erteilung von Weisungen sichern sollte, wird nach dem Entw. erreicht durch eine scharfe Trennung des Vorverfahrens vom Hauptverfahren. Für das Vorverfahren sollte der Staatsanwalt, für das Hauptverfahren das Gericht „die Verantwortung tragen". Das kommt im Vorverfahren zunächst durch eine stärkere Betonung des Anklagemonopols der Staatsanwaltschaft zum Ausdruck: Die Privatklage, die Nebenklage des Verletzten und das Anklageerzwingungsverfahren (§§ 172 ff. StPO) sollten beseitigt werden. An die Stelle des Privatklageverfahrens sollte nach dem **Entwurf der Friedensrichterordnung** ein friedensrichterliches Verfahren mit dem Ziel einer Gesamtbefriedigung der Beteiligten durch friedensrichterliche Mittel und unter Verzicht auf die Verhängung krimineller Strafen treten. Das **Legalitätsprinzip** wurde grundsätzlich aufrechterhalten, sollte aber allgemein dahin gelockert werden, daß der Staatsanwalt (ohne richterliche Kontrolle) von Verfolgung sollte absehen können, „wenn sie nicht zum Schutz des Volkes oder zur Sühne der Tat geboten und wenn die Schuld des Täters so gering ist, daß voraussichtlich von Strafe abgesehen oder höchstens auf Gefängnis, Festungshaft oder Haft von einem Monat, Geldstrafe von 30 Tagesbußen .... erkannt werden würde" (§ 15). Vor allem sollten die Machtmittel des Staatsanwalts als Untersuchungsführer im Vorverfahren erweitert werden. Für Zeugen und Sachverständige war die Pflicht zum Erscheinen und zur Aussage vor dem Staatsanwalt und der ihn unterstützenden Polizei vorgesehen; dem Staatsanwalt sollte das Recht zustehen, Ungehorsamsstrafen zu verhängen und Zwangsmaßnahmen anzuordnen (§ 186) und nur bei Freiheitsentziehung sollte dagegen die Anrufung des Gerichts möglich sein. 19

Auch die **Entscheidung über die sonstigen prozessualen Zwangsmittel** — Vorführung des Beschuldigten, Untersuchungshaft, Beschlagnahme, Durchsuchung, Untersu- 20 chung von Menschen — war nach dem Entwurf im Vorverfahren dem Staatsanwalt übertragen; nur gegen die Anordnung der Vermögensbeschlagnahme und gegen den Haftbefehl des Staatsanwalts (und auch erst nach mehr als zweiwöchiger Dauer der Untersuchungshaft) sollte das Gericht (der Vorsitzer der Strafkammer) angerufen werden können, während im übrigen gegen Verfügungen des Staatsanwalts nur die Beschwerde an seinen Vorgesetzten zulässig sein sollte (§§ 215, 249, 314). An **richterlichen Tätigkeiten im Vorverfahren** waren nur — auf Antrag des Staatsanwalts — die Vorwegnahme einer Beweisaufnahme des Hauptverfahrens durch Vernehmung von Zeugen und Sachverständigen und Augenscheinseinnahme, wenn sie im Hauptverfahren voraussichtlich unmöglich waren, und die eidliche Vernehmung von Zeugen zur Herbeiführung einer wahrheitsgemäßen Aussage vorbehalten. Die **Voruntersuchung** wollte der Entwurf grundsätzlich beseitigen; sie sollte nur noch ausnahmsweise in Betracht kommen, wenn „wegen außergewöhnlicher Umstände" die Führung des Vorverfahrens durch einen Richter geboten erschien (§ 377); gedacht war, wie die Begr. (S. 182) ergibt, an Fälle, „in denen die Vornahme der Ermittlungen durch einen weisungsgebundenen Staatsanwalt zu Mißdeutungen Anlaß geben könnte, z. B. wenn eine Untersuchung wegen der Persönlichkeit des Täters oder der Art der Tat unter innen- oder außenpolitischen Gesichtspunkten besonders heikel ist". Daß die Wahl zwischen der erstinstanzlichen Zuständigkeit des Amtsrichters oder der Schöffenkammer in die Hand des anklagenden Staatsanwalts gelegt werden sollte, ist bereits oben hervorgehoben.

21 7. An **bedeutsameren Vorschlägen** mögen im übrigen noch erwähnt werden: die Pflicht zur Vernehmung des Beschuldigten vor Erhebung der Anklage (§ 12), die **Pflicht des Staatsanwalts, in wichtigeren Sachen den Beschuldigten nach Abschluß der Ermittlungen zu deren Ergebnis zu hören** und seinem Verteidiger Gelegenheit zur Stellungnahme zu geben (§ 13 Abs. 2), das Recht des Verteidigers, in die Akten des Vorverfahrens Einsicht zu nehmen (§ 146), die **Beseitigung des Eröffnungsverfahrens** und sein Ersatz durch die Anberaumung der Hauptverhandlung seitens des Vorsitzers (§§ 32 ff.), die Vorschriften über den Ehrenschutz des Verletzten (§§ 423 ff.), wonach im Strafverfahren wegen Ehrenkränkung das Gericht auf Antrag des Verletzten im Urteilsspruch eine Feststellung über die Unwahrheit der ehrenrührigen oder herabsetzenden Behauptung trifft, und, wenn es zu einem Hauptverfahren nicht kommt, der Staatsanwalt auf Antrag des Verletzten gegen den, der eine solche Behauptung aufgestellt oder verbreitet hat, eine Feststellungsklage erheben kann **(selbständiges Feststellungsverfahren),** die Rehabilitierung des Freigesprochenen durch Niederlegung in den Urteilsgründen, wenn das Gericht ihn für unschuldig erachtet oder überzeugt ist, daß kein begründeter Verdacht gegen ihn besteht (§ 91), **elastischere Gestaltung der Kostenvorschriften** unter Erweiterung des richterlichen Ermessens zur Vermeidung von Unbilligkeiten und Härten (§ 453), die **Umgestaltung des Wiederaufnahmerechts** durch Parallelisierung der Gründe für die Wiederaufnahme zugunsten wie zuungunsten des Verurteilten oder Freigesprochenen und durch Zulassung eines neuen Wiederaufnahmegrundes der Beschwer durch die die Ehre des Angeklagten berührenden Gründe eines freisprechenden oder verfahrenseinstellenden Urteils (§§ 354 ff.), und die Einführung des Adhäsionsverfahrens (§§ 438 ff.).

22 8. Neue Wege beschreiten die Vorschläge über die **Ausgestaltung der beiden ordentlichen Rechtsmittel gegen Urteile,** der Berufung und der Urteilsrüge. Bei der durch das Gesetz vom 28. 6. 1935 verfügten Aufhebung des Verbots der reformatio in peius sollte es bleiben. Die rechtzeitige Anfechtung hemmt nach dem Entw. die Rechtskraft des Urteils im **ganzen** (§ 317); eine Teilrechtskraft durch Beschränkung des Rechtsmit-

tels sollte es wegen der bei Tatmehrheit oder Mehrheit von Rechtsverletzungen im StGB-Entw. 1936 vorgesehenen Einheitsstrafe und im Interesse einer richtigen Bewertung der Gesamtpersönlichkeit nicht mehr geben. Neu ist, daß beide Rechtsmittel sich auch gegen die Urteilsgründe richten können, wenn die Gründe eines freisprechenden oder einstellenden Urteils die Ehre des Angeklagten schwer mindern oder ihn sonst erheblich schädigen (§ 316). Eine Neuerung bei der Berufung sollte — an § 357 StPO anknüpfend — darin bestehen, daß, wenn von mehreren Mitangeklagten nur einer Berufung einlegt, während die übrigen das Urteil rechtskräftig werden lassen, das Berufungsgericht von Amts wegen in Durchbrechung der Rechtskraft die Erstreckung der Verhandlung auf den rechtskräftig Abgeurteilten sollte beschließen können, wenn auf die Berufung hin mit Aufhebung des Urteils zu rechnen ist und der Aufhebungsgrund auch die rechtskräftige Verurteilung beeinflußt haben kann (§ 327).

9. Die bei weitem wesentlicheren Vorschläge des Entw. aber betrafen die **Umgestaltung der Revision der Urteilsrüge**[15], und hier — auf einem von der politisch-weltanschaulichen Tendenz des Entwurfs nicht beeinflußten Teilgebiet — begegnet sich der Entwurf mit den heute aktuellen Tendenzen zur Schaffung eines Berufung und Revision verschmelzenden Rechtsmittels, der sog. erweiterten Revision[16]. Die Revision des geltenden Rechts dient — davon geht der Entwurf aus — in erster Linie der Sicherung einer einheitlichen Rechtsprechung durch einheitliche Gesetzesauslegung und Rechtsanwendung. Die Gerechtigkeit des Spruchs des Tatrichters im **Einzelfall** nachzuprüfen, steht dem Revisionsgericht nur insoweit zu, als es im Rahmen der reinen Rechtsprüfung liegt. Bei Verfahrensrügen erstreckt sich die Nachprüfung nur auf die Tatsachen, aus denen der Beschwerdeführer den Verfahrensmangel herleitet; die Richtigkeit der tatsächlichen Feststellungen und die Ausübung des richterlichen Ermessens, insbesondere bei der Strafzumessung, sind grundsätzlich der Nachprüfung des Revisionsgerichts entzogen. Das bedeutet, daß das Revisionsgericht — von den stets von Amts wegen zu berücksichtigenden Verfahrenshindernissen abgesehen — offensichtliche, aber nicht gerügte Verfahrensmängel, die erkennbar das Urteil beeinflußt haben, unberücksichtigt lassen muß und daß es verfahrensrechtlich einwandfrei getroffene tatsächliche Feststellungen auch dann hinnehmen muß, wenn sich, insbesondere nach Lage der Akten, schwere Bedenken gegen ihre Richtigkeit erheben oder gar ihre Unrichtigkeit dargetan ist. Nicht zum wenigsten der bei dieser Betrachtung verhältnismäßig enge Bereich der 23

---

15 Der Wortlaut der Vorschläge des Entw. ist abgedr. in der vom BJM i. J. 1974 herausgegebenen Schrift „Reform der Rechtsmittel in Strafsachen“ S. 98 ff.

16 An dieser Stelle ist nicht zu erörtern, ob solche Tendenzen nicht bereits auf die heutige Handhabung der Revision eingewirkt haben. Die Schrift von *Fezer* Die erweiterte Revision-Legitimierung der Rechtswirklichkeit? 1974, kommt auf Grund einer Analyse unveröffentlichter Entscheidungen des BGH in Strafsachen zu der Auffassung, daß die Strafsenate mit Hilfe einer umfassenden „Darstellungsprüfung“ sich von den in §§ 337, 261, 267 StPO zum Ausdruck kommenden Grenzen der Revision weitgehend gelöst haben und die Urteilsgründe auf ihre innere Geschlossenheit und damit auch mittelbar auf ihre Richtigkeit und Vollständigkeit hin untersuchen. Praktisch bedeute dies, daß die revisionsgerichtliche Prüfungspraxis auf der Basis der Urteilsgründe kaum mehr erweitert werden könne und ein neuer Revisionsgrund der „schwerwiegenden Bedenken gegen die Richtigkeit der tatsächlichen Feststellungen“ allenfalls den Versuch darstelle, die Rechtswirklichkeit zu legitimieren. Vgl. dazu – auch über neuere Bemühungen um eine Umgestaltung der Revision – *Willms* Sachrüge und erweiterte Revision JR **1975** 52; ferner *Haddenhorst* Die Einwirkungen der Verfahrensrüge auf die tatsächlichen Feststellungen im Strafverfahren (1971) S. 122 ff. m. w. Nachw. zu Reformbemühungen.

Nachprüfungsbefugnisse des Revisionsgerichts war es, der, wie in Kap. 3, 2 dargestellt, schon früh das Verlangen auslöste, allgemein die Berufung gegen erstinstanzliche Urteile zuzulassen. Der Entw. 1939 wollte zwar bei erstinstanzlichen Urteilen der Schöffenkammern diesen Weg nicht gehen, aber wenigstens durch Erweiterung der Nachprüfungsbefugnisse des Urteilsrügegerichts einen gewissen Ausgleich für die fehlende zweite Tatsacheninstanz schaffen (Begr. S. 146, 148).

24 Nach den §§ 331 ff. des Entwurfs sollte sich bei Urteilsrüge die Nachprüfung des angefochtenen Urteils darauf erstrecken: 1. ob es auf einem Fehler im **Verfahren** beruht, 2. ob es wegen eines Fehlers in der Anwendung des Rechts auf die festgestellten Tatsachen oder bei **Ausübung des richterlichen Ermessens,** insbesondere der Bemessung der Strafe, ungerecht ist, 3. ob ein so schweres Bedenken gegen die **Richtigkeit der tatsächlichen Feststellungen** besteht, daß eine neue Entscheidung notwendig ist. Die Abweichungen gegenüber dem geltenden Recht bestehen im einzelnen darin: a) das Urteil muß im Einzelfall auf dem Verfahrensfehler beruhen; absolute Revisionsgründe sollte es nicht mehr geben; b) fehlerhafte Anwendung des sachlichen Rechts berührt den Bestand des Urteils nur, wenn es dadurch ungerecht erscheint; der Rechtsfehler soll unberücksichtigt bleiben, wenn das Urteil im Ergebnis richtig ist; c) die Nachprüfung umfaßt auch die gerechte Ermessensausübung; d) die Nachprüfung erstreckt sich in engen Grenzen auch auf die tatsächlichen Feststellungen, nämlich nach der Richtung, ob sich — gleichviel ob aus den Urteilsgründen, dem Akteninhalt im übrigen oder auf andere Weise — ein so schweres Bedenken gegen die Richtigkeit der tatsächlichen Feststellungen ergibt, daß sie nicht als Grundlage der Entscheidung hingenommen werden können, sondern eine Klärung der Bedenken in einer neuen Entscheidung erforderlich erscheint (Beispiel: In einer Strafsache wegen Untreue hat die Schöffenkammer ein Buch, das die Eingänge und Ausgänge einer Kasse darstellt, als Beweismittel gebraucht. Der Vergleich der Urteilsgründe mit dem Inhalt des Buchs macht es in hohem Grad wahrscheinlich, daß die tatsächlichen Feststellungen zuungunsten oder zugunsten des Angeklagten unrichtig geworden sind, indem eine in dem Buch eingetragene Zahl versehentlich falsch gelesen wurde). In diesem Fall sollte im Interesse der Beschleunigung das Reichsgericht — freilich nur auf Antrag des Oberreichsanwalts — befugt sein, Beweise selbst aufzunehmen oder durch einen beauftragten oder ersuchten Richter vornehmen zu lassen (§ 340); gedacht war vorzugsweise an den Fall, daß es sich um leicht und schnell zu treffende Ergänzungen der tatsächlichen Feststellungen handelte; e) die Nachprüfung auf Verfahrensmängel sollte sich, entsprechend dem bisherigen Recht, zunächst nur auf die unter Angabe der entsprechenden Tatsachen erhobenen Verfahrensrügen erstrecken; doch sollte das Gericht, über das bisherige Recht hinaus, auch einen nicht gerügten Mangel von Amts wegen berücksichtigen, wenn es ihn bei Prüfung von Verfahrensrügen oder bei Nachprüfung des Urteils im übrigen bemerkt (§§ 333, 341). Schließlich sollte bei Aufhebung des Urteils das Urteilsrügegericht die Wahl haben, die Sache zurückzuverweisen oder — über die Grenzen des §§ 354 StPO hinaus — selbst in der Sache entscheiden (§ 342).

25 10. Gänzlich neue Wege beschritt der gleichzeitig mit dem Entwurf der Strafverfahrensordnung aufgestellte **Entwurf einer Friedensrichter- und Schiedsmannsordnung**[17]. Der StPO-Entw. wollte das bisherige Privatklageverfahren beseitigen, weil es unvereinbar sei mit dem Anklagemonopol der Staatsanwaltschaft. Aber das war nur die

---

[17] **Schrifttum:**
Kohlrausch im Bericht der amtl. Strafprozeßkommission S. 538.

„dogmatische" Einkleidung der Erkenntnis, daß im Hauptanwendungsgebiet der heutigen Privatklage ein in den Formen des Strafverfahrens sich abspielendes Verfahren, das den Strafrichter auf die Feststellung einer kriminellen Schuld und gegebenenfalls auf die Verhängung einer Kriminalstrafe beschränkt, dem praktischen Bedürfnis nicht genügt. Bestimmte häufig vorkommende Straftatbestandsverwirklichungen von geringerer Schwere, wie insbesondere Beleidigungen, aber auch leichte Körperverletzungen, Hausfriedensbruch, Sachbeschädigungen haben ihre Wurzel vielfach in den Reibungen und Spannungen des täglichen Nebeneinanderlebens und in Meinungsverschiedenheiten der Beteiligten über Inhalt und Umfang zivilrechtlicher Befugnisse. In diesen Fällen ist es vom Standpunkt des öffentlichen Interesses aus weniger wichtig, daß die Tatbestandsverwirklichung mit einer Kriminalstrafe geahndet wird, als daß der gestörte Rechtsfrieden durch schlichtende Maßnahmen wiederhergestellt und vor künftigen Störungen geschützt wird. Als Schlichtungsmittel stehen heute nur der Sühneversuch vor dem Schiedsmann vor Erhebung der Privatklage, im Verfahren nur der Abschluß eines Vergleichs der Beteiligten, den der Richter aber nur anregen und fördern kann, zur Verfügung.

Den vielfach beklagten Unzulänglichkeiten des Privatklageverfahrens wollte der **26**
Entwurf 1939 dadurch abhelfen, daß er bestimmte Tatbestandsverwirklichungen von geringem kriminellem Unrechtsgehalt der Untersuchung und Ahndung in einem Kriminalverfahren entziehen und sie statt dessen einem Friedensrichter (dem Amtsrichter) zur **Schlichtung** durch das Hinwirken auf eine gütliche Einigung der Beteiligten, bei Erfolglosigkeit dieser Bemühungen aber zur Befriedung durch **grundsätzlich unanfechtbaren Friedensspruch** mit nichtkriminellen Maßnahmen in einem freigestalteten Verfahren ohne Mitwirkung des Staatsanwalts überweisen wollte. Der Verletzte sollte danach durch Erhebung einer Klage, der in gewissen Fällen ein Sühneversuch vor dem Schiedsmann vorangehen muß, den Friedensrichter anrufen können bei Beleidigung, leichter vorsätzlicher oder fahrlässiger Körperverletzung, Hausfriedensbruch, Verletzung des Briefgeheimnisses und Sachbeschädigung. Die Abgrenzung der friedensrichterlichen Zuständigkeit gegenüber der dem Strafrichter vorbehaltenen Aburteilungszuständigkeit bei ernsteren Vergehen war letztlich dem Staatsanwalt übertragen. Nach § 2 Abs. 2 der Friedensrichterordnung sollte der Friedensrichter nicht tätig werden dürfen, wenn der Staatsanwalt es für geboten hält, die Tat mit den Mitteln des Strafrechts zu ahnden. Die Aufgaben des Friedensrichters bestanden nach § 1 der FriedensrichterO darin, dem Verletzten Genugtuung zu verschaffen und den Frieden zwischen den Beteiligten wiederherzustellen, Maßnahmen zur Verhütung künftiger Friedensstörungen unter den Beteiligten zu treffen und schließlich Streitigkeiten beizulegen, die die Ursache des Unfriedens bilden oder zu neuem Unfrieden Anlaß geben können. Inhalt des Friedensspruchs konnten nach §§ 5 ff. sein: die Auferlegung einer Friedensbuße in Geld oder die Erteilung einer Verwarnung zur **Ahndung** der Tat, ferner zur **Verhütung** künftig zu besorgender Friedensstörungen die Auferlegung einer Friedensbürgschaft durch Leistung einer Sicherheit in Höhe eines bestimmten Geldbetrages, der der Staatskasse verfällt, wenn der Verpflichtete innerhalb der vom Friedensrichter bestimmten Frist eine neue Tat begeht. Inhalt des Friedensspruchs sollten weiterhin sein bei ehrenrührigen Behauptungen auf Antrag des Verletzten die Feststellung der Unwahrheit der Behauptung zur Wiederherstellung des guten Rufs und schließlich zur Sicherung des Rechtsfriedens die Entscheidung über Streitigkeiten bürgerlich-rechtlicher Art, die mit der Tat zusammenhängen oder zu künftigen Friedensstörungen führen können, wenn ein Beteiligter es beantragt, das Amtsgericht sachlich zuständig ist und bestimmte Wertgrenzen nicht überschritten werden.

27 Das **Verfahren** sollte der Friedensrichter **nach pflichtgemäßem Ermessen bestimmen**, wobei ihm die Grundsätze des Strafverfahrensrechts als Richtschnur dienen und er von Amts wegen alles zur Erforschung der Wahrheit Notwendige zu tun hat. Die Verhandlung sollte grundsätzlich nicht öffentlich sein. Auf weitere Einzelheiten ist hier nicht einzugehen. Über die Teilverwirklichung dieser Vorschriften während des 2. Weltkrieges durch Art. 8 der VO vom 13. 8. 1942 s. Kap. 3, 40.

KAPITEL 5

Der Beginn einer neuen „Großen" Strafverfahrensreform.

I. Vorgeschichte. Das StPÄG vom 19.12. 1964 enthielt als **„kleine Strafprozeßreform"** (Kap. 3, 61) zwar umfangreiche und weitgehende Änderungen der StPO, verstand sich aber nicht als ein (umfassendes) „Reform"-, sondern nur als ein „Änderungs"-Gesetz. Das beruhte auf der hergebrachten Vorstellung, von der auch die im 4. Kapitel dargestellten Reformvorhaben meist noch ausgingen, daß eine „große" Reform in **einem** geschlossenen Gesetzeswerk durchgeführt werden müsse, dieses aber eine entsprechende vorgängige Reform des materiellen Rechts zur Voraussetzung habe. In diesem Sinn hatte die Begründung des RegEntw. des StPÄG 1964 (BT-Drucks. IV 178) zum Ausdruck gebracht, daß zwar die umfassende Reform des Strafverfahrensrechts eine der wichtigsten rechtspolitischen Aufgaben sei, deren Erarbeitung aber wenigstens die Festlegung der Grundsätze einer Neugestaltung des materiellen Strafrechts voraussetze, da die Reform des Strafrechts weitgehende Auswirkungen auf die Erneuerung des Strafverfahrens habe. Bei der Verabschiedung des StPÄG 1964 wies der Bundestag durch die Vertreter aller in ihm vertretenen Parteien auf die Notwendigkeit hin, die Gesamtreform der StPO alsbald vorzubereiten (Prot. der 132. Sitzung der 4.Legislaturperiode S. 6472 ff.). 1

II. Das EGStGB 1974. Die Reform des materiellen Rechts vollzog sich langsamer, als man damals erwartet hatte. Die parlamentarische Behandlung des 1962 eingebrachten RegEntw. des StGB führte erst im Jahre 1969 zum 1. und 2. Strafrechtsreformgesetz (StrRG). Das letztere, den Allgemeinen Teil eines neuen StGB enthaltend, sollte am 1.10. 1973 in Kraft treten, weil man bis zu diesem Zeitpunkt auch den Abschluß der umfassenden Erneuerung des Besonderen Teils erwartete. Dazu ist es indessen nicht gekommen. Es gelang zunächst nur, bestimmte Teilgebiete des Besonderen Teils neu zu regeln, die in besonderem Maß als änderungsbedürftig angesehen wurden; es wurden außer dem 10., 11. und 12. StrÄG und einigen Vorschriften des Nebenstrafrechts, die Vorschriften des StGB berührten, das 3. StrRG vom 20.5. 1970 (BGBl. I 505), das 4. StrRG vom 23.11. 1973 (BGBl. I 1725) und das 5. StrRG vom 18.6. 1974 (BGBl. I 1297) erlassen. Um das Inkrafttreten des neuen Allgemeinen Teils nicht länger hinauszuschieben, wurde schließlich der 1.1. 1975 als Zeitpunkt des Inkrafttretens festgelegt. Das erforderte eine Fülle von Einzelvorschriften, die die noch nicht reformierten Materien des Besonderen Teils des StGB und die Vorschriften des gesamten Nebenstrafrechts an die Grundsätze und den Sprachgebrauch des neuen Allgemeinen Teils anpaßten und die außerdem die strafverfahrensrechtlichen Vorschriften der neuen materiellen Regelung anglichen. Diese Aufgabe wurde im EGStGB vom 2.3.1974 (BGBl. I 469) durchführt. Der Gesetzgeber begnügte sich dabei aber nicht mit den notwendigen Anpassungen, sondern ergriff die Gelegenheit, gleichzeitig auf den Gebieten der Strafrechtspflege eine Vielzahl von „echten" Reformen durchzuführen, die an sich durch das beschränkte Ziel des EGStGB nicht veranlaßt gewesen wären[1]. Dadurch ist, 2

1 vgl. dazu die Übersichten von *Göhler* NJW **1974** 824; *Sturm* (betr. den Besonderen Teil des StGB) JZ **1975** 6.

wenn auch in mehr oder weniger großem Umfang Reformen von Materien des Besonderen Teils des StGB noch ausstehen und erst für die Zukunft zu erwarten sind, doch, freilich in einem gewissen vorläufigen Sinn, nach einem Wort von *Göhler* (NJW **1974** 825), das sich auch *Dreher* (Vorwort zur 35. Aufl.) zu eigen macht, „die Strafrechtsreform als großes Gesamtwerk zum Abschluß gebracht". Äußerlich kommt dies auch darin zum Ausdruck, daß der Wortlaut von Strafgesetzbuch, Strafprozeßordnung, Gerichtsverfassungsgesetz, Jugendgerichtsgesetz, Wehrstrafgesetz und Wirtschaftsstrafgesetz in neuer Fassung bekanntgemacht wurde. Seitdem ist das 13. StrÄG v. 13.6.1975 — BGBl. I 1349 — (Reform des § 142 StGB) ergangen.

3 **III. Reformmethoden.** Damit war zugleich die Grundlage für eine umfassende Reform des Strafverfahrensrechts gegeben. Auch diese Reform kann nach den bei der Reform des materiellen Rechts gemachten Erfahrungen nicht in **einem** Gesetzeswerk „aus einem Guß" durchgeführt werden, in dem gleichzeitig alle zur Erörterung anstehenden großen Reformfragen einer Lösung und Entscheidung zugeführt werden. Die Vorstellungen der Bundesregierung gehen dahin, die „große" Reform durch **mehrere** aufeinander abgestimmte Einzelgesetze durchzuführen, an deren Ende eine durchgängige Gesamtredaktion steht.

4 **IV. Reformgründe.** Als Umstände, aus denen sich heute das allgemeine Bedürfnis nach einer umfassenden Strafverfahrensreform ergibt, führt die Begründung des Reg-Entw. des 1. StVRG (BT-Drucks. 7 551 S. 32) an:

5 1. Trotz mannigfacher Änderungen seit dem Inkrafttreten der StPO sei ihre **Grundkonzeption** in wesentlichen Teilen eine solche des vorigen Jahrhunderts. „Ein Gesetz dieses Alters bedarf selbst dann, wenn es sich in der Praxis bewährt hat, einer umfassenden Überprüfung, um es von überflüssig gewordenem Ballast zu befreien und seine Regelungen den veränderten Umständen und Bedingungen anzupassen".

6 2. Das **neue Verständnis** von der Stellung des Einzelnen und der Gemeinschaft, das der soziale Rechtsstaat des GG gebracht habe, müsse durchgängig seinen Ausdruck finden. „Über die verfassungskonforme Auslegung und die Einzelanpassung hinaus muß ein Gesetz, das in so starkem Maße wie die StPO angewandtes Verfassungsrecht ist, einer Totalrevision unterzogen werden, welche die verfassungsrechtlichen Grundentscheidungen berücksichtigt".

7 3. Die weit abgeschlossene Strafrechtsreform habe in vieler Hinsicht die Aufgabe des materiellen Strafrechts und den Zweck der Strafe neu bestimmt. „Aus dieser **neuen Strafrechtsauffassung,** die den Menschen und seine Wiedereingliederung in den Mittelpunkt stellt, gewinnt auch das Strafverfahrensrecht Impulse für eine Neugestaltung".

8 4. Ursachen und **Erscheinungsformen der Kriminalität** hätten sich gewandelt. „Neue Typen von Straftaten haben sich gebildet; solche, die bei der Schaffung der StPO im Vordergrund standen, haben erheblich an Bedeutung verloren. Hieraus ergeben sich neuartige Anforderungen an das Instrumentarium, das die StPO zur Bekämpfung der Kriminalität zur Verfügung stellen muß".

9 5. **Neuere Erkenntnisse** über Bedeutung und Wert der Beweismittel, über die Gefahren der Fehlentscheidung und ihre Ursachen verlangten Beachtung. „Das Problem der Wahrheitsfindung im Strafprozeß ist neu durchdacht worden. Neue technische

Möglichkeiten erfordern Berücksichtigung. Das Strafverfahrensrecht kann all das nur bei einer umfassenden Reform und Überprüfung ausreichend berücksichtigen".

6. Bemühungen um die **Verfeinerung der dogmatischen Grundlagen** des Verfahrensrechts seit dem Inkrafttreten der StPO hätten „neue Zusammenhänge aufgezeigt, die von der Gesetzgebung berücksichtigt werden müssen. Sie haben Probleme deutlich gemacht, die teilweise nur der Gesetzgeber lösen kann. Eine Novellengesetzgebung, die sich darauf beschränkt, isoliert Einzelfragen zu lösen, kann die umfassenden auch systematischen Erträge der wissenschaftlichen Forschung nicht ausreichend verwerten". **10**

V. **Reformziele**[2]. Auf dieser Grundlage lassen sich in konkreterer Gestalt die Ziele einer „großen" Reform, die der Einführung des reformierten Strafprozesses um die Mitte des vergangenen Jahrhunderts an Bedeutung in etwa vergleichbar ist — als Folgerungen aus dem Postulat des **sozialen** Rechtsstaats (Art. 20 GG) — in großen Zügen etwa wie folgt beschreiben: **11**

1. **Sicherung** nicht nur **der Grundrechte** des Einzelnen, der vom Verfahren betroffen wird, sondern auch seine Anerkennung als handelndes Prozeßsubjekt mit Auswirkungen z. B. in der Beweisaufnahme; **12**

2. **Rücksichtnahme** auf das **Wohl der Allgemeinheit,** die sich in der Forderung nach Rationalität, Effektivität und Beschleunigung des Verfahrens niederschlägt; **13**

3. Verfahrensrechtliche **Anpassung an** das **gewandelte Verständnis** der Aufgaben der Strafrechtspflege („Einstimmung der StPO auf die Bestrebungen des materiellen Rechts"), das, unbeschadet der notwendigen Verteidigung der Rechtsordnung, im „Heilen" statt „Strafen", in der Wiedereingliederung (Resozialisierung) des Täters (§§ 46 Abs. 1 Satz 2, 65 Abs. 1, 3, 67 a Abs. 1, 3 StGB) — dies gerade auch zur Vermeidung von Rückfällen —, in der Zurückdrängung der kurzen Freiheitsstrafe als ultima ratio (§ 47 StGB) und im Ersatz der Kriminalstrafe im unteren Bereich durch andere Sanktionsformen zum Ausdruck kommt; **14**

4. **Ausrichtung** des Verfahrens auch **auf moderne Formen der Kriminalität,** wie organisierter Terror, planvolle Sabotierung der Hauptverhandlung durch Beschuldigte, Sympathisanten und Verteidiger, die ihr Amt mißbrauchen, Zunahme raffinierter und schwer faßbarer Formen der Wirtschaftskriminalität, sprunghafte Vermehrung gewisser Vermögens- und Straßenverkehrsdelikte als Massenerscheinungen, wie z. B. Ladendiebstähle; **15**

5. **Berücksichtigung neuer Erkenntnisse** über Ursachen von Fehlurteilen, die Anlaß geben zu überlegen, wie solche Fehler — z. B. auch durch Reform des Sachverständigenbeweises[3] — vermieden oder, soweit geschehen, nötigenfalls in einem verbesserten Wiederaufnahmeverfahren wieder gut gemacht werden können; **16**

---

2 **Schrifttum:**
Jescheck Rechtsvergleichung als Grundlage der Strafprozeßreform, ZStW **86** (1974) 761; derselbe: Neue Entwicklungstendenzen des deutschen Strafverfahrensrechts im Vergleich zu dem oesterr. Recht, in „100 Jahre oesterr. StPO" **1973** 45; *Jescheck/Dünnebier/Roxin/Tröndle* Probleme der Strafprozeßreform, Sammlung Göschen Bd. 2400, 1975.

3 Dazu *Krauß* Richter und Sachverständiger im Strafverfahren, ZStW **85** (1973) 320, 347 ff.

17 6. erhöhte Rücksichtnahme auf **Entschädigungs- und Wiedergutmachungsansprüche** des Tatopfers im Strafverfahren.

18 **VI. Reformen zum 1. 1. 1975.** Manches ist für die Umbildung des Strafverfahrens im Sinn solcher Ziele in vorangegangenen Änderungen, insbesondere durch die „kleine Strafrechtsreform" 1964 bereits getan. Andere Maßnahmen bilden den Gegenstand des EGStGB vom 2. 3. 1974, des Gesetzes vom 9. 12. 1974, dessen Selbstverständnis in seiner Überschrift als „Erstes Gesetz zur **Reform** des Strafverfahrensrechts" zum Ausdruck kommt, und des Gesetzes vom 20. 12. 1974 (BGBl. I 3686), das sich, in gleicher Weise um die Erkennbarkeit der Zielsetzung bemüht, als Gesetz zur Ergänzung des 1. Reformgesetzes bezeichnet. Diese drei Gesetze, die, von gewissen Ausnahmen abgesehen, gleichzeitig am 1. 1. 1975 in Kraft traten, können — **als Einheit betrachtet** — als Beginn einer großen Strafprozeßreform bezeichnet werden.

Im folgenden sollen nur die wichtigsten der auf diesen Gesetzen beruhenden Änderungen von StPO und GVG kurz dargestellt werden, wobei auf die Erwähnung von Übergangsregeln und die Anführung von Rechtsprechung zu Übergangsfragen im allgemeinen verzichtet wird[4].

19 **VII.** Als hauptsächliche **Gesetzesmaterialien** sind zu nennen

1. betr. **EGStGB:** Begr. des RegEntw., BT-Drucks. 7 550 (S. 288 bis 316); 1. Antrag des Bundestagssonderausschusses für die Strafrechtsreform (StrAB Tag), BT-Drucks. 7 1232 S. 83 bis 121; 1. Bericht des StrAB Tag, BT-Drucks. 7 1261 S. 24 bis 34;

20 2. betr. **1. StVRG:** Begr. des RegEntw., BT-Drucks. 7 551 S. 31 bis 98; Bericht des Rechtsausschusses, BT-Drucks. 7 2600; Anrufung des Vermittlungsausschusses durch den Bundesrat, BT-Drucks. 7 2774; Antrag des Vermittlungsausschusses BT-Drucks. 7 2810;

21 3. betr. **Ergänzungsgesetz zum 1. StVRG:** Begr. des RegEntw. eines 2. StVRG, BT-Drucks. 7 2526; Begr. des Entw. des Bundesrats eines Gesetzes zum Schutz der Rechtspflege, BT-Drucks. 7 2536; schriftl. Bericht und Antrag des Rechtsausschusses BT-Drucks. 7 2989.

22 **VIII. Die Neuerungen des EGStGB vom 2. 3. 1974.**

1. Vorbemerkung. Seit dem 1. 1. 1975 gibt es die **bisherige Übertretung** als Kriminalstraftat nicht mehr. Die bisherigen Übertretungstatbestände sind teils ersatzlos weggefallen, teils in Ordnungswidrigkeitstatbestände des Bundes- oder Landesrechts umgewandelt, teils zu Vergehenstatbeständen erhoben worden oder in solchen aufgegangen[5]. Letzteres gilt z. B. für die die Prostitution betreffenden Vorschriften in § 361 Nr. 6 b und 6 c (vgl. jetzt §§ 184 a und b n.F.) und namentlich für den bisherigen Privilegierungstatbestand des „Mundraubs" (§ 370 Abs. 1 Nr. 5 a. F. StGB), der in § 248 a n. F. StGB aufgegangen ist. Mit dem Wegfall der Übertretungen entfiel das amtsrichterliche

[4] Ins einzelne gehende Aufzählungen zur ersten Unterrichtung finden sich in den Informationsaufsätzen der Fachzeitschriften, die meist auch das im Entstehungsstadium der Gesetze angefallene Schrifttum berücksichtigen, ferner in einem Sonderdruck der Informationen des Bundesministeriums der Justiz vom 13. 1. 1975 „Die Änderungen im Strafverfahrensrecht am 1. 1. 1975". Darauf muß verwiesen werden (vgl. dazu etwa *Grauhan* DRiZ **1975** 102, 136, 171).

[5] vgl. dazu *Göhler* NJW **1974** 827 f.

Strafverfügungsverfahren des § 413 a. F. und verloren § 153 Abs. 1 und § 313 a. F. StPO (Verfahrenseinstellung bei Übertretungen, Beschränkung der Berufung bei Übertretungen betreffenden Urteilen) ihre Bedeutung.

2. **Behandlung der „kleinen“ Kriminalität.** Namentlich die Erweiterung des **23** § 248 a durch Aufnahme des früheren § 370 Abs. 1 Nr. 5 warf zugleich die Frage auf, wie einer **Überflutung der Strafrechtspflegeorgane mit Bagatellkriminalität** vorgebeugt werden könne, die sich zum Nachteil einer wirksamen Bekämpfung der mittleren und schweren Kriminalität auswirken müßte. Das Gesetz erstrebt eine Lösung dieses Problems auf zwei Wegen.

a) § 248 a ist **Antragsdelikt,** jedoch wird die Tat unabhängig von einem Strafan- **24** trag des Verletzten von Amts wegen verfolgt, wenn die Strafverfolgungsbehörde wegen des **besonderen öffentlichen Interesses** an der Strafverfolgung ein Einschreiten von Amts wegen für geboten erachtet. Mit dieser Durchbrechung des Antragserfordernisses übernimmt § 248 a eine Regelung, wie sie bisher nur bei Körperverletzungen (§ 230 Abs. 1) galt. Die gleiche Durchbrechung ist jetzt auch bei anderen Antragsdelikten vorgesehen (vgl. §§ 183, 257 Abs. 2 Satz 2, 259 Abs. 2, 263 Abs. 4, 265 a Abs. 3, 266 Abs. 3), ohne daß es jedoch zu einem allgemeinen Grundsatz erhoben wäre, daß bei Antragsdelikten die Staatsanwaltschaft von Amts wegen einschreiten kann, wenn sie dies wegen eines besonderen öffentlichen Interesses für geboten erachtet. Wegen der Bedeutung des besonderen öffentlichen Verfolgungsinteresses als Prozeßvoraussetzung vgl. Kap. 12, 118.

b) Daneben tritt eine in erster Linie durch § 248 a StGB veranlaßte, aber gene- **25** rell geltende **Neuregelung der Einstellung des Verfahrens wegen Vergehens bei geringer Schuld des Täters** (bisher §§ 153 Abs. 2, 3 a. F., jetzt §§ 153, 153 a).

3. **Einstellung nach § 153 n. F.** Nach § 153 Abs. 2, 3 a. F. bedurfte es zur Einstel- **26** lung des Verfahrens wegen geringer Schuld und fehlenden öffentlichen Interesses an der Strafverfolgung, wenn sie im Ermittlungsverfahren durch die Staatsanwaltschaft erfolgte, der Zustimmung des Gerichts, und wenn sie nach Erhebung der Anklage durch das Gericht erfolgte, der Anhörung des Angeschuldigten und der Zustimmung der Staatsanwaltschaft. Nach § 153 n. F. ist dagegen auf der einen Seite das Erfordernis der gerichtlichen Zustimmung bei Einstellung des Ermittlungsverfahrens eingeschränkt. Nach Abs. 1 Satz 2 n. F. bedarf es (bei im übrigen gleichen Voraussetzungen wie bisher: geringe Schuld, fehlendes öffentliches Interesse an der Strafverfolgung) bei Einstellung des Ermittlungsverfahrens — zwecks Entlastung der Gerichte — der gerichtlichen Zustimmung nicht mehr, wenn die Tat a) gegen fremdes Vermögen gerichtet, b) nicht mehr mit im Mindestmaß erhöhter Strafe bedroht ist, c) nur einen geringen Schaden verursacht hat. Auf der anderen Seite bedarf es zur gerichtlichen Einstellung nach Anklageerhebung über die bisherige „Anhörung“ des Angeschuldigten hinaus grundsätzlich seiner **Zustimmung,** die nur ausnahmsweise unter den Voraussetzungen des § 153 Abs. 2 Satz 2 entbehrlich ist. Das dem **Rehabilitierungsbedürfnis** des Angeschuldigten Rechnung tragende Zustimmungserfordernis bewirkt, daß es jetzt in der Hand des Angeschuldigten liegt, durch Verweigerung der Zustimmung die Durchführung der Hauptverhandlung zu erzwingen, wenn er Reinigung von dem durch die Anklageerhebung erhobenen Verdacht durch einen Freispruch erstrebt.

4. Das neuartige, im Entwurfsstadium im Schrifttum viel umstrittene Institut **27** der **vorläufigen Einstellung des Verfahrens** unter Auflagen und Weisungen (§ 153 a)[6] ist

---

6 **Schrifttum:**
Eckl Neue Verfahrensweisen zur Behandlung der Kleinkriminalität, JR **1975** 99.

darauf gerichtet, in Fällen, in denen die Voraussetzungen einer Einstellung nach § 153 nicht vorliegen, eine Beendigung des Verfahrens ohne Verurteilung zu erreichen. In diesem Ziel begegnet es sich mit der **Verwarnung mit Strafvorbehalt** (§§ 59 ff. StGB), von der sich die vorläufige Einstellung nach § 153 a aber entscheidend dadurch abhebt, daß es bei der Verwarnung nach § 59 StGB zu einem Schuldurteil und zur Festsetzung einer Strafe kommt, und nur deren Verhängung vorbehalten (vom Erfolg der Bewährungszeit abhängig gemacht wird), während es bei der vorläufigen Einstellung im Fall erwartungsgemäßer „Bewährung" (in Form der Erfüllung von Auflagen und Weisungen) überhaupt nicht zum Urteil kommt. Die vorläufige Einstellung nach § 153 a unterscheidet sich in ihren Voraussetzungen von der Einstellung nach § 153 StPO dadurch, daß sie zwar ebenfalls ein mit geringer Schuld begangenes Vergehen voraussetzt, daß aber das öffentliche Interesse an der Strafverfolgung zunächst nicht verneint werden kann. Gedacht ist an den Fall, daß ein Bedürfnis nach Auferlegung einer **Sanktion** besteht, bei deren Erbringung die Tat (wenigstens in gewisser Weise) als geahndet oder ausgeglichen erscheint und dadurch das öffentliche Interesse an einer (weitergehenden) Strafverfolgung entfällt.

28 Diese **Sanktion** besteht in der Auferlegung und Erteilung bestimmter, in § 153 a Abs. 1 Satz 1 abschließend aufgezählter **Auflagen und Weisungen,** denen der Täter während festgesetzter Frist, also während einer Art Bewährungsfrist, nachkommen muß. Ein Erfüllungszwang besteht nicht; die Nichterfüllung, gleichviel ob sie dem Täter zum Verschulden gereicht oder nicht, führt unter Wegfall der vorläufigen Einstellung zum Fortgang des Verfahrens. Eine Besonderheit der vorläufigen Einstellung besteht zunächst darin, daß sie im Ermittlungsverfahren der Zustimmung des Gerichts und der Zustimmung des Beschuldigten, nach Erhebung der Anklage der Zustimmung der Staatsanwaltschaft und der des Beschuldigten bedarf; bei der Einstellung im Ermittlungsverfahren ist aber (vgl. § 153 a Abs. 1 Satz 6) — auch hier zur Entlastung des Gerichts — die Zustimmung des Gerichts unter den gleichen Voraussetzungen entbehrlich, unter denen die Staatsanwaltschaft ohne gerichtliche Zustimmung nach § 153 Abs. 1 einstellen kann (oben Rdn. 26). Daß — anders als bei der Verwarnung mit Strafvorbehalt — stets die Zustimmung des Beschuldigten erforderlich ist, erklärt sich daraus, daß es sich — bei einer vielfach nicht bis zum Letzten durchgeführten Sachaufklärung — im praktischen Ergebnis doch um eine Art von Unterwerfungsverfahren handelt, bei dem es vorkommen kann, daß der Beschuldigte, mag er sich auch nicht als schuldig betrachten, lieber diese Form der Erledigung wählt, als daß er sich den Aufregungen und Risiken einer Durchführung des Verfahrens aussetzt; jedenfalls soll aber dem, der mit einem rehabilitierenden Freispruch rechnet, das Recht auf Durchführung des Verfahrens nicht genommen werden. Übrigens wird gelehrt, daß die Auflage der Wiedergutmachung des durch die Tat verursachten Schadens dann nicht erteilt werden darf, wenn sie die Feststellung der strafrechtlichen Schuld des Täters voraussetzte, dieser sie aber bestreitet (vgl. *Dreher* 5 B zu § 248 a StGB); darauf ist hier nicht weiter einzugehen.

29 Erfüllt der Beschuldigte fristgemäß Auflagen und Weisungen, so wird, wie sich aus § 467 Abs. 5 ergibt, das Verfahren **endgültig eingestellt.** Dabei handelt es sich, da und soweit die Tat nicht mehr **als Vergehen** verfolgt werden kann (§ 153 a Abs. 1 Satz 4; Abs. 2 Satz 2), um eine Einstellung wegen eines Verfahrenshindernisses (§§ 170 Abs. 2, 206 a). Zu der **Anomalie** (und über ihre Bedeutung), daß auch eine ohne gerichtliche Mitwirkung erfolgte vorläufige und durch Erbringung der Auflagen und Weisungen endgültig gewordene **Einstellung der Staatsanwaltschaft** in beschränktem Umfang mit Klageverzehrwirkung verbunden ist, vgl. Kap. 12, 44.

Weder die vorläufige, noch die endgültige Einstellung erscheinen im **Bundeszentralregister**[7]. 30

5. Der **neu eingefügte § 154 e StPO** bringt keine sachliche Vermehrung der Fälle eines Abweichens vom Legalitätsprinzip. Er ist in geänderter Form an die Stelle der §§ 164 Abs. 3, 191 a. F. StGB getreten, die dort wegen ihres verfahrensrechtlichen Charakters gestrichen wurden. 31

6. **Unterscheidung zwischen Beschlagnahme von Beweismitteln und Beschlagnahme zur Sicherung von Verfall und Einziehung.** Die Einführung der Anordnung des **Verfalls** und Wertersatzverfalls (§§ 73 ff. StGB) zur Abschöpfung des Vermögensvorteils, den der Täter für die Tat oder aus ihr erlangt hat, machte verfahrensrechtlich die Unterscheidung zwischen der Beschlagnahme von Beweismitteln und der Beschlagnahme zur Sicherung des Verfalls und der Einziehung erforderlich. Darauf beruht die Beschränkung des § 94 Abs. 1 n. F. auf die Beschlagnahme von Beweismitteln und die Einfügung der neuen §§ 111 b bis 111 e betr. die Beschlagnahme von Gegenständen und anderen Vermögensvorteilen zur Sicherung ihres Verfalls oder ihrer Einziehung. Sie regeln im Hinblick auf § 73 Abs. 1 Satz 2 StGB auch die **Schadloshaltung des Verletzten** und gewährleisten ihm wegen der aus der Straftat erwachsenen Ansprüche eine bevorrechtigte Zugriffsmöglichkeit auf sichergestellte Vermögenswerte; zugleich bedurfte es der Ausdehnung der Vorschriften über die Stellung der Einziehungsbeteiligten (§§ 431 ff.) auf die der Verfallsbeteiligten (§ 442 Abs. 1 n. F.) und im Hinblick auf Nachteile, die durch § 73 Abs. 3 StGB **unbeteiligten Dritten** entstehen können, einer Ergänzung der §§ 439 Abs. 2 und 442 (Einfügung eines neuen Absatzes 2). 32

7. **Vorläufiges Berufsverbot.** Auf dem Bestreben, das Strafverfahren — und auch schon das Ermittlungsverfahren — in weiterem Umfang für materiell präventivpolizeiliche Maßnahmen im Interesse der Verbrechensverhütung nutzbar zu machen (Kap. 6, 32), beruht es, daß neben der vorläufigen Entziehung der Fahrerlaubnis (§ 111 a) nunmehr auch ein vorläufiges Berufsverbot vom Richter angeordnet werden kann (neuer § 132 a). 33

8. **Verfahren gegen Abwesende.** Auf dem Gedanken einer Entlastung der Strafrechtspflege von vermeidbarer Arbeit beruht im Abschnitt „Verfahren gegen Abwesende“ (§§ 276 ff. StPO) die Streichung des § 276 Abs. 2 und der §§ 277 bis 284, die (bei Delikten von geringerer Bedeutung, vgl. § 277 Abs. 2 a. F.) die Herbeiführung und Durchführung einer Hauptverhandlung mit dem Ziel eines „Abwesenheitsurteils“ zum Gegenstand hatten. Eine Hauptverhandlung gegen einen Abwesenden kommt danach nicht mehr in Betracht; das gegen einen Abwesenden eingeleitete Verfahren hat nur die Aufgabe, für den Fall seiner künftigen Gestellung die Beweise zu sichern (§ 285 Abs. 1). 34

9. **Abstimmung.** Teils Anpassungs-, teils Neuerungscharakter tragen die Änderungen des § 263 StPO betr. die Abstimmung. Nach § 263 Abs. 3, 4 a. F. wurde mit einfacher Mehrheit — statt mit der sonst bei nachteiligen Entscheidungen zur Schuld-, Straf- und sonstigen Rechtsfolgenfrage erforderlichen 2/3 Mehrheit — entschieden über die Voraussetzungen des Rückfalls und der Verjährung und über die Strafaussetzung zur Bewährung. Rückfall unter den Voraussetzungen des § 48 StGB ist jetzt ein die Strafbarkeit erhöhender Umstand i. S. des § 263 Abs. 2. Eine Aussetzung zur Bewährung kennt 35

---

[7] Einen gewissen Ausgleich, um rückfällige Täter festzustellen, bieten die staatsanwaltschaftlichen Karteien. Bei **überörtlich** auftretenden Tätern (z. B. reisenden Ladendieben oder Betrügern) ist aber damit wenig gewonnen (vgl. dazu *Eckl* JR **1975** 101).

das Gesetz jetzt nicht nur bei der Strafe, sondern (zugleich mit der Anordnung) auch bei bestimmten Maßnahmen der Besserung und Sicherung (§ 67 b StGB). Angesichts der besonderen kriminalpolitischen Bedeutung der Strafaussetzung zur Bewährung für die Resozialisierung der Verurteilten sah der Gesetzgeber keinen Grund mehr, daß für ihre Versagung andere Mehrheitsregeln gelten sollten als für andere nachteilige Entscheidungen zur Straffrage; durch Streichung des Absatzes 4 a. F. und Beschränkung des Absatzes 3 auf die Verjährung (und andere Verfahrenshindernisse) ist klargestellt, daß die Frage der Aussetzung zur Bewährung die „Rechtsfolgen der Tat" i. S. des neugefaßten § 263 Abs. 1 betrifft.

36 10. Die **Änderungen des Strafbefehlsverfahrens** betreffen zunächst die Rechtsfolgen der Tat, die durch Strafbefehl festgesetzt werden können. Danach ist (§ 407 n. F.) die bisher zulässige Festsetzung von Freiheitsstrafen (bis zu drei Monaten) ausgeschlossen, weil nach § 47 StGB Freiheitsstrafe unter sechs Monaten nur noch in Ausnahmefällen zulässig ist und die Klärung, ob ein Ausnahmefall vorliegt, nur in einer Hauptverhandlung möglich ist. Dagegen hat der Vorschlag des RegEntw., die festsetzbare Geldstrafe — wie in § 232 beim Ausbleiben des Angeklagten — auf 180 Tagessätze zu beschränken, keine Verwirklichung gefunden. Es kann auch Verwarnung mit Strafvorbehalt ausgesprochen werden, und bei der Entziehung der Fahrerlaubnis ist die Höchstdauer der Sperre (bisher ein Jahr) auf zwei Jahre erweitert worden. Den wesentlichen Inhalt des Strafbefehls gibt § 409 n. F. unter Berücksichtigung der von der Rechtsprechung erarbeiteten Grundsätze in einer moderneren, dem § 66 OWiG angeglichenen Form wieder.

37 11. Die Vorschriften über das **Sicherungsverfahren** (bisher §§ 429 a bis 429 d) haben ihren Platz gewechselt (jetzt §§ 413 bis 416). Da das materielle Recht (§ 71 StGB) die selbständige Anordnung von Maßregeln der Besserung und Sicherung gegenüber dem bisherigen Recht in weiterem Umfang (nicht nur bei freiheitsentziehenden Maßregeln, sondern auch bei Entziehung der Fahrerlaubnis und bei Berufsverbot, nicht nur bei Schuldunfähigkeit, sondern auch bei Verhandlungsunfähigkeit) vorsieht, mußten in § 413 die Voraussetzungen des Sicherungsverfahrens abstrakt in Form einer Verweisung („wenn dies gesetzlich zulässig ist") gestaltet werden.

38 12. **Strafvollstreckung.** Wesentliche, über die Anpassung an neues sachliches Recht hinausgehende Änderungen betreffen die Vorschriften über die Strafvollstreckung (§§ 449 ff.).

39 a) **Vollstreckungsbehörde.** In anderem Zusammenhang (Kap. 8, 10) ist der Neuerung gedacht, daß künftig dem Richter beim Amtsgericht nur noch für eine Übergangszeit Aufgaben der Strafvollstreckung übertragen werden können (Wegfall des § 451 Abs. 3 a. F.). Strafvollstreckungsbehörde ist künftig nur noch die Staatsanwaltschaft.

40 b) **Vollstreckung von Geldstrafen.** Nach § 463 a. F. richtete sich die Vollstreckung von „Vermögensstrafen" nach den Vorschriften der ZPO. Die h. M. hat freilich die Bedeutung dieser Verweisung auf die ZPO ganz wesentlich eingeschränkt (vgl. dazu in der Vorauflage Anm. 4 zu § 463). Weil die bisherige Regelung der Vollstreckung von Geldstrafen aber „weniger geeignet erscheint, die nachdrückliche Vollstreckung sicherzustellen, die erforderlich ist, um der — bei Zurückdrängung der kurzen Freiheitsstrafe erhöhten — Bedeutung der Geldstrafe gerecht zu werden", bestimmt § 459 n. F., daß für die Vollstreckung von Geldstrafen die auf die Vollstreckung öffentlich-rechtlicher Ansprüche zugeschnittenen Vorschriften der Justizbeitreibungsordnung gelten, soweit

nicht die StPO selbst (§§ 459 a ff., § 459 h) Abweichungen vorsieht (vgl. dazu *Tröndle* ZStW 86 [1974] 545 ff). Die Vollstreckung von Verfall, Einziehung oder Unbrauchbarmachung einer Sache sowie die Vollstreckung von Nebenfolgen, die zu einer Geldzahlung verpflichten, regelt § 459 g.

c) **Strafvollstreckungskammern**[7a]. Im Zuge der Vollstreckung von Strafen und Maßregeln der Besserung und Sicherung werden gerichtliche Entscheidungen erforderlich, für die teils das (erkennende) Gericht des ersten Rechtszuges (das bisher sog. Vollstreckungsgericht), teils — nämlich wenn eine Freiheitsstrafe oder eine freiheitsentziehende Maßregel der Besserung und Sicherung vollstreckt wird und in dem in § 462 a Abs. 1, 4, 5, § 463 bezeichnetem Umfang — die neu geschaffene Strafvollstreckungskammer **sachlich zuständig** ist. Strafvollstreckungskammern, deren Bildung, Bereich und Besetzung im einzelnen in den neu eingefügten §§ 78 a und 78 b GVG geregelt ist, werden grundsätzlich bei denjenigen Landgerichten gebildet, in deren Bezirk eine Anstalt für den Vollzug von Erwachsenenfreiheitsstrafen und von freiheitsentziehenden Maßregeln der Besserung und Sicherung bestehen. **41**

Die **örtliche Zuständigkeit** für die im Einzelfall zu treffende Entscheidung regelt § 462 a Abs. 1. Die Strafvollstreckungskammer ist also — wie die Staatsschutzstrafkammer oder die Wirtschaftskammer (§§ 74 a, 74 c GVG) und jetzt auch die Schwurgerichtsstrafkammer (§ 74 Abs. 2 n. F. GVG) — eine **Spezialstrafkammer** des Landgerichts, die durch ihre räumliche, kontakterleichternde Nähe zur Vollzugsanstalt und zu dem in ihr Aufgenommenen, über den zu entscheiden ist, und durch ihre besonderen Erfahrungen gekennzeichnet ist. Eine **Besonderheit** bei der Strafvollstreckungskammer besteht darin, daß der Übergang der sachlichen und örtlichen Zuständigkeit auf sie keinen entsprechenden Wechsel der Zuständigkeit der Staatsanwaltschaft als Vollstreckungsbehörde zur Folge hat; die nach den allgemeinen Vorschriften zuständige Vollstreckungsbehörde nimmt also die staatsanwaltschaftlichen Aufgaben auch gegenüber der Strafvollstreckungskammer bei einem anderen Landgericht wahr (neuer § 451 Abs. 3). **42**

13. Von **weiteren Änderungen** der StPO ist noch hervorzuheben, daß die **notwendige Verteidigung** auf alle Fälle einer mehr als dreimonatigen Freiheitsentziehung erstreckt wurde (§ 140 Abs. 1 Nr. 5), daß die Inanspruchnahme der **Gerichtshilfe** durch Staatsanwaltschaft und Gericht durch § 160 Abs. 3 Satz 2, § 463 d eine gesetzliche Grundlage und Anerkennung gefunden hat, daß § 463 c dem Gericht Zwangsmittel an die Hand gibt, eine angeordnete **öffentliche Bekanntmachung des Urteils** (§§ 165 Abs. 2; 200 Abs. 2 StGB) durch Presse und Rundfunk gegenüber dem Pflichtigen (Verleger, verantwortlicher Redakteur oder gegenüber dem Rundfunkprogrammgestalter) zu erzwingen, und daß § 466 n. F. bisher bestehende Zweifelsfragen, wie weit die **Gesamthaftung** des Mitverurteilten für Kosten und Auslagen des Verfahrens reicht (vgl. Anm. II, IV zu § 466 a. F.), geklärt hat. **43**

[7a] Zu Einzelfragen betr. Verfahren, Zuständigkeit, Besetzung, Beschwerdeverfahren usw., die z. T. in der Anfangszeit sehr umstritten waren, vgl. *Treptow* Das Verfahren der Strafvollstreckungskammern, NJW **1975** 1105; *Schmidt* Die Strafvollstreckungskammern in der Praxis, NJW **1975** 1485; *Lampe* Anlaufschwierigkeiten des neuen Strafverfahrensrechts, MDR **1975** 529 und aus der Rechtsprechung u. a. BGH NJW **1975** 1130, 1238, 1791, 1846, 1847; OLG Schleswig NJW **1975** 1131; OLG Hamm NJW **1975** 1131; OLG Nürnberg NJW **1975** 1133; OLG Düsseldorf NJW **1975** 1135 (weitere oberlandesgerichtliche Entscheidungen s. NJW **1975** 1526 ff, 1795). Über Absichten, bestimmte Zuständigkeitszweifel gesetzlich zu regeln, vgl. den Entwurf BRDrucks. 385/75.

44 **14. Auf dem Gebiet des GVG** besteht, von den in Rdn. 41 erwähnten §§ 78 a und 78 b n. F. abgesehen, eine wesentliche Neuerung in der Möglichkeit, die Öffentlichkeit in weiterem Umfang zum Schutz der Privatsphäre und jugendlicher Zeugen auszuschließen (§§ 171 a, 172 n. F.). Durch Einfügung eines neuen Absatzes 2 in § 174 (Verbot für Presse, Rundfunk, Fernsehen, bei Ausschluß der Öffentlichkeit wegen Gefährdung der Staatssicherheit öffentlich zu berichten) unter Neufassung des nunmehrigen Absatzes 3 (Schweigegebot) und Einstellung des neuen § 353 d StGB (Strafvorschrift gegen verbotene Mitteilungen über Gerichtsverhandlungen und Strafvorschrift gegen öffentliche Mitteilung des Wortlauts der Anklageschrift oder anderer amtlicher Schriftstücke eines Strafverfahrens vor ihrer Erörterung in öffentlicher Verhandlung oder vor Abschluß des Verfahrens) wurden ältere Strafvorschriften (Gesetz vom 5. 4. 1888, RGBl. 133) und solche des Landespresserechts ersetzt.

45 **IX. Die Neuerungen des 1. StVRG vom 9. 12. 1974**[8].

1. Das **Hauptanliegen** dieses Gesetzes geht dahin, soweit dies mit gesetzgeberischen Maßnahmen möglich ist, das **Strafverfahren zu straffen und zu beschleunigen,** um die Effektivität der Verbrechensbekämpfung zu erhöhen, dem Anspruch des Beschuldigten auf Aburteilung in angemessener Zeit (Art. 6 MRK) gerecht zu werden, und damit auch den Klagen wegen überlanger Prozeßdauer zu begegnen, die z. T. schon in der Konstruktion eines Verfahrenshindernisses der überlangen Verfahrensdauer gipfelten (vgl. Kap. 12, 91).

46 **2. Beschleunigung des Ermittlungsverfahrens durch Erweiterung der Befugnisse des Staatsanwalts.** Nach angestellten Untersuchungen ist eine überlange Dauer des Ermittlungsverfahrens Hauptursache für Verzögerungen des Strafverfahrens überhaupt. Das 1. StVRG erstrebt deshalb in erster Linie eine Straffung des Ermittlungsverfahrens in der Weise, daß die Staatsanwaltschaft als „Herr" des Vorverfahrens mit den für ihre Ermittlungsaufgabe notwendigen Befugnissen und Zwangsmitteln ausgestattet und eine richterliche Mitwirkung im Vorverfahren auf das unbedingt, insbesondere verfassungsrechtlich gebotene Maß beschränkt wird.

47 Im Zuge dieser **Neuabgrenzung der Zuständigkeit zwischen Richter und Staatsanwalt**[9] im Ermittlungsverfahren sind nunmehr Zeugen und Sachverständige verpflichtet, auf Ladung vor der Staatsanwaltschaft zu erscheinen und, soweit nicht Weigerungsrechte entgegenstehen, zur Sache auszusagen oder ihr Gutachten zu erstatten. Dem Staatsanwalt steht dabei, um Erscheinen und Aussage zu erzwingen, das Recht der Vorführung und die Festsetzung von Ordnungsgeld zu; gegen diese Maßnahmen kann der Betroffene die Entscheidung des Gerichts anrufen. Dem **Ermittlungsrichter** sind **vorbehalten** die Anordnung von Ordnungshaft und die eidliche Vernehmung (neuer § 161 a). Der Vorschlag des Entwurfs, durch Erweiterung des § 153 StGB auch die uneidliche falsche Aussage vor der Staatsanwaltschaft unter Strafe zu stellen, ist nicht Gesetz geworden. Auch der Beschuldigte ist verpflichtet, auf Ladung vor der Staatsanwaltschaft zu erscheinen. Sein Erscheinen kann durch Vorführung erzwungen werden, über deren

---

[8] **Schrifttum:**
Rieß Der Hauptinhalt des Ersten Gesetzes zur Reform des Strafverfahrensrechts, NJW **1975** 81 (mit Darstellung der Entstehungsgeschichte und der im Schrifttum gegen den Entwurf des Gesetzes erhobenen Bedenken).

[9] **Schrifttum:**
Lampe Ermittlungszuständigkeit von Richter und Staatsanwalt nach dem 1. StVRG, NJW **1975** 195; *Enzian* Das richterliche und das staatsanwaltschaftliche Vorführungsrecht, JR **1975** 277.

Rechtmäßigkeit auf Antrag das Gericht entscheidet (neuer Abs. 3 des § 163 a). Durch seine Erscheinungspflicht wird selbstverständlich sein Recht, zu schweigen, nicht berührt.

Weitere Übertragungen bisher richterlicher Befugnisse bestehen darin, daß der Staatsanwalt zur **Durchsicht** aller Papiere des von einer Durchsuchung Betroffenen berechtigt ist (Änderung des § 110) und daß der Richter seine Befugnis, die bei einer **Postbeschlagnahme** ausgelieferten Gegenstände zu öffnen, bei Gefahr im Verzug auf den Staatsanwalt übertragen kann (Änderung des § 100). Ferner ist die bisherige richterliche **Leichenschau** und Leichenöffnung grundsätzlich durch die staatsanwaltliche Leichenschau und Leichenöffnung ersetzt, jedoch ist, außer bei Gefahr im Verzug, die Anordnung der Leichenöffnung und der Exhumierung einer Leiche dem Richter vorbehalten (neue Fassung des § 87). **48**

Ob die an die erweiterten Befugnisse der Staatsanwaltschaft geknüpften **Erwartungen** sich erfüllen werden, ob insbesondere der Staatsanwalt in weiterem Umfang Vernehmungen selbst durchführen wird, wird im Schrifttum unter Hinweis auf die gegenwärtige unzulängliche personelle und sachliche Ausstattung der Staatsanwaltschaft mit Skepsis beurteilt (vgl. *Lampe* NJW **1975** 199; *Schmidt-Leichner* NJW **1975** 418). **49**

3. Als Mittel zur Straffung und Beschleunigung des Vorverfahrens sind weiterhin gedacht die **Abschaffung der Voruntersuchung** (dazu Kap. 13, 8) sowie die Beseitigung der erst durch die „Kleine Strafprozeßreform“ 1964 eingeführten Institute der **Schlußanhörung** und des **Schlußgehörs,** die keine praktische Bedeutung erlangt hatten (Aufhebung der §§ 178 bis 197, des § 169 a Abs. 2 und der §§ 169 b und 169 c). **50**

4. **Zuständigkeitskonzentration für richterliche Maßnahmen im Ermittlungsverfahren.** Soweit auch nach der Übertragung von bisher richterlichen Aufgaben auf den Staatsanwalt eine Inanspruchnahme des Ermittlungsrichters im Vorverfahren noch erforderlich ist, wird eine Beschleunigung durch Konzentration der richterlichen Zuständigkeit erstrebt (neue Sätze 2, 3 des § 161 Abs. 1, neuer Absatz 2). Wie bisher stellt die Staatsanwaltschaft Anträge auf Vornahme einer für erforderlich erachteten richterlichen Untersuchungshandlung bei dem Amtsgericht, in dessen Bezirk die Handlung vorzunehmen ist. Hält sie aber, sei es von vornherein, sei es auf Grund späterer Entschließung, nachdem bereits eine Untersuchungshandlung beantragt war, richterliche Untersuchungshandlungen in mehr als einem Bezirk für erforderlich, so wendet sie sich grundsätzlich ausschließlich an das Amtsgericht, in dessen Bezirk sie ihren Sitz hat. **51**

Diese **Konzentration auf einen Richter,** bei der an Fälle der überörtlichen Kriminalität gedacht ist, bezweckt nicht nur die Rationalisierung, sondern auch die Intensivierung der Verbrechensverfolgung, indem jeweils ein mit der Sache besonders vertrauter Richter entscheiden soll, von dem wegen seines Überblicks über den Gesamtzusammenhang des Ermittlungsverfahrens sachgerechtere Entscheidungen erwartet werden als bei der Inanspruchnahme einer Mehrzahl von Richtern in verschiedenen Bezirken für jeweils eine Handlung. Die Zuständigkeitskonzentration gilt nicht bei richterlichen Vernehmungen; hier überwiegt die Rücksichtnahme auf den zu Vernehmenden, dem sonst u. U. eine lange Anfahrt zum Vernehmungsort zugemutet würde. Sie entfällt ferner, wenn der Untersuchungserfolg durch eine Antragstellung bei dem zentralen Amtsgericht gefährdet würde; es darf z. B. ein Staatsanwalt, der sich zu Ermittlungen vom Dienstsitz entfernt hat, eine eilige Untersuchungshandlung bei dem Amtsgericht beantragen, in dessen Bezirk sie vorzunehmen ist. Eine entsprechende Zuständigkeitskonzentration findet statt (neue Sätze 3 bis 7 des § 98 Abs. 2), wenn über in verschiedenen Bezirken erfolgte Beschlagnahmen nachträglich richterlich zu entscheiden ist. **52**

53 5. Der wirksameren Bekämpfung der **Betäubungsmittelkriminalität und des illegalen Waffenhandels** dient die Erweiterung des Katalogs der Delikte, bei denen Überwachung und Aufnahme des Fernmeldeverkehrs auf Tonträger angeordnet werden darf (§ 100 a), auf Straftaten nach dem Betäubungsmittelgesetz bei Verdacht gewerbsmäßiger oder bandenmäßiger Begehung (neue Nr. 3, 4) und die Zulassung nächtlicher Hausdurchsuchungen auch in Schlupfwinkeln des unerlaubten Betäubungsmittel- und Waffenhandels (Erweiterung des § 104 Abs. 2).

54 6. **Beschleunigte Erstattung von Sachverständigengutachten.** Verfahrensverzögerungen ergeben sich vielfach angesichts vermehrter Einschaltung von Sachverständigen der verschiedensten Fachgebiete, wenn die Gutachten erst nach langer Zeit erstattet werden. Abhilfemaßnahmen, „von denen allerdings keine Wunderdinge erwartet werden können" (*Rieß* NJW **1975** 84), sieht das Gesetz darin, daß mit dem ausgewählten Sachverständigen eine angemessene Frist zur Erstattung des Gutachtens abgesprochen werden soll (neuer Satz 2 des § 73 Abs. 1) und ein zur Erstattung des Gutachtens verpflichteter Sachverständiger mit Ordnungsgeld belegt werden kann, wenn er eine solche Fristabsprache verweigert oder die abgesprochene Frist versäumt (neuer Absatz 2 des § 77).

55 7. **Beeidigung.**

a) **Erweiterung der Vereidigung im Vorverfahren.** Die bisherigen Voraussetzungen einer (dem Richter vorbehaltenen) Zeugenvereidigung im Vorverfahren (§ 65) sind dadurch erweitert worden, daß eine Vereidigung auch zulässig ist, wenn der Zeuge voraussichtlich am Erscheinen in der Hauptverhandlung verhindert sein wird, z. B. wegen Krankheit oder Abreise ins Ausland (neue Nr. 3). Die damit erstrebte Verfahrensbeschleunigung besteht darin, daß eine nicht selten zu einer erheblichen Verfahrensverzögerung führende kommissarische Vernehmung nach Eröffnung des Hauptverfahrens (§§ 223, 224) entbehrlich wird (vgl. wegen der Verlesbarkeit des Protokolls in der Hauptverhandlung § 251 Abs. 1 Nr. 2).

56 b) Eine Maßnahme von allgemeiner Bedeutung für das Strafverfahren stellt eine **weitere Lockerung des Eideszwangs** durch Einfügung einer neuen Nr. 5 des § 61 StPO dar. Danach kann nach Ermessen des Gerichts von der Vereidigung abgesehen werden, wenn Staatsanwaltschaft, Verteidiger und Angeklagter auf die Vereidigung verzichten. Damit kehrt das 1. StRVG zu einem Rechtszustand zurück, wie er früher bereits seit dem Gesetz zur Einschränkung der Eide im Strafverfahren vom 24. 11. 1933 (RGBl. I 1008) bestand, durch das Rechtsvereinheitlichungsgesetz 1950 aber wieder beseitigt wurde. Diese späte Rückkehr zu früher geltendem Recht wird nicht nur mit dem „dringenden Bedürfnis der Praxis" nach Vermeidung von Eiden, die für die Wahrheitsfindung praktisch ohne Bedeutung sind, sondern auch damit begründet, daß sie Gesichtspunkten der Verfahrensbeschleunigung Rechnung trage (vgl. die Begr. zu Art. 1 Nr. 14 des 1. StVRG).

57 8. **Sonderregelungen für Zeugnis- und Untersuchungsverweigerungsrechte.** Die Änderungen und Ergänzungen der §§ 52, 81 c bezwecken, im Interesse einer nachdrücklichen Bekämpfung insbes. schwerwiegender Fälle von Kindesmißhandlungen und Straftaten gegen die sexuelle Selbstbestimmung, die als regelungsbedürftig empfundene (vgl. *Hanack* JZ **1971** 126) Frage der Ausübung des Zeugnis- und Untersuchungsverweigerungsrechts bei verstandesunreifen Personen im Anschluß an die Ergebnisse der Rechtsprechung gesetzlich zu regeln und dabei die streitige Frage zu bereinigen, was Rechtens ist, wenn der gesetzliche Vertreter, auf dessen Einwilligung es ebenfalls ankommt, selbst Beschuldigter ist.

9. Die **Neuordnung des Ladungs- und Zustellungswesens** ist eine allgemein das Hauptverfahren betreffende Maßnahme. Nach bisherigem Recht (§§ 36 Abs. 1, 214 a. F.) war die Ladung zur Hauptverhandlung und die Zustellung gerichtlicher Entscheidungen grundsätzlich Sache der Staatsanwaltschaft. Um eine entbehrliche Zwischenschaltung der Staatsanwaltschaft zur Vermeidung von Verzögerungen auszuschließen, ist nunmehr die Zustellung von Entscheidungen, die nicht einer Vollstreckung bedürfen, und die Bewirkung von Ladungen zu gerichtlichen Terminen Sache des Gerichts, während der Staatsanwaltschaft, wie bisher, die Herbeiführung der als Beweismittel dienenden Gegenstände obliegt. Nach ausdrücklicher Vorschrift steht der Staatsanwaltschaft (wie bisher schon dem Angeklagten, § 220 Abs. 1) das **Recht der unmittelbaren Ladung** weiterer Personen zu (Änderungen der §§ 36, 214, 221, 222). Nach Art. 10 des 1. StVRG können die Landesregierungen durch RechtsVO den bisherigen Rechtszustand ganz oder teilweise bis längstens 31. 12. 1976 aufrechterhalten (vgl. dazu HessVO zur Wahrnehmung der Zustellungs- und Ladungsgeschäfte durch die Staatsanwaltschaft vom 31. 12. 1974, GVBl. **1975** 1). **58**

10. **Unterbrechung der Hauptverhandlung.** Nach bisherigem Recht (§ 229 a. F.) mußte — als Auswirkung der Konzentrationsmaxime (vgl. Kap. 13, 68) — eine unterbrochene Hauptverhandlung spätestens am elften Tage nach der Unterbrechung fortgesetzt, anderenfalls mit dem Verfahren neu begonnen werden; auch mehrere Unterbrechungen waren zulässig, wenn nur jeweils die Zehntagefrist nicht überschritten wurde. Diese Vorschrift erwies sich in Großverfahren (sog. Monstreprozesse von z. T. monatelanger Dauer, wie insbes. bei umfangreichen Wirtschaftsstrafverfahren und Strafverfahren wegen nationalsozialistischer Gewalttaten) als zu eng, so etwa wenn, nachdem die Hauptverhandlung bereits seit Monaten andauerte, zahlreiche Zeugen schon vernommen waren, ein Prozeßbeteiligter plötzlich erkrankte oder in der Hauptverhandlung Beweisanträge gestellt wurden, die auf die Vernehmung eines im fernen Ausland befindlichen Zeugen gerichtet waren. Die Praxis versuchte, möglichst Überschreitungen der Zehntagefrist zu vermeiden, etwa indem sie Vernehmungen am Krankenbett durchführte oder das Gericht am elften Tag nur „formal" (durch Verlesen einer Urkunde usw.) verhandelte, um eine neue Zehntagefrist in Lauf zu setzen. Gelang eine solche Überbrückung nicht, so war der Prozeß „geplatzt", ein u. U. riesiger Aufwand — auch zum Schaden der Staatskasse — nutzlos vertan und der Abschluß des Verfahrens möglicherweise auf unabsehbare Zeit hinausgeschoben. **59**

Wie eine **Beschleunigung von Großverfahren** ohne Einbußen für die Wahrheitsermittlung und Rechtsstaatlichkeit des Verfahrens zu erreichen und „Pannen" möglichst auszuschließen seien, war ein viel erörtertes Thema[10]. Das Ergebnis lief wohl weitgehend darauf hinaus, daß die Lösung nicht oder weniger in speziellen das Großverfahren betreffenden Sondervorschriften, als vielmehr in Vorschriften zu suchen sei, die allgemein auf eine Prozeßbeschleunigung abzielen. Das 1. StVRG (neuer Absatz 2 des neu- **60**

[10] vgl. insbes. *Herrmann* Das Versagen des überlieferten Strafprozeßrechts in Monstreverfahren, ZStW **85** (1973) 255; Verhandlungen des 49. DJT 1972 betr. Wirtschaftsstrafverfahren und Bericht von *Weber* JZ **1972** 667; Verhandlungen auf der Strafrechtslehrertagung Kiel (1972) mit Berichten von *Hünerfeld* ZStW **85** (1973) 439 und von *Regge* JZ **1973** 180; Verhandlungen des 50. DJT 1974 mit dem Thema, ob es sich empfiehlt, besondere strafprozessuale Vorschriften für Großverfahren einzuführen, mit Gutachten von *Grünwald* und Referaten von *Römer, Waldowski, Bruns* (Sitzungsbericht K mit Beschlüssen S. 270 ff. und Kurzbericht über die Verhandlungen von *Weber* JZ **1974** 723); s. ferner *Dahs* NJW **1974** 1538; *Schmidt* JR **1974** 320. S. auch *Redecker* Kann Wirtschaftskriminalität mit traditionellen Mitteln überhaupt bekämpft werden? DRiZ **1975** 206.

gefaßten § 229) strebt eine Kompromißlösung durch Auflockerung der Konzentrationsmaxime in der Weise an, daß es grundsätzlich an der bisherigen Zehntagesfrist festhält (Absatz 1), für Großverfahren aber (als solche sieht es Verfahren an, in denen die Hauptverhandlung an mindestens zehn Tagen stattgefunden hat) — unbeschadet einer mehrfachen Unterbrechung von jeweils zehn Tagen — eine einmalige Unterbrechung bis zu 30 Tagen zuläßt; ist die Hauptverhandlung sodann an mindestens zehn Tagen fortgesetzt worden, so darf sie noch ein zweites Mal bis zu 30 Tagen unterbrochen werden.

61 11. **Frist zur Verkündung des Urteils.** Nach § 268 Abs. 2 a. F. „erfolgt" — ebenfalls als Auswirkung der Konzentrationsmaxime — die Verkündung des Urteils „am Schluß der Verhandlung oder spätestens am vierten Tage nach dem Schluß der Verhandlung". Da die Einhaltung dieser Frist sich namentlich in Großverfahren wegen des Umfangs des Beratungsstoffes häufig als undurchführbar erwies, griff die (im Schrifttum umstrittene) Rechtsprechung (vgl. Anm. 3 zu § 268) zu dem Ausweg, daß sie die Festsetzung der Viertagesfrist als Ordnungsvorschrift behandelte, deren Verletzung die Revision nicht begründete, wenn — in entsprechender Anwendung des § 229 a. F. — eine Zehntagesfrist eingehalten wurde. Die Neuregelung der Unterbrechungsfristen in § 229 Abs. 2 n. F. warf für den Gesetzgeber die Frage auf, ob auch für die Urteilsverkündung eine entsprechende Fristverlängerung in Betracht komme. Das wurde (vgl. § 268 Abs. 3 n. F.) verneint; es wurde zwar die Rechtsprechung betr. Zulässigkeit der Verkündung spätestens am elften Tag nach Verhandlungsschluß legalisiert, eine Ausdehnung dieser Frist aber auch für Großverfahren abgelehnt. Damit soll nicht nur einer Verfahrensverzögerung vorgebeugt, sondern auch erreicht werden, daß die Beratung unter dem frischen Eindruck der Verhandlungsergebnisse erfolgt und — wie die Begr. des RegEntw. hinzufügt —, „die Gefahr einer sachfremden Beeinflussung insbesondere der Laienrichter verringert werden kann" (vgl. dazu Kap. 13, 107).

62 12. **Frist zur Absetzung des Urteils.** Grund für eine Verfahrensverzögerung war bisher häufig eine verspätete Absetzung des Urteils mit Gründen. Nach §§ 316 Abs. 2, 317, 343 Abs. 2, 345 läuft die Frist zur Rechtfertigung einer Berufung und zur Begründung einer Revision erst mit der Zustellung des Urteils mit Gründen. § 275 Abs. 1 a. F. schrieb allerdings vor, daß das Urteil mit Gründen binnen **einer** Woche nach der Verkündung zu den Akten zu bringen sei. Die Einhaltung dieser Frist war aber häufig nicht möglich; namentlich in Großverfahren erfolgte sie vielfach beträchtlich später. Nach ständiger Rechtsprechung (vgl. BGHSt. **21** 4 m. Nachw.) stellte § 275 a. F. nur eine Ordnungsvorschrift dar, deren Verletzung die Revision grundsätzlich nicht zu begründen vermochte. § 275 Abs. 1 n. F. will dem Beschleunigungsgebot dadurch Geltung verschaffen, daß er feste, nach der Dauer der Hauptverhandlung abgestufte Fristen für die Absetzung des Urteils einführt; sie dürfen nur überschritten werden, wenn und solange das Gericht durch einen im Einzelfall nicht voraussehbaren, unabwendbaren Umstand an ihrer Einhaltung gehindert war (Abs. 1 Satz 4).

63 Um die **Effektivität** der Fristen zu **sichern,** bildet deren Überschreitung nunmehr einen absoluten **Revisionsgrund** (neue Nr. 7 des § 338); ob ausnahmsweise (Absatz 1 Satz 4) die Überschreitung der Frist zulässig war, prüft das Revisionsgericht im Freibeweisverfahren. Die Aufnahme der Fristenüberschreitung in den Katalog der absoluten Revisionsgründe wird dogmatisch damit gerechtfertigt, daß die verspätet niedergelegten Urteilsgründe das Beratungsergebnis „nicht mehr so zuverlässig widerspiegeln, daß eine Nachprüfung durch das Revisionsgericht möglich ist" (*Rieß* NJW **1975** 88).

64 13. **Abgekürztes Urteil.** Eine Beschleunigung des Verfahrens im allgemeinen durch Entlastung der Gerichte soll erreicht werden durch Erweiterung der Vorausset-

zungen, unter denen ein Urteil **in abgekürzter Form** (mit dem in § 267 Abs. 4 bezeichneten Inhalt) zu den Akten gebracht werden darf. Ein verurteilendes Erkenntnis war nach § 267 Abs. 4 a. F. bisher in abgekürzter Form nur zulässig, wenn alle zur Anfechtung Berechtigten auf Rechtsmittel verzichteten, während jetzt zur Abkürzung auch genügt (Absatz 4 n. F.), daß die Rechtskraft durch ungenutzten Ablauf der Rechtsmittelfrist eingetreten ist. Außer der Entlastung des Gerichts dient die Neuerung auch einer Entschärfung des Problems übereilter Rechtsmittelverzichte des Angeklagten (vgl. Kap. 10, 27). Darüber, daß diese Beschleunigungsmaßnahme „nur als Notbehelf bis zur dringend erforderlichen Neufassung des gesamten § 267 StPO verstanden werden kann“, vgl. *Rieß* NJW **1975** 87.

14. Abgekürzte Begründung freisprechender Urteile. Von wesentlicher Bedeutung ist, daß nunmehr auch bei freisprechenden Urteilen eine abgekürzte Begründung zulässig ist. Grundsätzlich wird — wie bisher — Inhalt und Umfang der Begründung des freisprechenden Urteils durch § 267 Abs. 5 Satz 1 bestimmt. Verzichten aber alle zur Anfechtung Berechtigten auf Rechtsmittel, oder wird innerhalb der Frist kein Rechtsmittel eingelegt, so genügt nach dem neu eingefügten Satz 2 des Abs. 5 die Bezeichnung der dem Angeklagten zur Last gelegten Tat sowie die Angabe, ob diese Tat aus tatsächlichen oder rechtlichen Gründen nicht festgestellt worden ist. Dies soll (vgl. Begründung des RegEntw. zu Art. 1 Nr. 79) nicht nur der Entlastung des Gerichts von unnützer Schreibarbeit, sondern auch dem Angeklagten dienen, der nicht durch eine Beweiswürdigung und die Schilderung des verbleibenden Tatverdachts belastet werden soll. Die Kehrseite ist freilich, daß das Gericht nicht gehalten (wenn auch nicht gehindert) ist, dem Angeklagten zu attestieren, daß er wegen erwiesener Unschuld freigesprochen werde. Auch muß im abgekürzten Urteil angegeben werden, ob der Freispruch wegen erwiesener oder nicht auszuschließender Schuldunfähigkeit erfolgt, da an der Registerpflichtigkeit solcher Freisprüche nichts geändert worden ist (vgl. § 12 Abs. 1 Nr. 2 a BZRG). **65**

15. Sitzungsprotokoll. Bis zur „Kleinen Strafprozeßreform“ 1964 war ein sog. Inhaltsprotokoll, das die wesentlichen Ergebnisse der Vernehmungen (von Angeklagten, Zeugen und Sachverständigen) wiedergibt, nur in der Hauptverhandlung vor dem Einzelrichter und dem Schöffengericht zu führen. Das Gesetz vom 19. 12. 1964 führte das Inhaltsprotokoll auch für alle anderen Hauptverhandlungen einer Tatsacheninstanz ein. Das geschah im Blick auf seine Verwertbarkeit für eine spätere mögliche Wiederaufnahme des Verfahrens oder für Entschließungen im Gnadenwege, denn wo als Rechtsmittel gegen das Urteil nur die Revision in Betracht kam, konnte dem Inhaltsprotokoll für die Revisionsinstanz keine Bedeutung zukommen. Mit Rücksicht darauf, daß ein verhältnismäßig geringer Nutzen mit einem zu hohen Arbeitsaufwand erkauft werde, ist das 1. StVRG zu dem früher bestehenden Rechtszustand zurückgekehrt (Änderung des § 273 Abs. 2). **66**

16. Nebenklage. Der RegEntw. des 1. StVRG (Art. 1 Nr. 101) hatte die Nebenklage zwar nicht beseitigen wollen, weil die Frage ihrer Beibehaltung einem späteren Stadium der Reform vorbehalten und in dem großen Zusammenhang des Problems der Beteiligung des Verletzten am Strafverfahren insgesamt erörtert werden müsse (Begr. S. 44). Er schlug aber wegen der beträchtlichen „verzögernden und verfahrenshemmenden Wirkungen der Nebenklage“ vor, den Kreis der Nebenklageberechtigten wesentlich einzuschränken und zwar durch Beseitigung der Anschlußbefugnis des Privatklageberechtigten (§ 395 Abs. 1). Dieser Vorschlag fand keine Verwirklichung. Dagegen wurden einzelne „verzögernde“ Vorschriften geändert und einige umstrittene Rechtsfragen gesetzlich geregelt (Änderungen und Ergänzungen der §§ 396, 397, 399, 401). **67**

68 Hervorzuheben ist die Bereinigung der sehr umstrittenen Frage, **in welchem Stadium** des Strafbefehlsverfahrens der **Anschluß** möglich sei (vgl. Anm. II zu § 395, 10 zu § 407); nach dem neuen Halbsatz 2 des § 395 Abs. 1 Satz 1 ist — abweichend von den Vorschlägen des RegEntw. — der Anschluß erst möglich, wenn Termin zur Hauptverhandlung anberaumt (§ 408 Abs. 2, § 411 Abs. 1) oder der Antrag auf Erlaß eines Strafbefehls abgelehnt worden ist. Weiter ist unter Beschleunigungsgesichtspunkten die Stellung des Nebenklägers als Rechtsmittelberechtigter eingeengt: gerichtliche Einstellungsbeschlüsse nach §§ 153 Abs. 2, 153 a Abs. 2, 153 b Abs. 2 kann er nicht anfechten (neuer Absatz 2 des § 397); der Angeklagte bedarf zur Zurücknahme seines Rechtsmittels nach Hauptverhandlungsbeginn nicht der Zustimmung des Nebenklägers (neuer Satz 2 des § 303); der Beginn der Rechtsmitteleinlegungs- und Begründungsfrist ist gegenüber dem geltenden Recht vorverlegt; hat er allein Berufung eingelegt, und ist er bei Beginn einer Hauptverhandlung weder erschienen noch vertreten, so ist die Berufung sofort zu verwerfen (Neufassung des § 401). Auf weitere Einzelheiten ist nicht einzugehen.

69 **17. Maßnahmen betr. Rechtsmittel- und Rechtsbehelfsverfahren.**

a) Erweiterte Verwerfung der Berufung des unentschuldigt ausgebliebenen Angeklagten (§§ 329, 330). Der neu gefaßte **§ 329** klärt unter dem Gesichtspunkt der Verfahrensbeschleunigung und der Entlastung des Gerichts höchst streitige Fragen, die bei Auslegung des § 329 a. F. entstanden waren (vgl. dazu die Anm. zu § 329; s. auch *Hanack* JZ **1973** 694). Nach der an den bisherigen Wortlaut („Ist bei dem Beginn **der** Hauptverhandlung. . . .") anknüpfenden höchstrichterlichen, im Schrifttum umstrittenen Rechtsprechung war die sofortige Verwerfung der Berufung des unentschuldigt ausgebliebenen und nicht in zulässiger Weise vertretenen Angeklagten nur zulässig, wenn in der Berufungsinstanz noch nicht zur Sache verhandelt worden war. Mit der ersten Verhandlung zur Sache entfiel für das weitere Verfahren die Verwerfungsbefugnis. Blieb also, nachdem einmal zur Sache verhandelt war, der Angeklagte in einer späteren (neu begonnenen) Hauptverhandlung unentschuldigt aus, so konnte, sofern nicht die Voraussetzungen des § 232 vorlagen, über seine Berufung nicht entschieden werden; es mußte eine neue Hauptverhandlung anberaumt werden, zu der er ggf. vorgeführt oder verhaftet werden mußte. Dieser Auslegung ist durch die neue Fassung des § 329 Satz 1 („Ist bei Beginn **einer** Hauptverhandlung . . . .") der Boden entzogen worden; jedoch ist (wie bisher) § 329 unanwendbar, wenn es sich nur um die Fortsetzung einer in den Grenzen des § 229 unterbrochenen Hauptverhandlung handelt. — Eine **Ausnahme** von der Regel des Absatzes 1 Satz 1 gilt im Fall des § 329 Abs. 1 Satz 2 betr. erneute Verhandlung vor dem Berufungsgericht nach Zurückverweisung durch das Revisionsgericht.

70 Auf eine **Berufung der Staatsanwaltschaft** kann, wie bisher, gegen den trotz ordnungsgemäßer Ladung unentschuldigt ausgebliebenen und nicht zulässig vertretenen Angeklagten verhandelt werden, sofern seine Anwesenheit nicht durch die vorrangige Wahrheitserforschungspflicht (§ 244 Abs. 2) oder durch § 265 geboten ist. Eine **Neuerung** besteht darin, daß die Staatsanwaltschaft auch in jeder neuen Hauptverhandlung und auch nach deren Beginn — abweichend von § 303 und im Gegensatz zur Auslegung des § 329 Abs. 1 a. F. — ihre Berufung ohne Zustimmung des Angeklagten zurücknehmen kann (Absatz 2 Satz 2 n. F.).

71 **b)** Der **neu eingefügte Absatz 2 des § 330** trifft Bestimmung über die bisher gesetzlich nicht geregelten Folgen, die sich ergeben, wenn a) allein der gesetzliche Vertreter, der selbständig Berufung eingelegt hat, b) sowohl der gesetzliche Vertreter wie der Angeklagte, c) lediglich der Angeklagte ausbleibt. Die neue Vorschrift, die sich an die StPO-Entw. von 1908 (§ 326 Abs. 3) und 1939 (§ 329) anschließt, entspricht der bisher bereits im Schrifttum angenommenen Rechtslage (vgl. § 330, Anm. 1).

c) Strafbefehlsverfahren. Die **Folgen** des unentschuldigten Ausbleibens des Angeklagten in der Hauptverhandlung **nach Einspruch** gegen den Strafbefehl regelt nunmehr § 412 n. F. zunächst durch Verweisung auf die entsprechend anwendbaren §§ 329, 330. Eine weitere Neuerung ergibt sich aus § 411 Abs. 3 n. F. Nach § 411 Abs. 1 a. F. war die Rücknahme des Einspruchs und die der öffentlichen Klage nur bis zum Beginn der Hauptverhandlung möglich. Um dem Gericht die weitere Durchführung des Verfahrens in Fällen zu ersparen, in denen nach dem Verlauf der Hauptverhandlung, insbes. nach dem Ergebnis einer Beweisaufnahme der Angeklagte die Aussichtslosigkeit seines Einspruchs oder die Staatsanwaltschaft die Unbegründetheit ihres Vorwurfs erkennt, läßt § 411 Abs. 3 n. F. die Zurücknahme von Einspruch und Klage bis zur Verkündung des Urteils im 1. Rechtszug zu, nach Beginn der Hauptverhandlung allerdings nur mit Zustimmung des Gegners. 72

18. Neuerungen auf dem Gebiet der Strafvollstreckung. 73

a) Anrechnung ausländischer Auslieferungshaft. Der neu eingefügte § 450 a trägt der Entscheidung des BVerfG NJW **1970** 2287 Rechnung, wonach es mit dem Grundsatz der Verhältnismäßigkeit unvereinbar ist, einem Verurteilten, der sich der Strafvollstreckung durch Flucht ins Ausland entzog, und der dort ergriffen und zur Strafvollstreckung ausgeliefert wird, die Anrechnung der im Ausland erlittenen Auslieferungshaft auf die erkannte Strafe schlechthin zu versagen (wegen der aus der Entscheidung bisher gezogenen Folgerungen vgl. Anm. I 6 c zu § 450). Der Regelung des § 51 Abs. 1 StGB über die Anrechnung einer vor dem Urteil erlittenen Freiheitsentziehung entsprechend sieht § 450 a n. F. die volle Anrechnung der nach dem Urteil im Ausland erlittenen Strafvollstreckungsauslieferungshaft auf die zu vollstreckende Freiheitsstrafe vor, sofern nicht das Gericht anordnet, daß die Anrechnung ganz oder teilweise unterbleibt, weil sie im Hinblick auf das Verhalten des Verurteilten nach dem Erlaß des letzten tatrichterlichen Urteils nicht gerechtfertigt ist.

b) Sicherung des Vollzugs bei Widerruf der Aussetzung zur Bewährung. Der neu eingefügte § 453 c (und die Ergänzung des § 454 Abs. 3 durch Verweisung auch auf § 453 c) regelt die bisher umstrittene Frage (vgl. Anm. IV 3 zu § 453), welche Maßnahmen zur Sicherung des zukünftigen Vollzugs in Betracht kommen, wenn nach Bewilligung von Strafaussetzung zur Bewährung für die ganze oder eine Reststrafe ein Widerruf der Aussetzung zu erwarten oder schon beschlossen, der Widerrufsbeschluß aber noch nicht rechtskräftig und der Verurteilte fluchtverdächtig oder schon geflüchtet ist. Eine entsprechende Vorschrift sah bereits § 61 JGG vor; diese Vorschrift ist nunmehr, da § 453 c auch für die Jugendgerichtsverfahren gilt (2 JGG), als entbehrlich gestrichen worden (Art. 36 des 1. StVRG). 74

19. Verbesserung der Rechtsstellung des Beschuldigten. 75

a) Hier ist zunächst die **Neuregelung des Rechts der Wiedereinsetzung in den vorigen Stand** gegen die Versäumung von Fristen (Neufassung der §§ 44, 45) zu nennen, die allerdings nicht nur dem Beschuldigten, sondern jedem Verfahrensbeteiligten, der eine Frist zu wahren hat, zugute kommt. Nach § 44 Satz 1 a. F. war Voraussetzung einer Wiedereinsetzung die Verhinderung der Fristwahrung „durch Naturereignisse oder andere unabwendbare Zufälle“. Demgegenüber wollten schon die Entwürfe von 1908, 1919 und 1939 die Wiedereinsetzung bei unverschuldeter Fristversäumnis zulassen und auch die neueren Verfahrensordnungen auf anderen Rechtsgebieten (§ 60 Abs. 1 VwGO; § 67 Abs. 1 SGG; § 56 Abs. 1 FGO; § 26 Abs. 2 EGGVG) stellen nur auf das Verschulden ab. Rechtsprechung und Schrifttum zeigten ebenfalls die Neigung, den Begriff des unabwendbaren Zufalls am persönlichen Verschulden oder Nichtverschulden des Antragstellers zu messen. In diesem Sinn bestimmt nunmehr § 44 n. F., daß zur Wiedereinsetzung genügt, wenn jemand „ohne Verschulden verhindert (war), eine Frist einzuhalten".

76 Eine weitere Verbesserung besteht — ebenfalls im Anschluß an andere neuere Verfahrensordnungen (z. B. § 60 Abs. 2 Satz 4 VwGO) — darin, daß, während nach bisherigem Recht stets ein **Antrag** (ein „Gesuch") Voraussetzung der Gewährung von Wiedereinsetzung war, nunmehr auch eine Wiedereinsetzung **von Amts wegen** gewährt werden kann, nämlich dann, wenn die versäumte Handlung innerhalb der Frist für den Antrag auf Wiedereinsetzung nachgeholt wird (§ 45 Abs. 2 Satz 3). Als Beispiel nennt die Begründung des Entwurfs den Fall, daß die sofortige Beschwerde eines nicht auf freiem Fuß befindlichen Beschuldigten infolge eines erkennbaren Behördenverschuldens dem Gericht verspätet zugeleitet wird. Schließlich braucht der Wiedereinsetzungsgrund nicht mehr gleichzeitig mit dem Wiedereinsetzungsantrag glaubhaft gemacht zu werden; eine Nachholung während des Wiedereinsetzungsverfahrens reicht aus (vgl. dazu KG JR **1975** 380).

77 **b)** Weitere Verbesserungen betreffen die **Erweiterung der Parteiöffentlichkeit**: Anwesenheitsrecht des Verteidigers bei der Vernehmung des Beschuldigten durch den Staatsanwalt und den Richter (§§ 168 c Abs. 1, 163 a Abs. 3 Satz 2 n. F.), des Beschuldigten und seines Verteidigers bei der richterlichen Vernehmung von Zeugen und Sachverständigen (§ 168 c Abs. 2 bis 5 n. F.), Anwesenheitsrecht des Beschuldigten und des Verteidigers bei der richterlichen Augenscheinseinnahme (§ 168 d Abs. 1 n. F.), ferner Anwesenheits- und Teilnahmerecht von Sachverständigen, die der Beschuldigte benannt und notfalls selbst hat laden lassen, bei der Einnahme des richterlichen Augenscheins (§ 168 d Abs. 2).

78 Erweitert sind auch **Belehrungspflichten**: § 136 Abs. 1 Satz 3 n. F. i. Verb. m. § 163 a Abs. 3 Satz 2 betr. Belehrung des Beschuldigten bei seiner ersten Vernehmung, daß er zu seiner Entlastung einzelne Beweiserhebungen beantragen könne. Hierher gehört auch die **Benachrichtigung des Verteidigers,** daß — spätestens mit dem Abschluß der Ermittlungen — uneingeschränktes Akteneinsichtsrecht (wieder) besteht (§ 147 Abs. 6 n. F.).

79 Erweitert ist schließlich die **notwendige Verteidigung** insofern, als der neu eingefügte Satz 2 des § 141 Abs. 3, um die Mitwirkung eines bestellten Verteidigers in einem möglichst frühen Stadium zu gewährleisten, der Staatsanwaltschaft die Pflicht auferlegt, die Bestellung eines Verteidigers schon während des Vorverfahrens zu beantragen, wenn nach ihrer Auffassung im gerichtlichen Verfahren die Mitwirkung eines Verteidigers nach § 140 Abs. 1 oder 2 notwendig sein wird.

---

[11] **Schrifttum:**
Krägeloh Verbesserungen im Wiederaufnahmerecht durch das 1. StVRG, NJW **1975** 137. Aus der Reformliteratur vgl. aus neuerer Zeit – außer *Peters* Fehlerquellen im Strafprozeß. Eine Untersuchung der Wiederaufnahmeverfahren in der Bundesrepublik Deutschland, Bd. I 1970; Bd. II 1972; Bd. III 1974; *Peters* Beiträge zum Wiederaufnahmerecht, in Festschrift für *Kern* (1968) 335 sowie *Peters* Die Reform des Wiederaufnahmerechts, in Probleme der Strafprozeßreform (1975) 107 – u. a. *Dippel* Zur Reform des Rechts der Wiederaufnahme im Strafprozeß, GA **1972** 97; *Hanack* Zur Reform des Rechts der Wiederaufnahme des Verfahrens im Strafprozeß, JZ **1973** 393; *Meyer* Aktuelle Probleme der Wiederaufnahme des Strafverfahrens, ZStW **84** (1972) 909; *Eckert* Bericht über ein Kolloquium zum gleichen Thema, ZStW **84** 937; *Schöneborn*, Verfassungsrechtliche Aspekte des strafprozessualen Wiederaufnahmeverfahrens, MDR **1975** 441.

20. **Verbesserungen des Wiederaufnahmerechts**[11]. Die Prüfung der Notwendigkeit und des Inhalts einer umfassenden Neugestaltung des Wiederaufnahmerechts ist zwar eines der großen Themen der Strafprozeßreform, seine Behandlung ist aber einem späteren Stadium vorbehalten. Das 1. StVRG befaßt sich daher nicht mit dem materiellen Wiederaufnahmerecht, insbes. nicht mit den Wiederaufnahmegründen, sondern will nur die **verfahrensmäßige** Stellung des Verurteilten verbessern, der eine Wiederaufnahme des Verfahrens zu seinen Gunsten erstrebt. **80**

a) **Verteidigerbestellung.** Nach dem neu eingestellten **§ 364 a** bestellt das für Entscheidungen im Wiederaufnahmeverfahren zuständige Gericht (84) — nicht dessen Vorsitzender allein — dem Verurteilten, der keinen Verteidiger hat, auf Antrag einen Verteidiger für das Wiederaufnahmeverfahren, wenn wegen der Schwierigkeit der Sach- und Rechtslage die Mitwirkung eines Verteidigers geboten erscheint. Das Gesetz füllt damit eine Lücke; bisher war umstritten, ob und wann ein Verteidiger zur Hilfeleistung namentlich bei der Stellung des Wiederaufnahmeantrages zu bestellen sei (Voraufl. § 141, 10 Abs. 3; 11; *Hanack* JZ **1973** 396). **81**

Weitergehend bestellt nach dem neu eingefügten **§ 364 b** das gleiche Gericht dem mittellosen Angeklagten, der keinen Verteidiger hat, auf Antrag einen Verteidiger schon **für die Vorbereitung eines Wiederaufnahmeantrags,** dies jedoch nur, wenn wegen der Schwierigkeit der Sach- oder Rechtslage die Mitwirkung eines Verteidigers geboten erscheint und unter der weiteren einschränkenden Voraussetzung des Vorliegens hinreichender tatsächlicher Anhaltspunkte dafür, daß *bestimmte* Nachforschungen zu Tatsachen oder Beweismitteln führen, welche die Zulässigkeit eines Antrags auf Wiederaufnahme des Verfahrens begründen können. § 364 b soll übrigens nicht nur die Stellung des Verurteilten verbessern; es wird von ihm auch eine Entlastung der Strafrechtspflege insgesamt insofern erwartet, als ein frühzeitiger rechtskundiger Beistand dem Verurteilten auch Gewißheit über fehlende Erfolgsaussichten vermitteln könne und so die Zahl von vornherein aussichtsloser Wiederaufnahmeanträge abnehmen werde (*Krägeloh* NJW **1975** 138). **82**

Durch die vorgenannten einschränkenden Voraussetzungen, insbes. die der Erfolgsaussicht, hebt sich das Gesetz entscheidend von sehr viel **weitergehenden Reformforderungen** ab, die praktisch darauf hinausliefen, daß dem mittellosen Verurteilten stets und auf jeden Antrag ein Pflichtverteidiger mit der Befugnis bestellt werden müsse, auf Kosten der Staatskasse Vorermittlungen zu veranlassen und z. B. die Erstellung von Gutachten herbeizuführen, „wenn ein Sachverständiger die Möglichkeit eines günstigen Gutachtens nicht ausschließt" (vgl. *Hanack* JZ **1973** 396 f.). Weggefallen ist auch — auf Einspruch des Bundesrats — ein im RegEntw. enthaltener und vom Bundestag zunächst beschlossener § 364 c, wonach die Staatsanwaltschaft auf Antrag des Verteidigers des Verurteilten — auch eines nicht mittellosen — unter der Voraussetzung der Erfolgsaussicht verpflichtet sein sollte, zur Vorbereitung eines Wiederaufnahmeantrags solche Ermittlungen anzustellen, die dem Verurteilten oder seinem Verteidiger nicht zuzumuten seien. Für die ablehnende Haltung des Bundesrats war die Befürchtung maßgebend, daß damit auf die Staatsanwaltschaft eine große Mehrbelastung zukomme, der sie bei dem vorhandenen und aus Haushaltsgründen nicht vermehrbaren Personalbestand ohne Gefährdung der Verbrechensverfolgungspflicht nicht gewachsen sei. **83**

b) **Entscheidungszuständigkeit im Wiederaufnahmeverfahren.** Eine weitere wesentliche Neuerung betrifft die Änderung der Zuständigkeit des Gerichts, das die Entscheidungen im Wiederaufnahmeverfahren und über den Antrag zur Vorbereitung eines Wiederaufnahmeantrages trifft. Nach § 367 a. F. entschied grundsätzlich das Ge- **84** richt, dessen Urteil mit dem Antrag auf Wiederaufnahme des Verfahrens angefochten war, bei Anfechtung eines Revisionsurteils das Gericht, gegen dessen Urteil die Revision eingelegt war. Ausgeschlossen von der Mitwirkung an solchen Entscheidungen ist schon nach dem durch die „kleine Strafprozeßreform" 1964 in Verwirklichung alter Reformforderungen (vgl. z. B. Entw.EGStGB 1930 Art. 70 Nr. 10) eingefügten § 23 Abs. 2 jeder Richter, der im weitesten Sinn bei der angefochtenen Entscheidung mitgewirkt hat (vgl. BVerfGE **30** 145, 165; **31** 295), um Zweifel des Verurteilten an der Unvoreingenommenheit des Richters, der zu Entscheidungen im Wiederaufnahmeverfahren berufen ist, gar nicht erst aufkommen zu lassen. In Nr. 169 Abs. 2 RiStBV war außerdem angeordnet, daß auch der Staatsanwalt, der die Anklage verfaßt oder an der Hauptverhandlung gegen den Verurteilten teilgenommen hat, in dem vom Verurteilten beantragten Wiederaufnahmeverfahren nicht mitwirken solle.

85 Bei den neuerlichen Reformerörterungen wurden indessen **weitergehende Maßnahmen** aus der Erwägung vorgeschlagen, der Verurteilte könne, wenn für das Wiederaufnahmeverfahren das bisher örtlich zuständige Gericht, wenn auch mit neuen Richtern besetzt, weiterhin zuständig bleibe, eine „gewisse Solidarisierung" der Richter desselben örtlichen Gerichts befürchten; er könne der Befürchtung sein, daß die Richter desselben Gerichts „eine Einheit im Denken, Empfinden und Entscheiden darstellen". Reformvorschläge gingen deshalb dahin, daß für das Wiederaufnahmeverfahren ein **anderes** örtliches **Gericht** zuständig sein solle. Seitens der Richter und Staatsanwälte wurde einer solchen Regelung nachdrücklich widersprochen, weil sie ein unbegründetes Mißtrauen gegen die Unbefangenheit der Richterschaft zum Ausdruck bringe und den unbewiesenen Vorwurf der „Solidarisierung" gesetzlich sanktioniere. Der Entwurf des 1. StVRG wollte sich, den letzteren Bedenken Rechnung tragend, mit dem **neuen Satz 3 des § 23 Abs. 2** begnügen, wonach die Ausschließung des früher tätig gewordenen Richters sich auf die Mitwirkung bei Entscheidungen zur Vorbereitung eines Wiederaufnahmeverfahrens erstreckt.

86 Der Bundestag teilte indessen die Bedenken der Richter und Staatsanwälte nicht; er hielt es für vordringlich, bei dem Verurteilten jede subjektive Befürchtung auszuschließen, die Richter desselben Gerichts, dessen Spruchkörper ihn verurteilte, könnten einer Sache nicht gänzlich unvoreingenommen gegenüberstehen. Demgemäß wurde unter Änderung des § 367 StPO, der jetzt bezgl. der Zuständigkeit des Gerichts für Entscheidungen im Wiederaufnahmeverfahren auf die „besonderen Vorschriften des GVG" verweist, ein **neuer § 140 a GVG** geschaffen, wonach für Entscheidungen im Wiederaufnahmeverfahren und über Anträge zur Vorbereitung eines solchen grundsätzlich ein (örtlich) **anderes Gericht** als dasjenige, von dem die Entscheidung herrührt, zuständig ist. Das innerhalb eines Oberlandesgerichts-Bezirks für solche Entscheidungen örtliche zuständige Gericht wird vom Präsidium des Oberlandesgerichts im voraus nach den Grundsätzen über den Geschäftsverteilungsplan bestimmt (§ 140 a Abs. 1, 2). Besondere Vorschriften (Absätze 3 bis 6) treffen eine Regelung für Sonderfälle, insbes. für die Fälle, in denen innerhalb des Oberlandesgerichts-Bezirks nur **ein** Landgericht, oder in denen im ganzen Land nur **ein** Oberlandesgericht mit **einem** Landgericht besteht sowie für den Fall, daß mit dem Wiederaufnahmeantrag die erstinstanzliche Entscheidung des Oberlandesgerichts in Staatsschutzsachen angefochten wird.

87 **21. Weitere Änderungen des GVG.**

a) Schwurgericht. Abgesehen von der vorerwähnten Einfügung des § 140 a GVG ist hervorzuheben die Aufhebung des 6. Titels über Schwurgerichte (§§ 79 bis 92 a. F.) durch Art. 2 Nr. 25 des 1. StVRG. Damit ist freilich das Schwurgericht nicht aus der Gerichtsverfassung verschwunden; es lebt vielmehr in veränderter Gestalt (RZ 89) fort[12]. Verschwunden ist das Schwurgericht als ein **nichtständiger** Rechtsprechungskörper, der nur periodisch („nach Bedarf“) auf Anordnung des Präsidenten des LG zu einzelnen „Tagungen“ zusammentrat (§ 79, 87 a. F.). Mit dem ursprünglichen, durch die Trennung von Richter- und Geschworenenbank gekennzeichneten Schwurgericht hatte das seit der Emminger-Reform 1924 bestehende Schwurgericht, bei dem die drei Berufsrichter gemeinsam mit den sechs Geschworenen über Schuld- und Straffrage berieten und entschieden, längst nichts mehr zu tun. Selbst die Bezeichnung der Laienrichter als „Geschworene“ war geschwunden, seitdem das Gesetz vom 26. 5. 1972 (BGBl. I 841) für die in der Strafrechtspflege tätigen Laienrichter einheitlich die Bezeichnung Schöffe eingeführt hatte (§ 45 a DRiG). Geblieben war aber — außer der beibehaltenen Konstruktion als eines nichtständigen Rechtsprechungskörpers — die besondere Besetzung des Schwurgerichts. Sie betraf einmal die Berufsrichter, deren Bestellung teils dem Präsidium des Oberlandesgerichts, teils dem des Landgerichts oblag, wobei als Vorsitzende die im Bezirk des Oberlandesgerichts angestellten Richter, als Stellvertreter des Vorsitzenden und als Beisitzer sowohl Mitglieder des Landgerichts wie auch die bei den Amtsgerichten des Landgerichtsbezirks angestellten Richter herangezogen werden konnten. Eine weitere Besetzungsbesonderheit war — als Nachklang des ursprünglichen Schwurgerichts — das zahlenmäßige Überwiegen der Laienrichter.

Durch Vermehrung der Schwurgerichtssachen und deren vielfach weit längere **88**
Verhandlungsdauer hatten sich aus der Konstruktion des Zusammentretens des Schwurgerichts jeweils auf Anordnung des Präsidenten des Landgerichts für eine Tagung erhebliche Schwierigkeiten für die rasche Durchführung der Hauptverhandlung in neu anstehenden Sachen ergeben, denen die Rechtsprechung dadurch Herr zu werden suchte, daß sie die gleichzeitige Durchführung mehrerer Tagungen zuließ (vgl. Anm. 2 zu § 87 a. F.). Insgesamt brachte aber dieses System, dessen Nachteile nicht zum wenigsten auch darin bestanden, daß die jeweils zu Tagungen herangezogenen Richter für mehr oder weniger lange Zeit in dem Spruchkörper ausfielen, dem sie als ordentliche Mitglieder geschäftsplanmäßig zugeteilt waren, eine Fülle von rechtlichen Zweifelsfragen und Schwierigkeiten mit sich, die nicht selten dazu führten, daß in der Revisionsinstanz Urteile aus formalen Gründen der Aufhebung verfielen.

So ergab sich der (auch vom Bundesgerichtshof — vgl. BGHSt. **24** 57 — nach- **89**
drücklich unterstützte) Wunsch nach einer **Umgestaltung** des Schwurgerichts **zu** einem **ständigen Rechtsprechungskörpers** des Landgerichts. Umstritten war dabei im Grunde nur die Frage, ob die Zahl der Schöffen, dem bisherigen Recht entsprechend, höher sein solle als die der Schöffen in der erstinstanzlichen Großen Strafkammer. Sie wurde schließlich in verneinendem Sinn entschieden. Den Ausschlag gab dabei (vgl. die Begründung des RegEntw. im Ersten Teil unter E IV S. 54) die Erwägung, daß das auch nach der Emminger-Reform noch bestehende Übergewicht des Laienelements ein Relikt früherer Vorstellungen sei, wonach der Angeklagte „durch die Jury der Geschworenen vor Übergriffen des Obrigkeitsstaates bewahrt werden müßte, weil das Vertrauen des Volkes in die Unabhängigkeit der Berufsrichter wenig gefestigt war“, während nach den heutigen Vorstellungen über den Sinn der Laienbeteiligung (Kap. 15, 8) kein Bedürfnis und kein Anlaß mehr bestehe, das „neue“ Schwurgericht, auch wenn es über die Schwerkriminalität entscheidet, anders zu besetzen als die Große Strafkammer.

---

[12] Über Übergangsfragen bei Aufhebung des Urteils eines Schwurgerichts alter Art durch das Revisionsgericht vgl. BGH MDR **1975** 329.

90 In den **neueingefügten Absatz 2 des § 74 GVG** ist (sachlich unverändert) aus § 80 a. F. der Katalog der in die Schwurgerichtszuständigkeit fallenden Verbrechen übernommen worden, die dadurch gekennzeichnet sind, daß durch eine vorsätzliche Handlung der Tod eines Menschen (mindestens fahrlässig; § 18 StGB) verursacht worden ist. Für diese Verbrechen ist „eine Strafkammer **als Schwurgericht**" zuständig. Diese Strafkammer ist, wie die „gewöhnliche" Strafkammer mit drei Richtern und zwei Schöffen besetzt (§ 76 Abs. 2 n. F.). Der Unterschied zwischen der Strafkammer „als Schwurgericht" und der Großen Strafkammer besteht aber noch darin, daß gesonderte Listen für die Schwurgerichtshauptschöffen und die übrigen Strafkammerhauptschöffen aufgestellt und durch Auslosung aus der Schwurgerichtsschöffenliste die Reihenfolge bestimmt wird, in der die Schwurgerichtsschöffen an den ordentlichen Sitzungen des Jahres teilnehmen.

91 Von dieser Besonderheit abgesehen ist das Schwurgericht — wie die Staatsschutz- und die Wirtchaftsstrafkammer (§§ 74 a, 74 c GVG) — eine **Spezialkammer** des Landgerichts mit Konzentrationszwang für die katalogmäßig bestimmte Schwerkriminalität, die aus Gründen der Tradition unter der Bezeichnung als Schwurgericht fungiert. Wie bei den anderen Spezialkammern ist es zulässig, daß das Präsidium mehr als einer Strafkammer die Aufgaben „als Schwurgericht" zuweist, wenn die anfallenden Sachen die Kräfte *einer* Schwurgerichtskammer übersteigen (vgl. Anm. 1 zu § 74 a und BGH MDR **1975** 329).

92 **b) Schöffenwesen.** Einige weitere Änderungen betreffen die Vorschriften über die Schöffen. So ist, um nur die wichtigsten hervorzuheben, die Amtsperiode der gewählten Schöffen von bisher zwei Jahren aus Gründen der Geschäftsvereinfachung auf vier Jahre erhöht (§ 40 Abs. 1 n. F.), dafür aber angestrebt, daß jeder Schöffe nicht zu mehr als zwölf ordentlichen Sitzungstagen im Jahr herangezogen wird (§ 43 Abs. 2 n. F.). Das Mindestalter der Schöffen ist von bisher 30 auf 25 Jahre herabgesetzt (§ 33 Nr. 1 n. F.), ein Ablehnungsrecht für 65jährige und ältere und ein Höchstalter für Schöffen von 70 Jahren eingeführt (neue Nr. 2 des § 33) sowie eine Höchstdauer der Verwendung als Schöffe von acht Jahren bestimmt (neue Nr. 7 des § 34).

93 **X. Die Neuerungen des Gesetzes zur Ergänzung der 1. StVRG vom 20. 12. 1974** (BGBl. I 3686)[13]. Das in großer Eile verabschiedete und mit kürzester Frist zum 1. 1. 1975 in Kraft gesetzte Gesetz, dem zwei verschiedene Gesetzentwürfe zugrunde liegen (oben Rdn. 21), ist insofern auch ein „Reformgesetz", also mehr als ein bloßes „Änderungsgesetz", als es einer weiteren Sicherung von Grundrechten des GG im Verfahren dient und zugleich das Verfahrensrecht auf gewisse Formen moderner Kriminalität ausrichtet.

94 **1. Die Änderung der Vorschriften über die Eidesleistung** (Neufassung des Absatzes 2 des § 57 und des § 66 c, Einfügung eines neuen § 66 d, Aufhebung des bisherigen § 66 e [sog. Sektenprivileg], der inhaltlich in verallgemeinerter Form als Abs. 3 des § 66 c n. F. aufgenommen ist und Umnumerierung des bisherigen § 66 d als § 66 e mit neugefaßtem Absatz 2) trägt der Entscheidung BVerfGE **33** 23 = NJW **1972** 1183 Rechnung, wonach aus Art. 4 Abs. 1 GG (Glaubens-, Gewissens- und Bekenntnisfreiheit) folgt, daß

[13] **Schrifttum:**
Rieß Der Hauptinhalt des Gesetzes zur Reform des Strafverfahrensrechts, NJW **1975** 93; *Schmidt-Leichner* Strafverfahrensrecht 1975 – Fortschritt oder Rückschritt? NJW **1975** 417; *Groß* Der erweiterte Verteidigerausschluß nach § 138 a Abs. 2 StPO – eine Fehlentscheidung des Gesetzgebers, NJW **1975** 422; *Baumann* Strafprozeß in Raten, ZRP **1975** 38.

ein Zeuge zur Eidesleistung nicht verpflichtet ist, wenn er erklärt, daß er aus Glaubens- oder Gewissensgründen („Eure Rede sei ja, ja, nein, nein"; Matth. 5, 34 ff.) keinen Eid leisten wolle. Gibt ein Zeuge diese Erklärung ab, so tritt nunmehr (§ 66 d n. F.) an die Stelle des Eides die **Bekräftigung der Aussage der Wahrheit,** bei der der Zeuge mit einem „Ja" (ggf. unter Hinzufügung einer weiteren Beteuerungsformel) die vom Richter vorgesprochene Bekräftigungsformel beantwortet. Diese Bekräftigung steht — auch in strafrechtlicher Hinsicht (vgl. § 155 n. F. StGB) — einem Eid gleich (§ 66 d Abs. 1 Satz 2).

Diese Regelung gilt übrigens sinngemäß auch da, wo **nach anderen Verfahrensvorschriften** ein **Eid** zu leisten ist (vgl. z. B. für den Dolmetschereid § 189 Abs. 1 Satz 2, 3 n. F. GVG, für den Eid nach der ZPO § 484 ZPO i. d. F. von Art. 2 Nr. 4 des 1. StVRG). Ebenso tritt, wo nach gesetzlichen Vorschriften ein **Diensteid** zu leisten ist (bei ehrenamtlichen Richtern), der mit „Ich schwöre" beginnt, bei einer mit Glaubens- und Gewissensgründen begründeten Verweigerung des Eides ein entsprechendes **Gelöbnis** („Ich gelobe") an die Stelle des Eides (vgl. wegen der Schöffen Aufhebung des § 51 a. F. GVG und Ersetzung durch die allgemeine Regelung in § 45 Abs. 4 n. F. DRiG)[14]. **95**

Neu ist ferner, daß der Richter den Eidespflichtigen über die Möglichkeit einer **Wahl** zwischen einem Eid mit oder ohne religiöse Beteuerung zu **belehren** hat. **96**

2. Vorschriften betr. die Verteidigung. Auch die neuen Vorschriften betr. die Verteidigung (Ergänzung des § 137, neue §§ 138 a bis 138 d, Ergänzung des § 140, Neufassung des § 146, Streichung des Absatzes 2 des § 218 StPO) sind z. T. durch eine Entscheidung des Bundesverfassungsgerichts (BVerfGE **34** 293 = NJW **1973** 696) veranlaßt. **97**

a) Ausschließung von der Verteidigung. Nach bisheriger, freilich nicht unbestrittener Auffassung konnte ein Verteidiger unter bestimmten Voraussetzungen wegen „Unfähigkeit" von der Verteidigung ausgeschlossen werden, namentlich bei Verfahrenssabotage und Teilnahmeverdacht (vgl. Vorauflage, § 138, III). In der vorgenannten Entscheidung sprach das Bundesverfassungsgericht aus, daß im gegenwärtigen Zeitpunkt eine Ausschließung (Entziehung der Verteidigungsbefugnis) gegen Art. 12 GG verstoße, da sie weder durch eine ausdrückliche Vorschrift noch durch Gewohnheitsrecht gedeckt sei. Es bedurfte deshalb gesetzgeberischer Maßnahmen, um die Lücke in einer den Anforderungen des GG entsprechenden Weise zu schließen. Eine beschleunigte Entschließung erwies sich als besonders dringlich, als in Verfahren gegen Mitglieder einer weitverzweigten terroristischen Vereinigung der Verdacht hervortrat, daß deren Verteidiger ihre Befugnisse mißbrauchten, z. B. indem sie zur Aufrechterhaltung der Verbindung einen Kassiberverkehr zwischen den in Untersuchungshaft Befindlichen vermittelten. Diese Manipulationen wurden dadurch begünstigt, daß die einzelnen Beschuldigten vielfach eine Mehrzahl von Verteidigern hatten und umgekehrt einzelne Verteidiger für eine Mehrzahl der Beschuldigten tätig wurden. Als gesetzgeberische Maßnahme, einem Mißbrauch der Verteidigerstellung zu begegnen, wurden im Stadium der Entstehung des Ergänzungsgesetzes vornehmlich die gerichtliche Ausschließung des Verteidigers, die Überwachung des Verkehrs des Verteidigers mit den in Haft **98**

---

[14] Sinnvollerweise muß gleiches auch gelten bei den Diensteiden von Berufsrichtern und Beamten; daß sie zur Amtsübernahme rechtlich nicht verpflichtet sind, ist kein Gegenargument (vgl. *Heimann-Trosien* JZ **1973** 611).

befindlichen Beschuldigten (§ 148) durch den Richter und eine Kombination beider Maßnahmen erwogen. Der Gesetzgeber entschied sich schließlich für den ersteren der drei Wege. Inzwischen sind aber die Erörterungen über weitergehende gesetzgeberische Maßnahmen wiederaufgenommen worden.

99 Die **neu eingefügten §§ 138 a und 138 b** enthalten — unter Berücksichtigung der Grundsätze der freien Advokatur und des Rechts des Beschuldigten auf ungehinderten Verkehr mit dem Verteidiger auf der einen Seite und des Sicherheiteninteresses und des Schutzes der Rechtsordnung auf der anderen Seite — die **abschließende Aufzählung der Ausschließungsgründe.** Die Ausschließung des Verteidigers ist danach zulässig und geboten, wenn gegen ihn der dringende oder ein die Eröffnung des Hauptverfahrens rechtfertigender (§ 203) Verdacht der Tatteilnahme, der Begünstigung, der Strafvereitelung und der Hehlerei bezgl. der den Gegenstand der Untersuchung bildenden Tat besteht (§ 138 a Abs. 1). Die Ausschließung ist ferner geboten, wenn der Verteidiger dringend verdächtig ist, den Verkehr mit dem nicht auf freien Fuß befindlichen Mandanten zur Begehung von Straftaten zu mißbrauchen, oder wenn er einen solchen Verkehr zu einer erheblichen Gefährdung der Sicherheit der Vollzugsanstalt mißbraucht (§ 138 a Abs. 2). Von der Mitwirkung im Verfahren, die bestimmte Staatsschutzstraftaten betreffen, ist der Verteidiger schließlich auch dann auszuschließen, wenn auf Grund bestimmter Tatsachen die Annahme begründet ist, daß seine Mitwirkung eine Gefahr für die Sicherheit der Bundesrepublik herbeiführen würde (§ 138 b). Während nach § 138 a das Verhalten des Verteidigers, das den dringenden oder hinreichenden Verdacht konspirativen Zusammenwirkens von Beschuldigtem und Verteidiger oder des Mißbrauchs des Verkehrsrechts zur Gefährdung der Sicherheit einer Vollzugsanstalt hervorruft, den Ausschließungsgrund bildet, stellt § 138 b lediglich auf die objektive Gefahr der Preisgabe von wichtigen geheimhaltungsbedürftigen Sachverhalten ab.

100 **Andere** in §§ 138 a und 138 b nicht genannte **Gründe,** wie z. B. Parteiverrat des Verteidigers (§ 356 StGB), seine Vernehmung als Zeuge im Verfahren oder eine von ihm ausgehende „Verfahrenssabotage" (Sabotage der Hauptverhandlung) sind keine Ausschließungsgründe; bei den parlamentarischen Beratungen hervorgetretene weitergehende Wünsche fanden keine Mehrheit[15].

101 Die **Entscheidung über die Ausschließung** trifft nach § 138 c — eine Parallele zu § 140 a GVG (oben Rdn. 86) — (von vorläufigen Maßnahmen abgesehen, § 138 c Abs. 3) nicht das erkennende Gericht, weil es möglicherweise als befangen anzusehen wäre, sondern grundsätzlich das Oberlandesgericht, der Bundesgerichtshof dann, wenn das Ermittlungsverfahren vom Generalbundesanwalt geführt wird oder das Verfahren beim BGH anhängig ist. Die §§ 138 c und 138 d regeln das Verfahren.

102 **b) Sonstige Änderungen.** Nach § 137 a. F. konnte sich der Beschuldigte des Beistands einer unbestimmten Zahl von Verteidigern bedienen; nach § 146 a. F. konnte, soweit nicht Interessenwiderstreit bestand, *ein* gemeinschaftlicher Verteidiger eine Mehr-

---

[15] Eine andere Frage ist, ob damit ein endgültiger Zustand erreicht ist. Die Opposition, die für die Anerkennung der Verfahrenssabotage als weiteren Ausschlußgrund eintrat, gab zwar dem Gesetz als „Minimallösung" ihre Zustimmung, kündigte aber zugleich Schritte zur Erweiterung der Ausschließungsgründe oder Änderung der beschlossenen Regelung an (vgl. Prot. der 138. Sitzung des Bundestags vom 18. 12. 1974 S. 9513), die inzwischen ergriffen wurden (vgl. Initiativentw. eines Gesetzes zum Schutz der Rechtspflege (BTDrucks. 7 3116) und den von einigen Ländern beim Bundesrat eingebrachten Entw. eines Ges. z. Änderung der StPO (BRDrucks. Nr. 90/75). Über weitergehende Gesetzesvorhaben zur Bekämpfung terroristischer Vereinigungen vgl. DRiZ **1975** 220.

zahl von Beschuldigten verteidigen. Nunmehr ist die Zahl der von einem Beschuldigten zu wählenden Verteidiger auf drei herabgesetzt worden, weil „das Recht des Beschuldigten, sich durch mehrere Verteidiger vertreten zu lassen, nicht zum Zweck der Prozeßverschleppung oder der Prozeßvereitelung mißbraucht werden darf" (Rechtsausschußbericht BTDrucks. **7** 2989, S. 3). Auch für Großverfahren ist eine Ausnahme nicht vorgesehen. Nach § 146 n. F. ist die Verteidigung mehrerer Beschuldigter durch einen gemeinschaftlichen Verteidiger nunmehr unzulässig, um jeder Gefahr einer Interessenkollision von vornherein vorzubeugen. Diese Beschränkungen sind grundgesetzmäßig (BVerfG DRiZ **1975** 187); das gilt auch für das Bußgeldverfahren (BVerfG DRiZ **1975** 153).

3. Verhandlung ohne den verhandlungsunfähigen Angeklagten (§ 231 a). **103**
Verhandlungsfähigkeit und Anwesenheit des Beschuldigten sind grundsätzlich Verfahrensvoraussetzungen; Verhandlungsunfähigkeit und Abwesenheit bilden Verfahrenshindernisse (Kap. 12, 97, 102). Zwar bestanden bisher schon Ausnahmen, sie erwiesen sich aber nach den in jüngster Zeit gemachten Erfahrungen als zu eng. Nach § 231 Abs. 2 kann zwar gegen einen zunächst erschienenen Angeklagten, der sich entgegen dem Verbot des § 231 Abs. 1 Satz 1 aus der Hauptverhandlung entfernt, oder der nach einer Unterbrechung fernbleibt, auch in seiner Abwesenheit verhandelt werden, und dem eigenmächtigen Sichentfernen oder Ausbleiben steht eine vorsätzliche Herbeiführung der Verhandlungsunfähigkeit gleich (BGHSt. **2** 304; **16** 182). Die Fortsetzung der Verhandlung nach dieser Vorschrift ist jedoch nur zulässig, wenn der Angeklagte bereits *in* der Hauptverhandlung über die Anklage vernommen worden ist. Der Angeklagte hätte es danach in der Hand, die Durchführung einer Hauptverhandlung zu sabotieren, indem er sich von vornherein vorsätzlich und schuldhaft in einen seine Verhandlungsfähigkeit ausschließenden Zustand versetzt (z. B. ein in Untersuchungshaft Befindlicher sich durch Eintritt in den Hungerstreik körperlich und geistig schwächt) und dadurch wissentlich die ordnungsmäßige Durchführung der Hauptverhandlung in seiner Gegenwart verhindert.

Solche **Verfahrenssabotage auszuschließen,** ist Zweck des neu eingefügten **104**
§ 231 a, der unter den vorgenannten Voraussetzungen die Durchführung der Hauptverhandlung in Abwesenheit des Angeklagten zuläßt, soweit das Gericht seine Anwesenheit nicht im Interesse der Wahrheitserforschung für erforderlich hält. Um dem Grundsatz des **rechtlichen Gehörs** Rechnung zu tragen, muß der Angeklagte aber nach Eröffnung des Hauptverfahrens (wenn auch außerhalb der Hauptverhandlung) Gelegenheit gehabt haben, sich vor dem Gericht oder einem beauftragten Richter zur Anklage zu äußern (vgl. § 243 Abs. 4). Dazu genügt Äußerungs- oder Vernehmungsfähigkeit, an die nach der physischen und psychischen Seite geringere Anforderungen als an die Verhandlungsfähigkeit zu stellen sind (Kap. 12, 100). Ob der Angeklagte die ihm gebotene Gelegenheit zur Äußerung nutzt oder davon keinen Gebrauch macht, ist ohne Bedeutung. Auch muß dem Angeklagten, wenn er noch keinen Verteidiger hat, von Amts wegen ein Verteidiger bestellt werden, sobald eine Verhandlung ohne ihn in Betracht kommt (§ 231 a Abs. 4). Die nach § 265 Abs. 1, 2 erforderlichen, die Umgestaltung der Strafklage betreffenden Hinweise können bei Abwesenheit des Angeklagten dem Verteidiger gegeben werden (neuer Absatz 5 des § 265).

4. Verhandlung ohne den sich ordnungswidrig verhaltenden Angeklagten **105**
(§ 231 b). Der **neu eingefügte § 231 b** ist an die Stelle des bisherigen Absatzes 2 des § 247 getreten. Dort war zugelassen, daß das Gericht in Abwesenheit des Angeklagten weiterverhandelt, wenn wegen seines ordnungswidrigen Benehmens seine *zeitweilige* Entfer-

nung aus dem Sitzungsraum (gemäß § 177 GVG) angeordnet war. Dagegen geht § 231 b ersichtlich davon aus, daß eine solche die Verhandlung in Abwesenheit des Angeklagten rechtfertigende Entfernung schon unmittelbar nach Sitzungsbeginn in Betracht kommen kann, wenn der Angeklagte von vornherein (durch Toben, Brandreden usw.) die Durchführung der Verhandlung aufs Schwerste stört oder gar in Frage stellt, und daß die Entfernung so lange andauern darf, als von einer Anwesenheit des Angeklagten weiterhin die schwerwiegende Beeinträchtigung des Verhandlungsablaufs zu befürchten ist.

106 Fraglich erscheint dabei, wie in einem Fall, in dem der Angeklagte, aus seinem bisherigen Verhalten erkennbar, gar nicht daran denkt, von seinem den Verhandlungsablauf schwer beeinträchtigenden ordnungswidrigen Verhalten abzugehen, der Vorschrift des § 231 Abs. 1 Satz 2 genügt werden soll, wonach ihm "in jedem Fall **Gelegenheit** zu geben ist, **sich** zur Anklage **zu äußern**". Nach den Vorstellungen der Mehrheit des Bundestagsrechtsausschusses, auf dessen Vorschlägen die Einfügung des § 231 b beruht, muß die Entfernung unterbrochen und dem Angeklagten Gelegenheit gegeben werden, sich zur Sache zu äußern; zeigt sich dann, daß er lediglich sein ordnungswidriges Benehmen fortsetzt (also z. B. auf die Mitteilung, er habe jetzt Gelegenheit, sich zur Sache zu äußern, lediglich mit Schimpfreden reagiert), so muß er erneut aus dem Sitzungssaal entfernt werden; nur so könne „der hohen Bedeutung des Rechts auf rechtliches Gehör" ausreichend Rechnung getragen werden (vgl. Bericht des Rechtsausschusses BTDrucks. 7 2989, S. 7). Ob aber ein solches Prozedieren bei einem erkennbar hoffnungslos renitenten Angeklagten sinnvoll ist, dem auf diese Weise erneut Gelegenheit zu Hetzreden und Schimpfkanonaden gegeben wird, die dann von den als Zuhörer anwesenden Sympathisanten mit Beifall begrüßt werden, darf bezweifelt werden. Es darf dabei darauf hingewiesen werden, daß nach der Auslegung des § 247 Abs. 2 a. F. von der Wiederzuziehung des von der Verhandlung Ausgeschlossenen zum letzten Wort abgesehen werden kann, wenn es sich um einen „aussichtslosen Versuch" handelt (OLG Koblenz MDR **1975** 424) und daß nach h. M., wenn eine Bestrafung nach § 178 GVG wegen Ungebühr in Betracht kommt, das vor der Bestrafung zu gewährende rechtliche Gehör sich erübrigt, wenn nach dem bisherigen Verhalten des Täters bei förmlichem Hinweis auf das rechtliche Gehör nur mit weiteren groben Ausfällen gerechnet werden muß (IV 4 zu § 178 GVG). Schließlich war, so möchte man glauben, einem Angeklagten, von dem auf den ausdrücklichen Hinweis auf sein Wahlrecht, sich zur Anklage zu äußern oder zu schweigen (§ 243 Abs. 4), keine sachliche Äußerung zu erwarten ist, doch schon durch die Ladung zur Hauptverhandlung in Verbindung mit seinem Erscheinen in der Hauptverhandlung rechtliches Gehör — Gelegenheit zur Äußerung — gewährt; er wollte nur davon keinen Gebrauch machen.

107 **5. Schutz von Zeugen unter 16 Jahren.** Nach dem neu eingefügten **§ 241 a** wird die Vernehmung von Zeugen unter 16 Jahren allein durch den Vorsitzenden durchgeführt, d. h. es entfällt insoweit das Kreuzverhör (§ 239), und die unmittelbare Befragung nach § 240 ist nur zulässig, soweit der Vorsitzende sie gestattet. Maßgebend für diese Regelung ist das Wohl des Zeugen, die Abwehr schädigender Einflüsse des Verfahrens, insbes. erheblicher psychischer Schädigungen infolge aggressiver Fragen der Verfahrensbeteiligten. Dem Schutz jugendlicher Zeugen dienen ferner § 247 Satz n. F. betr. Zulässigkeit der Entfernung des Angeklagten aus dem Sitzungsraum während der Vernehmung noch nicht 16jähriger Zeugen und der auf dem EGStGB vom 2. 3. 1974 beruhende § 172 Nr. 4 n. F. GVG betr. Ausschließung der Öffentlichkeit bei Vernehmung von Personen unter 16 Jahren.

6. Erklärungsrechte. Die „Kleine Strafprozeßreform“ 1964 hatte § 257 a eingefügt, wonach „auf Verlangen dem Staatsanwalt und dem Verteidiger Gelegenheit zur Abgabe von Erklärungen“ zu geben war. Die unbestimmte und wenig geglückte Fassung brachte die Gefahr von Mißbräuchen des Erklärungsrechts mit sich, insbes. einer Störung des Gangs der Verhandlung durch unzeitige Erklärungen in Form einer Vorwegwürdigung des Ergebnisses der Beweisaufnahme vor deren Abschluß und auch von „Reden zum Fenster hinaus“. Die Bemühungen des Schrifttums waren darauf gerichtet, durch Aufstellung einschränkender Merkmale Inhalt und Grenzen des Erklärungsrechts sinnvoll zu gestalten (vgl. die Anm. zu § 257 a. F.). Die **Neufassung des § 257** verfolgt — unter Aufhebung des § 257 a — das gleiche Anliegen; sie stellt klar, daß sich die Erklärungen von Staatsanwalt und Verteidiger wie auch die des Angeklagten selbst (vgl. die Einfügung von „dazu“ in den Text des Abs. 1) auf den vorangegangenen Beweisaufnahmeakt beziehen müssen und eine Vorwegnahme des Schlußvortrags (§ 258) nicht zulässig ist. **108**

7. Änderungen des GVG. **109**

a) Abgrenzung der sitzungspolizeilichen Befugnisse des Vorsitzenden. Tumultuose Ausschreitungen der Zuhörer hatten in jüngster Zeit zu der Frage geführt, ob der Vorsitzende allein in dringlichen Fällen kraft seiner Befugnisse aus § 176 GVG die Entfernung der Störer anordnen könne, oder ob es dazu stets eines Gerichtsbeschlusses nach § 177 bedürfe. Die Frage wurde in Rechtsprechung und Schrifttum unterschiedlich beantwortet (Anm. 3 zu § 176). Sie ist jetzt durch die **Neufassung des § 177** geklärt.

b) Der **neugefaßte § 178 erweitert** im Interesse der wirksameren Abwehr von Ausschreitungen im Gerichtssaal die **Ordnungsmittel bei Ungebühr** (bisher Ordnungsgeld bis 1 000 DM, Ordnungshaft bis zu drei Tagen, jetzt Ordnungsgeld bis 2 000 DM und Ordnungshaft bis zu einer Woche) und überträgt die Festsetzungsbefugnis gegenüber Nichtverhandlungsbeteiligten, die bisher nur dem Gericht zustand, dem Vorsitzenden. Er ordnet ferner für den Fall einer nachfolgenden kriminellen Ahndung der Ungebühr die Anrechnung von Ordnungsgeld und -haft auf die Kriminalstrafe an (vgl. dazu wegen der allgemeinen Bedeutung dieser Vorschrift Kap. 7, 14). **110**

XI. Zum Fortgang der Strafprozeßreform. **111**

1. Bei der Verabschiedung des Ergänzungsgesetzes vom 20. 12. 1974 waren **einzelne Vorschläge** des RegEntw. des 2. StVRG **unerledigt** geblieben, so z. B. der Vorschlag, bei der Auswahl des Pflichtverteidigers Wünsche des Beschuldigten zu berücksichtigen. Zunächst zurückgestellt ist nach dem auf dem 50. DJT 1974 bekannt gegebenen Bericht über das Gesetzgebungsprogramm des Bundesjustizministeriums (vgl. MDR **1974** 988) dessen vielerörtertes und weitgehend umstrittenes Vorhaben[16] einer Gesamtreform des Justizaufbaus, dessen Hauptanliegen darin besteht, aus Gründen der „Transparenz“ den derzeitigen viergliedrigen Aufbau der ordentlichen Gerichtsbarkeit (Amtsgericht, Landgericht, Oberlandesgericht, Bundesgerichtshof) entsprechend dem Aufbau in den meisten übrigen Gerichtszweigen dreigliedrig zu gestalten; dessen Durchführung müßte zu wesentlichen Änderungen hinsichtlich der Besetzung und Zuständigkeit der strafgerichtlichen Spruchkörper führen und wäre auch von entscheidender Bedeutung bei den Überlegungen über eine Neugestaltung des strafprozessualen Rechtsmittelwesens. Auf dieses z. Zt. etwas mehr in den Hintergrund getretene Vorhaben ist hier nicht weiter einzugehen. Als davon unabhängiges vordringlichstes Teilproblem einer Gesamtreform wird eine **Neuregelung des Rechtsmittelsystems in Strafsachen** angesehen.

[16] vgl. dazu monografisch: *Kissel* Der dreistufige Aufbau in der ordentlichen Gerichtsbarkeit, 1972.

112 Weitere Reformpunkte sind die Überlegungen, ob es einer **Gesamtreform des Wiederaufnahmerechts**[17] und neuer Vorschriften über die **Gestaltung der Hauptverhandlung**[18] im ersten Rechtszug bedarf (vgl. die Ausführungen im Ersten Teil unter B II der Begründung des RegEntw. des 1. StVRG, S. 34). Im Blickpunkt steht ferner ein **vereinfachtes mündliches Verfahren vor dem Einzelrichter für die leichtere Kriminalität.** — Von weiteren in der Zukunft liegenden Aufgaben wäre auch die Frage einer Neuregelung des Kostenrechts zu nennen (vgl. Vorbem. 7 c und d vor § 464; dazu neuerdings *Hassemer* Dogmatische, kriminalpolitische und verfassungsrechtliche Bedenken gegen die Kostentragungspflicht des verurteilten Angeklagten, ZStW **85** [1973] 651).

113 Gegenstand einer über vorbereitende Schritte hinausgehenden konkreten Ausgestaltung von Vorstellungen über Probleme, die mehr oder weniger mit einer strafprozessualen Gesamtreform zusammenhängen oder sie berühren, sind die **Entschädigung des durch Gewaltstraftaten Verletzten** aus öffentlichen Mitteln (vgl. Kap. 7, 8 Fußn. 3) und vor allem die gesetzliche Regelung des **Strafvollzugswesens**[19].

114 2. Eine „offiziöse" Darstellung der **Leitgedanken einer Reform des Rechtsmittelsystems,** wie sie im Bundesjustizministerium bestehen, enthält die im Juli 1974 herausgegebene Schrift „Reform der Rechtsmittel in Strafsachen. Bericht über die Entstehung der gegenwärtigen Rechtsmittelvorschriften und die Bemühungen um ihre Reform". Sie gibt (vgl. S. 4 ff.) die im Bundesjustizministerium gemeinsam mit den Landesverwaltungen erarbeiteten Grundzüge einer Reform wieder. Ausgangspunkt im Streit der Meinungen über die zweckmäßigste Gestaltung (vgl. dazu etwa die Darstellung von *Fuhrmann* JR **1972** 1) ist „die Erkenntnis, daß in einem auf Mündlichkeit, Unmittelbarkeit und Konzentration angelegten Strafprozeß eine auf reine Wiederholung der Verhandlung angelegte Berufung nur schwer einen Platz findet". Die aus dieser Erkenntnis zu ziehenden Folgerungen werden (auszugsweise) wie folgt beschrieben: „Im neuen Rechtsmittelrecht wird es die Berufung und die Revision des geltenden Rechts nicht mehr geben. Beide Rechtsmittel sollen durch ein neues **einheitliches einziges Rechtsmittel** ersetzt werden, indem die Revision erweitert werden wird"[20].

115 Das soll in der Weise geschehen, daß das **neue Rechtsmittel** „in größerem Umfang als die Revision auch die tatsächlichen Feststellungen des angefochtenen Urteils überprüfbar macht", indem das Rechtsmittelgericht „entweder durch eine Generalklausel oder durch eine mehr katalogartige Aufzählung in die Lage versetzt werden (wird), einzugreifen, wenn Grund zu der Annahme besteht, daß die tatsächlichen Feststellungen unrichtig sind". Zugleich soll dem Rechtsmittelgericht mehr als bisher eine **eigne, abschließende Sachentscheidung** ermöglicht werden. „Ihm soll die Befugnis zur Erhebung einzelner Beweise gegeben werden, um Unklarheiten, Lücken und Widersprüche in den tatsächlichen Feststellungen zu beseitigen.... Auch die Rechtsfolgenzumessung wird das neue Rechtsmittel wirksamer überprüfen können...." Hand in Hand soll damit „durch eine **spezielle Begründungspflicht** des Rechtsmittelführers erreicht werden, daß der Prüfungsstoff begrenzt wird", doch sollen „Ungeschicklichkeiten und Unvollstän-

[17] s. oben Fußnote zu Rdn. 80.

[18] s. Kap. 13, 11 ff.

[19] Vgl. den RegEntw. eines Strafvollzugsges., BTDrucks. 7/918 vom 23. 7. 1973; *Müller-Dietz* Die Entw. zu einem Strafvollzugsgesetz und die Strafvollzugsreform, JZ **1974** 351, 489; *Schüler-Springorum* Das Getriebe der Vollzugsreform, ZStW **85** (1973) 916.

[20] Vgl. dazu u. a.: *Fezer* Die erweiterte Revision – Legitimierung der Rechtswirklichkeit?, 1974; *Willms* Sachrüge und erweiterte Revision, JR **1975** 52; *Meseke* Die Aktenwidrigkeit als Revisionsgrund im Strafverfahren, Diss. Göttingen, 1973; *Fezer* Möglichkeiten einer Reform der Revision in Strafsachen, Tübinger Rechtswissenschaftl. Abhandlungen 37 (1975).

digkeiten der Rüge eine gerechte Entscheidung nicht hindern, wenn das Rechtsmittelgericht die Bedenklichkeit der Feststellungen erkannt hat".

116 Der **Verzicht auf** die heutige **Berufung** soll im übrigen durch Verlagerung des Schwerpunkts der Sachaufklärung allgemein in die erste Instanz ausgeglichen werden. Durch ein Bündel von Maßnahmen, „wie die Entlastung der ersten Instanz vom Massendruck, die Erweiterung der notwendigen Verteidigung und eine größere Zuständigkeit der Strafkammer für Sachen mit hoher Straferwartung, von großem Umfang oder von hoher Schwierigkeit", soll erstrebt werden, daß „die größtmögliche Gewähr für ein wahres und gerechtes Urteil schon in erster Instanz erreicht wird". Die Rechtsmittelzuständigkeit zwischen den Oberlandesgerichten und dem Bundesgerichtshof soll so aufgeteilt werdeb, „daß der Bundesgerichtshof seine vorrangige Aufgabe erfüllen kann, die Rechtseinheit zu wahren und das Recht fortzubilden".

117 3. Allerdings kommt das **einheitliche Rechtsmittel** der erweiterten Revision **nicht bei** dem Massenanfall an **Bagatellkriminalität** in Betracht. Hier sollen (vgl. S. 6 der „Reform der Rechtsmittel") „die einfachen und unproblematischen Fälle der leichten Kriminalität in einem besonderen Verfahrensgang mit einem hohen Befriedungseffekt herausgefiltert werden, bevor die schwierigen Fälle in einer vollwertigen Tatsacheninstanz verhandelt und gegebenenfalls durch das neue Einheitsrechtsmittel überprüft werden können". Gedacht ist dabei (vgl. *Eckl* JR **1975** 102; *Rieß* JR **1975** 224) an ein summarisches **mündliches** Verfahrren auch in Anklagesachen vor dem Einzelrichter, „durch das der Großteil der Fälle ohne Einbuße für die Wahrheitsfindung im Einzelfall rascher erledigt werden kann"; dem Angeklagten, der sich mit diesem **Strafbescheidverfahren** nicht abfindet, soll durch Einspruch eine Überprüfung (durch das Schöffengericht) in *einer* mündlichen Verhandlung mit allen Rechtsgarantieen ermöglicht werden. Daneben soll aber auch die Möglichkeit schriftlicher Entscheidung im Strafbefehlsverfahren erhalten bleiben, „jedoch soll hierbei das rechtliche Gehör für den Beschuldigten besser gewährleistet werden" (vgl. „Reform der Rechtsmittel", S. 6). Nach Abschluß der internen Überlegungen sollen die Einzelheiten in Form eines Referentenentwurfs zur öffentlichen Diskussion gestellt werden.

118 4. Auf **weitere Reformvorschläge,** etwa auf diejenigen über die Behandlung der Ladendiebstähle, die darauf abzielen, unter Zurückdrängung des Strafrechts die Reaktion primär dem Zivilrecht zu überlassen (zu dem 1974 von Strafrechtslehrern erstellten Gesetzentw. vgl. *Staudinger-Schäfer*[11] Rdn. 506 zu § 823 BGB), einzugehen, ist im Rahmen dieser kurzen Übersicht nicht möglich.

119 5. Unabhängig von Änderungen, die durch das Anliegen einer „großen" Reform bedingt sind, wird es auch weiterhin Änderungen der StPO oder das Strafverfahren berührender Vorschriften geben, die ihre Entstehung bestimmten Erfordernissen des Tages verdanken. So wurde die Änderung des § 53 StPO durch das Ges. über das Zeugnisverweigerungsrecht der Mitarbeiter von Presse und Rundfunk v. 25. 7. 1975 (BGBl. I 1973) notwendig, weil die Neuregelung des journalistischen Zeugnisverweigerungsrechts in einzelnen Landespressegesetzen erfolgte, BVerfGE **36** 193 ff aber diese Gesetze wegen des Widerspruchs mit der bundesrechtlichen Regelung der Materie in der StPO für nichtig erklärt hatte[21]. Die auch für das Strafverfahren bedeutsame Reform des Gerichtskostengesetzes und anderer Kostenvorschriften v. 20. 8. 1975 (BGBl. I 2189) bezweckt vor allem die „computergerechte Aufbereitung" des Gesetzesstoffes[22].

[21] Vgl. dazu *Groß* Neuregelung des journalistischen Zeugnisverweigerungsrechts, NJW **1975** 1763.

[22] dazu *Bischof* Reform des Kostenrechts, NJW **1975** 1721.

KAPITEL 6

Wesen, Zweck und Mittel des Strafverfahrens.

1 **I. Strafverfahren und materielles Recht.** Das Strafgesetz (das materielle Strafrecht) regelt zum Schutz der Rechtsordnung die Rechtsfolgen strafrechtlicher Art, die sich an die Verwirklichung eines gesetzlichen Straftatbestandes anschließen. Das Strafprozeßrecht dient der Verwirklichung des materiellen Strafrechts, der Durchsetzung der Strafdrohung im Einzelfall[1]. Da es die Formen regelt, unter denen sich die Aufklärung des Sachverhalts, die Feststellung der Schuld und die Verhängung der Strafe und sonstiger im Strafgesetz angedrohter Unrechtsfolgen vollzieht, wird es auch **formelles Strafrecht** genannt. Die Vorschriften über das Strafverfahren gehören gleich denen über das Verbrechen und seine Bestrafung dem öffentlichen Recht an. Auch sie erzeugen öffentlich-rechtliche Rechte und Pflichten. Doch decken die Rechte und Pflichten, die auf dem Boden des Verfahrensrechts erwachsen, sich nicht mit denen, die aus dem sachlichen Recht hervorgehen. Sie weichen vielmehr von diesen hinsichtlich des Grundes, hinsichtlich der Träger der Rechte und Pflichten und hinsichtlich ihres Inhalts ab.

2 **II. Staatlicher Strafanspruch und Justizgewährungspflicht.**

1. Das Verbrechen begründet die Pflicht des Verbrechers, als Ausfluß seiner Unterwerfung unter das Gesetz, das zu leiden, was das Strafgesetz als die **Folge des Verbrechens** vorschreibt. Zugleich mit dieser Pflicht des Verbrechers entsteht als Gegenstück die Pflicht des Staates, Justiz zu gewähren und dem Rechtsbrecher die im materiellen Strafrecht angedrohten Unrechtsfolgen aufzuerlegen. Denn nachdem der Staat in einem langen Kampf gegen Selbsthilfe und Privatrache das **Recht** zu strafen[2] bei sich monopolisiert hat, erwächst ihm daraus die im Wesen des Rechtsstaats (Art. 28 GG) begründete Pflicht, der Androhung von Unrechtsfolgen im Strafrecht deren Verwirklichung im Strafprozeß nach Begehung der Tat folgen zu lassen; der dahinterstehende Verfolgungszwang gibt der Strafdrohung die rechte Kraft zur (speziellen und generellen) Prävention, zur Verteidigung der Rechtsordnung (vgl. §§ 47 Abs. 1, 56 Abs. 3 StGB). Solange nun das Verbrechen oder die Täterschaft des Verbrechers verborgen bleibt, führen das nach Maßgabe des sachlichen Strafrechts begründete Recht (der „Strafanspruch") und die Pflicht des Staates zu strafen ein Dasein ohne äußere Wir-

---

1 Zwischen materiellem Strafrecht und Strafprozeßrecht können weitere Beziehungen entstehen, namentlich kann die Vermeidung von Beweisschwierigkeiten im Verfahren Veranlassung zur Gestaltung oder Auslegung des materiellen Rechts sein, etwa zur Bildung von Auffangtatbeständen führen. In diesem Sinn kann das Strafverfahren „strafrechtsgestaltende Kraft" haben (vgl. dazu *K. Peters* Die strafrechtsgestaltende Kraft des Strafprozesses, 1963; *Lüderssen* Die strafrechtsgestaltende Kraft des Beweisrechts, ZStW **85** [1973] 288). Darauf ist hier nicht weiter einzugehen.

2 Auf den dogmatischen Streit über den Begriff eines „Strafanspruchs" und über die rechtstheoretische Begründung des jus puniendi (vgl. dazu neuestens etwa *H. Kaufmann* Strafanspruch, Strafklagerecht, 1968; *Klose* Jus puniendi und Grundgesetz, ZStW **86** [1974] 33) kann in diesem Überblick nicht weiter eingegangen werden.

kung. Dauert dieser Zustand eine geraume, je nach der Schwere der Rechtsverletzung bemessene Zeit an, so bleibt der Rechtsbrecher straffrei, wobei an dieser Stelle nicht weiter zu erörtern ist, ob diese Wirkung der Verjährung materiellrechtlich als ein „Erlöschen des Strafanspruchs" oder verfahrensrechtlich als Verfolgungshindernis, als Verbot der Verfolgung zu würdigen ist oder ob die Verjährung zugleich materiellrechtliche und verfahrensrechtliche Züge aufweist (s. dazu Kap. 12, 79).

2. Die dem **Verfahrensrecht entspringenden Rechte und Pflichten** sind an andere Voraussetzungen gebunden. Die Strafdrohungen des materiellen Strafrechts gelten nur dem, der wirklich nach der äußeren und inneren Seite den gesetzlichen Tatbestand verwirklicht; nur gegen ihn wird ein staatlicher Strafanspruch nach sachlichem Recht begründet, und nur ihn trifft materiellrechtlich die Pflicht, Strafe auf sich zu nehmen und ihren Vollzug zu erdulden. Verfahrensrechtlich gesehen aber verschiebt sich das Bild. Die Strafverfolgungsorgane, denen der Staat die Verwirklichung des Strafanspruchs übertragen hat, müssen der Natur der Sache nach grundsätzlich schon einschreiten, wenn ein genügender Verdacht vorliegt, daß eine strafbare Handlung begangen sei, und ihre Maßnahmen gegen den richten, der der Tat verdächtig ist. Das Verfahren richtet sich nicht gegen den (wirklichen) Täter, sondern gegen den der Tat (mit Recht oder zu Unrecht) Beschuldigten. **3**

3. **Fehlurteil.** Gewiß ist es Ziel des Strafverfahrens, im Einklang mit dem sachlichen Strafrecht nur den Täter der Bestrafung zuzuführen, den Unschuldigen aber aus dem Verfahren zu entlassen, spätestens durch Freispruch in der Hauptverhandlung. Durch die Unzulänglichkeit menschlichen Erkennens und Könnens kann es aber dahin kommen, daß das Strafverfahren mit einem dem materiellen Recht entgegengesetzten Ergebnis endet, daß der Schuldige freigesprochen und der Unschuldige bestraft wird. Zu einem solchen **Fehlurteil**[3] kann es auch kommen, ohne daß dem Gericht daraus ein Vorwurf zu machen ist, so wenn das Gericht seine Überzeugung von der Schuld des Angeklagten auf eine glaubwürdige, aber objektiv falsche Zeugenaussage, auf ein unrichtiges Sachverständigengutachten oder auf ein nach Lage des Falles glaubhaftes, aber objektiv unrichtiges Geständnis des Angeklagten stützt. Wird ein solches Urteil rechtskräftig, so bewirkt, soweit und solange nicht etwa auf dem Weg der Wiederaufnahme des Verfahrens eine dem materiellen Recht entsprechende Lage hergestellt werden kann, die Rechtskraft des Urteils, daß an die Stelle der aus dem materiellen Recht sich ergebenden Rechtslage fortan die dem Urteil gemäße Rechtslage tritt: Bei unrichtigem Freispruch bleibt die Weisung des Strafgesetzes („wird bestraft") unvollzogen, und der falsch Verurteilte muß den Vollzug der Strafe dulden (vgl. dazu Kap. 12, 53). Während der Idee nach der Strafrichter deklatorisch über Schuld und Nichtschuld entscheidet, wirkt das Fehlurteil — nicht anders als das unrichtige Urteil im Zivilprozeß — wie ein Gestaltungsurteil[4]. **4**

4. **Beweisbeschränkungen.** Der Fall des Fehlurteils infolge unrichtiger tatsächlicher Feststellungen aber ist nicht der einzige Fall, in dem materielle Rechtslage und Ur- **5**

---

[3] Vgl. dazu aus dem neueren **Schrifttum**: *Hirschberg* Das Fehlurteil im Strafprozeß, 1960; *Peters* Untersuchungen zum Fehlurteil im Strafprozeß, 1967; derselbe: Fehlerquellen im Strafprozeß, Bd. I 1970, Bd. II 1972, Bd. III 1974; *Schoreit* Fehlurteile im Strafprozeß und Möglichkeiten ihrer Bekämpfung, Recht und Politik **1971** 74 ff.; *Jagusch* Lehren eines Mordprozesses, NJW **1971** 2198; *Fingas* Die Fehlentscheidungen des Richters im deutschen Strafverfahren, Diss. Saarbrücken 1971.

[4] Weitergehend wird gelehrt, daß jedes verurteilende Erkenntnis ein Gestaltungsurteil darstellt (so z. B. *Eb. Schmidt* I 30 f.), weil es den Beschuldigten aus dem Rechtszustand des „Nichtbestraftseins" in den des „Bestraftseins" versetzte. Die Frage ist hier nicht zu erörtern.

teil voneinander abweichen können. Aus Gründen, die noch zu erörtern sind (unten 7 und Kap. 14), gestattet das Gesetz den Strafverfolgungsorganen nicht, alle zur Aufklärung möglichen und zur Überführung des Beschuldigten geeigneten Beweismittel einzusetzen, sondern zieht der Benutzung von Beweismitteln Schranken durch Beweis- und Beweisverwertungsverbote. Bei der Urteilsfindung entscheidet der Strafrichter zwar ohne Bindung an Beweisregeln nach seiner freien Überzeugung, aber nur, soweit er diese Überzeugung auf das Ergebnis einer verfahrensrechtlich zulässigen und prozeßordnungsgemäß durchgeführten Beweisaufnahme stützen kann (§ 261 StPO). Das bedeutet, daß gewissermaßen das Verfahrensrecht die Tragweite der materiellrechtlichen Strafdrohung einengt: Nach materiellem Recht wird bestraft, wer eine Tat begangen hat; das Verfahrensrecht aber läßt die Bestrafung nur zu, wenn der Beweis mit zugelassenen, mit „justizförmigen" Mitteln erbracht ist. So kann es dahin kommen, daß das Gericht von der Schuld des Angeklagten überzeugt, aber durch das Verfahrensrecht, insbesondere durch die Sperrkraft der mit unzulässigen Mitteln herbeigeführten Aussage (§ 136 a Abs. 3 Satz 2) gehindert ist, zu verurteilen, und im Widerspruch zum materiellen Recht den Angeklagten freisprechen muß. Dann ist das Urteil materiellrechtlich „falsch", verfahrensrechtlich aber „richtig". Eine entsprechende Lage ergibt sich, wenn das Verbot der Verschlechterung (§§ 331, 358) oder die durch Teilanfechtung oder Teilaufhebung eingetretene Teilrechtskraft das Gericht daran hindern, in vollem Umfang die aus dem materiellen Recht sich ergebenden Folgerungen bei der Urteilsfindung zu ziehen, wenn es also z. B., falls der Angeklagte nur gegen den Strafausspruch Berufung eingelegt hat, den rechtskräftig gewordenen Schuldspruch hinnehmen und eine Strafe auf der Grundlage der früher getroffenen Schuldfeststellungen auswerfen muß, auch wenn sich in der Hauptverhandlung zur Straffrage die Schuldunfähigkeit (§ 20 StGB) des Angeklagten zur Tatzeit ergibt[5].

6 5. Schließlich entfernen sich die durch das Verfahrensrecht begründeten Rechte und Pflichten noch nach einer anderen Richtung von denen, die sich aus dem materiellen Recht ergeben, indem das Verfahrensrecht auch **Personen, die** an der Straftat **unbeteiligt** sind (Zeugen, Sachverständige, Einziehungsberechtigte, Besitzer von Beweisgegenständen), Mitwirkungs- und **Duldungspflichten** auferlegt.

7 **III. Ziel und Mittel des Strafverfahrens.**

1. Wahrheitsermittlung. Das Strafverfahren dient dazu[6], zur Verwirklichung des materiellen Strafrechts festzustellen, ob gegen eine bestimmte Person ein staatlicher Strafanspruch entstanden ist und besteht, bejahendenfalls die Schuld auszusprechen und die Rechtsfolgen festzusetzen[7], verneinendenfalls den Beschuldigten aus dem Verfahren zu entlassen. Das Ziel des Verfahrens ist zunächst die Aufklärung des Sachverhalts, die **Ermittlung der Wahrheit** (vgl. Kap. 13, 41). Aber es wäre mit rechtsstaatlichen Vorstellungen unvereinbar, die Aufklärung des wirklichen Sachverhalts mit allen vorhandenen Mitteln zu betreiben, vielmehr kommt eine Ermittlung der Wahrheit nur in einem geregelten Verfahren und nur mit justizförmigen Mitteln in Betracht. Die Prozeßordnung

---

5 Vgl. BGHSt. 7 283; **10** 71.

6 Von besonderen Gestaltungen (objektives Verfahren, Sicherungsverfahren usw.) abgesehen,

7 oder auch nur die Schuld festzustellen, von Strafe aber abzusehen, wenn das sachliche Recht, z. B. nach § 60 StGB, sich mit dieser Reaktion auf den Gesetzesverstoß begnügt; dann liegt in dem Ausspruch, daß von Strafe abgesehen werde (vgl. § 260 Abs. 4 S. 4) zugleich die Schuldfeststellung, die nach § 465 Abs. 1 Satz 2 einer Verurteilung gleichkommt (vgl. dazu *Wagner* Die selbständige Bedeutung des Schuldspruchs im Strafrecht, GA **1972** 33).

kennt keinen Grundsatz, daß die Wahrheit um jeden Preis erforscht werden müßte (BGHSt. **14** 358). „Es geht in der Strafrechtspflege nicht nur um die materiellrechtliche Richtigkeit der Urteile, sondern ebensosehr auch um ihre Gewinnung auf keinem anderen als dem justizförmigen Wege" (*Eb. Schmidt* JZ **1958** 601). Dieser Grundsatz wird in seinen Auswirkungen keineswegs immer als selbstverständlich empfunden. Einem naiven Gemüt mag es als verdienstlich oder wenigstens erträglich erscheinen, den leugnenden Mörder zu überlisten, indem der Kriminalbeamte ihm als angeblicher Mitgefangener und Zellengenosse ein Geständnis entlockt. Aber § 136 a verbietet die Verwertung eines solchen „Geständnisses" (vgl. *Bader* JZ **1958** 499) und hält dem Beschuldigten zugute, daß er ja nicht der Strafverfolgungsbehörde gegenüber eingestehen, sondern dem angeblichen Mitgefangenen, auf dessen Verschwiegenheit er unter der Einwirkung der Täuschung baute, ein Geheimnis anvertrauen wollte. Die Würde der Rechtspflege verbietet es, die Überführung des Schuldigen auf solche „Tricks" zu gründen. Auch der schwerster Straftaten Beschuldigte und dringlich Verdächtige hat Anspruch auf ein faires, gesetzmäßiges Verfahren. Das schlägt sich in dem Satz nieder, bei jedem Angeklagten werde bis zum gesetzmäßigen Nachweis seiner Schuld vermutet, daß er unschuldig ist (Art. 6 Abs. 2 MRK). Keinerlei Ausnahmen sind zulässig; in keinem Fall heiligt der Zweck die Mittel. Diese Starrheit rechtfertigt sich, mag auch im Einzelfall ein Verbrecher der verdienten Strafe entgehen, aus der Erwägung, daß von der ausnahmsweise hingenommenen Überlistung zur psychischen Aussageerpressung nur ein Schritt wäre, und am Ende stünde die „verschärfte" Vernehmung. So läßt sich das Ziel des Strafverfahrens kennzeichnen als die Gewinnung eines auf Wahrheit und Gerechtigkeit beruhenden Urteils[8].

2. Gestaltende Prinzipien des Verfahrens im allgemeinen. Das Strafverfahren in **8**
seiner heutigen Gestalt ist dadurch gekennzeichnet, daß über Schuld und Strafe nur das unabhängige, örtlich und sachlich zuständige, von vornherein nach abstrakten Merkmalen berufene Gericht (der „gesetzliche Richter") in einem vorgeschriebenen Verfahrensgang entscheidet, in dem die Befugnisse der staatlichen Organe begrenzt, die Rechte des Beschuldigten aber durch feste Vorschriften, vor allem über Art und Umfang der Beweisaufnahme, auf die das Gericht seine Überzeugung von der Schuld des Angeklagten gründen darf, gewährleistet sind. Diese Gestaltung ist das Ergebnis einer langen und mühseligen, von Rückschritten immer wieder zeitweise unterbrochenen und noch im Fluß befindlichen Entwicklung, deren Grundtendenz sich schlagwortartig etwa als die Erhöhung des Angeklagten vom Prozeßobjekt zum Prozeßsubjekt und die Festigung und der Ausbau dieser Stellung charakterisieren ließe. Mancherlei geistige, politische und soziale Strömungen und Gedankengänge, die hier nur anzudeuten sind, haben diese Entwicklung beeinflußt. In der Aufklärungszeit beginnt die Beseitigung der Folter, der Zwang zum Geständnis wird als menschenunwürdig, aber auch als untauglich zur Erforschung der Wahrheit erkannt. Die **Achtung vor der Menschenwürde** des

8 Der Umstand, daß kraft des Grundsatzes der Gesetzmäßigkeit (Rechtsstaatlichkeit) des Verfahrens der Ermittlung der Wahrheit Grenzen gesetzt sind und daß andererseits auch ein gesetzmäßig zustande gekommenes, aber materiell unrichtiges Urteil zu respektieren ist (oben 4), hat z. T. im Schrifttum zu der Auffassung geführt, daß das Ziel des Strafverfahrens anders zu bestimmen sei. So ist nach *Eb. Schmidhäuser* („Zur Frage nach dem Ziel des Strafprozesses" in Festschrift für *Eb. Schmidt* [1961], S. 511 ff.) die Schaffung von Rechtsfrieden, nicht die Verwirklichung der Gerechtigkeit im materiellen Sinn das letzte Ziel des Strafverfahrens (dazu kritisch *Gaul* AcP **168** 57); nach *Lampe* GA **1968** 33, 48 ist Prozeßziel „die Rechtskraft: die Herstellung der Rechtssicherheit". Gegen solche Auffassungen wendet sich nachdrücklich Eb. Schmidt **I** 20 und JZ **1968** 683.

Beschuldigten und das Wissen um die Gefahren für die Wahrheitsfindung durch die Grenzen menschlicher Erkenntnis wirken fortan und in zunehmendem Maße auf die Gestaltung des Verfahrens ein. Heute begrenzt Art. 1 GG: „Die Würde des Menschen ist unantastbar. Sie zu achten und zu schützen ist Verpflichtung aller staatlichen Gewalt" verfassungsmäßig über und neben den Einzelnormen des Verfahrensrechts den Umfang der Macht- und Zwangsbefugnisse der staatlichen Organe auch im Strafprozeß[9]. Diesem Verfassungsgebot förmlich Ausdruck zu verleihen, ist der Sinn des § 136 a StPO, und Fragen wie z.B. die, ob als Beweismittel die Verwendung eines Lügendetektors oder heimlicher Tonbandaufnahmen von Aussagen eines Beschuldigten zulässig ist, hat die Rechtsprechung aus dem Geist des Verfassungsgrundsatzes heraus verneinend beantwortet (BGHSt. **5** 332; **14** 358 = NJW **1960** 1580; dazu Kap. 14, 26).

9 Das Wissen um die Grenzen menschlicher Erkenntnisfähigkeit, das Bestreben, das Äußerste zu tun, was zumutbarerweise möglich ist, um der Verteidigung des Beschuldigten Raum zu geben und vorschnelle Urteilsfindung mit der Gefahr des Justiz irrtums auszuschließen, führt schließlich zu dem **Grundsatz der gebundenen Beweisaufnahme,** des Strengbeweises (§§ 244, 245). Daneben erheben sich im 19. Jahrhundert die Forderungen nach Rechtsstaatlichkeit und Rechtssicherheit. Der Ausgangspunkt ist die Überlegung, daß der Beschuldigte auch bei noch so starkem Tatverdacht nicht als Schuldiger behandelt werden darf, solange seine Schuld nicht durch rechtskräftiges Urteil festgestellt ist (heute Art. 6 Abs. 2 MRK; oben 7). Die Freiheit des Individuums aber, wie auch des Beschuldigten, muß gegenüber der allmächtigen Staatsgewalt geschützt werden; der Staat darf in die Rechtssphäre des Individuums nur insoweit eingreifen, als es im Interesse des Gemeinwohls unabwendbar ist. Die Freiheit der Person, die Unverletzlichkeit der Wohnung, die Wahrung des Briefgeheimnisses usw. werden schließlich zu Verfassungssätzen erhoben. Das führt dazu, einmal die Grenzen staatlicher Zwangsbefugnisse im Strafverfahren unter dem Gesichtspunkt zu ordnen, inwieweit sie im Interesse der Verbrechensbekämpfung und -verfolgung **unentbehrlich** sind; die Entwicklung geht dabei — insbesondere bei der Untersuchungshaft — deutlich dahin, die Anforderungen an die Unentbehrlichkeit zu verschärfen (vgl. Kap. 3, 63). Die Rechtsstaatlichkeit fordert weiter die Einhaltung eines bestimmten Ablaufs des Verfahrens, die Wahrung vorgeschriebener Förmlichkeiten, die Beachtung von Fristen, dergestalt, daß sich der Beschuldigte darauf einrichten kann, und die Befolgung der zu seinem Schutz und im Interesse seiner Verteidigung erlassenen Vorschriften nur unterbleiben darf, wenn er, soweit dies zulässig ist, darauf verzichtet. Die Rechtssicherheit verlangt schließlich, daß eine einmal abgeurteilte Sache grundsätzlich nicht wieder aufgerollt werden darf. Art. 103 Abs. 3 GG hat im Hinblick auf die Aushöhlung der Rechtskraft in der vorangehenden Zeit dem Verbot „ne bis in idem" Verfassungskraft beigelegt. Nur in engen Grenzen läßt das Gesetz (§§ 359 ff. StPO) Ausnahmen durch die Wiederaufnahme des Verfahrens zu.

10 **3. Grundsatz der Verhältnismäßigkeit (Übermaßverbot).**

a) Bedeutung. Heute ergeben sich auch ungeschriebene Grenzen staatlichen Vorgehens und Eingreifens der staatlichen Strafverfolgungsorgane weithin aus dem **Grundsatz der Verhältnismäßigkeit,** den die Rechtsprechung aus den Einzelvorschriften der StPO, im übrigen aber aus dem Prinzip des Rechtsstaats (Art. 28 GG) und aus dem

---

9 Vgl. *Arndt* NJW **1961** 897; *Woesner* NJW **1961** 533; BGH NJW **1962** 1876.

Wesen der Grundrechte, namentlich der Art. 1, 2 GG in Verbindung mit der Unschuldsvermutung des Art. 6 Abs. 2 der Menschenrechtskonvention entwickelt hat. Er besagt, daß das Ob und Wie, die Art und Schwere staatlicher Verfolgungsmaßnahmen in einem angemessenen Verhältnis zur Schwere und Bedeutung der dem Beschuldigten zur Last gelegten Tat stehen, daß die Schwere des bestehenden Tatverdachts sie rechtfertigen und daß die Maßnahme zur Ermittlung und Verfolgung erforderlich sein muß, weil andere, weniger einschneidende Mittel zur Erreichung des Zweckes nicht zur Verfügung stehen (BVerfGE **16** 194; **17** 108, 117; **20** 162, 187; NJW **1970** 505). Der die gesamte Verfahrensgestaltung beherrschende Grundsatz der Verhältnismäßigkeit hat verfassungsrechtlichen Rang (BVerfGE **19** 342, 348; **34** 266, 267; **36** 264). Aus ihm ergibt sich, daß es nicht genügt, daß ein Eingriff in die Sphäre des Beschuldigten, insbesondere in seine körperliche Freiheit und körperliche Unversehrtheit, aber auch in die Meinungs-, Presse- und Informationsfreiheit, auf einer gesetzlichen Grundlage beruht. Denn das Gesetz, das den Eingriff erlaubt, muß seinerseits im Licht der Bedeutung schützender Grundrechte gesehen werden (BVerfGE **7** 198; **17** 117; **20** 162, 176; **25** 44, 55; NJW **1970** 235, 237). Die Verfahrensgestaltung „rückt damit aus dem Bereich des nur Zweckmäßigen hinaus. In diesem Sinn kann die Verfassung eine bestimmte Verfahrensgestaltung erzwingen, wobei u. U. an sich beachtliche Gesichtspunkte zweckmäßigen Verfahrensablaufes hinter das Gebot des Grundrechtsschutzes zurücktreten und auch verfahrensrechtliche Unbequemlichkeiten in Kauf genommen werden müssen" (BVerfGE **17** 108, 117 f.). Aufgabe des Richters ist es demgemäß, wenn die einen Eingriff zulassenden verfahrensrechtlichen Vorschriften nicht eine erkennbar abschließende Regelung im Hinblick auf die Bedeutung des Verhältnismäßigkeitsgrundsatzes enthalten, im Einzelfall eine Abwägung der Bedürfnisse der Strafrechtspflege unter Berücksichtigung der wertsetzenden Bedeutung der Grundrechte und des Verhältnismäßigkeitsgrundsatzes vorzunehmen (BVerfGE **20** 162, 189).

Beispiele: Aus dem verfassungsrechtlichen Verhältnismäßigkeitsgrundsatz wird **11** abgeleitet, daß er nicht nur bei der Anordnung der **Untersuchungshaft** zu berücksichtigen ist — das besagt bereits § 112 Abs. 1 Satz 2 StPO —, sondern auch für deren Dauer und ihren Vollzug maßgebend ist (BVerfGE **34** 369, 380). Daraus folgt z. B., daß er über die Beschränkungen des § 121 StPO („Sechsmonatsgrenze") hinaus eine ungewöhnlich lange Dauer der Untersuchungshaft verbietet, wenn die Strafverfolgungsorgane und der für ihre ausreichende personelle Ausstattung verantwortliche Staat nicht alle möglichen und zumutbaren Maßnahmen ergriffen haben, um die notwendigen Ermittlungen mit der gebotenen Schnelligkeit abzuschließen und die Sache zur Aburteilung zu bringen. Der Verhältnismäßigkeitsgrundsatz schließt aus, daß Versäumnisse der Strafrechtspflege zu Lasten des Beschuldigten gehen, mag er auch schwerster Straftaten verdächtig sein (BVerfGE **20** 45; **36** 273 ff. m. w. Nachw.). Beim **Vollzug** der Untersuchungshaft gebietet der Grundsatz der Verhältnismäßigkeit, Ausnahmen von einer an sich zulässigen generellen Beschränkung des Briefs- und Besuchsverkehrs (§ 119 Abs. 3 StPO) zu gestatten, wenn im Einzelfall eine reale Gefährdung des Haftzweckes oder der Ordnung in der Anstalt ersichtlich nicht zu befürchten ist (BVerfGE **34** 384, 397). Oder: Nach § 230 Abs. 2 ist gegen einen Angeklagten, der nach ordnungsmäßiger Ladung **unentschuldigt** in der Hauptverhandlung **ausbleibt,** eine Vorführungsanordnung oder ein Haftbefehl zu erlassen. Dies gilt aber nicht, wenn es sich um eine Hauptverhandlung in der Berufungsinstanz handelt und nur der Angeklagte Berufung eingelegt hat. Denn in diesem Fall ist nach § 329 Abs. 1 Satz 1 die Berufung ohne Verhandlung zur Sache zu verwerfen, eine Vorführung also nicht nötig, um den gesetzmäßigen Abschluß des Strafverfahrens sicher zu stellen; eine gleichwohl erlassene Vorführungsanordnung wäre unverhältnismäßig und daher unzulässig (BVerfGE **32** 87). Dieser Sachlage trägt der durch Art. 1 Nr. 87 des 1. StVRG vom 9. 12. 1974 neu eingefügte Absatz 4 des § 329 StPO jetzt dadurch Rechnung, daß er (von einer weiteren Berücksichtigung des Verhältnismäßigkeitsgrundsatzes abgesehen) förmlich die Anordnung der Vorführung oder Verhaftung des Angeklagten ausschließt, wenn nach § 329 Abs. 1 Satz 1 zu verfahren ist.

12 **b) Grenzen des Verhältnismäßigkeitsgrundsatzes.** Der Auswirkung des Verhältnismäßigkeitsgrundsatzes im einzelnen kann im Rahmen dieser summarischen Darstellung nicht nachgegangen werden; sie ergibt sich aus den Anmerkungen zu den einzelnen in Betracht kommenden Vorschriften. Hier ist nur ergänzend auf die **Schattenseiten** des lichtvollen Grundsatzes — eine gewisse Rechtsunsicherheit — hinzuweisen. Denn „die Folge dieser Herrschaft des Verhältnismäßigkeitsgrundsatzes im gesamten Bereich des Strafprozeßrechts besteht darin, daß der Richter niemals darauf vertrauen darf, daß der Strafprozeßgeber selbst bei der Festsetzung der Voraussetzungen für die einzelnen prozessualen Zwangsmaßnahmen den Verhältnismäßigkeitsgrundsatz schon mit hat maßgebend sein lassen" (*Eb. Schmidt* JZ **1968** 354, 359). Die Gefahren des Verhältnismäßigkeitsgrundsatzes liegen weniger in seiner relativen Unbestimmtheit — der Richter ist daran gewöhnt, allgemeine Obersätze, deren Grenzen der Natur der Sache nach nicht fest umrissen sind, im Einzelfall auf ihre Anwendbarkeit zu prüfen — als vielmehr in seiner exzessiven Anwendung. Das Gefüge des Prozeßrechts wird erschüttert, aus Wohltat wird Plage, wenn der Richter sich selbst über zwingende Vorschriften des Prozeßrechts mit der Begründung hinwegsetzt, der Verhältnismäßigkeitsgrundsatz gebiete es, wenn der Grundsatz durch „fanatische Übertreiber" diskreditiert wird, oder wenn er gar in Pervertierung der Grundrechtsidee als Mittel zum Angriff gegen die staatliche und gesellschaftliche Ordnung benutzt wird. Gegen solche Auswüchse richten sich die berechtigtermaßen im Schrifttum erhobenen Warnungen (vgl. u. a. *Eb. Schmidt* JZ **1968** 361; ZStW **80** [1968] 567, 574; NJW **1969** 1137; *Heinitz* JR **1965** 265; s. auch *Kern-Roxin* § 2 A III).

13 **IV. Die „Waffengleichheit"**[10].

1. Die Ausgangslage. Auch wenn der verfolgende Staat die Machtmittel und Befugnisse seiner Organe begrenzt, sind die Mittel, die er zur Aufklärung des Sachverhalts einsetzen kann, ungleich größer als die des einzelnen Beschuldigten, der sich verteidigen will. Der Staatsanwalt kann z. B. im Vorverfahren Zeugen zur Vernehmung vorladen und ihr Erscheinen und ihre Aussage erzwingen; er kann zu Ermittlungen die Amtshilfe aller Behörden in Anspruch nehmen, insbesondere die Polizeibehörden darum ersuchen, und die mitunter sehr hohen Aufwendungen der Ermittlungstätigkeit trägt die Staatskasse. Der Beschuldigte hat keine vergleichbaren Befugnisse; hätte er sie, so würden sie dem meist rechtsunkundigen und vermögenslosen Beschuldigten nichts nutzen. Das Gesetz sucht diesen Mangel auszugleichen, indem es dem Staatsanwalt die Rolle des objektiven Sachwalters zuweist; er hat nicht nur die zur Belastung, sondern auch die zur Entlastung dienenden Umstände zu ermitteln (§ 160 Abs. 2); bedeutungsvollen Anträgen des Beschuldigten auf Erhebung von Entlastungsbeweisen muß er nachkommen (§ 163 a Abs. 2). Die Rechtsprechung betont diese objektive Stellung, indem sie dem die Anklage in der Hauptverhandlung vertretenden Staatsanwalt, wenn er als Zeuge benannt und vernommen wird, die Fähigkeit, weiter in der Sache Anklagevertreter zu sein, zur Erhaltung seiner Unbefangenheit nur insoweit zuspricht, als sich die staatsan-

---

[10] **Schrifttum:**
Kohlmann Waffengleichheit im Strafprozeß, in Festschrift für *Peters* (1974).

waltlichen Aufgaben von der Erörterung und Bewertung seiner Zeugenaussage trennen lassen (BGHSt. **14** 265; **21** 85; dazu *Hanack* JR **1967** 230; JZ **1971** 91)[11]. Auch kann es als Grundsatz oder wenigstens als Richtlinie gelten, daß ein Staatsanwalt nicht amtieren darf, wenn ein Grund vorliegt, der beim Richter zur Ausschließung führt, oder wenn der Beschuldigte Befangenheit besorgen könnte (vor § 22, 10 ff.; OLG Stuttgart MDR **1974** 688 betr. Mitwirkung des Richters in der 1. Instanz als Staatsanwalt in der Hauptverhandlung vor dem Berufungsgericht). Die Erfahrung zeigt, daß die Staatsanwaltschaft diese ihre Aufgabe ernst nimmt („objektivste Behörde der Welt"). Aber mit den Augen des Beschuldigten sehen sich die Dinge anders an. Er wird in dem Staatsanwalt in vielen Fällen weniger oder gar nicht den objektiven Sachwalter als vielmehr den Verfolger sehen, gegen den er sich wehren will. Von seinem Standpunkt aus muß es erwünscht sein, daß ihm schon von Beginn des gegen ihn gerichteten Verfahrens an die Rolle eines Gegenspielers des Staatsanwalts mit selbständigen, denen des Anklägers soweit wie möglich angeglichenen Befugnissen zur Einwirkung auf die Sammlung und Gestaltung des Prozeßstoffs zugewiesen wird und daß ihm, wenn er nicht selbst die Mittel zur Gestellung eines Verteidigers besitzt, in möglichst weitem Umfang von Amts wegen ein Verteidiger zugeordnet wird, der ihm bei der Ausübung seiner Rechte beisteht.

2. Aus solchen Vorstellungen erwächst schließlich das **Verlangen nach völliger Waffengleichheit von Ankläger und Beschuldigtem** und gipfelt in dem Verlangen, die Hauptverhandlung nach dem Vorbild des englisch-amerikanischen Rechts in der Weise durchzuführen, daß die Durchführung der Beweisaufnahme in den Händen der „Parteien" liegt (Kreuzverhör), während die Aufgabe des Gerichts unter Ausschluß einer eignen inquirierenden Tätigkeit und unter Ausschluß von Vorabentscheidungen, die seine Unvoreingenommenheit beeinträchtigen könnten, sich auf die äußere Leitung der Verhandlung und auf die Fällung des Urteils beschränkt (dazu Kap. 13, 11 ff.). Das geltende Recht entspricht dem Verlangen nach Waffengleichheit in unterschiedlichem Maße. Der Gedanke der Waffengleichheit tritt in der Hauptsache deutlich erst in der Hauptverhandlung hervor, am stärksten in der Regelung des Beweisantragsrechts der „Parteien" (§ 244). Hatte der Staatsanwalt im Vorverfahren das Übergewicht durch die Möglichkeit, alle ihm zur Überführung des Beschuldigten geeignet erscheinenden Ermittlungen anzustellen, so gewährt das Beweisantragsrecht dem Angeklagten in der Hauptverhandlung den Ausgleich, indem es ihm die Macht verleiht, die Erhebung der ihm geeignet erscheinenden Entlastungsbeweise grundsätzlich zu erzwingen. Aber die Rechtsentwicklung geht deutlich dahin, die Stellung des Beschuldigten schon im Vorverfahren im Sinn einer Annäherung an den Gedanken der Waffengleichheit zu verbessern, mag man dies damit begründen, die Rechtsstaatlichkeit verlange die uneingeschränkte Möglichkeit, sich schon gegen die Beschwer einer Hauptverhandlung zu verteidigen (so *Arndt* NJW **1960** 1192), oder mit BGHSt. **12** 136, 139 den Gedanken der Waffengleichheit mit dem Gleichheitsgrundsatz des Art. 3 GG in Verbindung zu bringen. Den Anfang einer solchen Entwicklung mag man in der Untersuchungshaftnovelle 1926 erblicken, die dem in Untersuchungshaft Befindlichen das Recht einräumte, mündliche Verhandlung über die Aufrechterhaltung des Haftbefehls zu beantragen (jetzt §§ 117 bis 118 a). 14

---

[11] Es wird sogar – vereinzelt – die Auffassung vertreten, daß der Beschuldigte im Ermittlungsverfahren einen im Wege der §§ 23 ff. EGGVG durchsetzbaren Rechtsanspruch auf Ablösung eines befangenen Staatsanwaltes habe (so *Buckert* NJW **1970** 847 gegen OLG Hamm NJW **1969** 808). Dem kann freilich nicht zugestimmt werden (h. M.; vgl. Anm. 1 c zu § 145 GVG und OLG Karlsruhe MDR **1974** 423).

15 Spätere, insbes. durch die „Kleine Strafprozeßreform" 1964 (Kap. 3, 61 ff.) und das 1. StVRG vom 9. 12. 1974 vollzogene wesentliche Schritte in dieser Richtung bestehen darin, daß dem Beschuldigten im Vorverfahren ein beschränktes **Recht auf Beweiserhebungen** zu seiner Entlastung (§§ 163 a Abs. 2, 166), ein Recht auf Anwesenheit bei der richterlichen Vernehmung von Zeugen und Sachverständigen und bei der richterlichen Augenscheinseinnahme (§§ 168 c Abs. 2, 168 d Abs. 1) eingeräumt wurde, ferner daß er, wenn eine richterliche Augenscheinseinnahme erfolgt, die Zuziehung von ihm vorgeschlagener Sachverständiger beantragen und bei Ablehnung seines Antrags — ein Gegenstück zur unmittelbaren Ladung von Zeugen und Sachverständigen durch den Angeklagten nach § 220 — diese selbst (mit dem Recht der Teilnahme am Augenschein und den erforderlichen Untersuchungen) laden lassen kann (§ 168 d). In diesen Zusammenhang gehören auch die schrittweise erfolgte Erweiterung des Umfangs der notwendigen Verteidigung und der Bestellung eines Verteidigers durch das Gericht (§§ 140, 141; insbes. § 141 Abs. 3 und §§ 364 a, 364 b) und die gegenüber dem früheren Recht erfolgte Verstärkung der Befugnisse des Verteidigers (§§ 147, 148).

16 **V. Fair trial.**

1. Grundgedanke. Die Überlegung, daß das Übergewicht der staatlichen Mittel gegenüber den beschränkten Möglichkeiten des Beschuldigten den Staat zur Selbstbeschränkung verpflichte, schlägt sich nieder in der weiteren Forderung, daß die Strafverfolgungsorgane „fair" verfahren (Grundsatz des „fair trial"). „Zu den wesentlichen Grundsätzen eines rechtsstaatlichen Verfahrens zählt das Recht auf ein **faires** Verfahren" (BVerfGE **26** 66, 71 = NJW **1969** 1423; NJW **1975** 103, 1597). „Aus dem Rechtsstaatsprinzip ergibt sich anerkanntermaßen auch der Anspruch auf ein faires, d. h. an den Grundsätzen der Gerechtigkeit und Billigkeit orientiertes Verfahren (fair trial....), wie er in Art. 6 MRK seinen besonderen Ausdruck gefunden hat...." (BGHSt. **24** 131). Die staatlichen Organe haben danach die die Selbstbeschränkung staatlicher Mittel anordnenden Vorschriften nicht nur korrekt, sie haben sie auch fair zu handhaben (BVerfGE **30** 1, 27 = NJW **1971** 275 m. Anm. *Rupp;* NJW **1975** 103).

17 2. Der **Begriff der Fairness** ist durch ein umfassendes synonymes deutsches Wort nicht leicht zu umschreiben; er mag an **Beispielen** aus der Rechtsprechung illustriert werden: Dem Gebot eines fairen Verfahrens widerspricht es, daß das Gericht bei der vorgeschriebenen Belehrung eines Betroffenen über sein Recht, zwischen zwei Verfahrensmöglichkeiten zu wählen, ihm die Wahl einer bestimmten Verfahrensart dadurch schmackhaft macht, daß es nur auf deren Vorteile, nicht auf die damit verbundenen Nachteile hinweist (BGHSt. **24** 24). Wenn das Gericht einen Entlastungsbeweisantrag mit der Begründung ablehnt, die behaupteten Tatsachen würden als wahr unterstellt (§ 244 Abs. 3), so widerspricht es dem Gebot des fair trial, wenn das Gericht entgegen seiner ursprünglichen Zusicherung die fraglichen Tatsachen im Ergebnis nur noch zum Teil für erwiesen behandelt und lediglich diese partiell zum Gegenstand seiner Feststellung und der Beweiswürdigung im Urteil macht, während der Angeklagte davon ausgeht, die Behauptungen würden in vollem Umfang Teil richterlicher Feststellungen und Bewertung (OLG Hamm GA **1974** 374). Oder: nach § 228 Abs. 2 gibt zwar eine Verhinderung des (nicht notwendigen) Verteidigers dem Angeklagten kein Recht auf Aussetzung der Verhandlung; die Pflicht zur Gewährleistung eines fairen Verfahrens „geht aber der an sich rechtsfehlerfreien Anwendung des § 228 Abs. 2 vor" (OLG Hamm GA **1974** 346). Das ist etwa der Fall, wenn es sich um Straftaten (oder Ordnungswidrigkeiten) von geringerer Bedeutung handelt und der Verteidiger, dessen Beistand zu entbeh-

ren dem Angeklagten angesichts seines besonderen Verteidigungsbedürfnisses billigerweise nicht zugemutet werden kann, seine durch widrige Umstände verursachte kurze Verspätung angekündigt hat, sofern die Terminlage des Gerichts ein kurzes Zuwarten ohne besondere Schwierigkeiten zuläßt (OLG Hamm aaO; s. dazu auch Anm. 2 c zu § 412).

3. Erst recht gehört zum fair trial, daß die den Strafverfolgungsorganen zuste- **18**
henden gesetzlichen Befugnisse **nicht mißbräuchlich** ausgeübt werden. Die Staatsanwaltschaft kann z. B., wenn Mord in Tateinheit mit einem Vergehen gegen das Waffengesetz in Frage steht, sich gemäß § 154 a Abs. 1 StPO auf die Erhebung der Mordanklage beschränken; rechnet sie nach dem Beweisergebnis der Hauptverhandlung mit einem Freispruch, so steht es ihr frei, einen Antrag auf Einbeziehung des Vergehens gegen das Waffengesetz zu stellen, dem das Gericht entsprechen muß (§ 154 a Abs. 3). Hat sie aber einen solchen Antrag vor dem Tatrichter nicht gestellt und lautet das Urteil erwartungswidrig auf Freispruch, den mit der Revision anzugreifen keinen Erfolg verspricht, so geht es nicht an, daß sie den Einbeziehungsantrag noch in der Revisionsinstanz stellt mit dem Ergebnis, daß das Revisionsgericht, da es nicht tatrichterlich verhandeln kann, die *ganze* Sache an den Tatrichter zurückverweisen müßte; „es würde den Sinn (des § 154 a) verfälschen, sollte sich die Strafverfolgungsbehörde des Einbeziehungsantrags als eines Mittels bedienen können, ein ihr unerwünschtes, mit der Revision aber nicht angreifbares Urteil zu Fall zu bringen und. . . . die nochmalige Verhandlung über eine Mordanklage erzwingen" (BGHSt. **21** 326, 329). Unter diesem Gesichtspunkt wäre der Entscheidung auch dann im Ergebnis beizupflichten, wenn man (so z. B. *Kleinknecht* § 154 a, 6 B) der Auffassung des Bundesgerichtshofs über die Beschränkung der bindenden Wirkung des Einbeziehungsantrags in der Revisionsinstanz nicht folgen wollte. Ferner: hat der Staatsanwalt wegen der besonderen Bedeutung der Sache Anklage vor dem Landgericht erhoben, so darf er die Anklage nicht vor der Entscheidung über die Eröffnung des Hauptverfahrens (§ 156 StPO) wieder zurücknehmen und Anklage vor dem Schöffengericht erheben, um eine im Zwischenverfahren zutage getretene, für den Erfolg der Anklage möglicherweise ungünstige Auffassung der Eröffnungskammer auf diese Weise zu umgehen (BGHSt. **15** 11, 17), auch wenn ein solches Verhalten nicht schon gegen Art. 101 Abs. 1 Satz 2 GG (Richterentziehung) verstößt. Weiterhin: wenn es richtig sein sollte, daß bei der Beweiswürdigung für den Angeklagten nachteilige Folgerungen daraus gezogen werden können, falls er bei der polizeilichen Vernehmung eine Einlassung verweigert und erst bei seiner richterlichen Vernehmung sich zum Schuldvorwurf geäußert hat, so würde es die Fairness gebieten, die polizeiliche Belehrung über das Aussageverweigerungsrecht (§§ 136 Abs. 1, 163 a Abs. 4 StPO) mit dem Hinweis auf die daraus möglicherweise drohenden Nachteile zu verbinden (BGHSt. **20** 281, 284). Über weitere Auswirkungen des Gedankens der Fairness vgl. Kap. 10, 24.

4. **Ermöglichung selbständiger Wahrnehmung prozessualer Rechte.** Das **Recht** **19**
auf ein faires Verfahren steht nicht nur dem Beschuldigten, sondern **jedem Verfahrensbeteiligten** zu, der in irgendeiner Form im Verfahren dem staatlichen Zugriff ausgesetzt ist. Aus diesem Recht ergibt sich „als ein unverzichtbares Element der Rechtsstaatlichkeit des Strafverfahrens und daran anknüpfender Verfahren", daß der von dem Verfahren Betroffene in der Lage sein muß, „prozessuale Rechte und Möglichkeiten mit der erforderlichen Sachkunde selbständig wahrzunehmen und Übergriffe der rechtsstaatlich begrenzten Rechtsausübung staatlicher Stellen oder anderer Verfahrensbeteiligter angemessen abzuwehren" (BVerfG NJW **1975** 103). Dem entspricht die StPO dadurch, daß

der Beschuldigte einen Verteidiger zuziehen kann oder ihm ein solcher ggf. bestellt wird. Privat- und Nebenkläger können sich eines Anwalts als Beistand oder Vertreter bedienen (§§ 378, 397); für den in der Rolle eines „Quasi-Angeklagten" befindlichen Einziehungs- oder Verfallsbeteiligten gelten §§ 434, 442 StPO. Bei anderen in das Strafverfahren gezogenen Personen, insbesondere beim **Zeugen,** fehlt es an entsprechenden Vorschriften über die Zuziehung von Beistandspersonen zur Wahrung ihrer prozessualen Befugnisse und Abwehrmöglichkeiten.

20 Hier müssen Lücken durch eine den Grundsätzen des **fair trial** entsprechende **Rechtsanalogie** ausgefüllt werden. In diesem Sinn hat BVerfG aaO grundsätzlich ausgesprochen: „Die in einem fairen Verfahren immanente Forderung nach verfahrensmäßiger Selbständigkeit des in ein justizförmiges Verfahren hineingezogenen Bürgers bei der Wahrnehmung ihm eingeräumter prozessualer Rechte und Möglichkeiten gegenüber anderen Verfahrensbeteiligten gebietet es, auch dem **Zeugen** grundsätzlich das Recht zuzubilligen, einen **Rechtsbeistand** seines Vertrauens zu der Vernehmung **hinzuziehen,** wenn er das für erforderlich hält, um von seinen prozessualen Befugnissen selbständig und seinen Interessen entsprechend sachgerecht Gebrauch zu machen". Auf den Inhalt dieser Zuziehungsbefugnis, ihre Grenzen und die für den Zugezogenen sich ergebende Rechtsstellung ist hier nicht weiter einzugehen.

21 **VI. Fürsorgepflicht**[12].

1. Fürsorge gegenüber dem Beschuldigten. Der Gedanke, das Übergewicht der staatlichen Machtmittel abzumildern, liegt auch dem Grundsatz der Fürsorgepflicht des Gerichts, aber auch, soweit es mit seinen Aufgaben vereinbar ist, des Staatsanwalts (vgl. LG Aachen NJW **1961** 86) gegenüber dem Beschuldigten zugrunde (dazu *Kleinknecht* Einl. 7; *Müller-Sax* Einl. 13; *Kern-Roxin* § 44 D-V). Diese aus dem Grundsatz des sozialen Rechtsstaats (Art. 28 GG) herzuleitende Pflicht läßt sich allerdings nicht mit einer genauen Begriffsbestimmung ihres Inhalts umgrenzen (insofern zutreffend *von Löbecke* GA **1973** 200), aber doch genügend deutlich an Fallgruppen oder Beispielen exemplifizieren. Sie umfaßt — über die Wahrung des Verhältnismäßigkeitsgrundsatzes hinaus — zunächst die Pflicht, die nachteiligen Folgen eines unvermeidlichen Eingriffs in die Rechtssphäre nach Möglichkeit herabzumindern (vgl. *Lüttger/Kaul* GA **1961** 77). Über die mehr und mehr in ihren Einzelfolgerungen durch Gesetz und Rechtsprechung ausgeformte Pflicht zur Gewährung des rechtlichen Gehörs (Art. 103 Abs. 1 GG) hinaus ist es danach ferner Aufgabe der Strafjustizorgane, dem Beschuldigten, der durch Rechtsunkenntnis, Unerfahrenheit, mangelnde Mittel, insbesondere aber, weil es ihm am Beistand eines Verteidigers fehlt, Gefahr läuft, seine rechtlichen Belange nicht vertreten und verfahrensrechtliche Befugnisse nicht wahrnehmen zu können oder sonst fehlerhaft zu handeln und dadurch Schaden zu erleiden, in geeigneter Weise zu helfen (vgl. *Niethammer* JZ **1953** 472). So gebietet etwa, wenn der Angeklagte zulässigerweise der Hauptverhandlung fernbleibt, in der Erwartung, daß seine Verteidigung durch den von ihm bestellten Wahlverteidiger gewährleistet sei, bei Nichtzulassung dieser Person als Wahlverteidiger durch das Gericht in der Hauptverhandlung die Fürsorgepflicht dem Gericht in der Regel, die Sache von Amts wegen zu vertagen, um dem Angeklagten die Wahl eines anderen geeigneten Verteidigers oder die Anwesenheit in der neuen Hauptverhandlung zu ermöglichen (OLG Köln NJW **1970** 720). Oder: Läßt die Staatsanwaltschaft nach Einlegung der Berufung in 1. Instanz vernommene Belastungszeugen

---

[12] **Schrifttum:**
von Löbbecke Fürsorgepflichten im Strafprozeß? GA **1973** 200.

nochmals polizeilich vernehmen, und unterbleibt eine Übersendung der unter anderem hiermit begründeten Berufungsrechtfertigungsschrift der Staatsanwaltschaft an den Angeklagten und seinen Verteidiger (§ 320 Satz 2 StPO), so verletzt der Vorsitzende, der dies aus den Akten erkennt, seine Fürsorgepflicht, wenn er nicht vor der Vernehmung dieser Zeugen in der Berufungsverhandlung ausdrücklich darauf hinweist; er nähme sonst dem Verteidiger die Möglichkeit, sich mit dem Ergebnis der weiteren Ermittlungen vertraut zu machen und den Zeugen Angaben aus den Niederschriften über die erneute polizeiliche Vernehmung vorzuhalten (OLG Köln MDR **1974** 950).

Die **Fürsorgepflicht** gegenüber dem Beschuldigten **entfällt nicht** ohne weiteres **22** deshalb, weil er einen Verteidiger hat; so kann, wenn der Verteidiger ohne Erfolgsaussicht die Ladung eines im Ausland wohnenden Zeugen vor das Prozeßgericht beantragt, die Befragung geboten sein, ob er sich auch mit einer kommissarischen Vernehmung im Ausland begnügen würde (BGHSt. **22** 118, 122).

2. Auch die Fürsorgepflicht besteht nicht nur gegenüber dem Beschuldigten, **23** sondern auch gegenüber **anderen hilfsbedürftigen Verfahrensbeteiligten,** z. B. gegenüber dem Zeugen (hier muß das Gericht möglichst verhindern, daß er in Meineidsgefahr gebracht wird) und gegenüber dem durch die Straftat Verletzten.

3. **Rechtsnatur.** Mit der Bezeichnung als Fürsorge*pflicht* ist noch nichts über die **24** Rechtsnatur dieser Pflicht ausgesagt. Es ist zu erwägen: Die Fürsorgepflicht als allgemeines Prinzip läßt sich aus den zahlreichen Einzelvorschriften ableiten, in denen unter dem Gesichtspunkt der Fürsorge Verhaltenspflichten als Rechtspflichten begründet sind, insbesondere aus solchen, die eine Belehrung über die Rechtslage, über Antrags- und Aussageverweigerungsrechte usw. vorschreiben (vgl. z. B. §§ 52 Abs. 3, 55 Abs. 2, 63, 115 Abs. 3, 4, 115 a Abs. 3, 136, 163 a, 201 Abs. 1 Satz 2, 235 Satz 2, 265 Abs. 1). Die Tendenz der neueren Gesetzgebung geht zunehmend dahin, den Kreis dieser Pflichten zu erweitern. So ist z. B. durch das 3. Strafrechtsänderungsgesetz vom 4. 8. 1953 allgemein bei Entscheidungen, die durch ein befristetes Rechtsmittel angefochten werden können, die Pflicht zur Belehrung des Betroffenen über die Möglichkeiten der Anfechtung und die dafür vorgeschriebenen Fristen und Formen eingeführt worden (§ 35 a StPO). Durch das Strafprozeßänderungsgesetz vom 19. 12. 1964 wurden eingeführt die Belehrung des Beschuldigten über sein Recht, die Aussage zur Sache zu verweigern (§ 136 Abs. 1, § 163 a, § 243 Abs. 4), die Belehrung der Zeugen über das Zeugnisverweigerungsrecht auch bei Vernehmung durch Staatsanwalt oder Polizei (§§ 161 a Abs. 1, 163 a Abs. 5). Die Vorschriften über die Mitteilung oder Bekanntmachung der Beschlagnahme oder des Arrests nach dem auf dem EGStGB vom 2. 3. 1974 beruhenden § 111 c Abs. 3, 4 sollen dem Verletzten (§ 73 Abs. 1 Satz 2 StGB) ermöglichen, unverzüglich die ihm eingeräumten Möglichkeiten zur Sicherung oder Befriedigung aus der Tat erwachsener Ansprüche auszunutzen. Die durch das EGOWiG vom 24. 5. 1968 geschaffenen Vorschriften über die Beteiligung der von einer Einziehung und ähnlichen Maßnahmen Betroffenen (§§ 431 ff., 442, vgl. insbes. § 432 Abs. 1) dienen dem Schutz Nichttatbeteiligter gegen den Verlust ihrer Rechte durch Einziehung eines Gegenstandes. Im allgemeinen entscheidet also der Gesetzgeber über die Erhebung von Fürsorgepflichten zu Rechtspflichten. Demgemäß ist eine über solche Einzelvorschriften hinausgehende, aus dem Obersatz abgeleitete Fürsorgepflicht **Rechtspflicht,** wenn sie sich aus dem durch erweiternde Auslegung zu gewinnenden Sinn von Rechtspflichten begründenden Einzelvorschriften ergibt (vgl. dazu OLG Düsseldorf GA **1958** 54; OLG Hamburg MDR **1967** 608 zu § 228 Abs. 2 StPO), andernfalls folgt nur sie als **nobile officium** aus der Amtspflicht (*Müller-Sax* Einl. 12 II f.).

25 **VII. Zusammenfassend** läßt sich danach der **Zweck des Strafverfahrens** dahin kennzeichnen: Das Strafverfahren dient der Verwirklichung des materiellen Strafrechts, d. h. der Feststellung, ob sich im Einzelfall ein Beschuldigter nach der äußeren und inneren Tatseite einer Straftat schuldig gemacht hat, um je nach dem Ergebnis gegen den Schuldigen die im sachlichen Strafrecht vorgesehenen Rechtsfolgen zu verhängen, den nicht für schuldig oder strafbar Befundenen aber aus dem Verfahren zu entlassen. Um die Wahrheit festzustellen, muß der Staat die Organe — Gericht und Verfolgungsorgane —, in deren Hand er die Verfolgung des Verbrechens und die Ausübung der Strafgewalt gelegt hat, mit den nötigen Mitteln und Befugnissen ausstatten. Aber der Staat muß auch Vorsorge treffen, daß nicht Irrtum und menschliche Unzulänglichkeit auf das Ergebnis Einfluß gewinnen. Er muß den Gegensatz zwischen dem Interesse des Staates an nachhaltiger Verbrechensbekämpfung, an Ermittlung, Überführung und Bestrafung des Rechtsbrechers einerseits und der Menschenwürde, dem Schutz der Intimsphäre und dem Interesse des Beschuldigten, der im Rechtssinn erst mit der Rechtskraft des Schuldspruchs zum Schuldigen wird, sich zu verteidigen, Ruf und Freiheit zu erhalten, und, selbst wenn er sich schuldig fühlt, ein möglichst günstiges Urteil anzustreben, andererseits, ausgleichend Rechnung tragen und darf gegen den Beschuldigten nur insoweit Zwangsmittel anwenden, als es zur Erreichung des Prozeßziels unvermeidlich ist. Er muß auch Vorsorge treffen, daß Dritte, die zur Aufklärung in Anspruch genommen werden müssen, oder die durch die Entscheidung in ihren Rechten verkürzt werden könnten, so wenig wie möglich beschwert werden.

26 **VIII. Gestaltung des Verfahrens.**

1. Die **Verfahrensabschnitte.** Aus den vorbezeichneten Absichten heraus ist das Strafverfahren so gestaltet, daß drei in Unterabschnitte zerlegte Abschnitte mit verschiedenen Zielen, nämlich das Vorverfahren, das Hauptverfahren und die Vollstreckung, unterschieden werden können. Das Vorverfahren soll aufklären, ob eine Wahrscheinlichkeit für die Täterschaft und die Schuld des Beschuldigten, ein „hinreichender Verdacht" i. S. des § 203 besteht. Das Ziel des Hauptverfahrens bildet die Entscheidung darüber, ob die Täterschaft und die Schuld des Angeklagten zur Überzeugung des Gerichts nachgewiesen und welche Folgen der Vorschrift des Strafgesetzes gemäß über ihn zu verhängen sind oder ob er mangels des Nachweises der Täterschaft oder der Schuld freizusprechen ist. Im Abschnitt der **Vollstreckung** werden die in der rechtskräftigen Entscheidung ausgesprochenen Rechtsfolgen dem Urteil gemäß verwirklicht, soweit es hierzu besonderer Ausführungsmaßnahmen bedarf, und es werden ferner in diesem Abschnitt Rechtsfolgen, die im Urteil nur bedingt oder von unbestimmter Dauer festgesetzt sind, durch ergänzende gerichtliche Entscheidung konkretisiert, z. B. bei einer Verwarnung mit Strafvorbehalt im Fall der Nichtbewährung die Verurteilung zu der vorbehaltenen Strafe ausgesprochen (§ 59 b StGB, § 462 a Abs. 2 StPO) oder eine Strafaussetzung zur Bewährung wegen Nichtbewährung widerrufen, die ausgesetzte Strafe nach Ablauf der Bewährungsfrist erlassen, der Vollzug einer freiheitsentziehenden Maßregel wegen Erreichung des Zweckes beendet. Trotz der Aufteilung des Verfahrens in Abschnitte bildet es eine Einheit; das zeigt sich darin, daß eine jeweils vom zuständigen Richter getroffene und auf Weiterentwicklung berechnete Anordnung nicht ohne weiteres mit Abschluß des Abschnitts gegenstandslos wird, sondern fortwirkt, bis sie der zuständige Richter des nächsten Abschnitts aufhebt (BGHSt. **8** 196).

27 2. In den drei Abschnitten aber **greifen** immer wieder mannigfache **Handlungen der staatlichen Organe, der Beteiligten und Dritter ineinander.** Die Prozeßhandlungen (Kap. 10) bezwecken, das Verfahren seinem Ende in der Richtung auf ein vom Handeln

erstrebtes Ergebnis näher zu bringen. Sie bewirken die Entstehung von Verfahrenslagen (*Eb. Schmidt* I 53), von denen jeweils die eine die andere ablöst, bis ein im Prozeßgesetz vorgesehener endgültiger Abschluß des Verfahrens erreicht ist. Auch diese Handlungen lassen, wenn ihre Besonderheiten beachtet werden, eine **Dreiteilung** zu. Die handelnden Personen machen von den Mitteln Gebrauch, die das Verfahrensgesetz gewährt, damit die Untersuchung und Entscheidung des Falls geordnet verlaufen; sie verfahren. Bei diesem Verfahren betreiben sie die ihnen dienlichen Zwecke, auf deren Widerstreit oben hingewiesen ist; sie verfolgen. Durch die verfahrensmäßige Verfolgung aber wirken sie auf den Stoff, der im einzelnen Fall bearbeitet wird, nämlich auf die Bereitung eines Bildes des der Vergangenheit angehörenden, als Verbrechen bezeichneten Ereignisses, auf seine rechtliche Würdigung sowie auf die Verwirklichung der gesetzlich vorgeschriebenen Folge, je nach Zweck und Vermögen aufklärend oder verwirrend, fördernd oder hemmend ein; sie gestalten die Sache. So entwickelt sich der Lebensvorgang, der entsprechend den Verfahrensvorschriften der Untersuchung, Aburteilung und Verwirklichung der Rechtsfolgen eines Verbrechens gewidmet ist, in den Handlungen der staatlichen Organe, der Beteiligten und der Dritten schrittweise ab; es wird prozediert. Manchmal findet die Entwicklung ihren Abschluß schon innerhalb des ersten Abschnitts, des Vorverfahrens, manchmal dringt sie in den zweiten Abschnitt, in das Hauptverfahren, oder auch darüber hinaus in den dritten Abschnitt, in die Vollstrekkung, vor. Freilich ist das Prozedieren keineswegs regelmäßig ein gerades Vorschreiten. Viele Schritte geschehen zurück oder zur Seite, sowohl äußerlich, indem die Bearbeitung in einen durchschrittenen Unterabschnitt zurückversetzt wird, als auch innerlich, indem Unerheblichem nachgegangen oder von der in greifbarer Nähe gerückten Wirklichkeit und der ihr entsprechenden Folge abgeirrt wird. Das Umsonst und das Beinahe sind häufige Erscheinungen im Strafverfahren.

3. **Begriff des Strafverfahrens**[13]. Im allgemeinen stellt sich also das Strafverfah- **28**
ren als ein staatlich geordneter Vorgang dar, in dem staatliche Behörden tätig werden, um die Frage, ob eine strafbare Handlung begangen sei und wer sie begangen habe, zu klären, um, sofern die vorbereitenden Nachforschungen die Täterschaft eines bestimmten Menschen wahrscheinlich gemacht haben, eine gerichtliche Entscheidung über jene Frage und über die Folge ihrer Beantwortung herbeizuführen und um die rechtskräftig gewordene Entscheidung zu vollstrecken. Hierbei ist auf folgendes hinzuweisen:

2. Zum Strafverfahren gehört auch das Verfahren, das der **Vorbereitung der öf-** **29**
fentlichen Klage dient. „Herr" dieses Vorverfahrens ist die Staatsanwaltschaft. Sie kann sich, soweit sie die Ermittlungen nicht selbst vornimmt, zur Erfüllung ihrer Aufgaben mit Ersuchen und Aufträgen an die Behörden und Beamten des Polizei- und Sicherheitsdienstes und, wenn die Vornahme einer richterlichen Untersuchungshandlung erforderlich wird, mit Anträgen an das Amtsgericht wenden. Sie kann die Einstellung des Verfah-

---

13 Allgemeinere, von der konkreten Gestaltung des geltenden Verfahrensrechts abstrahierende Begriffsbestimmungen sind meist farblos. Die Begriffsbestimmung von *Eb. Schmidt* (I 56) „Der Prozeß ist der rechtlich geordnete, von Lage zu Lage sich entwickelnde Vorgang zwecks Gewinnung einer richterlichen Entscheidung über ein materiell-rechtliches Rechtsverhältnis" trifft in dieser Allgemeinheit uneingeschränkt nur für das Stadium von der Anklageerhebung ab zu; für das Vorverfahren, das ja schließlich auch „Prozeß" ist, gilt diese Zielsetzung nur bedingt: Ein großer Teil der Vorverfahren endet nach mehr oder weniger umfangreichen Ermittlungen mit der Einstellung des Verfahrens durch die Staatsanwaltschaft. Gänzlich aus einer Begriffsbestimmung ausscheiden muß die unergiebige und richtigerweise (vgl. zutreffend *Eb. Schmidt* I 46 mit Schrifttumsangaben; **a. M.** z. B. *Peters* [2], 85) zu verneinende Frage, ob der Strafprozeß als ein Prozeßrechtsverhältnis anzusehen ist.

rens mangels genügenden Anlasses zur Erhebung der öffentlichen Klage verfügen. Sie kann auch von der Klagerhebung unter gewissen Voraussetzungen wegen mangelnden Strafbedürfnisses oder aus Zweckmäßigkeitsgründen absehen. Dazu bedarf sie in einzelnen Fällen der Zustimmung des für das Hauptverfahren zuständigen Gerichts; sie ist also insofern nur beschränkt „Herr" des Verfahrens (§§ 153, 153 a, 153 b). Ausnahmsweise reicht ihre „Herrschaft" noch in das Hauptverfahren hinein, indem sie durch Zurücknahme der Klage dem gerichtlichen Verfahren ein Ende bereiten kann (§§ 153 c Abs. 3, 4, 153 d Abs. 2, 411 Abs. 3).

30 b) Dem **Strafverfahren nach erhobener Anklage** ist es nicht wesentlich, daß eine Strafe für den Fall einer Täterschaft und der Schuld verhängt werden müsse. Vielmehr werden im Strafverfahren auch gerichtliche Entscheidungen gefällt, die gemäß §§ 153 ff. trotz angenommener Schuld auf Einstellung des Verfahrens lauten oder die zwar die Schuld feststellen, aber von Bestrafung absehen oder die Entscheidung über die Bestrafung zurückstellen, wenn das sachliche Strafrecht dies zuläßt (§ 260 Abs. 4 Satz 3; § 27 JGG). Hierher gehören auch die Entscheidungen, die den Täter in Anwendung des § 199 StGB straffrei erklären und die eine Verwarnung mit Strafvorbehalt aussprechen (§§ 59 ff. StGB).

31 c) Ein **Strafverfahren** ist **auch** das Verfahren, in dem der Verletzte von dem Recht Gebrauch macht, strafbare Handlungen im Weg der **Privatklage** zu verfolgen, während die zur Erhebung der öffentlichen Klage berufene Staatsanwaltschaft untätig bleibt, weil sie ein öffentliches Interesse an der Verfolgung nicht für vorliegend erachtet.

32 **IX. Erweiterung der Zwecke des Strafverfahrens.**

1. Maßregeln der Besserung und Sicherung. Innerhalb des Strafverfahrens werden gegen den, dessen Täterschaft festgestellt ist, nicht nur Strafen und strafähnliche Nebenfolgen als Erwiderung auf den Rechtsbruch, als „gerechte Vergeltung" und „zur Verteidigung der Rechtsordnung" ausgesprochen, sondern auch bessernde und sichernde Maßregeln angeordnet, die die Verhütung künftiger, von dem Täter der Allgemeinheit drohender Gefahren bezwecken, und zwar in gewissem Umfang selbst dann, wenn eine Bestrafung wegen mangelnder Schuld nicht möglich ist oder einer Bestrafung tatsächliche oder rechtliche Hindernisse entgegenstehen. Über Ansätze im älteren Recht (sog. „unterschiedslose" Einziehung, Unbrauchbarmachung von Schriften und Darstellungen usw.) hinaus hat die neuere Gesetzgebung, beginnend mit dem Gewohnheitsverbrechergesetz vom 24. 1. 1933, die Pflicht oder wenigstens das Recht der Strafgerichte, Rechtsfolgen auszusprechen, die nicht die Eigenschaft eines dem Täter um seiner Schuld willen auferlegten Strafübels haben, sondern den Schutz der Allgemeinheit vor künftigen Rechtsbrüchen des Täters bezwecken, zunehmend ausgedehnt. Die nach den Vorschriften des Strafgesetzbuchs jetzt zulässigen Maßregeln der Besserung und Sicherung im technischen Sinn, die z. T. mit Freiheitsentziehung verbunden sind, sind in § 61 StGB aufgezählt und in §§ 62 ff. näher geregelt. Zu ihnen treten als „Maßnahmen" eigner Art (§ 11 Abs. 1 Nr. 8 StGB) die Einziehung, die teils Nebenstraf-, teils Sicherungscharakter hat, die Unbrauchbarmachung als Sicherungsmaßnahme und der Verfall zur Wegnahme der durch eine rechtswidrige Tat erlangten Vermögensvorteile (§§ 73 ff. StGB). Die neue Maßnahme des Verfalls, der Entziehung der Verbrechensbeute, ist in den Dienst der Verbrechensbekämpfung gestellt, um darzutun, daß Straftaten „sich nicht auszahlen". Diese Maßnahmen, soweit sie Sicherungscharakter tragen, werden indessen bei Anwendung des § 2 StGB wie Nebenstrafen behandelt (vgl. § 2 Abs. 5 im Gegensatz zu § 2 Abs. 6). Vom Gericht zu verhängende Sicherungsmaßnahmen außerhalb des StGB sind die Entziehung des Jagdscheins (§ 41 BJG) und das Verbot des

Haltens von Tieren wegen tierquälerischen Verhaltens (§ 20 des Tierschutzgesetzes vom 24. 7. 1972).

Den Strafgerichten ist hier — nach den Vorstellungen des früheren Rechts — eine von Haus aus materiell-polizeiliche Aufgabe, die **Verbrechensverhütung,** übertragen, wie sich schon daraus ergibt, daß ein Teil dieser Maßnahmen auch unabhängig von einem Strafverfahren von den zuständigen Verwaltungsbehörden angeordnet werden kann. Einzelne Maßnahmen (Entziehung der Fahrerlaubnis, § 111 a StPO; Berufsverbot, § 132 a StPO) können sogar — und darin zeigt sich der materiell präventiv-polizeiliche Charakter besonders deutlich — abweichend von der sonst für Urteile geltenden Regel, daß sie nicht vor Rechtskraft vollstreckbar sind (§ 449 StPO), unter bestimmten Voraussetzungen vorläufig (auch schon im vorbereitenden Verfahren) durch gerichtlichen Beschluß angeordnet werden. **33**

Zunächst haben **prozeßökonomische Gesichtspunkte** zu dieser Erweiterung des strafrichterlichen Aufgabenbereiches geführt: die Sachkenntnis, die das Strafgericht durch die Untersuchung des Falles gewonnen hat, seine Kenntnis von Tatumständen und der Persönlichkeit des Täters soll ausgenutzt werden, um alsbald die Maßnahmen zu treffen, die sonst — sofern zulässig — später anderen Behörden oblägen und dann gegebenenfalls erneut richterlicher Nachprüfung — dann aber z. B. des Verwaltungsrichters — unterbreitet werden müßten. Aber mehr und mehr tritt als Ergebnis der Reformideen der soziologischen Strafrechtsschule der Gedanke in den Vordergrund, daß es sich bei dieser Erweiterung des Aufgabenbereichs des Strafrichters gar nicht um eine nur mit Zweckmäßigkeitserwägungen begründbare Koppelung seiner „eigentlichen" Aufgaben mit materiell außerstrafrechtlichen handelt, sondern um eine legitime **Erweiterung** seiner **spezifisch strafrichterlichen Aufgaben,** die sich aus dem Wandel der Anschauungen über Ziel und Zweck des Strafrechts und des Strafverfahrens ergibt: über die bloße Ahndung der Tat, ihre repressive Beantwortung, an die sich nur gedanklich die Zwecke der Spezial- und Generalprävention anschließen, hinaus gehört es danach auch zu den „eigentlichen" Aufgaben des Strafrichters, mit selbständigen Mitteln, die ihm das sachliche Strafrecht zur Verfügung stellt, die Resozialisierung des Täters und die Verhütung künftiger Rechtsbrüche anzustreben, wenn die begangene Tat, die Würdigung ihrer Umstände und der Persönlichkeit des Täters zeigt, daß die Strafe — ihre Verhängung und ihr Vollzug — allein nicht ausreicht, die naheliegende Gefahr künftiger Straftaten auszuschließen. Die Verbrechensverhütung ist damit zu einem Bestandteil der den Strafrechtspflegeorganen übertragenen Verbrechensbekämpfung geworden, sobald sich aus der Begehung einer mit Strafe bedrohten Handlung die Gefahr künftiger weiterer Verletzungen strafrechtlich geschützter Rechtsgüter ergibt. Die Strafe hat damit ihre Monopolstellung als Mittel der Verbrechensbekämpfung verloren; sie ist zwar noch immer das Hauptmittel, aber nur noch *ein* Mittel neben anderen, die an ihre Seite getreten sind. **34**

2. Auf der Vorstellung, daß — über die spezial- und generalprävenierende Wirkung einer Strafe hinaus — die Verbrechensverhütung ein bedeutsames Anliegen des Strafverfahrens sei, beruht es auch, wenn in § 112 a (Haftgrund der Wiederholungsgefahr) die **Untersuchungshaft,** die von Haus aus der Sicherung des staatlichen Strafanspruchs dient, in beschränktem Umfang in den Dienst der Verbrechensverhütung gestellt wurde. **35**

3. **Zurückdrängung der Strafe.** Sind Verbrechensbekämpfung und -verhütung *und* Resozialisierung des Täters gleichrangige Ziele des Strafverfahrens, so ergibt sich daraus der Grundsatz, daß es der Bestrafung nicht bedarf, wo von weniger eingreifenden **36**

Maßnahmen als der Bestrafung der Erfolg eines künftigen gesetzmäßigen Verhaltens des Täters erwartet werden kann. Auf solchen Überlegungen beruht das neu eingefügte Institut der **Verwarnung mit Strafvorbehalt** (§§ 59 ff. StGB, § 453 StPO), bei der das Gericht sich zunächst auf den Schuldspruch beschränkt und die verwirkte Geldstrafe (bis zu 180 Tagessätzen) zwar bestimmt, sich unter Verwarnung des Täters deren Verhängung aber für den Fall vorbehält, daß er der Erwartung eines Wohlverhaltens während einer Bewährungsfrist nicht entspricht, während es bei Wohlverhalten „bei der Verwarnung sein Bewenden hat" (§ 59 b StGB), der Täter also unbestraft bleibt.

37 Noch weniger eingreifend wirkt für den Täter das ebenfalls neu eingeführte Institut der **vorläufigen Einstellung** des Verfahrens **unter** Auferlegung von **Auflagen und Weisungen** (§ 154 a StPO). Es kommt bei Vergehen in Betracht, sofern die Schuld des Täters gering ist und — als eine gewisse „Sanktion" — die Auferlegung bestimmter Auflagen und Weisungen (und deren fristgemäße Erfüllung) geeignet ist, „das öffentliche Interesse an der Strafverfolgung zu beseitigen". Eine solche vorläufige Einstellung kann durch die Staatsanwaltschaft im Ermittlungsverfahren, nach Anklageerhebung durch das Gericht erfolgen. Erfüllt der Täter fristgemäß die Auflagen und Weisungen, so tritt an die Stelle der vorläufigen die endgültige Einstellung, die, auch wenn sie nur von der Staatsanwaltschaft im Ermittlungsverfahren angeordnet ist, eine bestimmte strafklageverzehrende Wirkung hat („kann die Tat nicht mehr als Vergehen verfolgt werden"; s. dazu Kap. 12, 42 ff.).

38 Noch weiter von den klassischen Vorstellungen über das Strafverfahren entfernt sich das **jugendgerichtliche Verfahren,** in dem die Verhängung einer Strafe die Ausnahme und die Anordnung von Maßnahmen ohne Strafcharakter (Erziehungsmaßregeln, Zuchtmittel) die Regel ist.

39 **4. Strafaussetzung zur Bewährung.** Aber auch wenn es zur Verhängung einer zeitigen Freiheitsstrafe kommt, besteht die Bedeutung der Bestrafung in weitem, im Lauf der Entwicklung zunehmend ausgedehntem Umfang nicht mehr in der Festsetzung des Strafübels, das — früheren Vorstellungen entsprechend — die Vollstreckungsbehörden durchführen **müssen,** und das der Verurteilte zu erdulden verpflichtet ist. Bei der Strafaussetzung zur Bewährung (§§ 56 ff. StGB, §§ 20 ff. JGG) kommt es bei erwartungsgemäßem Verhalten des Verurteilten gerade nicht zum Vollzug. An die Stelle der Vollstreckungsstrafe ist hier, zwar nicht im rechtstechnischen Sinn, aber dem materiellen Gehalt nach, auflösend bedingt die „Aussetzungsstrafe" getreten, über deren begriffliche Einordnung sich streiten läßt (vgl. dazu *Dreher* § 56, 1). Ihre Aufgabe ist die gerichtlich überwachte (§ 453 b) Durchführung einer „ambulanten" Behandlung des Täters in Freiheit (BGHSt. **24** 40, 43), und ihr Ziel ist es, daß der Verurteilte keine Straftaten mehr begeht (§§ 56 c, 56 d). Die „ambulante" Behandlung wird vor allem durch Weisungen (§ 56 c StGB) und Unterstellung unter Bewährungshilfe (§ 56 d) sinnvoll gestaltet. Aber auch die zum Vollzug gebrachte „Vollstreckungsstrafe" geht im Normalfall durch Aussetzung des Strafrestes zur Bewährung unter den Voraussetzungen des § 57 StGB in eine „Aussetzungsstrafe" über.

40 **5. Strafvollstreckungskammer.** Die den Gerichten bezgl. der „Aussetzungsstrafe" obliegenden Aufgaben sind, die Vorschriften des Strafgesetzbuchs ergänzend, in §§ 453 ff. StPO geregelt. Sie sind teils dem Gericht des ersten Rechtszuges, teils — soweit es sich um die Aussetzung des Strafrestes zur Bewährung handelt —, der „Strafvollstreckungskammer" übertragen (§ 462 a), d. h. einer nach Maßgabe der §§ 78 a und 78 b GVG errichteten und besetzten Kammer bei dem Landgericht des Bezirks, in dem die Strafanstalt liegt, in der der Verurteilte einsitzt oder — nach Unterbrechung oder Been-

digung des Vollzugs — vorher einsaß. Der Sinn der Errichtung solcher Strafvollstrekkungskammern ist die Nutzbarmachung der besonderen Erfahrungen und der „Entscheidungsnähe" dieser Gerichte. Wegen der Einzelheiten vgl. Kap. 5, 41.

6. Sicherungsverfahren und selbständiges („objektives") Verfahren. 41

a) Sicherungsverfahren. In Konsequenz der auf Verbrechensverhütung gerichteten Entwicklung ist neben das klassische Strafverfahren, das gegen einen bestimmten Beschuldigten betrieben wird mit dem Ziel, eine Entscheidung über seine **Schuld** herbeizuführen und bejahendenfalls eine Strafe zu verhängen und daneben etwaige Besserungs- und Sicherungsmaßregeln anzuordnen, ein in den Formen eines Strafverfahrens betriebenes Verfahren getreten, das nur der Anordnung einer Besserungs- oder Sicherungsmaßregel dient. Das Sicherungsverfahren (§§ 413 ff.) findet statt, wenn die Verhängung einer Strafe wegen fehlender oder — was dem gleichsteht (vgl. §§ 69 Abs. 1, 70 Abs. 1; BGHSt. **13** 91; **22** 1) — wegen nicht auszuschließender Schuldunfähigkeit zur Tatzeit ausscheidet, oder wenn — von dem Sonderfall des § 231 a abgesehen — wegen des Verfahrenshindernisses der Verhandlungsunfähigkeit die Durchführung eines subjektiven Strafverfahrens nicht möglich ist.

b) Das selbständige („objektive") **Verfahren** kommt in Betracht, wenn die Anordnung von Verfall, Einziehung, Unbrauchbarmachung und Vernichtung sowie Beseitigung eines gesetzwidrigen Zustandes (vgl. § 442 Abs. 1) wegen eines Verfahrenshindernisses nicht im Verfahren gegen einen bestimmten Beschuldigten ausgesprochen werden kann (§§ 440, 442). Voraussetzung des Sicherungsverfahrens wie des selbständigen Verfahrens ist, daß das sachliche Recht die selbständige Anordnung zuläßt (§§ 413, 440 Abs. 1, 442). Eine solche Zulassung ist im Lauf der Zeit in zunehmendem Maß erfolgt; Lücken des bisher geltenden Rechts (vgl. Vorbem. 2 vor § 429 a a. F.) sind durch das EGStGB 1974 ausgefüllt worden. Nach dem jetzt geltenden Recht ist das Sicherungsverfahren der §§ 413 ff. zulässig bei der Unterbringung in einem psychiatrischen Krankenhaus, in einer Entziehungsanstalt oder (künftig) in einer sozialtherapeutischen Anstalt sowie bei der Entziehung der Fahrerlaubnis und dem Berufsverbot (§ 71 StGB), während bei der Entziehung des Jagdscheins und dem Verbot des Haltens von Tieren (Rdn. 32) eine selbständige Anordnung nicht vorgesehen ist. Das objektive Verfahren wegen tatsächlicher, teils auch wegen rechtlicher Verfahrenshindernisse ist in § 76 a StGB vorgesehen bei Verfall (§ 73), Einziehung (§§ 74, 74 a) oder Verfall und Einziehung von Wertersatz (§§ 73 a, 74 c), sowie Unbrauchbarmachung (§ 74 d). Eine Besonderheit besteht hier darin, daß nach § 76 a Abs. 3 die selbständige Anordnung in gewissem Umfang auch zulässig ist, obwohl eine bestimmte Person verfolgt oder verurteilt werden könnte, nämlich dann, wenn das Verfahren nach einer Vorschrift eingestellt wird, die dies nach dem Ermessen der Staatsanwaltschaft oder des Gerichts oder im Einvernehmen beider zuläßt (vgl. wegen der Bedeutung des § 76 a StGB im einzelnen, der — unter Erweiterung auf den Verfall — dem § 41 b a. F. entspricht, Anm. II zu § 440 in der Voraufl.). 42

c) Rechtsnatur. Die früher vielfach übliche Bezeichnung des Sicherungs- und des selbständigen Verfahrens als „unechter Strafprozeß" ging von der Vorstellung aus, daß ein „echtes", ein „eigentliches" Strafverfahren nur ein solches sei, das auf Feststellung von strafrechtlicher Schuld oder Nichtschuld und für den Fall der Schuldfeststellung (in der Regel) auf die Verhängung einer Strafe gerichtet ist. Sieht man aber in der Verhütung künftiger rechtswidriger Taten, nachdem die Gefahr durch eine rechtswidrige Tatbestandsverwirklichung erkennbar geworden ist, einen der repressiven Beant- 43 wortung gleichwertigen originären Zweig der den Strafrechtspflegeorganen übertragenen Verbrechensbekämpfung, dann ist auch das verselbständigte Verfahren zwar eine „besondere Verfahrensart", aber im übrigen ein „echtes" Strafverfahren; es ist dann unter „Strafverfahren" — die Bezeichnung knüpft nur an den Regelfall an — jedes Verfahren zu verstehen, das von den Strafjustizorganen in den vorgeschriebenen Formen zur Verwirklichung der im sachlichen Strafrecht an die rechtswidrige Tatbestandsverwirklichung geknüpften Rechtsfolgen betrieben wird, gleichviel ob diese Folgen in Strafe neben Maßregeln oder nur in Maßregeln bestehen. Auch das Jugendstrafverfahren ist ja ein „echtes" Strafverfahren, auch wenn von vornherein nicht die Verhängung von Jugendstrafe, sondern nur die Anordnung von Erziehungsmaßregeln oder Zuchtmitteln in Frage steht. Nur in dem Sinn ist das selbständige Verfahren ein „unechter" Strafprozeß, als hier die Regeln des Normalprozesses, die auf den Fall der Verhängung einer Strafe für den Fall der Schuldfeststellung zugeschnitten sind, nur mit den — z. T. tiefgreifenden — Abweichungen („entsprechend") anzuwenden sind, die sich aus der Besonderheit der Lage und Zielsetzung des Verfahrens ergeben (vgl. *Nagler* GerS **112** 133, 144, 308; **113** 1). Dieser Unterschied wird verwischt, wenn z. B. §§ 414, 415 auch bei den zur Tatzeit Schuldunfähigen vom „Beschuldigten" statt richtigerweise von „Betroffenen" sprechen (vgl. Vorbem. 1 vor § 429 a a. F.).

44 7. Über eine andere Ausdehnung der Zwecke des Strafverfahrens ein Hinblick auf den **Verletzten** (Rufwiederherstellung, Entschädigung) s. Kap. 7, 7.

KAPITEL 7
Verhältnis des Strafverfahrens zu anderen Verfahren.

I. Strafprozeß und Zivilprozeß. 1

1. Gemeinsamkeiten und Wesensunterschiede. Die beiden Verfahrensarten weisen im Großen und im Kleinen viel **Gemeinsames** auf. In beiden wird angesichts der Behauptung einer Verletzung der Rechtsordnung das Ziel verfolgt, daß das Gericht sich in einem geordneten Verfahren durch Handlungen und Wahrnehmungen eine Vorstellung von den erheblichen tatsächlichen Ereignissen oder Zuständen verschaffe, die anzuwendenden Rechtssätze ermittle und auf Grund der tatsächlichen Feststellung und der rechtlichen Würdigung eine Entscheidung zur Sache erlasse, die mit dem Eintritt der Rechtskraft Geltung und Wirkung auch dann erlangt, wenn sie von dem durch die Tatsachen erzeugten Recht, dem wahren Recht, abweicht. Die Vorschriften über die Ausschließung und Ablehnung der Gerichtspersonen, über die Zustellungen, über den Beweis durch Zeugen und Sachverständige und über die Rechtsmittel sind für beide Verfahrensarten in Einzelheiten ähnlich gestaltet.

2 Andererseits scheidet ein **tiefreichender Gegensatz** das Strafverfahren vom Verfahren im bürgerlichen Rechtsstreit ab. Begriffe, deren Entwicklung dem letzteren förderlich geworden ist, können auf den ersteren nicht ohne weiteres übertragen werden. Der Gegensatz wird durch den Unterschied der Gegenstände begründet.

3 Die Erfüllung der **bürgerlich-rechtlichen Verpflichtungen** erfordert keine gerichtliche Entscheidung. Die weit überwiegende Zahl dieser Verpflichtungen wird ohne gerichtliches Verfahren erfüllt. Das bürgerliche Recht räumt grundsätzlich dem Berechtigten die freie Verfügung über seine Rechte und Ansprüche ein, sofern nicht Ausnahmen um des öffentlichen Wohls willen, insbesondere in den Ehe-, Kindschafts- und Entmündigungssachen, stattfinden. Das Recht der freien Verfügung über private Rechte bestimmt auch entscheidend die Gestaltung des Zivilprozesses; es gilt die **Parteimaxime.** Was die vor Gericht streitenden Einzelnen, die Parteien, nicht vorbringen, um den Grund ihrer Ansprüche oder Einwendungen nachzuweisen, ist vom Gericht nicht zu beachten. Das Gericht muß die von einer Partei behaupteten Tatsachen als wahr gelten lassen, wenn die Gegenpartei sie ausdrücklich oder stillschweigend zugesteht und nicht etwa ersichtlich ist, daß das Zugeständnis gegen die im § 138 Abs. 1 ZPO bestimmte Wahrheitspflicht verstößt. Es ist für die Prüfung der Wahrheit der bestrittenen Tatsachen grundsätzlich auf die Benutzung der von den Parteien bezeichneten Beweismittel beschränkt („formelle Wahrheit"). Was die Parteien nicht begehren, um sich die Befriedigung ihrer Ansprüche zu verschaffen, darf ihnen vom Gericht nicht zugesprochen werden. Hierbei gilt die Gleichberechtigung der Parteien. Demzufolge treten im bürgerlichen Rechtsstreit, wenn das Verhältnis zwischen Gericht und Parteien betrachtet wird, eine weitgehende Freiheit der Parteien und als ihr Gegenstück eine starke Gebundenheit des Gerichts mit ausschlaggebender Wirkung auf die Sachgestaltung hervor.

4 Dagegen bedarf es stets der im **Strafverfahren** getroffenen gerichtlichen Entscheidung, um die Rechtsfolgen zu verwirklichen, die das sachliche Strafrecht an die Erfüllung eines Straftatbestands knüpft. Im Strafverfahren verlangt das „öffentliche Interesse" oder gar das „besondere öffentliche Interesse an der Strafverfolgung" (vgl. z. B. §§ 153, 153 a; §§ 183 Abs. 2, 232 Abs. 1, 248 a StGB) immer und überall Berücksichti-

gung. Der Staat wird hier in der Regel von Amts wegen erforschend, entscheidend und vollstreckend tätig, damit der Rechtsbruch geahndet, der Nichtschuldige aber von dem Schuldvorwurf freigesprochen werde. Die Regeln des Strafprozeßrechts sind grundsätzlich zwingendes Recht[1], das nur ausnahmsweise einer gewissen Disposition der Beteiligten unterliegt, indem ihnen eine von der Regel abweichende Entscheidung ermöglicht (vgl. z. B. § 153 a Abs. 2) oder der Verzicht auf die Einhaltung gesetzlicher Vorschriften zugestanden wird (vgl. z. B. § 61 Nr. 5, § 245 Satz 3, § 251 Abs. 1 Nr. 4). Das Hauptgewicht der staatlichen Tätigkeit ist für das Strafverfahren auf die vom Gericht zu fällende Entscheidung gelegt. Das Hauptverfahren muß, soweit nicht Verfahrenshindernisse eingreifen (§§ 205, 206 a) oder Einstellung nach §§ 153 ff. stattfindet oder eine Gesetzesänderung eine veränderte Lage schafft (§ 206 b), bis zu dem am Schluß der Hauptverhandlung zu erlassenden Urteil durchgeführt werden (§ 260). Eine Erledigung des Verfahrens durch Privatdisposition (Vergleich, Anerkenntnis oder Verzicht) gibt es nicht, wenn man von gewissen Möglichkeiten bei den Antragsdelikten und den Privatklageverfahren absieht und die Fälle außer Betracht läßt, in denen der Beschuldigte in gewissem Umfang die Möglichkeit hat, durch Erteilung seiner nach sachlichem oder nach Verfahrensrecht erforderlichen Einwilligung oder Zustimmung oder durch das Erbieten zu gewissen Genugtuungsleistungen auf das Verfahren oder die Entscheidung einzuwirken (vgl. z. B. §§ 56 b, 56 c, 59 a Abs. 2 StGB, §§ 153 a, 265 a StPO). Das Gericht muß, gleichviel was die Beteiligten vorbringen und begehren, die Wahrheit (die „materielle Wahrheit") mit allen zu Geboten stehenden Beweismitteln selbständig erforschen und aus seiner Überzeugung heraus das Urteil bilden, das den Rechtssätzen entspricht. Für eine volle Gleichberechtigung der Beteiligten aber ist grundsätzlich kein Raum, weil der Hauptbeteiligte angesichts des gegen ihn bestehenden Tatverdachts einem Zwang unterworfen werden muß, der gegenüber dem Ankläger nicht Platz greifen kann. Andererseits ist der öffentliche Kläger kein echter „Gegner", denn es gehört zu seinen Amtspflichten, auch entlastend für den Beschuldigten einzutreten (vgl. insbes. §§ 160 Abs. 2, 163 a Abs. 2, 296 Abs. 2, 365). Der allgemeine Sprachgebrauch verleiht diesem Gegensatz einen treffenden Ausdruck. Die Parteien des Zivilprozesses „prozessieren miteinander"; im Strafverfahren aber wird dem Schuldigen „der Prozeß gemacht".

5 **2. Das „summarische Verfahren".** Das vorstehend über das Beweisrecht Gesagte gilt ohne Einschränkung für das ordentliche Verfahren (§§ 244, 245), auch bei Antragsdelikten und in Privatklageverfahren. Gewisse Abweichungen bestehen bei dem sog. summarischen Verfahren, dem Strafbefehlsverfahren (§§ 407 ff.), wo sich der Richter mit einer knappen Sachaufklärung zufrieden geben darf, wenn sie ihm zur Bildung seiner Überzeugung von der Täterschaft und Schuld ausreichend erscheint. Dies beruht auf dem Bestreben, für gewisse häufig vorkommende Delikte von geringerer Bedeutung ein möglichst einfaches und formloses Verfahren zur beschleunigten Erledigung des Falles zur Verfügung zu stellen. Der Gesetzgeber sieht hier die Rechte des Beschuldigten dadurch als genügend gewahrt an, daß er ihm ermöglicht, gegen die Straffestsetzung Einspruch einzulegen, der dann zu einer mit allen Rechtsgarantien ausgestatteten ordentlichen Hauptverhandlung führt. Verfehlt wäre es aber, diesen vorläufigen Verzicht auf eine umfassende Sachaufklärung unter dem Gesichtspunkt zivilrechtlicher oder zivilprozessualer Erledigungsmöglichkeiten zu würdigen, etwa als eine „vertragsähnliche Abmachung der Angelegenheit" zwischen dem Beschuldigten und den Strafjustizorganen oder als ein Gegenstück zum Mahnverfahren des Zivilprozesses, dergestalt, daß der Richter lediglich die im Strafbefehlsantrag des Staatsanwalts aufgestellten Behauptungen als wahr unterstellt (vgl. Anm. 12 zu § 407).

---

[1] vgl. die Rechtsprechungsnachweise bei *Hanack* JZ **1973** 730.

3. Zivilrechtliche Vorfragen. Die Pflicht des Gerichts, die materielle Wahrheit selbständig mit allen Mitteln zu erforschen und nur der eignen auf dieser Grundlage gewonnenen Überzeugung entsprechend zu entscheiden, führt dazu, daß der Strafrichter auch über zivilrechtliche Vorfragen (z. B. über die Fremdheit der Sache im Fall des § 242 StGB) selbständig zu entscheiden hat und an Urteile des Zivilprozeßgerichts (ausgenommen Gestaltungsurteile, vielleicht auch Urteile mit Rechtskraft inter omnes) nicht gebunden ist (§ 262 Abs. 1 und dort Anm. 7 mit Nachw.); auch ein zivilprozessuales Urteil, das nach den Vorschriften des bürgerlichen Rechts zurückwirkt, hat diese Bedeutung nur für das bürgerliche Recht (OLG Hamm NJW **1969** 805; **a. A.** *Meyer* NJW **1969** 1360). Er darf aber das Strafverfahren aussetzen, um die Ergebnisse eines Zivilprozesses für seine eigne Untersuchung nutzbar zu machen (§ 262 Abs. 2). Er kann sogar einem Beteiligten eine Frist zur Erhebung der Zivilklage setzen; doch kann, wenn der Beteiligte der Auflage nicht nachkommt, dies zwar gegebenenfalls bei der Beweiswürdigung bedeutsam sein, während sich weitere Folgerungen für das Strafverfahren daraus nicht ergeben. Anders liegt es dagegen im Vorverfahren; hängt bei einem Vergehen die Erhebung der öffentlichen Klage von der Beurteilung einer zivil- oder verwaltungsrechtlichen Vorfrage ab, so kann auch § 154 d auch der Staatsanwalt dem Beteiligten eine Frist zur Austragung der Frage im Zivil- oder Verwaltungsgerichtsprozeß bestimmen, aber mit der Folge, daß er das Vorverfahren einstellen kann, wenn die Auflage unbeachtet bleibt. Wegen der Bedeutung von **Vorabentscheidungen** einer Verwaltungsbehörde s. unten Kap. 12, 124 ff. **6**

4. Berücksichtigung von Entschädigungs- und Wiedergutmachungsansprüchen des Verletzten[2]. **7**

a) Adhäsionsverfahren. Der Strafrichter entscheidet nicht nur über zivilrechtliche Vorfragen, sondern auch über **zivilrechtliche Ansprüche,** dann nämlich, wenn der Verletzte (sein Erbe) einen aus der Straftat, die den Gegenstand des Strafverfahrens bildet, erwachsenen vermögensrechtlichen Anspruch gegen den Beschuldigten geltend macht (§§ 403 ff.) und das Gericht nicht „von einer Entscheidung absieht" (§ 405). In den Formen des Adhäsionsprozesses wird auch entschieden über den Anspruch auf Rückerstattung des Mehrerlöses, den bei einem Preisvergehen der Geschädigte gegen den Täter geltend macht (§ 9 Abs. 3 Wirtschaftsstrafges.) sowie über den Anspruch auf Vernichtung und ähnliche Maßnahmen, die aus strafbarer Verletzung von Urheberrechten entstehen (§ 110 UrhG 1965). Der Strafrichter tritt hier also an die Stelle des Zivilprozeßrichters, und seine dem Anspruch stattgebende Entscheidung hat die Bedeutung eines im Zivilprozeß ergangenen Endurteils (§ 406 Abs. 3). Die Untersuchung und Entscheidung erfolgt aber nicht in einem von dem Strafverfahren getrennten Nebenverfahren — die Bezeichnung als „Anhangs-" oder „Adhäsionsverfahren" ist deshalb irreführend —, sondern *im* Strafverfahren, sie bildet einen Bestandteil des Strafverfahrens. Dies zeigt sich insbesondere darin, daß für die Verhandlung, die Beweiserhebung und die Bildung der richterlichen Überzeugung nicht die Regeln des Zivilprozesses mit den Grundsätzen der Parteimaxime und der formellen Wahrheit, sondern — in gleicher Weise wie bei der Feststellung der strafrechtlichen Folgen der Tat — die Vorschriften des Strafprozesses maßgebend sind. Es gelten also nicht die Bestimmungen der Zivilprozeßordnung über die Wirkung von Geständnis, Anerkenntnis oder Verzicht (s. Anm. 10 zu § 404),

---

2 **Schrifttum:**
Maiwald Die Beteiligung des Verletzten am Strafverfahren, GA **1970** 33; *Amelunxen* Die Entschädigung des durch eine Straftat Verletzten, ZStW **86** (1974) 457 und – mit gleichem Thema – *Schätzler* ZStW **86** 471.

und die Beweiserhebung richtet sich nach dem Grundsatz des § 244 Abs. 2; strittig ist lediglich, ob das Gericht nach den Grundsätzen der gebundenen Beweisaufnahme (§ 244 Abs. 3) zu verfahren hat oder den Umfang der Beweisaufnahme nach pflichtmäßigem Ermessen bestimmt (s. Anm. 4 zu § 404). Auch die Anfechtung des Urteils über den Anspruch durch den Verurteilten erfolgt mit den nach der Strafprozeßordnung zulässigen Rechtsmitteln (Anm. 2 zu § 406 a). Daß andererseits auch im Strafverfahren und vor dem Strafgericht ein wirksamer Vergleich (§ 794 ZPO) über den geltend gemachten vermögensrechtlichen Anspruch geschlossen werden kann, ergibt sich ohne weiteres daraus, daß der Anspruch seinen Charakter als dispositionsfähiges privates Rechtsgut auch im Adhäsionsprozeß beibehält.

8 **b) Andere Möglichkeiten.** Die Erweiterung des strafrichterlichen Aufgabenbereichs, wenn es zum Adhäsionsverfahren kommt, beruht wie bei der Anordnung von Maßregeln der Besserung und Sicherung zunächst auf der prozeßökonomischen Überlegung, daß sich getrennte Prozesse vermeiden lassen, wenn die tatsächlichen Feststellungen, die der Strafrichter ohnedies für seine Entscheidung über den strafrechtlichen Vorwurf treffen muß, alsbald auch für die Klärung der vermögensrechtlichen Auswirkungen der Tat nutzbar gemacht werden. Aber neben diese bloße Zweckmäßigkeitserwägung tritt auch hier der andere Gedanke, daß sich die „eigentliche" Aufgabe des Strafrechts und des Strafverfahrens nicht in repressiven Maßnahmen gegen den Täter erschöpft, sondern auch dazu dient, dem Verletzten in einem mit dem Hauptzweck des Strafverfahrens verträglichen Ausmaß Genugtuung und Schadensausgleich zu verschaffen[3]; denn auch damit wird das Strafverfahren seinem Ziel, Rechtsfrieden zu schaffen, näher gebracht. Im sachlichen Strafrecht dient die, die Rufwiederherstellung bezwekkende, durch das EGStGB 1974 verbesserte und verstärkte, Bekanntgabe der Verurteilung (§§ 103 Abs. 2, 165, 200 StGB; § 463 c StPO), im Verfahrensrecht die Neben- und die Privatklage von jeher diesen Zwecken. In neuerer und neuester Zeit ist hinzugetreten die Auflage, nach Kräften den durch die Tat verursachten Schaden wiedergutzumachen, mit der die Strafaussetzung zur Bewährung, die Verwarnung mit Strafvorbehalt und die vorläufige Einstellung des Verfahrens unter Auflagen und Weisungen verbunden werden kann (vgl. §§ 56 b Abs. 2 Nr. 1, 59 a Abs. 2 StGB, § 153 a Abs. 1 Satz 1 Nr. 1 StPO). Die bei Nichterfüllung der Auflage drohenden Nachteile (Widerruf der Straf-

---

[3] Das Adhäsionsverfahren hat allerdings, so richtig sein Grundgedanke ist, aus mancherlei Gründen (vgl. dazu Vorbem. 3 vor § 403) in der Praxis nur sehr geringe Bedeutung erlangt. Reformvorschläge, die auf seine Belebung abzielen (dazu *Amelunxen* ZStW **86** [1974] 465), schneiden sich zur Zeit mit dem Anliegen des 1. StVRG, das Strafverfahren im Interesse einer intensiveren Verbrechensbekämpfung zu straffen und zu beschleunigen. Im Zuge solcher Bestrebungen ist auch durch das EGStGB 1974 die Buße weggefallen, die nach §§ 188, 231 a. F. StGB bei Beleidigung und Körperverletzung dem Verletzten auf sein Verlangen neben der Strafe zuerkannt werden konnte. Aus diesem Grunde dürfte auch weitreichenden Reformvorschlägen (vgl. *Kübler* ZStW **71** [1959] 617), der Schadenswiedergutmachung eine zentrale Stelle im Strafverfahren einzuräumen, damit der Täter dazu gebracht werde, „seine geistige Haltung durch Entschädigung des Verletzten innerhalb der Strafe zu korrigieren", über die oben im Text genannten Ansätze hinaus in absehbarer Zeit kein Erfolg beschieden sein. Zu erwähnen ist aber andererseits in diesem Zusammenhang das Reformvorhaben, den durch tätliche Angriffe Verletzten, die in anderer Weise keine Entschädigung erlangen können, aus öffentlichen Mitteln eine Entschädigung zu gewähren (vgl. den RegEnt. eines entsprechenden Gesetzes BTDrucks. 7 2506). Die Entschädigung des durch die Straftat Verletzten war auch Thema des XI. Kongresses der Internationalen Strafrechtsvereinigung in Budapest 1974 (vgl. dazu Berichte von *Schätzler* JZ **1975** 231, und *Grebing* ZStW **87** 472 ff, auch über den dort anklingenden Gedanken, die Entschädigung zur Wiederherstellung der Beziehung zwischen Täter und Opfer zu nutzen).

aussetzung, § 56f Abs. 1 Nr. 3 StGB; Verurteilung zu der vorbehaltenen Strafe, § 59b Abs. 1 StGB; Durchführung des vorläufig eingestellten Verfahrens, § 153a) begründen einen mittelbaren Erfüllungszwang, der einen Zivilprozeß entbehrlich machen oder den Vollstreckungszwang eines bereits erstrittenen Zivilurteils verstärken kann (Bedenken gegen die Effektivität dieser Maßnahmen freilich bei *Amelunxen* ZStW **86** 468 ff.). Erwähnt sei in diesem Zusammenhang schließlich, daß der Verfall des für die Tat oder aus ihr erlangten Vermögensvorteils (§ 73 StGB) nicht angeordnet wird, soweit dem Verletzten aus der Tat ein Anspruch erwachsen ist, dessen Erfüllung (wenn es dazu käme) den aus der Tat erlangten Vermögensvorteil beseitigen oder mindern würde (§ 73 Abs. 1 Satz 2). Diese Vorschrift wirkt zugleich zugunsten des Verletzten: es soll nicht durch die Anordnung des Verfalls ein vorrangiger Anspruch des Verletzten auf Rückerstattung des Erlangten verkürzt werden. Die §§ 111b ff. dienen dazu, dem anspruchsberechtigten Verletzten den Zugriff auf den Tatvorteil zu sichern.

c) **Reformbestrebungen** sind darauf gerichtet, den Umfang der im (weiteren) **9** Rahmen eines Strafverfahrens möglichen Maßnahmen zur Schadloshaltung eines Verletzten zu erweitern. Dem Mangel des geltenden Rechts, daß ein Strafverfahren wegen Beleidigung mit Freispruch wegen Wahrnehmung berechtigter Interessen oder mit Einstellung wegen eines Verfahrenshindernisses (Amnestie) enden kann (oder daß es aus diesen Gründen überhaupt nicht zur Erhebung der Anklage kommt), ohne daß der Verletzte eine strafrichterliche Feststellung über die Unwahrheit oder Nichterweislichkeit der gegen ihn gerichteten ehrenrührigen Behauptung erreichen kann, wollten Art. 70 Nr. 219 EGStGB-Entw. 1930, § 423 ff. StPO-Entw. 1939 (Kap. 4, 10 und 26) und der Entwurf des 1. Strafrechtsänderungsgesetzes (BTDrucks. 1949 Nr. 1307 S. 18 ff.) durch die Einführung eines mit dem Strafverfahren verbundenen, notfalls selbständigen strafrechtlichen Feststellungsverfahrens abhelfen[4]. In beschränktem Umfang wurde — abgesehen von den Vorschriften der Kriegsgesetzgebung über den Inhalt des Friedensspruchs im Privatklageverfahren (Kap. 3, 40) — dieser Gedanke in den Straffreiheitsgesetzen vom 31. 12. 1949 (BGBl. S. 37) — § 8 — und vom 17. 7. 1954 (BGBl. I S. 203) — § 18 — verwirklicht. In der Folgezeit wurde die Frage der Rufwiederherstellung durch objektive Feststellung der Wahrheit oder Unerweislichkeit einer ehrenrührigen Behauptung sogar als ein Problem des materiellen Strafrechts bezeichnet und seine Regelung im Strafgesetzbuch erwogen. Der StGB-Entw. 1962 ist aber diesen Vorschlägen nicht gefolgt, sondern wollte, hauptsächlich aus Zweckmäßigkeitsgründen, die Regelung dieser Frage der Strafprozeßreform überlassen. Der RegEntw. des EGStGB 1974 schlug vor, einen dem römischen und dem deutschen Partikularrecht geläufigen Grundsatz, daß die Entschädigung des Verletzten der Vollstreckung der wegen derselben Tat verhängten Vermögensstrafen vorgehe, wieder aufleben zu lassen und in einem neu einzustellenden § 463d dem Verletzten einen Anspruch auf Befriedigung aus der Staatskasse zu gewähren, wenn dieser eine wegen der Tat im Strafverfahren verhängte Geldstrafe zugeflossen ist, der Verletzte aber erfolglos die Realisierung seines aus der Tat erwachsenen Anspruchs versucht hat und auch auf andere Weise keinen Ersatz zu erlangen vermag. Auch dieser Vorschlag ist nicht Gesetz geworden.

d) **Insgesamt** aber ergibt sich im Zusammenhalt mit den in die Hand des Straf- **10** richters gelegten bessernden und sichernden Maßnahmen ein in der Verwirklichung begriffenes Vorstellungsbild von den Aufgaben des Strafverfahrens im weiteren Sinn, das

---

[4] Vgl. dazu *Kern*, Ehrenschutz im künftigen Strafverfahren: in Materialien zur Strafrechtsreform **1** 303, und *Jescheck* GA **1957** 363.

etwa so zu kennzeichnen ist, daß es über die Feststellung von strafrechtlicher Schuld oder Nichtschuld und über die strafrechtliche Ahndung der Tat gegenüber dem für schuldig Befundenen hinaus Zweck des Strafverfahrens ist, in möglichst umfassender Weise den gestörten Rechtsfrieden wiederherzustellen und Maßnahmen zu möglichst dauerhafter Bewahrung des Rechtsfriedens zu treffen.

11 **II. Strafprozeß und Disziplinarverfahren**[5].

1. Wesensunterschiede und Berührungspunkte. Das Disziplinarrecht regelt, inwieweit Dienstvergehen von Beamten, Richtern und Soldaten mit (nichtkriminellen) Disziplinarmaßnahmen geahndet werden können. Im gesetzlich geregelten berufs- oder ehrengerichtlichen Verfahren werden die Verletzungen der Berufs- und Standespflichten der Angehörigen bestimmter Berufe (Rechtsanwälte, Ärzte usw.) geahndet. Straf- und Disziplinarrecht unterscheiden sich wesensmäßig nach Rechtsgrund und Zweckbestimmung. Die Straftat ist die Verletzung eines für *alle* gewährleisteten Rechtsgutes, sie stellt sich als Störung des allgemeinen Rechtsfriedens dar. Das Disziplinarrecht hat demgegenüber die Verletzung des *besonderen* Rechts- und Pflichtenkreises der Angehörigen eines bestimmten Berufs usw. zum Gegenstand. Anders als die Strafe, die die Reaktion auf einen Verstoß gegen eine allgemeine Rechtsnorm darstellt, ist die Disziplinarmaßnahme darauf gerichtet, Ordnung und Integrität innerhalb eines Berufsstandes zu gewährleisten und die Angehörigen zur korrekten Erfüllung ihrer Pflichten anzuhalten (BVerfGE **32** 40, 48; BGH NJW **1975** 1712). Wesensmäßig hat also das Disziplinarrecht mit dem Kriminalstrafrecht nichts zu tun, sondern ist ein Bestandteil des die Rechtsverhältnisse der Berufsangehörigen regelnden Rechts (des Beamtenrechts usw.). Demgemäß hat auch das Disziplinarverfahren wesensmäßig mit dem Strafverfahren nichts zu tun, auch wenn es in weitem Umfang dem Strafverfahren nachgebildet ist oder Vorschriften der Strafprozeßordnung für entsprechend anwendbar erklärt sind. Das Disziplinarverfahren unterscheidet sich im übrigen von dem Strafverfahren vor allem dadurch, daß für die Verfolgung von Disziplinarverfehlungen das Opportunitätsprinzip gilt.

12 Zwischen Strafverfahren und Disziplinarverfahren ergeben sich aber **Berührungspunkte,** wenn das vorgeworfene Dienstvergehen zugleich eine Straftat darstellt. Für das Strafverfahren ist es ohne Bedeutung, ob wegen des Sachverhalts ein Disziplinarverfahren anhängig oder sogar schon rechtskräftig durchgeführt ist. Das Disziplinarurteil verbraucht die Strafklage nicht, und die tatsächlichen Feststellungen des Disziplinarrichters binden den Strafrichter nicht (§§ 261, 262). Dagegen schließt bei Beamten ein auf Freiheitsstrafe von mindestens einem Jahr wegen eines Verbrechens oder ein auf Amtsunfähigkeit lautendes Urteil die Einleitung oder den Fortgang eines Disziplinarverfahrens aus, da der Verurteilte aufhört, Beamter zu sein (§§ 45 ff. StGB). Nach § 48 BBG und § 24 des Beamtenrechtsrahmengesetzes tritt Verlust des Amtes auch ein, wenn ein Beamter wegen eines vorsätzlich begangenen Vergehens zu Freiheitsstrafe von einem Jahr oder längerer Dauer oder wegen vorsätzlicher Begehung bestimmter gegen den Staat gerichteter Delikte (Friedensverrat, Hochverrat usw.) zu Freiheitsstrafe von sechs Monaten oder längerer Dauer verurteilt wird. Materiell handelt es sich hier um beamtenrechtliche Folgen der Verurteilung, um Disziplinarmaßnahmen, die zur Vermeidung eines überflüssigen Disziplinarurteils kraft Gesetzes an das Strafurteil geknüpft sind; wegen der daraus sich ergebenden Folgerungen für die Gnadenzuständig-

---

5 **Schrifttum:**
Fliedner Die Zumessung der Disziplinarmaßnahmen, 1972; derselbe: Die verfassungsrechtlichen Grenzen mehrfacher staatlicher Bestrafungen auf Grund desselben Verhaltens, AöR **99** [1974] 242.

keit vgl. Anm. IV b, cc vor § 12 GVG. Ferner muß nach § 17 der Bundesdisziplinarordnung (BDO) ein Disziplinarverfahren bis zur Beendigung des strafgerichtlichen Verfahrens ausgesetzt werden, wenn wegen derselben Tatsachen, die das Dienstvergehen begründen, die öffentliche Klage im Strafverfahren erhoben ist. Für die Entscheidung im Disziplinarverfahren sind grundsätzlich die tatsächlichen Feststellungen eines rechtskräftigen strafgerichtlichen Urteils, auf denen dieses beruht, bindend; eine nochmalige Nachprüfung solcher Feststellungen durch das Disziplinargericht findet nur statt, wenn seine Mitglieder mit Stimmenmehrheit deren Richtigkeit bezweifeln (§ 18 BDO). Ein Freispruch im Strafverfahren bewirkt, daß wegen der Tatsachen, die Gegenstand des strafgerichtlichen Urteils waren, ein Disziplinarverfahren nur eingeleitet oder fortgesetzt werden kann, wenn diese Tatsachen, ohne den Tatbestand eines Strafgesetzes oder einer Bußgeldvorschrift zu erfüllen, ein Dienstvergehen enthalten (ebenso auch § 76 Abs. 5 WDO, § 118 Abs. 2 BRAO, § 102 Abs. 2 PatAO, § 109 Abs. 2 SteuerberatG, § 83 Abs. 2 WirtschPrüfO).

2. Anrechnung. Wenn auch im Verhältnis der Kriminal- zur Disziplinarstrafe **13**
der Grundsatz „ne bis in idem" nicht gilt, so hat doch die Verhängung einer Strafe durch den Strafrichter z. T. zur Folge, daß wegen desselben Sachverhalts disziplinarische Maßnahmen nur in beschränktem Umfang zulässig sind. So sind nach § 14 BDO neben einer Kriminalstrafe vermögensrechtliche Disziplinarmaßnahmen nur zulässig, wenn dies zusätzlich erforderlich ist, um den Beamten zur Erfüllung seiner Pflichten anzuhalten und das Ansehen des Beamtentums zu wahren (vgl. dazu auch § 115 b Bundesrechtsanwaltsordnung). Umgekehrt ist es bei Soldaten mit dem Grundsatz der Rechtsstaatlichkeit nicht vereinbar, daß eine strafgerichtliche Verurteilung zu Freiheitsstrafe oder die Anordnung von Jugendarrest ohne Berücksichtigung einer vorangegangenen disziplinarischen Bestrafung mit Arrest wegen derselben Tat erfolgt (BVerfGE **21** 378, 391 = NJW **1967** 1651 m. Anm. *Rupp;* BVerfGE **27** 180; **32** 51; s. jetzt § 8 WDO). Ob dieser Grundsatz auch beim Zusammentreffen einer kriminellen Geldstrafe mit einer vorangegangenen vermögensrechtlichen Disziplinar-, ehren- oder berufsgerichtlichen Bestrafung gilt, ist streitig (verneinend BVerfG NJW **1970** 507 — aber mit 4 gegen 4 Stimmen —; dazu *Kreuzer* in der Anmerkung zu dieser Entscheidung).

Jedenfalls zeigt sich in der **neuesten Gesetzgebung,** sei es aus Billigkeitsgrün- **14**
den, sei es in ausdehnender Auslegung des Art. 103 Abs. 3 GG, die **Tendenz der Anrechnungspflicht.** So bringt zwar der durch das Ergänzungsgesetz vom 20. 12. 1974 (BGBl. I 3686) neu gefaßte § 178 GVG wie bisher zum Ausdruck, daß die Bestrafung wegen **Ungebühr** in einer Gerichtssitzung mit Ordnungsgeld- oder Ordnungshaft die spätere strafgerichtliche Verfolgung nicht ausschließt, schreibt aber für den Fall späterer krimineller Bestrafung des Verhaltens die Anrechnung von Ordnungsgeld oder Ordnungshaft auf die kriminelle Strafe vor, also auch die Anrechnung von Ordnungsgeld auf eine kriminelle Geldstrafe. Jedoch besteht keine Möglichkeit, wenn gegen einen Strafgefangenen wegen desselben Verhaltens (hier: Beleidigung eines Strafanstaltsbeamten) als **Hausstrafe** verschärfter Arrest und demnächst eine kriminelle Geldstrafe verhängt wird, die Arreststrafe, die sich nicht als Freiheitsentziehung, sondern nur als Verschärfung des Freiheitsentzugs darstellt, auf die Geldstrafe anzurechnen, was nicht ausschließt, die Disziplinarmaßnahme bei der Strafzumessung zu berücksichtigen (OLG Hamm NJW **1972** 593).

KAPITEL 8
Strafprozeß und Justizverwaltung.

1 I. Als **Strafrechtspflege** kann man die von den zuständigen Behörden entfaltete Tätigkeit bezeichnen, die — allgemein oder im Einzelfall — darauf gerichtet ist, der Strafrechtsordnung Geltung zu verschaffen und die Rechtsfolgen zu verwirklichen, die das materielle Strafrecht an die Verwirklichung von Straftatbeständen knüpft. Diese Tätigkeit ist entweder Rechtsprechung oder Justizverwaltung. Rechtsprechung i. S. des Art. 92 GG (Rechtsprechung im weiteren Sinn) ist jede von Gerichten oder Richtern in richterlicher Unabhängigkeit entfaltete Rechtspflegetätigkeit. Einen Ausschnitt aus ihr bildet die Rechtsprechung im engeren („materiellen") Sinn, d. h. die dem Richter übertragene Tätigkeit zur Entscheidung eines konkreten Rechtsstreits (vgl. Vorbem. 2 vor § 1 GVG).

2 II. Die **Rechtsprechung im engeren Sinn** umfaßt nicht nur die eigentliche Entscheidung, die das Verfahren der Instanz abschließt, und die im Lauf eines Verfahrens vom Richter zu treffenden Zwischenentscheidungen, sondern auch die der Entscheidung vorausgehende und sie vorbereitende Tätigkeit, die in die Hand des Richters gelegt ist, wie z. B. eine richterliche Vornahme einzelner Beweiserhebungen vor der Entscheidung über die Eröffnung des Hauptverfahrens (§§ 201, 202) oder die Anordnung des Hauptverhandlungstermins und der erforderlichen Ladungen (§§ 213, 214). Um Rechtsprechungsakte handelt es sich auch bei richterlichen Maßnahmen im **Vorverfahren,** die der Sicherung und ordnungsmäßigen Durchführung des künftigen gerichtlichen Verfahrens dienen oder eine einstweilige Vorwegnahme einer künftig zu erwartenden Entscheidung aus Gründen des Gemeinwohls bezwecken wie bei dem Erlaß des Haftbefehls (§§ 114, 125), einer Unterbringungsanordnung (§ 126 a), einer vorläufigen Entziehung der Fahrerlaubnis (§ 111 a), einem vorläufigen Berufsverbot (§ 132 a) oder der Bestellung eines Verteidigers (§ 141 Abs. 3). Zur Rechtsprechung gehört auch die Leistung von Rechtshilfe (§§ 156 ff. GVG).

3 **Nicht** um **Rechtsprechung** im engeren Sinn, sondern materiell um **Amtshilfe** (Art. 35 GG) handelt es sich dagegen bei den „**gerichtlichen Untersuchungshandlungen**" i. S. des § 162 StPO, um die im Vorverfahren der Staatsanwalt das Amtsgericht ersuchen kann. Denn sie dienen nur der Vorbereitung einer Entscheidung der Staatsanwaltschaft (BVerfGE **31** 43), und der angegangene Richter hat nur die Zulässigkeit, nicht die Zweckmäßigkeit oder Notwendigkeit der beantragten Amtshilfe zu prüfen (§ 162 Abs. 3). Da indessen der Richter die Verantwortung für die Gesetzmäßigkeit der Untersuchungshandlung trägt, handelt er auch insoweit unter richterlicher Unabhängigkeit, so daß diese Akte der Amtshilfe als Rechtsprechung im weiteren Sinn zu werten sind. In Betracht kommen z. B. im Vorverfahren Maßnahmen, die die Erforschungsbefugnisse der Staatsanwaltschaft (§§ 160 ff.) überschreiten, wie die in § 78 c Abs. 1 Nr. 2 bis 5, 12 StGB bezeichneten richterlichen Handlungen zwecks Unterbrechung der Verjährung, die eidliche Vernehmung von Zeugen und Sachverständigen, die dem Richter vorbehalten ist (§ 161 a Abs. 1 Satz 3) und jede nur dem Richter zustehende Freiheitsentziehung wie die Verhängung von Ordnungshaft gegenüber dem ungehorsamen Zeugen und Sachverständigen (§ 161 Abs. 2; wegen der Vorführung des auf Ladung der Staatsanwaltschaft nicht erscheinenden Beschuldigten vgl. § 163 a Abs. 3).

III. Justizverwaltung.

1. Begriff. Jede Tätigkeit der an der Strafrechtspflege beteiligten Stellen, die nicht zur Rechtsprechung im engeren oder weiteren Sinn gehört, ist Justizverwaltung. Es gehört hierher die Bereitstellung der sachlichen und personellen Mittel, die **allgemein** erforderlich sind, um anfallende Strafverfahren durchzuführen, wie die Errichtung und Instandhaltung von Gerichtsgebäuden, die Anstellung der nötigen Zahl von Richtern und Staatsanwälten, die Einrichtung und der Betrieb von Geschäftsstellen usw., oder die im Einzelfall für Zwecke eines bestimmten Verfahrens benötigt werden wie die Zuweisung eines geeigneten Sitzungssaals oder eines Protokollführers (vgl. Anm. 5 zu § 158 GVG). Justizverwaltung ist weiterhin die Ausübung der **Dienstaufsicht** über Richter, Staatsanwälte und das sonstige Personal der Justizbehörden mit der Folge, daß die nach dem Deutschen Richtergesetz 1961 errichteten Dienstgerichte für Richter, die in disziplinar- und dienstrechtlichen Angelegenheiten sowie dann zu entscheiden haben, wenn ein Richter von einer Maßnahme der Dienstaufsicht behauptet, daß sie seine richterliche Unabhängigkeit beeinträchtige, materiell Verwaltungsgerichtsbarkeit ausüben (*Schlee* DRiZ **1961** 227). 4

2. Verwaltungstätigkeit, mithin Justizverwaltung im allgemeinen Sinn, mag auch 5
der Begriff „Justizverwaltung" herkömmlicherweise in einem engeren Sinn gebraucht werden, ist aber auch begrifflich die **Tätigkeit des Staatsanwalts** (und seiner Hilfsorgane; vgl. dazu BVerfG MDR **1956** 313) im Strafverfahren, und zwar sowohl im Vorverfahren wie im Hauptverfahren[1]. Denn der Staatsanwalt übt nicht Rechtsprechung aus; dies ist

[1] Gegen diese rechtliche Einordnung der Tätigkeit des Staatsanwalts im Strafverfahren wurden und werden Einwendungen erhoben. Hauptanlässe waren in der Vergangenheit die Entscheidung des BGH NJW **1960** 2346 über die Auswirkung des Bestehens einer festen höchstrichterlichen Rechtsprechung auf die Anklagepflicht des Staatsanwalts (Kap. 13, 34) und die Frage, ob auch die Rechtsstellung des Staatsanwalts im Richtergesetz 1961 zu regeln sei (vgl. u. a. *Eb. Schmidt* DRiZ **1957** 279; MDR **1964** 629, 713; *Kaiser* NJW **1961** 201; *Göbel* NJW **1961** 856; s. auch Vorbem. 5 vor § 141 GVG). Es wird geltend gemacht, daß der Staatsanwalt – in gleicher Weise wie der Richter – zur Erforschung der materiellen Wahrheit und zur Herbeiführung eines gerechten Urteilsspruchs tätig werde, daß seine Art, den Tatsachenstoff zu würdigen und die Rechtslage zu beurteilen, sich in nichts von der richterlichen Betrachtungsweise unterscheide, daß Staatsanwalt und Richter gemeinsam die Erfüllung der staatlichen Justizgewährungspflicht übertragen sei, daß sie zusammengehörende Organe der Strafrechtspflege seien, usw. Das alles ist gewiß richtig und bezeugt die Nähe der Tätigkeit des Staatsanwalts zum Richteramt; § 122 DRiG beruht auf dem Bestreben, diese „Nähe zum Richteramt" beim Staatsanwalt zu betonen (vgl. Bericht des Rechtsausschusses BTDrucks. Nr. 2785 zu B XI). Die Anhänger der hier abgelehnten Auffassung können auch darauf verweisen, daß die neueste Rechtsentwicklung (vgl. die Änderungen durch das 1. StVRG, oben Kap. 5, 46) darauf gerichtet ist, die Stellung des Staatsanwalts im Verfahren zu stärken und, wie die amtliche Begründung bemerkt, die bisherige Beteiligung des Richters am Ermittlungsverfahren „auf das unbedingt, insbesondere verfassungsrechtlich gebotene Maß zu beschränken". Aber wenn auch der Staatsanwalt „ein dem Gericht gleichgeordnetes Organ der Strafrechtspflege ist" (BGHSt. **24** 171), so rechtfertigt das nicht Folgerungen wie die, daß der Staatsanwalt „zur rechtsprechenden Gewalt gehöre" (*Göbel* aaO.), daß die Funktionen des Staatsanwalts „durchaus richterlicher Art" seien (*Kaiser* aaO.). Der entscheidende Unterschied bleibt, daß der Staatsanwalt nicht Recht spricht und nicht Recht sprechen kann, weil ihm die Unabhängigkeit fehlt, mag auch der Bereich seiner Weisungsgebundenheit noch so eng gezogen werden. S. hierzu im Sinn der hier vertretenen Auffassung auch OLG Koblenz, JVBl. **1961** 237 (Staatsanwaltschaft ist Justizbehörde i. S. des § 23 EGGVG); *Altenhain* DRZ **1963** 8 ff.; *Blomeyer* GA **1970** 161; *Nüse* JR **1971** 395; *Günther* Staatsanwaltschaft 1973 (dazu *Tröndle* JR **1973** 523); *Bucher* JZ **1975** 105, der sich gegen die Ausführungen von *Wagner* JZ **1974** 212 wendet, daß Staatsanwälte keine Beamten seien.

nur dem Richter vorbehalten (Art. 92 GG); die Beteiligung des Staatsanwalts bei der Ausübung der Rechtsprechung ist mithin Verwaltungstätigkeit, wenn auch Verwaltungstätigkeit eigner Art[2]. Daß er dabei — wie der Richter — gesetzesgebunden und im Dienst von Wahrheit und Gerechtigkeit handelt, dem Legalitäts- und nicht dem Opportunitätsprinzip unterstellt ist, begründet keinen Sondercharakter, denn die Ausübung von Verwaltungstätigkeit ist auch außerhalb der Justiz in weitem Umfang gesetzesgebunden und selbst vom Legalitätsgrundsatz beherrscht. Dagegen kommt der Charakter der Tätigkeit des Staatsanwalts deutlich in seiner Weisungsgebundenheit (§ 146 GVG) zum Ausdruck, auch wenn dem Weisungsrecht verhältnismäßig enge Grenzen gesetzt sind. So, wie die Ausübung der Weisungs- und Aufsichtsbefugnis der Vorgesetzten selbst, namentlich des Justizministers, Justizverwaltung ist, ist es auch die weisungsgebundene Tätigkeit der Staatsanwaltschaft.

6 3. Zur Justizverwaltung gehört weiterhin die **Strafvollstreckung** und der **Vollzug von Freiheitsstrafen** und freiheitsentziehenden Maßregeln der Besserung und Sicherung (vgl. Vorbem. III vor § 449 StPO und BGH DRiZ **1975** 23), in deren Verlauf aber auch den Gerichten obliegende Rechtsprechungsaufgaben anfallen, ferner die Leistung von **Amtshilfe,** soweit die Beistandsleistung nicht in einer richterlichen Handlung, also in einem Rechtsprechungsakt, d. h. in der Gewährung von Rechtshilfe im technischen Sinn besteht (vgl. die Vorbem. vor § 156 GVG), ferner das durch das BZRG 1971 geregelte **Bundeszentralregisterwesen** und schließlich die Ausübung von **Gnadenbefugnissen** gegenüber rechtskräftigen Strafurteilen (vgl. Vorbem. IV vor § 12 GVG).

7 4. **Gerichtsverwaltung.** An Stelle des Ausdrucks „Justizverwaltung" verwendet das DRiG den Ausdruck „Gerichtsverwaltung" (§ 4 Abs. 2 Nr. 1). Eine Sinnesänderung ist mit diesem Ausdruckswechsel nicht verbunden; der Wechsel beruht darauf, den in der ordentlichen Gerichtsbarkeit entwickelten Begriff der Justizverwaltung mit gleichem Sinngehalt für alle Gerichtsbarkeitszweige einzuführen (amtliche Begründung zum Entwurf des DRiG, BTDrucks. Nr. 516 zu § 4).

8 5. **Heranziehung von Richtern zu Aufgaben der Justizverwaltung.** § 4 EGGVG gestattet es dem Landesrecht, den „betreffenden Landesbehörden" (den Gerichten und Staatsanwaltschaften) „Geschäfte der Justizverwaltung" zu übertragen. Hier ist nur an solche Geschäfte gedacht, die nicht bereits, wie die Tätigkeit der Staatsanwaltschaft im Strafverfahren oder bei der Strafvollstreckung (§ 451 StPO), durch Bundesrecht diesen Behörden zugewiesen sind oder für die nicht das Bundesrecht selbst eine besondere Übertragungsermächtigung vorsieht (vgl. § 451 Abs. 3 a. F. StPO, der die Landesjustizverwaltung ermächtigte, den Richtern des Amtsgerichts in den zur Zuständigkeit der Amtsgerichte gehörenden Sachen die Strafvollstreckung zu übertragen). Übertragungen dieser Art sind vor allem in der Zeit nach Übergang der Justizhoheit der Länder auf das Reich durch die VO zur einheitlichen Regelung der Gerichtsverfassung vom 20. 3. 1935 (RGBl. I 403) — vgl. im Anh. B in Bd. IV dieses Werkes — einheitlich für das damalige Reichsgebiet ausgesprochen worden. § 13 aaO verpflichtet die Präsidenten der Gerichte und aufsichtführenden Richter bei Amtsgerichten sowie die Leiter der Staatsanwaltschaften zur Erledigung der ihnen von der Ministerialinstanz zugewiesenen Justizverwaltungsgeschäfte und überträgt ihnen das Recht, die ihrer Dienstaufsicht unterstellten Richter und Beamten zu Geschäften der Justizverwaltung heranzuziehen. § 14 aaO regelt die Zuständigkeit zur Ausübung der Dienstaufsicht.

---

2 Vgl. BVerwG NJW **1961** 1835.

In diesen Rechtszustand hat z. T. das DRiG 1961 **ändernd eingegriffen,** soweit es sich um die Heranziehung der Gerichte und Richter zu Geschäften der Justiz-(Gerichts-)Verwaltung handelt. § 4 spricht zwar als Grundsatz aus, daß ein Richter nicht zugleich Aufgaben der rechtsprechenden und der vollziehenden Gewalt wahrnehmen darf, läßt aber — als Ausnahme von diesem Grundsatz — zu, daß ein Richter außer Aufgaben der rechtsprechenden Gewalt und anderer auf Grund eines Gesetzes Richtern oder Gerichten zugewiesenen Aufgaben dienstlich auch Aufgaben der Gerichtsverwaltung einschl. Prüfungsangelegenheiten wahrnehmen darf. Um jedoch Richter nach Möglichkeit vor nichtrichterlichen Aufgaben freizuhalten, bestimmt § 42 DRiG, daß den Richter eine **Verpflichtung zur Erledigung von Aufgaben der Gerichtsverwaltung,** zu denen er herangezogen wird, nur insoweit trifft, als der Umfang dieser Aufgaben den Charakter und den herkömmlichen Rahmen einer Nebentätigkeit nicht überschreitet; bei einem Streit, ob diese Grenze gewahrt ist, entscheidet das Dienstgericht (§ 62 Abs. 1 Nr. 4 d, § 78 Nr. 4 d). Für eine weitergehende, insbesondere hauptamtliche Verwendung in der Gerichtsverwaltung ist die Einwilligung des Richters erforderlich, die allerdings bei solchen Richtern als im voraus erteilt gilt, die zum Präsidenten (aufsichtführenden Richter) ernannt sind, und deren Aufgabe vorzugsweise in der Erledigung von Justizverwaltungsgeschäften besteht (BGH DRiZ **1975** 23). **9**

6. Strafvollstreckung. Auf dem Grundgedanken, Richter nach Möglichkeit von der Verpflichtung zur Wahrnehmung nichtrichterlicher Aufgaben freizustellen, beruht die durch Art. 21 Nr. 120 EGStGB 1974 erfolgte **Beseitigung des früheren Absatzes 3 des § 451 StPO,** der die Landesjustizverwaltungen ermächtigte, in den zur Zuständigkeit der Amtsgerichte gehörenden Sachen die Strafvollstreckung den Richtern beim Amtsgericht zu übertragen. Nur für eine Übergangszeit (bis zum 31. 12. 1979) läßt Art. 315 EGStGB noch zu, daß durch eine Landes-RechtsVO in Abweichung von § 451 Abs. 1 StPO die Strafvollstreckung dem Richter beim Amtsgericht als Vollstreckungsbehörde übertragen wird, soweit er im ersten Rechtszug entschieden und nicht auf Freiheitsstrafe erkannt hat. **10**

7. Soweit hiernach Angelegenheiten der Justizverwaltung Gerichten und Richtern übertragen werden, handeln diese nicht unter richterlicher Unabhängigkeit, die sich grundsätzlich nur auf die Rechtsprechungstätigkeit erstreckt, sondern als **weisungsgebundene Organe der Justizverwaltung** (vgl. insbesondere Anm. IV 3 zu § 451). Beschwerden gegen ihre Maßnahmen sind also keine Beschwerden i. S. der §§ 304 ff., über die ein Beschwerdegericht zu entscheiden hätte, sondern werden grundsätzlich „im Dienstaufsichtswege" erledigt (§ 17 der VO vom 20. 3. 1935; vgl. dazu auch, soweit es sich — für die Übergangszeit — um den Richter beim Amtsgericht als Vollstreckungsbehörde handelt, Anm. IV 5 zu § 451). **11**

IV. Zur Rechtsprechung im weiteren Sinn. **12**

1. Zwischen die Rechtsprechung im engeren („materiellen") Sinn, die in der richterlichen Mitwirkung zur Entscheidung eines konkreten Rechtsstreits besteht, und die Justiz-(Gerichts-)Verwaltung schiebt sich als Zwischenfigur die Rechtsprechung im weiteren Sinn ein[3]. Der Gesetzgeber ist nicht gehindert, auch Aufgaben, die nicht Recht-

---

[3] Ein Teil der hier in Betracht kommenden Fälle gehört zu den früher von *Eb. Schmidt* I[1], 79, 389, 390 im Anschluß an *Grünhut*, MonSchr.Krim. 1930, Beiheft 3 S. 17 als „justizförmige Verwaltungsakte" bezeichneten Tätigkeiten; diese Bezeichnung hat *Eb. Schmidt* I[2] 486) inzwischen aufgegeben.

sprechung im materiellen Sinn sind, dem Richter anzuvertrauen (vgl. BVerfGE **21** 139, 144 = NJW **1967** 1123; NJW **1969** 1104, 1106). „Hat sich der Gesetzgeber hierzu entschlossen, so muß das Verfahren mit den verfassungsrechtlichen Garantien des gerichtlichen Verfahrens ausgestattet sein. Art. 92 GG garantiert deshalb in jedem vom Gesetzgeber als Rechtsprechung eingeführten Verfahren, auch wenn der Gesetzgeber zur Zuweisung gerade dieser Materie zur rechtsprechenden Gewalt verfassungsrechtlich nicht verpflichtet gewesen wäre, den gesetzlichen und unabhängigen Richter und das rechtsstaatliche Gerichtsverfahren des IX. Abschnitts des GG" (BVerfGE **22** 49, 78 = NJW **1967** 1219, 1220; BVerfGE **25** 336, 346 = NJW **1969** 1104, 1106). Dies alles gilt auch, wenn der Gesetzgeber nicht ein Verfahren im ganzen, sondern bestimmte Akte, die nicht in der Mitwirkung bei der Entscheidung eines konkreten Rechtsstreits bestehen, einem Gericht (Richter) als Rechtsprechungsmaßnahme (im weiteren Sinn) zugewiesen hat. Ob ein Gericht (Richter) rechtsprechende Tätigkeit oder Justizverwaltung ausübt, richtet sich demgemäß nicht nach dem sachlichen Gehalt der Tätigkeit, sondern ob die Erledigung in richterlicher Unabhängigkeit oder als **weisungs**gebundene Maßnahme erfolgt (BVerwGE **5** 69).

13 **2. Beispiele:** So ist, um den Grundsatz des gesetzlichen Richters (Art. 101 GG) und der richterlichen Unabhängigkeit in voller Reinheit durchzuführen, die personelle Besetzung der Abteilungen des Amtsgericht, der Kammern und Senate der Kollegialgerichte und die Verteilung der Geschäfte auf sie dem aus Richtern bestehenden Präsidium übertragen, das seine Aufgabe unter richterlicher Unabhängigkeit erfüllt (§§ 21 a ff., 22 a, 22 b GVG). Da die Geschäftserteilung vor Beginn des Geschäftsjahres und für seine Dauer erfolgt, fehlt es hier an der Beziehung dieser Tätigkeit zu einem konkreten Rechtsstreit, vielmehr handelt es sich um einen Akt allgemeiner Vorsorge für anhängige wie für künftig anfallende Verfahren, der materiell — nicht anders als die Schaffung der personellen und sachlichen Voraussetzungen für die Durchführung von Verfahren wie die Anstellung der nötigen Zahl von Richtern, die Bestimmung der erforderlichen Zahl von Kammern und Senaten (vgl. §§ 7, 8 der VO vom 20. 3. 1935; § 130 GVG) — Justizverwaltungstätigkeit ist, dessen Besonderheit aber gerade darin besteht, daß er von Richtern unter richterlicher Unabhängigkeit ausgeübt wird. Rechtsprechung im weiteren Sinn sind aber auch die Anordnungen, die in Eilfällen und mit Bezug auf anstehende Termine nach § 21 i Abs. 2 GVG der Präsident oder aufsichtführende Richter als Vorsitzender des Präsidiums, dieses vertretend, trifft. Ähnliche Fälle dieser Art sind etwa die Mitwirkung des Richters beim Amtsgericht bei der Wahl der Schöffen (§§ 40 ff. GVG), die Auslosung der Schöffen für die einzelnen Sitzungen (§§ 45, 77 GVG; **a. M.** BGH JR **1975** 206 m. krit. Anm. *Kohlhaas*), die Mitwirkung des Präsidiums bei der Einberufung der Hilfsrichter (§ 70 Abs. 1 GVG). Rechtsprechungsakte im engeren Sinn sind dagegen mit Rücksicht auf die Auswirkung auf den veranlassenden Einzelfall trotz ihrer hauptsächlich in die Zukunft weisenden Bedeutung die auf Vorlegung gemäß § 121 Abs. 2 GVG ergehenden Entscheidungen des Bundesgerichtshofs und die Entscheidungen des Großen Senats in Fragen von grundsätzlicher Bedeutung zur Fortbildung des Rechts nach § 137 GVG.

14 **3. Mischformen.** Für die Zuordnung zur Rechtsprechung im weiteren Sinn kommt es nicht auf den sachlichen Gehalt der Maßnahme, nicht darauf an, ob sie „von Haus aus" zur Rechtsprechung oder zur Justizverwaltung zu rechnen wäre. Entscheidend ist vielmehr nur die positivrechtliche Ausgestaltung der Maßnahme durch den Gesetzgeber. Daß qualitative Unterscheidungen mit Überzeugungskraft nicht möglich sind, zeigt sich darin, daß mitunter dieselbe Maßnahme teils „justizförmig", teils rein justizverwaltungsmäßig getroffen wird. So ist z. B. die Bildung (Errichtung) der Kam-

mern und Senate der Kollegialgerichte (nicht ihre Besetzung) Sache der Justizverwaltung (§§ 7, 8 der VO vom 20. 3. 1935, § 130 GVG), während die Bildung von Hilfskammern und -senaten sowie von Ferienkammern und -senaten (§ 201 GVG) als eine nur dem Präsidium zustehende Aufgabe der Geschäftsverteilung angesehen wird (BGHSt. **21** 260). Die Strafaussetzung zur Bewährung und der Straferlaß nach §§ 56, 56 g, 57 StGB sind echte Rechtsprechungsakte, auch wenn es daneben eine Strafaussetzung und einen Straferlaß als Gnadenakt gibt und früher nur dieser Weg offenstand. Die Einstellung des Verfahrens wegen Geringfügigkeit (§ 153) und die vorläufige Einstellung mit Auflagen und Weisungen (§ 153 a) sind Justizverwaltungs- oder Rechtsprechungsakte, je nachdem ob sie durch die Staatsanwaltschaft im Vorverfahren oder das Gericht im Hauptverfahren erfolgen; die zur Einstellung des Vorverfahrens erforderliche Zustimmung des Gerichts ist aber stets Rechtsprechungsakt.

V. Gerichtliche Nachprüfung von Justizverwaltungsakten. **15**

1. Akte der (reinen) **Justizverwaltung** können unter Umständen Gegenstand **strafgerichtlicher Nachprüfung** und damit eines Strafverfahrens im weiteren Sinn sein. Nach Art. 19 Abs. 4 GG steht dem, der durch die öffentliche Gewalt in seinen Rechten verletzt wird, der Rechtsweg offen, und zwar der Rechtsweg zu den ordentlichen Gerichten, soweit nicht die Zuständigkeit eines anderen Gerichtsbarkeitszweiges begründet ist. Nach der Verwaltungsgerichtsordnung (VWGO) vom 21. 1. 1960 (BGBl. I 17) können beschwerende Verwaltungsakte grundsätzlich mit der bei den allgemeinen Verwaltungsgerichten zu erhebenden Anfechtungsanklage angefochten werden. Die Zuständigkeit der Verwaltungsgerichte ist aber, soweit es sich um beschwerende Justizverwaltungsakte handelt, zugunsten des Rechtswegs zu den ordentlichen Gerichten ausgeschlossen worden durch § 179 VwGO, der dem EGGVG die §§ 23 ff. einfügte. Was die hier allein interessierende Strafrechtspflege anlangt, so entscheiden danach über die Rechtmäßigkeit von Anordnungen, Verfügungen oder sonstigen Maßnahmen, die von den Justizbehörden zur Regelung einzelner Angelegenheiten auf dem Gebiet der Strafrechtspflege getroffen werden, auf Antrag die ordentlichen Gerichte (ein Strafsenat des Oberlandesgerichts, § 25). Das gleiche gilt für Anordnungen usw. der Vollzugsbehörden im Vollzug der Freiheitsstrafen, der Maßregeln der Besserung und Sicherung, des Jugendarrests und der Untersuchungshaft. Der Antrag auf gerichtliche Entscheidung ist nur zulässig, wenn der Antragsteller geltend macht, durch die Maßnahme oder die Ablehnung oder Unterlassung eines von ihm begehrten Verwaltungsakts in seinen Rechten verletzt zu sein. Diese Regelung hat nur subsidiäre Bedeutung; sie gilt nicht, soweit die ordentlichen Gerichte bereits auf Grund anderer Vorschriften angerufen werden können (§ 23 Abs. 3). Das Hauptanwendungsgebiet der §§ 23 ff. auf dem Gebiet der Strafrechtspflege ist die Nachprüfung von Maßnahmen beim Vollzug von Freiheitsstrafen und sonstigen durch strafgerichtliche Entscheidung angeordneten Freiheitsentziehungen. Der Rechtsweg aus § 458 StPO, der früher über seinen Wortlaut hinaus zur Gewinnung einer gerichtlichen Entscheidung herhalten mußte, steht jetzt nur offen, soweit diese Bestimmung unmittelbar eingreift (BHSt. **19** 240; NJW **1964** 166, 167; h. M.).

2. Wegen der **Tragweite** des § 23 EGGVG im einzelnen muß auf die Anmerkungen zu dieser Vorschrift im vorliegenden Werk verwiesen werden. Nur beispielshalber sei auf folgendes hingewiesen: Die Tätigkeit des **Staatsanwalts im Strafverfahren** (vgl. dazu Anm. 6 d und 9 zu § 23 EGGVG) unterliegt in aller Regel nicht einer Nachprüfung nach §§ 23 ff., da sie bereits durch die Vorschriften der StPO überall da, wo beachtliche Interessen des Beschuldigten oder des Verletzten auf dem Spiel stehen, letztlich einer Rechtskontrolle durch das Strafgericht unterliegt (vgl. dazu OLG Hamm NJW **1969** **16**

808). Das gilt insbesondere für die Entschließung des Staatsanwalts, die öffentliche Klage nicht zu erheben (§§ 172 ff.). Ja, man kann geradezu sagen, daß die Vorschriften der StPO sich auf dem Gebiet des Strafverfahrens als abschließende Regelung, als leges speciales gegenüber der lex generalis der §§ 23 ff. EGGVG darstellen. Wenn z. B. § 172 Abs. 2 bestimmt, daß in den dort genannten Fällen das Klageerzwingungsverfahren ausgeschlossen ist, so ist damit zugleich ausgesprochen, daß der unzulässige Antrag auch nicht im Wege des § 23 EGGVG verfolgt werden kann. Ganz allgemein muß § 23 Abs. 3 EGGVG dahin verstanden werden, daß nicht nur die Vorschriften der StPO, die bereits die Möglichkeit einer Anrufung des Gerichts vorsehen, unberührt bleiben, sondern daß auch solche Vorschriften nicht berührt werden, die ausnahmsweise die nach der StPO grundsätzlich zulässige Anrufung ausschließen.

17 3. Auch **Maßnahmen der Zentralregisterbehörde** im Vollzug des BZRG 1971 sind Maßnahmen einer Justizbehörde zur Regelung einer einzelnen Angelegenheit auf dem Gebiet der Strafrechtspflege i. S. des § 23 EGGVG; denn das Bundeszentralregister dient in erster Linie Zwecken der Strafrechtspflege (BGHSt. **20** 205). Daher findet eine gerichtliche Nachprüfung statt, wenn ein Gesuch des Verurteilten um vorzeitige Tilgung des Strafvermerks von dem Bundesjustizminister abgelehnt wird (§ 47 BZRG).

18 4. Dagegen ist die viel umstrittene Frage, ob die **Ablehnung eines Gnadengesuchs**[4] durch den Inhaber des Gnadenrechts oder die von ihm zur Bescheidung von Gnadengesuchen ermächtigten Stellen der Justizverwaltung einen „justizlosen" Hoheitsakt darstellt oder ob sie der gerichtlichen Nachprüfung unterliegt, die nach § 23 EGGVG durch das Oberlandesgericht als dem „sachnächsten" Gericht zu erfolgen hätte, mit Wirkung für die praktische Handhabung von BVerfGE. **25** 352 = NJW **1969** 1985 im ersteren Sinne beantwortet worden. Dabei hat namentlich der Umstand, daß der Beschluß mit 4 gegen 4 Stimmen gefaßt wurde, dazu geführt, daß die wissenschaftliche Diskussion mit dem Ziel einer Reform anhält (vgl. dazu Anm. IV 5 vor § 12 GVG). Zur Belebung dieser Diskussion hat auch beigetragen, daß nach BayVerfGHE **23** 6; **24** 53 und Hess. StaatsGH NJW **1974** 791 (dazu *Petersen* JuS **1974** 791; *Brandt* und *Oettl* DVBl. **1974** 925) das in diesen Ländern geltende Landesverfassungsrecht — über Art. 19 Abs. 4 GG hinaus — dem Bürger das Recht gibt, bei Ablehnung eines Gnadenerweises das Landesverfassungsgericht mit der Begründung anzurufen, daß er in den von der Landesverfassung gewährten Grundrechten, vor allem dem Recht auf Gleichheit und Freiheit verletzt sei. Justitiabel (nach § 23 EGGVG anfechtbar) ist der **Widerruf** eines unter Bedingungen gewährten Gnadenbeweises, der mit der Nichterfüllung der Bedingungen begründet wird, z. B. der Widerruf einer im Gnadenweg gewährten Strafaussetzung zur Bewährung wegen schlechter Führung während der Bewährungszeit (BVerfGE **30** 108 = NJW **1971** 975).

---

[4] **Schrifttum:**
Hüser Begnadigung und Amnestie als kriminalpolitisches Instrument, Diss. Hamburg **1973**; *Schätzler* Gnade vor Recht. Zur verfassungsgerichtlichen Rechtsprechung über die Justiziabilität von Gnadenentscheidungen, NJW **1975** 1249.

KAPITEL 9
Die Prozeßbeteiligten.

I. Begriff. Fälle der Verfahrensbeteiligung. In einem Strafverfahren kann eine Vielzahl von Stellen und Personen **handelnd** auftreten. Das Verfahren kann z. B. durch die Anzeige einer Privatperson, meistens des Verletzten, veranlaßt werden. Die Beziehung des **Anzeigers** zum Verfahren zeigt sich dann u. a. in der Vorschrift des § 469 StPO. Das Verfahren kann auch durch Stellung eines Strafantrags bedingt sein; dann erlangt der Antragsteller sogar Verfügungsmacht über das Verfahren in dem Sinn, daß die zulässige (§ 77 d StGB) Zurücknahme des Strafantrags dem Verfahren ein Ende setzt. Der **Staatsanwalt,** in dessen Hand das Vorverfahren liegt, kann sich bei seinen Ermittlungen der Hilfe der Polizeibehörden bedienen. Der **Beschuldigte**[1] wird vernommen, **Zeugen** und **Sachverständige** werden gehört. Dem Beschuldigten kann ein **Verteidiger,** ein *Beistand* (§ 149 StPO, § 69 JGG) oder der **Erziehungsberechtigte** oder *gesetzliche Vertreter* (§§ 149 Abs. 2, 298, 365 StPO, § 67 JGG) helfend zur Seite stehen oder für ihn tätig werden. Schon in diesem Stadium kann das **Gericht** tätig werden, zur Anordnung von Zwang (Haftbefehl usw.) und zur Vornahme einzelner Untersuchungshandlungen (§ 162 StPO), insbes. zur eidlichen Vernehmung von Zeugen und Sachverständigen (§ 161 a Abs. 1 Satz 3) und zur Anordnung bestimmter vorläufiger Sicherungsmaßnahmen (§ 126 a: einstweilige Unterbringung, § 111 a: vorläufige Entziehung der Fahrerlaubnis, § 132 a: vorläufiges Berufsverbot, § 111 e: Beschlagnahme und Arrest zur Sicherung einer zu erwartenden Entscheidung, die auf Einziehung, Verfall, Geldstrafe und Belastung mit den Verfahrenskosten lautet). Die Erhebung der öffentlichen Klage durch die Staatsanwaltschaft führt zur „gerichtlichen Untersuchung" (§ 151 StPO) in Form des Eröffnungsverfahrens (des sog. Zwischenverfahrens) und des Hauptverfahrens, das mit der Hauptverhandlung abgeschlossen wird; im Stadium der gerichtlichen Untersuchung ist das Gericht „Herr" des Verfahrens. Nach Erhebung der öffentlichen Klage, die er gegebenenfalls erzwingen kann (§§ 172 ff. StPO), kann sich der Verletzte als **Nebenkläger** dem Verfahren anschließen und neben und unabhängig von dem Staatsanwalt auf den Betrieb des Verfahrens hinwirken. Schon im Vorverfahren kann der Verletzte sich auch durch Geltendmachung seiner gegen den Beschuldigten aus der Straftat erwachsenen **zivilrechtlichen Ansprüche** am Verfahren beteiligen, ohne freilich dadurch weitere prozessuale Einwirkungsmöglichkeiten zu erlangen (vgl. Anm. 5,1 zu § 404). In gewissem Umfang können auch andere Stellen und Personen ganz oder zum Teil die sonst der Staatsanwaltschaft übertragenen Aufgaben übernehmen. Im **Privatklageverfahren** erhebt der Verletzte die Klage und tritt auch für das weitere Verfahren — mit gewissen Einschränkungen — an die Stelle des Staatsanwalts (§ 385 StPO). Bei Steuerstraftaten kann das **Finanzamt** mit gleichen Rechten und Pflichten wie die Staatsanwaltschaft das Ermittlungsverfahren selbständig durchführen; es kann den Erlaß eines Strafbefehls und den Antrag auf Einziehung von Gegenständen im objektiven Verfahren stellen und wird im gerichtlichen Verfahren durch Anhörung beteiligt (§§ 421, 433, 435, 436, 440, 441 RAbgO). Weiterhin können am Verfahren beteiligt sein dritte Perso- 1

[1] Zur Frage, wann im Ermittlungsverfahren die Beschuldigteneigenschaft einer in die Ermittlungen einbezogenen Person beginnt, vgl. *von Gerlach* NJW **1969** 776.

nen, so solche, die durch eine **Beschlagnahme** von Gegenständen **betroffen** sind (§ 111 k), oder die **Einziehungsbeteiligten,** die Rechte an dem Gegenstand besitzen, dessen Einziehung, Vernichtung, Unbrauchbarmachung oder Verfallerklärung in Frage steht (§§ 431 ff., 442). Endlich werden im Strafverfahren neben dem Staatsanwalt und dem Gericht noch **andere Justizorgane** tätig, so die Geschäftsstelle des Gerichts und vor allem der Urkundsbeamte der Geschäftsstelle (§§ 168, 226); doch kann man diese in Nebenrollen Mitwirkenden nicht mehr als Prozeßbeteiligte bezeichnen.

2 **II. Prozeßsubjekte.**

1. Unter diesen **am Prozeß Beteiligten** ragen, sobald es zur Erhebung der Klage gekommen ist, drei Beteiligte hervor, ohne die nach der heutigen Gestaltung des Verfahrensrechts begrifflich von einem Prozeß überhaupt nicht gesprochen werden könnte, nämlich das **Gericht,** der **Kläger** und der **Beschuldigte.** Ihre besondere Eigenart beruht darin, daß ihnen die Rechtsmacht verliehen ist, aktiv gestaltend auf die Bereitung des Bildes von dem Lebensvorgang einzuwirken, der den Gegenstand der Anklage und der Entscheidung bildet. Für das Gericht ergibt sich Recht und Pflicht zu solcher Tätigkeit aus der Wahrheitserforschungspflicht (§ 244 Abs. 2); die Rechtsmacht von Kläger und Beschuldigtem zeigt sich vornehmlich in der Möglichkeit, durch Beweisanträge, denen das Gericht grundsätzlich entsprechen muß (§ 244 Abs. 3), bestimmend auf den Umfang der Beweisaufnahme einzuwirken, wobei Kläger und Beschuldigter jeweils in der Absicht handeln, dem Gericht ein Bild zu vermitteln, das zu dem von ihnen gewünschten und erstrebten Urteil führt. Die tragende Rolle, die Gericht, Kläger und Beschuldigter im Verfahren spielen, rechtfertigt es, sie als Prozeßsubjekte zu bezeichnen (*Eb. Schmidt* I 76, *Peters* 89), und gerade die Erhöhung des Beschuldigten vom Untersuchungsobjekt zum Prozeßsubjekt ist das Kennzeichen des modernen Prozesses, die Verbesserung seiner Rechtsstellung durch Erweiterung der Rechtsgarantien und prozessualer Befugnisse im Interesse seiner Verteidigung das Bestreben aller Reformarbeiten.

3 2. Durch die **Zweckrichtung** des prozessualen Verhaltens unterscheidet sich das Handeln von Kläger und Beschuldigtem grundsätzlich von dem Verhalten der **Zeugen** und **Sachverständigen** im Prozeß. Auch sie wirken durch ihre Aussagen und Gutachten auf die Bildung der richterlichen Überzeugung ein, aber ihre Aufgabe besteht nur in der objektiven, wahrheitsgetreuen Übermittlung ihres Wissens, ohne eine subjektive Zielrichtung (OLG Hamm NJW **1974** 683; *Peters* 89; *Henkel* 117). Daran ändert sich auch nichts, wenn der Zeuge zulässigerweise (§§ 52 ff.) die Aussage verweigert, um nicht durch Bekundung der Wahrheit den Beschuldigten zu belasten; denn nicht zu dem Zweck, auf die Urteilsfindung einzuwirken, ist dem Zeugen das Verweigerungsrecht eingeräumt, sondern in Würdigung seiner eigenen Konfliktslage, die ihm eine wahrheitsgemäße Aussage unzumutbar machen kann. Zeugen und Sachverständige sind daher grundsätzlich nicht Prozeßbeteiligte (BVerfG NJW **1975** 103, 104). Zum Prozeßbeteiligten wird der Zeuge (Sachverständige) aber, wenn es zu einem ihn betreffenden Nebenstreit kommt, so wenn über Ungehorsamsfolgen und Zeugnisverweigerungsrechte entschieden wird. Im Hinblick auf diese Möglichkeit ist der Zeuge berechtigt, zu seiner Vernehmung einen Rechtsbeistand (Rechtsanwalt) seines Vertrauens hinzuzuziehen, wenn er das für erforderlich hält, um von seinen prozessualen Befugnissen — neben dem Aussageverweigerungsrecht kommt z. B. der Antrag auf Entfernung des Angeklagten im Fall des § 247 in Betracht — selbständig und seinen Interessen entsprechend sachgemäß Gebrauch zu machen (BVerfG aaO).

III. „Prozeßparteien". Aber wenn auch Kläger und Beschuldigter gleichermaßen Prozeßsubjekte und in gewissem Umfang auch „gleichberechtigt" sind, so kann doch — jedenfalls im Offizialverfahren — keine Rede davon sein, daß sich im Strafprozeß Staatsanwalt und Beschuldigter als **Parteien** gegenüberstünden. Zunächst besteht der wesensbedingte Unterschied, daß der Beschuldigte Eingriffen in seine Rechtssphäre (Untersuchungshaft usw.) unterliegt, die den Staatsanwalt nicht treffen können. Im übrigen bleibt bei allen Bestrebungen des Gesetzgebers, die Rechtsstellung des Beschuldigten zu verbessern und den Organen, die den Staat bei der Verbrechensverfolgung repräsentieren, beim Einsatz der staatlichen Machtmittel Beschränkungen aufzuerlegen (Kap. 6, 8 ff.), doch bestehen, daß Staatsanwalt und Beschuldigter gänzlich verschiedene Zwecke verfolgen. Der Ankläger vertritt den Staat, der im Interesse des Gemeinwohls Ahndung des Bruchs der staatlichen Rechtsordnung begehrt. Der Staatsanwalt hat kraft seiner Amtspflicht für Wahrheit und Gerechtigkeit einzutreten; ihm obliegt die Ermittlung entlastender Umstände; er darf einen Schuldspruch nur beantragen (§ 258), wenn er von der Schuld des Angeklagten überzeugt ist; er kann auch zugunsten des Beschuldigten Rechtsmittel einlegen, und nach *Arndt* DRiZ **1959** 368 kann er sogar „einem Treuhänder gleich" auch Verfassungsbeschwerde für einen Angeklagten erheben. Bei dem Beschuldigten dagegen achtet der Gesetzgeber, daß er, einem natürlichen Drange folgend, selbst dann bemüht sein wird, möglichst glimpflich aus dem Verfahren herauszukommen, wenn er sich schuldig fühlt. Ihn trifft keine Pflicht, für die Feststellung der Wahrheit tätig zu werden. Er darf nicht nur untätig bleiben und durch Aussageverweigerung jede Mitwirkung an der Aufklärung des Sachverhalts ablehnen, er darf auch leugnen (auf die Frage, ob für ihn eine Wahrheitspflicht ohne Wahrheitszwang besteht, ist hier nicht einzugehen), und es dürfen daraus allein grundsätzlich auch bei der Strafzumessung keine nachteiligen Folgerungen gezogen werden. Ergänzend darf auf 5 vor § 141 GVG verwiesen werden. **4**

IV. Weitere Prozeßsubjekte und -beteiligte. Wie der Kläger und der Beschuldigte sind, wenn auch in beschränktem Umfang, solche Personen Prozeßsubjekt, denen die Prozeßordnung zur Verfolgung ihrer eigenen Interessen und Rechte die Befugnis einräumt, gestaltend auf die Durchführung des Verfahrens einzuwirken, nämlich der **Nebenkläger,** der unterstützend neben den Staatsanwalt tritt, und dem zu diesem Zweck die Rechte des Privatklägers zustehen (§ 397), und die von einer drohenden Anordnung von Einziehung, Verfall, Vernichtung, Unbrauchbarmachung in ihren Rechten gefährdeten **Einziehungsbeteiligten** (§§ 431, 442), denen zur Wahrnehmung ihrer Interessen die Befugnisse eines Angeklagten zugebilligt sind (§§ 433, 442; s. auch § 432 Abs. 2). **5**

Der **Verletzte** als solcher ist nicht Prozeßbeteiligter. Soweit er als Antragsteller im Anhangsverfahren der §§ 403 ff. auftritt, ist er zwar Verfahrensbeteiligter; dagegen bestehen wegen seiner eng begrenzten Einwirkungsmöglichkeiten Bedenken, ihn als Prozeßsubjekt zu bezeichnen (Vorbem. 3 vor § 403; OLG Hamm NJW **1974** 682). Wohl aber ist er als **Antragsteller im Klageerzwingungsverfahren** (§ 172) Prozeßsubjekt dieses Verfahrens (OLG Hamm aaO). **6**

V. Der **Verteidiger** ist grundsätzlich nicht Prozeßsubjekt, sondern als Beistand des Beschuldigten (Vorbem. 3 vor § 137) Prozeßsubjektsgehilfe (so *Beling* und *Eb. Schmidt* I 79). Freilich ist der Verteidiger ein „Gehilfe" besonderer Art. Denn seine besondere Aufgabe im Strafprozeß, dem Schutz des Beschuldigten zu dienen, zur Beachtung aller ihm günstigen Tatsachen beizutragen und dadurch zur Findung eines gerechten Urteils mitzuwirken, hat er unter eigner Verantwortung und unabhängig vom Be- **7** schuldigten zu erfüllen (BGHSt. **13** 343), unabhängig auch von Einflüssen außerhalb des Verfahrens stehender Stellen (BGH NJW **1961** 614). Wille und Weisung des Beschuldigten binden den Verteidiger nur beschränkt (§ 137 Vorbem. 3). Auch gehen einerseits seine verfahrensrechtlichen Rechte z. T. über die des Beschuldigten hinaus (vgl. insbes. §§ 147, 239), und andererseits setzen die Standespflichten und die Stellung als Organ der Rechtspflege (§ 1 BRAO) seinem Verhalten Grenzen, die für den Beschuldigten nicht gelten (§ 137, Vorbem. 5). So darf er z. B. nicht, der ihm bekannten Wahrheit zuwider, das Leugnen des Angeklagten unterstützen, wohl aber darf er auch bei Kenntnis der Schuld den Freispruch seines Mandanten anstreben, solange er sich auf verfahrensrechtlich erlaubte Mittel beschränkt und sich jeder Verdunkelung des Sachverhalts enthält (vgl. RGSt. **70** 393; BGHSt. **2** 375; BGH MDR **1958** 48). Ausnahmsweise, nämlich wo das Gesetz es ausdrücklich zuläßt, kann der Verteidiger den abwesenden Beschuldigten in der Hauptverhandlung **vertreten** (vgl. §§ 234, 329, 350, 387, 411, 434, 440 Abs. 3, 442) und ist insoweit Prozeßsubjekt. Er bedarf dazu, wie auch sonst zur Ausübung von Antragsrechten des Beschuldigten in dessen Namen, einer Vertretungsvollmacht (so die herrschende Meinung; vgl. z. B. BGHSt. **12** 367 = JZ **1959** 780; **a. M.** *Spendel* JZ **1959** 736, wonach der Verteidiger Vertreter des Beschuldigten und der weitgehend feststehende Umfang seiner Vollmacht nur in bestimmten Fällen erweiterungsfähig oder beschränkbar ist). Für seine eigne Person ist der Verteidiger Prozeßsubjekt in dem Ausschließungsverfahren wegen Mißbrauchs der Verteidigerstellung usw. nach §§ 138 a ff. (Kap. 5, 98).

8 VI. Über die **Merkmale, die die Prozeßsubjekte aufweisen müssen** (Verhandlungsfähigkeit usw.) ist an dieser Stelle nicht weiter zu sprechen. Sie werden im Zusammenhang mit den Prozeßvoraussetzungen und den Prozeßhandlungen zu erörtern sein.

KAPITEL 10
Die Prozeßhandlungen[1]
I. Begriff und Abgrenzung der Prozeßhandlungen.

1. **Begriff.** Prozeßhandlungen[2] sind die Handlungen der Prozeßbeteiligten, die 1
auf die Gestaltung des Verfahrens, letztlich auf die Herbeiführung des erstrebten Prozeßausgangs gerichtet sind. Während die ZPO von Prozeßhandlungen spricht (vgl. z. B. § 295), kennt die StPO einen entsprechenden terminus technicus nicht. Die Ergebnisse der wissenschaftlichen Bemühungen um Durchdringung des Begriffs der Prozeßhandlung, die vom Zivilprozeß her ihren Ausgang nahmen, erweisen sich auch für die Erkenntnis des strafprozessualen Begriffs als fruchtbar, sofern man sich die Grenzen einer Übertragung vor Augen hält, die sich aus dem grundsätzlichen Unterschied zwischen Zivilprozeß und Strafprozeß ergeben. Ein entscheidender Unterschied liegt z. B. darin, daß es im Strafprozeß Prozeßhandlungen mit Doppelnatur, die, wie Prozeßvergleich, Anerkenntnis, Verzicht oder Aufrechnung, zugleich sachlichrechtliche Rechtsgeschäfte und verfahrensrechtlich wirkende Handlungen sind, nicht geben kann; der Begriff der Prozeßhandlung beschränkt sich hier auf das verfahrensgestaltende Verhalten, dessen Voraussetzungen und Wirkungen vom Prozeßrecht geregelt sind. Die Erforschung der materiellen Wahrheit schließt auch Prozeßhandlungen aus, die, wie das gerichtliche Geständnis im Zivilprozeß (§§ 288 ff. ZPO), sich als prozessuale Erklärung des Einverständnisses mit ungeprüfter Verwertung von vorgetragenen Tatsachen darstellen; das Geständnis im Strafverfahren löst keine derartigen verfahrensrechtlichen Folgen aus. Es kann demgemäß auch nur verwirren, wenn in der älteren Literatur bei Prozeßhandlungen, die eine Rechtsfolge im Strafprozeß willensgemäß auslösen, in Anknüpfung an den spezifisch bürgerlichrechtlichen Rechtsbegriff des Rechtsgeschäfts von „strafprozeßrechtlichen Rechtsgeschäften" gesprochen wird (*Eb. Schmidt* I 204 ff.).

---

[1] **Schrifttum**
grundlegend *Goldschmidt* Prozeß als Rechtslage, 1925. Aus dem neueren Schrifttum vgl. etwa: *Arens* Willensmängel bei Prozeßhandlungen im Zivilprozeß (1968); *Baumgärtel* Wesen und Begriff der Prozeßhandlung einer Partei im Zivilprozeß, 2. Aufl. 1971; *Bindokat* Zur Frage des Irrtums bei Prozeßhandlungen, NJW **1956** 51; *R. Bruns* Der Begriff der Parteiprozeßhandlung JZ **1959** 204; Zum Begriff der Prozeßhandlung in Festschr. für *Fragistas* (1967) II 73; *Dahrmann* Der Widerruf von Rechtsmittelverzicht und -zurücknahme im Strafprozeß, Diss. Köln 1966; *Schmidt* Die Grenzen der Bindungswirkung eines Rechtsmittelverzichts, JuS **1967** 758; *Dencker* Willensfehler bei Rechtsmittelverzicht und Rechtsmittelzurücknahme im Strafverfahren (1972); *Joachim* Die Berücksichtigung von Willensmängeln bei nichtrichterlichen Prozeßhandlungen im Strafprozeß, Diss. Erlangen 1970; *Müller* Fehlerhafte prozessuale Willenserklärungen des Beschuldigten, Diss. Tübingen 1965; *Roeder* Die Begriffsmerkmale des Urteils im Strafverfahren, ZStW **79** (1967) 251, 258; *Schmid* Die Verwirkung von Verfahrensrügen im Strafprozeß (1966); *Siegert* Die Prozeßhandlungen, ihr Widerruf und ihre Nachholung, 1929; *Schulze* Der Einfluß von Willensmängeln auf den Bestand des Rechtsmittelverzichts des Beschuldigten, Diss. Regensburg, 1973.

[2] Der weitgehend eingebürgerte Begriff der Prozeßhandlung wird hier verwendet, ohne daß eine weitere abstrakt-allgemeine Begriffsbestimmung oder eine Auseinandersetzung mit der Kritik am Prozeßhandlungsbegriff (vgl. dazu etwa *Dencker* 18 ff.) beabsichtigt wäre.

2 2. Im einzelnen herrscht über die **Abgrenzung des Begriffs der Prozeßhandlung** Streit. Die am weitesten gehende Auffassung (so z. B. *Beling* 162 ff.) will jedes prozeßbedeutsame Verhalten, auch reine Tatakte (z. B. das Öffnen der Türen des Gerichtssaals durch den Justizwachtmeister zur Herstellung der Öffentlichkeit) einschließen, die wohl engste (*Kern-Roxin* § 22) nur solche Erklärungen erfassen, die eine Rechtsfolge im Prozeß **willensgemäß** auslösen, die also den Prozeß dem erklärten Willen gemäß weiter fördern sollen. Aber die Ausdehnung auf Handlungen nur nebensächlich am Prozeß Beteiligter erscheint zu weit, die Beschränkung auf Rechtsfolgen auslösende Willensäußerungen zu eng. Bei den Mittelmeinungen besteht insbesondere Streit, ob auch Aussagen und Bekundungen (des Beschuldigten, des Zeugen oder Sachverständigen) Prozeßhandlungen sind. Zeugen und Sachverständige sind indessen im allgemeinen keine Prozeßbeteiligten (Kap. 9, 3), ihre Aussagen, da sie nicht willensmäßig auf Gestaltung des Verfahrens gerichtet sind, keine Prozeßhandlungen (ebenso *Eb. Schmidt* I 202 Fußn. 358). Dagegen ist (gegen *Peters* S. 211) der Aussage des Beschuldigten die Eigenschaft einer Prozeßhandlung nicht abzusprechen (ebenso *Eb. Schmidt* aaO). Sein Verhalten wirkt willensgemäß auf die Bildung der richterlichen Überzeugung ein. Namentlich da, wo es sich um Vorgänge im Innern des Beschuldigten handelt, die in weitem Umfang einer Klärung durch eine förmliche Beweisaufnahme unzugänglich sind, ist es oft die „nicht zu widerlegende Einlassung" des Angeklagten, von der das Gericht bei der Urteilsfindung ausgehen muß. Und da ja der Angeklagte keiner Wahrheitspflicht unterliegt, handelt es sich um mehr als „die bloße Klärung des Sachverhalts": es liegt — man denke z. B. an eindrucksvolle Unschuldsbeteuerungen — eine prozeßordnungsmäßig zulässige psychische Einwirkung auf den Richter mit dem Ziel eines dem Angeklagten günstigen Urteils vor. Qualitativ unterscheidet sich die Vernehmung zur Sache (§ 243 Abs. 3) schwerlich von den Ausführungen und Anträgen des Angeklagten nach Schluß der Beweisaufnahme (§ 258 Abs. 1), die doch zweifellos Prozeßhandlungen sind.

3 **II. Einteilung.**

1. **Gruppierungsmöglichkeiten.** Einen breiten Raum bei den Erörterungen in der Wissenschaft nimmt die Frage nach der Gruppierung der Prozeßhandlungen ein. Man kann sie mit *Sauer* (Allg. Prozeßl. § 9 III 2, Grundl. S. 187 ff.) nach der Nähe zum Prozeßziel in solche einteilen, die das Verfahren, die Verfolgung und die Sachgestaltung betreffen, doch läßt sich diese Einstellung angesichts des Vor- und Rückwärtsschreitens des Verfahrens und des Ineinandergreifens der einzelnen Verfahrensstadien und -abschnitte nur mit Schwierigkeiten durchführen. Andere Einteilungen nehmen den Ausgang von Prozeßsubjekten (Handlungen des Gerichts auf der einen, des Klägers und des Beschuldigten auf der anderen Seite oder hoheitliche Maßnahmen des Gerichts und des öffentlichen Klägers auf der einen und nichthoheitliche (private) des Beschuldigten), vom Inhalt (Erklärungen und Realakte) oder von der Bedeutung der Handlung für das Verfahren (prozeßtragende Handlungen wie Strafantrag, Klage, Eröffnungsbeschluß, Urteil, Rechtsmitteleinlegung und schlichte Prozeßhandlungen, wie Beweisanträge usw.). Eine Auseinandersetzung mit diesen Lehren liegt nicht im Rahmen der vorliegenden Einleitung. Die folgende Darstellung geht von der Unterscheidung von Handlungen des Klägers und des Beschuldigten gegenüber denjenigen des Gerichts aus und schließt sich, soweit es sich um die erstere Gruppe handelt, der von *Goldschmidt* (Prozeß als Rechtslage S. 364 ff.) erarbeiteten, im Schrifttum weitgehend anerkannten grundsätzlichen Einteilung **der** Prozeßhandlungen in **Erwirkungs- und Bewirkungshandlungen** an.

2. **Erwirkungshandlungen** sind danach Handlungen, die dazu bestimmt sind, durch psychische Einwirkung auf den Richter eine Entscheidung bestimmten Inhalts herbeizuführen; **Bewirkungshandlungen** sind alle Prozeßhandlungen des Klägers oder des Beschuldigten, die nicht Erwirkungshandlungen sind und in Erklärungen oder Realakten bestehen können. Die Frage, ob die Bewirkungshandlungen, soweit sie in Erklärungen bestehen, einer weiteren Differenzierung (etwa in Willenserklärungen, Willens- und Vorstellungsmitteilungen — so *Goldschmidt* 457 ff. — oder in Willenserklärungen, Wollenserklärungen und Wissenserklärungen — so *Peters* 216 —) zugänglich sind, soll hier unerörtert bleiben[3], da sich keine praktischen Folgerungen daran knüpfen. **4**

3. **Erwirkungshandlungen** sind hauptsächlich die Anträge. Sie enthalten das Begehren an das Gericht, eine Entscheidung bestimmten Inhalts zu erlassen, wobei Sachanträge auf die Gestaltung des Urteilsinhalts, Prozeßanträge auf das Verfahren betreffende Entscheidungen abzielen. Eine Erwirkungshandlung ist auch die Einlegung eines Rechtsmittels (OLG Köln NJW **1957** 641), denn darin liegt stets der Antrag auf Abänderung der angefochtenen Entscheidung. Zu den **Bewirkungshandlungen** gehören insbesondere rechtsgestaltende Erklärungen, also Erklärungen, die mit sofortiger Wirkung die prozessuale Rechtslage entsprechend ihrem Inhalt gestalten, wie der Verzicht auf Rechtsmittel und die Zurücknahme eines Rechtsmittels, die den Eintritt der (mindestens relativen) Rechtskraft der Entscheidung zur Folge haben. Bei einzelnen Prozeßhandlungen besteht über die Zuordnung zu den Bewirkungs- oder den Erwirkungshandlungen Streit, so etwa bei der Anschlußerklärung des Nebenklägers, die *Eb. Schmidt* 11 zu § 396 und, ihm folgend, OLG Köln NJW **1960** 306 — gegen die h. M. — zu den Bewirkungshandlungen rechnen. **5**

4. Die **Prozeßhandlungen des Gerichts** zerfallen in die das Verfahren **abschließenden Entscheidungen,** also in erster Linie die Urteile, und in die vorangehenden, auf die Gewinnung der abschließenden Entscheidung gerichteten Maßnahmen, die unter den Oberbegriff der **Prozeßleitung** gebracht werden können und ihrerseits in Entscheidungen (Beschlüssen und Verfügungen), in anderen **verfahrensgestaltenden Maßnahmen** wie Hinweisen nach § 265 Abs. 1, 2 (OLG Köln MDR **1975** 165) oder Herbeiführung einer entscheidungserheblichen Erklärung des Angeklagten (§ 265 a) oder Realakten (Durchführung der Beweisaufnahme, Entgegennahme[4] von Anträgen und Erklärungen von Kläger und Beschuldigten usw.) bestehen können. Die Entscheidungen können Sach- oder Prozeßentscheidungen sein[5]. Als **doppelfunktionelle Prozeßhandlungen** (vgl. *Niese*, Doppelfunktionelle Prozeßhandlungen, 1950) werden Prozeßhandlungen bezeichnet, die Wirkungen sowohl verfahrensrechtlicher wie materiellrechtlicher Art entfalten. So sichert z. B. der Haftbefehl die Durchführung des Verfahrens, indem er ausschließt, daß dem Verfahren das Prozeßhindernis der Abwesenheit des Beschuldigten entgegenstehen könnte; gleichzeitig schafft er materiellrechtlich einen Rechtfertigungsgrund für den Eingriff in die Freiheit des Beschuldigten. Oder es schließt das auf Freiheitsstrafe lautende Urteil das Verfahren ab und legt zugleich dem Verurteilten die **6**

---

[3] Vgl. dazu *Eb. Schmidt* I 220: „Eine erschöpfende Aufzählung der Bewirkungshandlungen ist weder möglich noch nötig, wie auch Einteilung und Gruppierung kein wissenschaftliches Problem darstellen".

[4] Prozeßhandlungen der „Parteien" sind grundsätzlich, soweit das Gesetz nichts Abweichendes bestimmt, gegenüber der Stelle vorzunehmen, die „Herr" des maßgeblichen Verfahrensabschnitts ist; ein Verzicht auf das Privatklagerecht müßte also gegenüber dem für die Erhebung der Privatklage zuständigen Gericht ausgesprochen werden (*Hartung* NJW **1961** 523).

[5] Vgl. dazu *Peters* Die Parallelität von Prozeß- und Sachentscheidungen, ZStW **68** (1956) 374 ff.

Pflicht auf, den Vollzug des Urteils zu erdulden, und bildet damit einen Rechtfertigungsgrund für das Vorgehen der Vollstreckungs- und Vollzugsorgane.

7 **III. Wirksamkeitsvoraussetzungen für Prozeßhandlungen.**

1. Wertkategorien. Für die Vornahme von Prozeßhandlungen stellt das Verfahrensrecht bestimmte, im Einzelfall verschiedene Voraussetzungen auf. Es fragt sich, welche Bedeutung einer Prozeßhandlung für das Verfahren zukommt, wenn die vorgeschriebenen Voraussetzungen nicht vorliegen[6]. Im Anschluß an die (freilich umstrittene) Lehre von *Sauer* lassen sich vier prozessuale Wertkategorien unterscheiden: *Gültigkeit, Wirksamkeit, Zulässigkeit und Begründetheit,* die aber nicht bei jeder Prozeßhandlung durchführbar sind.

8 **2. Erwirkungshandlungen** unterliegen vorzugsweise einer Wertung unter den Gesichtspunkten der **Zulässigkeit** und der **Begründetheit.** Zulässigkeit bedeutet, daß die verfahrensrechtlichen Voraussetzungen gegeben sein müssen, bevor der Richter, an den sie sich wenden, Veranlassung hat, sich mit ihrer inhaltlichen Bedeutung für das erstrebte Prozeßziel (mit ihrer Begründetheit) zu befassen. So ist das nicht frist- und formgerecht eingelegte Rechtsmittel unzulässig, und die Unzulässigkeit hindert das Gericht, sich mit der Begründetheit des Rechtsmittels, mit der Berechtigung des Verlangens, die angefochtene Entscheidung zu ändern, überhaupt zu befassen (dazu Kap. 11, 16 ff.). Ebenso sind unzulässig die in einer Revisionsschrift des Verteidigers enthaltenen Rügen, für die er nicht die Verantwortung übernimmt (BGHSt. **25** 272). Streitig ist, ob — ausnahmsweise — Erwirkungshandlungen unter den Gesichtspunkten der Gültigkeit und Wirksamkeit gewertet werden können, wobei Ungültigkeit bedeutet, daß der Handlung wegen Fehlens der wesentlichen Merkmale jede Beachtlichkeit fehlt, während Unwirksamkeit vorliegt, wenn der Handlung eine Wirkung im Sinne der Herbeiführung einer neuen Verfahrenslage abgeht. Die Frage ist zu bejahen. So läge etwa Ungültigkeit vor, wenn der Beweisantrag eines Geisteskranken offensichtlich unsinnig ist (ebenso *Peters* 219). Als ungültig wäre auch ein Antrag auf gerichtliche Entscheidung nach § 24 EGGVG (vgl. dort Anm. 1) anzusehen, dessen erkennbares Ziel gar nicht die Herbeiführung einer sachlichen Entscheidung, sondern die Ergreifung der Gelegenheit ist, den Antragsgegner zu beschimpfen (bloße **Scheinhandlung**). Im allgemeinen aber sind Erwirkungshandlungen gültig, d. h. der Richter darf sie nicht ohne weiteres unbeachtet lassen, sondern muß sie bescheiden (§ 244 Abs. 6).

9 **3. Beschwer, Rechtsschutzbedürfnis, Überholung.** Bei einem Rechtsmittel ist allgemein das Vorliegen einer **Beschwer,** nicht nur die Behauptung einer solchen, Voraussetzung seiner Zulässigkeit (Anm. 4 b zu § 296; *Kern-Roxin* § 53 B II 2). Dagegen ist — anders als im Zivilprozeß — ein besonderes **Rechtsschutzbedürfnis** keine Zulässigkeitsvoraussetzung der strafprozessualen Erwirkungshandlung (*Stephan* NJW **1966** 2394). Diese kann aber „**überholt**" sein, wenn sich der Prozeß zu einer Verfahrenslage fortentwickelt hat, die für die erstrebte gerichtliche Entscheidung keinen Raum mehr bietet. Das Problem der überholten Prozeßhandlung taucht insbesondere auf, wenn sich die

---

6 Kommt es im inländischen Verfahren auf die Frage der Wirksamkeit eines im Ausland erfolgten Verfahrensaktes an, z. B. ob eine rechtskräftige gerichtliche Entscheidung vorliegt (vgl. § 51 Abs. 3 StGB), so entscheidet nach dem Grundsatz „locus regit actum" darüber das Recht des Staates, in dessen Hoheitsbereich er vorgenommen wurde (BGHSt. **20** 198, 201).

Beschwerde gegen die Vornahme eines gerichtlichen Aktes richtet, der im Zeitpunkt der Entscheidung bereits vollzogen oder wieder aufgehoben ist. In solchen Fällen ist — was für die Kostenentscheidung von Bedeutung ist — zu unterscheiden: konnte mit der Beschwerde schon im Zeitpunkt ihrer Einlegung ein prozessualer Erfolg nicht mehr erreicht werden, so ist sie unzulässig; tritt aber der erledigende Umstand erst nach ihrer Einlegung ein, so wird sie gegenstandslos, ohne daß die deklaratorische Feststellung des Gerichts, sie sei „erledigt" oder „gegenstandslos geworden", mit einer Kostenbelastung des Beschwerdeführers verbunden wäre (*Eb. Schmidt* JZ **1968** 354, 362 f.).

4. Eine **Verwirkung**[7] (im Sinne eines Rechtsverlusts wegen zurechenbaren Verhaltens, BGHSt. **24** 148) von Erwirkungshandlungen kommt im Strafverfahren bei **Verfahrensrügen** in Betracht (vgl. BVerfGE **32** 305, 309; VII zu § 337). Streitig ist, ob der Begriff der strafprozessualen Verwirkung weiter zu ziehen ist und ihm auch Fälle zuzuordnen sind, in denen das Gesetz an das unentschuldigte Ausbleiben des Beschwerdeführers die Verwerfung eines eingelegten Rechtsmittels oder Rechtsbehelfs knüpft (vgl. §§ 329 Abs. 1, 391 Abs. 3, 401 Abs. 3, 412); die wohl herrschende Meinung arbeitet hier, gestützt auf § 391 Abs. 2, mit der Konstruktion einer unwiderlegbaren Vermutung einer Rücknahme des Rechtsmittels oder Rechtsbehelfs (Kap. 13, 46). — Wegen der Verwirkung des Vorlegungsanspruchs nach § 224 Abs. 1 Satz 3 vgl. BGHSt. **25** 357, 359 m. w. Nachw. **10**

5. Bei **Bewirkungshandlungen** dagegen kommt vorzugsweise eine Wertung unter den Gesichtspunkten der **Gültigkeit** und **Wirksamkeit** in Betracht. So ist etwa ungültig die Rechtsmittelzurücknahme, die der Angeklagte im Zustand der Verhandlungsunfähigkeit — im Fieberdelirium, in einem epileptischen Anfall — oder unter Zwang (s. unten Rdn. 22) erklärt, unwirksam dagegen die Rechtsmittelzurücknahme durch den Verteidiger ohne ausdrückliche Ermächtigung des Angeklagten (§ 302 Abs. 2). **11**

6. Was die **Prozeßhandlungen des Gerichts** anlangt, so unterliegen die Sachleitungsmaßnahmen des Vorsitzenden einer Bewertung unter dem Gesichtspunkt der Zulässigkeit; nach § 238 Abs. 2 entscheidet das Gericht, wenn eine Sachleitungsmaßnahme von einem Verhandlungsbeteiligten als unzulässig beanstandet wird. Auch gerichtliche Entscheidungen können wegen Fehlens der verfahrensrechtlichen Voraussetzungen unzulässig sein. So ist z. B. der Erlaß eines Sachurteils unzulässig, wenn ein Verfahrenshindernis einer sachlichen Entscheidung entgegensteht (Kap. 11, 5) und wenn im Schrifttum im Zusammenhang mit dem Problem der überlangen Dauer des Strafverfahrens die Auffassung vertreten wird, auch der staatliche Strafanspruch könne „verwirkt" werden (vgl. *Hillenkamp* JR **1975** 133, 137 m. Nachw.), so könnte dies nur in Form der Konstruktion eines Verfahrenshindernisses zum Ausdruck kommen (vgl. dazu Kap. 12, 91). Wird aber das Verfahrenshindernis übersehen und ein Sachurteil erlassen, so hat der Fehler keine weitergehende Bedeutung, als wenn das Urteil aus anderen Gründen — wegen falscher tatsächlicher Feststellungen oder wegen Verstoßes gegen das sachliche oder Verfahrensrecht — unrichtig ist, d. h. die Unrichtigkeit kann nur durch Anfechtung mit den allgemein zulässigen Mitteln geltend gemacht werden, und der Mangel wird bedeutungslos, wenn das Urteil rechtskräftig wird. Die Wertkategorien der Ungültigkeit und Unwirksamkeit (Unbeachtlichkeit) scheiden also grundsätzlich beim Urteil aus. Ob es davon in extremen Fällen Ausnahmen gibt, wird an anderer Stelle (Kap. 16) zu erörtern sein. **12**

---

[7] **Schrifttum:**
Schmid Die Verwirkung von Verfahrensrügen im Strafprozeß (1966).

13 Entsprechendes gilt auch für **andere gerichtliche,** insbesondere für die **dem Urteil vorangehenden Entscheidungen.** So ist auch ein mit schweren Mängeln behafteter Eröffnungsbeschluß (Kap. 12, 3) nicht unbeachtlich (wirkungslos), sondern führt zur Eröffnung des Hauptverfahrens. Wird der Mangel während des Hauptverfahrens bemerkt und kann er nicht nachträglich behoben werden, so ist das Verfahren förmlich einzustellen; bleibt er aber unbemerkt und ergeht ein Sachurteil, so liegt wieder der zuvor erörterte Fall vor, daß unzulässigerweise ein Urteil gefällt ist, das wegen des Fehlens einer Verfahrensvoraussetzung (der ordnungsmäßigen Eröffnung) nicht hätte ergehen dürfen.

14 Bei den **gerichtlichen Entscheidungen, die nicht einem Urteil vorangehen,** insbesondere bei denjenigen, die nach einem Urteil ergehen, entfällt zwar der bei den dem Urteil vorangehenden Entscheidungen für die Beachtlichkeit trotz fehlender rechtlicher Voraussetzungen angeführte Gesichtspunkt, daß der Fehler nur durch Anfechtung des Urteils geltend gemacht werden kann und die Rechtskraft des Urteils den Mangel heilt. Aber auch bei ihnen verlangt die Rechtssicherheit und das öffentliche Vertrauen in die Beständigkeit eines Richterspruchs, daß sie trotz wesentlicher Mängel grundsätzlich nicht unbeachtlich sind. Soweit sie mit der Beschwerde anfechtbar sind, ergibt sich daraus, daß dies nach der Auffassung des Gesetzgebers der (einzige) Weg ist, die Mangelhaftigkeit geltend zu machen, so daß die formelle Rechtskraft der Entscheidung den Mangel bedeutungslos macht. Soweit Entscheidungen aber nach gesetzlicher Vorschrift einer Anfechtung entzogen sind, folgt daraus die Absicht des Gesetzes, daß ihre „Richtigkeit" nicht mehr in Zweifel gezogen werden soll; das muß dazu führen, daß solche Entscheidungen, auch wenn sie von einem funktionell unzuständigen Gericht erlassen sind, unanfechtbar und wirksam sind (vgl. RGSt. **40** 273: Gewährung der Wiedereinsetzung in den vorigen Stand gegen die Versäumung der Revisioneinlegungsfrist durch die Strafkammer statt durch das allein zuständige Revisionsgericht)[8]. Die Frage, ob bei besonders krassen Verstößen Ausnahmen denkbar sind, gehört auch hier zum Problem der nichtigen Entscheidung, das an anderer Stelle (Kap. 16) gesondert erörtert wird. Zu beachten ist aber, daß auch nicht anfechtbare oder unanfechtbar gewordene Beschlüsse in gewissem Umfang nachträglich geändert werden können und insoweit nur eine beschränkte materielle Rechtskraft haben (vgl. z. B. 56 g Abs. 2 StGB; §§ 33 a, 311 a, 211).

15 **IV. Widerruflichkeit von Prozeßhandlungen.**

1. Eine Reihe von Prozeßhandlungen sind nach ausdrücklicher Vorschrift oder nach der Natur der Sache **unwiderruflich** (nicht mehr zurücknehmbar und nicht mehr oder — bei Entscheidungen — nur auf Rechtsmittel oder Rechtsbehelfe hin abänderbar) oder nur zeitlich oder in anderer Weise beschränkt widerruflich. Einschränkende Vorschriften gelten z. B. für die Zurücknahme der öffentlichen Klage (§§ 156, 411; s. aber die Ausnahmen in §§ 153 c Abs. 2, 153 d Abs. 2), des Einspruchs gegen den Strafbefehl (§ 411) und des Rechtsmittels (§ 303). Unwiderruflich sind namentlich Urteile und urteilsähnliche Entscheidungen wie der Strafbefehl und der die Revision als offensichtlich unbegründet verwerfende Beschluß des Revisionsgerichts nach § 349 Abs. 2 (BGH NJW **1955** 1966; BGHSt. **17** 94, 97), sowie im Hinblick auf § 311 Abs. 3 Satz 1 (s. aber auch Satz 2) die mit sofortiger Beschwerde anfechtbaren Entscheidungen, ferner der Eröff-

[8] **Schrifttum:**
Herzog Die Rechtskraft strafgerichtlicher Beschlüsse und ihre Beseitigung, Diss. Freiburg 1971; *Geppert* Gedanken zur Rechtskraft und Beseitigung strafprozessualer Beschlüsse, GA **1972** 65.

nungsbeschluß wegen seiner verfahrenstragenden Bedeutung, sowie Rechtsmittelverzicht und Rechtsmittelzurücknahme, die die Rechtskraft herbeiführen (BGHSt. 10 247). Gleiches gilt für die einem Rechtsmittelverzicht vergleichbare Zustimmung von Staatsanwaltschaft und Angeschuldigtem zum unanfechtbaren gerichtlichen Einstellungsbeschluß in den Fällen der §§ 153 Abs. 2, 153 a Abs. 2, 153 b Abs. 2 (vgl. OLG Bremen NJW **1975** 273). Unwiderruflich ist auch z. B., weil die Rechtslage unmittelbar konstitutiv geändert wird, die Gewährung der Wiedereinsetzung in den vorigen Stand (§ 46 Abs. 2); nur beschränkt widerruflich ist der Straferlaß nach Ablauf der Bewährungsfrist (§ 56 g StGB).

2. **Widerrufliche Prozeßhandlungen. Anträge und Erklärungen von Kläger** **16**
und Beschuldigtem sind grundsätzlich widerruflich und änderbar, soweit nicht der Prozeßabschnitt, in dem die Prozeßhandlung erfolgte, durch den weiteren Prozeßablauf endgültig abgeschlossen ist (dazu BayObLG MDR **1975** 778); so kann nach Ablauf der Revisionsbegründungsfrist eine zunächst form- und fristgerecht begründete Verfahrensrüge nicht zurückgenommen und durch eine andere zu derselben Verfahrensvorschrift ersetzt werden (BGHSt. **17** 338). Das gleiche gilt für **gerichtliche Beschlüsse, die mit einfacher oder einfacher weiterer Beschwerde anfechtbar** sind, da sie — anders als die mit sofortiger Beschwerde anfechtbaren — nicht in (formelle) Rechtskraft erwachsen (RGSt. **43** 229; BGHSt. **8** 194; OLG Bremen NJW **1951** 854). Hier ist das Gericht des ersten Rechtszugs auch dann abänderungsbefugt, wenn keine Beschwerde eingelegt ist. Ob auch das Beschwerdegericht, wenn weitere Beschwerde nicht zulässig ist, seine Entscheidung auf Gegenvorstellung abändern darf, ist streitig (vgl. *Woesner* NJW **1960** 2129; Anm. 62 vor § 304). Auch ist, wo die Anfechtbarkeit mit sofortiger Beschwerde eine Änderung der Entscheidung ausschließt (§ 311 Abs. 3), das Gericht nicht gehindert, bei erneuter Befassung mit der Sache (z. B. bei Wiederholung eines abgelehnten Antrags) einer Änderung der Sachlage Rechnung zu tragen.

3. Im Einzelfall können **Zweifel** bestehen, wo die **Grenze der Widerruflichkeit** **17**
(Abänderbarkeit) verläuft. So ist z. B. strittig, inwieweit ein die Revision wegen Fristversäumnis als unzulässig verwerfender Beschluß (§§ 346, 349 Abs. 1) zurückgenommen werden kann, wenn sich nachträglich ergibt, daß entgegen der Annahme des Gerichts die Frist gewahrt war. Meist wird dem Revisionsgericht die Änderungsbefugnis zugestanden, wenn es sich in einem tatsächlichen Irrtum befand, dagegen nicht bei Rechtsirrtum (RGSt. **59** 419, offen gelassen von BGH NJW **1951** 77; BGHSt. **17** 94, 96; OLG Nürnberg MDR **1966** 351), während sie dem judex a quo (§ 346 Abs. 1) versagt wird (RGSt. **55** 236; OLG Celle Nds.Rpfl. **1960** 120)[9]. In diesen Bereich gehört auch die Frage, ob, wenn zur Anfechtung eines Urteils wahlweise Berufung und Revision zur Verfügung stehen (§§ 312, 335 StPO), der Anfechtungsberechtigte von der eingelegten Berufung zur Revision und von der eingelegten Revision zur Berufung übergehen kann. Die Rechtssprechung ist hier schrittweise dazu gelangt, einen solchen Wechsel innerhalb

---

9 Nicht hierher gehört der Fall OLG Hamm JMBlNRW **1972** 35, wo das OLG als Rechtsbeschwerdegericht nach dem OWiG in Unkenntnis, daß die eingelegte Rechtsbeschwerde bereits rechtswirksam zurückgenommen war, das Verfahren durch Beschluß nach § 206 a wegen Verjährung eingestellt und nach erlangter Kenntnis von der vorher eingetretenen Rechtskraft seinen Einstellungsbeschluß zurücknahm, weil er auf einer unrichtigen tatsächlichen Grundlage beruhe. Hier erhebt sich vielmehr die in anderem Zusammenhang (Kap. 11, 34, Kap. 12, 56 f.; Anm. 1 c zu § 411) erörterte Frage, ob der Einstellungsbeschluß wegen Verletzung des Grundsatzes ne bis in idem nichtig war, oder ob dem Beschuldigten der gegenüber der erstinstanzlichen Entscheidung günstigere, wenn auch per nefas ergangene Beschluß zugute kommt.

der Revisionsbegründung zuzulassen, und sieht in dem Wechsel weder eine (unzulässige) Anfechtung wegen Irrtums noch einen (unzulässigen) Widerruf eines Verzichts auf das andere Rechtsmittel (vgl. BGHSt. **2** 63; **5** 338; **13** 388; **17** 44; **25** 321, 324). Die in BGHSt. **13** 388 gemachte Einschränkung, daß eine erkennbar endgültige Wahl der Revision den Übergang zur Berufung ausschließe, erweckt Bedenken (vgl. *Eb. Schmidt* NJW **1960** 1651; BGHSt. **17** 44, 48 = JZ **1962** 370).

18 **V. Einfluß von Irrtum, Täuschung und Drohung**[10].

1. Irrtum.

a) Die Frage, inwieweit Willensmängel den Bestand einer Prozeßhandlung berühren, erhebt sich vorzugsweise bei **unwiderruflichen Willenserklärungen des Beschuldigten** und hier insbesondere bei den Bewirkungshandlungen, wie Rechtsmittelverzicht, Rechtsmittelzurücknahme oder Einverständnis eines Verfolgten mit der Auslieferung (§ 7 DAG); hierher gehört auch die Zustimmung des Beschuldigten zur Einstellung des Verfahrens nach § 153 a jedenfalls dann, wenn der Beschuldigte die Auflagen und Weisungen erfüllt hat und die Tat nicht mehr als Vergehen verfolgt werden kann. Wenn z. B. nach Verkündung eines auf neun Monate Freiheitsstrafe lautenden Urteils der Angeklagte die Frage des Vorsitzenden, ob er das Urteil annehme, bejaht, weil er sich verhört hat und glaubt, das Urteil lautet auf drei Monate Freiheitsstrafe: ist er an seine einen Rechtsmittelverzicht darstellende Erklärung gebunden, wenn er nachträglich seinen Irrtum erkennt und er bei Kenntnis der wahren Sachlage nicht auf Rechtsmittel verzichtet hätte? Die herrschende Meinung bejaht die Frage: die Vorschriften des bürgerlichen Rechts (§§ 117 ff. BGB) über die Bedeutung von Willensmängeln, die auf einer Abwägung der Belange der privaten Beteiligten beruhen, können im Strafprozeß auch keine entsprechende Anwendung finden; das Vertrauen der Öffentlichkeit in die Rechtskraft eines Strafurteils schließt es grundsätzlich aus, daß die Rechtskraft entfallen könnte, weil der Angeklagte seine Rechtsmittelverzichtserklärung wegen Irrtums anficht (RGSt. **57** 83; **64** 14; BGHSt. **5** 341; NJW **1954** 687; *Eb. Schmidt* Lehrkomm. **I** 206; *Henkel* 242; *Peters* 230; in diesem Kommentar Anm. 6 zu § 302 m. w. Nachw. zu der Streitfrage in Fußn. 25). Das gleiche gilt für andere, die Rechtslage unmittelbar gestaltende Erklärungen wie etwa die Einverständniserklärung gemäß § 7 DAG. Verfahrensbedeutsame Erklärungen muß der Erklärende so gegen sich gelten lassen, wie sie für die anderen Verfahrensbeteiligten erkennbar zum Ausdruck gekommen sind, wobei der unrichtige Gebrauch technischer Ausdrücke nicht schadet (§ 300). Nur bei Mehrdeutigkeit des Wortlauts der Erklärung ist der Sinn durch Auslegung zu ermitteln (BGHSt. **7** 162, 165). Auf den hinter der Erklärung stehenden Willen kommt es dagegen nicht an. Beantwortet der Angeklagte nach Belehrung über die zulässigen Rechtsmittel (§ 35 a StPO) die Frage, ob er auf Rechtsmittel verzichte, vorbehaltlos bejahend, so liegt ein bindender Rechtsmittelverzicht vor, gleichviel, ob er glaubt, zu einer geringeren als der erkannten Strafe verurteilt zu sein — **Irrtum im Motiv** — (vgl. RG JW **1929** 49 Nr. 19 mit Anm. von *Oetker; Peters* 232) oder ob er die Frage mißverstanden und geglaubt hat, er werde gefragt, ob er Berufung einlege — **Irrtum über den Inhalt der Erklärung** — (so die **h. M.**; vgl. Nachweise bei *Henkel* 242 Fußn. 20; OLG Bremen NJW **1961** 2271; OLG Köln NJW **1968** 2349; OLG Hamburg NJW **1969** 1976; **a. M.** z. B. *Peters* 231).

19 **b) Abweichende Auffassungen.** Den Erklärungsirrtum unberücksichtigt zu lassen, mag im Einzelfall zu Härten führen und die Bemühungen des Schrifttums, namentlich beim Rechtsmittelverzicht, um Einschränkung des Grundsatzes oder um Abhilfs-

---

[10] Vgl. dazu die Schrifttum-Angaben zu Rdn. 1.

möglichkeiten auf den verschiedensten Wegen (vgl. etwa *Oetker* JW **1929** 49; *Peters* 231; *Dencker* Willensfehler, 72)[11] sind verständlich. Aber andererseits: wenn schon nach bürgerlichem Recht (§ 122 BGB) der Erklärungsgegner des Irrenden oder ein Dritter Vertrauensschutz genießt, um wieviel mehr verdient das Vertrauen der Öffentlichkeit in die Rechtsbeständigkeit des formell rechtskräftigen Urteils Schutz gegenüber der Gefahr, daß der Angeklagte, indem er sich auf Erklärungsirrtum infolge Mißverstehens, Verhörens usw. beruft, in Wahrheit die Folgen einer vorschnell abgegebenen Verzichtserklärung zu korrigieren versucht. Auch darf die Situation des Anfechtungsgegners — man denke namentlich an den Privat- oder Nebenkläger — nicht unberücksichtigt bleiben, wenn er sich etwa nur durch den Rechtsmittelverzicht des Angeklagten seinerseits zum Rechtsmittelverzicht veranlaßt sah. Schließlich war es Sache des Angeklagten, sich die Tragweite seiner Erklärung vor Augen zu halten und sich, wenn er nicht sicher sein konnte, ob er richtig verstanden und die Sachlage voll erfaßt habe, durch Fragen Gewißheit zu verschaffen.

c) Eine andere Frage ist aber — und nach dieser Richtung ist die Lösung zu suchen —, ob Unbeachtlichkeit des Motiv- oder Erklärungsirrtums und — was dem Irrtum gleich zu stellen wäre — der mangelnden Einsicht in die Tragweite vorschnell und unüberlegt abgegebener Erklärungen auch dann anzunehmen ist, wenn der Willensmangel (im weiteren Sinn) auf **objektiv fehlerhaftes Verhalten der beteiligten Strafverfolgungsorgane,** insbesondere des Gerichts zurückzuführen ist (s. darüber Rdn. 23). **20**

d) **Bei gerichtlichen Entscheidungen** kann sich, wenn sie unwiderruflich sind, **21** die Frage nach der Bedeutung eines Verlautbarungsirrtums erheben, wenn die beschlossene Entscheidung von der verkündeten abweicht oder die Formel mit den Gründen der Entscheidung in Widerspruch steht. Die Frage, unter welchen Voraussetzungen ein solches Versehen durch Berichtigung behoben werden kann, ist in Anm. 8 zu § 268 eingehend erörtert.

2. Täuschung und Drohung durch Justizorgange. Gerichtliche Herbeiführung des Rechtsmittelverzichts. **22**

a) Täuschung und Drohung durch Justizorgane. Nach § 136 a darf die Freiheit der Willensentschließung und Willensbetätigung des Beschuldigten nicht durch Täuschung und Drohung mit verfahrensrechtlich unzulässigen Maßnahmen beeinträchtigt werden. Das Verbot gilt für den Richter, den Staatsanwalt (§ 163 a Abs. 3), die Polizei (§ 163 a Abs. 4), aber auch für den Sachverständigen als Richtergehilfen (BGHSt. **14** 21). Ein die Entschlußfreiheit beeinträchtigender Irrtum dagegen, in den der Beschuldigte von selbst oder durch seinen Verteidiger geraten ist, begründet nicht die Anwendung des § 136 a

[11] Nach *Dencker* aaO. ist „dem Prozeßrecht" zu entnehmen, „daß zur fehlerfreien prozessualen Willensbildung beim Rechtsmittelverzicht nicht nur das Fehlen von Willensmängeln gehört, sondern außerdem eine angemessene Entscheidungsfrist und die Möglichkeit, frei vom unmittelbaren Eindruck der Hauptverhandlung und Urteilsverkündung zu überlegen". Damit ist aber die Auffassung nicht widerlegt, daß Willensmängel unbeachtlich sind, wenn der Angeklagte die ihm durch die Rechtsmittelfrist eingeräumte Überlegungsmöglichkeit nicht wahrnimmt. Sehr vorsichtig *Kern-Roxin* § 52 V 3 c: an *Dencker's* Auffassung dürfte richtig sein, daß die herrschende Meinung das bereits durch die Rechtsmittelbefristung hinlänglich gewahrte Rechtssicherheitsinteresse überbewerte. Die Rechtsprechung hält jedenfalls daran fest, daß der unmittelbar nach Urteilsverkündung, wenn auch auf Befragen des Vorsitzenden, eindeutig erklärte Rechtsmittelverzicht nur bei Hinzutritt besonderer Umstände rechtsunwirksam ist (OLG Köln VRS **48** [1975] 213).

(BGHSt. **14** 192). § 136 a gilt zwar nach seiner Stellung im Gesetz unmittelbar nur für Vernehmungen (vgl. das Aussageverwertungsverbot in § 136 a Abs. 3). Eine **früher herrschende Meinung** wollte dem § 136 a aber eine weitergehende Bedeutung beimessen und erklärte ihn für **entsprechend** anwendbar, wenn die Organe und Hilfsorgane der staatlichen Strafverfolgung in einer die Voraussetzungen des § 136 a erfüllenden Weise in die Freiheit der Willensschließung und -betätigung des Beschuldigten bei Prozeßhandlungen eingreifen und ihn etwa durch Täuschung oder Drohung zur Zurücknahme eines Beweisantrages oder eines Rechtsmittels oder zu einem Rechtsmittelverzicht veranlassen (vgl. OLG Bremen JZ **1955** 680 m. Anm. *Eb. Schmidt;* OLG Hamm JMBl. NRW **1956** 250; NJW **1960** 1967; OLG Düsseldorf NJW **1960** 210; *Kern-Roxin* § 22 B II 2; weitere Schrifttumsnachw. S. 69 der 21. Aufl.)

23 **b) Wandel der Betrachtungsweise.** BGHSt. **17** 14 (Beschluß nach Vorlegung gemäß § 121 Abs. 2 GVG) = NJW **1962** 598 = JZ **1963** 226 mit zust. Anm. *Oehler* = JR **1962** 92 mit krit. Anm. *Eb. Schmidt* beschritt indessen andere Wege. Die Entscheidung lehnte einerseits die entsprechende Anwendung des § 136 a auf Rechtsmittelerklärungen ab, weil es an der erforderlichen Rechtsähnlichkeit der zu vergleichenden Rechtsgebiete fehle; auch Gründe der Gerechtigkeit zwängen nicht dazu, die Frage der Gültigkeit solcher durch Willensmängel beeinflußten Erklärungen nach genau den gleichen Gesichtspunkten zu beurteilen wie die Frage, mit welchen prozessualen Mitteln die Wahrheit erforscht werden dürfe, und unter welchen Voraussetzungen das Gericht Beweisverboten unterliegen solle; auch eigneten sich nicht alle Einzelregelungen des § 136 a zu einer Anwendung auf Rechtsmittelerklärungen. Andererseits aber bekannte sich BGHSt. **17** 14 zu dem **Grundsatz,** daß Willensmängel bei Rechtsmittelerklärungen nicht grundsätzlich und ausnahmslos unbeachtlich seien. Die Gerechtigkeit zwinge zu **Ausnahmen;** bei der Frage des Ausmaßes der Ausnahmen könnten die Grundgedanken des § 136 a mit berücksichtigt werden; im übrigen entschieden die Art des Willensmangels und seiner Entstehung darüber, ob überwiegende Gründe der Gerechtigkeit den Vorrang vor dem Gesichtspunkt der Rechtssicherheit beanspruchen müßten.

24 **Trotz** einer gewissen **Unbestimmtheit** der in BGHSt. **17** 14 aufgestellten Kriterien bewegt sich die Rechtsprechung jetzt auf der **Grundlage** der in BGHSt. **17** 14 aufgestellten Grundsätze, die auch im Schrifttum (vgl. z. B. *Schmidt* JuS **1967** 158; *Hanack* JZ **1971** 170; **1973** 660) überwiegend Anerkennung gefunden haben, so daß die frühere herrschende Meinung von einer neuen abgelöst wurde. In den entschiedenen Einzelfällen kommt der Gedanke zum Ausdruck, daß es in den durch die Bedürfnisse der Rechtssicherheit gezogenen Grenzen zur „Fairness" der staatlichen Strafverfolgung (Kap. 6, 16 ff.) gehört, den Betroffenen von den nachteiligen Folgen einer Rechtsmittelerklärung zu entbinden, die er im Irrtum oder in Übereilung abgab, wenn diese Lage durch objektiv unrichtige Maßnahmen der staatlichen Strafverfolgungsorgane herbeigeführt wurde. Letztlich leitet sich diese Pflicht zur Fairness aus der auch nach dem Spruch nachwirkenden Wahrheitsforschungs- und Aufklärungspflicht, verbunden mit der Fürsorgepflicht, her (vgl. dazu BGHSt. **21** 38).

25 **c) Folgerungen.** Im Rahmen dieser kurzen Übersicht ist kein Raum für eine eingehende Darstellung der Einzelfälle; eine Beschränkung auf einige **Beispiele,** die die Marschrichtung der neueren Rechtsprechung aufzeigen, ist erforderlich. Schon RG JW **1933** 1069 Nr. 22 hatte einen Rechtsmittelverzicht des Angeklagten, hervorgerufen durch die unrichtige Belehrung des Vorsitzenden, das Urteil sei unanfechtbar, für unbeachtlich erklärt, weil eine Erklärung, sich einem vermeintlich unanfechtbarem Urteil unterwerfen zu wollen, nicht ernstlich als Verzicht auf ein zustehendes Rechtsmittel ver-

standen werden könne. Im Fall BGHSt. **18** 257 = NJW **1963** 263 mit krit. Anm. *Stratenwerth,* in dem die Bindungswirkung eines Rechtsmittelverzichts verneint wurde, hatte das Gericht, wenn auch ungewollt, durch eine unzulässige Strafaussetzung zur Bewährung (die nicht bestehen bleiben konnte, wenn die Staatsanwaltschaft Revision einlegte), den Angeklagten zum Rechtsmittelverzicht „geradezu begünstigt", den er dann auch (im Vertrauen auf den Bestand der Aussetzung) auf die ohne sachlich zureichenden Grund gestellte Frage des Vorsitzenden, ob er das Urteil annehmen wolle, aussprach; Bemühungen des Verteidigers, mit dem Angeklagten darüber zu sprechen, ob es bei dieser Erklärung bleiben solle, unterband der Vorsitzende mit dem Hinweis, daß der Angeklagte an seine Erklärung gebunden sei. Nach BGHSt. **19** 101 = NJW **1963** 2236 entspricht es mindestens in Schwurgerichtssachen dem Sinn der notwendigen Verteidigung, daß der Angeklagte die Frage, ob er ein Rechtsmittel einlegen soll oder nicht, erst nach Beratung mit dem Verteidiger oder Gewährung von Gelegenheit zur Beratung entscheidet. „Wird dem Angeklagten vom Vorsitzenden in einem solchen Fall eine Erklärung über seinen Rechtsmittelverzicht abverlangt, ohne daß er zugleich darauf hingewiesen wird, er solle eine solche Erklärung erst nach eingehender Beratung mit seinem Verteidiger abgeben, und verzichtet der Angeklagte dann auf Rechtsmittel, muß der praktisch unter Umgehung oder Ausschaltung des Verteidigers erwirkte Rechtsmittelverzicht als unwirksam angesehen werden, weil er durch eine unzulässige Einwirkung zustande gekommen ist, wenn auch keines derjenigen Beeinflussungsmittel angewendet worden ist, die § 136 a StPO ausdrücklich verbietet". OLG Hamburg NJW **1964** 1039 verneinte die Verbindlichkeit eines eindeutig erklärten Rechtsmittelverzichts, weil man von dem unverteidigten Angeklagten — er hatte infolge eines mißverständlich formulierten Vordrucks von einem Antrag auf Bestellung eines Verteidigers abgesehen — trotz seiner Jugend (22 Jahre) und der Höhe der erkannten Strafe (zwei Jahre sechs Monate Freiheitsstrafe) unmittelbar nach Urteilsverkündung überhaupt einen Rechtsmittelverzicht entgegengenommen habe, statt ihm zu raten, den Verzicht in Ruhe zu überlegen.

Unbeachtlichkeit des Rechtsmittelverzichts, weil der Angeklagte (oder sein Ver- **26**
teidiger) durch Handlungen des Gerichts in einen für die Rechtsmittelerklärung ursächlichen unverschuldeten Irrtum versetzt worden sei, nahm OLG Köln NJW **1968** 2349 = JR **1969** 392 mit abl. Anm. *Koffka* in einem Fall an, in dem nach der verkündeten Formel und der mündlichen Begründung des Berufungsurteils der Angeklagte (sein Verteidiger) davon ausgehen durften, eine im ersten Urteil ausgesprochene Nebenstrafe sei aufgehoben, während die schriftlichen Urteilsgründe die Nebenstrafe als fortbestehend bezeichnete. Dagegen liegt nach OLG Hamburg NJW **1969** 1976 keine für einen Irrtum ursächliche Fehlhandlung des Gerichts, sondern ein unbeachtlicher Motivirrtum vor, wenn das Gericht die erkannte Freiheitsstrafe zu Unrecht als durch eine kürzere Untersuchungshaft für verbüßt erklärt und der Angeklagte in der Annahme, die Sache sei nunmehr für ihn vollständig erledigt, auf Rechtsmittel verzichtet: er hätte — angesichts des Antrags der Staatsanwaltschaft auf eine höhere Strafe — damit rechnen müssen, daß die Staatsanwaltschaft Berufung mit dem Ziel einer höheren Strafe und Anrechnung nur der tatsächlichen Dauer der erlittenen Untersuchungshaft einlegen werde.

d) **Justizverwaltung und Gesetzgeber** sind seither bemüht, die Herbeiführung **27**
voreiliger Rechtsmittelverzichtserklärungen des Angeklagten im Anschluß an die Urteilsverkündung zu unterbinden. Nach Nr. 140 Abs. 2 RiStBV soll der Angeklagte nicht veranlaßt werden, im unmittelbaren Anschluß an die Urteilsverkündung zu erklären, ob er auf Rechtsmittel verzichte. Ferner: ein gewisser Anreiz für das Gericht, einen Rechts-

mittelverzicht durch entsprechende Fragen an den Angeklagten herbeizuführen, mochte bisher darin liegen, daß (nur) bei einem Rechtsmittelverzicht aller Beteiligten das Urteil in abgekürzter Form abgesetzt werden konnte (§ 267 Abs. 4 a. F.). Durch das 1. StVRG ist die Zulässigkeit des abgekürzten Urteils nunmehr auch auf den Fall erweitert worden, daß innerhalb der einwöchigen Anfechtungsfrist kein Rechtsmittel eingelegt wird (§ 267 Abs. 4 n. F.). Zwar dient diese Maßnahme in erster Linie der Beschleunigung des Verfahrens durch Entlastung des Gerichts; ihren Vorteil sieht die Begr. des RegEntw. (BTDrucks. 7 551 S. 82) aber auch darin, daß „sie dem Gericht den durch den (bisher) geltenden Absatz 4 bedingten Anreiz nimmt, auf Rechtsmittelverzicht unmittelbar nach der Urteilsverkündung hinzuwirken, nur um ein abgekürztes Urteil schreiben zu können".

28 3. **Täuschung und Drohung durch Dritte.** Unbeachtlich ist dagegen, wenn die Prozeßhandlung des Beschuldigten durch **Täuschung** seitens Dritter veranlaßt wird; hier greift, wie beim Irrtum des Beschuldigten, der Gesichtspunkt durch, daß die Prozeßsicherheit, das öffentliche Vertrauen in die Rechtsbeständigkeit des Urteils den Vorrang beanspruchen. Das gilt grundsätzlich auch, wenn eine Prozeßhandlung durch die **Drohung** eines Dritten veranlaßt wird; doch kann hier in besonders liegenden Ausnahmefällen die Gerechtigkeit den Vorrang vor dem Gesichtspunkt der Rechtssicherheit beanspruchen, so etwa, wenn eine Rechtsmittelzurücknahme von einem Dritten unter ernster Todesdrohung erzwungen worden ist, die dem Beschuldigten keinen anderen Ausweg ließ (BGHSt. **17** 14, 18; *Peters* 234).

29 4. Nach §§ 69 Abs. 3, 72, 161 a, 163 a Abs. 5 darf auf **Zeugen und Sachverständige** nicht in einer die Voraussetzungen des § 136 a erfüllenden Weise eingewirkt werden. Diese Vorschriften enthalten einen allgemeinen und erweiterungsfähigen Gedanken dahin, daß neben dem Beschuldigten auch andere am Verfahren beteiligte private Personen (Privat- und Nebenkläger, Einziehungsbeteiligte), gegen Beeinträchtigung ihrer Willensfreiheit durch Maßnahmen der Verfolgungsorgane, in engsten Grenzen ausnahmsweise auch bei Einwirkung dritter Personen, Schutz genießen (OLG Neustadt NJW **1961** 1984). Keinesfalls wird aber die Wirksamkeit der Zurücknahme einer Privatklage dadurch in Frage gestellt, daß der Privatkläger durch die täuschende Erklärung des Angeklagten, er habe die ihm vorgeworfenen beleidigenden Äußerungen nicht getan, dazu veranlaßt wurde (OLG Neustadt aaO).

30 5. Endlich kommt bei **gerichtlichen Entscheidungen** eine Beeinträchtigung der Wirksamkeit durch eine arglistige Täuschung oder Drohung gegenüber dem Gericht nicht in Betracht (ebenso *Eb. Schmidt* 210; **a. M.** — bezgl. der Drohung — *Peters* 234). Daß ein Urteil durch „Täuschung" (falsche Angaben des Beschuldigten, falsche Zeugenaussagen usw.) herbeigeführt wird, gehört zu den Alltäglichkeiten; zur Abhilfe stehen nur die zulässigen Rechtsmittel und nach Rechtskraft der Weg der Wiederaufnahme (§§ 359 ff.) zur Verfügung. Der Richter, der unter der Einwirkung einer **Drohung** das sachliche oder Verfahrensrecht vorsätzlich falsch anwendete, beginge Rechtsbeugung (§ 336 StGB), was wiederum, wie sich aus § 359 Nr. 3, § 362 Nr. 3 ergibt, nach Rechtskraft des Urteils nur im Weg der Wiederaufnahme berücksichtigt werden könnte. Entfiele die Schuld des Richters durch entschuldigenden Notstand (§ 35 StGB; vgl. das Beispiel bei *Peters* 235: Bedrohung mit Erschießen), so würde dies nach dem Sinn des § 364 der Durchführung eines Wiederaufnahmeverfahrens nicht entgegenstehen; die fehlende Schuld trotz objektiv rechtswidriger Verwirklichung des Tatbestands des § 336 StGB müßte i. S. des § 364 als ein „anderer Grund" gewertet werden, der der Einleitung oder Durchführung eines Strafverfahrens entgegensteht, so daß das Wiederaufnahmeverfahren unabhängig von einer vorgängigen Verurteilung des Richters durchführbar wäre. — Übrigens sind nach jüngsten Erfahrungen Bemühungen von Banden, ihre in Untersuchungs- oder Strafhaft befindlichen Mitglieder durch psychischen Zwang auf die Justizorgane (Androhung der Tötung von Geiseln) zu befreien, nicht auf förmliche verfahrensbeendende Entschließungen (Einstellung des Verfahrens, Freispruch, Gnadenerweis usw.), sondern auf den tatsächlichen Akt der Freilassung gerichtet, der den staatlichen Strafanspruch unberührt läßt.[12]

VI. Bedingungen. Dem Begriff der Prozeßhandlung als einer gestaltenden, auf **31**
die Herbeiführung des erstrebten Prozeßausgangs gerichteten Handlung entspricht es, daß Erklärungen im allgemeinen bedingungsfeindlich sind, da einer bedingten Erklärung, deren Wirkung von einem zukünftigen ungewissen Ereignis abhängig gemacht wird, die Eignung abgeht, den Prozeß dem endgültigen Anschluß näher zu bringen. Bedingungsfeindlich mit der Wirkung, daß die Hinzufügung einer Bedingung die Erklärung unwirksam macht, sind insbesondere die Einlegung eines Rechtsmittels (BGH NJW **1954** 243; OLG Hamm NJW **1973** 257), sowie die auf den Eintritt der Rechtskraft gerichteten Bewirkungshandlungen der Rechtsmittelzurücknahme und des Rechtsmittelverzichts (RGSt. **66** 267). Bedingungsfeindlich ist auch der Strafantrag (RGSt. **74** 188; OLG Oldenburg MDR **1953** 55); auflösende Bedingungen sind unbeachtlich (RGSt. **14** 96); aufschiebende Bedingungen machen den Strafantrag unwirksam (RGSt. **74** 188). Ebenso ist eine nur bedingt ausgesprochene Zurücknahme des Antrags wirkungslos (RGSt. **48** 195). Jedoch können Prozeßhandlungen mit Bedingungen verbunden werden, soweit dies mit ihrer **besonderen Zweckbestimmung vereinbar** ist. So ist nach Sinn und Zweck des § 470 Satz 2 zulässig die Zurücknahme des Strafantrags unter der Bedingung, daß der Antragsteller nicht mit Verfahrenskosten und Auslagen des Beschuldigten belastet wird (BGHSt. **9** 149). Ein Beweisantrag kann bedingt gestellt werden (vgl. RG JW **1929** 677 Nr. 24). Ein Widerspruch des Betroffenen gegen das Beschlußverfahren (§ 72 Abs. 1 OWiG) ist nicht deshalb unwirksam, weil er unter der „Bedingung" erhoben wird, daß das Gericht nicht im Beschlußverfahren zu einem Freispruch oder zur Einstellung des Verfahrens komme (OLG Hamm VRS **44** 311), oder weil er nur für den Fall erhoben wird, daß das Gericht von der Vernehmung eines bestimmten Zeugen keinen Gebrauch machen will (BayObLG MDR **1975** 250).

---

[12] **Schrifttum**
Krey Der Fall *Peter Lorenz* — Probleme des rechtfertigenden Notstandes bei der Auslösung von Geiseln ZRP **1975** 97.

KAPITEL 11
Die Verfahrensvoraussetzungen im allgemeinen.

1 **I. Begriff und Wesen der Prozeßvoraussetzungen**[1].

1. Entwicklungsgeschichte. Nach § 274 ZPO sind mehrere nicht zu den Prozeßhandlungen gehörende Tatsachen, darunter die Unzuständigkeit des Gerichts, die Unzulässigkeit des Rechtswegs, die Rechtshängigkeit sowie der Mangel der Parteifähigkeit, der Prozeßfähigkeit und der gesetzlichen Vertretung durch „prozeßhindernde Einreden" vorzubringen. Der Ausdruck ist irreführend; die Stellungnahme des Gesetzes zu der Frage, was für die Zulässigkeit eines Prozesses vorausgesetzt werden muß, ist auch sonst unzulänglich (*Lent* ZAkDR **1942** 244). Indes haben Rechtslehre und Rechtsprechung den Begriff der Prozeßvoraussetzungen **im Zivilprozeß** in dem Sinn herausgearbeitet, daß, während der Betrieb des Prozesses im allgemeinen der Parteiherrschaft unterworfen ist, doch die Prüfung von Amts wegen da verlangt werden muß, wo Erfordernisse des Verfahrens nicht nur den Bedürfnissen der Parteien zu dienen, sondern das öffentliche Wohl zu wahren haben (RGZ **70** 179; 185; **158** 153; **160** 344).

2 Die Strafprozeßordnung war **in ihrer ursprünglichen Fassung,** obwohl die Untersuchung und Entscheidung der Strafsachen immer aus Gründen des öffentlichen Wohls erfolgt, noch dürftiger mit Vorschriften darüber ausgestattet, welche Bedeutung das Fehlen gewisser verfahrensrechtlich bedeutsamer Umstände hat, wann es zu berücksichtigen und wie es festzustellen ist. Aus § 260 a. F. StPO ergab sich nur, daß es neben Urteilen, die eine Sachentscheidung auf die erhobene Anklage (Verurteilung oder Freisprechung) enthalten, Urteile gibt, die auf Einstellung des Verfahrens lauten, also das Verfahren förmlich abschließen, ohne eine Sachentscheidung zu treffen; als Gründe für eine Einstellung nannte das Gesetz das Fehlen oder die Zurücknahme des zur Strafverfolgung erforderlichen Strafantrags. § 205 a. F. sah die vorläufige Einstellung durch gerichtlichen Beschluß vor, wenn nach erhobener Anklage Abwesenheit des Beschuldigten oder nachträglicher Verfall in Geisteskrankheit dem weiteren Verlauf entgegensteht. Die Rechtslehre sah angesichts der Schweigsamkeit des Gesetzes ihre Aufgabe darin, die Bedeutung der Verfahrensvoraussetzungen im Strafverfahren klarzulegen. Sie konnte hierbei auch aus den reicheren Quellen des Zivilprozeßrechts schöpfen[2]. Die Rechtsprechung ist zunächst nur zögernd und manchmal schwankend nachgefolgt. Ihre Zurückhaltung erklärte sich aus der Vorsicht, die da geübt werden muß, wo die Bewährung einer umkämpften Meinung in der Anwendung noch nicht sicher berechnet

---

1 **Schrifttum:**
Goldschmidt Der Prozeß als Rechtslage, 1925; *Beling* 85, 100, 165; derselbe ZStW **42** 257 ff.; *Graf zu Dohna* 51; *v. Hippel* 9, 471; *Eb. Schmidt* **1** Rz 113 ff.; *Peters* 235 ff.; *Henkel* 230 ff; *Müller-Sax* Einl. 11; *Kleinknecht* Einl.6; *Kern-Roxin* §21; *Sauer* Grdl. 149, 211, 323, 363, 657; derselbe: Allgemeine Prozeßlehre **1951** S. 227; *Niethammer* DStR **1937** 127; *Niese* Prozeßvoraussetzungen und -hindernisse und ihre Feststellung im Strafprozeß DRechtsZ **1949** 505; *Sax* JZ **1968** 534. Vgl. auch in diesem Kommentar Anm. III zu § 337.

2 Grundlegend für den Zivilprozeß O. *Bülow* „Die Lehre von den Prozeßeinreden und den Prozeßvoraussetzungen" (1868). Als erster hat *von Kries* in einem im Jahr 1885 erschienenen Aufsatz (ZStW **51**) den Voraussetzungen des Strafprozesses eine eingehende Darstellung gewidmet.

werden kann, aus der Schwierigkeit, ältere Entscheidungen zu überwinden, und aus der Abneigung gegen das Ansinnen, nicht gerügten Mängeln nachzuspüren, um, wenn sich ein solcher ergibt, ein sachlich einwandfreies Urteil aufzuheben.

Die **Rechtsentwicklung nach dem ersten Weltkrieg,** namentlich die seitdem in **3**
größerem Umfang einsetzende Amnestiegesetzgebung, bot reichlichen Anlaß zur Vertiefung der Probleme und führte schließlich zu einer in den Grundzügen gefestigten Rechtsprechung, deren Ergebnisse z.T. in Novellenform Eingang in die StPO, z.T. auch ihren Niederschlag in einem Ausbau der Verfahrensvorschriften in den einzelnen Amnestiegesetzen fanden. Zunächst dehnte die Rechtsprechung den Satz, daß fehlender Strafantrag zur Einstellung des Verfahrens durch Urteil führe, auf alle Verfahrenshindernisse (Niederschlagung, vorgängige rechtskräftige Aburteilung, Rechtshängigkeit usw.) aus und ließ weiter die Einstellung auch durch **Beschluß außerhalb der Hauptverhandlung** zu, wenn der Mangel einer Verfahrensvoraussetzung auch ohne Hauptverhandlung einwandfrei festzustellen war. Diese Rechtsprechung legalisierte der Gesetzgeber durch Einführung des § 206 a (VO vom 13. 8. 1942, RGBl. I 512). Die gleiche VO erweiterte den § 205 auf alle in der Person des Angeschuldigten liegenden Hindernisse, die der Durchführung einer Hauptverhandlung entgegenstehen. Schließlich erhielt der Abs. 3 des § 260 durch das Vereinheitlichungsges. vom 12. 9. 1950 — im Anschluß an den Vorschlag in Art. 70 Nr. 142 EGStGB = Entw. 1930 — seine seitdem nur sprachlich geringfügig geänderte Fassung, die die Voraussetzungen für die Einstellung des Verfahrens durch Urteil generell umschreibt: „Die Einstellung des Verfahrens ist im Urteil auszusprechen, wenn ein Verfahrenshindernis besteht". Dabei gilt nach h. M. für das Verhältnis der § 260 Abs. 3 zu § 206 a, daß § 206 a trotz seiner Stellung im 4. Abschnitt „Entscheidung über die Eröffnung des Hauptverfahrens" in **allen** Verfahrensstadien, auch in der Revisionsinstanz anwendbar ist und daß der Beschluß nach § 206 a die gleichen Wirkungen wie ein auf Verfahrenseinstellung lautendes Urteil entfaltet (BGHSt. **24** 212 betr. Erstreckung nach § 357; die z. T. abweichende Auffassung von *Meyer-Goßner* GA **1973** 366 überzeugt nicht)[3].

Die **spätere Rechtsentwicklung** ist seitdem gekennzeichnet durch vermehrte An- **4**
erkennung der von Amtswegen zu berücksichtigenden Verfahrenshindernisse; das erklärt sich aus dem „immer bewußter und entschiedener werdenden Streben nach Rechtsstaatlichkeit des Verfahrens" (OLG Hamburg JR **1969** 310 mit Anm. *Eb.-Schmidt*). Dabei galt es allerdings auch, aufkeimenden Tendenzen zur Ausuferung und Verfälschung des Begriffs des Verfahrenshindernisses entgegenzutreten (vgl. Kap. 12, 91 ff., 111 ff.).

2. Begriff. Ein Verfahrenshindernis ist ein Umstand, der den Erlaß eines Sachur- **5**
teils, aber auch schon, sobald dieser Umstand erkannt ist, das weitere Prozedieren mit dem Ziel eines Sachurteils[4] ausschließt. Ein Verfahrenshindernis liegt, anders und ge-

---

[3] Wegen der Bedeutung des durch das 4. StrRG neu eingefügten § 206 b, der ebenfalls eine Verfahrenseinstellung außerhalb der Hauptverhandlung durch Beschluß vorsieht, vgl. unten Rdn. 21.

[4] Kein „Prozedieren" in diesem Sinn ist die Bestimmung des zuständigen Gerichts durch ein übergeordnetes Gericht, z. B. gemäß § 13 a StPO; erst dem so bestimmten Gericht und der danach zuständigen Strafverfolgungsbehörde obliegt die Prüfung, ob ein Verfahrenshindernis besteht (BGHSt. **18** 19 = JZ **1963** 564 mit Anm. *Jescheck).* Bei tateinheitlichem Zusammentreffen äußert sich die Wirkung des Verfahrenshindernisses, das der Verfolgung **einer** der Gesetzesverletzungen entgegensteht, darin, daß dieses Delikt aus dem Verfahren ausscheidet; ebenso entfällt für Einzelhandlungen einer fortgesetzten Tat, die von einem Verfahrenshindernis betroffen sind, die Einbeziehung in die fortgesetzte Handlung (BGHSt. **17** 157).

nauer ausgedrückt, vor, wenn eine Bedingung dafür fehlt, daß es zulässig ist, in einem bestimmten Verfahren — vor diesem Gericht, unter Mitwirkung dieser Prozeßsubjekte — zu einem Sachurteil in einer bestimmten Sache zu gelangen. Solche Zulässigkeitsbedingungen bezeichnet man als Prozeßvoraussetzung; das Wesen der Prozeßvoraussetzung besteht darin, Zulässigkeitsbedingung dafür zu sein, unter den gegebenen Umständen zu einem Sachurteil zu gelangen (BGHSt. **10** 75). Die Begriffe Verfahrenshindernis und Prozeßvoraussetzung drücken danach, wie heute fast allgemein anerkannt ist, keinen Gegensatz aus, sondern bringen den gleichen Gedanken in negativer oder positiver Form zum Ausdruck; es kommt auf das gleiche hinaus, ob man z. B. das Vorhandensein des erforderlichen Strafantrags als Prozeßvoraussetzung oder sein Fehlen als Verfahrenshindernis bezeichnet.

6 3. **Inhaltlich** gehört zum Begriff der Prozeßvoraussetzung, daß es sich um einen Umstand handelt, der nach dem ausdrücklich erklärten oder aus dem Zusammenhang ersichtlichen Willen des Gesetzes für das Strafverfahren so schwer wiegt, daß von seinem Vorhandensein oder Nichtvorhandensein die Zulässigkeit **des Verfahrens im ganzen** abhängig gemacht werden muß (BGHSt. **15** 287 = NJW **1961** 567; BGHSt. **19** 273, 278; **21** 81; **24** 239; NJW **1975** 885; JZ **1972** 59; BayObLG NJW **1969** 807), daß sie eine Zulässigkeitsbedingung für das Verfahren in seiner Gesamtheit und **nicht nur für eine bestimmte Verfahrenshandlung** innerhalb des Verfahrens darstellt. Und zwar muß der „Umstand" so beschaffen sein, daß er — abstrakt ausdrückbar — an eine **bestimmte,** für das Verfahren im ganzen uneingeschränkt rechtserhebliche **Tatsache** angeknüpft werden kann. Damit sind aus dem Begriff des Verfahrenshindernisses ausgeschlossen:

7 a) wechselnde **Umstände,** die Gegenstand **lediglich wertender** Beurteilung sind, wie z. B. die „überlange Verfahrensdauer unter Vernachlässigung des Beschleunigungsgebots" (vgl. Kap. 12, 91 ff.). Es gibt freilich auch Verfahrenshindernisse, deren Feststellung mit einer gewissen wertenden Beurteilung tatsächlicher Umstände verbunden ist, wie z. B. eine Niederschlagung des Verfahrens, sofern sie etwa voraussetzt, daß die Tat „aus unverschuldeter Not", oder daß sie nicht „aus Gewinnsucht" oder „gemeiner Gesinnung" begangen sei (vgl. dazu wegen der besonderen Verfahrensgestaltung in solchen Fällen zur raschen Feststellung des Hindernisses Vorbem. IV 6 a vor § 12 GVG). Die Figur des Verfahrenshindernisses würde aber alle Konturen verlieren, wenn sie an Umstände anknüpfte, die *lediglich* Gegenstand wertender Beurteilung mit sehr unterschiedlichen Ergebnissen sind. Gerade diese Erwägung hat mit dazu geführt, bei einem der hauptsächlichsten Verfahrenshindernisse, der Verjährung, einen klaren und abschließenden, an eindeutige Fakten anknüpfenden Katalog der Unterbrechungsvoraussetzungen aufzustellen (§ 78 c StGB).

8 b) **Zulässigkeitsbedingungen bestimmter Verfahrenshandlungen.** Begrifflich ist auch die wirksame Anfechtung Prozeßvoraussetzung des dadurch eingeleiteten Rechtsbehelfs- oder Rechtsmittelverfahrens. Indessen führt eine wegen Nichtbeachtung der Vorschriften über Frist und Form des Rechtsbehelfs oder Rechtsmittels unwirksame Anfechtung zur Verwerfung des Rechtsmittels als unzulässig und nicht etwa zur Einstellung des Rechtsmittelverfahrens wegen der der Sachentscheidung entgegenstehenden Rechtskraft der angefochtenen Entscheidung (dazu Anm. III 1 zu § 449). Denn Einstellung bedeutet die förmliche Beendigung des Verfahrens in seiner Gesamtheit ohne Sachurteil.

9 4. Die Auffassung der Verfahrensvoraussetzungen als Voraussetzungen der Zulässigkeit des Verfahrens **beugt** ihrer **Verwechslung mit den materiellrechtlichen Voraussetzungen** der Bestrafung **vor.** Die Frage, ob der Beschuldigte sich in das Verfahren

mit dem Ziel der Entscheidung über seine Täterschaft und Schuld einlassen müsse, kann nicht von der Feststellung der Tatsachen abhängig gemacht werden, deren Vorhandensein oder Nichtvorhandensein maßgebend dafür ist, ob er für schuldig zu erklären und wie er zu bestrafen oder ob er freizusprechen sei. Allein wenn die begriffliche Unterscheidung einleuchtet, so tauchen doch hinsichtlich gewisser Bestimmungen in Vorschriften des sachlichen Rechts Zweifel darüber auf, ob sie Tatbestandsmerkmale, Bedingungen der Strafbarkeit oder Verfolgungsvoraussetzungen aufstellen. Die Übersicht (Kap. 13) über die einzelnen Verfahrensvoraussetzungen wird solche Zweifel erörtern.

5. Die **Abgrenzung der Voraussetzungen der Zulässigkeit des Verfahrens im ganzen von Voraussetzungen geringeren Rangs,** nämlich von den Voraussetzungen der Zulässigkeit einzelner Verfahrenshandlungen, ist durch die Natur der Sache geboten und läßt sich, wenn sie auch in einzelnen Fällen erheblichen Schwierigkeiten begegnen mag, doch der Grundrichtung nach durchführen. Die Vorschriften der StPO treffen in ihrer weit überwiegenden Zahl lediglich Anordnungen darüber, wie die einzelnen Verfahrenshandlungen, insbesondere hinsichtlich der Zeit, des Orts und der Form vorzunehmen sind. Sie enthalten „Rechtsnormen über das Verfahren" im Sinn der §§ 328 Abs. 2, 344 StPO. Verstöße gegen diese Rechtsnormen ereignen sich oft und vielfach. Ihnen ist ein weit geringeres Gewicht beizumessen als den geschriebenen oder ungeschriebenen Rechtssätzen, von denen die Zulässigkeit des Verfahrens im ganzen, also die Frage abhängt, nicht nur, wie vorzugehen ist, sondern ob überhaupt in diesem Verfahren vorgegangen werden darf. Unter diesen Umständen bestehen keine Bedenken dagegen, es den Beteiligten zu überlassen, daß sie die Nachteile, die aus der Verletzung von Rechtsnormen über das Verfahren befürchtet werden, durch den **Gebrauch der gesetzlich gebotenen Rechtsbehelfe** abwehren. Der Grund zu einer **Prüfung von Amts wegen,** wie sie bei den Prozeßvoraussetzungen geboten ist (unten Rdn. 13), tritt gegenüber solchen Fehlern regelmäßig nicht hervor. **10**

II. Einteilung der Prozeßvoraussetzungen. Das Schrifttum hat sich bemüht, die einzelnen Prozeßvoraussetzungen in Kategorien einzuordnen. Rein äußerlich schon läßt sich z. B. unterscheiden zwischen solchen, die, wenn sie bei Verfahrensbeginn vorliegen, von Anfang an jedes Prozedieren ausschließen, wie etwa fehlender Strafantrag (s. aber §§ 127 Abs. 3; § 130), Verjährung oder vorgängige rechtskräftige Aburteilung, und solchen, die nur von einem bestimmten Verfahrensstadium ab bedeutsam sind, wie etwa das Fehlen der Klage, die ja erst nach Abschluß des Ermittlungsverfahrens für das künftige Verfahren Bedeutung als Prozeßvoraussetzung gewinnt. Man kann auch unterscheiden zwischen allgemeinen Prozeßvoraussetzungen, die bei jedem Beschuldigten und bei jeder Straftat gegeben sein müssen, z. B. bei Unberührtheit der Sache, und den besonderen Voraussetzungen, die nur bei bestimmten Delikten oder bei bestimmten Beschuldigten oder nur bei bestimmten Verfahrensarten vorliegen müssen, z. B. der Strafantrag bei Antragsdelikten, die Verfolgungsgenehmigung der gesetzgebenden Körperschaft bei Abgeordneten. Eine weitere Unterscheidung betrifft behebbare oder nur vorübergehende und unbehebbare, die Verfolgung endgültig ausschließende Hindernisse; bei den ersteren kann ggf. unterschieden werden zwischen solchen, die nur der Tatrichter zu beachten hat, und solchen, bei denen auch das Revisionsgericht zu prüfen hat, ob sie noch bestehen und nicht nach Erlaß des angefochtenen tatrichterlichen Urteils weggefallen sind (vgl. BGHSt. **21** 55 betr. die Voraussetzung des selbständigen Einziehungsverfahrens, daß keine bestimmte Person verfolgt oder verurteilt werden kann, § 76 a StGB, § 440 StPO und dazu Anm. IV 2 b zu § 440). Oder es wird unterschieden nach der **11**

Herkunft der Prozeßvoraussetzung, ob sie dem Gebiet des Straf-, des bürgerlichen, des Verwaltungs-, Staats- oder Völkerrechts entstammt. Über die Befriedigung des Bedürfnisses nach systematischer Durchdringung hinaus sind solche Unterscheidungen für die praktische Rechtshandhabung ohne wesentliche Bedeutung, da sie Unterschiede hinsichtlich des Wesens und der Wirkung der Prozeßvoraussetzungen, soweit und solange sie fehlen, nicht begründen. Dies gilt auch für die Versuche einer Einteilung nach materiellen Kategorien, etwa nach Sachgestaltungs-, Verfolgungs- und Verfahrensvoraussetzungen *(Sauer)*, nach Prozeßvoraussetzungen im engeren Sinn und Strafklagerechtsvoraussetzungen usw., die *Eb. Schmidt* I 113 ff. kritisch würdigt mit dem resignierenden Ergebnis: „Die Einteilung der Prozeßvoraussetzungen als wissenschaftliches Problem aufzufassen lohnt nicht. Es handelt sich nur um eine Frage einer möglichst übersichtlichen Darstellung" (aaO Fußnote 227).

12 **III. Zeitliche Geltung.** Die Verfahrensvoraussetzungen treten mit dem Gesetz, das sie ausspricht oder aufhebt, also z. B. das Antragserfordernis aufstellt oder fallen läßt, **in und außer Kraft**; sie äußern ihre Wirkung, falls das betreffende Gesetz nichts Abweichendes bestimmt, auch innerhalb schon anhängiger Verfahren (RGSt. **75** 311; **77** 150, 183; BGHSt. **20** 22, 27; **21** 367; OLG Hamm NJW **1961** 2030; **1970** 578; BayObLG NJW **1961** 2268). Dies entspricht dem allgemein für das Strafverfahren geltenden Grundsatz, daß neues Strafverfahrensrecht, soweit nicht ausdrücklich etwas anderes bestimmt ist, auch für bereits anhängige Verfahren gilt, die in der Lage, in der sie sich beim Inkrafttreten der neuen Vorschriften befinden, nach diesen weiterzuführen sind (BGHSt. **22** 321, 325).

13 **IV. Prüfung von Amts wegen. Freibeweis.**

1. Auf die **Verfahrensvoraussetzungen** ist grundsätzlich in **jeder Lage des Verfahrens** — auch in der Revisionsinstanz — **von Amts wegen** zu achten (RGSt. **65** 150; **66** 173; **67** 55 und 323; **68** 19 u. 107; **69** 126, 245 u. 319; **71** 252 u. 261; **72** 5, 102, 143 u. 379; **73** 114; **74** 187 u. 192; **75** 257; BGHSt. **10** 75; **11** 394; **13** 128; **21** 242). Denn die im Strafverfahren immer und überall durchdringende Rücksicht auf das allgemeine Wohl läßt, sofern ein Gesetz nicht ausdrücklich eine gegenteilige Regelung trifft, nicht zu, daß Versäumnisse und Verzichte der Beteiligten einen Einfluß gegenüber verfahrenshindernden Mängeln gewinnen. Dies gilt auch, wenn ein Formalurteil wie das Verwerfungsurteil des Berufungsgerichts nach § 329 Abs. 1 Satz 1 StPO nur mit der allgemeinen Sachrüge angegriffen wird (BGHSt. **21** 242). Selbst der Umstand, daß das Urteil durch **Teilanfechtung** schon zum Teil rechtskräftig geworden ist, schließt nicht aus, daß das mit dem angefochtenen Teil befaßte Rechtsmittelgericht von Amts wegen das Vorhandensein von Verfahrenshindernissen prüft und, wenn es solche feststellt, die daraus sich ergebende Folgerung nicht nur für den noch anhängigen Teil, sondern für die gesamte Entscheidung zieht. Beschränkt sich also ein Rechtsmittel nur auf das Strafmaß oder nur auf einen Nebenpunkt, z. B. eine angeordnete Einziehung und wird ein Verfahrenshindernis, etwa fehlender Strafantrag oder Anwendbarkeit eines Straffreiheitsgesetzes, festgestellt, so wird das **ganze Verfahren** eingestellt (RGSt. **74** 206; BGHSt. **6** 304; **8** 269 = JZ **1956** 417 mit Anm. *Jescheck;* BGHSt. **11** 393; **13** 128; **21** 242; NJW **1961** 228). Die Einstellung wegen eines Verfahrenshindernisses durch das Revisionsgericht erstreckt sich ferner gemäß § 357 StPO auf die Mitangeklagten, die keine Revision eingelegt haben, soweit das Hindernis auch sie betrifft (RGSt. **68** 18; BGHSt. **12** 340; **19** 320, 321; Anm. 4, 5 c zu § 357); und die gleiche Wirkung kommt als einem Surrogat des Einstellungsurteils dem gemäß § 206 a oder § 349 Abs. 4 wegen Außerachtlassung eines Verfahrenshindernisses ergehenden Einstellungsbeschluß zu (BGHSt. **24** 208; Anm. 2b zu § 357).

2. Die **Prüfung von Amts wegen** aber erfordert, daß das Gericht unabhängig von den Regeln der §§ 244 ff. bei der Nachforschung den gesamten Akteninhalt heranzieht und überhaupt alle verfügbaren Erkenntnisquellen benützt, also nach den **Regeln des Freibeweises verfährt** (RGSt. **51** 72; **56** 109; **59** 36 u. 56; **61** 118; **62** 14; **63** 321; **64** 187 u. 237; **65** 166; **66** 319; **71** 261; **72** 5; BGHSt. **16** 164, 166; **21** 21, 81). Demnach kann von den Grundsätzen der Mündlichkeit und der Öffentlichkeit insoweit abgewichen werden, als Erhebungen über Verfahrensvoraussetzungen anzustellen sind. Auch bleiben die Vorschriften außer Anwendung, die für die Beweisaufnahme zur Aufklärung der Tat und der Schuld und zur Bemessung der Strafe gelten. Ermittlungsanträge der Beteiligten, die sich auf Verfahrensvoraussetzungen beziehen, sind nur als Anregungen anzusehen; das Gericht nimmt ihnen gegenüber eine freie Stellung ein und kann sich einer besonderen Bescheidung solcher Anträge enthalten (RGSt. **53** 231; **59** 36 u. 56). Einfache Stimmenmehrheit genügt, wie sich aus § 263 Abs. 3 StPO ergibt, für die Entscheidung über das Vorliegen der Verfahrensvoraussetzungen (RGSt. **53** 276; KG GA 70 43). **14**

3. Das **Revisionsgericht** hat zwar über die Voraussetzungen eines Verfahrenshindernisses grundsätzlich selbst zu entscheiden; es ist ihm aber nicht schlechthin verwehrt, die Sache zur Nachholung fehlender Feststellungen an den Tatrichter zurückzuverweisen, z. B. wenn das Verfahrenshindernis an bestimmte Voraussetzungen gebunden ist wie bei der Niederschlagung durch ein Straffreiheitsges. (BGHSt. **16** 399, 403). **15**

V. Prüfung durch das Rechtsmittelgericht[5]. **16**

1. **Grundsatz.** In der Rechtsmittelinstanz setzt jedoch die Prüfung der Prozeßvoraussetzungen von Amts wegen voraus, daß die spezielle Verfahrensvoraussetzung des Rechtsmittelverfahrens, eine form- und fristgerechte Anfechtung, gegeben ist. Das Rechtsmittelgericht kommt demnach nur dann in die Lage, die Zulässigkeit des Verfahrens im Hinblick auf Verfahrenshindernisse zu prüfen, wenn es die Zulässigkeit des Rechtsmittels bejaht hat.

2. In der **Revisionsinstanz** gilt dieser Grundsatz jedoch nur mit **Einschränkungen** (s. dazu Anm. II 6 zu § 346). Es ist zu unterscheiden: **17**

Ist die Revision **nicht fristgerecht** eingelegt (§ 341), so ist das Urteil rechtskräftig, da nur die rechtzeitig eingelegte Revision die Rechtskraft des Urteils hemmt (§ 343 StPO). Das Rechtsmittel ist als unzulässig zu verwerfen, und ein vom Tatrichter übersehenes Verfahrenshindernis bleibt außer Betracht. Denn die Verwerfung des Rechtsmittels als unzulässig hat dann nur deklaratorische Bedeutung (h. M.; vgl. *Küper* GA **1969** 365, 366 m. Nachw.); einer sachlichen Befassung mit dem bereits rechtskräftigen Urteil stünde das Verbot ne bis in idem (Art. 103 Abs. 3 GG) entgegen.

Anders liegt es, wenn die Revision fristgerecht eingelegt wurde, die Frage, ob die Einlegung **formgerecht** erfolgte und/oder die Revisionsanträge form- und fristgerecht angebracht sind, aber noch nicht abschließend (§ 346 Abs. 2) beschieden ist. Nach h. M. (Anm. III 2 c zu § 449; *Küper* aaO) tritt in solchen Fällen die Rechtskraft erst mit der Verwerfungsentscheidung des Revisionsgerichts (§ 346 Abs. 2) ein. Daß das Urteil nach § 346 Abs. 2 Satz 2 schon von der Verwerfungsentscheidung des iudex a quo ab vollstreckbar ist, bedeutet in diesen Fällen nach h. M., daß nicht bereits dieser Verwerfungsbeschluß die Rechtskraft des Urteils herbeiführt, sondern daß hier — abweichend **18**

---

[5] **Schrifttum:**
Martin Prozeßvoraussetzungen und Revision (1974). *Karnowsky*, Revisionszulässigkeit und Verfahrenshindernisse im Strafverfahren, Diss. Münster 1974.

von dem Grundsatz des § 449 — das Urteil schon vor eingetretener Rechtskraft vorläufig vollstreckbar ist (vgl. BGHSt. **22** 213). Hinsichtlich der Berücksichtigung von Verfahrenshindernissen bei der Entscheidung des Revisionsgerichts nach § 346 Abs. 2 kommen drei Möglichkeiten in Betracht:

a) ein **Verfahrenshindernis,** mag es vor oder nach der Entscheidung des Tatrichters eingetreten sein, **schlägt stets durch,** führt also zur Einstellung des Verfahrens (so *Eb. Schmidt* JZ **1962** 155; Lehrk. I 200; *Kern-Roxin* § 55 I 2);

b) ein Verfahrenshindernis ist — ohne Rücksicht darauf, ob vor der nach dem Urteil eingetreten — nur zu berücksichtigen, wenn zuvor festgestellt ist, daß die Revisionsanträge und ihre Begründung frist- und formgerecht angebracht sind (so die 21. Aufl. S. 74 mit Schrifttumsnachw.; *Schöneborn* MDR **1975** 6, 812), weil für eine Prüfung der Zulässigkeit des Verfahrens nur Raum ist, wenn der Rechtsbehelf des Beschwerdeführers in vollem Umfang „die **Probe seiner Zulässigkeit bestanden** hat";

c) Die **Nichtbeachtung** eines **vor** dem Urteil eingetretenen Verfahrenshindernisses durch den Tatrichter stellt, weil „in das Urteil eingegangen", eine Gesetzesverletzung dar, die wie jede andere Gesetzesverletzung nur geprüft werden kann, wenn durch eine frist- und formgerecht eingelegte und begründete Revision dem Revisionsgericht der Zugang zur sachlichen Prüfung eröffnet ist. Ist aber das Hindernis erst **nach** dem Urteil eingetreten, so hat es den Vorrang vor der speziellen Verfahrensvoraussetzung einer formgerechten Einlegung und frist- und formgerechter Begründung der Revision, führt also zur Einstellung des Verfahrens[6].

19 3. Die **Rechtsprechung hat geschwankt.** BGHSt. **15** 203 = NJW **1961** 228 = JZ **1961** 390 mit Anm. *Stratenwerth* bekannte sich zu der Auffassung, auch das vom Tatrichter übersehene Hindernis sei zu berücksichtigen, weil es dem Revisionsgericht nicht zuzumuten sei, einem zu Unrecht ergangenen Urteil zur Rechtskraft zu verhelfen; es wäre eigenartig, wenn das Revisionsgericht einen erkannten Mangel (Nichtberücksichtigung eines Verfahrenshindernisses) nicht berücksichtigen dürfte und den offenbar zu Unrecht Verurteilten auf den Weg der Gnade verweisen müßte. Von dieser Auffassung ist der Bundesgerichtshof aber abgegangen. Die jetzt in der Rechtsprechung vertretene (vgl. BGHSt. **16** 115 = JW **1961** 1684; BGHSt. **22** 213 = NJW **1968** 2253 = JR **1969** 347 mit Anm. *Koffka* = LM Nr. 5 zu § 346 StPO mit Anm. *Martin;* BGHSt. **25** 259, 261; BayObLGSt. **1953** 97; NJW **1961** 432; OLG Hamburg NJW **1963** 265), auch im Schrifttum überwiegend anerkannte (vgl. *Küper* GA **1969** 365 mit Nachw.; JR **1970** 272; NJW **1975** 1330; *Sieg* MDR **1975** 811) Auffassung unterscheidet, ob das Verfahrenshindernis schon bei Erlaß des tatrichterlichen Urteils vorlag, vom Tatrichter also übersehen oder verkannt ist, oder erst nach dem Erlaß des tatrichterlichen Urteils eintrat und daher vom Tatrichter nicht berücksichtigt werden konnte. Im ersteren Fall hat

---

[6] Zu berücksichtigen ist, da es sich bei dieser Fallgestaltung bisher vielfach oder meist um Fälle handelte, in denen nach dem tatrichterlichen Urteil Verjährung eingetreten war, weil Unterbrechungshandlungen nicht erfolgt waren. Diese Fallgestaltung kommt nach dem seit dem 1. 1. 1975 geltenden Recht (vgl. dazu die Übergangsregelung in Art. 309 EGStGB) nicht mehr in Betracht, weil nach § 78 b Abs. 3 StGB, wenn vor Ablauf der Verjährungsfrist ein Urteil des ersten Rechtszuges ergangen ist, die Verjährungsfrist nicht vor dem Zeitpunkt abläuft, in dem das Verfahren rechtskräftig abgeschlossen ist (ebenso § 32 Abs. 2 OWiG, wo dem Urteil des ersten Rechtszuges der ohne Hauptverhandlung ergangene gerichtliche Beschluß nach § 72 OWiG gleichgestellt ist). Es gibt aber andere Hindernisse, die vor oder nach dem erstinstanzlichen Urteil eintreten können, wie Niederschlagung des Verfahrens durch Straffreiheitsgesetz oder Zurücknahme des gestellten Antrags bei Antragsdelikten (§ 77 d Abs. 1 StGB).

auch das Revisionsgericht das Verfahrenshindernis nicht zu berücksichtigen, während Verfahrenshindernisse zur Einstellung in der Revisionsinstanz führen, die erst nach Erlaß des tatrichterlichen Urteils eingetreten sind.

Dieser herrschenden **Auffassung** ist **zuzustimmen.** Hat der Tatrichter ein bereits **20**
im Zeitpunkt des Erlasses seiner Entscheidung bestehendes Verfahrenshindernis unberücksichtigt gelassen, so hat die darin liegende Verletzung des Gesetzes qualitativ keine andere, keine weitergehende Wirkung als jeder andere Gesetzesverstoß auf dem Gebiet des sachlichen oder des Prozeßrechts, kann also vom Revisionsgericht nur berücksichtigt werden, wenn ihm eine den Vorschriften des Prozeßrechts entsprechende Anfechtung des Urteils den Weg einer sachlichen Nachprüfung des Urteils eröffnet hat. Dagegen beruht das Urteil nicht auf einer Gesetzesverletzung, wenn das Verfahrenshindernis erst nach Erlaß des tatrichterlichen Urteils eingetreten ist; es schlägt dann, da das Urteil begrifflich nicht auf einer Gesetzesverletzung des Tatrichters beruhen kann, der Grundsatz durch, daß ein Verfahrenshindernis in jeder Lage des anhängigen Verfahrens zu berücksichtigen ist, während der Grundsatz, daß nur eine prozeßordnungsgemäße Anfechtung den Zugang zu einer sachlichen Befassung mit dem Urteil eröffnet, unanwendbar ist, weil er nur gilt, wenn die Revision darauf gestützt ist, daß das Urteil auf einer Verletzung des Gesetzes beruhe (§ 337).

4. Anwendbarkeit des § 206 b in der Revisionsinstanz. Nur in einem äußerlichen **21**
Zusammenhang mit dem vorerörterten Problem steht der durch Art. 3 Nr. 4 des 4. StRG vom 23. 11. 1973 (BGBl. I 1725) neu geschaffene § 206 b, wonach ein gerichtlich anhängiges Verfahren durch Beschluß außerhalb der Hauptverhandlung einzustellen ist, wenn es eine Tat zum Gegenstand hat, die nach bisherigem Recht strafbar war, infolge Gesetzesänderung nach neuem Recht aber nicht mehr strafbar ist. Hier handelt es sich nämlich nicht um die Einstellung wegen eines Verfahrenshindernisses, sondern um die Vereinfachung des Verfahrensabschlusses, der durch das materiellrechtliche Gebot des § 2 Abs. 3 StGB bedingt ist, das auch (vgl. § 354 a) in der Revisionsinstanz zu beachten ist (bei einer Entscheidung durch Urteil auf Grund einer Hauptverhandlung wäre nicht auf Einstellung nach § 260 Abs. 3, sondern auf Freisprechung nach § 267 Abs. 5 zu erkennen). Nach dem Zweck der Vorschrift, so rasch und umfassend die Folgerungen aus § 2 Abs. 3 StGB zu ziehen, ist § 206 b bei rechtzeitiger Anrufung in der Revisionsinstanz auch dann anzuwenden, wenn bereits der iudex a quo nach § 346 Abs. 1 die Revision verworfen hatte (BayObLG JZ **1970** 74). Wie beim nachträglich eingetretenen Verfahrenshindernis ist der Wegfall der Strafbarkeit nach Erlaß des angefochtenen Urteils in der Revisionsinstanz von Amtswegen (auch ohne Sachrüge) zu berücksichtigen (*Küper* NJW **1975** 1330).

5. Zurücknahme des Rechtsmittels. Ist die Revision frist- und formgerecht einge- **22**
legt und begründet und ergibt sich, daß der Sachentscheidung ein vom Vorderrichter übersehenes oder nachträglich eingetretenes Verfahrenshindernis entgegensteht, so fragt sich, ob das Revisionsgericht auch dann noch das Verfahren einstellen kann, wenn der Angeklagte die gegen das verurteilende Erkenntnis eingelegte Revision zurücknimmt, bevor das Revisionsgericht entschieden hat. Diese Frage wird nahegelegt durch den Beschluß des BayObLG MDR **1975** 72 (mit ablehnender Besprechung *Schöneborn* MDR **1975 6** = JR **1975** 120 mit abl. Anm. *Teyssen*).

In dem der Entscheidung zugrunde liegenden Fall war der Angeklagte im er- **23**
sten Rechtszug wegen Verkehrsunfallflucht und wegen zweier rechtlich zusammentreffender Ordnungswidrigkeiten verurteilt worden. Seine zunächst uneingeschränkt einge-

legte **Berufung beschränkte** er in der Hauptverhandlung vor dem Berufungsgericht auf die Verurteilung wegen Unfallflucht. Das Berufungsgericht sah diese Beschränkung als wirksam an und befaßte sich nur mit der Berufung betr. die Unfallflucht, die es als unbegründet verwarf. Das vom Angeklagten mit der form- und fristgerecht eingelegten und begründeten Revision angerufene BayObLG erklärte die Beschränkung (= Teilzurücknahme) der Berufung für unwirksam, weil im Zeitpunkt der Beschränkung nach dem damals geltenden Recht (Fußnote 6 zu Rdn. 18) mangels genügender Unterbrechungshandlungen in der Zeit nach dem ersten Urteil die Verfolgung bereits verjährt gewesen sei. Damit sei die in der Berufungsbeschränkung liegende Teilzurücknahme des Rechtsmittels „gewissermaßen ins Leere gegangen" und das Revisionsgericht genötigt, das Verfahren insoweit durch Beschluß (§ 206 a) oder Urteil (§ 260 Abs. 3) einzustellen. Denn es liege nicht in der Macht der Verfahrensbeteiligten, durch eine Rücknahmeerklärung die Urteilsrechtskraft noch in einem Zeitpunkt herbeizuführen, in dem das Urteil durch den Eintritt eines Verfahrenshindernisses und den damit verbundenen Wegfall des staatlichen Strafanspruchs nachträglich seine Grundlage verloren habe und das Verfahren bereits einzustellen gewesen wäre. Es liege nicht anders, als wenn nach Erlaß eines Urteils, aber noch vor dessen Rechtskraft, ein für die abgeurteilte Tat Straffreiheit gewährendes Gesetz in Kraft trete. Dann sei das Rechtsmittelgericht gezwungen, das Verfahren einzustellen, und der Angeklagte gehindert, durch Rechtsmittelzurücknahme diese Folge auszuschließen, wie denn ja auch, wenn ein Rechtsmittel nicht eingelegt sei, bei Inkrafttreten eines Straffreiheitsgesetzes im Stadium zwischen Urteilsverkündung und Rechtskraft das Gericht des ersten Rechtszuges gezwungen sei, von Amtswegen das Verfahren gemäß § 206 a einzustellen.

24 **6.** Gegen diese Entscheidung, die in gewisser Weise auf die Gedankengänge von BGHSt. **15** 203 (oben Rdn. 19) zurückgreift, erheben sich **Bedenken** (kritisch auch *Schöneborn* MDR **1975** 6; *Teyssen* JR **1975** 121). Zunächst erscheint es nicht richtig, wenn das BayObLG frühere amnestierechtliche Vorstellungen über die rückwirkende urteilszerstörende Kraft einer Niederschlagung, die durch die neuere Rechtsentwicklung überholt sind (Kap. 12, 77), auf andere Verfahrenshindernisse (hier die Teilrechtskraft als Folge der Rechtsmittelbeschränkung, deren rechtliche Zulässigkeit hier zu unterstellen ist) überträgt. Vor allem erhebt sich die Frage, ob es einem zwingenden Gebot der Gerechtigkeit entspricht, daß das Revisionsgericht sich über den Willen des Angeklagten hinwegsetzt, der aus freiem Entschluß mit prozessual zulässigen Mitteln den der Nachprüfung des Berufungsgerichts unterbreiteten Prozeßstoff beschränkt hatte und vom Revisionsgericht auch nur eine Nachprüfung der restlichen Verurteilung (hier: wegen Verkehrsunfallflucht) erstrebte. Der Angeklagte kann ja gute Gründe haben, sich mit dem nicht angefochtenen Teil des ersten Urteils (hier: soweit es sich um die ihm zur Last gelegten Ordnungswidrigkeiten handelte) zufriedenzugeben und den Aufwand zu scheuen, der insoweit mit der weiteren Behandlung in der Rechtsmittelinstanz verbunden ist. Von dem vom BayObLG eingenommenen Standpunkt aus müßte es folgerichtig „ins Leere gehen", wenn der wegen eines Antragsdelikts verurteilte Angeklagte seine zunächst eingelegte Revision zurücknimmt, das Revisionsgericht aber feststellt, daß — entgegen der Annahme des Vorderrichters — ein wirksamer Antrag nicht vorlag. Warum aber soll ein Angeklagter, der seine Revision zurücknimmt, anders behandelt werden als ein Angeklagter, der von vornherein (vielleicht sogar in Kenntnis des Mangels) auf Einlegung eines Rechtsmittels verzichtete? Wegen eines bei Auslegung des § 357 auftauchenden ähnlichen Problems, ob es wirklich die Gerechtigkeit erfordert, gegenüber einem Nichtrevidenten, der sich mit dem gegen ihn ergangenen Urteil zufrieden gibt, „über seinen Kopf hinweg" Folgerungen daraus zu ziehen, daß das Revi-

sionsgericht im Verfahren auf die Revision eines Mitangeklagten ein auch den Nichtrevidenten betreffendes Verfahrenshindernis feststellt, vgl. in diesem Kommentar 1 und *Kleinknecht* 7, je zu § 357.

7. **Berücksichtigung von Verfahrenshindernissen im Rechtsbeschwerdeverfahren nach dem OWiG.** Die vorstehenden Ausführungen mögen beschlossen werden mit einem kurzen Blick auf die Behandlung ähnlicher Zweifelsfragen **auf dem Gebiet des Ordnungswidrigkeitenrechts.** 25

a) Nach **§ 79 Abs. 1 Satz 1 OWiG** setzt die Zulässigkeit einer Rechtsbeschwerde — außer der Wahrung der für die Revision im Strafverfahren geltenden Fristen und Formen (§ 79 Abs. 3 OWiG, §§ 341 ff. StPO) — voraus, daß die in Satz 1 unter Nr. 1 bis 5 bezeichneten Erfordernisse vorliegen. Auch hier erhebt sich die Frage nach der Bedeutung vom Rechtsbeschwerdegericht erkannter Verfahrenshindernisse, wenn die Rechtsbeschwerde a) zwar fristgerecht eingelegt, aber nicht frist- und formgerecht begründet ist, oder b) zwar frist- und formgerecht eingelegt ist, aber nicht die besonderen Zulässigkeitsvoraussetzungen des § 79 Abs. 1 Satz 1 erfüllt. Bei den hierzu ergangenen Entscheidungen handelt es sich in der Regel um das Verfolgungshindernis der Verjährung, die entweder schon vor der erstinstanzlichen gerichtlichen Entscheidung (Urteil oder Beschluß, §§ 71, 72 OWiG) oder — nach bisherigem Recht (vgl. jetzt aber § 32 Abs. 2 OWiG; s. Fußn. 6 zu Rdn. 18) — nach diesem Zeitpunkt mangels geeigneter Unterbrechungshandlungen eintrat.

b) Nach der jetzt **herrschenden,** insbes. in der Rechtsprechung vertretenen **Auffassung** sind die vorgenannten Fälle in Anwendung der Grundsätze in BGHSt. **22** 213 zu entscheiden, d. h. es ist zu unterscheiden, ob das Verfahrenshindernis vor oder nach der erstinstanzlichen Entscheidung eingetreten ist (über früher bestehende abweichende Auffassungen vgl. Anm. 5 — S. 84 — der Vorauflage). Das bedeutet: ist die **Rechtsbeschwerde rechtzeitig eingelegt** mit der Folge des Hinausschiebens der Rechtskraft bis zur abschließenden Entscheidung (§ 79 Abs. 3 OWiG, § 343 StPO), so führt ein erst nach der erstinstanzlichen Entscheidung eingetretenes Verfahrenshindernis zur Einstellung des Verfahrens, auch wenn die Rechtsbeschwerde nicht ordnungsgemäß begründet ist und die Voraussetzungen des § 79 Abs. 1 Satz 1 Nr. 1 bis 5 nicht vorliegen (so BGHSt. **25** 259 = NJW **1974** 373; BayObLGSt. **1972** 169; OLG Hamburg NJW **1972** 966; OLG Hamm NJW **1972** 966). Ist dagegen das *vor* der erstinstanzlichen Entscheidung eingetretene Verfahrenshindernis durch Übersehen in die erstinstanzliche Entscheidung „eingegangen", so kann es vom Beschwerdegericht nur berücksichtigt werden, wenn die Beschwerde auch ordnungsgemäß begründet ist und die Voraussetzungen des § 79 Abs. 1 Satz 1 OWiG gegeben sind (OLG Hamm MDR **1974** 955). 26

c) Antrag auf Zulassung der Rechtsbeschwerde. Streitig ist dagegen, welche Bedeutung dem *vor* der erstinstanzlichen Entscheidung eingetretenen Verfahrenshindernis zukommt, wenn der Betroffene form- und fristgerecht und ordnungsgemäß begründet den Antrag auf Zulassung der Rechtsbeschwerde (§ 79 Abs. 1 Satz 2, § 80 OWiG) gestellt hat. Nach BGHSt. **23** 365 = NJW **1971** 106 (ergangen auf Vorlegung gem. § 121 Abs. 2; § 79 Abs. 3 OWiG) muß das Gericht im Zulassungsverfahren prüfen, ob der Verfolgung ein bereits vor der Entscheidung, gegen die der Antrag sich richtet, entstandenes Verfolgungshindernis entgegenstand, und die Zulässigkeit *dieser* Prüfung „unterscheidet den Fall wesentlich von demjenigen, den BGHSt. **16** 115 entschieden hat" (S. 369). Komme das Gericht aber bei zulässiger Prüfung zur Feststellung des Verfahrenshindernisses, so könne es alsbald die daraus sich ergebende Folgerung der Verfahrenseinstellung ziehen. Im Schrifttum (*Göhler* 5 A zu § 31 OWiG m. w. Nachw.; s. auch *Meyer-* 27

Goßner GA **1973** 373) ist diese Entscheidung auf Widerspruch gestoßen, weil sie den Zweck der Zulassungsbeschwerde verkenne. Auch OLG Hamm MDR **1974** 155 bezeichnet zwar BGHSt. **23** 365 als „grundlegend", wehrt sich aber mit Ausführungen über die Verschiedenheit der Rechtslage dagegen, aus der Entscheidung die Folgerung zu ziehen, die Einstellung des Verfahrens wegen einer *vor* der amtsgerichtlichen Entscheidung eingetretenen Verjährung sei auch dann statthaft, wenn die Rechtsbeschwerde gemäß § 79 Abs. 1 Satz 1 nicht zulässig ist. Auf diese Streitfrage, die spezielle Fragen des Ordnungswidrigkeitenrechts betrifft, ist hier nicht weiter einzugehen.

28 d) **Insgesamt** zeigt dieser kurze Seitenblick auf die Erörterungen zu §§ 79, 80 OWiG, daß sich hieraus **keine** weiteren **allgemeinen Gesichtspunkte** ergeben, die für das strafprozessuale Problem des Verhältnisses der Rechtsmittelvoraussetzungen zu den allgemeinen Verfahrensvoraussetzungen von Bedeutung sein könnten.

29 **VI. Zur Bindung des Revisionsgerichts an tatsächliche, das Verfahrenshindernis betreffende Feststellungen des Tatrichters.**

1. Ist dem Revisionsgericht der Weg zur Prüfung der Zulässigkeit des Verfahrens eröffnet, so ist es an die **tatsächlichen Feststellungen** des angefochtenen Urteils **nicht gebunden,** die unmittelbar hinsichtlich der Verfahrensvoraussetzung, also etwa, wenn die Rechtzeitigkeit des Strafantrags zu prüfen ist, hinsichtlich der Kenntnis des Antragsberechtigten von Tat und Täter getroffen sind. Es ist aber auch nicht gebunden an Feststellungen, die der Tatrichter zwar hinsichtlich der den Gegenstand der Urteilsfindung bildenden Tat getroffen hat, und die mittelbar für ein Verfahrenshindernis Bedeutung haben, die aber nicht zugleich für den Schuldspruch und die sichere Erfassung der ihm zugrunde liegenden Tat unerläßlich sind. Hat z. B. der Tatrichter — auch im Hinblick auf die Rechtzeitigkeit des gestellten Strafantrags — einen bestimmten Zeitpunkt der Tatbegehung in den Urteilsgründen angenommen, so bindet diese Feststellung das Revisionsgericht nicht, wenn die genaue datumsmäßige Festlegung des Tatgeschehens für den Schuldspruch als solchen entbehrlich wäre. So mit Recht BGHSt. **22** 90 (mit zust. Anm. *Kleinknecht* JR **1968** 467) in Übereinstimmung mit der im Schrifttum im Vordringen begriffenen Auffassung — Nachw. bei *Eb. Schmidt* I 197 Fußn. 349 und *Hanack* JZ **1973** 729 —; **a. M.** *Peters* 578; die 21. Aufl. dieses Kommentars, S. 75; *Meyer* in diesem Kommentar III 2 b zu § 337 und die frühere Rechtsprechung (RGSt. **69** 318; **71** 259 und BGH vom 28. 10. 1954 bei *Dallinger* MDR **1955** 143; kritisch auch *Hanack* JZ **1972** 114).

30 RGSt. **69** 318 hatte zu der Frage, ob das Revisionsgericht bei **Prüfung** des Eingreifens eines **Straffreiheitsgesetzes** an Feststellungen des Tatrichters über den Zeitpunkt der Tat gebunden sei, die Auffassung vertreten, die Nachprüfung durch das Revisionsgericht im Wege des Freibeweises erstrecke sich nur auf die dem jeweiligen Straffreiheitsgesetz „wesenseigenen" Merkmale, wie Motive („aus wirtschaftlicher Not") und Gesinnungsmerkmale, die die Straffreiheit begründen oder ausschließen („gemeine Gesinnung"), während zu den die Tat selbst betreffenden tatsächlichen Feststellungen, an die das Revisionsgericht gebunden ist, auch die Feststellungen über Tatort und Tatzeit gehören, da Raum und Zeit einen unlösbaren und nicht wegzudenkenden Bestandteil der Tat bildeten. BGHSt. **22** 90 (betr. Rechtzeitigkeit des Strafantrags) hält dem entgegen, daß die Identität eines bestimmten geschichtlichen Vorgangs nicht notwendig und immer von der genauen datenmäßigen Einordnung des Vorgangs abhänge, eine datenmäßige Verschiebung diese Identität vielmehr häufig unberührt lasse; im übrigen aber könne es für die Frage der Bindung des Revisionsgerichts nicht auf die bloße Zufäl-

ligkeit ankommen, ob der Urteilsverfasser sich in den Gründen mit einer zum Schuldspruch ausreichenden Bezeichnung einer unbestimmten Zeitspanne („in nicht rechtsverjährter Zeit", „zu Anfang des Monats Dezember") begnügt oder statt dessen ein „in der Beweisaufnahme einer Überprüfung gar nicht für wert befundenes und am Ende nicht einmal mehr besonders erwähntes Tagesdatum" anführt. „In dieser Weise Einstellung oder Nichteinstellung eines Strafverfahrens von reinen Zufälligkeiten abhängig zu machen, ist nicht vertretbar."

Nur dann sind danach **tatrichterliche Feststellungen zur Tatzeit für das Revisionsgericht verbindlich,** wenn sie für den Schuldspruch und die sichere Erfassung der Tat unerläßlich sind, so vor allem, wenn eine Begehung der Tat durch den für überführt erachteten Angeklagten zu einem anderen als diesem genau fixierten Zeitpunkt nach den Umständen nicht in Betracht kommen könnte. Entsprechendes gilt dann auch für tatrichterliche Feststellungen über die Tatzeit, die mittelbar für die Verjährung von Bedeutung ist. Die Folge dieser Auffassung ist dann freilich, daß auch sorgfältige und in Anwendung des Strengbeweises getroffene Feststellungen vom Revisionsgericht beiseite geschoben werden können, wenn diesem Bedenken hinsichtlich des Verfahrenshindernisses auftauchen; nur daß eben das Revisionsgericht gegenüber solchen Feststellungen in aller Regel keinen Anlaß zu eigenen Feststellungen haben wird. **31**

2. Eine andere Frage ist, ob diese Grundsätze auch für solche Verfahrenshindernisse betreffende tatrichterlichen Feststellungen gelten, die auf dem **unmittelbaren persönlichen Eindruck** des Tatrichters und der sich darauf gründenden Würdigung des Sachverhalts beruhen. Dies gilt namentlich für die Frage, ob dem Prozedieren das Verfahrenshindernis der **Verhandlungsunfähigkeit** des Beschuldigten (Kap. 12, 99) entgegensteht. RGSt. **64** 15 (betr. Bedenken gegen die Rechtswirksamkeit eines Rechtsmittelverzichts wegen Verhandlungsunfähigkeit des Angeklagten) nahm an, daß die im angefochtenen Urteil getroffene Feststellung der Verhandlungsunfähigkeit in tatsächlicher Beziehung einer Nachprüfung des Revisionsgerichts entzogen sei. Im Schrifttum ist diese Entscheidung auf Widerspruch gestoßen (*Eb. Schmidt* I 197). In der Tat erscheint es bedenklich, Unterschiede zu machen, je nachdem ob der Richter auf Grund seines persönlichen Eindrucks urteilt oder ob seiner Auffassung etwa nur das Gutachten eines Sachverständigen zugrunde liegt. Auch hier gilt, daß im allgemeinen das Revisionsgericht zu eigenen Ermittlungen keinen Anlaß haben wird, wenn es erkennt, daß der Tatrichter sich bemüht hat, sich mit Hilfe eines Sachverständigen und auf Grund eigener unmittelbarer Wahrnehmungen ein zutreffendes Bild von der psychischen und physischen Beschaffenheit des Angeklagten zu verschaffen. **32**

VII. Nachprüfung des Rechtsmittelgerichts bezgl. der Verfahrensvoraussetzungen der Vorinstanz. **33**

1. Bei Zulässigkeit des Rechtsmittels hat das Rechtsmittelgericht grundsätzlich auch zu prüfen, ob für die **Tätigkeit der Vorinstanzen** die speziellen Prozeßvoraussetzungen für ihr Verfahren gegeben waren. Das Revisionsgericht prüft also, wenn gegen die Sachentscheidung des Berufungsgerichts form- und fristgerecht Revision eingelegt ist, ob gegen das Urteil des Amtsgerichts rechtzeitig Berufung eingelegt war, und es prüft, wenn das Amtsgericht eine Sachentscheidung gefällt hat, nachdem ein vorangegangenes Strafbefehlsverfahren durch Einspruch in das ordentliche Hauptverfahren übergeleitet war, ob der Rechtsbehelf form- und fristgerecht angebracht worden ist. Denn wenn diese Fragen zu verneinen sind, so stand in den Vorinstanzen dem Erlaß eines Sachurteils das Verfahrenshindernis der Rechtskraft entgegen. Wenn also das Revisionsgericht feststellt, daß der Einspruch gegen den Strafbefehl verspätet eingelegt war, so verwirft es den Einspruch als unzulässig und hebt die in Verkennung der bereits eingetretenen

Rechtskraft ergangenen Urteile des Amtsgerichts und des Berufungsgerichts auf (BGHSt. **13** 306 = NJW **1960** 109, das sich mit Recht gegen die Auffassung wendet, daß statt auf Aufhebung der Urteile neben der Verwerfung des Einspruchs auf Einstellung des weiteren Verfahrens erkannt werden könne, weil es keine auf gewisse Verfahrensabschnitte beschränkte Einstellung gibt). Das gleiche gilt, wenn das Amtsgericht in einer Bußgeldsache trotz verspäteten Einspruchs sachlich durch Urteil entschieden hat (BGH v. 14. 8. 1975 — IV StR 253/75 —).

34 **2. Vorrang des Verbots der reformatio in peius.** Hat aber das Amtsgericht, die Verspätung des Einspruchs übersehend, auf eine gegenüber dem Strafbefehl mildere Strafe erkannt, so muß, wenn der Angeklagte Berufung eingelegt hat, das Berufungsgericht auch hier dem Verbot der Verschlechterung (§ 331) Rechnung tragen und darf unter Aufhebung des angefochtenen Urteils den Einspruch nur mit der Maßgabe als unzulässig verwerfen, daß es bei der herabgesetzten Strafe verbleibt (BGHSt. **18** 127 = NJW **1963** 166; BayObLGSt. **1953** 34; OLG Hamm NJW **1970** 1092; Anm. 1 c zu § 411). Das gleiche gilt für das Revisionsgericht, wenn der Angeklagte Revision einlegt, nachdem das Berufungsgericht, die bereits eingetretene Rechtskraft des Strafbefehls übersehend oder verkennend, die Strafe gegenüber dem ersten Urteil herabsetzte. Entsprechendes muß dann aber auch gelten, wenn der Vorderrichter in anderer Weise gegen den Grundsatz ne bis in idem verstieß, also z. B. das Berufungsgericht übersah, daß die Berufung sich nur gegen den Strafausspruch richtete und den schon rechtskräftig gewordenen Schuldspruch zum Vorteil des Angeklagten abänderte (vgl. dazu OLG Bremen JZ **1958** 546 mit Anm. *Spendel)* oder bei einer Beschränkung der Berufung auf die Ablehnung der Strafaussetzung zur Bewährung die Rechtskraft des Strafausspruchs übersah und die Strafe herabsetzte (OLG Oldenburg NJW **1959** 1983). Auch hier muß das Revisionsgericht dem Verbot der Verschlechterung (§ 358) Rechnung tragen. Eine solche Behandlung ist allerdings nur möglich und gerechtfertigt, wenn man davon ausgeht, daß ein im Widerspruch zu dem Grundsatz ne bis in idem ergangenes Urteil nicht schlechthin nichtig ist, sei es, daß man überhaupt dem Verstoß gegen das Verbot der Doppelbestrafung die Folge der Nichtigkeit der späteren Entscheidung abspricht, sei es, daß man mit BGHSt. **13** 306 = NJW **1960** 109; BGHSt. **18** 127 = NJW **1963** 166 die Nichtigkeit jedenfalls dann verneint, wenn der **Verstoß sich innerhalb desselben Verfahrens** in verschiedenen Abschnitten oder Rechtszügen ereignet. Vgl. dazu Kap. 12, 57 und Kap. 16, 10.

35 **VIII. Zusammentreffen von Verfahrenshindernissen.** Außer dem zuvor erörterten Fall, daß ein Rechtzugshindernis und ein allgemeines Verfahrenshindernis zusammentreffen, ist auch eine **Konkurrenz mehrerer** allgemeiner **Verfahrenshindernisse** möglich, z. B. fehlender Strafantrag neben Verjährung. Dieser Fall bietet im allgemeinen keine Probleme: die Verfahrenshindernisse sind grundsätzlich rechtlich gleichwertig, und es spielt keine Rolle, ob die Einstellung aus dem einen oder dem anderen Grunde oder aus beiden Gründen ausgesprochen wird, wenn beide Verfahrenshindernisse dargetan sind. Ein **Rangverhältnis** zwischen mehreren Verfahrenshindernissen besteht nach der Rechtsprechung nur, wenn die Niederschlagung durch ein Straffreiheitsgesetz mit anderen Verfahrenshindernissen (fehlender Strafantrag, Verjährung) zusammentrifft. Dann haben diese vor der Niederschlagung den Vorrang, weil es für den Beschuldigten in der Wertung der Öffentlichkeit im allgemeinen beschwerender wirkt, wenn er „nur" auf Grund einer allgemeinen Amnestie aus dem Verfahren entlassen wird (so für das Verhältnis von Amnestie zu fehlendem Strafantrag RG DStR **1937** 206, und von Amnestie zu Verjährung RG HRR **1939** Nr. 1014; BGHSt. **12** 15; vgl. 9 d zu § 260).

IX. Geltung des Grundsatzes „in dubio pro reo“[7]. 36

1. Problemstellung. Eine Verurteilung setzt in **sachlichrechtlicher** Beziehung voraus, daß das Gericht in tatsächlicher Hinsicht die Überzeugung von einem **bestehenden** staatlichen **Strafanspruch** erlangt hat, d. h. die Überzeugung (Kap. 13, 47), daß positiv der Angeklagte alle Merkmale des gesetzlichen Tatbestandes rechtswidrig und schuldhaft verwirklicht hat, und daß negativ keinerlei Strafausschließungs- und Strafaufhebungsgründe sachlichrechtlicher Art ihm zur Seite stehen; nicht behebbare Zweifel an dem Vorliegen dieser Voraussetzungen wirken sich zugunsten des Angeklagten aus („in dubio pro reo“), sofern nicht das Gesetz selbst Ausnahmen vorsieht, so, wenn z. B. § 66 StGB Offensichtlichkeit des Verfehltseins von Strafe fordert. Noch nicht abschließend geklärt ist die Frage, ob der Grundsatz der Wohltat des Zweifels allgemein auch für die Prozeßvoraussetzungen (d. h. für ihre *tatsächlichen* Grundlagen) mit der Wirkung gilt, daß ein Sachurteil nicht ergehen kann, wenn nicht zur Überzeugung des Gerichts die Prozeßvoraussetzung vorliegt, oder — negativ ausgedrückt — wenn nicht auszuschließen ist, daß ein Verfahrenshindernis vorliegt.

2. Frühere Betrachtungsweisen. Das Reichsgericht hatte hinsichtlich der **Niederschlagung** durch ein Straffreiheitsgesetz in ständiger Rechtsprechung (RGSt. **71** 263; **72** 5, 25) unter weitgehender Zustimmung des Schrifttums die Geltung der Zweifelsbegünstigung mit der Begründung verneint, bei der Niederschlagung handele es sich um einen ausnahmsweise ergehenden Eingriff in den regelmäßigen Gang der Rechtspflege; dem Ausnahmecharakter entsprechend könne sie nur da eingreifen, wo ihre Voraussetzungen — es handelte sich dabei vornehmlich um den amnestieerheblichen Zeitpunkt der Tatbegehung — voll nachgewiesen seien. Als aber im Lauf der Zeit die Amnestievoraussetzungen durch den Einbau einschränkender und ausschließender Merkmale (Not, Gewinnsucht, gemeine Gesinnung, Vorstrafen) mehr und mehr verfeinert wurden, gewann die Auffassung Boden, daß wenigstens bei der Feststellung dieser Merkmale der Satz „in dubio pro reo“ anzuwenden sei, weil es sich wiederum um Ausnahmen von der Regel der Gewährung der Straffreiheit handele (vgl. BGH JR **1954** 355 mit Anm. *Nüse*). Diese Konstruktion einer Ausnahme von der Ausnahme zeigt die Brüchigkeit einer verschiedenartigen Behandlung der einzelnen tatsächlichen Amnestievoraussetzungen; ein überzeugender Grund für eine solche Differenzierung läßt sich nicht aufstellen (*Stree*, in dubio pro reo S. 68 ff. mit Nachw., **a. M.** *Kleinknecht* § 261, 8). Der vom Reichsgericht entwickelte Gedanke, daß Verfahrenshindernisse, die „ausnahmsweise in den regelmäßigen Gang der Rechtspflege eingreifen“, voll nachgewiesen werden müßten, wirkt aber z. T. noch nach. So gilt nach BGH bei *Dallinger* MDR **1973** 902 in dubio pro reo nicht für das Verfahrenshindernis der Verhandlungsunfähigkeit, weil der Angeklagte normalerweise verhandlungsfähig ist. Auch bei dem Verfahrenshindernis der res iudicata wollte OLG Hamm NJW **1960** 1784 (Vorlegungsbeschluß wegen beabsichtigter Abweichung von BayObLGSt. **1956** 70) das Verfolgungsverbot des § 22 Abs. 2 a. F. StVG, also das Verfahrenshindernis des ne bis in idem nur eingreifen lassen, wenn die Erteilung einer gebührenpflichtigen Verwarnung voll nachgewiesen war. Auch diese Folgerung wird im Schrifttum ganz überwiegend abgelehnt. 37

[7] Aus dem **Schrifttum** vgl. – außer den im Text Genannten – u. a. *Stree* In dubio pro reo, Tübingen rechtswissenschaftl. Abhandlungen 5 (1962); *Holtappels* Die Entwicklungsgeschichte des Grundsatzes „in dubio pro reo“, Heft 55 der Hamburger Rechtsstudien (1965); *D.* und *U. Mann* Die Anwendbarkeit des Grundsatzes „in dubio pro reo“ auf Prozeßvoraussetzungen, ZStW **76** (1964) 264; *Sarstedt* Revision in Strafsachen 246; *Sulanke* Die Entscheidung bei Zweifeln über das Vorhandensein von Prozeßvoraussetzungen und Prozeßhindernissen im Strafverfahren (1974).

38 BGHSt. **1** 207 wollte zwischen Prozeßvoraussetzungen und Prozeßhindernissen unterscheiden und nur bei ersteren den genannten Grundsatz gelten lassen. Diese Unterscheidung fand aber keine Zustimmung, denn ein solcher Unterschied besteht nicht (oben Rdn. 5).

39 Nach anderer Auffassung (KG JR **1954** 470; *Sarstedt*, Revision 245; *Sax* JZ **1958** 178; *Müller-Sax* 217) läßt sich entgegen den Auffassungen im Schrifttum, die allgemein den Zweifelsgrundsatz, wenn auch z. T. mit verschiedener Begründung, auf die tatsächlichen Grundlagen erstrecken wollen (vgl. z. B. *Henkel* 353; *Peters* 249; *Eb.-Schmidt* I 98; *Mann* ZStW **76** [1964] 264), die Geltungsfrage **nicht einheitlich** beantworten, sondern bedarf jeweils einer **besonderen Prüfung** für die einzelnen Hindernisse. Auch nach BGHSt. **18** 274, 277 = NJW **1963** 1209 = LM Nr. 13 zu § 67 a. F. StGB mit Anm. *Hengsberger* = JZ **1963** 605 mit Anm. *Eb. Schmidt* verbieten die Grundsätze der Gerechtigkeit und Rechtssicherheit „eine schablonenhafte Antwort, die einheitlich gelten könnte".

40 **3. Veränderte Fragestellung.** Bei den in der täglichen Rechsthandhabung häufigsten Fällen hat sich aber jetzt eine verhältnismäßig **weitgehende Übereinstimmung**, eine „herrschende Meinung" ergeben, und es fragt sich, ob sich auf dieser Grundlage nicht eine generelle Antwort finden läßt, die so lange Geltung beansprucht, bis sich bei bestimmten Hindernissen erweist, daß eine Ausnahme geboten ist.

41 **a) Verjährung.** Entgegen der früheren Rechtsprechung ist seit BGHSt. **18** 274 jetzt wohl allgemein anerkannt, daß der nicht behebbare Zweifel, ob die Verfolgung der Tat **verjährt** ist, zugunsten des Angeklagten ausschlägt, denn „Gerechtigkeit und Rechtssicherheit stehen miteinander besser in Einklang, wenn sich das Verlangen nach Bestrafung des Schuldigen dem Anliegen unterordnet, ihn nicht in — möglicherweise — durch Verjährung wiedererlangter Rechtssicherheit anzutasten, als wenn es dieses Anliegen zurückdrängt und dabei die etwaige Ungesetzlichkeit der Strafe in Kauf nimmt. Ein Verdacht ungesetzlichen Strafens schadet dem Vertrauen in die Rechtssicherheit der Strafrechtspflege mehr als es die Gerechtigkeit befriedigt, wenn der Täter — nach langer Zeit — doch noch zur Rechenschaft gezogen wird" (BGH aaO). Das gilt naturgemäß nicht nur bei Zweifeln, wann die Tat begangen ist, sondern auch bei tatsächlichen Zweifeln anderer Art, z. B. über den Zeitpunkt einer Verjährungsunterbrechungshandlung, sofern hier nach der Neuregelung der Verjährungsunterbrechung (§ 78 c StGB, insbes. Absatz 2) noch Raum für solche Zweifel bleibt. Hinzuzufügen ist noch, daß ein Zweifel über den Ablauf der Verjährungsfrist auch dann den Beschuldigten begünstigt, wenn es sich um die Frage handelt, ob durch eine spätere gesetzliche Verlängerung der Verjährungsfrist zulässigerweise eine noch laufende Verjährungsfrist verlängert wurde, oder ob eine unzulässige Wiedereröffnung einer bereits eingetretenen Verjährung vorliegt (Kap. 12, 79 ff., 86). Ist ein zur Zeit der NS-Herrschaft begangenes Verbrechen erst nach dem 8. 5. 1945 einer Strafverfolgungsbehörde bekannt geworden, so greift die Verjährungshemmung nach den nach Kriegsende erlassenen landesrechtlichen Gesetzen zur Ahndung nationalsozialistischer Straftaten nur ein, wenn sicher ist, daß die Verfolgung während der nationalsozialistischen Herrschaft an einem Eingreifen von hoher Hand gescheitert wäre (BGHSt. **23** 137.

42 **b) Strafantrag.** Daß tatsächliche Zweifel, ob ein **wirksamer Strafantrag** vorliegt, zugunsten des Angeklagten wirken, ist seit jeher anerkannt (RGSt. **47** 238; BayObLGSt. **1961** 66; OLG Celle NJW **1963** 68; BGHSt. **22** 90). Das gilt auch dann, wenn der Tatrichter, um die Rechtzeitigkeit des Strafantrags darzutun, tatsächliche Feststellungen über den Zeitpunkt der Tatbegehung getroffen hat, die vom Revisionsgericht im Wege des Freibeweises angestellten Ermittlungen aber zu einem non liquet führen (BGH aaO).

c) Der Grundsatz in dubio pro reo gilt bei tatsächlichen Zweifeln über den **Verbrauch der Strafklage.** BayObLG NJW **1969** 2118 hat zutreffend dargelegt, daß abweichende und einschränkende Auffassungen, wie sie früher in Rechtsprechung und Schrifttum vertreten wurden, durch BGHSt. **18** 274 überholt seien. Das leuchtet schon deshalb ein, weil der verfassungsmäßig (Art. 103 Abs. 3 GG) garantierte Grundsatz ne bis in idem keine geringere Wirkung entfalten kann als die Verjährung. **43**

d) **Wirksamkeit eines Rechtsmittels oder Rechtsbehelfs.** Bei den speziellen **Prozeßvoraussetzungen des Rechtsmittelverfahrens** und eines sonstigen durch Ergreifung eines Rechtsbehelfs eröffneten Nachprüfungsverfahren ist streitig, ob bei einem Zweifel über die Wirksamkeit des Rechtsmittels oder Rechtsbehelfs, soweit er sich auf die tatsächlichen Umstände der Einlegung oder des Weiterbestehens bezieht, überhaupt der Grundsatz in dubio pro reo Anwendung findet, und ob z. B. unter diesem Gesichtspunkt ein vom Angeklagten eingelegtes Rechtsmittel als rechtzeitig eingelegt anzusehen ist, wenn ein nicht aufklärbarer **Zweifel über den Zeitpunkt der Einlegung** besteht[8]. Überwiegend wird hier verneint, daß der Satz in dubio pro reo die Grundlage für die Entscheidung bilden könne. Die Begründung dafür ist nicht einheitlich. So wird etwa geltend gemacht, ob ein Rechtsmittel als rechtzeitig eingelegt zu behandeln sei, könne unmöglich von dem späteren sachlichrechtlichen Ausgang des Verfahrens abhängig gemacht werden (OLG Celle NdsRpfl. **1967** 137). Nach anderer Auffassung bildet der Satz vom Ausschlag des Zweifels zugunsten des Angeklagten deshalb keine Entscheidungsgrundlage, weil die Frage, ob ein Rechtsmittel bei unbehebbaren Zweifeln als rechtzeitig eingelegt zu behandeln ist, nur **einheitlich für alle Verfahrensbeteiligten** beantwortet werden könne, also gleichviel, ob es sich um ein Rechtsmittel des Angeklagten oder um ein zu seinen Ungunsten eingelegtes Rechtsmittel der Staatsanwaltschaft, des Privat- oder Nebenklägers handelt (BGH NJW **1960** 2202). Die von dieser Grundlage aus unternommenen Lösungsversuche gelangen zu sehr verschiedenen Ergebnissen mit widersprechenden Maximen: („im Zweifel zugunsten der Rechtskraft"; „im Zweifel zugunsten des Rechtsmittels"). **44**

Bei der Lösung des Problems bildet z. T. die Erwägung den **Ausgangspunkt,** daß die Rechtskraft automatisch durch Fristablauf eintrete, wenn sie nicht durch einen Gegenakt, durch rechtzeitige Einlegung eines Rechtsmittels gehemmt wird (§§ 316, 343, 410 StPO). Daraus wird — gewissermaßen unter dem Gesichtspunkt des Verhältnisses von Regel zur Ausnahme — gefolgert, daß die Rechtskraft nur entfalle, wenn die Rechtzeitigkeit des Rechtsmittels feststeht; ist dies bei dem vom Angeklagten eingelegten Rechtsmittel nicht der Fall, so hat die Rechtssicherheit den Vorrang vor dem Verteidigungsbedürfnis des Angeklagten. Es gilt dann also der Grundsatz: **im Zweifel zugunsten der Rechtskraft;** gegenüber dem Vorwurf einer unbilligen Verkürzung der Belange des Angeklagten wird auf die Möglichkeit einer Wiedereinsetzung in den vorigen Stand verwiesen (so KG JR **1954** 470 mit abl. Anm. *Sarstedt;* OLG Düsseldorf NJW **1964** 1684 **45**

---

[8] Nicht hierher gehören die Fälle, in denen ein Zweifel über die Rechtzeitigkeit sich aus **Zweifeln über den Fristbeginn** ergeben könnte. Dieses Problem läßt sich **formal** (und auf dieser Grundlage zugunsten des Rechtsmittelführers) lösen. So wird z. B. argumentiert, die Frist für den Einspruch gegen einen Strafbefehl oder Bußgeldbescheid beginne erst mit der förmlichen Zustellung dieser Entscheidungen zu laufen, und wenn ein Zustellungsnachweis nicht auffindbar sei, müsse der Einspruch als rechtzeitig behandelt werden (OLG Braunschweig GA **1974** 152). Dazu als Parallele BVerfGE **36** 85, 88: bestreitet der Beschwerdegegner, daß ihm die Beschwerde zur Gegenerklärung mitgeteilt worden sei (§ 308), so ist trotz des in den Akten enthaltenen Absendevermerks von der Nichtmitteilung auszugehen; da Postsendungen verloren gehen können, besteht keine Vermutung für den Zugang.

mit abl. Anm. *Schürmann* NJW **1964** 2265). In der gleichen Richtung liegt BGHSt. 10 245 mit abl. Anm. *Sax* JZ **1958** 179: hat der Verteidiger das von ihm eingelegte Rechtsmittel zurückgenommen und ist nicht aufklärbar, ob der Angeklagte die Rücknahmeermächtigung (§ 302 Abs. 2) vor oder nach der Rücknahme widerrufen hatte, so geht, nachdem der Angeklagte einmal dem Verteidiger die Rücknahmeermächtigung erteilt hatte, die Ungewißheit, ob er sie rechtzeitig widerrufen hatte, zu seinen Lasten („im Zweifel für Fortbestand der Rücknahmeermächtigung", d. h. praktisch „im Zweifel zugunsten der Rechtskraft").

46 Im **entgegengesetzten Sinn** hat aber BGH NJW **1960** 2202 den Fall entschieden, daß an ein und demselben Tag innerhalb der Anfechtungsfrist ein Rechtsmittelverzicht des Angeklagten und eine zeitlich später von ihm angefertigte Rechtsmittelschrift bei Gericht eingingen und nicht festgestellt werden konnte, welche der beiden Erklärungen zeitlich früher eingegangen war. Der BGH nimmt — im Gegensatz zu KG JR **1954** 470 — an, daß das Rechtsmittel als rechtzeitig eingelegt zu behandeln sei. Wenn nämlich die Rechtzeitigkeit des Rechtsmittels in Frage stehe, so sei es nach §§ 319, 346 nur als unzulässig zu verwerfen, wenn es verspätet sei; der Richter müsse also die Überzeugung von der Verspätung erlangt haben und bei einem nicht behebbaren Zweifel von der Rechtzeitigkeit der Einlegung ausgehen. Der Vorwurf von OLG Celle NdsRpfl. **1967** 137, daß der BGH die Wirksamkeit der Einlegung „vornehmlich aus Gründen reiner Wortinterpretation" folgere, ist insofern nicht begründet, als der BGH sein Ergebnis an dem Erfordernis der Rechtssicherheit mißt, wenn er ausführt: „Die Rechtssicherheit wird nicht dadurch gefährdet, daß ein Rechtsmittel als zulässig behandelt wird, sofern nicht seine verspätete Einlegung feststeht. Das Gesetz geht von dem Gedanken aus, daß in den Fällen, in denen ein Rechtsmittel vorgesehen ist, die Nachprüfung im nächsthöheren Rechtszug grundsätzlich der gerechteren Entscheidung der Sache dient. Gerade dadurch wird die Rechtssicherheit am besten gewährt". Zuzugeben ist aber, daß die Argumentation aus dem Wortlaut der §§ 319, 346 nicht zwingend ist — die §§ 316, 343 lassen sich ebensogut dahin auslegen, daß die Rechtskraft nur durch rechtzeitige Einlegung gehemmt wird und daß als verspätet i. S. der §§ 319, 346 ein Rechtsmittel zu verwerfen ist, wenn seine Rechtzeitigkeit nicht feststeht — und daß die hier zutage tretenden Vorstellungen von der Bedeutung der Rechtssicherheit (Rechtssicherheit = Ermöglichung besserer Rechtsfindung) sich von den Vorstellungen entfernen, die üblicherweise mit dem Begriff der Rechtssicherheit verbunden werden.

47 Das zeigt sich alsbald, wenn bei einem **von der Staatsanwaltschaft zuungunsten des Angeklagten** eingelegten Rechtsmittel unbehebbare Zweifel bestehen, ob es rechtzeitig eingelegt ist. Nach OLG Celle NdsRpfl. **1967** 137, dem OLG Hamburg NJW **1975** 1750 zustimmt, ist ein solches Rechtsmittel als unzulässig zu verwerfen, denn aus Gründen der Rechtssicherheit (oder der Gerechtigkeit) müsse der Angeklagte sicher sein dürfen, daß er nicht in ein Rechtsmittelverfahren hineingezogen wird, das die Möglichkeit eines für ihn ungünstigen Ausgangs eröffnet, ohne daß sich die Wirksamkeit der Rechtsmitteleinlegung feststellen läßt: „Ein Angeklagter darf nicht darunter leiden, daß das Rechtsmittel möglicherweise nicht verspätet ist". Aber mit Rücksicht auf den in BGH NJW **1960** 2202 ausgesprochenen Grundsatz, daß die Frage, ob ein Rechtsmittel bei unbehebbaren Zweifeln an der Rechtzeitigkeit seiner Einlegung als rechtzeitig zu behandeln sei, für alle verfahrensbeteiligten Rechtsmittelführer nur einheitlich beantwortet werden könne, sieht sich OLG Celle nunmehr zu der Folgerung veranlaßt, daß auch das vom Angeklagten oder von der **Staatsanwaltschaft zu seinen Gunsten** eingelegte Rechtsmittel bei unaufklärbaren Zweifeln an der Rechtzeitigkeit der Einlegung als unzulässig zu verwerfen sei. Es gilt danach eben doch der Grundsatz „im Zweifel zugunsten der Rechtskraft", weil es „Sinn der strengen Fristbestimmungen nun einmal ist,

daß die vorgeschriebenen Fristen eingehalten sein müssen; daß sie möglicherweise gewahrt sind, kann nicht genügen". Damit setzt sich das OLG Celle in offenen Widerspruch zu BGH NJW **1960** 2202, und seine Darlegungen, daß eine Vorlegungspflicht nach § 121 Abs. 2 GVG nicht bestehe, lassen sich kaum halten.

48 **Im Ergebnis** zeigt sich, daß sich BGH NJW **1960** 2202 mit dem Grundsatz „im Zweifel zugunsten des Rechtsmittels, gleichviel von wem es eingelegt ist", in der Rechtsprechung der Oberlandesgerichte (OLG Düsseldorf NJW **1964** 1684; OLG Celle NdsRpfl. **1967** 137) nicht durchzusetzen vermochte, diese vielmehr an dem Grundsatz „im Zweifel zugunsten der Rechtskraft" festhielten. Das aber erscheint, soweit es sich um das **vom Angeklagten oder zu seinen Gunsten eingelegte Rechtsmittel** handelt, unbillig. Da jedoch auf der anderen Seite nicht zu leugnen ist, daß sein von OLG Celle aaO zutreffend dargelegtes Interesse an Rechtssicherheit mit dem von BGH NJW **1960** 2202 aufgestellten Grundsatz der Gleichbehandlung aller Rechtsmittel nicht in Einklang zu bringen ist, fragt es sich, ob nicht doch — ungeachtet aller theoretischen Skrupel über den Anwendungsbereich des Grundsatzes in dubio pro reo — eben die konsequente Durchhaltung dieses Grundsatzes zu billigen Ergebnissen führt.

49 Den **Ausgangspunkt** böte dann die in BGHSt. **18** 274, 278 angestellte Erwägung, daß „Gerechtigkeit und Rechtssicherheit miteinander besser im Einklang stehen, wenn sich das Verlangen nach Bestrafung des Schuldigen dem Verlangen unterordnet, ihn nicht in möglicherweise .... wiedererlangter Rechtssicherheit anzutasten, als wenn es dieses Anliegen zurückdrängt und dabei die etwaige Ungesetzlichkeit der Strafe in Kauf nimmt. Ein Verdacht ungesetzlichen Strafens schadet dem Vertrauen in die Rechtsstaatlichkeit der Strafe mehr, als es die Gerechtigkeit befriedigt ....". Das ist freilich nur für die Verjährung ausgesprochen, aber diese Erwägungen sind ganz allgemeingültiger Art und fordern auch bei Zweifeln über die speziellen Verfahrensvoraussetzungen eines zuungunsten des Angeklagten eingelegten Rechtsmittels Beachtung. Unter diesen Gesichtspunkten erscheint die Forderung **vertretbar, die These von der Gleichbehandlung aller Rechtsmittel** bei unaufklärbaren Zweifeln über die Rechtzeitigkeit der Einlegung usw. **preiszugeben.** Wenn der Angeklagte selbst ein Rechtsmittel einlegt, so ist er durch das Verbot der reformatio in peius vor einer weitergehenden Bestrafung geschützt; er kann seine Stellung nur verbessern. Ergreift er Rechtsbehelfe, bei denen dies Verbot nicht gilt (§ 411 Abs. 4 StPO; § 71 OWiG), so nimmt er freiwillig das Risiko einer härteren Bestrafung auf sich. Ergreift er keine Rechtsmittel, sei es, daß er dazu keinen Anlaß (und keine Möglichkeit) hat, weil das Urteil auf Freispruch oder Einstellung lautet, sei es, daß er sich mit der verurteilenden Erkenntnis abfindet, so wird mit ungenutztem Ablauf der Rechtsmittelfrist das Urteil ihm gegenüber unanfechtbar; er erlangt damit einen Besitzstand, der ihm nur entzogen werden kann, wenn rechtzeitig ein Rechtsmittel zu seinen Ungunsten eingelegt ist. Die Rechtsstaatlichkeit mit den ihr immanenten Postulaten der Rechtssicherheit und Gerechtigkeit verlangt dann aber, wie OLG Celle aaO zutreffend dargelegt hat, daß er, wenn eine erweislich rechtzeitig gegen ihn gerichtete Anfechtung nicht erfolgt ist, in seinem Vertrauen auf den erworbenen prozessualen Besitzstand geschützt wird, daß er „nicht darunter leiden darf, daß das Rechtsmittel möglicherweise nicht verspätet ist". Wenn für das Verfahrenshindernis der res iudicata der Grundsatz in dubio pro reo gilt (Rdn. 43), so sollte dies auch in den Fällen gelten, in denen der Zweifel, ob die Sache rechtskräftig erledigt ist, darauf beruht, daß nicht aufklärbar ist, ob das gegen den Angeklagten betriebene Rechtsmittel rechtzeitig eingelegt wurde (wie hier auch OLG Hamburg NJW **1975** 1750; **a. M.** *Koffka* ZStW **84** [1972] 668 f.).

50 4. Insgesamt würde das **Ergebnis** der vorstehenden Einzelerörterungen dahin zusammenzufassen sein, daß der Grundsatz in dubio pro reo (gleichviel ob unmittelbar oder nach seinem Sinngehalt) grundsätzlich überall dort gilt, wo aus tatsächlichen Gründen ein unaufklärbarer Zweifel besteht, ob ein **durchsetzbarer** staatlicher **Strafanspruch** noch besteht. Wenn in BGHSt. **18** 274, 277 trotz der weitreichend dieses Ergebnis unterstützenden allgemeinen Erwägungen doch vor einer schablonenhaften Antwort gewarnt wird, die einheitlich gelten könnte, so mag dies durch die Vorsicht gerechtfertigt sein, die immer angebracht ist, wenn sich ein oberster Gerichtshof mit dem Teilaspekt eines Problems befaßt, das bis dahin in der Rechtsprechung überwiegend anders behandelt worden ist. Der Nachdruck liegt dabei auf der Warnung vor einer **schablonenhaften** Antwort, und es wäre in der Tat verfehlt, gewaltsam auf die Behandlung nach dem Grundsatz in dubio pro reo dringen zu wollen, wenn neue Fragen hervortreten sollten, bei denen überwiegende Gründe eine andere Behandlung erfordern. Die bisher in den Blickpunkt der Betrachtung getretenen Fälle von dauernden Verfahrenshindernissen scheinen aber zu einer differenzierenden Behandlung keinen Anlaß zu geben.

51 5. Für die hier vertretene Auffassung von der **Geltung des Grundsatzes** in dubio pro reo **allgemein** für die tatsächlichen Grundlagen von Verfahrenshindernissen, soweit nicht deutlich das Gesetz selbst oder unverzichtbare Bedürfnisse der Rechtspflege dem entgegenstehen, läßt sich auch eine **Erwägung allgemeiner Natur** anführen: Den Ausgangspunkt für die Behandlung der Frage der Erstreckung des genannten Grundsatzes auf die tatsächlichen Grundlagen der Prozeßvoraussetzungen bildete vielfach — ausgesprochen oder empfunden — die an zivilprozessuale Beweislastgrundsätze anklingende Vorstellung, daß einerseits die Entstehung eines staatlichen „Strafanspruchs“ voll bewiesen werden müsse, daß andererseits aber auch prozessuale Hindernisse, die sich ausnahmsweise der Durchsetzung des Anspruchs im Verfahren entgegenstellen, voll bewiesen sein müßten. Dem läßt sich aber die andere Betrachtungsweise entgegenstellen, daß der Staat nur dann aburteilend in die Rechtsgüter des einzelnen, in seine Freiheit, seine Ehre, sein Vermögen, eingreifen dürfe, wenn alle Voraussetzungen eines solchen Eingriffs vorliegen und voll bewiesen sind. Auf dem **Gebiet des materiellen Rechts** geht die Entwicklung eindeutig in die Richtung, überall die volle Feststellung der Schuld zu fordern, mit der Wirkung, daß das Anwendungsgebiet des Satzes in dubio pro reo sich entsprechend erweitert. Die früheren Schuld- und Beweisvermutungen sind wohl durchweg beseitigt, insbesondere durch Wegfall der Beweisregel des § 259 a. F. StGB bei der Hehlerei. Der alte Satz von der Bedeutungslosigkeit des Strafrechtsirrtums (ignorantia juris nocet) hat im Strafrecht keine Stätte mehr; die den Verbotsirrtum betreffenden Feststellungen aber stehen unter der Herrschaft von der Rechtswohltat des Zweifels. Auch die Figur der schuldunabhängigen objektiven Bedingung der Strafbarkeit ist in ihrem früheren Hauptanwendungsbereich, beim Widerstand gegen Vollstreckungsbeamte, durch § 113 Abs. 3, 4 n. F. StGB weggefallen. Es ist angesichts dessen nur folgerichtig, wenn auch die **Rechtsentwicklung auf dem Gebiet verfahrensrechtlicher Voraussetzungen** für eine Bestrafung sich parallel vollzieht in dem Sinn, daß grundsätzlich auch hier die volle Überzeugung von dem Vorliegen der Voraussetzungen (in tatsächlicher Beziehung) gefordert wird, von denen die Zulässigkeit einer Strafe abhängt.

52 **X. Verfahren nach erkanntem Verfahrenshindernis. Folgen der Nichtbeachtung.** Ergibt die Nachforschung, daß eine Verfahrensvoraussetzung fehlt, und ist die alsbaldige Beseitigung des Mangels nicht — wie z. B. bei fehlendem Strafantrag durch dessen fristgemäße, auch in der Revisionsinstanz noch zulässige (RGSt. **68** 120; BGHSt. **3** 74) Nachholung — durchführbar, so muß gemäß §§ 260 Abs. 3, 206 a grundsätzlich das Verfahren je nach Lage durch Urteil oder Beschluß eingestellt werden (RGSt. **53** 52, 249, 276; **69** 158), und zwar, wenn mit späterer Behebung des Mangels gerechnet werden kann, vorläufig, andernfalls endgültig. Doch muß oder kann **ausnahmsweise** dem Verfahrenshindernis auch **in anderer Weise als durch Einstellung** Rechnung getragen werden. So führt fehlende sachliche Zuständigkeit im allgemeinen zur Verweisung an das sachlich zuständige Gericht; die in der Revisionsinstanz erkannte Verletzung des Innehaltungsgebots nach § 154e StPO begründet nur die Aufhebung des Urteils und die Zurückverweisung der Sache an die Vorinstanz (BGHSt. **8** 154); bei doppelter Rechtshängigkeit kann ggf. das Revisionsgericht das zuerst ergangene Urteil aufheben und die Vorinstanz zur Verbindung der beiden Verfahren anweisen (BGHSt. **10** 363; Kap. 12, 20). Auf jeden Fall aber schließt der Mangel der Verfahrensvoraussetzung eine Sachentscheidung durch das mit der Sache befaßte Gericht aus; es ist also auch unzulässig, mit der Einstellung wegen eines Verfahrenshindernisses eine Sachentscheidung, sei es auch nur in der Form eines Schuldausspruchs ohne Strafausspruch, zu verbinden (BGHSt. **20** 225, 333, 335). Ergeht trotzdem eine Sachentscheidung, weil das Gericht den Mangel der Verfahrensvoraussetzung nicht erkannt hat oder sich der Unzulässigkeit der Sachentscheidung nicht bewußt geworden ist, so ist diese doch der äußeren und der inneren Rechtskraft fähig; wird sie nicht rechtzeitig angefochten, so ist der Gegenstand des Verfahrens grundsätzlich entsprechend dem Inhalt der Sachentscheidung erledigt (RGSt. **40** 271, 273; **55** 100; **56** 352). Ob es hiervon in gewissen Fällen Ausnahmen gibt, mit der Folge, daß der Gesetzesverstoß dem Urteil die Beachtlichkeit entzieht, wird im Zusammenhang mit der Behandlung der Frage der Nichtigkeit gerichtlicher Entscheidung zu erörtern sein (Kap. 16).

XI. Sachaufklärung und Freispruch trotz fehlender Prozeßvoraussetzung. **53**

1. Freispruch. Die Pflicht des Gerichts, sich beim Fehlen einer Prozeßvoraussetzung einer Sachentscheidung zu enthalten, kann für den Beschuldigten wie für den Verletzten **im Einzelfall zu Unbilligkeiten** führen. Das ist namentlich bei den verschiedenen Amnestien, die in der Zeit seit dem ersten Weltkrieg erlassen worden sind, zutage getreten. Die Niederschlagung eines anhängigen Strafverfahrens kann für den Beschuldigten zur Folge haben, daß ihm die Möglichkeit verlorengeht, durch einen Freispruch von dem erhobenen Verdacht gereinigt zu werden; für den durch eine Beleidigung Verletzten kann sie den Verlust der Rehabilitierungsmöglichkeit bedeuten, wenn über die Unwahrheit oder Nichterweislichkeit der rufgefährdenden Behauptung nicht mehr im Strafurteil entschieden wird. Die neuere Amnestiegesetzgebung ist bemüht, diesen Mängeln abzuhelfen, und zwar, indem sie dem Beschuldigten, der seine Unschuld geltend macht, das Recht einräumt, die Fortsetzung des Verfahrens zu beantragen[9] und dem Verletzten das Recht, die Weiterführung des Verfahrens mit dem Ziel einer Feststellung über die Unwahrheit der Behauptung zu beantragen (Kap. 7, 9).

Darüber hinaus hat die Rechtsprechung im Interesse der **Rehabilitierung** bei **54**
dem Verfahrenshindernis der Niederschlagung die sachentscheidungsausschließende Wirkung wesentlich abgeschwächt, indem sie trotz Eingreifens eines Amnestiegesetzes die Freisprechung auch dann zuläßt und fordert, wenn deren Voraussetzungen nach dem Ergebnis der Hauptverhandlung vorliegen, es also weiterer Aufklärung nicht bedarf (RGSt. **70** 193; BGHSt. **13** 272 = NJW **1959** 2272; BGHSt. **20** 333, 335; BayObLGSt.

---

9 Vgl. zuletzt die Straffreiheitsgesetze vom 9.7. 1968 – BGBl. I 773 (§ 9) – und vom 20.5. 1970 – BGBl. I 509 (§ 11) –. S. dazu auch als vergleichbare Regelungen des allgemeinen Strafverfahrensrechts §§ 153 Abs. 2, 153a Abs. 1, 2, 153b Abs. 2, wonach es z. T. schon vor, meist nach Erhebung der Klage zur Einstellung des Verfahrens aus den in diesen Vorschriften genannten Gründen (geringe Schuld usw.) der Zustimmung des Angeschuldigten bedarf, damit ihm nicht durch ein Verfahrenshindernis der res iudicata (vgl. insbes. § 153a Abs. 1 Satz 4, Abs. 2 Satz 2) sein Recht auf Durchführung des Verfahrens genommen wird, wenn er mit einem rehabilitierenden Freispruch rechnet (dazu Kap. 13, 80).

1963 44, 47; Anm. 9 zu § 260; Vorbem. IV 6 vor § 12 GVG). Dieser Grundsatz muß aber auch im Verhältnis zu anderen Verfahrenshindernissen, insbesondere bei der Verjährung durchgreifen (vgl. BGHSt. **20** 333, 335; OLG Celle NJW **1968** 2119; Anm. 9 zu § 260). Es muß dann das **Verfahrenshindernis hinter der „Justizgewährungspflicht" zurücktreten,** wenn der Sachverhalt schon im Sinne eines Freispruchs geklärt ist, weil sonst die als Wohltat für den Betroffenen gedachte Einstellung sich zu seinen Ungunsten auswirkte. § 85 des StPO-Entw. 1939 wollte dies durch folgende Vorschrift klarstellen: „Das Gericht stellt das Verfahren ein, wenn ein Verfahrenshindernis besteht und das Ergebnis der Hauptverhandlung den Freispruch nicht begründet[10]". Ja, es scheint sogar die Auffassung vertretbar, daß das Gericht in Wahrnehmung seiner Fürsorgepflicht, mindestens eines nobile officium, berechtigt ist, die Hauptverhandlung trotz Feststehens eines Verfahrenshindernisses ausnahmsweise fortzusetzen, wenn die Möglichkeit eines Freispruchs sehr naheliegt und die noch erforderliche vollständige Sachaufklärung mit präsenten Beweismitteln und ohne nennenswerte Verzögerung erreichbar ist (zustimmend *Hillenkamp* JR **1975** 140).

55 2. Wenn das Gericht **verfahrenswidrig** trotz feststehenden Verfahrenshindernisses die **Hauptverhandlung** bis zur Sachaufklärung **weiterführt,** die Schuld feststellt und erst dann das Verfahren einstellt, in den Urteilsgründen aber die Schuldfeststellung ausspricht, kann der Angeklagte dagegen nicht mit Erfolg Rechtsmittel mit der Begründung einlegen, daß die Einstellung sofort hätte erfolgen müssen und er durch die Schuldfeststellung in den Urteilsgründen beschwert sei (BGHSt. **13** 75). Denn nach herrschender, freilich (namentlich für den Fall des Freispruchs wegen Schuldunfähigkeit statt aus objektiven Gründen) sehr umstrittener Auffassung[11] muß der Angeklagte unmittelbar durch den Inhalt des Spruchs beschwert sein, während eine Beschwer durch die Urteilsgründe nicht genügt. Auch ein Freispruch mangels Beweises nach durchgeführter Hauptverhandlung statt der sofortigen Einstellung wegen eines offen zutage liegenden Verfahrenshindernisses (z. B. Verjährung) beschwert den Angeklagten nicht, weil ihn das freisprechende Urteil nicht schlechter stellt als das Einstellungsurteil, ihn vielmehr insofern begünstigt, als der Freispruch mit der Überbürdung seiner notwendigen Auslagen auf die Staatskasse verbunden ist, während bei alsbaldiger Einstellung wegen eines Verfahrenshindernisses ggf. die Auslagenüberbürdung entfallen kann (§ 467 Abs. 1, Abs. 3 Nr. 2 StPO).

56 3. Ist im Fall der **Tateinheit oder der Gesetzeskonkurrenz** der schwerere Schuldvorwurf nicht nachweisbar, während ein Schuld- und Strafausspruch wegen des geringeren Delikts durch ein Verfahrenshindernis ausgeschlossen ist, so lautet das Urteil einheitlich auf Freispruch (vgl. Anm. 9 zu § 260; s. dazu auch wegen eines Sonderfalles *Hertweck* NJW **1968** 1462).

---

[10] Diese Fassung läßt das, was gewollt war, nicht ganz deutlich erkennen. Der Wortlaut könnte dahin verstanden werden, als ob zunächst die Hauptverhandlung vollständig durchzuführen sei und dann erst die Frage, ob auf Einstellung oder Freispruch zu erkennen sei, sich stelle. Daß die Vorschrift so nicht gemeint war, ergibt sich aus der Begründung zu § 85 (S. 54): „Ist in dem Zeitpunkt, in dem beurteilt werden kann, ob ein Verfahrenshindernis besteht, der Sachverhalt dahin geklärt, daß der Angeklagte gar nicht schuldig ist, so hat ihn das Gericht demnach freizusprechen. Für eine Einstellung des Verfahrens ist nur Raum, wenn in diesem Zeitpunkt die Frage der strafrechtlichen Schuld oder Nichtschuld noch nicht geklärt ist, sondern weiterer Aufklärung bedürfte."

[11] z. B. *Henkel* 366; *Koffka* ZStW **81** (1969) 964; *Peters* Fehlerquellen im Strafprozeß II (1972) 311; Kap. 13, 55.

KAPITEL 12

Die hauptsächlichen Prozeßvoraussetzungen (Verfahrenshindernisse).

I. Klage und Eröffnungsbeschluß. 1

1. Allgemeines. Klage und Eröffnungsbeschluß sind Verfahrensvoraussetzungen; sie grenzen das Verfahren in persönlicher und sachlicher Hinsicht gegenüber anderen Personen und Taten ab. Ihr Fehlen stellt ein von Amts wegen zu berücksichtigendes Hindernis für das weitere Verfahren dar (BGHSt. **25** 310). Dem Fehlen eines Eröffnungsbeschlusses steht im Fall einer Nachtragsanklage (§ 266) das Fehlen des Einbeziehungsbeschlusses gleich (BGH NJW **1970** 904).

2. Die Klage. Der von der Staatsanwaltschaft beherrschte, der Vorbereitung der 2
öffentlichen Klage gewidmete erste Unterabschnitt des Strafverfahrens ist formfreier und unabhängiger gestaltet als die gerichtliche Untersuchung. In ihm können und müssen auch Ermittlungen angestellt werden, die zugleich oder ausschließlich der Aufklärung der Frage dienen, ob das Verfahren zulässig oder ob seine Unzulässigkeit etwa durch den Mangel des Antrags oder durch Verjährung begründet sei. Die Umstände des einzelnen Falls können Anlaß dazu bieten, die Ermittlungen auch durch Untersuchungshandlungen von einschneidender Wirkung, wie durch Anordnung der Beschlagnahme oder der Durchsuchung, der Verhaftung oder der Vorführung, auf die Gefahr hin zu betreiben, daß die Unzulässigkeit des Verfahrens als Ergebnis der Ermittlungen hervortritt. Dagegen ist die Eröffnung einer gerichtlichen Untersuchung nach § 151 StPO durch die Erhebung einer Klage bedingt. Die Untersuchung und Entscheidung des Gerichts erstreckt sich gemäß § 155 StPO immer nur auf die in der Klage bezeichnete Tat und auf den durch sie beschuldigten Menschen. Nur innerhalb dieser Grenzen ist das Gericht zu einer selbständigen Tätigkeit berechtigt. Die Klage ist hiermit als eine Voraussetzung für die Zulässigkeit der gerichtlichen Untersuchung und Entscheidung gekennzeichnet. Abgesehen vom Strafbefehlsverfahren kann nur ausnahmsweise — im beschleunigten Verfahren (§ 212) und bei Klageerweiterung (§ 266) — ohne schriftliche Klage und ohne Eröffnungsbeschluß zur Hauptverhandlung geschritten werden.

3. Der Eröffnungsbeschluß. 3

a) Verhältnis von Klage und Eröffnungsbeschluß. Der Übergang vom Vorverfahren zum gerichtlichen Hauptverfahren erfolgt nach einem Zwischenverfahren (§§ 201, 202) durch den Eröffnungsbeschluß. Nach § 207 a. F. hatte er die dem Angeklagten zur Last gelegte Tat unter Hervorhebung ihrer gesetzlichen Merkmale und das anzuwendende Strafgesetz zu bezeichnen; in der Hauptverhandlung wurde lediglich der Eröffnungsbeschluß — nicht die Anklage — verlesen (§ 243 Abs. 2 a. F.). Damit war klargestellt, daß von seinem Ergehen ab der Eröffnungsbeschluß die Grundlage des weiteren Verfahrens bildete mit der Folge, daß das Fehlen eines Eröffnungsbeschlusses sich als Verfahrenshindernis darstellte, das grundsätzlich zur Einstellung des Verfahrens führte, auch wenn die Klage ordnungsmäßig erhoben war (BGH JZ **1958** 93 mit Anm. *Kern*). Mit dem Inkrafttreten des StPÄG 1964 hat sich das Bild geändert. Nach wie vor besteht zwar die Bedeutung des Eröffnungsbeschlusses in der (nicht mehr förmlich ausgesprochenen) Bejahung, daß der Angeschuldigte nach den Ergebnissen des vorbereitenden Verfahrens einer strafbaren Handlung hinreichend verdächtig erscheint (§ 203). Nach § 207 n. F. läßt aber der Eröffnungsbeschluß — ggf. mit Änderungen — die Anklage zur

Hauptverhandlung zu, und in der Hauptverhandlung wird der Anklagesatz, aber nicht der Eröffnungsbeschluß verlesen (§ 243 Abs. 3). Das bedeutet indessen nicht, daß der Eröffnungsbeschluß lediglich eine Zwischenfunktion erfüllte und seine Bedeutung als Verfahrensgrundlage jedenfalls dann eingebüßt hätte, wenn das Gericht die Anklage unverändert zur Hauptverhandlung zuläßt. Denn auch in diesen Fällen hat der Eröffnungsbeschluß nicht nur die Bedeutung der grundsätzlichen Fixierung des Gerichts, vor dem die Hauptverhandlung stattfinden soll, sondern er bildet die Grundlage für die zugelassene Anklage. Damit stellt sich auch der Eröffnungsbeschluß in seiner neuen Gestalt weiterhin als eine Grundlage des Hauptverfahrens dar, so daß sein Fehlen sich als Verfahrenshindernis erweist.

4 **b) Inhaltlich ist** zur **Wirksamkeit** eines Eröffnungsbeschlusses nicht erforderlich, daß er sich an den Wortlaut des § 207 Abs. 1 hält. Es genügt vielmehr — ohne Rücksicht auf die Formulierung — die schlüssige und eindeutige Willenserklärung des Gerichts, daß es eine bestimmt bezeichnete Anklage zur Hauptverhandlung zulasse; es kann z. B., wenn bereits auf eine Anklage hin das Hauptverfahren unter Zulassung der Anklage eröffnet ist und demnächst eine weitere Anklage erhoben wird, ein wirksamer Eröffnungsbeschluß bezgl. der zweiten Anklage darin gefunden werden, daß das Gericht die Verbindung beider Sachen zwecks gemeinsamer Verhandlung und Entscheidung beschließt (vgl. die bei *Dallinger* MDR **1975** 197 mitgeteilten Entscheidungen des BGH vom 30. 7. und 6. 8. 1974 — 1 StR 200 und 226/74). Empfehlenswert ist es freilich nicht, durch Abweichung vom Gesetzeswortlaut Veranlassung zu mehr oder weniger mühsamen Rettungsaktionen zu geben.

5 **4. Folgerungen.** Daraus, daß Anklage und Eröffnungsbeschluß Verfahrensvoraussetzungen bilden, ist im einzelnen zu folgern:

a) Fehlen und schwere Mängel. Unzulässig ist das Vorgehen des an sich sachlich und örtlich zuständigen Gerichts, das sich mit der Untersuchung oder der Entscheidung einer Sache befaßt, obwohl die Klage, die öffentliche oder die Privatklage, fehlt (RGSt. **37** 408; **41** 155; **56** 113; **63** 269; **67** 59; **68** 291; **72** 143; **77** 21; BGHSt. **25** 46). Dem Fehlen der Klage stehen schwerwiegende Mängel der Klage, wie etwa Fehlen der Angabe des Beschuldigten oder der ihm zur Last gelegten Tat oder eine unzulängliche Bezeichnung der Tat gleich (RGSt. **41** 155; **67** 59; **68** 107, 291; **77** 21; BGHSt. **10** 140). Da die Zulassung der Anklage zur Hauptverhandlung zum notwendigen Inhalt des Eröffnungsbeschlusses gehört, sind schwere Mängel der unverändert zugelassenen Anklage zugleich Mängel des Eröffnungsbeschlusses (BGH GA **1973** 111; OLG Köln NJW **1966** 429 mit Anm. *Kohlhaas).* Ein Fall gänzlichen Fehlens des Eröffnungsbeschlusses liegt vor, wenn das örtlich zuständige Gericht sich zu Unrecht, aber durch unangefochten gebliebene Entscheidung für unzuständig erklärte, dann aber das Verfahren fortsetzt (BGHSt. **18** 1) oder wenn das Verfahren von einem örtlich unzuständigen Gericht eröffnet ist und dieses (unzulässigerweise) die Sache an das örtlich zuständige Gericht verweist und letzteres das Verfahren entsprechend dem Verweisungsbeschluß fortsetzt (OLG Hamm NJW **1961** 232). Wie bei der Klage steht es dem Fehlen des Eröffnungsbeschlusses gleich, wenn er an schweren Mängeln leidet, die nicht durch ergänzende Heranziehung der mangelfreien Anklageschrift ausreichend behoben werden können (RGSt. **43** 218; BGHSt. **5** 225; **10** 137, 278; JZ **1958** 93). Als solcher Mangel kommt z. B. in Betracht, wenn der Beschluß des Kollegialgerichts statt von drei Richtern nur von zwei oder einem Richter erlassen wird (wobei es nicht auf die Zahl der Unterschriften, sondern der bei der Fassung des Beschlusses Mitwirkenden ankommt; BGHSt. **10** 278). Streitig ist, ob das genannte Verfahrenshindernis vorliegt, wenn beim Eröffnungsbeschluß ein Richter mitwirkt, der von der Ausübung des Richteramts kraft

Gesetzes ausgeschlossen ist (so RGSt. **55** 113; BGH MDR **1954** 656; offengelassen in BGHSt. **10** 278; wohl mit Recht verneinend LG Kempten NJW **1975** 1937; *Kern* JZ **1958** 93 und in diesem Kommentar § 22, 93), während andere Mängel in der Besetzung der Beschlußkammer die Wirksamkeit des Eröffnungsbeschlusses nicht berühren und, nicht anders als Mängel in der Besetzung des in der Hauptverhandlung erkennenden Gerichts (vgl. § 338 Nr. 1), nur auf Verfahrensrüge zu berücksichtigen sind (BGHSt. **10** 278; **22** 169). Wegen weiterer Einzelheiten vgl. die Anm. zu § 207.

b) Verfahren nach erkanntem Mangel. Heilung. Wird das dem Verfahren die **6**
Grundlage entziehende Fehlen von Anklage und/oder Eröffnungsbeschluß bzw. die Behaftung mit schweren, dem Fehlen gleichstehenden Mängeln bemerkt, so ist das Verfahren einzustellen, ohne daß auf andere Verfahrenshindernisse, wie Verjährung oder Eingreifen eines Straffreiheitsgesetzes, einzugehen wäre (RG HRR **1939** Nr. 545), und in der Rechtsmittelinstanz ist die Einstellung des gesamten Verfahrens auch dann geboten, wenn das Rechtsmittel auf einen Teil des Urteils, etwa auf den Strafausspruch, beschränkt ist (Kap. 12, 13). Jedoch kann im ersten Rechtszug die Einstellung des Verfahrens wegen fehlenden und mangelhaften Eröffnungsbeschlusses dadurch vermieden werden, daß der Eröffnungsbeschluß nachträglich erlassen wird (OLG Oldenburg NJW **1960** 353). Bei fehlender Zustellung des Eröffnungsbeschlusses genügt es, wenn der Vorsitzende in der Hauptverhandlung feststellt, daß ein die Anklage zulassender Eröffnungsbeschluß vorliege (OLG Karlsruhe MDR **1970** 438). Nach OLG Hamburg NJW **1962** 1360 soll auch genügen, wenn ein versehentlich nicht unterschriebener Entwurf eines Eröffnungsbeschlusses vom Gericht in der Hauptverhandlung verlesen wird; **a. M.** OLG Stuttgart NJW **1962** 1834. Mängel der zugelassenen Anklage, die auch den Eröffnungsbeschluß berühren, können behebbar sein, so etwa, wenn Art und Umfang des Schuldvorwurfs zwar in der zugelassenen Anklage nicht genügend klar bezeichnet sind, dies aber durch Hinzuziehung eines Haftbefehls oder sonstiger Aktenteile ausgeglichen werden kann und in der Hauptverhandlung zusätzliche Erläuterungen des Staatsanwalts oder des Vorsitzenden Zweifel über die Tragweite des Schuldvorwurfs ausschließen (vgl. aus der Rechtsprechung RGSt. **31** 104; **43** 218; RG JW **1928** 2260 mit Anm. *Oetker;* BGH NJW **1961** 1413). S. aber auch über die Grenzen solcher Erläuterungen und Ergänzungen durch den Vorsitzenden BGH GA **1963** 188.

c) Verfahrensfehler im Zwischenverfahren und bei der Eröffnung wie Zustel- **7**
lung der Anklage erst nach Erlaß des Eröffnungsbeschlusses — entgegen § 201 — oder Eröffnung vor Ablauf der gemäß § 201 gesetzten Äußerungsfrist berühren die Zulässigkeit des weiteren Verfahrens nicht (vgl. BGHSt. **6** 109, 114). Der Angeklagte kann dann nur in der Hauptverhandlung unter Berufung auf solche Verfahrensfehler gegebenenfalls beantragen, die Hauptverhandlung zur genügenden Vorbereitung seiner Verteidigung — entsprechend dem Rechtsgedanken des § 265 Abs. 4 — auszusetzen; macht er von dieser Möglichkeit keinen Gebrauch, so beruht das Urteil nicht auf den im Zusammenhang mit dem Erlaß des Eröffnungsbeschlusses begangenen Verfahrensfehlern (BGHSt. **15** 40). Der spätere Verlust der Urschrift des Eröffnungsbeschlusses steht dem Fortgang des Verfahrens nicht entgegen (RGSt. **55** 159; **65** 252).

d) Was zuvor über die schriftlich erhobene Anklage ausgeführt ist, gilt entspre- **8**
chend auch für die **mündlich** erhobene Anklage nach §§ 212 a, 266 (OLG Koblenz VRS **49** [1975] 43).

e) Im **Wiederaufnahmeverfahren** bildet der im § 366 bezeichnete Antrag die Vor- **9**
aussetzung für das in den §§ 367 bis 370 vorgesehene Zulassungsprüfungsverfahren. Die Wiederaufnahme des Verfahrens und die Erneuerung der Hauptverhandlung setzt voraus, daß das Gericht sie gemäß § 370 Abs. 2 beschlossen hat (RGSt. **35** 353).

10 f) In den **besonderen Arten des Verfahrens** kommt die Eigenschaft einer Verfahrensvoraussetzung in demselben Sinn wie der Klage im ordentlichen Verfahren den Anträgen des Staatsanwalts nach § 407 (bei Steuervergehen den Anträgen des Finanzamts, § 435 AO) für den Strafbefehl und nach § 414 StPO für das Sicherungsverfahren zu. Der **Strafbefehl** bildet, wenn der Beschuldigte rechtzeitig Einspruch erhoben hat, den Eröffnungsbeschluß ersetzend, die notwendige Grundlage für das weitere Verfahren; auch hier steht dem völligen Fehlen eine durch das Fehlen wesentlicher Merkmale bedingte unheilbare Fehlerhaftigkeit gleich. Dagegen führen heilbare oder unwesentliche Fehler, wie etwa die unrichtige Bezeichnung des angewandten Strafgesetzes, die Versäumung der Angabe der Beweismittel oder bloße Mängel in der Konkretisierung der Tat, die durch entsprechende Hinweise des Vorsitzenden in der Hauptverhandlung behebbar sind, auch die versehentliche Nichtunterzeichnung des Strafbefehls, nicht zur Einstellung des Verfahrens (näheres Anm. 4 zu § 409). Im **Sicherungsverfahren** ersetzt die vorliegende Anklageschrift die fehlende Antragsschrift nicht (RGSt. **68** 291; **72** 143), und es muß das Gericht, wenn die Antragsschrift den wesentlichen Erfordernissen des § 414 StPO nicht genügt, die Eröffnung des (Sicherungs-)Hauptverfahrens bis zur Beseitigung des Mangels ebenso ablehnen wie im ordentlichen Verfahren, wenn die Anklageschrift wesentliche Mängel aufweist (RG JW **1935** 532 Nr. 37, 2368 Nr. 18; s. Anm. 3 zu § 429 b a. F.). Auch für das **selbständige („objektive") Verfahren,** das die Anordnung von Einziehung, Verfall, Vernichtung, Unbrauchbarmachung und Beseitigung eines gesetzwidrigen Zustands betrifft (§§ 440, 442), bilden die Anträge von Staatsanwaltschaft oder Privatkläger (§ 440) die Verfahrensvoraussetzung (Anm. III 2 zu § 440).

11 **II. Gerichtsbarkeit und Gerichtsunterworfenheit.**

1. Gerichtsbarkeit. Sie stellt eine Verfahrensvoraussetzung dar, die Staatsanwaltschaft und Gericht zur Prüfung zwingt, ob der Gegenstand ihrer Betätigung eine Strafsache i. S. des § 13 GVG ist und ob nicht die Zuständigkeit eines Sondergerichts in Betracht kommt. Die Gerichtsbarkeit ist, wie jede andere Verfahrensvoraussetzung in jeder Lage des Verfahrens, auch vom Revisionsgericht von Amts wegen zu prüfen (RGSt. **12** 125; **17** 244; **18** 55; **27** 145; **34** 256; **59** 36; **69** 156; BGHSt. **14** 139). Der Mangel der Gerichtsbarkeit führt auch hier zur Einstellung des Verfahrens. Ist die Gerichtsbarkeit des ordentlichen Gerichts durch die Zuständigkeit eines Sonderstrafgerichts beschränkt, so kann der Mangel der Gerichtsbarkeit des unrichtigerweise in der Sache tätig gewordenen ordentlichen Gerichts nachträglich geheilt werden, indem — falls zulässig — die Anklagebehörde des Sondergerichts die Sache zur Behandlung im ordentlichen Verfahren abgibt, bevor das Revisionsgericht gegen das Urteil des ordentlichen Gerichts entscheidet (RGSt. **72** 379). Wird der durch die Zuständigkeit eines Sondergerichts begründete Mangel der Gerichtsbarkeit übersehen, so heilt die Rechtskraft den Mangel (Anm. 8 d zu § 13 GVG). Wegen weiterer Einzelheiten wird auf die §§ 13 ff. GVG und die dortigen Anmerkungen verwiesen.

12 **2. Gerichtsunterworfenheit.** Die Frage, inwieweit das deutsche Strafrecht nicht nur für die im Gebiet der Bundesrepublik Deutschland, sondern auch für die außerhalb dieses Gebiets begangenen strafbaren Handlungen, und nicht nur für Deutsche, sondern auch für Ausländer, gilt, gehört dem sachlichen Recht an; sie ist in den §§ 4 bis 7 StGB geregelt. Sie behandeln das Ausmaß der Geltung des **sachlichen** Strafrechts und befassen sich nicht mit der verfahrensrechtlichen Frage nach dem Umfang der Strafgerichtsbarkeit (BGHSt. **20** 22, 25). Nach den genannten Vorschriften erfaßt die deutsche Gerichts-

barkeit grundsätzlich auch Täter, die Ausländer sind oder sich im Ausland aufhalten. Daß der Aufenthalt im Ausland die Ausübung der Gerichtsgewalt beeinträchtigt, ändert hieran nichts. Aus völkerrechtlichen Rücksichten durchbrechen jedoch die §§ 18 bis 20 GVG in der Fassung des Gesetzes vom 25.3.1974 (BGBl. I 761) den bezeichneten Grundsatz, indem sie die in diesen Vorschriften genannten Personen, insbes. die Mitglieder diplomatischer Missionen und konsularischer Vertretungen in der Bundesrepublik der deutschen Gerichtsbarkeit entziehen. Die hiermit vorgeschriebene Einschränkung dieser Gerichtsbarkeit macht das Verfahren gegen die Befreiten durchweg unzulässig (RGSt. **17** 51) und ein gleichwohl ergehendes Strafurteil nichtig (RGSt. **71** 377). Auf zwischenstaatlichen Vereinbarungen beruhen ferner weitere Exemptionen, die sich aus der Stationierung von Truppen fremder Mächte auf dem Boden der Bundesrepublik ergeben. Grundlage dieser Exemptionen ist das **Nato-Truppenstatut** (Gesetz vom 18.8. 1961 — BGBl. II 1183 — und dazu Art. 19 des Zusatzabkommens — BGBl. II **1961** 1218 —). Auch hier ist das Strafurteil des deutschen Gerichts, das staatsvertragswidrig gegen ein Mitglied der ausländischen Streitkräfte ergeht, nichtig (BayObLG NJW **1960** 162).

Für die **Wiederaufnahme** eines durch rechtskräftiges **besatzungsgerichtliches Urteil** beendeten Verfahrens sind die deutschen Gerichte nicht zuständig (BGH NJW **1959** 779; BGHSt. **21** 29; *Jescheck* JZ **1966** 808). Zu der Frage, inwieweit eine frühere besatzungsgerichtliche Aburteilung die Verfolgung von Straftaten im Rahmen der deutschen Gerichtsbarkeit hindert, vgl. S. 97 der Vorauflage. **13**

III. Unberührtheit der Sache. Verfahrenshindernisse der Rechtshängigkeit und Rechtskraft im allgemeinen. **14**

1. **Grundsätzliches.** Im Strafverfahren herrscht der Grundsatz der **Einmaligkeit der Strafverfolgung.** Unzulässig ist das Verfahren, das gegen den Beschuldigten ungeachtet dessen betrieben wird, daß gegen ihn wegen derselben Tat schon eine gerichtliche Untersuchung bei demselben oder einem anderen Gericht eröffnet und noch nicht beendet oder eine rechtskräftige Entscheidung seitens desselben oder eines anderen Gerichts ergangen ist. Die Unberührtheit der Sache bildet in diesem Sinn eine Verfahrensvoraussetzung. Die Rechtshängigkeit, also die noch bestehende Befassung desselben oder eines anderen Gerichts mit derselben Sache, und die Rechtskraft, also die Erledigung der Sache durch eine mit den ordentlichen Rechtsmitteln nicht mehr anfechtbare Entscheidung desselben oder eines anderen Gerichts, hindern das Verfahren. Beim Verfahrenshindernis der Rechtshängigkeit, das sich aus § 12 StPO ergibt, wiegen Gründe der Zweckmäßigkeit vor. Das Verfahrenshindernis der Rechtskraft hat dagegen eine viel ernstere Bedeutung. Insoweit wahrt der Grundsatz der Einmaligkeit die allgemeine Rechtssicherheit und gehört zu den großen Geboten der Gerechtigkeit. Art. 103 Abs. 3 GG trägt der hervorragenden Bedeutung jenes Grundsatzes Rechnung, indem er das Verbot des „ne bis in idem“ in einprägsamer, wenn auch unvollständiger Form zum Verfassungssatz und zum Grundrecht erhebt: „Niemand darf wegen derselben Tat auf Grund der allgemeinen Strafgesetze mehrmals bestraft werden.“ Das Verfahrensrecht zieht die Folgerungen aus dem Verfassungssatz und umschreibt zugleich dessen Grenzen, indem es den Angriff auf die Rechtskraft des Urteils nur durch Antrag auf Wiederaufnahme des Verfahrens unter den in §§ 359 ff. bezeichneten Voraussetzungen zuläßt (Rdn. 24 ff.).

2. **Wirkung ausländischer Entscheidungen.** Jedoch verlangt das deutsche Recht **15** nur Rücksichtnahme auf eine beim inländischen Gericht eröffnete und noch nicht abgeschlossene Untersuchung sowie auf eine vom inländischen Gericht gefällte, nicht mehr

anfechtbare Entscheidung. Ausländische Entscheidungen [1] werden nur insoweit berücksichtigt, als das deutsche Recht (vgl. § 51 Abs. 3 StGB, § 450 a StPO) es vorschreibt (BVerfG NJW **1961** 868; BayVerfGH NJW **1963** 1003; BGHSt. **6** 177; **24** 57; NJW **1969** 1542) oder zuläßt (vgl. z. B. § 153 c Abs. 1 Nr. 3 StPO; § 48 Abs. 4 StGB und dazu BGHSt. **24** 62 betr. Bedeutung einer ausländischen Strafhaft). Besonderheiten gelten mit Rücksicht auf die Spaltung Deutschlands in zwei Staatsgewalten mit z. T. sehr unterschiedlicher Rechtsauffassung. In welchem Umfang trotz Anhängigkeit einer gerichtlichen Untersuchung in der DDR oder trotz eines dort ergangenen rechtskräftigen Strafurteils ein Strafverfahren in der Bundesrepublik eingeleitet und durchgeführt werden darf und in welchem Umfang die dort erlassenen rechtskräftigen Entscheidungen einer Nachprüfung in der Richtung unterliegen, ob sie in der Bundesrepublik Vollstreckungswirkungen entfalten, ist in dem Gesetz über die innerdeutsche Rechts- und Amtshilfe in Strafsachen vom 2. 5. 1953 geregelt, dessen Einschränkungen mit Art. 103 Abs. 3 GG vereinbar sind (BVerfG JZ **1961** 420).

16 **IV. Rechtshängigkeit.**

1. Prüfung von Amtswegen. Grundsatz der Priorität. Das Gericht muß, wenn sich ein Anlaß hierzu bietet, die Rechtshängigkeit **von Amts wegen prüfen** (RGSt. **67** 53; BGHSt. **10** 363). Die Prüfung ist selbständig vorzunehmen (RGSt. **52** 262). Rechtshängigkeit liegt auch vor, wenn die Staatsanwaltschaft zunächst im subjektiven Verfahren Anklage beim Amtsgericht erhebt und das Verfahren unter Zulassung der Anklage eröffnet wird und sie später wegen des gleichen Sachverhalts die Eröffnung des Sicherungsverfahrens (§ 413) beim Landgericht beantragt (BGHSt. **22** 185). Wird die anderweitige Rechtshängigkeit erkannt, so muß auch ein Gericht höherer Ordnung sein Verfahren einstellen, sobald es davon Kenntnis erlangt, daß ein Gericht niederer Ordnung die Untersuchung zuerst eröffnet hatte, soweit nicht durch Verbindung gemäß § 4 Abs. 2 oder durch Verweisung (§ 270) die Zuständigkeit des Gerichts höherer Ordnung begründet wird; das Verbot mehrfacher Rechtshängigkeit geht auch der Regelung des § 269 StPO vor (BGHSt. **22** 232).

17 Eine **Ausnahme von dem Grundsatz,** daß dem Verfahren der Vorrang gebührt, das zeitlich zuerst anhängig geworden ist, gilt aber, wenn bei dem nicht durch Priorität begünstigten Gericht eine Fortsetzungstat, bei dem anderen Gericht aber nur einzelne, von diesem Zusammenhang miterfaßte Teilhandlungen Gegenstand des Verfahrens sind; dann gebührt dem Gericht der Vorzug, vor dem die umfassendere, die Sache **erschöpfende Aburteilung** möglich ist (BGHSt. **5** 384). Ebenso liegt es, wenn eine Strafttat mehrere Gesetzesverstöße enthält und eine Verletzung getrennt von einem niederen Gericht verfolgt wird, während tateinheitlich zusammentreffende Verletzungen zur Zuständigkeit eines höheren Gerichts gehören und bei diesem verfolgt werden. Dann gebührt die Verfolgung dem Gericht höherer Ordnung, um zu vermeiden, daß dieses, vor dem allein die Sache rechtlich erledigt werden kann, sein Verfahren einstellen, das Gericht niederer Ordnung aber nach § 270 StPO verfahren müßte (RGSt. **70** 336; RG HRR **1938** Nr. 132; BGH JZ **1953** 639, 640; BGHSt. **19** 177, 181). In einem solchen Fall bedeutet der auf der höheren Zuständigkeit beruhende Vorrang, daß die Untersuchung und Entscheidung dem Gericht höherer Ordnung auch dann überlassen werden

---

[1] Keine ausländischen Gerichte in diesem Sinn sind grundsätzlich die Gerichtshöfe supranationaler Gemeinschaften, denen die Bundesrepublik als Mitgliedstaat angehört, wie der Gerichtshof der Europäischen Gemeinschaften. Jedoch ist dieser Grundsatz nur mit Ausnahmen durchführbar, wobei Härten durch entsprechende Anwendung des § 51 Abs. 3 StGB auszugleichen sind (BGHSt. **24** 54).

muß, wenn sich erst, nachdem das zuerst mit der Sache befaßte Gericht niederer Ordnung ein Urteil erlassen hat und dieses Urteil mit einem Rechtsmittel angefochten wird, herausstellt, daß die den Gegenstand des Urteils bildende Tat im Sinn des § 52 StGB zugleich ein die Zuständigkeit des höheren Gerichts begründendes Gesetz verletzt hat und deshalb bei diesem verfolgt wird (RGSt. **70** 337 — gegen RGSt. **29** 179).

Aber auch **unter Gerichten** der **gleichen Ordnung** ist der **Prioritätsgrundsatz** dahin **18**
eingeschränkt, daß dem Gericht der Vorrang gebührt, dem die Sache zu umfassenderer, den Sachverhalt erschöpfender Aburteilung unterbreitet ist (BGHSt. **5** 384), also z. B. dem später tätig gewordenen Gericht, wenn es die Untersuchung wegen einer in Fortsetzungszusammenhang begangenen Tat eröffnet hat, während nur eine Einzelhandlung den Gegenstand der bei dem anderen Gericht früher eröffneten Untersuchung bildet (RGSt. **41** 109; **66** 19; **67** 56; **70** 337). Befassen sich aber zwei Gerichte gleicher Ordnung je mit einer fortgesetzten Handlung, so tritt der Prioritätsvorrang nicht deshalb zurück, weil das zweite Verfahren Einzelhandlungen von größerer Zahl oder erheblicherem Gewicht zum Gegenstand hat (BGH JZ **1953** 246).

2. **Folgerungen.** Demnach liegt es, wenn in den gedachten Fällen die gericht- **19**
liche Untersuchung zuerst vom Gericht niedrigerer Ordnung und hernach vom Gericht höherer Ordnung eröffnet worden ist, dem ersteren ob, das Verfahren einzuschlagen, das erforderlichenfalls zur **Verweisung** an das letztere führt. Im übrigen aber, also insbesondere im Verhältnis gleichgeordneter Gerichte zueinander, muß das Gericht, bei dem Hauptverhandlung in der schon anderweit anhängigen Sache angeordnet ist, sich einer **Sachentscheidung enthalten** und das Verfahren — übrigens nur vorläufig, bis zur Beseitigung der mehrfachen Rechtshängigkeit — einstellen (RGSt. **41** 109; **52** 264). Hat aber das den zeitlichen Vorrang nicht genießende Gericht eine Sachentscheidung unter bewußter oder unbewußter Nichtachtung der Rechtshängigkeit erlassen und ist diese Entscheidung rechtskräftig geworden, so bleibt freilich dem Gericht, dessen an sich begründeter Vorrang unbeachtet blieb, nichts übrig als die endgültige Einstellung des Verfahrens (RG 1 D 279/20 vom 19. 5. 1920).

3. Auch in der **Revisionsinstanz** ist die doppelte Rechtshängigkeit von Amts **20**
wegen zu prüfen. Doch zwingt hier § 260 Abs. 3 nicht immer zur Einstellung auch nur eines der beiden Verfahren, vielmehr ist so zu verfahren, wie es der Sachlage am besten entspricht. So kann das Revisionsgericht, wenn die Anwendbarkeit des § 52 StGB auf das gesamte Verhalten des Angeklagten in Frage steht, das Urteil aufheben und die Vorinstanz anweisen, die beiden Verfahren zu verbinden. Es kann sogar in der Sache selbst entscheiden, wenn im Falle einer Zurückverweisung und Verbindung an Art und Höhe der Strafe im Hinblick auf § 358 Abs. 2 nichts mehr geändert werden dürfte und eine Zurückverweisung einer umfangreichen Sache nur zwecks umfassender Berücksichtigung auch der rechtlichen Gesichtspunkte, die den Gegenstand des anderen Verfahrens bilden, dem Gebot der Prozeßwirtschaftlichkeit widerspräche; der Schutz des Angeklagten vor zweimaliger Verurteilung wird dadurch nicht beeinträchtigt, da die endgültige Einstellung des anderen Verfahrens die zwangsläufige Folge einer solchen Behandlung ist (BGHSt. **10** 358). Ein der Doppelrechtshängigkeit vergleichbares Problem ergibt sich, wenn dieselbe Einzelstrafe in verschiedenen Verfahren in eine Gesamtstrafe einbezogen worden ist; dann muß in der Revisionsinstanz dem Verbot der Doppelbestrafung auch dann Geltung verschafft werden, wenn das Urteil, das die Gesamtstrafe richtig gebildet hat, nicht auf einer Gesetzesverletzung beruht und früher als das rechtskräftig gewordene Urteil mit der unrichtig gebildeten Gesamtstrafe erlassen wurde (BGHSt. **9** 190).

21 4. Der Wandel, den die Rechtsprechung in der rechtlichen Würdigung des Wesens der **gewerbs- und gewohnheitsmäßig begangenen Straftaten** vollzogen hat, indem sie die Lehre von der materiell- und verfahrensrechtlichen Zusammenziehung der Einzelhandlungen zu *einer* Straftat (Sammelverbrechen) aufgab (unten Rdn. 70), schränkt den Wirkungsbereich des Verfahrenshindernisses der Rechtshängigkeit stark ein. Hatte das Reichsgericht früher die Frage, wie zu verfahren sei, wenn eine gewerbsmäßig begangene Straftat desselben Täters bei einem Gericht, eine andere derselben Art bei einem anderen Gericht anhängig geworden ist, dahin entschieden, daß eines der beiden Gerichte sein Verfahren einstellen müsse, da eine und dieselbe Tat vorliege (RGSt. **41** 109; **66** 19; **67** 56), so gilt dieser Grundsatz jetzt — nach Anerkennung der rechtlichen Selbständigkeit der mehreren Einzelhandlungen — nicht mehr. Näheres unten Rdn. 70 f.

22 5. Im **Strafbefehlsverfahren** gelten für die Rechtshängigkeit ähnliche Rechtsregeln wie für die Rechtskraft (vgl. dazu Anm. 2 zu § 410). Es steht also bei Zugrundelegung der bisher herrschenden Meinung über die beschränkte Verzehrswirkung des rechtskräftigen Strafbefehls ein noch anfechtbarer Strafbefehl der Einleitung einer Untersuchung im ordentlichen Verfahren nicht entgegensteht, sofern sie auf einen neuen, im Strafbefehl nicht gewürdigten und eine erhöhte Strafbarkeit begründenden rechtlichen Gesichtspunkt gestützt wird (RGSt. **56** 253; **61** 290).

23 6. Im **Bußgeldverfahren** vor der Verwaltungsbehörde ergeben sich keine Rechtshängigkeitsprobleme, weil bis zum Erlaß des Bußgeldbescheids die Staatsanwaltschaft die Verfolgung der Ordnungswidrigkeit übernehmen kann (§§ 2, 44 OWiG) und nach dem Erlaß des mit Einspruch angefochtenen Bußgeldbescheids die Staatsanwaltschaft die zuständige Verfolgungsbehörde ist (vgl. *Göhler* zu § 69 OWiG, 5, insbes. B, E).

24 **V. Rechtskraft**[2].

1. **Grundsätzliches**[3]. Die Rechtskraft eines Urteils, das in die Sache eingeht, verbraucht die Strafklage, so daß derselbe Täter wegen derselben Tat nicht mehr gerichtlich verfolgt werden darf — auch nicht auf Grund einer anderen rechtlichen Würdigung der

---

2 **Neueres Schrifttum:**
Schwinge Identität der Tat i. S. der StPO, ZStW **52** 203; *Niederreuther* Rechtskraft und materielle Gerechtigkeit, GS **113** 305; *Nagler* Rechtskraft und Ergänzungsklage ZAkad DR **1939** 371, 401; *Oehler* Die Identität der Tat, Festschrift für *Rosenfeld* (1949), 139; *Busch* Zum Verbrauch der Strafklage bei späterer Erkenntnis anderweitiger Tatgestaltung, ZStW **68** 3; *Dedes* Die Identität der „Tat" im Strafprozeß, GA **1965** 102; *Schmidt* Schuldspruch und Rechtskraft, JZ **1966** 89; *Hruschka* Der Begriff „Tat" im Strafverfahrensrecht, JZ **1966** 700; *Bindokat* Zur Frage des prozessualen Tatbegriffs, GA **1967** 362; *Eb. Schmidt* Materielle Rechtskraft – materielle Gerechtigkeit, JZ **1968** 681; *Grunsky* Zur Bindungswirkung der materiellen Rechtskraft im Strafverfahren, Festschrift für *Kern*, 1968, 223; *Tiedemann* Entwicklungstendenzen der strafprozessualen Rechtskraftlehre, 1969; *Bertel* Die Identität der Tat, 1970; *Herzberg* ne bis in idem – Zur Sperrwirkung des rechtskräftigen Strafurteils, JuS **1972** 116; *Fliedner* Die verfassungsrechtlichen Grenzen mehrfacher staatlicher Bestrafungen aufgrund desselben Verhaltens, AöR **99** (1974) 242; *Grünwald* Die materielle Rechtskraft im Strafverfahren der Bundesrepublik Deutschland, in: Deutsche strafrechtliche Landesreferate zum IX. Internationalen Kongreß für Rechtsvergleichung in Teheran 1974, Beiheft zur ZStW **86** (1974); *Achenbach* Strafprozessuale Ergänzungsklage und materielle Rechtskraft, ZStW **87** (1975) 74.

3 Die nachfolgende Darstellung beschäftigt sich mit der Rechtskraft lediglich unter dem Gesichtspunkt eines Verfahrenshindernisses für künftige Verfahren, die den gleichen Gegenstand betreffen. Die streitige und von der Rechtsprechung (RGSt. **33** 303; **44** 257; OLG Hamm NJW **1959** 1982) verneinte Frage, ob die Rechtskraft über diese negative Verbrauchs- oder Sperrwir-

Tat (RGSt. **68** 19; **70** 30; **72** 102). Das Nichtvorhandensein einer dieselbe Sache betreffenden gerichtlichen Entscheidung ist eine Verfahrensvoraussetzung, die jedes Gericht — auch das Revisionsgericht — in jeder Lage des Verfahrens von Amts wegen beachten und der es unter Verwendung aller verfügbaren Erkenntnismittel nachgehen muß (RGSt. **35** 367; **41** 152; **61** 226; **64** 42, 164; **68** 19; **69** 171; BGHSt. **7** 283; **13** 306; **20** 292).

25 **2. Bedeutung des Art. 103 Abs. 3 GG.** Der Satz **ne bis in idem** ist in der Strafprozeßordnung nicht ausdrücklich ausgesprochen; erst Art. 103 Abs. 3 GG brachte eine förmliche Vorschrift. An der Geltung dieses Satzes hatte freilich auch vorher kein Zweifel bestanden; er ergibt sich ohne weiteres aus den Vorschriften über die Wiederaufnahme des Verfahrens, die nur unter engen Voraussetzungen die Wiederaufrollung eines rechtskräftig abgeschlossenen Strafverfahrens zulassen. Art. 103 Abs. 3 GG hat also, was die Anerkennung des Grundsatzes anlangt, nur deklatorische Bedeutung. Aber auch die **inhaltliche Umschreibung** in der genannten Verfassungsschrift brachte keine Änderung der Rechtslage. Sie konnte es auch nicht, weil Art. 103 Abs. 3 eine zwar einprägsame, aber inhaltlich unvollständige Formulierung des Grundsatzes darstellt. Denn er verbietet nur die „mehrmalige Bestrafung", und von einer solchen kann, streng genommen, nur gesprochen werden, wenn bereits *eine* Bestrafung erfolgt war. Bei wörtlicher Auslegung würde sich also Art. 103 Abs. 3 GG darauf beschränken, daß er eine nochmalige Bestrafung, auch in Form einer nachträglichen Verschärfung einer rechtskräftig erkannten Strafe oder einer zusätzlichen Bestrafung in anderer Weise verbietet. Der Satz ne bis in idem reichte und reicht aber viel weiter, denn er verbietet insbesondere auch die erneute Verfolgung eines rechtskräftig Freigesprochenen, wie auch den nachträglichen Freispruch eines rechtskräftig Schuldiggesprochenen[4] oder eine nachträg-

---

kung hinaus positive Bindungswirkungen (Bindung an die Feststellung der Schuld oder Nichtschuld oder gar an die den Spruch tragenden tatsächlichen Feststellungen) entfaltet, wenn die rechtskräftige Entscheidung die präjudizelle Vorfrage für einen späteren Prozeß mit anderem Gegenstand bildet, ist hier nicht zu erörtern (vgl. dazu eingehend *H. J. Bruns,* Festschrift für *Eb.-Schmidt* [1961] 602 ff.). Die Darstellung beschäftigt sich weiterhin nur mit der Sperrwirkung des im vollen Umfang rechtskräftig gewordenen Urteils, also nicht mit den Wirkungen der **Teilrechtskraft,** z. B., wenn infolge Teilaufhebung oder Teilanfechtung das Urteil nur im Schuld-, nicht aber im Strafausspruch rechtskräftig wird (vgl. dazu *Bruns* Teilrechtskraft und innerprozessuale Bindungswirkung des Strafurteils, 1961; *Grünwald* Die Teilrechtskraft im Strafverfahren, 1964; *Sieveking* Neue Aspekte und Wege der mit der Teilanfechtung von Urteilen verbundenen Probleme Diss. Hamb. 1965; weitere Rechtsprechungs- und Schrifttumsnachweise BGHSt. **24** 108). Die Rechtsprechung (vgl. insbesondere BGHSt. **7** 283; **10** 71; OLG Saarbrükken NJW **1958** 1740; BayObLG DAR **1958** 23; vgl. dazu aus dem Schrifttum etwa *May* NJW **1960** 465; *Eckels* NJW **1960** 1643) sieht hier die Wirkung der Rechtskraft in der Bindung des über die Straffrage entscheidenden Richters nicht nur an den Schuldspruch als solchen (Schuldfähigkeit, Schuldart, rechtliche Beurteilung der Tat), sondern auch an die dem Schuldspruch zugrunde liegenden Feststellungen, aus denen sich die Tat in ihrer konkreten Ausgestaltung ergibt. Zur Frage der Bindung des Rechtsmittelgerichts an die tatsächlichen Feststellungen des Vorderrichters, wenn mehrere rechtlich selbständige Handlungen innerhalb einer Tat i. S. des § 264 StGB angeurteilt sind, das Urteil nur hinsichtlich einer Tat angefochten wird, und die für diese getroffenen Feststellungen auch für den nichtangegriffenen Teil der Vorentscheidung bedeutsam sind, vgl. BGHSt. **24** 185, 188.

[4] Demgemäß steht, wenn der Schuldspruch – durch Beschränkung des Rechtsmittels auf das Strafmaß oder durch Aufhebung des Urteils nur im Strafausspruch – rechtskräftig geworden ist, die Rechtskraft einem Freispruch entgegen, wenn sich in der erneuten Hauptverhandlung die Schuldunfähigkeit des Angeklagten zur Tatzeit ergibt (BGHSt. **7** 283). Zur Bedeutung einer nach dem rechtskräftigen Schuldspruch eingetretenen Gesetzesmilderung vgl. BGHSt. **24** 106.

liche Milderung einer erkannten Strafe durch Urteilsspruch, sofern nicht die gesetzlichen Voraussetzungen einer Wiederaufnahme des Verfahrens gegeben sind. Offensichtlich wollte Art. 103 Abs. 3 GG aber die Grenzen der Rechtskraft, die ihr durch das Verfahrensrecht gezogen sind, nicht einengen; Art. 103 Abs. 3 verbietet daher auch die Einleitung eines neuen Strafverfahrens gegen einen Freigesprochenen (BGHSt. **5** 323).

26 Andererseits wollte er aber auch den bisherigen **Bereich des Verbots** der Doppelverfolgung **nicht ausdehnen.** BVerfGE **3** 248 = NJW **1954** 69 hat denn auch ausgesprochen, durch Art. 103 Abs. 3 sei der Grundsatz ne bis in idem nur mit den Einschränkungen verfassungsmäßig garantiert, die ihm durch den Stand des Prozeßrechts und dessen Auslegung bei Inkrafttreten des GG gezogen worden seien und hat mit dieser Begründung die auf Art. 103 Abs. 3 gestützten Angriffe gegen die Lehre von der beschränkten Rechtskraftwirkung des Strafbefehls zurückgewiesen. Das gleiche gilt, soweit der Grundsatz ne bis in idem in die **Landesverfassungen** aufgenommen ist (BayVerfGH NJW **1963** 1003). Nur insoweit berührt Art. 103 Abs. 3 GG die früher entwickelten Grundsätze über den Umfang der Sperrwirkung der Rechtskraft, als diese Grundsätze inhaltlich auf die **objektive Wertordnung des Grundgesetzes auszurichten** sind (vgl. BVerfGE **23** 191 = NJW **1968** 982, 983 betr. die Frage, ob die aus Gewissensgründen erfolgende wiederholte Nichtbefolgung einer Einberufung von Kriegsdienstverweigerern zum zivilen Ersatzdienst dieselbe Tat i. S. des Art. 103 Abs. 3 GG darstelle, wenn bereits einmal eine Verurteilung wegen Dienstflucht erfolgt ist, oder ob die einer solchen Verurteilung nachfolgende Nichtbefolgung einer erneuten Einberufung eine neue Straftat i. S. des § 264 StPO darstellt, weil die erste Verurteilung das Dauerdelikt des Fernbleibens unterbrochen habe).

27 Die **Bedeutung des Art. 103 Abs. 3** besteht danach in **erster Linie** darin, daß er einen verfahrensrechtlichen Grundsatz zum Rang eines Verfassungssatzes und eines Grundrechts erhebt, dessen Verletzung mit der Verfassungsbeschwerde geltend gemacht werden kann (§ 90 BVerfGG). Die institutionelle Garantie der Rechtskraftsperrwirkung bedeutet aber auch das Verbot einer Aushöhlung durch die Prozeßgesetzgebung, wie sie die Kriegsgesetzgebung (Kap. 3, 39) brachte, und der Ausweitung der rechtlichen Möglichkeiten einer erneuten Aburteilung in Durchbrechung der Rechtskraft in einem Maße, daß das Verhältnis von Regel zur eng umgrenzten Ausnahme verlorengeht.

28 **3. Die Problematik des Umfangs der Sperrwirkung.** Die Vorschriften über die Wiederaufnahme des Verfahrens regeln, wann ausnahmsweise ein rechtskräftiges Urteil beseitigt und durch ein neues Urteil ersetzt werden darf. Die Wiederaufnahmevorschriften besagen aber nichts darüber, wie weit die materielle Rechtskraft, die strafklageverbrauchende Wirkung eines formell rechtskräftigen Urteils, reicht, in welchem Umfang also das Urteil, das sich mit einem bestimmten Sachverhalt befaßt, ihn erledigt und das Verhalten des Beschuldigten abgilt. Auf diese Frage kommt es aber entscheidend an, wenn zweifelhaft ist, ob ein im Urteil nicht gewürdigter Teil des Sachverhalts von der materiellen Rechtskraft umfaßt wird. Denn nur im Umfang der Rechtskraftwirkung kommt eine Durchbrechung der Rechtskraft des Urteils unter den engen Voraussetzungen über die Wiederaufnahme des Verfahrens in Betracht, während ein von der Rechtskraftwirkung nicht erfaßter Teil des Sachverhalts ohne weiteres Gegenstand eines neuen Verfahrens sein kann, das das rechtskräftig abgeschlossene Verfahren um den unerledigt gebliebenen Teil ergänzt. Der Staatsanwalt kann durch eine **Ergänzungsklage** die Vervollständigung der bisherigen Teilaburteilung herbeiführen. Die Frage, nach welchen Merkmalen sich der Umfang der Verbrauchswirkung bestimmt, ist Gegenstand lebhaften Streits. Nach § 264 ist Gegenstand der Urteilsfindung die in der Anklage bezeichnete Tat, wie sie sich nach dem Ergebnis der Verhandlung darstellt. Es fragt sich daher, nach welchen Merkmalen der **Umfang der „Tat"** zu bestimmen ist, die im Urteil abgeurteilt wurde.

29 4. Die **herrschende Meinung.** Die herrschende, namentlich vom Reichsgericht schrittweise entwickelte und vom Bundesgerichtshof übernommene und ausgebaute Auffassung (Überblick in Anm. 2 ff. zu § 264 und *Hanack* JZ **1972** 355) sieht in der „Tat" i. S. des § 264 StPO einen **selbständigen verfahrensrechtlichen Begriff,** der sich nicht mit dem materiell-rechtlichen Handlungsbegriff (§§ 52, 53 StGB) deckt, und lehrt, die Verzehrwirkung umfasse die Tat als geschichtlichen Vorgang in dem Umfang, in dem das erkennende Gericht die Strafklage nach § 265 umzuwandeln befugt war, ohne Rücksicht darauf, ob das Gericht von dieser Befugnis Gebrauch macht und ob es nach Sachlage konkrete Veranlassung gehabt hat, die Aufklärungspflicht über den dargebotenen Prozeßstoff hinaus auszudehnen. „Tat" i. S. des § 264 bedeutet „den vom Eröffnungsbeschluß betroffenen Vorgang einschließlich aller damit zusammenhängenden und darauf bezüglichen Vorkommnisse, die geeignet sind, das in diesen Bereich fallende Tun des Angeklagten unter irgendeinem rechtlichen Gesichtspunkt als strafbar erscheinen zu lassen, also das gesamte Verhalten des Angeklagten, soweit es mit dem durch den Eröffnungsbeschluß bezeichneten geschichtlichen Vorkommnis nach der Auffassung des Lebens einen einheitlichen Vorgang bildet, ohne Rücksicht darauf, ob sich bei der rechtlichen Beurteilung eine oder mehrere strafbare Handlungen statt oder neben der im Eröffnungsbeschluß bezeichneten Tat ergeben" (so — die Ergebnisse der Rechtsprechung mit Nachweisen zusammenfassend — BGHSt. **23** 141, 145 = JZ **1970** 327, 328 mit krit. Anm. *Grünwald;* ferner BGHSt. **23** 270, 273; **24** 185, 186).

30 **Im einzelnen** erstreckt sich der Begriff „Tat" danach zunächst auf die Handlung im materiell-rechtlichen Sinn des § 52 StGB, und die Verzehrwirkung umfaßt alle durch die Handlung verwirklichten Gesetzesverletzungen, insbesondere alle tateinheitlich und in Gesetzeskonkurrenz zusammentreffenden Delikte und bei einer fortgesetzten Handlung sämtliche Einzelakte ohne Rücksicht darauf, ob ihr Umfang dem erkennenden Gericht bekannt war. Es werden danach aber auch — und zwar auch hier ohne Rücksicht darauf, ob sie in der Hauptverhandlung hervortraten — in **Tatmehrheit** begangene Delikte, überhaupt der vom Eröffnungsbeschluß betroffene geschichtliche Vorgang in seiner Gesamtheit einschließlich aller damit zusammenhängenden und darauf bezüglichen Vorkommnisse und tatsächlichen Umstände erfaßt, die nach Auffassung des Lebens eine **„natürliche Einheit"** bilden (BGHSt. **13** 321; **23** 273). Eine solche natürliche Einheit setzt in den Fällen der sachlichrechtlichen Tatmehrheit einen engen sachlichen Zusammenhang, eine notwendige innere Verknüpfung der mehreren Beschuldigungen voraus, die sich unmittelbar aus den ihnen zugrundeliegenden Handlungen und Ereignissen ergeben muß, dergestalt, daß keine der Beschuldigungen sinnvoll für sich allein abgeurteilt werden kann, vielmehr eine getrennte Würdigung und Aburteilung in verschiedenen Verfahren als unnatürliche Aufspaltung eines einheitlichen Lebensvorganges empfunden würde (BGHSt. **13** 21 = JR **1959** 427 mit Anm. *Eb. Schmidt;* BGHSt. **23** 273). Soweit danach die Tatidentität reicht, ist für die Kognitionspflicht des Gerichts wie für den Umfang der Verzehrwirkung ein etwa fehlender Verfolgungswille des Klägers für Teile des Tatvorgangs bedeutungslos (BGHSt. **23** 275; NJW **1961** 1981; OLG Stuttgart MDR **1975** 423); die Verzehrwirkung des rechtskräftigen Urteils erstreckt sich auch auf die nach § 154 a Abs. 1, 2 ausgeschiedenen Tatteile (BGHSt. **21** 327), und sie wird auch nicht dadurch ausgeschlossen, daß das Urteil ausdrücklich die Erledigung eines Teils des einheitlichen Vorgangs einem späteren Verfahren „vorbehält" (BGHSt. **18** 381, 386).

31 **5. Gegenstimmen des Schrifttums.** Dieser in der Praxis herrschenden und auch von einem Teil des Schrifttums gebilligten Auffassung mit ihrer verhältnismäßig weitgehenden Ausdehnung der Verbrauchswirkung, aber auch mit ihrer gewissen Unbestimmtheit, die sich aus der Verweisung auf die „natürliche Einheit nach der Auffassung des Lebens" ergibt, stehen Auffassungen des Schrifttums gegenüber, die den **Umfang der Verzehrwirkung** enger **begrenzen** wollen. Sie sind aus dem Bestreben erwachsen, gewissen als unerträglich empfundenen Folgerungen zu entgehen, zu denen die herrschende Auffassung führt, wenn diese die Verzehrwirkung auf Tatseiten erstreckt, die dem Gericht bei der Aburteilung unbekannt waren, falls es nur rechtlich in der Lage gewesen wäre, sie zu erfassen, auch wenn es tatsächlich dazu keine Möglichkeit hatte, weil eine konkrete Veranlassung zu weiterer Sachaufklärung nicht bestand.

32 Vom Standpunkt der herrschenden Meinung aus ist die Strafklage auch dann verbraucht, wenn der **im Urteil gewürdigte Teil** des Lebensvorgangs einen verhältnismäßig **geringfügigen Teil des Gesamtvorgangs** darstellt, der Schwerpunkt aber auf der unerkannt und ungewürdigt gebliebenen Tatseite ruht und dadurch die erkannte Strafe in keinem Verhältnis zur Strafwürdigkeit des Gesamtverhaltens steht. Das mag an **Beispielen** illustriert werden. Zwar gehört das früher gern angeführte Schulbeispiel, daß der Täter, der einen Schuß abgegeben hatte und nur wegen gefährlichen Schießens (Übertretung nach § 367 Nr. 8 a. F. StGB) verurteilt wurde, nicht mehr verfolgt werden konnte, wenn sich später herausstellte, daß der Schuß einem Menschen galt und ein versuchtes oder vollendetes Tötungsverbrechen begangen wurde (vgl. RGSt. 70 30; weitere Nachw. bei *Peters* 438), nach Beseitigung der Übertretung der Rechtsgeschichte an (vgl. dazu — betr. Verzehrwirkung eines rechtskräftigen Bußgeldbescheids — unten 51). Aber es bleiben genug andere Beispiele. So, wenn A, der keine Fahrerlaubnis besitzt, die B unter dem Vorwand, sie nach Hause fahren zu wollen, bewegt, in seinen PKW einzusteigen und in eine andere Richtung fährt und deswegen nur wegen Fahrens ohne Fahrerlaubnis (§ 21 Abs. 1 Nr. 1 StVG) zu einer geringen Geldstrafe verurteilt wird, während sich später herausstellt, daß er seinem Vorhaben gemäß versucht hatte, die B mit Gewalt zum außerehelichen Beischlaf zu nötigen — versuchte Vergewaltigung in Tateinheit mit Entführung wider Willen, §§ 177, 237 — (BGH bei *Dallinger* MDR **1973** 556 mit Bespr. *Schöneborn* NJW **1974** 734). Oder wenn der angeklagte Kraftfahrer nur wegen unerlaubten Entfernens vom Unfallort (§ 142 StGB) nach dem Zusammenstoß mit einem anderen PKW verurteilt wird und unbekannt blieb, daß er fahrlässig den Tod der Insassen des angefahrenen Wagens verursacht hatte (vgl. OLG Hamm NJW **1974** 68). Oder wenn die Wegnahme eines Gegenstandes in Zueignungsabsicht nur mit einer geringen Strafe wegen Diebstahls vergolten wird und unerkannt blieb, daß der Täter sich ein Staatsgeheimnis zu Verratszwecken verschaffen wollte (§ 96 Abs. 1 StGB; vgl. dazu RKG **2** 31 und *Niethammer* ZWehrR **5** 261). Oder wenn der Täter, weil er sich Aufnahme, Unterbringung und Verköstigung in einem Flüchtlingslager erschlich, eine geringe Betrugsstrafe erhält, und nicht erkannt wurde, daß er als Auslandsagent diesen Weg wählte, um seine geheimdienstliche Tätigkeit zu den Lagerinsassen aufzunehmen und er damit ein zur erstinstanzlichen Zuständigkeit des OLG gehöriges Vergehen nach § 99 StGB beging (vgl. BGHSt. **9** 10)[5]. Weitere Fälle dieser Art sind etwa, daß der Täter nur wegen fahrlässiger Körperverletzung verurteilt wird, weil unbe-

[5] In BGHSt. **9** 10 wurde das Vergehen nach § 100 e a. F. zwar als selbständige Tat (§ 53 StGB) gegenüber dem Betrug, aber als Teil eines einheitlichen Lebensvorgangs gewürdigt. Die Strafe wegen Betrugs war aber dort durch Strafbefehl festgesetzt worden, und nur wegen der beschränkten Verzehrwirkung des Strafbefehls konnte die Frage einer erneuten Verfolgung wegen des Vergehens aus § 100 e a. F. aufgeworfen werden.

kannt war, daß das Opfer an den Folgen der Verletzung inzwischen verstorben war, oder nur wegen einfacher vorsätzlicher Körperverletzung, während — dem Gericht unbekannt — eine schwere Körperverletzung (§ 224 StGB) vorlag[6]. Hierher gehört schließlich auch der Fall, daß bei der Aburteilung einer fortgesetzten Handlung nur wenig Einzelakte bekannt waren und sich später herausstellt, daß sie nur einen verschwindend geringen Bruchteil der tatsächlich begangenen Einzelhandlungen darstellen (vgl. BGHSt. **6** 122: Verurteilung wegen fortgesetzten Betrugs auf Grund von sieben Einzelakten; später wurden 266 weitere bekannt, die infolge der Rechtskraft nicht mehr verfolgbar waren).

6. Keine Berufung auf fehlende Verhältnismäßigkeit der Strafe. Es ist klar, daß, **32**
wer den Ausgangspunkt der herrschenden Meinung teilt, den als unbillig und ungerecht empfundenen Folgerungen, zu denen sie im Einzelfall führt, nicht mehr mit der allgemeinen Erwägung ausweichen kann, die Verzehrwirkung müsse entfallen, wenn die für den gewürdigten Teil des Vorgangs erkannte Strafe außer jedem Verhältnis zu der Strafe stehe, die bei voller Kenntnis des Gesamtvorgangs als angemessen verhängt worden wäre. Der Verfassungssatz ne bis in idem (Art. 103 Abs. 3 GG) verlangt, daß der Umfang der Rechtskraftwirkung sich nach festen Grundsätzen bemißt, die nicht mehr oder weniger willkürlich im Einzelfall preisgegeben werden dürfen. Eine Entscheidung wie die des OLG München DJ **1938** 724, die aus den damaligen Vorstellungen von dem Vorrang der „materiellen" Gerechtigkeit gegenüber der „formalen" Rechtssicherheit erwachsen ist, daß nämlich der Grundsatz ne bis in idem zurücktrete, wenn das Festhalten daran „das Rechtsempfinden in schwerster Weise verletzen würde", ist heute schlechterdings unvorstellbar. Die im Schrifttum vertretenen, von der herrschenden Lehre abweichenden Auffassungen sind denn auch darauf gerichtet, **feste Maßstäbe zu gewinnen,** die zu einer Einengung der Verzehrwirkung führen. Diesen Bemühungen kann nicht etwa von vornherein mit der Erwägung begegnet werden, daß Art. 103 Abs. 3 GG ihnen entgegenstehe, weil der Verfassungsgesetzgeber sich stillschweigend mit der herrschenden Auslegung identifiziert habe (so aber wohl BGHSt. **18** 141, 146). Allerdings hat BVerfGE **3** 248; JZ **1961** 420 ausgesprochen, daß Art. 103 Abs. 3 GG keinen selbständigen, aus sich heraus auslegbaren Inhalt habe, sondern den Grundsatz ne bis in idem nur in den Grenzen verfassungsmäßig garantiere, die ihm durch den Stand

---

[6] Anders liegt es, wenn der schwerere Erfolg im Zeitpunkt der Aburteilung noch nicht eingetreten war und deshalb denkgesetzlich nicht berücksichtigt werden konnte. Mit *Henkel* 388; *Busch* ZStW **68** (1956) 11 f.; *Bruns* JZ **1960** 585; *Kern-Roxin* § 52 II 3 c ist davon auszugehen, daß hier die herrschende Rechtskraftlehre einer ergänzenden Verfolgung (wegen fährlässiger Tötung oder schwerer Körperverletzung) nicht entgegensteht, da die Verzehrwirkung die Tat nur in den Grenzen der Umgestaltungsmöglichkeit erfaßt, eine Einbeziehung des späteren Erfolgs aber bei der Aburteilung **begrifflich** nicht möglich war (in Fällen, in denen ein Ableben in absehbarer Zeit möglich erscheint, wird der Richter aber die Verhandlung aussetzen; vgl. OLG Saarbrücken JR **1969** 430). Das gilt auch, wenn in einem solchen Fall die Bestrafung wegen Körperverletzung nicht durch Urteil, sondern durch rechtskräftigen Strafbefehl erfolgte. Die Zulässigkeit ergänzender Verfolgung beruht hier nicht auf der beschränkten Verzehrwirkung des Strafbefehls, da die Nichtberücksichtigung des Todes nicht auf der summarischen Sachaufklärung des Strafbefehlsverfahrens, sondern – nicht anders als beim Urteil – auf der rechtlichen Unmöglichkeit beruht, noch nicht eingetretene Tatfolgen zum Gegenstand der Aburteilung zu machen (so mit Recht *Bruns* aaO. zu OLG Koblenz und OLG Stuttgart JZ **1960** 607, 608). BGHSt. **18** 41 = NJW **1963** 260 kommt ebenso wie OLG Saarbrücken NJW **1969** 804 = JR **1969** 430 mit zust. Anm. *Koffka* zu dem gleichen Ergebnis auf der Grundlage der bisherigen Rechtsprechung, daß die Rechtskraft des Strafbefehls nicht die Verfolgung unter einem anderen, eine erhöhte Strafbarkeit begründenden rechtlichen Gesichtspunkt hindert.

des Prozeßrechts und dessen Auslegung bei Inkrafttreten des GG gezogen worden seien. Aber mit diesen Ausführungen, die sich dagegen wenden, daß die in der Rechtsprechung herrschende Auffassung von der beschränkten Verzehrwirkung des rechtskräftigen Strafbefehls mit Art. 103 Abs. 3 GG unvereinbar sei, sollte zweifellos nicht zum Ausdruck gebracht werden, daß Art. 103 Abs. 3 GG Gesetzgebung und (herrschende) Auslegung bis in die Einzelheiten auf den Stand bei Inkrafttreten des GG festlege und jede weitere Beschränkung der Rechtskraftwirkung ausschließe. Art. 103 Abs. 3 GG steht jedenfalls Grenzkorrekturen kleineren und größeren Ausmaßes nicht entgegen.

34 7. Im **Schrifttum** sind die verschiedensten Wege und Methoden zu einer mehr oder weniger weitgehenden **Beschränkung der Rechtskraftverzehrwirkung** vorgeschlagen worden, etwa durch Verengerung des Begriffs der Tat in § 264 StPO[7], durch Verneinung der Tatidentität bei Tatmehrheit[8], durch Beschränkung der Verzehrwirkung auf die Rechtsgutverletzung[9], auf die „Handlungssubstanz", auf den „Kerngehalt" des Vorgangs, über den der Richter urteilt[10] (vgl. *Peters* 440 zu dem Rdn. 32 genannten Schulbeispiel: „Wer das Schießen beurteilt, beurteilt nicht das Töten"), durch Beschränkung auf das tatsächliche Geschehen in den Grenzen der *praktisch* erfüllbaren richterlichen Kognitionspflicht[11] oder auch durch Ausschließung der Verzehrwirkung bei Verurteilung wegen eines „bloßen Polizeidelikts" (Vergehens) für ideell konkurrierende *echte* kriminelle Delikte[12] oder durch Ausschließung der Verbrauchswirkung eines amts- oder landgerichtlichen Urteils für solche (nicht gewürdigten) Tatseiten, die in die erstinstanzliche Aburteilungszuständigkeit des OLG fallen[13]. Der von der Verzehrwirkung nicht erfaßte Tatteil soll dann im Weg einer **Ergänzungsklage** oder auch einer **„Berichtigungsklage„**[14] geltend gemacht werden können.

35 **8. Zur Rechtfertigung der herrschenden Meinung.** Eine eingehendere Auseinandersetzung mit den Rechtskraftlehren des Schrifttums müßte monografischen Charakter annehmen und kann nicht Aufgabe dieser Einleitung sein. Folgende Bemerkungen seien

---

7 S. dazu *Dedes* GA **1965** 102; *Hruschka* JZ **1966** 700 (dagegen *Bindokat* GA **1967** 362); *Herzberg* JuS **1972** 117 (Beschränkung „auf die Handlung, so wie sie sich nach der Anklage darstellt").

8 Nachweise bei *Eb. Schmidt* I 300, Fußn. 535.

9 *Bertel* Die Identität der Tat, 1970, 134, 196 ff.

10 *Oehler* Die Identität der Tat, in Festschrift für *Rosenfeld* (1949) 319 ff., *Peters* 440 ff.; weitere Nachweise bei Jescheck JZ **1957** 30; *Peters* JZ **1961** 426.

11 *Henkel* 389, ähnlich *Hall* DRechtsw. **1941** 305; *Sauer* AllgProzRL 241; *Stock* StrafprozR 136.

12 So *Busch* ZStW **68** (1956) 12; *Oehler* aaO. 152. Zu dem Vorschlag des EGStGB-Entw. 1930, diesen Gedanken bei der Begrenzung der Verzehrwirkung des rechtskräftigen Strafbefehls nutzbar zu machen, vgl. Anm. 2 c zu § 410.

13 In der 20. Aufl. (S. 46) dieses Werkes führte *Niethammer* unter Hinweis auf RKG **2** 31 und seine Besprechung ZWehrR 5 261 sowie auf VGH DJ **1941** 1077 und OLG Dresden HRR **1942** Nr. 832 hierzu aus: „Ein Bedürfnis, sich von den Fesseln der Rechtskraft zu lösen, kann nur für oberste Gerichte des ersten Rechtszugs, für den Bundesgerichtshof und für die Oberlandesgerichte in Sachen wegen Hochverrats oder Landesverrats bei einem groben Mißverhältnis zwischen der Strafwürdigkeit der Tat und der im rechtskräftigen Urteil an sie geknüpften Rechtsfolge mit zwingender Gewalt hervortreten ... Innerhalb solcher Schranken mag eine Ausnahme vom Grundsatz des Verbrauchs der Strafklage durch eine rechtskräftige Entscheidung erträglich sein. Im übrigen ist Zurückhaltung dringend geboten."

14 *Achenbach* ZStW **87** (1975) 74: „Berichtigung" der ersten Verurteilung unter Anrechnung der in ihr festgesetzten Strafe.

gestattet: Die Rechtsprechung hat auch im Einzelfall **befremdlich anmutende Folgerungen,** die sich aus den in zahllosen Fällen bewährten Grundsätzen ergaben, um der Festigkeit willen **hingenommen,** die es bei Fragen der Rechtskraft aufzubringen gilt (vgl. BGHSt. **6** 122; s. auch BGHSt. **20** 77, 80: „Gründe der Gerechtigkeit wiegen nicht unter allen Umständen Anliegen der Rechtskraft und der Rechtssicherheit auf."). Andere Grundsätze könnten nur dann mit Recht beanspruchen, an die Stelle der bisher gehandhabten zu treten, wenn sie nicht nur die beanstandeten Folgerungen ausschlössen, sondern auch ihrerseits, ohne den der Verzehrwirkung grundsätzlich gebührenden Raum entscheidend einzuengen, unbillige Folgerungen vermieden, vor allem aber so beschaffen wären, daß mit ihrer Hilfe im Einzelfall die Frage, ob der Satz ne bis in idem einer weiteren Verfolgung entgegensteht, möglichst eindeutig beantwortet werden kann. Das verlangt die Rechtssicherheit, das verfassungsmäßig geschützte Bedürfnis des Abgeurteilten nach Rechtsruhe. Unvollkommenes durch Unvollkommenes ersetzen zu wollen, wäre kein berechtigtes Anliegen. Ein solches Übergewicht gegenüber der herrschenden Rechtskraftlehre kommt aber den im Schrifttum empfohlenen Grundsätzen über die Begrenzung der Rechtskraftwirkung nicht zu, wie ihre Verfechter z. T. selbst einräumen (z. B. *Herzberg* JuS **1972** 120). Es gibt eben keine Patentlösungen. Die Auffassung etwa, die nicht gewürdigte real konkurrierende Delikte von der Verzehrwirkung ausschließen will, vermeidet — von anderen Mängeln abgesehen (vgl. *v. Hippel* 369; *Peters* 438) — weder eigene Unbilligkeiten noch bringt sie Abhilfe, wenn bei Tateinheit das Schwergewicht so auf der nicht gewürdigten Gesetzesverletzung ruht, daß die erkannte Strafe außer Verhältnis zur Schwere der Tat steht. Ein Abstellen auf den „Kerngehalt" der Tat führt zu schwierigen und angreifbaren Unterscheidungen, die den Umfang der Rechtskraftwirkung ungewiß machen. Aber auch die Beschränkung der Verzehrwirkung auf den Sachverhalt, den der Richter bei Erfüllung seiner Aufklärungspflicht nach den gegebenen Umständen feststellen kann, führt, wie *Busch* ZStW **68** 5 ff. zutreffend dargelegt hat, zu erheblicher Unsicherheit. Denn es fragt sich, welcher Maßstab bei der Beurteilung anzulegen ist, ob das Gericht seiner Aufklärungspflicht (§ 155 Abs. 2) in dem erforderlichen Maß nachgekommen ist. Maßgebend soll sein, was von einem „Normalrichter" in einer solchen Lage billiger- und vernünftigerweise an Sachaufklärung zu fordern und zu erwarten ist. Aber die Vorstellungen darüber, wie weit im Einzelfall die praktisch erfüllbare Kognitionspflicht reichte, können sehr auseinandergehen. Der Ankläger und der Richter des späteren „Ergänzungsverfahrens" hätten dann darüber zu befinden, ob der frühere Richter seine Pflicht erfüllt hat.

9. Im übrigen aber ist zu erwägen: Die Bemühungen des Schrifttums, den Um- **36**
fang der Verzehrwirkung einzuengen, erklären sich daraus, daß das geltende Recht (§ 362) die **Wiederaufnahme des Verfahrens zuungunsten des Beschuldigten** nur in engstem Rahmen zuläßt, und daß die Beibringung neuer Tatsachen zwar die Wiederaufnahme zugunsten des Verurteilten, aber nicht zuungunsten des Beschuldigten rechtfertigt. Das Problem der Rechtskraftwirkung wäre ohne wesentliche praktische Bedeutung, wenn, wie dies die VereinfachungsVO vom 29. 5. 1943 (Kap. 3, 41) im Anschluß an § 354 StPO = Entw. 1939 vorsah, die Gründe der Wiederaufnahme pro und contra parallel gestaltet wären und die Beibringung neuer Tatsachen die Wiederaufnahme mit dem Ziel einer wesentlich strengeren „Ahndung" (so § 354 StPO = Entw. 1939) ermöglichte. So gesehen laufen die Versuche, die Verzehrwirkung enger als die herrschende Meinung zu begrenzen, im Grunde darauf hinaus, **den Folgen auszuweichen, die sich aus der starken Beschränkung der Wiederaufnahme zuungusten des Beschuldigten ergeben,** oder, wie man auch sagen könnte, die Schranken des Wiederaufnahmerechts auf dem Wege einer einschränkenden Bestimmung der Rechtskraftverzehrwirkung entscheidend zu erweitern, indem die Beibringung neuer Tatsachen zwar keine Wiederauf-

nahme, wohl aber ein neues ergänzendes Strafverfahren ermöglicht[15]. Das widerspricht aber gerade dem Sinn des geltenden Wiederaufnahmerechts mit seinem starken, ja vielleicht überstarken Schutz des abgeurteilten Angeklagten vor erneuter Verfolgung. Bei der schwierigen und heiklen Abwägung zwischen dem Interesse des Beschuldigten an Rechtssicherheit und Schutz vor erneuter Aburteilung und den Belangen der Allgemeinheit an Durchsetzung der „materiellen" Gerechtigkeit hat die geltende Strafprozeßordnung unmißverständlich dem Interesse des Beschuldigten den Vorrang eingeräumt. Die Gesetzgebung des „Dritten Reiches" ging den umgekehrten Weg und schuf neben der Erweiterung der Wiederaufnahmevoraussetzungen zur weiteren Durchbrechung der Rechtskraft im Interesse der „materiellen" Gerechtigkeit die Einrichtung der Nichtigkeitsbeschwerde und des außerordentlichen Einspruchs. Das Vereinheitlichungsgesetz vom 12. 9. 1950 ist zur Strenge des ursprünglichen Rechts zurückgekehrt. Mit der Aufnahme des Satzes ne bis in idem in das GG (Art. 103 Abs. 3) hat die Verfassung die hohe Bedeutung der Rechtskraftsperrwirkung für ein rechtsstaatliches Verfahren zum Ausdruck gebracht und ihrerseits eine Sperre gegen eine Verflüchtigung der Sperrwirkung errichten wollen.

37 Das hindert den **Prozeßgesetzgeber** nicht, **bei künftigen Reformen** in Abwägung des Für und Wider Grenzkorrekturen vorzunehmen, und unter diesem Gesichtspunkt sind die wissenschaftlichen Auseinandersetzungen über die sinnvollste Bemessung des Umfanges der Verzehrwirkung wertvoll. Aber es hindert die **Rechtsprechung,** die Aufgabe des Gesetzgebers übernehmend, aus Bedürfnissen des Einzelfalls eine ständige Rechtshandhabung grundsätzlich zu ändern. „Vielmehr tut es not, genau auf die gesetzliche Regelung, wie sie in der Wiederaufnahme des Verfahrens vorliegt und auf die allgemeine Wirkung im Rechtsleben, also darauf zu achten, daß nicht eine Ausnahme von dem .... Grundsatz, indem sie einer einzelnen rechtskräftig abgeurteilten Sache zu einer anderen, der Forderung der Gerechtigkeit mehr genügenden Erledigung verhilft, den festen Grund, auf dem viele tausend rechtskräftige Urteile ruhen, in unerträglicher Weise erschüttere" (*Niethammer* in der 20. Auflage dieses Werkes S. 46; s. auch *Eb. Schmidt* I 312).

38 10. **Abstufungen des Umfangs der Verzehrwirkung nach der Art der Entscheidung.**

a) Die **unbeschränkte Verzehrwirkung** ist nur dem **Strafurteil** eigen, das auf Grund einer Hauptverhandlung erging, in der das Gericht in Anwendung des § 264 StPO berechtigt und verpflichtet war, die Strafklage umzuwandeln, und das inhaltlich auf Grund eines Strafgesetzes zu der Frage Stellung nimmt, ob der Beschuldigte strafrechtlich verantwortlich zu machen sei (RGSt. **56** 166; **70** 216; **72** 102; **75** 388; **76** 270), oder ob gegen den Schuld- oder Verhandlungsunfähigen ein staatlicher Sicherungsanspruch (§ 413) bestehe (RGSt. **68** 171; 384, 392; **69** 170; BGHSt. **11** 322; vgl. Anm. 6 a zu § 429 b a. F.). Ohne Bedeutung ist es, ob das Urteil auf öffentliche oder Privatklage erging (LG Hamburg NJW **1948** 352), und ob es sich um die Entscheidung eines ordentlichen Gerichts oder eines Sondergerichts handelt. Auch ein auf Einstellung lautendes Urteil (§ 260 Abs. 3) hat Verzehrwirkung, wenn es das Vorliegen eines unbehebbaren Hindernisses feststellt, das jedem weiteren Verfahren entgegensteht. Ein Urteil, das z. B. einstellt, weil Diebstahl geringfügiger Sachen vorliege und der erforderliche Strafantrag (§ 248 a StGB) fehle, schließt, wenn der Antrag nicht mehr nachholbar ist, eine erneute Verhandlung unter dem Gesichtspunkt eines gemeinen, eines Strafantrags nicht bedürftigen Diebstahls aus.

---

[15] Über ähnliche Korrekturtendenzen beim Problem des **nichtigen Urteils** s. Kap. 16, 23.

b) Die umfassende Verzehrwirkung knüpft auch an solche **Strafurteile** an, die sich zunächst **mit** einer **Schuldfeststellung begnügen** und die Verhängung einer Strafe von dem Ergebnis einer Bewährungszeit abhängig machen (vgl. §§ 59 ff. StGB, §§ 27 ff. JGG). Erfolgt Verwarnung mit Strafvorbehalt (§ 59 StGB) und sind nach Ablauf der Bewährungszeit die Voraussetzungen einer Verurteilung zu der vorbehaltenen Strafe nicht gegeben (§ 59 b Abs. 1), so stellt gemäß § 59 b Abs. 2, § 453 StPO das Gericht durch Beschluß fest, daß es „bei der Verwarnung sein Bewenden hat". Dieser Beschluß, sobald er rechtskräftig wird (vgl. § 453 Abs. 2 Satz 3 StPO), in Verbindung mit dem Vorbehaltsurteil verzehrt die Strafklage in gleichem Umfang, wie wenn wegen Nichtbewährung die Verurteilung zu der vorbehaltenen Strafe (durch Beschluß, § 453) nachgeholt wird. **39**

c) Nur beschränkt ist die Verzehrwirkung des **rechtskräftigen Strafbefehls** (vgl. Anm. 2 b zu § 410). Eine beschränkte Verbrauchswirkung kommt auch gewissen **gerichtlichen Beschlüssen** (§§ 174 Abs. 2, 211) zu, während der Einstellungsbeschluß nach **§ 206 a** eine Sonderstellung einnimmt, indem er, wie ein Einstellungsurteil nach § 260 Abs. 3, auf eine endgültige Erledigung des Verfahrens abzielt (BGHSt. **6** 111; **8** 383), aber einem neuen Verfahren nicht entgegensteht, wenn sich aus Tatsachen, die dem Gericht unbekannt geblieben waren, nachträglich ergibt, daß das angenommene Verfahrenshindernis nicht bestand, z. B. wenn bei einer Einstellung wegen fehlenden Strafantrags sich nachträglich herausstellt, daß ein Antrag rechtzeitig gestellt, dies aber dem Gericht nicht bekannt war (ebenso *Müller-Sax* zu § 206 a). **40**

11. Wirkung der Einstellung nach §§ 153 ff. **41**

a) Einstellung nach § 153 Abs. 2. Eine gewisse Verzehrwirkung, deren Umfang allerdings streitig ist, kommt auch dem gerichtlichen Einstellungsbeschluß nach **§ 153 Abs. 2** zu (BGH NJW **1975** 1830), während sie der Einstellungsverfügung der Staatsanwaltschaft nach **§ 153 Abs. 1,** auch wenn sie mit Zustimmung des Gerichts erfolgt, abgesprochen wird (Anm. 9 und 15 b zu § 153).

b) Einstellung nach § 153 a. Nach **Absatz 2** des (durch Art. 21 Nr. 44 EGStGB 1974 eingefügten) § 153 a kann nach Erhebung der Anklage das **Gericht** mit Zustimmung der Staatsanwaltschaft und des Angeschuldigten bei einem **Vergehen** das Verfahren vorläufig einstellen und unter der Bestimmung einer Frist dem Angeschuldigten bestimmte Auflagen und Weisungen erteilen, wenn diese Auflagen und Weisungen (im Falle ihrer Befolgung) „geeignet sind, bei geringer Schuld das öffentliche Interesse an der Strafverfolgung zu beseitigen". Die vorläufige Einstellung wirkt sich während der Dauer der „Bewährungsfrist" als Verfahrenshindernis für die Fortsetzung des Strafverfahrens aus. Erfüllt der Angeschuldigte fristgemäß die Auflagen und Weisungen, so kann nach § 153 a Abs. 2 Satz 2 in Verbdg. mit Abs. 1 Satz 4 „die Tat nicht mehr als Vergehen verfolgt werden", d. h. es entsteht ein endgültiges Verfahrenshindernis, aber mit der **beschränkten Wirkung,** daß eine Verfolgung der Tat unter dem Gesichtspunkt eines Verbrechens zulässig bleibt. **42**

c) Darüber hinaus kann schon im **Ermittlungsverfahren** die **Staatsanwaltschaft** nach § 153 a Abs. 1 eine solche mit Auflagen und Weisungen verbundene vorläufige Einstellung des Verfahrens anordnen, und die Erfüllung der Auflagen und Weisungen hat die gleiche **Verzehrwirkung** wie ein gerichtlicher Beschluß nach § 153 a Abs. 2, daß nämlich „die Tat nicht mehr als Vergehen verfolgt werden kann" (Absatz 1 Satz 4). Zu einer solchen vorläufigen Einstellung bedarf die Staatsanwaltschaft allerdings außer der Zustimmung des Beschuldigten grundsätzlich auch der Zustimmung des für die Eröff- **43**

nung des Hauptverfahrens zuständigen Gerichts. Die Zustimmung des Gerichts ist aber (vgl. § 153 a Abs. 1 Satz 6 i. Verb. mit § 153 Abs. 1 Satz 2) entbehrlich bei einem Vergehen, das gegen fremdes Vermögen gerichtet und nicht mit einer im Mindestmaß erhöhten Strafe bedroht ist, wenn der durch die Tat verursachte Schaden gering ist. Geht die Staatsanwaltschaft von einer solchen Fallgestaltung aus, so hat also auch ihre ohne gerichtliche Mitwirkung angeordnete vorläufige Verfahrenseinstellung nach Erfüllung der Auflage zur Folge, daß „die Tat nicht mehr als Vergehen verfolgt werden kann".

44 Eine **staatsanwaltschaftliche Einstellungsverfügung mit** einer solchen **Verzehrwirkung** ist ein **Novum.** Das legt die Frage nahe, ob nicht, obwohl der Gesetzeswortlaut keinen Unterschied macht, doch **hinsichtlich der Verzehrwirkung Unterschiede bestehen,** je nachdem ob die vorläufige Einstellung von der Staatsanwaltschaft ohne Zustimmung des Gerichts oder mit dessen Zustimmung angeordnet ist, oder ob sie auf einem unanfechtbaren gerichtlichen Beschluß (§ 153 a Abs. 2 Satz 3, 4) beruht.

45 **d)** Ein gewisses **vergleichbares Vorbild** hat die Verzehrwirkung der Einstellung durch die Staatsanwaltschaft in der beschränkten Verzehrwirkung der früheren polizeilichen Verwarnung mit Verwarnungsgeld bei Übertretungen mit geringem Schuldgehalt (§ 153 Abs. 1 a. F. StPO) nach Maßgabe landesrechtlicher Vorschriften. Wie in der Vorauflage (S. 106) im einzelnen dargestellt, bestimmte sich der Umfang der Verzehrwirkung letztlich nach dem sinngemäß anwendbaren § 56 Abs. 4 a. F. OWiG 1968, wonach nach wirksamer Verwarnung wegen einer geringfügigen Ordnungswidrigkeit „die Tat nicht mehr als Ordnungswidrigkeit verfolgt werden" konnte. Die Bedeutung dieser Vorschrift war streitig. Die wohl herrschende Meinung (vgl. *Göhler*[3] § 56, 11 A) ging damals im Anschluß an BGHSt. **17** 10 davon aus, daß die „Tat" nicht i. S. des 264 StPO, sondern in einem engeren Sinn zu verstehen sei: war — bezogen auf Übertretungen — der Täter wegen eines Verhaltens, das tateinheitlich mehrere Übertretungen umfaßt, nicht wegen aller Übertretungen mit Verwarnungsgeld verwarnt worden, so durfte er trotz Zahlung des Verwarnungsgeldes wegen der ungerügt gebliebenen Übertretungen (und selbstverständlich wegen tateinheitlich begangener Vergehen) noch strafgerichtlich verfolgt werden. Mit der **Neufassung** des Absatzes 4 des § 56 OWiG durch Art. 29 Nr. 28 EGStGB vom 2. 3. 1974 wurde die Streitfrage — und zwar im Sinn dieser einengenden Auffassung — bereinigt; nach § 56 Abs. 4 n. F. kann bei wirksamer Verwarnung „die Tat nicht mehr unter den tatsächlichen und rechtlichen Gesichtspunkten verfolgt werden, unter denen die Verwarnung erteilt worden ist". Das heißt: es hat zwar keinen Einfluß auf die Wirksamkeit der Verwarnung, daß die Ordnungswidrigkeit in Wahrheit nicht geringfügig war. Wenn aber die Verwaltungsbehörde oder ein zur Verwarnung mit Verwarnungsgeld ermächtigter Polizeibeamter (§ 57 OWiG) bewußt oder irrtümlich (in Verkennung der Sach- oder Rechtslage) die Verwarnung auf einen bestimmten tatsächlichen oder rechtlichen Gesichtspunkt beschränkt hat, so kann „die Tat" bußgeldrechtlich hinsichtlich der tatsächlich oder rechtlich nicht erfaßten Handlungsteile oder Gesetzesverletzungen weiterverfolgt werden. Anders liegt es nur, wenn der Betroffene nach Sachlage annehmen durfte, daß das gesamte einheitliche Tatgeschehen abgerügt werden sollte (*Göhler*[4] § 56, 11 A). Eine Verfolgbarkeit unter strafrechtlichen Gesichtspunkten wird durch eine Verwarnung nicht berührt, bei Verurteilung in einem späteren Strafverfahren ist § 86 OWiG entsprechend anzuwenden (*Göhler* aaO 11 B).

46 **e)** Die vorstehenden Ausführungen erscheinen **bedeutungsvoll für die Auslegung des** — übrigens im Entstehungsstadium lebhaft kritisierten (*Dencker* JZ **1973** 144, 148; *Schmidthäuser* JZ **1973** 529; *Hanack* in Festschrift für *Gallas* [1973] 339) — **§ 153 a.** Nach der Begründung (BTDrucks. 7 551 S. 69) soll die Vorschrift „im Bereich der Einstellung wegen Geringfügigkeit die Voraussetzungen schaffen, kleinere Strafverfahren rasch und zweckmäßig ohne Schuldspruch und Hauptverhandlung auch dann zu erledigen, wenn nicht von vornherein auf jede Sanktion verzichtet werden kann. Sie ermöglicht damit zugleich Staatsanwaltschaften und Gerichten, sich mit der mittleren und schweren Kriminalität intensiver zu befassen". Durch die Notwendigkeit einer **„Sanktion"**, die geeignet ist, das trotz geringer Schuld an sich bestehende öffentliche Interesse an der Strafverfolgung zu beseitigen, unterscheiden sich die Anwendungsfälle des § 153 a von denen des § 153, bei denen geringe Schuld und Fehlen eines öffentlichen Interesses an der Verfolgung Voraussetzung der sanktionslosen Einstellung wegen Geringfügigkeit ist. Die Notwendigkeit einer „Sanktion", bei der in erster Linie an die Zahlung eines Geldbetrages zugunsten einer gemeinnützigen Einrichtung oder der Staatskasse (§ 153 a Abs. 1 Satz 1 Nr. 2) zu denken ist, entspricht bei der geringfügigen Ordnungswidrigkeit (§ 56 Abs. 1 OWiG) dem Fall, daß es nur bei Verabfolgung „eines mehr oder weniger fühlbaren Denkzettels" (*Göhler*[4] 4 vor § 56) verantwortet werden kann, von der Durchführung des Bußgeldverfahrens mit Bußgeldbescheid abzusehen. Auch darin zeigt sich die Verwandtschaft der „Sanktion" des § 153 a StPO mit dem Verwarnungsgeld des § 56 OWiG, daß die Festsetzung dieser „Sanktion" für den angenommenen Gesetzesverstoß die Zustimmung des Beschuldigten bezw. Betroffenen voraussetzt und erst die Erfüllung der auferlegten „Sanktion" ihn vor der Durchführung des weiteren Verfahrens bewahrt. Notwendigerweise muß das Gesetz diese **Unterwerfung des Beschuldigten** (Betroffenen) **unter eine „Sanktion"** in einem supersummarischen Verfahren dadurch honorieren, daß es ihm eine (gewisse) Garantie gegen eine weitere Inanspruchnahme einräumt. Das brachte § 56 Abs. 4 a. F. OWiG mit den Worten zum Ausdruck, daß „die Tat nicht mehr als Ordnungswidrigkeit verfolgt" werden könne, und der dieser Vorschrift nachgebildete § 153 a Abs. 1 Satz 4 besagt das entsprechende mit den Worten, daß „die Tat nicht mehr als Vergehen verfolgt" werden könne. Daraus werden, was den Umfang der Verzehrwirkung betrifft, unterschiedliche Folgerungen zu ziehen sein.

f) Erfolgt die vorläufige **Einstellung** nach Erhebung der Anklage **durch** Be- **47**
schluß des **Gerichts** (§ 153 a Abs. 2) und erfüllt der Angeschuldigte fristgemäß die „Sanktionen" (Auflagen und Weisungen), so wird man unter der „Tat", die nicht mehr als Vergehen verfolgt werden kann, im Einklang mit der Auslegung der §§ 260 Abs. 3, 206 a die Tat i. S. des § 264 zu verstehen haben, mit der Einschränkung, daß die Sperrwirkung entfällt, wenn sich auf Grund neuer Tatsachen und Beweismittel ergibt, daß in Wahrheit ein Verbrechen vorlag. Dagegen kann es nicht darauf ankommen, ob in Wahrheit das angenommene Vergehen nicht geringfügig war, oder ob das Gericht die Tat rechtlich unzutreffend als Vergehen (statt als Verbrechen) wertete. Es kann dabei auch keine Rolle spielen, ob der Beschluß im ersten Rechtszug außerhalb der Hauptverhandlung ohne vertiefte Sachaufklärung oder erst in der Hauptverhandlung der Berufungsinstanz erging, denn das Gesetz macht insoweit hinsichtlich der Sperrwirkung keinen Unterschied.

g) Stellt dagegen die **Staatsanwaltschaft** gemäß § 153 a Abs. 1, gleichviel ob mit **48**
Zustimmung oder — weil sie entbehrlich ist (§ 153 a Abs. 1 Satz 5) — ohne Zustimmung des Gerichts das Ermittlungsverfahren vorläufig ein, und erfüllt der Beschuldigte die Auflagen und Weisungen, so wird der Begriff der „Tat" i. S. des § 153 a Abs. 1 Satz 4 **nicht im Sinn des § 264, sondern enger** zu verstehen sein. Zwar kann es — wie im Fall des § 56 Abs. 4 OWiG — nach Erfüllung der „Sanktion" nicht darauf ankommen, ob die Staatsanwaltschaft (und ggf. auch das zustimmende Gericht) den Vergehenssachverhalt, von dem sie bei ihrer Entschließung zur vorläufigen Einstellung ausging, zu Un-

recht dahin würdigte, daß die Schuld gering und ihre Auflagen und Weisungen geeignet seien, das öffentliche Interesse an der Strafverfolgung zu beseitigen. Andererseits verbietet es, so sollte man meinen, die gewiß häufig nur summarische Aufhellung des Sachverhalts, der Einstellungsverfügung der Staatsanwaltschaft in Verbindung mit der Sanktionserfüllung eine Verzehrwirkung beizulegen, die die bisher herrschende Meinung nicht einmal dem Strafbefehl zuerkannte. Sinnvoller erscheint es, die Sperrwirkung des § 153 a Abs. 1 Satz 4 in gleicher Weise zu begrenzen, wie dies bei einem — mutatis mutandis — vergleichbaren Sachverhalt in § 56 Abs. 4 **n. F.** OWiG geschehen ist, d. h. daß die Tat nicht mehr unter den tatsächlichen und rechtlichen Gesichtspunkten als Vergehen verfolgt werden kann, von denen die Staatsanwaltschaft bei der vorläufigen Einstellung und ihren späteren Maßnahmen (§ 153 a Abs. 1 Satz 3 Halbsatz 2) ausging.

49 Inwieweit sich bei einem solchen Verständnis des 153 a **Auswirkungen für die Verzehrwirkung des Beschlusses nach § 153 Abs. 2** oder des rechtskräftigen **Strafbefehls** ergeben, ist hier nicht zu erörtern.

50 **h) Keinerlei Verbrauchswirkung** kommt gerichtlichen „Einstellungsbeschlüssen" zu, die nur **deklaratorisch** den aktenmäßigen Abschluß des Verfahrens vermerken, z. B. wenn das Gericht das Verfahren „einstellt" (vgl. Anm. 3 e zu § 411), weil nach vorangegangenem Strafbefehl auf Einspruch hin der Staatsanwalt nach § 411 die Klage fallen läßt (RGSt. **63** 268).

51 12. **Die Strafklageverzehrwirkung nach dem OWiG.** Was die Rechtskraftwirkung einer Entscheidung, die eine Ordnungswidrigkeit zum Gegenstand hat, anlangt, so kommt es nach § 84 OWiG in der Fassung vom 2. 1. 1975 (BGBl. I 81) entscheidend darauf an, ob es sich um den rechtskräftigen Bußgeldbescheid der Verwaltungsbehörde oder um das rechtskräftige Urteil des Strafrichters über die Tat handelt. Die Rechtskraft des Bußgeldbescheids der Verwaltungsbehörde bewirkt, daß die Tat (im verfahrensrechtlichen Sinn) nicht mehr als Ordnungswidrigkeit, wohl aber als Straftat (Vergehen oder Verbrechen) verfolgt werden kann. Dagegen steht das rechtskräftige Urteil über die Tat als Ordnungswidrigkeit auch ihrer Verfolgung als Straftat entgegen; dem rechtskräftigen Urteil stehen in dieser Wirkung der Beschluß nach § 72 OWiG und der Beschluß des Beschwerdegerichts (§ 79 OWiG) gleich. Die erweiterte Verzehrwirkung der Rechtskraft der gerichtlichen Entscheidung im Bußgeldverfahren hat ihren Grund darin, daß das Gericht im Bußgeldverfahren nach § 81 OWiG die Tat auch unter strafrechtlichen Gesichtspunkten prüft, während der Verwaltungsbehörde eine entsprechende Kognitionsmöglichkeit fehlt (*Göhler*[4] § 84, 3 A und 4 B). Dabei macht das Gesetz keinen Unterschied, ob die vom Richter objektiv zu Unrecht nur als Ordnungswidrigkeit gewürdigte „Tat" in Wahrheit ein Vergehen oder ein Verbrechen darstellte. Jedoch kann im Wege der **Wiederaufnahme des Verfahrens** die weitreichende Verzehrwirkung unter den (gegenüber § 362 StPO erleichterten) Voraussetzungen des § 85 Abs. 3 OWiG zuungunsten des Betroffenen beiseite geschoben werden: nach § 85 Abs. 3 Satz 2 OWiG steht der Weg der Wiederaufnahme auf Grund neuer Tatsachen oder Beweismittel mit dem Ziel der Bestrafung wegen eines Verbrechens offen.

52 Diese gegenüber dem Strafurteil über eine Straftat **erweiterte Wiederaufnahmemöglichkeit** des § 85 Abs. 3 Satz 2 beruht auf der Erwägung, daß das Gericht im gerichtlichen Stadium des Bußgeldverfahrens nur die **Möglichkeit** gehabt hat, den Gesichtspunkt einer Verletzung von Strafvorschriften in seine Beurteilung einzubeziehen, daß das Verfahren also — gerade im Gegensatz zum Strafverfahren — nicht von vornherein eine Straftat zum Gegenstand hatte, und daß überdies das vorangegangene Bußgeldverfahren nicht mit den Wahrheitsgarantien des Strafverfahrens durchgeführt wurde (vgl. Begr. zu § 74 Entw. OWiG; *Göhler* § 85, 6 B b).

13. Zur Lehre von der Doppelwirkung der Rechtskraft. **53**

a) Außer der negativ-prozessualen Bedeutung als Verfahrenshindernis maß früher die Rechtsprechung des Reichsgerichts der Rechtskraft auch eine **positiv-materiellrechtliche Bedeutung** bei: eine erneute Aburteilung sei auch deshalb ausgeschlossen, weil die strafrechtliche Schuld durch das rechtskräftige Urteil **getilgt** sei (RGSt. **25** 29; **35** 369 ff.; **41** 153; **43** 62; **49** 170; **62** 154; **66** 423; **72** 102). Diese im Schrifttum (vgl. z. B. *Eb. Schmidt* I 276 ff. mit Nachweisen; **a. M.** *Peters* ZStW **68** [1956] 388 unter Berufung auf die „reinigende Kraft" der Verurteilung) überwiegend abgelehnte Lehre von der **Doppelwirkung der Rechtskraft** entstand zu einer Zeit, als das Wesen der Prozeßvoraussetzungen als stets von Amts wegen zu berücksichtigender Verfahrenshindernisse noch nicht in voller Schärfe erkannt war, aus dem praktischen Bedürfnis heraus, die Verletzung des Satzes ne bis in idem auch dann als materiellrechtlichen Verstoß berücksichtigen zu können, wenn sie als Verfahrensverstoß nicht prozeßordnungsgemäß gerügt war oder — wie im Fall des früheren § 340 StPO — die Revision nur auf bestimmte Verfahrensverstöße gestützt werden konnte. Nachdem sich die Erkenntnis von der Unberührtheit der Sache als einer stets von Amts wegen zu berücksichtigenden Verfahrensvoraussetzung durchgesetzt hat und überdies Art. 103 Abs. 3 GG den Angeklagten dagegen schützt, daß durch einfaches Gesetz die Sperrwirkung der Rechtskraft beiseite geschoben werden könnte (vgl. BGHSt. **5** 523), hat die Lehre von der Doppelwirkung keine praktische Bedeutung mehr.

b) Die prozessuale Gestaltungslehre. Eine Doppelwirkung hat die Rechtskraft aber nach anderer Richtung. Für den Verurteilten bedeutet der Satz ne bis in idem, daß er das rechtskräftige Urteil hinnehmen muß und eine weitere Nachprüfung seiner Richtigkeit außer auf dem Wege der Wiederaufnahme des Verfahrens nicht mehr herbeiführen kann. Widerspricht das Urteil der materiellen Rechtslage, so kann natürlich auch die Rechtskraft des Urteils, das den Angeklagten des Diebstahls zu Unrecht schuldig spricht, ihn nicht von Rechts wegen zum Dieb machen. Aber das richtige wie das unrichtige rechtskräftige Urteil gestaltet die Rechtslage, indem es den bisher nur der Tat Beschuldigten in die rechtliche Stellung eines Schuldiggesprochenen und Verurteilten versetzt und die Vollstreckungs- und Vollzugsorgane zur Durchführung des Urteils berechtigt und verpflichtet (*Peters* 434). Der Verurteilte könnte sich, wenn er sich bei Ergreifung zwecks Vollstreckung den Amtshandlungen der Vollstreckungsbeamten widersetzt, in dem Strafverfahren wegen Widerstands (§ 113 StGB) nicht darauf berufen, daß er zu Unrecht verurteilt sei und seine Freiheit gegen rechtswidrige Angriffe verteidigt habe. Der Richter dürfte in eine Nachprüfung des Urteils nicht eintreten, und zwar nicht deshalb, weil der Satz ne bis in idem entgegenstünde — er greift nicht ein, da es sich nicht um denselben Gegenstand handelt — oder er an die Feststellung der Schuld oder die getroffenen tatsächlichen Feststellungen des früheren Urteils gebunden wäre — vgl. dazu Fußn. 3 zu Rdn. 24 —, sondern weil er von der Gestaltungswirkung des früheren Urteils auszugehen hat, kraft derer die Vollstreckungsbeamten zur Durchführung des Urteils berechtigt und verpflichtet sind. Das Gesetz mutet auch dem zu Unrecht Verurteilten, dessen Unschuld infolge der Unzulänglichkeit menschlicher Erkenntnis bei der Aburteilung unbekannt blieb, im Interesse des Rechtsfriedens der Allgemeinheit zu, daß er sich dem Urteil gemäß behandeln lassen müsse. Stellt sich später bei einer Wiederaufnahme des Verfahrens die Unrichtigkeit des Urteils heraus, so wird der Verurteilte wegen des ihm durch die Strafvollstreckung entstandenen Schadens nach dem StrEG vom 8. 3. 1971 entschädigt, aber nicht unter dem Gesichtspunkt, daß der durch einen objektiv rechtswidrigen Eingriff des Staates in die Rechtssphäre des Beschuldigten entstandene Schade wiedergutgemacht werden müßte — der Staat handelt **54**

auch objektiv nicht rechtswidrig, wenn er die niemals ganz ausgeschlossene, aber nach ordnungsmäßiger Durchführung des Verfahrens gering gewordene Möglichkeit eines Justizirrtums unberücksichtigt läßt —, sondern unter dem Gesichtspunkt eines Aufopferungsanspruchs dafür, daß der Staat dem Verurteilten im höheren Interesse der Allgemeinheit an der Verbrechensbekämpfung und der Sicherung des Rechtsfriedens zumutet und zumuten durfte, das Urteil an sich vollziehen zu lassen und das Rechtsgut seiner persönlichen Freiheit zu opfern (vgl. BGH NJW **1973** 1323).

55 c) **Die prozeßrechtliche Rechtskraftlehre.** Grundsätzlich anders ist die — namentlich und mit Nachdruck von *Eb. Schmidt* I 284 vertretene — Lehre, die dem unrichtigen Urteil **jede rechtliche Kraft zur Veränderung der prozessualen Rechtslage abspricht.** Die Vollstreckung eines unrichtigen Urteils kann danach „nur eine rechtswidrige Rechtsgüterverletzung in der Rechtssphäre des Betroffenen bedeuten. Wer eingesperrt wird, weil ein unrichtiges rechtskräftige Urteil über ihn, der nicht gestohlen hat, eine Freiheitsstrafe wegen Diebstahls verhängt hat, erleidet eine rechtswidrige Freiheitsberaubung". Die Vollstreckungsorgane, die pflichtgemäß das Urteil vollstrecken, handeln zwar, weil durch den Urteilsbefehl gedeckt, schuldlos, begehen danach aber objektiv Freiheitsberaubung. Die Folgerung freilich — und damit verliert der Theorienstreit seine praktische Bedeutung —, daß der Verurteilte, wenn er die Vollstreckungshandlung unter Eingriff in Rechtsgüter der Vollstreckungsbeamten abzuwehren sucht, etwa den den Vollstreckungshaftbefehl vollziehenden Polizeibeamten niederschießt, sich auf Notwehr berufen könnte, will auch *Eb. Schmidt* nicht ziehen. Indem der Gesetzgeber für die Beseitigung von Unrichtigkeiten der staatlichen Justizgewährungsakte die ordentlichen und außerordentlichen Rechtsbehelfe zur Verfügung stellt, gebe er deutlich zu erkennen, daß jede andere Art, gegen diese Justizgewährungsakte anzugehen, untersagt sei. „Dem staatlichen Urteilsvollstreckungsbetrieb gegenüber greift § 32 StGB nicht Platz." Das faktische Duldenmüssen sei aber kein rechtliches Duldensollen. Praktisch bedeutet aber doch das auf der Versagung rechtlicher Abwehrmöglichkeiten beruhende „faktische Duldenmüssen", wenn ein anderer „Gerichtsbehelf" als die Wiederaufnahme des Verfahrens nicht in Betracht kommt, nichts anderes, als daß der Verurteilte die Vollstreckung des Urteils zu erdulden verpflichtet ist, bis dem Urteil durch den rechtsgestaltenden Akt der Wiederaufnahmeanordnung (§ 370 Abs. 2) die Vollstreckbarkeit entzogen ist. Bis dahin kann sich weder der Verurteilte noch ein Dritter (etwa wer den Verurteilten der Vollstreckung zu entziehen sucht, § 258 Abs. 2 StGB) auf die „Rechtswidrigkeit" des unrichtigen Urteils berufen[16].

---

[16] Für das hier erörterte Problem der Bedeutung des „wirklichen Rechts" gegenüber dem (unrichtigen) rechtskräftigen Urteil ist schwerlich dadurch etwas gewonnen, daß zwischen dem materiellen Strafanspruch und dem prozessualen Strafanspruch unterschieden wird. Nach *Zipf* GA **1969** 234, 236 ist der aus der Tatbegehung entstehende „materielle Strafanspruch weder realisierungsfähig noch bedürftig. Er ist automatische Folge der Tat. Er ist nicht Gegenstand des Verfahrens, sondern existiert unabhängig davon und wird von seinem Ausgang nicht berührt. Ein unberechtigter Freispruch bringt keineswegs den materiellen Strafanspruch in Fortfall. Eine Verurteilung bestätigt nicht den materiellen Anspruch, sondern gibt dem prozessualen Strafverlangen statt ... Nur die Stellungnahme des Gerichts zum Strafverlangen (die Entscheidung über den behaupteten prozessualen Strafanspruch), erwächst in Rechtskraft." Immerhin hat der (unrichtige) rechtskräftige Freispruch zur Folge, daß der Täter die Fortexistenz des unberührbaren materiellen Strafanspruchs angesichts der Enge der Wiederaufnahmegründe (§ 362) mit Gelassenheit ertragen, und daß er gegen jeden, der die Fortexistenz des materiellen Strafanspruchs behauptet („ist tatsächlich ein Dieb, obwohl der prozessuale Strafanspruch verneint worden ist") vorgehen kann (§ 190 Satz 2 StGB).

14. Folgen der Doppelbestrafung. 56

a) In getrennten Verfahren. Streitig ist, welche Folgen sich ergeben, wenn das Verfahrenshindernis der rechtskräftig abgeurteilten Sache in einem neuen Verfahren **unbemerkt** bleibt und auch das neue Verfahren mit einem rechtskräftigen Sachurteil endet. Eine im Schrifttum vertretene Auffassung will an die Verletzung des Art. 103 Abs. 3 GG die Folge der Urteilsnichtigkeit knüpfen (vgl. *Eb. Schmidt* I 257; *Peters* 541 und in Festschrift für *Kern* [1968] 338; *Henkel* 258; *Müller-Sax* Einl. 10 b **II** [1] B; ebenso LG Darmstadt NJW **1968** 1642). Zur Begründung (soweit der hergebrachte Satz einer solchen überhaupt für bedürftig angesehen wird) beruft man sich dabei auf § 17 EG MilStGO 1898: „Ist ein Angeklagter sowohl durch ein militärisches wie durch ein allgemeines Gericht in einer denselben Gegenstand betreffenden Strafsache abgeurteilt worden, so gilt das Urteil, das zuerst die Rechtskraft erlangt hat", und sieht darin einen Rechtssatz von allgemein gültiger Bedeutung. Indessen regelte diese Vorschrift in erster Linie die Folgen eines Überschreitens der Gerichtsbarkeit (vgl. Anm. 8 d zu § 13 GVG) und kann schon deshalb nicht ohne weiteres zur Begründung des Satzes dienen, daß das spätere Urteil schlechthin unwirksam sei. Aber auch wenn man unterstellt, daß — über den Fall eines Überschreitens der Gerichtsbarkeit hinaus — in Ausnahmefällen ein formell rechtskräftiges Urteil wegen offenkundiger gröbster Gesetzesverletzungen nichtig (unwirksam) sein kann mit der Folge, daß jedermann zu jeder Zeit und in jeder Form die Unbeachtlichkeit des Urteils geltend machen kann (dazu Kap. 16), fragt es sich, ob es sich bei dem Verstoß gegen den Satz ne bis in idem um einen Mangel von solcher Schwere handelt, daß die Aufrechterhaltung des späteren Urteils nach dem Geist der Rechtsordnung nicht erträglich wäre und ob die globale Annahme der Unwirksamkeit des späteren Urteils in allen Fällen eine gerechte und zweckmäßige Lösung darstellt.

b) Im gleichen Verfahren. In anderem Zusammenhang (Kap. 11, 34) ist der Fall 57 behandelt, daß in **demselben Verfahren** die schon vorher eingetretene Rechtskraft oder Teilrechtskraft einer vorangegangenen Entscheidung unbemerkt blieb und nach Rechtsbehelf oder Rechtsmittel der spätere Richter sich erneut mit der res iudicata befaßt. Hier wird, wenn das spätere Urteil rechtskräftig wird, der Verstoß nicht einmal (für Dritte, Außenstehende) offenkundig, denn das spätere Urteil ändert die frühere Entscheidung ab, und diese Änderung beruht auf der in dem späteren Urteil (wenn auch u. U. nur stillschweigend) getroffenen, freilich unrichtigen Feststellung, daß die frühere Entscheidung infolge rechtzeitiger und wirksamer Anfechtung nicht rechtskräftig geworden sei. Und wenn gar die spätere Entscheidung die frühere zugunsten des Angeklagten änderte, so leuchtet nicht ein, daß die Gerechtigkeit und Unverbrüchlichkeit der Rechtsordnung unabdingbar erfordern sollten, dem Angeklagten die, wenn auch per nefas gewonnene günstigere Position zu entziehen. Jedenfalls dann, wenn die erneute Aburteilung in demselben Verfahren erfolgt, ist von einer Nichtigkeit der späteren Entscheidung nicht zu sprechen (so auch BGHSt. **13** 306 = NJW **1960** 109; BGHSt. **18** 127 = NJW **1963** 166; OLG Bremen JZ **1958** 546 und *Spendel* in der Anmerkung dazu mit weiteren Nachweisen, während OLG Oldenburg NJW **1959** 1983 unterscheiden will, ob es sich um einen offensichtlichen, aus dem Urteil ohne weiteres entnehmbaren Verstoß gegen den Satz ne bis in idem handele, der das Urteil nichtig mache, oder ob es an der Offensichtlichkeit fehle).

c) Folgerungen. Die Rechtsfrage kann aber nicht anders beurteilt werden, wenn 58 das spätere Urteil nicht in demselben (Rdn. 57), sondern in einem **neuen,** gegenüber dem früheren **selbständigen Verfahren** ergeht. Auch hier kann keineswegs immer oder auch nur in der Mehrzahl der Fälle von einem groben offenkundigen und unerträglichen Gesetzesverstoß gesprochen werden. BVerfGE **23** 1961 = NJW **1968** 982 betr. die Frage, ob die nach Aburteilung eines Kriegsdienstverweigerers wegen Dienstflucht aus Gewissensgründen andauernde Nichtbefolgung einer Einberufung zum zivilen Ersatzdienst noch dieselbe Tat i. S. des Art. 103 Abs. 3 GG, § 264 darstelle, über die selbst innerhalb des BVerfG divergierende Auffassungen zutage traten, macht deutlich, welche Schwierigkeiten die Frage bereiten kann, ob der Grundsatz ne bis in idem verletzt ist. Oder: bliebe in einem Verfahren wegen eines mittels einer Schußwaffe begangenen Mordes oder Totschlags unbemerkt, daß der Angeklagte in einem früheren Verfahren wegen des Schießens unter dem Gesichtspunkt des Waffenführens ohne Waffenschein zu einer geringfügigen Geldstrafe (durch Urteil auf Grund einer Hauptverhandlung) verurteilt war, so leuchtet schon vom Ergebnis her ein, daß das neue auf eine schwere Freiheitsstrafe lautende rechtskräftige Urteil nicht absolut nichtig sein kann mit der Folge, daß die Unbeachtlichkeit zu jeder Zeit und in jeder Form geltend gemacht werden dürfte und daß schon die Vollstreckungsbehörde von der Vollstreckung absehen könnte, wenn sie der Meinung ist, das spätere Urteil verstoße gegen das Verbot der Doppelbestrafung und sei nichtig. Angesichts der Schwierigkeit und Zweifelhaftigkeit der Frage, wie weit die Verzehrwirkung des ersten Urteils reicht, könnte von einem offenkundigen schweren Mangel des späteren Urteils, der ihm jeden Anspruch auf Geltung und Beachtung von vornherein entzöge, nicht die Rede sein.

59 d) **Abhilfemöglichkeiten.** Freilich gibt es verhältnismäßig einfache Fälle, in denen klar zutage liegt, daß eine gesetzwidrige Doppelbestrafung erfolgte. Es kommt z. B. nicht selten vor, daß Strafanzeigen wegen der gleichen Tat (insbesondere bei fortgesetzter Handlung oder Dauerdelikten) von verschiedenen Stellen bei zwei verschiedenen Staatsanwaltschaften eingehen und jede Staatsanwaltschaft, ohne von der anderen zu wissen, bei dem jeweils zuständigen Gericht einen Strafbefehl erwirkt, die der Beschuldigte beide rechtskräftig werden läßt. Die preußische Gnadenpraxis (vgl. *Grau-Schäfer* Preuß. Gnadenrecht [1931] 126) ging früher davon aus, daß beide Strafbefehle wirksam seien und Abhilfe **nur im Gnadenweg** zu schaffen sei, wobei z. T. aus Billigkeitsgründen nicht ohne weiteres die später festgesetzte, sondern die schwerere der beiden Strafen erlassen wurde. Den doppelt Verurteilten an die Gnade zu verweisen, wäre aber keine rechtsstaatlichen Anforderungen und der Bedeutung des Art. 103 Abs. 3 GG Rechnung tragende Lösung. Als eine solche schlug — ebenfalls von der Vorstellung ausgehend, daß beide rechtskräftigen Straferkenntnisse wirksam nebeneinander bestehen — Art. 70 Nr. 195 EGStGB = Entw. 1930 die Einfügung eines § 360 a vor, wonach im Fall der Doppelverurteilung die Beseitigung des späteren Urteils oder Strafbefehls im Weg der **Wiederaufnahme des Verfahrens** erfolgen sollte. Dieser Weg ist, ohne daß es einer solchen Ergänzung bedürfte, heute ohne weiteres gangbar. Es ist eine „neue Tatsache", wenn nachträglich bekannt wird, daß bereits durch eine vorausgegangene Entscheidung der Strafanspruch verbraucht war. Die Beschränkungen in § 359 Nr. 5 a. F. (Ausschluß von Tatsachen, die der Verurteilte im früheren Verfahren kannte und geltend machen konnte), die früher einer Wiederaufnahme des Verfahrens zugunsten des Verurteilten in solchen Fällen in amtsgerichtlichen Sachen entgegenstanden, sind jetzt weggefallen. Einer Freisprechung i. S. des § 359 Nr. 5 entspricht auch die Einstellung des späteren Verfahrens wegen des Verfahrenshindernisses der rechtskräftigen Verurteilung (Anm. 16 zu § 359). Steht aber zur Beseitigung eines Urteils der Weg der Wiederaufnahme zur Verfügung, so ergibt sich grundsätzlich schon daraus, daß nach dem Willen der Rechtsordnung nur dieser Weg beschreitbar ist und eine ipso iure-Nichtigkeit

des Urteils entfällt. Ist dies richtig, so kommt auch der — als Ausweg vorgeschlagene — Weg einer **Anrufung des Vollstreckungsgerichts** nach § 458 nicht in Betracht[17].

e) Zur Verneinung der Urteilsnichtigkeit führt schließlich auch die Erwägung, **60**
daß nach Erschöpfung der prozeßordnungsmäßigen Abhilfemöglichkeiten die Verletzung des Art. 103 Abs. 3 GG mit der **Verfassungsbeschwerde** zum Bundesverfassungsgericht geltend gemacht werden kann (§ 90 BVerfGG). Erweist sie sich als begründet, so hebt nach § 95 Abs. 2 BVerfGG das Bundesverfassungsgericht die auf dem Verstoß beruhende Entscheidung auf. Auch hier folgt daraus, daß die Rechtsordnung zur Behebung des Mangels einen förmlichen und fristgebundenen (§ 93 Abs. 1 BVerfGG) Weg eröffnet hat, daß nach der Vorstellung des Gesetzgebers der Mangel nicht die ipso iure = Nichtigkeit bewirkt.

15. Einzelfragen des Strafklageverbrauchs. **61**

a) Der Strafklageverbrauch setzt **Identität der Tat und des Täters** voraus (wegen der Einzelheiten sei auf die Anm. zu § 264 verwiesen).

b) Nämlichkeit dessen, der verfolgt wird. Es versteht sich von selbst, daß eine **62**
zum Verbrauch der Strafklage geeignete Entscheidung diese immer nur gegenüber demjenigen verbraucht, über den sie entschieden hat. Ist A wegen einer von ihm allein begangenen Straftat rechtskräftig verurteilt worden, so bleibt es jederzeit zulässig, ein Strafverfahren gegen B zu betreiben, weil er der alleinige Täter sei; das setzt nicht voraus, daß zuvor die Wiederaufnahme des Verfahrens zugunsten des rechtskräftig Angeklagten in Angriff genommen werde.

Eine andere Frage ist, **gegen wen entschieden** ist, wenn der **Abgeurteilte eine vom Angeklagten verschiedene Person** ist, wenn Anklage und Eröffnungsbeschluß sich gegen A richten, in der Hauptverhandlung aber B erscheint und vorgibt, der A zu sein, und eine rechtskräftige Verurteilung erfolgt, ohne daß die Täuschung erkannt wird. Kann also z. B., wenn A nur wegen Beihilfe angeklagt war und das Urteil auf eine milde Strafe lautet, der an Stelle des A erschienene Haupttäter B in einem künftig gegen ihn wegen der Täterschaft betriebenen Verfahren sich auf die Rechtskraft des Urteils berufen, weil es nur vermeintlich gegen A, tatsächlich aber gegen ihn ergangen sei? Die Auffassungen gehen auseinander. Nach der einen Meinung richtet sich das Urteil gegen denjenigen, gegen den das Verfahren durch Anklageerhebung und Eröffnungsbeschluß rechtshän-

[17] *Eb. Schmidt* I 257 Fußn. 464 macht demgegenüber geltend, das Wiederaufnahmeverfahren sei kein geeigneter Weg, das zweite Urteil aus der Welt zu schaffen, weil § 373 Abs. 1, der den Inhalt des in der erneuten Hauptverhandlung ergehenden Urteils eindeutig bestimme, hier nicht passe. Warum soll § 373 Abs. 1 nicht passen, wenn das Urteil im Wiederaufnahmeverfahren auf Aufhebung des zweiten Urteils und Einstellung des Verfahrens lautet? Der hier vertretenen Auffassung folgt LG Hannover NJW **1970** 288, 289. Widersprüchlich LG Darmstadt NJW **1968** 1642, das auf der einen Seite ein unter Verletzung des Verbots der Doppelbestrafung ergangenes Urteil für „unbeachtlich" erklärt, andererseits aber den Antrag (hier: der Staatsanwaltschaft zugunsten des Verurteilten) auf Wiederaufnahme des Verfahrens für zulässig hält, „weil Urteile die Vermutung der Wirksamkeit für sich haben *und daher ihre Unwirksamkeit einer Feststellung bedarf.*" Wenn die Unwirksamkeit einer Feststellung bedarf, so ist dies doch das Gegenteil einer „Unbeachtlichkeit", deren Wesen darin besteht, daß sie jederzeit von jedermann in beliebiger Form geltend gemacht werden kann. Schwierigkeiten ergeben sich bei der hier vorgeschlagenen Lösung freilich, wenn das im Weg der Wiederaufnahme durch Verfahrenseinstellung in Wegfall gebrachte spätere Urteil auf eine geringere Strafe als das erste Urteil erkannt hatte. Hier wäre an eine sinngemäße Anwendung des Verbots der reformatio in peius (Rdn. 57) oder an ein Eingreifen der Gnade zu denken.

gig geworden ist, also gegen A (so LG Lüneburg MDR **1949** 768). Nach anderer Auffassung trifft das Urteil den, der tatsächlich vor Gericht gestanden hat, also B; wird das Urteil formell rechtskräftig, so erlangt es auch materielle Rechtskraft, und es bleibt nur der Weg der Wiederaufnahme des Verfahrens, wenn dessen Voraussetzungen vorliegen (so *Lucas-Dürr* 243, 359). Nach einer dritten und überwiegend vertretenen Auffassung ist das Urteil „unbeachtlich", also nichtig (so *Eb. Schmidt* Lehrkomm. I 293; *Müller-Sax* Einl. 14 B I e; *Henkel* 386; *Kern-Roxin* § 52 C II 2 c; *Kleinknecht* Einl. 8 B f.), weil es sich gegen eine Person richtet, die garnicht (durch Anklage und Eröffnungsbeschluß) in das Verfahren gezogen war. Den Vorzug dürfte die erstere Auffassung verdienen. Das Verfahren war gegen A rechtshängig geworden, über seine Schuld wollte das Gericht entscheiden. Wenn tatsächlich in seiner Abwesenheit entschieden wurde, so wird dieser (dem Gericht infolge der Täuschung verborgen gebliebene) Mangel — § 230 —, wenn das Urteil unangefochten bleibt, durch die Rechtskraft geheilt.

63 **c) Nämlichkeit der Tat, derentwegen verfolgt wird.** Wie Rdn. 29 ausführt, umfaßt die abgeurteilte „Tat" das den Gegenstand der Anklage bildende geschichtliche Vorkommnis in dem Umfang, als es sich um einen nach natürlicher Betrachtung einheitlichen Lebensvorgang handelt. Jede Aburteilung (Verurteilung, Verwarnung mit Strafvorbehalt, Freispruch, Absehen von Strafe, endgültige Einstellung) einer Beteiligung (im weitesten Sinne) an dem einheitlichen Lebensvorgang bewirkt, daß der Betroffene auch nicht wegen einer anderen tatsächlichen oder rechtlichen Beteiligung an diesem Lebensvorgang in einem neuen Verfahren zur Verantwortung gezogen werden kann, wenn es bei der früheren Aburteilung rechtlich möglich (zulässig) war, auch diese Form der Beteiligung strafklageumgestaltend (ggf. durch Verweisung nach § 270) in die Aburteilung einzubeziehen. Es schließt demgemäß die Aburteilung als Anstifter oder Gehilfe eine spätere Verfolgung als Haupttäter aus. Das gleiche gilt aber auch für Formen der Beteiligung, die der Haupttat vorangehen oder nachfolgen. So verhindert der Freispruch von der Anklage der Nichtanzeige eines geplanten Verbrechens (§ 138 StGB) die spätere Verfolgung wegen Täterschaft des Verbrechens selbst oder der Teilnahme daran (RGSt. **21** 78; **a. M.** *Peters* 443), wie umgekehrt auch der Freispruch von der Anklage des Mordes einer späteren Verfolgung wegen Nichtanzeige des Mordes entgegensteht (RGSt. **14** 78). Ebenso wird durch die Aburteilung der Begünstigung oder Hehlerei die Strafklage auch bzgl. der Vortat verbraucht, wie umgekehrt der Freispruch von der Anklage des Diebstahls einer späteren Aburteilung als Hehler entgegensteht (RGSt. **55** 187).

64 Es ist für den Umfang der Verzehrwirkung der Rechtskraft stets **ohne Bedeutung, nach welcher Richtung die Kognition des Richters hinter der „Tat" zurückbleibt,** ob das rechtskräftige Urteil ein tatsächliches Stück der Tat außer Acht gelassen, oder ob es eine mögliche rechtliche Würdigung nicht angestellt hat; dies gilt auch bei einer Ausscheidung von Tatteilen oder Rechtsverletzungen nach § 154 a Abs. 1, 2 wegen der Möglichkeit ihrer Wiedereinbeziehung in das Verfahren (§ 154 a Abs. 3). Es darf also z. B. gegen denjenigen, der von der Beschuldigung eines Betrugs freigesprochen worden ist, der darin liegen sollte, daß er bei der Versicherungsgesellschaft Sachen, die nicht verbrannt sind, als verbrannt angegeben habe, später nicht wegen Betrugs vorgegangen werden, den er damals zugleich verübt habe, indem er seiner Rechtspflicht zuwider verschwieg, den Brand schuldhaft verursacht zu haben (RG HRR **1936** Nr. 651). Ohne Bedeutung ist es auch, ob der Staatsanwaltschaft und dem Gericht daraus, daß der Vorgang nicht in dem rechtlich zulässigen Umfang zum Gegenstand der Untersuchung und Entscheidung gemacht wurde, ein **Vorwurf erwächst oder nicht.** Nur dann greift — und zwar auch bei Gesetzesverletzungen, die mit der abgeurteilten Tat in Tateinheit stehen

— der Verbrauch der Strafklage nicht durch, wenn im früheren Verfahren die Verfolgung der Tat in einer bestimmten Richtung dem Gericht aus irgendeinem Grund **von Rechts wegen** verwehrt war, etwa, weil die Gerichtsbarkeit fehlte oder die Bedingung eines Auslieferungsvertrages entgegenstand oder der erforderliche Strafantrag noch nicht vorlag; dann ist für ein neues Verfahren zu dem Zwecke Raum, um die schon abgeurteilte Tat nachträglich daraufhin zu prüfen, ob der Angeklagte auch in der bisher der Prüfung verschlossenen Richtung gefehlt habe und die sich hieraus ergebende Rechtsfolge tragen müsse (RGSt. **46** 367; **56** 166). Dagegen wird die Verzehrwirkung nicht dadurch ausgeschlossen, daß das Gericht in Verkennung der Rechtslage Tatteile des einheitlichen Lebensvorganges von der Aburteilung ausgenommen hat, z. B. in der Annahme, es liege Tatmehrheit vor, das Verfahren z. T. abgetrennt hat, während bei richtiger rechtlicher Beurteilung Tateinheit gegeben ist. Ein solcher Fehler zwingt, wenn nur der Angeklagte Revision eingelegt hat, nicht zur Aufhebung des Urteils zwecks Ergänzung des Schuldspruchs, wenn prozeßökonomische Gründe (bei einer umfangreichen Sache) es erträglich erscheinen lassen, daß die nicht gewürdigten Gesetzesverletzungen im Schuldspruch außer Betracht bleiben, zumal wenn wegen des Verbots der reformatio in peius am Strafausspruch nichts geändert würde (BGHSt. **10** 363).

16. Einer besonderen Betrachtung bedürfen die Fälle der **fortgesetzten Handlung, der Bankrottsachen, des Sammelverbrechens und der Dauerstraftat.** **65**

a) Fortgesetzte Handlung (vgl. dazu Anm. 6 zu § 264). Wird eine Mehrheit von Willensbetätigungen wegen des auf der Einheit des verletzten Rechtsguts, der Gleichartigkeit der Begehungsform und der Einheitlichkeit des Vorsatzes beruhenden Zusammenhangs zu einer fortgesetzten Handlung im Sinne des sachlichen Rechts zusammengefaßt, so erledigt das Urteil, das den Angeklagten wegen einer im Fortsetzungszusammenhang begangenen Gesetzesverletzung verurteilt, sobald es rechtskräftig wird, alle vor der Verkündigung des Urteils begangenen, in den Fortsetzungszusammenhang gehörigen Einzelhandlungen, gleichviel, ob das erkennende Gericht sie berücksichtigt hat oder nicht, ob es sie kannte oder nicht, ob es Anlaß und Gelegenheit, sich Kenntnis von ihnen zu verschaffen, hatte oder nicht (RGSt. **66** 50), ob die Einzelakte sich gegen im Verfahren bekannt gewordene oder auch gegen unbekannt gebliebene Verletzte richten (RGSt. **51** 254; **a. M.** *Peters* 442) und ob die Zahl der bekannt gewordenen Einzelhandlungen nur einen kleinen Bruchteil der tatsächlich begangenen Einzelhandlungen bildet, so daß die erkannte Strafe außer Verhältnis zur Schwere der Tat steht (BGHSt. **6** 122: Verurteilung wegen fortgesetzten Betruges auf Grund von 7 Einzelhandlungen, während nachträglich 226 weitere bekannt wurden).

Die Strafklage ist dann auch wegen einer Straftat verbraucht, die nur mit einer **66**
der Einzelhandlungen in Tateinheit zusammentrifft (RG HRR **1939** Nr. 212). Nach der neueren Rechtsprechung wird aber, wenn zwischen einem Einzelakt und einem schwereren Delikt Tateinheit besteht, dadurch nicht Tateinheit zwischen dem schwereren Delikt und der Fortsetzungstat hergestellt, und mehrere selbständige strafbare Handlungen werden nicht durch eine tateinheitlich begangene minderschwere Fortsetzungs- oder Dauertat miteinander zur tateinheitlich begangenen Tat verbunden, vielmehr liegen insoweit selbständige Handlungen vor. Ob dies auch **verfahrensrechtlich** dazu führt, daß die rechtskräftige Aburteilung des fortgesetzten Delikts eine spätere Verfolgung des vorher nicht bekannten schwereren Delikts nicht hindert, wird in der Rechtsprechung nicht einheitlich beantwortet (vgl. — verneinend BGHSt. **6** 92 gegen BGHSt. **3** 165 —, dagegen bejahend BGHSt. **23** 150 = JZ **1970** 327 mit abl. Anm. *Grünwald*).

67 **Zeitliche Grenzen der Verzehrwirkung.** Da die Urteilsfällung den Gegenstand der Urteilsfindung zeitlich so begrenzt, daß alles, was nach der Verkündung des letzten tatrichterlichen Urteils geschieht, von diesem nicht erfaßt, durch dieses nicht erledigt wird, sondern einer künftigen Strafverfolgung zugänglich bleibt, so müssen **Einzelhandlungen,** die der Täter **nach der Urteilsfällung** begeht, auch dann im Verhältnis zum Vorangegangenen als selbständige Taten gelten, wenn sie, vom Rechtsbegriff der fortgesetzten Handlung aus betrachtet, als unselbständige Glieder der vom Urteil ergriffenen Tat anzusehen wären (RGSt. **66** 47). In Fällen dieser Art begrenzt, wenn das Urteil des ersten Rechtszuges mit der Berufung angefochten worden ist, das Urteil des Berufungsgerichts den Fortsetzungszusammenhang, weil dieses Gericht berechtigt und verpflichtet ist, seine Entscheidung nicht nur auf alles das zu erstrecken, was vom angefochtenen Urteil im Rahmen des § 264 bei erschöpfender tatsächlicher und rechtlicher Würdigung als die unter Anklage gestellte Tat zu erfassen gewesen wäre, sondern darüber hinaus auch noch auf die begrifflich zu dieser Tat gehörigen, erst nach Verkündung des angefochtenen Urteils begangenen Einzelakte (RGSt. **66** 48). In diesem Fall wie auch bei Zurückverweisung durch die Revisionsinstanz erfordert es, wenn der Angeklagte das Rechtsmittel eingelegt hat, die Gerechtigkeit, daß das Verbot der reformatio in peius in dem Umfang entfällt, als es zur Abgeltung der nach dem ersten Urteil begangenen Einzelhandlungen erforderlich ist (BGHSt. **9** 324 = JZ **1957** 479 mit abl. Anm. von *Peters;* BGHSt. **17** 5, 9). Nach den zuvor dargelegten Grundsätzen muß das Gericht im neuen Verfahren **selbständig prüfen,** ob die Strafklage durch ein früheres Urteil verbraucht ist, das wegen einer fortgesetzten Tat verurteilt, aber die jetzt abzuurteilende Handlung nicht gekannt und deshalb nicht erwogen hat, ob sie auch in den Fortsetzungszusammenhang falle (BGHSt. **15** 268 = JZ **1961** 426 m. Anm. *Peters* und Besprechung *Stratenwert* JuS **1962** 220; *Hanack* JZ **1972** 356).

68 Verzehrwirkung für die nicht gewürdigten Einzelhandlungen hat aber nur die verurteilende Entscheidung; der **Freispruch von der Anklage der fortgesetzten Handlung** beschränkt aus Gründen der Gerechtigkeit seine Wirkung auf die gewürdigten, nicht auf die unbekannt gebliebenen Einzelhandlungen (RGSt. **66** 26; *Müller-Sax* Einl. 14 B I f.). Darin liegt — gegen *Beling* 267, *Eb. Schmidt* I 302 — auch keine Inkonsequenz. Denn zum Freispruch genügt, wenn *ein* Merkmal des inneren oder äußeren Tatbestandes zu verneinen ist, und das kann bei den untersuchten Einzelfällen zutreffen, ohne daß es auch für die unbekannt gebliebenen gelten müßte. Der Begriff der fortgesetzten Handlung aber ist kein apriorisch gegebener, sondern seine materiellrechtliche Begrenzung und verfahrensrechtliche Behandlung ist nach den Grundsätzen der Gerechtigkeit und Prozeßökonomie gestaltbar.

69 b) Für den **Verbrauch der Strafklage in Bankrottsachen** kam das Reichsgericht zu Ergebnissen, die mit den beim Fortsetzungszusammenhang maßgeblichen Grundsätzen in weitem Umfang übereinstimmten, indem es annahm, daß dieselbe Zahlungseinstellung oder Konkurseröffnung äußerlich und innerlich getrennte Handlungen, auch sofern sie gegen verschiedene Strafgesetze verstoßen, zu einer Einheit vereinige (RGSt. **66** 91, 269; **67** 63). BGHSt. **1** 190; **3** 26 hat sich aber mit Recht von dieser Auffassung abgewandt, da der Umstand, daß die Zahlungseinstellung oder Konkurseröffnung als objektive Bedingung der Strafbarkeit gleichmäßig zur Verwirklichung des Tatbestandes der mehreren Delikte erforderlich ist, nicht ausreicht, zeitlich getrennte selbständige Handlungen zu einer rechtlichen Einheit zu verbinden. Im übrigen war auch hier schon vorher anerkannt, daß die Strafklage nicht verbraucht ist, wenn der Gemeinschuldner nach der Aburteilung mit Bezug auf denselben Konkurs eine neue Bankrotthandlung begeht (RGSt. **71** 375).

c) Das Reichsgericht hatte früher angenommen, daß in den Fällen, in denen die **gewerbs-, gewohnheits-, berufs- oder geschäftsmäßige Begehung** ein strafbegründendes oder strafschärfendes Tatbestandsmerkmal bildet, die mehreren dieses Merkmals erfüllenden Einzelhandlungen materiell- und verfahrensrechtlich eine Einheit (ein Sammel- oder Kollektivverbrechen) bildeten mit der Folge, daß die Strafe des Gesamtverbrechens nur einmal verwirkt sei und daß die Aburteilung alle bis zum Tage des tatrichterlichen Urteils geschehenen Einzelfälle decke, daß also die abermalige Strafverfolgung wegen später ermittelter Verfehlungen unzulässig sei (RGSt. **68** 298). Diese Rechtsprechung, die zu einer kriminalpolitisch nicht vertretbaren Schwächung der Verbrechensbekämpfung führte, gab das Reichsgericht vom Jahre 1938 ab allgemein auf und sprach aus, daß die einzelnen Tatbestandsverwirklichungen die Eigenschaft selbständiger Handlungen dadurch nicht verlieren, daß sie gewerbs-, gewohnheits- oder geschäftsmäßig begangen werden (RGSt. **72** 164, 257, 285, 401, 313; **77** 16, 98, 329). Die spätere Rechtsprechung hat daran festgehalten (BGHSt. **1** 42; BayObLG MDR **1956** 119)[18]. Demnach hindert die Rechtskraft eines Strafurteils, das den Angeklagten einer solchen Straftat für schuldig erkannt hat, nicht, daß er wegen eines weiteren Falls derselben Straftat verfolgt wird, die er vor dem früheren Urteil in derselben inneren Verfassung wie die abgeurteilte Tat begangen hat. **70**

Die **Änderung der Rechtsprechung** ist im Schrifttum überwiegend **gebilligt** worden, hat aber auch Widerspruch hervorgerufen. Man hat auf die Nachteile hingewiesen, die aus ihr insofern erwachsen können, als dann, wenn bei gewerbsmäßiger Begehung die Tat Verbrechen wird — wie früher bei der Hehlerei, § 260 a. F. StGB — einerseits die Staatsanwaltschaft mit Mehrarbeitet belastet werde, weil sie keine irgendwie in Betracht kommende Einzelhandlung unerörtert lassen dürfe (so *Eb. Schmidt* I 311) und als es andererseits nicht mehr möglich sei, Einzelfälle einer gewerbs-, gewohnheits- oder geschäftsmäßig begangenen Straftat, die erst im Laufe des Hauptverfahrens bekannt werden, ohne weiteres als unselbständige Teile der in der Anklage bezeichneten Tat zum Gegenstand der Verhandlung und Entscheidung zu machen, und als weiterhin die Gefahr bestehe, daß zeitlich weit zurückliegende Einzelhandlungen in Rücksicht auf ihre Selbständigkeit wegen Verjährung nicht mehr verfolgt werden können, während sie der Verfolgung zugänglich geblieben wären, wenn die Verjährung ihnen gegenüber erst mit dem Abschluß der letzten im Sammelverbrechen vereinigten verbrecherischen Tätigkeit des Schuldigen begonnen hätte. Man hat ferner eingewandt (so *Peters* 443), es wäre richtiger, statt die Sammelstraftat in selbständige Einzeltaten aufzulösen, die Rechtskraft zu lockern und eine Nachtrags- oder Ergänzungsklage wegen der im früheren rechtskräftigen Urteil nicht berücksichtigten Einzelfälle zuzulassen. Diese Einwendungen sind — ganz abgesehen davon, daß die gewerbsmäßige Hehlerei heute kein Verbrechen mehr ist (vgl. § 260 n. F.) und auch im übrigen das StGB keine Tatbestände mehr kennt, bei denen die gewerbsmäßige Begehung die Tat zum Verbrechen erhebt — insofern überholt, als § 154 StPO auch bei Verbrechen eine Beschränkung des Prozeßstoffs durch Einstellung bzgl. solcher Einzelfälle ermöglicht, die für die Strafzumessung nicht ins Gewicht fallen. Im übrigen mag das auf der rechtlichen Selbständigkeit der Einzelhandlungen beruhende Erfordernis einer besonderen Anklage und eines besonderen Eröffnungsbeschlusses allerdings, wenn eine Tat ermittelt ist, während das Hauptverfahren wegen einer anderen Tat schon im Lauf ist, hin und wieder dazu füh- **71**

[18] Die davon zu trennende Frage, ob Gewerbsmäßigkeit auch vorliegen kann, wenn der Täter ohne Wiederholungsabsicht (nur) eine fortgesetzte Handlung begangen hat (vgl. BGH MDR **1975** 327), ist hier nicht zu erörtern.

ren, daß eine Hauptverhandlung auf kurze Zeit ausgesetzt werden muß. Doch betrifft dieser Nachteil nur den Gang des Verfahrens, dagegen nicht die Erledigung der Sache und hat angesichts des schweren Nachteils, dem abzuhelfen war, nichts zu bedeuten. Die Fälle, in denen Einzelhandlungen einer früheren Verjährung dadurch unterliegen, daß sie nicht mehr mit anderen zu einer Tat zusammengefaßt werden können, sind — im Blick auf die im Vordergrund stehende gewerbsmäßige Hehlerei — bei der langen Dauer der hier in Betracht kommenden Verjährungsfristen (vgl. § 78 Abs. 3 Nr. 3 StGB) selten. Eine die Grenzen des § 266 überschreitende Nachtrags- oder Ergänzungsanklage aber wäre ihrem Wesen nach als ein mit neuen Tatsachen und Beweismitteln begründeter Antrag des Staatsanwalts auf Wiederaufnahme des durch rechtskräftiges Urteil geschlossenen Verfahrens zum Zweck einer wesentlich strengeren Ahndung gekennzeichnet. Der Gesetzgeber hat ein solches Verfahren bewußt ausgeschlossen.

72 d) Eine **Dauerstraftat** liegt vor, wenn der gesetzliche Tatbestand durch eine schuldhafte Willensbetätigung — Handlung oder Unterlassung — erfüllt wird, die ununterbrochen während eines gewissen Zeitraums fortdauert[19]. Hier gilt, wie bei der Fortsetzungstat, der Grundsatz, daß das Urteil nur das vor der Aburteilung liegende Verhalten erfaßt und bei Aufrechterhaltung der Dauerstraftat über den Zeitpunkt der letzten Tatsacheninstanz hinaus eine neue Straftat vorliegt, deren Verfolgung die Rechtskraft des vorangegangenen Urteils nicht entgegensteht (BGHSt. **8** 96; BayObLG NJW **1958** 110; OLG Braunschweig NJW **1964** 1237); das gleiche gilt auch, wenn das vorangegangene Urteil auf Freispruch lautet (BayObLG DRZ **1932** Nr. 763).

73 **17. Sicherungsverfahren.** Die Verbrauchswirkung der Rechtskraft des im Strafverfahren ergangenen Urteils hinsichtlich der Durchführung eines selbständigen Sicherungsverfahrens (§§ 413 ff.) und der Rechtskraft des im selbständigen Sicherungsverfahren ergangenen Urteils für den Straf- wie für den Sicherungsanspruch ist in Anm. 6 zu § 429 b a. F. eingehend erörtert; darauf kann hier verwiesen werden.

74 **18. Verbrauch der Strafklage im Rechtsmittelzug.** Für die Rechtsmittelgerichte ergibt sich die Unzulässigkeit des weiteren Verfahrens auch dann, wenn das andere von ihnen zu berücksichtigende Urteil erst **nach der Verkündung des ihrer Prüfung unterworfenen Urteils rechtskräftig geworden ist** (RGSt. **30** 341; **49** 170). Im übrigen legt die Pflicht, von Amts wegen zu prüfen, ob das Vorhandensein einer dieselbe Sache betreffenden rechtskräftigen Entscheidung dem Fortgang des Verfahrens entgegensteht, den Rechtsmittelgerichten vornehmlich auch die Erörterung der Frage nach der Wirksamkeit des Rechtsmittels auf (Kap. 11, 16 ff.). Die **Rechtsmittelbeschränkung** hat, wenn sie wirksam ist, zur Folge, daß das Urteil insoweit rechtskräftig wird, als der Beschwerdeführer von der Anfechtung rechtlich abgetrennter Teile Abstand genommen hat. Es liegt Teilrechtskraft vor. Daher müssen die Rechtsmittelgerichte auch von Amts wegen prüfen, ob und inwieweit Teilrechtskraft die weitere Untersuchung und Entscheidung verwehrt (RGSt. **62** 13; **63** 344; **64** 20, 152). Teilrechtskraft kann auch dadurch eintreten, daß das Revisionsgericht der uneingeschränkt eingelegten Revision nur zum Teil stattgibt, im übrigen aber das Urteil bestätigt.

Übrigens kann ein Rechtsmittel auch in der Art beschränkt werden, daß der Beschwerdeführer nur den Einwand der rechtskräftig entschiedenen Sache erhebt (RGSt. **33** 22; **40** 274).

---

[19] Über Beschränkungen des Begriffs der Dauerstraftat bei bestimmten Verkehrsdelikten, insbes. bei Trunkenheit im Verkehr (§ 316 StGB), vgl. BGHSt. **21** 203; **23** 141, 144; **25** 72, 75.

VI. Niederschlagung. 75

1. Formen der Niederschlagung. Wie in den Vorbem. V vor § 12 GVG eingehend dargestellt ist, kann durch Bundesgesetz (Straffreiheitsgesetz) mit Wirkung für alle Strafjustizorgane der Bundesrepublik die Niederschlagung anhängiger (= noch nicht rechtskräftig abgeschlossener) Strafverfahren unter generell bestimmten Voraussetzungen angeordnet werden. In gleicher Weise kann der Landesgesetzgeber im Rahmen seiner Gnadenzuständigkeit und soweit das Landesverfassungsrecht es zuläßt, durch Landesgesetz unter generell bestimmten Voraussetzungen Strafverfahren niederschlagen. Sind nach den §§ 7 ff. die Gerichte mehrerer Länder zur Verfolgung derselben Straftat zuständig, so wirkt eine solche Maßnahme, wenn ein Gericht des niederschlagenden Landes zuerst die Untersuchung eröffnet hat und dadurch gemäß § 12 StPO ausschließlich zuständig geworden ist, dahin, daß auch die Strafjustizorgane der anderen Länder die Sache nicht verfolgen dürfen; dagegen ist sie außerhalb des eigenen Landes ohne Bedeutung, wenn sie angeordnet wird, bevor ein einheimisches Gericht gemäß § 12 ausschließlich zuständig geworden ist oder nachdem die ausschließliche Zuständigkeit eines Gerichts eines anderen Landes begründet war (näheres Vorbem. VI 5 vor § 12 GVG). Schließlich kommt noch die Möglichkeit in Betracht, daß ein einzelnes bestimmtes Verfahren durch Einzelgnadenerweis des zuständigen Inhabers des Gnadenrechts niedergeschlagen wird (Abolition); diese Möglichkeit ist praktisch ohne Bedeutung, da Art. 60 GG kein Niederschlagungsrecht des Bundespräsidenten bei den in die Gnadenzuständigkeit des Bundes fallenden Strafsachen (§ 452 StPO) kennt und auch in den Ländern eine Niederschlagung durch Einzelgnadenerweis im allgemeinen ausgeschlossen ist (Vorbem. VI 3 vor § 12 GVG).

2. Wirkung. Änderung der Betrachtungsweise. In allen Fällen hat die Nieder- 76
schlagung einen **Doppelcharakter**: materiellrechtlich bildet sie einen persönlichen Strafaufhebungsgrund, verfahrensrechtlich wirkt sie sich als Verfahrenshindernis aus, das in jeder Lage des Verfahrens von Amts wegen zu beachten ist (RGSt. **69** 126; BGHSt. **3** 136; **4** 289; **24** 265).

Nach **früherer Auffassung** beendete die Niederschlagung kraft Gesetzes die 77
Rechtshängigkeit des Verfahrens und in der gerichtlichen Einstellungsentscheidung wurde lediglich der deklaratorische, das Verfahren aktenmäßig abschließende Ausspruch erblickt, daß das Verfahren kraft Gesetzes sein Ende gefunden habe. Daraus wurde gefolgert, daß das Gericht an diese Entscheidung nicht gebunden sei, sondern das Verfahren fortsetzen könne, wenn es später erkenne, daß es infolge eines tatsächlichen oder rechtlichen Irrtums zu Unrecht die Niederschlagung als eingetreten angesehen habe (so RGSt. **54** 11; **67** 236, 385; **69** 126). Diese Auffassung ermöglichte zwar, die meist sehr zahlreichen Fälle, in denen die Anwendbarkeit des Straffreiheitsgesetzes in Frage stand, rasch auf Grund einer vielfach summarischen Aufklärung zu erledigen, ohne den Verlust des Strafanspruchs als Folge einer vorschnellen Beurteilung befürchten zu müssen, trug aber dem berechtigten Verlangen des Beschuldigten nach Rechtssicherheit nicht Rechnung. Sie ist **durch die Entwicklung der neueren Amnestiegesetzgebung überholt**[20] (dazu Vorbem. IV 6 vor § 12 GVG). So sahen z. B. die Straffreiheitsge-

---

[20] Das wird verkannt von BayObLG MDR **1975** 72, das die früheren Vorstellungen über die Wirkungen einer „Niederschlagung" auf das anhängige Verfahren übertragen will auf das Verfahrenshindernis der Verjährung und daraus die Folgerung zieht, daß das Rechtsmittelgericht die Zurücknahme eines Rechtsmittels zu ignorieren habe, wenn es erkennt, daß das angefochtene Urteil wegen Übersehens der eingetretenen Verjährung nicht hätte ergehen dürfen (dazu Kap. 11, 22).

setze vom 17.7. 1954 (BGBl. I 403) — § 16 —, vom 9.7. 1968 (I 773) — § 7 — und vom 20.5. 1970 (I 509) — § 7 — die Möglichkeit vor, schon im vorbereitenden Verfahren, aber auch im Stadium zwischen Anklageerhebung und Eröffnungsbeschluß durch gerichtliche, mit befristetem Rechtsmittel anfechtbaren Beschluß über das Vorliegen der Amnestievoraussetzungen zu entscheiden und legten einem unanfechtbaren Einstellungsbeschluß die Wirkung bei, daß wegen der Tat nur auf Grund neuer Tatsachen oder Beweismittel Anklage erhoben werden könne. Daraus folgt, daß ein **Einstellungsurteil,** das die Anwendbarkeit einer Amnestie **bejaht,** in gleicher Weise den Strafanspruch verbraucht wie jedes andere Urteil, das das Verfahren wegen eines endgültigen, unbehebbaren Verfahrenshindernisses einstellt (BGHSt. **10** 115; oben Rdn. 38). Dagegen würde ein die Amnestievoraussetzungen **verneinender formell unanfechtbarer Gerichtsbeschluß** das erkennende Gericht nicht binden und nicht von den Pflichten befreien, von Amts wegen und unter Benutzung aller Erkenntnisquellen nach den Grundsätzen des Freibeweises selbständig zu prüfen, ob das Verfahrenshindernis der Niederschlagung vorliegt.

78 **3. Behandlung in der Hauptverhandlung. Verfahrensfortsetzung trotz Niederschlagung.** Das Verfahren, auch eine Hauptverhandlung, ist nur so lange fortzusetzen, bis beurteilt werden kann, ob die Voraussetzungen der Straffreiheit vorliegen; wird dies bejaht, so hat das Urteil weder im Spruch noch in den Gründen eine Schuldfeststellung zu treffen, sondern in den Gründen den Sachverhalt nur soweit darzulegen, als es zur Beurteilung der Straffreiheit erforderlich ist (BGHSt. **10** 113). Die Einstellung durch Urteil entfällt, wenn nach durchgeführter Hauptverhandlung die Voraussetzungen eines Freispruchs gegeben sind (RGSt. 70 193; BGHSt. **13** 272). Auch kann nach den neueren Amnestiegesetzen der Beschuldigte durch Antrag auf Fortsetzung des Verfahrens das Verfahrenshindernis der Niederschlagung zunächst beiseite schieben, während der durch Beleidigung, üble Nachrede oder Verleumdung Verletzte trotz Einstellung die Weiterführung des Verfahrens mit dem Ziele einer Feststellung der Unwahrheit oder Haltlosigkeit der von dem Beschuldigten aufgestellten oder verbreiteten Behauptung tatsächlicher Art verlangen kann (Kap. 7, 9). Wegen der Anwendbarkeit des Grundsatzes in dubio pro reo vgl. Kap. 11, 37.

79 **VII. Verjährung.**

1. Wesen. Über das Wesen der hier allein interessierenden Verfolgungsverjährung herrscht ein bis heute unausgetragener Streit[21], der darum geht, ob die Verjährung nur dem materiellen Strafrecht (Erlöschen des staatlichen Strafanspruchs) oder nur dem Verfahrensrecht (Verfahrenshindernis) angehöre oder ob sie einen Doppelcharakter habe und sowohl materiellrechtliche wie verfahrensrechtliche Züge aufweise. Auf diese Streitfrage ist hier nur kurz einzugehen. Die Rechtsprechung empfand schon früh das Bedürfnis, die verfahrensrechtliche Seite zu betonen. Die rein materiellrechtliche Betrachtung würde dazu führen, daß bei Eintritt der Verjährung der Angeklagte freizusprechen wäre — so in der Tat früher RGSt. **12** 436; **40** 90; GA Bd. **47** 159 —, obwohl der rehabilitierende Charakter des Freispruchs als Lossprechung von strafrechtlicher Schuld der Sachlage nicht gemäß wäre und den wirklichen Grund der Entlassung aus dem Verfahren verschleierte, der nur durch Einstellung des Verfahrens richtig zum Ausdruck kommt (RGSt. **32** 251; **53** 276; **63** 321; **66** 328; **76** 160). Für die prozessuale

---

[21] vgl. dazu aus der Fülle des Schrifttums etwa *Lorenz* GA **1966** 371; *Dreher* § 1, 5 C, Vorbem. 3 A vor § 78 StGB; *Pawlowski* NJW **1969** 594; *Schreiber* ZStW 80 (1968) 349, *Arzt* GA **1969** 14, jeweils m. w. Nachw.; *Schröder* Probleme strafrechtlicher Verjährung, in Festschrift für *Gallas* 1973.

Betrachtung spricht ferner das praktische Bedürfnis, die mangelnde Rechtzeitigkeit der Verfolgung in jeder Lage des Verfahrens von Amts wegen zu berücksichtigen und, sobald sie mit dem Mittel des Freibeweises festgestellt ist, das Verfahren alsbald durch Einstellungsbeschluß nach § 206 a StPO beenden zu können, ohne eine bei klarer Sachlage überflüssige Hauptverhandlung durchführen zu müssen. Diesem praktischen Anliegen konnte auch die Lehre von der Doppelnatur gerecht werden, die den Grund der Verjährung sowohl materiellrechtlich in dem durch den Zeitablauf eingetretenen Wegfall des Strafbedürfnisses wie verfahrensrechtlich in der Beweisschrumpfung sieht. Tatsächlich hat sich dann auch nach anfänglichem Schwanken das Reichsgericht in ständiger Rechtsprechung (vgl. zuletzt RGSt. **59** 199; **61** 20; **66** 328) und mit ihm die im Schrifttum überwiegende Meinung zu der Lehre von der Doppelnatur bekannt, ohne daß dabei berechtigte verfahrensrechtliche Anliegen zu kurz gekommen wären.

Die **Doppelnatur** war bei dieser Handhabung, ähnlich wie etwa die Doppelnatur der materiellen Rechtskraft (Rdn. 53) lediglich ein **Gegenstand dogmatischer Bemühungen ohne praktische Bedeutung.** Denn wo die Doppelnatur in der Rechtsprechung in Anspruch genommen wurde, um praktische Folgerungen daraus zu ziehen, geschah dies in einer Zeit, in der Wesen und Wirkungen der Prozeßvoraussetzungen als stets von Amts wegen zu berücksichtigender Verfahrenshindernisse noch nicht voll erkannt waren, so wenn RGSt. **12** 434 aus der materiellrechtlichen Natur der Verjährung die Folgerung ableitete, daß eine nur auf Verletzung materiellen Rechts gestützte Revisionsrüge auch die Nachprüfung der Verjährung ermögliche oder wenn unter der Herrschaft des § 340 a. F. StPO, der bei der Sprungrevision grundsätzlich die Rüge der Verletzung von Verfahrensrecht ausschloß, die Rüge fehlerhafter Anwendung der Verjährungsvorschriften mit der Begründung für zulässig erklärt wurde, daß die Vorschriften über die Verjährung nicht ausschließlich dem Verfahrensrecht angehörten (so RGSt. **59** 199; **66** 328). In beiden Fällen hätte es bei der heutigen Auffassung vom Wesen des Verfahrenshindernisses eines Rückgriffs auf die Doppelnatur nicht bedurft. **80**

2. Die **praktische Bedeutung** der Lehre von der Doppelnatur zeigt sich aber, wenn die Frage auftaucht, ob eine durch Gesetz erfolgende Verlängerung von Verfolgungsverjährungsfristen bei bestimmten Delikten auch vor dem Inkrafttreten des Gesetzes begangene Taten erfaßt und ob die Verlängerung gar auch eine Verfolgung solcher Taten ermöglicht, bei denen die Verjährungsfrist des alten Rechts bei Inkrafttreten der neuen Vorschrift schon abgelaufen war, nicht aber die verlängerte Verjährungsfrist des neuen Rechts. **81**

a) **Als Art. 103 Abs. 2 GG noch nicht galt,** hinderte das Rückwirkungsverbot des § 2 Abs. 3 StGB den Gesetzgeber jedenfalls nicht daran, noch nicht abgelaufene Verjährungsfristen zu verlängern. Bei rein prozessualer Auffassung der Verjährung setzte er sich mit diesem Verbot überhaupt nicht in Widerspruch, vom Standpunkt der rein materiellrechtlichen Würdigung oder der Lehre von der Doppelnatur aus gesehen bestanden keine rechtlichen Hindernisse, den § 2 Abs. 3 StGB einzuschränken, und es konnte nur die Frage sein, ob es bei einer Verjährungsverlängerung im Willen des Gesetzgebers lag, daß bei bereits begangenen Taten § 2 Abs. 3 zurücktreten und einer Verfolgung der Tat innerhalb der neuen Verjährungsfrist nicht entgegenstehen solle. In dieser Weise hat im Jahre 1942 RGSt. **76** 64 das Problem angefaßt und hat, ohne zu Auseinandersetzungen über die rechtliche Natur der Verjährung genötigt zu sein, darauf abgestellt, daß nach dem Willen des Gesetzgebers die verlängerte Verjährungsfrist auch für die vor dem Inkrafttreten der Verlängerung begangenen Taten gelten solle. Die Frage nach der Rechtsnatur der Verjährung konnte aber nicht offen bleiben, wenn die Frage zu beantworten war, ob die Verlängerung einer Verjährungsfrist auch die Verfolgung **82** solcher Taten ermöglichte, bei denen die Verjährung nach dem früheren Recht bereits abgelaufen war, als die die Verjährung verlängernde Vorschrift in Kraft trat. Denn bei materiellrechtlicher Betrachtungsweise war dann der staatliche Strafanspruch bereits erloschen und konnte nach den Gesetzen der Rechtslogik nicht wieder aufleben. RGSt. **76** 159 vertrat, dieser Frage gegenübergestellt, die Auffassung, bei der Verjährung handele es sich um ein rein verfahrensrechtliches Institut. Es begründe nur ein Verfahrenshindernis; sachlichrechtlich ändere der Zeitablauf nichts an der Schuld des Täters und seiner Strafbarkeit; werde die Vorschrift, die das Verfahrenshindernis begründet, nach der Tatbegehung beseitigt, so sei die Verfolgung der Tat von da ab ebenso zulässig, wie wenn ihr von Anfang an kein Hindernis entgegengestanden hätte. Damit war in der Rechtsprechung des Reichsgerichts der Übergang zur rein verfahrensrechtlichen Wertung der Verjährung vollzogen. Das Schrifttum folgte dem in weitem Umfang (vgl.z. B. *Eb. Schmidt* I 188; *Schönke-Schröder*[17] 3; LK — Mösl 5, 6 je zu § 66 a. F.), ohne daß man indessen von einer herrschenden Meinung sprechen könnte.

83 **b) Unter der Herrschaft des Art. 103 Abs. 2 GG** stand die Frage der Rechtsnatur der Verjährung unter dem Gesichtspunkt der Möglichkeit einer nachträglichen gesetzlichen Verjährungsfristverlängerung wiederholt im Brennpunkt der Erörterungen, und zwar mit unterschiedlichen Ergebnissen. Anlaß zu Erörterungen boten zunächst die nach Kriegsende von den Ländern erlassenen Vorschriften, wonach Taten, deren Verfolgung in den Jahren 1933 bis 1945 aus politischen Gründen unterblieben war, trotz inzwischen eingetretener Verjährung verfolgt werden konnten. Ihre Grundgesetzmäßigkeit wurde von BVerfGE **I** 418 bejaht. Da diesen Gesetzen der Gedanke eines partiellen Stillstands der Rechtspflege während der NS-Zeit zugrunde liegt, ergeben sich gegen ihre Gültigkeit auch bei (zugleich) materiellrechtlicher Bewertung der Verjährung keine Bedenken. Unabhängig davon schlossen sich aber BGHSt. **2** 300, 305; **4** 382; NJW **1952** 271 der Auffassung von RGSt. **76** 159 an und verneinten auch mit dem Hinweis auf den rein verfahrensrechtlichen Charakter der Verjährung einen Widerspruch mit Art. 103 Abs. 2 GG, wenn durch Gesetz rückwirkend die Verjährungsfrist verlängert wird. Spätere Entscheidungen des BGH befassen sich dagegen nicht mehr mit dieser Frage. BGHSt. **11** 393, 395 besagt lediglich, wenn auch unter Hinweis auf BGHSt. **2** 300, die Verjährung sei ein Verfahrenshindernis, läßt also offen, ob sie nur ein Verfahrenshindernis sei; BGHSt. **18** 274, 277 (bei Prüfung der Frage, ob der Grundsatz in dubio pro reo auch für die Verjährung gilt) und BGHSt. **21** 232, 237 lassen die Rechtsnatur der Verjährung offen, und BGHSt. **21** 367 betr. die Bedeutung einer nachträglichen Verkürzung der Verjährungsfrist, gegen deren Vereinbarkeit mit Art. 103 Abs. 2 GG auch vom Standpunkt der materiellrechtlichen Lehre und der Lehre von der Doppelfunktion keine Bedenken bestehen, legt sich nicht auf eine der Lehren von der Rechtsnatur der Verjährung fest, sondern prüft die Bedeutung der Verkürzung an Hand der drei Theorien.

84 c) Dagegen setzte sich bei den Erörterungen in der **großen Strafrechtskommission** über die künftige Regelung der Verjährung (Bd. 2 S. 329 ff. der „Niederschriften" [1958]) der Gedanke durch, daß die von der Rechtsprechung gezogene Konsequenz einer rein verfahrensrechtlichen Ausgestaltung, abgelaufene Verjährungsfristen rückwirkend durch Gesetz verlängern zu können, zur Rechtsunsicherheit führe und mit rechtsstaatlichen Grundsätzen nicht zu vereinbaren sei, und daß es deshalb geboten sei, die Doppelnatur der Verjährung, die dem Prozeßrecht beläßt, was es billigerweise beanspruchen kann, durch Aufnahme der Verjährungsvorschriften in das Strafgesetzbuch und eine verdeutlichende Umschreibung der Verjährungswirkung klarzustellen. Dem entsprach der StGB-Entw. 1962 (vgl. dazu die amtl. Begr. S. 257 ff.). Durch die Fassung

des § 127 Abs. 1: „Durch Verjährung werden die Ahndung der Tat und die Anordnung von Maßnahmen .... ausgeschlossen" sollte ermöglicht werden, „die Verjährung als Einrichtung sowohl des sachlichen als auch des Verfahrensrechts zu deuten" (Begr. zu § 127).

d) Frühere Erörterungen im Bundestag. Die Erwägung, daß gesetzgeberische **85**
Maßnahmen, die durch Rückwirkung eine sonst nicht bestehende Bestrafungsmöglichkeit eröffnen, mit **rechtsstaatlichen Vorstellungen** unverträglich sind, auch wenn sie im Gewand „lediglich" verfahrensändernder Vorschriften auftreten, bestimmte auch im Jahre 1960, als bei einer Berechnung der Verjährungsfrist ab Kriegsende (8. 5. 1945) die Verjährung der in der NS-Zeit begangenen Totschlagsdelikte bevorstand, den Bundestag, sich Wünschen auf Verlängerung noch laufender Verjährungsfristen für die in der Zeit vor dem 8. 5. 1945 begangenen Straftaten zu versagen (*Arndt* NJW **1961** 15).

e) Das Gesetz vom 13.4.1965. Der Streit entbrannte aber im Jahre 1965 in vol- **86**
ler Heftigkeit, als auch die Verjährung der in der NS-Zeit begangenen **Mordtaten** bevorstand. Jetzt wurde weithin in der öffentlichen Diskussion die Verlängerung der Verjährungsfrist gefordert, aber unter Ausschluß der Verlängerung („Wiedereröffnung") in den Fällen, in denen die Verjährung bereits eingetreten sei. Art. 103 Abs. 2 GG, so wurde etwa geltend gemacht, stehe einer Verlängerung nicht entgegen, da die Verjährung rein verfahrensrechtlichen Charakter trage und Art. 103 Abs. 2 GG das Vertrauen des Rechtsunterworfenen auf eine bestehende Rechtslage nur insoweit schützen wolle, als es schutzwürdig sei; das aber sei nur der Fall, soweit es sich um den Straftatbestand und die Höhe der angedrohten Strafe handele. Das Verbot der Wiedereröffnung der Verfolgbarkeit nach bereits eingetretener Verjährung aber ergebe sich aus dem allgemeinen Rechtsstaatsprinzip — nicht aus Art. 103 Abs. 2, der diese Frage nicht betreffe. Der aus dem rechtsstaatlichen Prinzip der Rechtssicherheit abgeleitete Vertrauensgrundsatz verbiete, den, der bereits den Besitzstand der Nichtverfolgbarkeit erlangt habe, in seinem Vertrauen zu enttäuschen. Abweichende Auffassungen gingen von einem anderen Verständnis des Rückwirkungsverbots aus, nämlich dem der auch in zeitlicher Hinsicht objektiven Begrenzung der Strafgewalt des Staates, die nicht nachträglich erweitert werden könne. Das im Widerstreit der Meinungen zustande gekommene Gesetz über die Berechnung strafrechtlicher Verjährungsvorschriften vom 13.4.1965 (BGBl. **I** 315) sollte die Weiterverfolgung von NS-Mordtaten bis zum 31. 12. 1969 ermöglichen, soweit sie nicht bei Inkrafttreten des Gesetzes bereits verjährt waren. Um das Ziel zu erreichen, wurde indessen nicht der Weg einer förmlichen Verlängerung der Verjährungsfrist gewählt, sondern im Gesetz ausgesprochen, es bleibe bei der Berechnung der Verjährungsfrist die Zeit vom 8. 5. 1945 bis zum 31. 12. 1949 außer Betracht; in dieser Zeit habe die Verfolgungsverjährung geruht.

f) Dem anschließenden **Streit um die Verfassungsmäßigkeit** des Gesetzes berei- **87**
tete BVerfGE **25** 269 = NJW **1969** 1059 ein Ende, das seine Grundgesetzmäßigkeit bejahte. Zwar habe, so wird in der (nicht einstimmig, sondern nur mit Stimmenmehrheit gefaßten) Entscheidung ausgeführt, die Verfolgung nicht i. S. des § 69 a. F. StGB „geruht", denn eine Verfolgung dieser Taten sei in der Zeit vom 8. 5. 1945 bis 31. 12. 1949 möglich gewesen. Im Ergebnis stelle sich daher die Feststellung des Ruhens als eine Verlängerung der Verjährungsfristen dar. Diese sei aber nicht grundgesetzwidrig, da Art. 103 Abs. 2 GG nur die rückwirkende Strafbegründung und rückwirkende Strafverschärfung verbiete; eine Verlängerung oder Aufhebung von Verjährungsfristen falle aus dem Geltungsbereich des Art. 103 Abs. 2 GG heraus, da solche Vorschriften nur die Verfolgbarkeit beträfen, die Strafbarkeit aber unberührt ließen. Die Verlängerung

stehe auch nicht im Widerspruch mit dem Rechtsstaatsprinzip und dem ihm immanenten Postulat der Rechtssicherheit, die für den Bürger in erster Linie Vertrauensschutz bedeute. Denn zur Rechtsstaatlichkeit gehöre nicht nur die Rechtssicherheit, sondern auch die materielle Gerechtigkeit und bei einem Widerstreit dieser Prinzipien sei es Aufgabe des Gesetzgebers, sich für die eine oder andere Seite zu entscheiden; geschehe dies ohne Willkür, so könne die gesetzgeberische Entscheidung aus Verfassungsgründen nicht beanstandet werden. Insbesondere könne sich der Bürger nicht auf den Vertrauensschutz berufen, wenn sein Vertrauen auf den Fortbestand einer gesetzlichen Regelung eine Berücksichtigung durch den Gesetzgeber billigerweise nicht beanspruchen könne. Das aber sei hier der Fall, da die Verlängerung der (noch nicht abgelaufenen) Verjährungsfristen für die Verfolgung von Verbrechen, die mit lebenslanger Freiheitsstrafe bedroht sind, keinen verfassungsrechtlich relevanten Vertrauensschaden zur Folge habe; die Hoffnung des Täters, bis zum Ablauf der regulären Verjährungsfrist unverfolgt zu bleiben, sei bei der Schwere der in Frage stehenden Taten so wenig schutzbedürftig wie etwa die bei Tatbegehung gehegte Erwartung eines Mörders, die Spuren seines Verbrechens zu verwischen und dadurch der angedrohten Strafe entgehen zu können. Ebenso werde der gleichfalls vom Rechtsgedanken umfaßte Grundsatz der Verhältnismäßigkeit durch die Verlängerung nicht verletzt; angesichts der gesetzgeberischen Bewertung des Mordes und der Höhe der angedrohten Strafe liege in der Verlängerung der Verjährungsfristen keine übermäßige Ausweitung der staatlichen Strafgewalt. Endlich sei auch der Gleichheitssatz (Art. 3 Abs. 1 GG) nicht verletzt, denn die Verlängerung oder Aufhebung der Verjährungsfrist bei den mit lebenslanger Freiheitsstrafe bedrohten Verbrechen sei sachlich vertretbar und widerspreche nicht dem Sinn und Zweck der Verjährung.

88 **g) Das Gesetz vom 4. 8. 1969.** Mit dieser Entscheidung war der Boden bereitet für weitere gesetzgeberische Maßnahmen hinsichtlich der Verjährungsverlängerung, als sich im Jahre 1969 herausstellte, daß die durch das Gesetz vom 13. 4. 1965 durchgeführte Verjährungsfristverlängerung bis zum 31. 12. 1969 nicht ausreichte. Die Verlängerung erfolgte nunmehr in allgemeiner Form durch das 9. Strafrechtsänderungsgesetz vom 4. 8. 1969 (BGBl. I 1065), das bei schweren Straftaten neue Verjährungsfristen einführte und Völkermord (§ 220 a) für unverjährbar erklärte (§§ 66 Abs. 2, 67 Abs. 1, 2 a. F.). Auch diese Verlängerung bewirkte nicht die Wiedereröffnung der Verfolgbarkeit, wenn bei Inkrafttreten des Gesetzes bereits Verjährung eingetreten war (Art. 3).

89 **3. Die Rechtsnatur der Verjährung nach geltendem Recht.** Der Streit um die Rechtsnatur der Verjährung besteht auch jetzt noch weiter. Er ist insbesondere durch die seit dem 1. 1. 1975 geltenden neuen Verjährungsvorschriften (§§ 78 ff. StGB) nicht berührt worden. Bei den parlamentarischen Erörterungen dieser Vorschriften im StRABTag wurde die Frage der Rechtsnatur offen gelassen (vgl. Ausschußbericht BTDrucks. V 4095 S. 43, Prot. V/2069 ff., 2125). Die Fassung des § 78 Abs. 1 („Die Verjährung schließt die Ahndung der Tat und die Anordnung von Maßnahmen .... aus") entspricht sachlich dem Fassungsvorschlag des § 127 StGB-Entw. 1962 (oben Rdn. 84), der der Qualifizierung der Verjährung als gemischtes Institut Raum lassen sollte. Nach wie vor besteht gegen die allein auf dem Gedanken der Beweisschrumpfung beruhende rein prozessuale Wertung der Verjährung der Einwand, daß sie gewisse Abstufungen der Verjährungsfrist (vgl. insbes. § 78 Abs. 3 Nr. 1, 2) und die Unverjährbarkeit des Völkermords (§ 78 Abs. 2) nicht zu erklären vermag, Bedenken, die auch von Anhängern der Verfahrenstheorie nicht verkannt werden (vgl. z. B. LK-*Mösl* 6 am Ende zu § 66 a. F. StGB). Es läßt sich daher mit gleich gutem oder gar noch besserem Grund als bisher vertreten, daß dem Gesetz die gemischte Theorie entspricht (ebenso *Dreher*

Vorbem. 3 A vor § 78; *Lackner* § 78, 1). Auch der Gesetzgeber hat, sieht man von der durch die Besonderheit der Umstände begründeten Regelung durch das Gesetz vom 4. 8. 1969 ab, bei Neuregelung von Verjährungsvorschriften, die mit einer Verlängerung der Verjährungsfrist verbunden sind, Übergangsvorschriften erlassen, die auf ein Rückwirkungsverbot hinauslaufen und damit — auch wenn dafür nur „Billigkeitsgründe" angeführt werden — den Folgerungen Rechnung tragen, die sich aus der Lehre von der Doppelnatur der Verjährung ergeben. So bestimmte aus Anlaß der Neuregelung des Rechts der Ordnungswidrigkeiten durch das OWiG vom 24. 5. 1968 der Art. 155 Abs. 2 EGOWiG, daß die Vorschriften des neuen Rechts über die Verfolgungsverjährung (§§ 27 ff. a. F.) auch für die vor dem Inkrafttreten des Gesetzes begangenen Taten gelten, jedoch die Verjährungsfristen des bisherigen Rechts maßgebend sind, wenn sie kürzer sind als die des neuen Rechts. Und die gleiche Regelung aus Anlaß des Inkrafttretens neuer Verjährungsvorschriften für Straftaten (§§ 78 ff. StGB) und Ordnungswidrigkeiten (§§ 31 ff. OWiG in der Fassung vom 2. 1. 1975, BGBl. I 81) am 1. 1. 1975 sieht Art. 309 EGStGB vor.

4. **Wirkung der Verjährung.** Wie bereits ausgeführt, führt auch die Auffassung **90**
der Verjährung als eines gemischt materiell- und verfahrensrechtlichen Instituts dazu, daß im Verfahren die prozessuale Wirkung als Verfahrenshindernis voll zum Ausdruck kommt. Auf die Verjährung ist also in jeder Lage des Verfahrens von Amts wegen zu achten. Die Feststellung erfolgt, auch in der Revisionsinstanz, mit den Mitteln des Freibeweises. Zu der Frage, ob das Revisionsgericht an die tatsächlichen Feststellungen der Vorinstanz gebunden ist, die sich auf den Zeitpunkt der Tatbegehung beziehen, vgl. Kap. 11, 29 ff. Beschränkt sich eine Revision auf die Rüge unrichtiger Anwendung der Verjährungsvorschriften, so führt dies ohne weiteres auch zur Nachprüfung der sachlichrechtlichen Würdigung des Sachverhalts, da die Frage, ob die Tat verjährt ist, sich gemäß § 78 StGB danach richtet, mit welcher Strafe die Tat bedroht ist und diese Frage sich erst bei rechtlich zutreffender Einordnung der Tat beantworten läßt (BGHSt. **2** 385). Kommen für eine Einstellung sowohl Verjährung wie Niederschlagung in Betracht, so hat die Verjährung den Vorrang (RGSt. **53** 276; BGH NJW **1958** 1451; Kap. 11, 35). Bei Teilanfechtung, z. B. bei Beschränkung des Rechtsmittels auf den Strafausspruch oder auf eine Nebenstrafe oder Nebenfolge erfaßt auch hier (Kap. 11, 13) das Verfahrenshindernis den gesamten Urteilsausspruch. Bei Beschränkung der Anfechtung auf eine von mehreren selbständigen Taten ist, wenn das angefochtene Urteil auf eine Gesamtstrafe lautet, das Verfahren auch wegen der nicht angefochtenen Einzeltaten einzustellen, wenn die unter Übersehung der Verjährung erkannten Einzelstrafen in die Gesamtstrafe einbezogen sind (BGHSt. **8** 269). Voraussetzung für die Berücksichtigung ist aber eine fristgerechte Anfechtung (Kap. 11, 16 ff.).

VIII. Überlange Verfahrensdauer als Prozeßhindernis? **91**

Auch wenn es in der Strafprozeßordnung nicht ausdrücklich als Grundsatz ausgesprochen ist, hat nach durchaus herrschender Meinung der Beschuldigte ein Recht darauf, daß das Verfahren in angemessener Frist durchgeführt und er ohne vermeidbare Verzögerung abgeurteilt oder aus dem Verfahren entlassen wird; das ergibt sich aus Art. 6 Abs. I MRK[22] in Verb. mit zahlreichen Einzelvorschriften der StPO, die, wie ins-

---

22 **Schrifttum:**
Kramer Die europäische Menschenrechtskonvention und die angemessene Dauer von Strafverfahren und Untersuchungshaft, Diss. Tübingen 1973.

bes. § 121 (Sechsmonatsgrenze der Untersuchungshaft) eine Beschleunigung des Verfahrens bezwecken. Es ist indessen eine vielbeklagte Erfahrungstatsache, daß sich häufig Strafverfahren aus den verschiedensten Gründen übermäßig in die Länge ziehen, zum Schaden der Wahrheitsfindung, des Vertrauens der Öffentlichkeit in die Funktionstüchtigkeit der Strafrechtspflege, aber auch, soweit er nicht selbst auf eine Verschleppung des Verfahrens hinarbeitet, zum Schaden des Beschuldigten durch schwere wirtschaftliche und psychische Belastung und nachteilige Auswirkungen auf seine Resozialisierung. Eine Beschleunigung des Strafverfahrens herbeizuführen ist, wie oben Kap. 5 dargestellt, das Ziel des 1. StVRG v. 9. 12. 1974.

92 **Keine geeignete Lösung** bedeutet aber der vereinzelt in der Rechtsprechung (LG Frankfurt JZ **1971** 234; LG Krefeld JZ **1971** 733; OLG Koblenz NJW **1972** 404) und im Schrifttum (vgl. u. a. *Schwenk* ZStW **79** [1967] 721, 736; *Bruns* im Referat beim 50. DJT 1974 [Sitzungsbericht K 82]; *Hillenkamp* JR **1975** 133) unternommene Versuch, aus Art. 6 Abs. 1 MRK oder aus dem Gesichtspunkt einer Verwirkung des staatlichen Strafanspruchs ein **Verfahrenshindernis der überlangen Verfahrensdauer** herzuleiten, das der Fortsetzung eines bereits unverhältnismäßig langandauernden Verfahrens entgegenstehe. Das scheitert einmal an der Verkennung des Begriffs des Verfahrenshindernisses, der (Kap. 11, 7) durch die Anknüpfung an bestimmte Tatsachen charakterisiert ist, im übrigen auch daran, daß das Gesetz an eine Verletzung des Beschleunigungsverbots gerade keine verfahrensrechtliche Sanktion knüpft. Und das aus guten Gründen, weil es bei der Verschiedenheit der eine Verfahrensverzögerung verursachenden Gründe keinen zuverlässigen Maßstab zur Beurteilung gibt, wann es aus Gründen der Rechtsstaatlichkeit geboten sein könnte, einem lang andauernden Verfahren ein Ende zu bereiten.

93 Es ist nämlich zu erwägen: Auf die lange **Dauer** des Verfahrens **allein** kann es auch dann **nicht** ankommen, wenn sie nicht auf das Verhalten des Beschuldigten zurückzuführen ist. Wenn das Gericht das Äußerste tut, um der Wahrheitserforschungspflicht (§ 244 Abs. 2) zu genügen, wenn es etwa sich um die Ermittlung schwer auffindbarer Zeugen bemüht, die Wiedergesundung eines lange schwer erkrankten wichtigen Zeugen abwartet usw., kann die dadurch verursachte lange Verfahrensdauer unmöglich einen Grund zum Abbruch des Verfahrens bilden. Es müßten also, wenn man den Gedanken einer Verwirkung des Strafanspruchs in Erwägung zieht, schon verschuldete schwere Versäumnisse der Strafjustizbehörden vorliegen, die es als „illoyal" erscheinen lassen, daß der verfolgende Staat nicht dem Beschuldigten die unzumutbare Last des Verfahrensdruckes abnimmt. Aber wie sollte die Grenze sinnvoll gezogen werden? Sollte es etwa — um nur ein Beispiel zu nennen — schon genügen, wenn nicht nur das erste Urteil der Strafkammer in einem Monstreverfahren von sehr langer Dauer, sondern nach Aufhebung und Zurückverweisung durch die Revisionsinstanz auch ein zweites und drittes Urteil das gleiche Schicksal erleiden und sich jeweils wieder ein langes Verfahren im ersten Rechtszug anschließt? Erkennbar entspricht hier die Bejahung nicht den Absichten des Gesetzes, denn es gehört zu dem durch die Straftat ausgelösten Risiko des Angeklagten, daß nicht schon alsbald und nicht schon im ersten Rechtszug die „richtige", d. h. die endgültige Entscheidung getroffen wird (II 4 zu § 467). Mit Recht lehnt deshalb im Ergebnis die in Rechtsprechung und Schrifttum ganz überwiegend vertretene Auffassung ein Verfahrenshindernis der überlangen Verfahrensdauer ab (BGHSt. **21** 81 = NJW **1966** 2023; BGHSt. **24** 239 = NJW **1972** 402; OLG Stuttgart NJW **1967** 508; Karlsruhe NJW **1972** 1907; Hamm NJW **1975** 703; *Jescheck* JZ **1970** 204; *Hanack* JZ **1971** 705; *Kern-Roxin* § 16 B; offengelassen von OLG Stuttgart JZ **1974** 268). Eine übermäßige Länge des Strafverfahrens wird generell dadurch

ausgeschlossen, daß nach § 78 c Abs. 3 StGB mit dem Ablauf des Doppelten der gesetzlichen Verjährungsfrist das Verfahrenshindernis der Verjährung eintritt. Das gilt aber gerade nicht, wenn vor Ablauf der Verjährungsfrist ein Urteil des ersten Rechtszuges ergangen ist (§ 78 c Abs. 3 Satz 3 in Verb. mit § 78 b Abs. 3 StgB); es käme also auf eine Unterlaufung dieser Vorschrift hinaus, wenn an die Stelle der ausgeschlossenen Verjährung als Verfahrenshindernis die überlange Dauer des Verfahrens fungieren könnte.

Um **Härten auszugleichen,** bleibt die Möglichkeit, eine deutlich dem Beschleuni- **94**
gungsgebot zuwiderlaufende Verfahrensverzögerung, die nicht auf das Verhalten des Angeklagten zurückzuführen ist, bei der Strafzumessung angemessen zu berücksichtigen (BGHSt. **24** 239). Abzulehnen ist dagegen auch die Auffassung (vgl. *Kohlmann* Festschrift für *Maurach* [1972] 501), daß im Ermittlungsverfahren der Beschuldigte gegen eine Verletzung des Beschleunigungsgebots nach §§ 23 ff. EGGVG vorgehen könne; vgl. aber wegen der Zulässigkeit einer Untätigkeitsklage nach § 27 EGGVG Anm. 9 f. zu § 23 EGGVG. — Die strafrechtliche Abteilung des 50. DJT 1974 schlug vor, „zu prüfen, in welchen Fällen die überlange Dauer des Ermittlungsverfahrens dem Beschuldigten bzw. Angeklagten eine **prozeßhindernde Einrede** gewährt" (Sitzungsbericht K 271). Gedacht war dabei — als strafprozessuales Novum — an eine echte, durch Antrag des Beschuldigten geltend zu machende Einrede (*Bruns* Sitzungsbericht K 83).

IX. Eigenschaften und Beziehungen der Beteiligten. **95**

1. Lebensalter des Beschuldigten.

Die Vorschriften in §§ 50 ff. ZPO über die Parteifähigkeit und Prozeßfähigkeit finden im Strafverfahren auf den Beschuldigten keine Anwendung. Die strafrechtliche Verantwortlichkeit ist untrennbar vom Beschuldigten; eine Vertretung ist hierin ausgeschlossen; der Beschuldigte muß seine Rechte grundsätzlich selbst wahrnehmen (RGRspr. **7** 377; *Beling* 180). § 19 StGB, der an die Stelle des früheren § 1 Abs. 3 JGG getreten ist, schließt aber, indem er durch Ausspruch der Schuldunfähigkeit für das sachliche Recht die strafrechtliche Verantwortlichkeit des zur Zeit der Tat noch nicht vierzehn Jahre alten Täters verneint, zugleich das verfahrensrechtliche Verbot einer strafgerichtlichen Verfolgung in sich (RGSt. **57** 207; *Dreher* § 19, 2). Ergibt sich in der Verhandlung, daß der Angeklagte zur Zeit der Tat noch nicht vierzehn Jahre alt gewesen war, so ist er nicht freizusprechen, sondern das verbotswidrig betriebene Verfahren einzustellen, und zwar ohne Rücksicht darauf, ob er zur Zeit der Eröffnung der gerichtlichen Untersuchung oder der Aburteilung das vierzehnte Lebensjahr vollendet hatte (vgl. zu dieser umstrittenen und auch durch den neuen § 19 StGB nicht entschiedenen Frage *Dallinger-Lackner* § 1 JGG, 3 g ff. mit reichen Schrifttumsangaben; *Peters* ZStW 68 (1956) 389; *Brunner*[4] § 1 JGG, 3 b). Die materiellrechtliche Grundlage des Verfahrenshindernisses muß hier aber dazu führen, daß bei unaufklärbaren Zweifeln über das Alter zur Zeit der Tatbegehung nach dem Grundsatz in dubio pro reo zu verfahren ist (BGHSt. **5** 366; **18** 274; *Dallinger-Lackner* 9).

Nach § 80 JGG kann *gegen* einen Jugendlichen (d. h. eine Person, die zur Tat- **96**
zeit jugendlich war, mag sie auch zu der Zeit, zu der der Verletzte gegen sie vorgehen will, das 18. Lebensjahr vollendet haben; *Dallinger-Lackner* 4 zu § 80) **Privatklage** nicht erhoben werden; das fehlende Alter ist hier Verfahrenshindernis. Dagegen ist gegen einen jugendlichen Privatkläger (bei der Klageerhebung vertreten durch seinen gesetzlichen Vertreter) Widerklage zulässig (§ 80 Abs. 2 JGG).

97 **2. Verhandlungsunfähigkeit.**

a) Grundsatz.

Das ordentliche Verfahren findet grundsätzlich nur statt, wenn der Beschuldigte nach seiner körperlichen und geistigen Beschaffenheit seine Rechte wahrzunehmen vermag, wenn er verhandlungsfähig ist. Verhandlungsunfähigkeit bildet also ein Verfahrenshindernis, das der Durchführung des Verfahrens entgegensteht. (BGH bei *Dallinger* MDR **1958** 141, 142; MDR **1968** 552; NJW **1970** 1981; **1975** 887; h. M.). Diese Wertung findet ihre Begründung darin, daß bei einem Betrieb des Verfahrens gegen den Verhandlungsunfähigen dieser sich nicht nur nicht verteidigen könnte, ihm also das rechtliche Gehör versagt würde, sondern daß auch mögliche Fehlerquellen vervielfacht würden. Dies gilt insbesondere für die Hauptverhandlung. „Denn die Anwesenheit eines verhandlungsunfähigen Angeklagten in der Hauptverhandlung gibt ein verzerrtes Bild seiner Persönlichkeit und den nur scheinbaren Eindruck einer umfassenden Verteidigung" (BGH NJW **1975** 887). **Zeitweilige** Verhandlungsunfähigkeit ist ein vorübergehendes (§ 205 StPO), **nicht behebbare** Verhandlungsunfähigkeit ein dauerndes Verfahrenshindernis (§ 206 a) [22a].

98 **b) Begriff.** Verhandlungsunfähigkeit, die nicht gleichbedeutend ist mit Schuldunfähigkeit (*Eb. Schmidt* I 145 Fußn. 260) liegt vor, wenn der Beschuldigte auf Grund seiner physischen und psychischen Verfassung nicht in der Lage ist, der Verhandlung zu folgen, die Bedeutung des Verfahrens sowie der einzelnen Verfahrensakte zu erkennen und sich sachgemäß zu verteidigen (BGH bei *Dallinger* MDR **1958** 141; KG NJW **1961** 2167; OLG Frankfurt NJW **1969** 570; Anm. 3 zu § 205). Ob die Verhandlungsunfähigkeit vom Angeklagten selbst herbeigeführt worden ist (z. B. durch einen mißglückten Selbstmordversuch), ist ohne Bedeutung (BGHSt. **19** 144).

99 c) Das **Revisionsgericht** muß von Amts wegen sowohl prüfen, ob der Angeklagte zur Zeit der Hauptverhandlung vor dem Tatrichter verhandlungsfähig war, als auch, ob er gegenwärtig verhandlungsfähig ist, also, wenn ihn ein Leiden am Erscheinen vor dem Revisionsgericht hindert, ob er genug Kraft und Klarheit hat, um mit seinem Verteidiger zu verhandeln und ihm alles mitzuteilen, was zu seiner Verteidigung vorgebracht werden kann (RG HRR **1936** Nr. 1477). Der Verzicht des Gesetzes auf die Anwesenheit in der Revisionshauptverhandlung (§ 350 Abs. 2) umfaßt naturgemäß nicht auch den Verzicht auf die Verhandlungsfähigkeit, wenn deren Fehlen dem Angeklagten die Wahrnehmung seiner Verteidigung unmöglich macht. Zur Frage, ob in der Revisionsinstanz die im angefochtenen Urteil getroffene Feststellung der Verhandlungsfähigkeit einer Nachprüfung des Revisionsgerichts in tatsächlicher Beziehung entzogen ist, vgl. Kap. 11, 32.

100 **d) Bewußte Herbeiführung der Verhandlungsunfähigkeit** [23].

Eine **Ausnahme** von dem Erfordernis der Verhandlungsfähigkeit ist nach den Erfahrungen aus jüngster Zeit unvermeidlich, wenn der Angeklagte bewußt („vorsätzlich und schuldhaft") seine Verhandlungsunfähigkeit, z. B. auch durch Eintritt in einen

---

[22a] Bei beschränkter Verhandlungsfähigkeit – der Angeklagte ist infolge seines Zustandes an jedem Tag nur auf Stunden beschränkt verhandlungsfähig – wirkt sich das Verfahrenshindernis dahin aus, daß ohne ihn jeweils nach Eintritt der Verhandlungsfähigkeit nicht weiter verhandelt werden darf (BGHSt. **19** 144).

[23] **Schrifttum:**
Rieß Die Durchführung der Hauptverhandlung ohne Angeklagten. Zugleich ein Beitrag zum neuen § 231 a StPO JZ **1975** 265.

Hungerstreik, herbeiführt und dadurch wissentlich die ordnungsmäßige Durchführung oder Fortsetzung der Hauptverhandlung in seiner Gegenwart verhindert. Eine „Verhinderung der ordnungsmäßigen Durchführung“ ist dabei, soll der Zweck der Vorschrift erreicht werden, schon anzunehmen, wenn die normale Hauptverhandlung so langfristig verzögert wird, daß dadurch die Grenzen eines mit dem allgemeinen Beschleunigungsgebot noch zu vereinbarenden Abwartens überschritten werden (*Rieß* JZ **1975** 269). Dann wird die Hauptverhandlung in Abwesenheit des Angeklagten durchgeführt, soweit das Gericht nicht (zur Wahrheitserforschung) seine Anwesenheit für unerläßlich hält (§ 231 a a. F. StPO). Voraussetzung eines solchen Prozedierens ist — das erfordert der Grundsatz des rechtlichen Gehörs —, daß der Angeklagte nach Eröffnung des Hauptverfahrens Gelegenheit hatte, sich vor dem Gericht oder einem beauftragten Richter zur Anklage zu äußern (§ 231 a Abs. 1 Satz 2). Diese Gelegenheit zur Äußerung setzt indessen nach Sinn und Zweck der Vorschrift, eine Verfahrenssabotage durch bewußte Versetzung in den Zustand der Verhandlungsunfähigkeit zu verhindern, nicht voraus, daß der Beschuldigte verhandlungsfähig ist. Es genügt (ist aber auch erforderlich) der Besitz der **einfachen Vernehmungsfähigkeit,** die geringere Anforderungen als die Verhandlungsfähigkeit stellt und schon gegeben ist, wenn der Zustand des Angeklagten ihm erlaubt, den Gegenstand des Verfahrens zu erkennen und Erklärungen abzugeben (Bericht des Rechtsausschusses BTDrucks. 7 2989 vom 16. 2. 1974 S. 6; Abg. *Gädinger* in der 138. Sitzung des Bundestags vom 18. 12. 1974, Prot. S. 9502; *Rieß* NJW **1975** 93 Fußn. 183). Jedoch muß, um auch in solchem Fall die Verteidigungsrechte des der Hauptverhandlung fernbleibenden Angeklagten nicht zu verkürzen, ihm ein Verteidiger bestellt werden, falls er einen solchen nicht schon hat (§ 231 a Abs. 4). Im übrigen beschränkt sich die Bedeutung des § 231 a auf den Fall, daß der Angeklagte „noch nicht über die Anklage vernommen war“. „Vernehmung über die Anklage“ ist dasselbe wie „Aussage zur Sache“ i. S. des § 243 Abs. 4 Satz 1 (wegen des Umfangs dieser Vernehmung vgl. BGHSt. **25** 4 betr. Erörterung der Vorstrafen in Abwesenheit des Angeklagten). War er schon über die Anklage vernommen — sei es dadurch, daß er in Ausübung seines Wahlrechts (§ 243 Abs. 4) eine Äußerung zur Anklage ablehnte, oder daß die Vernehmung des aussagebereiten Angeklagten grundsätzlich abgeschlossen war (Anm. 5 a zu § 231) —, und versetzt er sich jetzt in den Zustand der Verhandlungsfähigkeit, so findet nicht § 231 a, sondern § 231 Abs. 2 Anwendung.

e) Verhandlungsunfähigkeit **des zur Tatzeit Schuldunfähigen** steht der Durch- **101**
führung des **Sicherungsverfahrens** nicht entgegen (§ 415). Der **Tod** des Beschuldigten hat mit Verhandlungsunfähigkeit nichts zu tun; er setzt dem subjektiven Verfahren ohne weiteres, und ohne daß eine einstellende Entscheidung in Betracht käme, ein Ende (OLG Hamm NJW **1970** 1030). Der Tod ist kein Verfahrenshindernis, vielmehr ist begrifflich ein subjektives Verfahren mit dem Ziel der Feststellung, ob Rechtsfolgen aus Anlaß einer rechtswidrigen Tatbestandsverwirklichung auszusprechen sind, ausgeschlossen, da solche Folgen gegen den Toten nicht angeordnet werden können (*Eb. Schmidt* I 149; allg. M.; s. auch Anm. 5 zu § 467 StPO.

3. Abwesenheit des Angeklagten[24]. **102**

Bei der Frage, inwieweit Abwesenheit des Beschuldigten ein Verfahrenshindernis bildet, ist zu unterscheiden

---

[24] **Schrifttum:**
Küper Kontumazialverfahren, Anordnung des persönlichen Erscheinens und Abwesenheitsverhandlung, NJW **1969** 493; *Rieß* Die Durchführung der Hauptverhandlung ohne Angeklagten, JZ **1975** 265.

a) Verfahren gegen Abwesende i. S. des § 276.

Nach § 285 findet gegen einen i. S. des § 276 Abwesenden keine Hauptverhandlung statt; es kommt nur eine Beweissicherung für den Fall künftiger Gestellung und unter den Voraussetzungen des § 290 die Vermögensbeschlagnahme als psychischer Gestellungszwang und (oder) als Mittel in Betracht, eine Verwendung des Vermögens zur Begehung strafbarer Handlungen zu unterbinden. Der Sinn der durch das EGStGB 1974 durchgeführten vollständigen Beseitigung des Kontumazialverfahrens[25] ist, daß das ordentliche Verfahren nur stattfinden soll, wenn sich der Beschuldigte im tatsächlichen Machtbereich der deutschen Gerichtsbarkeit befindet, so daß das erkennende Gericht den Beschuldigten vor sich bringen und das Urteil über ihn gestalten kann, indem es ihn sieht und hört (RGSt. **52** 37; **70** 176). Die Abwesenheit i. S. des § 276 stellt sich hiernach als ein Verfahrenshindernis (§ 205) für das ordentliche Verfahren dar. Damit ist nicht unvereinbar, daß gegenüber durchreisenden Ausländern mit bekanntem Auslandsaufenthalt die neuere Gesetzgebung in §§ 127 a, 132 gewisse Sicherungs- und Gestellungsmittel vorsieht und bei ihnen, wenn Zustellungsmöglichkeiten bestehen, ggf. auch die Zustellung eines Strafbefehls in Betracht kommt (vgl. *Rieß* JZ **1975** 268 m. w. Nachw.). Auch das sog. Ungehorsamsverfahren des § 232 stellt keine Ausnahme dar, denn es findet nicht auf Grund einer Ladung durch öffentliche Bekanntmachung statt, d. h. es setzt voraus, daß der Aufenthalt des Angeklagten bekannt ist und er sich im Machtbereich der deutschen Gerichtsgewalt aufhält und für sie erreichbar ist.

103 **b) Hauptverhandlung gegen den nicht anwesenden Angeklagten.**

Auch wenn die Voraussetzungen des § 276 nicht vorliegen, findet gegen einen Angeklagten, der ausbleibt (also nicht anwesend ist), eine Hauptverhandlung grundsätzlich nicht statt. Das ergibt sich aus § 230 Abs. 1, aus der Anwesenheitspflicht des erschienenen Angeklagten (§ 231), und im übrigen daraus, daß Ausnahmen von dem Grundsatz des § 230 Abs. 1 (darüber Rdn. 104) nur unter genau umschriebenen Voraussetzungen zulässig sind. Die Durchführung der Hauptverhandlung in Abwesenheit des Angeklagten, soweit sie nicht vom Gesetz zugelassen ist, ist absoluter Revisionsgrund (§ 338 Nr. 5). Der Grund für diese Regelung ist auch hier, daß in aller Regel das Gericht seiner Pflicht zur Wahrheitserforschung nur umfassend genügen kann und das Recht des Angeklagten auf rechtliches Gehör umfassend nur gewährleistet ist, wenn das Gericht den Angeklagten vor sich sieht und seine Verteidigung hört (BGHSt. **3** 187, 190 = NJW **1952** 306; NJW **1975** 886; 1 zu § 230). Bei dieser Sachlage erhebt sich die Frage, ob auch hier eine durch Ausnahmevorschriften nicht gedeckte Abwesenheit des Angeklagten ein Verfahrenshindernis darstellt, das auch vom Revisionsgericht ohne besondere Rüge von Amtswegen zu beachten ist, oder ob (nur) ein Verfahrensverstoß vorliegt, der lediglich auf Grund einer entsprechenden form- und fristgerechten Verfahrensrüge zu berücksichtigen ist.

104 c) Dabei ist in Betracht zu ziehen, daß — anders als beim Verbot einer Hauptverhandlung gegen einen Abwesenden i. S. des § 276 — der Grundsatz des § 230, daß die Hauptverhandlung in Anwesenheit des Angeklagten stattfinden muß, von **Ausnahmen** durchbrochen ist und unter den im Gesetz genannten Voraussetzungen die Hauptverhandlung teils bei gänzlicher, teils wenigstens bei zeitweiliger Abwesenheit zulässig ist (vgl. §§ 231 Abs. 2, 231 a, 231 b, 232, 233, 247, 387, 411 Abs. 2). In der Berufungsin-

[25] Zur Entwicklungsgeschichte vgl. *Dünnebier* Das Kontumazialverfahren ist abgeschafft, in Festschrift für *Heinitz* (1972) 669.

stanz (vgl. § 332) kommt eine Hauptverhandlung gegen den ausgebliebenen Angeklagten ferner in Betracht, wenn über die Berufung der Staatsanwaltschaft oder die des gesetzlichen Vertreters des Angeklagten zu verhandeln ist (§ 329 Abs. 2, § 330 Abs. 2 Satz 2 Halbsatz 2). In der Hauptverhandlung der Revisionsinstanz ist die Anwesenheit des Angeklagten überhaupt nicht erforderlich (§ 350 Abs. 2). Wegen der Durchführung der Hauptverhandlung im Sicherungsverfahren in Abwesenheit des Beschuldigten vgl. § 415. Im übrigen ist der Anwesenheitsgrundsatz gegenstandslos, wo das Gesetz an das unentschuldigte Ausbleiben des Angeklagten, der Berufung oder Einspruch gegen den Strafbefehl eingelegt hat, die Folge der Verwerfung des Rechtsmittels oder Rechtsbehelfs ohne Verhandlung zur Sache knüpft (§§ 329 Abs. 1 Satz 1, 412).

d) Streit um die Bedeutung der Abwesenheit. **105**

In der Frage, ob die fehlende Anwesenheit des Angeklagten in der Hauptverhandlung für die Revisionsinstanz ein von Amtswegen zu berücksichtigendes Verfahrenshindernis bildet, oder ob die Verhandlung in Abwesenheit nur einen bei form- und fristgerechter Verfahrensrüge beachtlichen Verfahrensverstoß darstellt, gehen die Auffassungen auseinander (vgl. dazu ergänzend die Darstellung des Sach- und Streitstandes bei BGH NJW **1975** 885). Im Schrifttum wird die Frage teils im Sinn der ersten Alternative (so *Eb. Schmidt* JR **1969** 310; Lehrkomm. I 147; die Vorauflage dieses Kommentars S. 121; *Müller-Sax* 6 e zu § 338 — aber nur bei vollständiger Abwesenheit), teils im Sinn der zweiten Alternative beantwortet (so *Kleinknecht* 1 zu § 230). BGHSt. **15** 288 = NJW **1961** 567 hatte die Frage offengelassen; im übrigen war die Rechtsprechung des Bundesgerichtshofs zu einer Entscheidung, ob die Abwesenheit ein Verfahrenshindernis darstelle, nicht veranlaßt, weil da, wo die Abwesenheit eine Rolle spielte, eine zulässige Verfahrensrüge erhoben war (Nachw. BGH NJW **1975** 886). In der Rechtsprechung der Oberlandesgerichte wurde die Abwesenheit vielfach als Verfahrenshindernis gewertet (so OLG Karlsruhe MDR **1957** 760; Justiz **1969** 127; OLG Düsseldorf MDR **1958** 623; OLG Hamburg JR **1969** 310; OLG Köln GA **1971** 27). OLG Hamm NJW **1973** 2308 verneinte ein von Amtswegen zu berücksichtigendes Verfahrenshindernis jedenfalls dann, wenn der Angeklagte bereits vernommen war. Bei dem durch das Ergänzungsgesetz vom 20. 12. 1974 neu eingefügten § 231 a spielt übrigens die Frage nach der Bedeutung der durch eine gesetzliche Vorschrift nicht gedeckten Abwesenheit für die Revisionsinstanz insofern keine Rolle, als der Beschluß, in Abwesenheit des Angeklagten zu verhandeln, mit der sofortigen Beschwerde anfechtbar (§ 231 a Abs. 3 Satz 3) und damit die Frage, ob im Zeitpunkt der Beschlußfassung die Voraussetzungen des § 231 a vorlagen, der Prüfung im Revisionsverfahren entzogen ist (*Rieß* JZ **1975** 266, 270).

e) Neuestens hat der gemäß § 121 Abs. 2 GVG auf Vorlegung vom BayObLG NJW **1974** 664 ergangene Beschluß BGH NJW **1975** 885 mit ausführlicher Begründung in **verneinendem** Sinn zur Frage der Abwesenheit als eines in der Revisionsinstanz von Amtswegen zu berücksichtigenden Verfahrenshindernisses Stellung genommen. Ausgangspunkt ist, daß nach ständiger Rechtsprechung (Nachw. V zu § 338) bei *zeitweiliger* Abwesenheit der mit form- und fristgerechter Verfahrensrüge geltend gemachte absolute Revisionsgrund des § 338 Nr. 5 nur durchgreift, wenn sich die Abwesenheit auf einen wesentlichen Teil der Hauptverhandlung erstreckt. Ob das der Fall war, könne nur auf Grund einer dem § 344 Abs. 2 Satz 2 entsprechenden Rüge geprüft werden, in der im einzelnen angegeben ist, wann der Angeklagte abwesend war. Damit entfalle aber zugleich die Möglichkeit, die zeitweilige Abwesenheit unter dem Gesichtspunkt **106** eines Verfahrenshindernisses zu werten, denn „das Revisionsgericht wäre überfordert, wenn es immer von Amtswegen untersuchen müßte, ob der Angeklagte in einem Zeitpunkt abwesend war, in dem ein wesentlicher Teil der Hauptverhandlung stattfand" (S. 887). Es lasse sich dann aber auch nicht begründen, bei der rechtlichen Charakterisierung einen Unterschied zwischen einstweiliger und ständiger (völliger) Abwesenheit zu machen. Einer abweichenden Bewertung der ständigen Abwesenheit als Verfahrenshindernis stehe auch entgegen, daß es an einem Grund fehle, die Verhandlung bei völliger Abwesenheit aus der Masse sonstiger, nur mit der Verfahrensrüge angreifbarer Verfahrensverstöße durch Erhöhung der Abwesenheit zum Verfahrenshindernis auszusondern. Das Wesen des Verfahrenshindernisses bestehe darin, daß seine Beachtung nicht nur dem Interesse der jeweiligen Verfahrensbeteiligten, sondern der Wahrung übergeordneter Belange der Allgemeinheit oder sonstiger öffentlicher Interessen dienen solle, wie etwa bei der Rechtskraft der allgemeinen Rechtssicherheit, bei der Verjährung dem Rechtsfrieden. Derartige überindividuelle Interessen seien aber durch die ständige Abwesenheit des Angeklagten in der Hauptverhandlung nicht berührt. Diesem stehe es frei, das Urteil mit der naheliegenden Begründung seiner Nichtteilnahme an der Hauptverhandlung anzugreifen. Unterlasse er dies, weil er sich dadurch nicht beschwert fühle und etwa (nur) sachlich-rechtliche Fragen vom Revisionsgericht entschieden wissen wolle, so bestehe kein zwingender Anlaß, den Verfahrensmangel von Amtswegen zu berücksichtigen. Die Wertung der Verhandlungsunfähigkeit als Verfahrenshindernis werde hierdurch nicht berührt (oben Rdn. 97).

107 f) Dieser Entscheidung ist **im Ergebnis beizupflichten.** Der Kern des grundsätzlichen Rechts und der Pflicht des Angeklagten zur Anwesenheit ist die Sicherung seines rechtlichen Gehörs (*Rieß* JZ **1975** 267), wie sich schon daraus ergibt, daß nach § 231 Abs. 2 das Verfahren fortgesetzt werden kann, wenn der Angeklagte sich nach seiner Vernehmung über die Anklage entfernt. Die Gewährung des rechtlichen Gehörs dient in der Tat nur den individuellen Interessen des Angeklagten; zu deren Wahrung genügt es aber, wenn dem Angeklagten, der sich in seinem Anspruch auf Gehör beschwert fühlt, die Verfahrensrüge zur Verfügung steht. Durch die verfassungsrechtliche Garantie des rechtlichen Gehörs (Art. 103 Abs. 1 GG) ändert sich daran nichts; sie wirkt sich nur dahin aus, daß dem Angeklagten ggbf. auch die Verfassungsbeschwerde zur Verfügung steht. Gewiß ist eine weitere Seite des Anwesenheitsgrundsatzes die dem Gericht eröffnete bessere Möglichkeit der Wahrheitsfindung. Sie tritt aber an Bedeutung zurück; schließlich ist ja auch die Anwesenheit des Angeklagten für die Wahrheitsfindung ohne Bedeutung, wenn er in Ausübung seines Wahlrechts (§ 243 Abs. 4) sich darauf beschränkt, schweigend und passiv der Hauptverhandlung beizuwohnen. Davon abgesehen ist aber auch zunehmend der Anwesenheitsgrundsatz, und zwar gerade auch im Interesse einer funktionstüchtigen Strafrechtspflege, in einem Maße von Ausnahmen durchbrochen, daß ihm jene überragende Bedeutung und Singularität fehlt, die es rechtfertigen könnte, einem Verstoß unter Annahme eines Verfahrenshindernisses eine gegenüber anderen Verfahrensverstößen erhöhte Bedeutung beizumessen. Aus der Häufigkeit der Ausnahmen „ist zu entnehmen, daß der Gesetzgeber den Anwesenheitsgrundsatz nicht überbewerten wollte" (BGH NJW **1975** 886).

108 g) Unabhängig von der vorerörterten Frage ist anerkannt, daß das **unentschuldigte Ausbleiben** des Angeklagten **keine Verfahrensvoraussetzung** für die zugelassene **Verwerfung** seiner Berufung oder seines Einspruchs gegen den Strafbefehl ohne Verhandlung zur Sache ist. Es muß also zwar das verwerfende Gericht von Amtswegen prü-

fen, ob die Voraussetzungen einer Verwerfung ohne Eingehen auf die Sache vorliegen (wegen des Umfangs der Prüfungspflicht s. OLG Karlsruhe Justiz **1975** 35 m. Rechw.); für die Revisionsinstanz ist dagegen die Verkennung des Merkmals des unentschuldigten Ausbleibens nur ein auf Verfahrensrüge hin nachprüfbarer Verfahrensverstoß (vgl. BGHSt. **15** 287 = NJW **1961** 567; BayObLG NJW **1969** 807). Die früher bestehende Zweifelsfrage, ob die Rechtslage im Fall des § 412 die gleiche sei wie bei § 329 (vgl. Einl. S. 122 in der 22. Aufl. und dort Anm. 1 i zu § 412), hat sich dadurch erledigt, daß § 412 n. F. den § 329 für entsprechend anwendbar erklärt.

4. Zugehörigkeit des Beschuldigten zu einem Gesetzgebungsorgan[26]. 109

Nach Art. 46 Abs. 2 GG darf ein Bundestagsabgeordneter wegen einer mit Strafe bedrohten Handlung — Ordnungswidrigkeiten gehören nicht dazu — nur mit Genehmigung des Bundestags zur Verantwortung gezogen oder verhaftet werden, es sei denn, daß er bei Begehung der Tat oder im Lauf des folgenden Tages festgenommen wird. Nach Art. 46 Abs. 3 GG bedarf es auch zu jeder anderen Beschränkung der persönlichen Freiheit des Abgeordneten der Genehmigung und nach Art. 46 Abs. 4 GG ist jedes Strafverfahren gegen einen Abgeordneten auf Verlangen des Bundestags auszusetzen. § 152 a StPO bestimmt, daß landesgesetzliche Vorschriften über die Voraussetzungen, unter denen gegen Mitglieder eines Landesgesetzgebungsorgans eine Strafverfolgung eingeleitet oder fortgesetzt werden darf, auch für die Strafverfolgungsorgane in den anderen Ländern und im Bund wirksam sind. Fehlt eine danach erforderliche Genehmigung zur Strafverfolgung usw. oder liegt ein Aussetzungsverlangen (Art. 46 Abs. 4 GG) vor, so besteht ein Verfahrenshindernis, und zwar ein zeitlich begrenztes, das vorbehaltlich des Art. 49 GG spätestens mit dem Zeitpunkt endet, zu dem der Beschuldigte aufhört, Abgeordneter zu sein (vgl. § 205 StPO). Der Abgeordnete selbst kann auf die Immunität nicht verzichten. Die Nr. 199, 200 RiStBV enthalten — in Form von Weisungen an den Staatsanwalt — Erläuterungen über die Tragweite des Verfolgungshindernisses und über das einzuschlagende Verfahren, wenn die Aufhebung der Immunität durch Herbeiführung der Genehmigung des Parlaments erstrebt wird. Die fehlende Genehmigung ist ein **persönliches** Verfahrenshindernis (§ 205); sie hindert nicht, daß gegen Mittäter, Anstifter, Gehilfen oder andere an der Tat des Abgeordneten beteiligte Personen ein Verfahren eingeleitet oder durchgeführt wird. Auch besteht, wenn gegen *andere* Personen ein Strafverfahren durchgeführt wird, kein Hindernis, unter Beachtung der §§ 53 Abs. 1 Nr. 4, 53 a, 97 Abs. 3, 4 StPO, den Abgeordneten als Zeugen zu vernehmen, bei ihm Durchsuchungen vorzunehmen oder von ihm die Herausgabe von Gegenständen nach § 95 StPO zu verlangen. Kein „Zurverantwortungziehen" ist nach Sinn und Zweck des Art. 46 Abs. 2 GG die Einleitung eines Verfahrens gegen den Abgeordneten zwecks Einstellung des Verfahrens, wenn (gegebenenfalls nach einer Stellungnahme des Abgeordneten zu der ihm mitgeteilten Anschuldigung) der Sachverhalt die Einstellung ohne Beweiserhebung rechtfertigt (Nr. 199 Abs. 4 b RiStBV). Unzulässige Verfolgungsmaßnahmen sind dagegen auch Beweissicherungen; § 205 Satz 2 ist unanwendbar. Streitig ist, ob es zur Fortsetzung eines Strafverfahrens, das vor dem Erwerb des Mandats eingeleitet worden ist, einer Genehmigung bedarf; verneinend die h. M. (OLG Celle Nds. Rpfl. **1953** 72; OLG Oldenburg Nds. Rpfl. **1954** 53; *Bockelmann*

---

[26] Vgl. dazu Rdschreiben des BM des Inneren vom 8. 5. 1972 betr. Indemnität und Immunität der Abgeordneten, GMBl. 243.

Unverfolgbarkeit der Abgeordneten nach deutschem Immunitätsrecht [1951] 44; *Eb. Schmidt* I 153; *Müller-Sax* 3c zu § 205; **a. M.** *Meyer* Bundestag und Immunität [1953] 10ff.) sowie die Grundsätze des Bundestags in Immunitätsangelegenheiten vom 26.3.1969 (BTDrucks. V 4112). Nr. 199 Abs. 3 RiStBV weist die Staatsanwaltschaft an, in solchen Fällen Ermittlungsverfahren nur mit Genehmigung des Bundestags fortzusetzen. Zu Einzelfragen (betr. Vollstreckung von Freiheitsstrafen und Verhängung von Ordnungsgeld und -haft wegen Ungebühr s. 3 zu § 449 StPO und II 2 zu § 178 GVG.

110 Wird die Genehmigung zur Strafverfolgung erteilt, so bestimmt der **Genehmigungsbeschluß des Parlaments** den Umfang und die Grenzen der Verfolgungsbefugnis. Lautet der Genehmigungsbeschluß nur auf „Genehmigung zur Strafverfolgung", so ergeben sich Inhalt und Umfang der Genehmigung aus den vorangegangenen parlamentarischen Verhandlungen in Verbindung mit dem von der Staatsanwaltschaft gestellten Antrag auf Erteilung der Genehmigung. Die ohne erkennbare Einschränkungen erteilte Genehmigung bezieht sich auf den in dem Antrag bezeichneten bestimmten geschichtlichen Vorgang (i. S. des § 264 StPO), wie er sich nach dem Ergebnis der Hauptverhandlung darstellt und ohne Bindung an die rechtliche Beurteilung der Staatsanwaltschaft in ihrem Genehmigungsantrag (BGHSt. **15** 274 = NJW **1961** 518).

111 **5. Klagerecht und Prozeßfähigkeit des Klägers sowie Vertretungsmacht seines gesetzlichen Vertreters.**

In seltenen Fällen kann zu erörtern sein, ob derjenige, der die **öffentliche Klage** erhoben hat, befugt (dazu 5d zu § 142 GVG) und in Hinblick auf seine geistige Verfassung befähigt gewesen sei, im Namen der zuständigen Staatsanwaltschaft zu handeln. Tritt das Bedürfnis einer solchen Erörterung hervor, so muß die Prüfung von Amtswegen einsetzen. Sie richtet sich im Endergebnis auf die Feststellung des Vorhandenseins oder Nichtvorhandenseins der Verfahrensvoraussetzung der Klage, so daß auf die Ausführungen Kap. 12, 2 zu verweisen ist.

112 Ebenso steht die zuvor bezeichnete Verfahrensvoraussetzung in Frage, wenn das Gericht, wozu häufig Anlaß geboten wird, von Amtswegen zu prüfen hat, ob dem **Privatkläger** das Recht zur Klage nach den Vorschriften des sachlichen Rechts als dem Verletzten oder sonstwie Antragsberechtigten zusteht (§ 374 Abs. 1 und 2 StPO in Verbindung mit § 77 Abs. 3 StGB, § 22 UWG und anderen Vorschriften), ob er zur Klageerhebung befähigt ist oder ob derjenige Vertretungsmacht gehabt hat, der bei der Klageerhebung als sein gesetzlicher Vertreter aufgetreten ist (OLG Dresden JW **1931** 1638 mit Anm. *Hegler; Beling* 124, 176; *Sauer* Grdl. S. 311, 663). Aus § 374 Abs. 3 StPO folgt, daß die „Prozeßfähigkeit" des Privatklägers und die Vertretungsmacht seines gesetzlichen Vertreters in Anlehnung an die entsprechenden Vorschriften der ZPO geregelt sind (vgl. die Anm. zu § 374).

113 Auch der **Nebenkläger** muß in diesem Sinne prozeßfähig oder durch einen Prozeßfähigen gesetzlich vertreten sein (zu § 395). Doch betrifft beim Nebenkläger, der ja erst nach Erhebung der öffentlichen Klage in das Verfahren eintritt, der Mangel der Prozeßvoraussetzung nicht die Zulässigkeit des Verfahrens im ganzen, sondern immer nur der einzelnen Verfahrenshandlung, vornehmlich des Rechtsmittels. Auch insoweit ist Prüfung von Amtswegen noch im Verfahren vor dem Revisionsgericht geboten (RGSt. **35** 25; **38** 405; **44** 7; **53** 215; **59** 127; **62** 209; BayObLG DRiZ **1931** Nr. 458). Im Jugendstrafverfahren ist Nebenklage unzulässig (§ 80 Abs. 3 JGG). Wie beim Nebenkläger ist auch im Hinblick auf § 395 Abs. 2 Nr. 2 StPO für die Wahrnehmung der Rechte als **Verletzter im Klageerzwingungsverfahren** nach § 172 StPO Prozeßfähigkeit oder Vertretung durch einen gesetzlichen Vertreter zu fordern (OLG Nürnberg GA **1965** 118; OLG Hamburg NJW **1966** 1934).

6. Adhäsionsverfahren. **114**

Auch im Verfahren nach §§ 403 ff. muß der Antragsteller prozeßfähig oder gesetzlich vertreten sein. Fehlt es daran, so ist von einer Entscheidung über den Antrag abzusehen (§ 405 und die dort. Anm.). Wegen der beim Beschuldigten nötigen Erfordernisse vgl. die Anm. zu § 403.

7. Einziehungsbeteiligte. **115**

Streitig ist, welche Anforderungen an den Einziehungsbeteiligten bei Wahrnehmung seiner Befugnisse (§ 433 Abs. 1) zu stellen sind, ob stets Verhandlungsfähigkeit genügt (so *Kleinknecht* 4 zu § 433), oder ob stets Prozeßfähigkeit (Geschäftsfähigkeit) erforderlich ist (so in diesem Kommentar II 3 zu § 433), oder ob je nachdem, was er erstrebt oder wogegen er sich wehrt, Prozeßfähigkeit erforderlich ist oder Verhandlungsfähigkeit genügt (so *Göhler* 2 A zu § 87 OWiG).

8. Bei Zeugen und Untersuchungspersonen i. S. des § 81 c StPO kann es eben- **116**
falls auf ihre geistige Beschaffenheit ankommen, zwar nicht im Sinne eines Hindernisses für das Verfahren im ganzen, aber für die Vornahme von Untersuchungshandlungen und die Verwertung des Ergebnisses, nämlich dann, wenn die Vernehmung des Zeugen den Verzicht auf ein Zeugnisverweigerungsrecht voraussetzt und wenn die Vornahme einer Untersuchung von der Einwilligung des zu Untersuchenden abhängt. In diesen Fällen ist es für die Wirksamkeit des Verzichtes oder der Einwilligung entscheidend, ob die Beweisperson geistig reif ist in dem Sinne, daß sie das erforderliche Verständnis für die ihr vom Gesetz eingeräumte Berechtigung hat; fehlt es an dieser Reife, so steht die Ausübung der Berechtigung ihrem gesetzlichen Vertreter zu (so schon vor der Neufassung des § 81 c BGHSt. **12** 235, 240; **14** 159).

X. Erklärungen Dritter. Vorentscheidungen einer anderen Stelle.

In dieser Gruppe sind ausschließlich besondere Verfahrensvoraussetzungen, das heißt solche vereinigt, die nur bei bestimmten strafbaren Handlungen oder bei bestimmten Verhältnissen des Beschuldigten Platz greifen. Sie beruhen auf Gründen mannigfacher Art:

1. Antrag des Verletzten nach §§ 77 ff. StGB. Der Strafantrag ist zwar im StGB **117**
geregelt, hat aber keinen materiellrechtlichen Charakter, sondern, wie heute allgemein anerkannt ist, lediglich verfahrensrechtliche Bedeutung; er bildet eine Verfahrensvoraussetzung (RGSt. **61** 46; **67** 55; **68** 124; **73** 114; **74** 187; **75** 257, 306; **76** 327; **77** 160, 183; BGHSt. **6** 155; **18** 123, 125). Daß er im StGB und nicht in der StPO geregelt ist, erklärt sich nur aus dem praktischen Bedürfnis, das Strafantragserfordernis jeweils bei den einschlägigen Vorschriften des Besonderen Teils hervorzuheben; das führt dazu, auch die allgemeinen für den Strafantrag geltenden Regeln im StGB aufzustellen. Als Verfahrensvoraussetzung, deren Fehlen sich als Verfahrenshindernis auswirkt (mit den aus §§ 127 Abs. 3, 130 StPO sich ergebenden Einschränkungen), unterliegt der Strafantrag in vollem Umfang den in Kap. 11, 14, 42 dargestellten Grundsätzen: sein Fehlen führt also z. B. zur Verfahrenseinstellung, sein Vorhandensein ist in jeder Lage des Verfahrens mit den Mitteln des Freibeweises von Amtswegen zu prüfen (BGHSt. **6** 155); sein Mangel ist in jeder Lage des Verfahrens, also auch noch in der Revisionsinstanz

durch fristgemäße Nachholung zu beheben (RGSt. **68** 124; BGHSt. **3** 74; **6** 157); bei Teilanfechtung führt die Feststellung des Mangels zur Einstellung des gesamten Verfahrens (RGSt. **62** 262; **65** 150) usw. Hervorgehoben werden mag, daß die Verfahrensvoraussetzung unter besonderen Umständen schon durch Stellung des Antrags vor Begehung der Tat geschaffen werden kann (BGH NJW **1960** 443). Im übrigen wird, da der Antrag im StGB geregelt ist, auf die Erläuterungswerke zum StGB verwiesen.

118 **2. Besonderes öffentliches Interesse an der Strafverfolgung.**

a) Nach §§ 183 Abs. 2, 232 Abs. 1, 248 a, 257 Abs. 4 Satz 2, 259 Abs. 2, 263 Abs. 4, 265 a Abs. 3, 266 Abs. 3 StGB ist der grundsätzlich erforderliche Strafantrag **entbehrlich,** wenn die Strafverfolgungsbehörde wegen des besonderen öffentlichen Interesses an der Strafverfolgung ein Einschreiten von Amtswegen für geboten hält. Dann ist statt des Strafantrags die entsprechende Erklärung der Staatsanwaltschaft Prozeßvoraussetzung[27]. Einer Ausdehnung auf andere Antragsdelikte im Wege entsprechender Anwendung ist diese für bestimmte Antragsdelikte getroffene Sonderregelung nicht fähig (BGHSt. **7** 256). Die Erklärung des besonderen öffentlichen Interesses erstreckt sich auf die gesamte Tat i. S. des § 264 (OLG Braunschweig MDR **1975** 862).

119 **b) Form und Zeitpunkt der Erklärung.** Eine **ausdrückliche** Erklärung, sie nehme ein besonderes öffentliches Interesse, ist nicht erforderlich (BGH NJW **1964** 1630, OLG Karlsruhe NJW **1974** 1006); eine genügende formlose Bejahung des besonderen öffentlichen Interesses kann schon in der Erhebung der Anklage oder dem Antrag auf Erlaß eines Strafbefehls gefunden werden (BGHSt. **6** 282; **16** 225). Die Staatsanwaltschaft kann diese Erklärung auch noch abgeben, nachdem der Verletzte die Antragsfrist ungenutzt hat verstreichen lassen (BGHSt. **6** 282) oder während laufender Antragsfrist auf sein Antragsrecht verzichtet (BGH MDR **1956** 270) oder einen rechtzeitig gestellten Antrag zurückgenommen hat. Auch hindert die Einstellung des Privatklageverfahrens, selbst durch Urteil, wegen fehlenden Strafantrags die Staatsanwaltschaft nicht, von neuem Anklage wegen eines besonderen öffentlichen Interesses zu erheben. Die Erklärung der Staatsanwaltschaft kann in jeder Lage des Verfahrens, auch noch in der Revisionsinstanz nachgeholt werden (BGHSt. **6** 285; MDR **1974** 756; BGH bei *Dallinger* MDR **1975** 367). Diese Möglichkeit entfällt, wenn die Staatsanwaltschaft ein öffentliches Interesse verneint und das Verfahren vor dem Tatrichter daraufhin mit Einstellung oder Freispruch geendet hat (BGHSt. **19** 377). Eine solche Verneinung liegt auch vor, wenn die Staatsanwaltschaft aus einem schwereren Strafgesetz Anklage erhoben hat und sie sich auf den Hinweis des Gerichts, daß abweichend von der im Eröffnungsbeschluß zugelassenen Anklage möglicherweise nur eine Verurteilung wegen eines der Rdn. 118 bezeichneten Antragsdelikte in Betracht komme (für das ein Strafantrag fehlt), weigert, eine Erklärung hierzu abzugeben (BGHSt. **19** 377), während einer späteren Nachholung der Erklärung eines besonderen öffentlichen Interesses nichts im Wege steht, wenn der Sitzungsvertreter den gerichtlichen Hinweis nur schweigend entgegennahm (BGH bei *Dallinger* MDR **1975** 367).

120 **c) Zurücknahme der Erklärung.** Streitig ist, ob die Staatsanwaltschaft, wenn sie bei der Anklageerhebung das besondere öffentliche Interesse bejahte, diese Erklärung nach Eröffnung des Hauptverfahrens zurücknehmen kann. Z. T. wird unter Berufung

---

[27] Grundsätzlich anders *Vogel* NJW **1961** 761, wonach nicht die Erklärung der Staatsanwaltschaft, sondern das (vom Gericht nachprüfbare) Bestehen eines besonderen öffentlichen Interesses an der Strafverfolgung den Wegfall des Antragserfordernisses bewirkt. Mit dem Gesetzeswortlaut ist diese Auffassung nicht in Einklang zu bringen (so auch BGH NJW **1961** 2120).

auf § 156 StPO die Auffassung vertreten, daß die Staatsanwaltschaft durch eine abweichende Erklärung, ein besonderes öffentliches Interesse liege nicht oder nicht mehr vor, dem Verfahren seine prozessuale Grundlage nicht mehr entziehen könne und nur ggbf. eine Einstellung des Verfahrens wegen Geringfügigkeit nach § 153 Abs. 2 StPO in Betracht komme (RGSt. 77 72; OLG Bremen JZ **1956** 663; *Oehler* JZ **1956** 632). Den Vorzug verdient aber die Gegenmeinung, daß aus praktischen Gründen der Staatsanwalt entsprechend einer wechselnden Verfahrenslage den bei der Anklageerhebung eingenommenen bejahenden Standpunkt ändern könne mit der Folge, daß nunmehr eine Prozeßvoraussetzung entfällt (vgl. KG NJW **1961** 59, dem sich BGHSt. **19** 377, 380 und — vgl. BGHSt. **14** 319 — OLG Bremen unter Aufgabe seines in JZ **1956** 663 vertretenen Standpunktes, sowie OLG Düsseldorf NJW **1970** 1054 angeschlossen haben). Die Streitfrage ist ohne Bedeutung, wenn die Staatsanwaltschaft ihre Erklärung, daß ein besonderes öffentliches Interesse die Verfolgung gebiete, nach Eröffnung des Hauptverfahrens in Fällen zurücknimmt, in denen der Fortgang des Verfahrens durch einen wirksamen Strafantrag gesichert ist; dann hat die Erklärung, daß ein besonderes öffentliches Interesse nicht oder nicht mehr vorliege, keinesfalls die Wirkung, daß dem Verfahren die prozessuale Grundlage entzogen wird, sondern sie stellt sich lediglich als eine materielle Bewertung der Tat dar.

d) Abweichende Beurteilung des Gerichts. Zweifelhaft und streitig ist, wie zu **121**
verfahren ist, wenn das Gericht bei Beurteilung der Tat von der Bewertung der Staatsanwaltschaft abweicht, nämlich wenn die Staatsanwaltschaft Anklage aus einem schwereren Gesetz ohne Antragserfordernis erhoben hat, während das Gericht ein geringeres Antragsdelikt annimmt. Hat z. B. die Staatsanwaltschaft Anklage aus § 223 a StGB (gefährliche Körperverletzung; kein Antragsdelikt) erhoben, während das Gericht nur einfache Körperverletzung (§ 223 StGB; Antragsdelikt) annimmt, so fragt sich, ob es, wenn ein wirksamer Strafantrag fehlt, zu deren Aburteilung einer ausdrücklichen Erklärung der Staatsanwaltschaft bedarf, daß sie ein besonderes öffentliches Interesse an der Verfolgung annehme, oder ob das Gericht davon auszugehen hat, daß bereits in der Anklageerhebung eine entsprechende Bewertung der Tat nach allen Richtungen liegt, solange nicht die Staatsanwaltschaft das Gegenteil erklärt. Die gleiche Frage stellt sich, wenn die Staatsanwaltschaft unter ausdrücklicher Bejahung des besonderen öffentlichen Interesses (vgl. Nr. 259 Abs. 2 RiStBV) Anklage z. B. wegen vorsätzlicher Körperverletzung erhoben hat, das Gericht aber nur fahrlässige Körperverletzung annimmt und ein wirksamer Strafantrag des Verletzten nicht vorliegt. Nach RGSt. **75** 341; **76** 8; **77** 357 und Nr. 259 Abs. 3 RiStBV ist davon auszugehen, daß die Staatsanwaltschaft, nachdem sie mit der Anklageerhebung die Verfolgung von Amtswegen für geboten hielt, unter diesen Umständen auch für das verbleibende Delikt die Verfolgung von Amts wegen wegen eines besonderen öffentlichen Interesses noch für geboten hält, solange sie nicht selbst eine gegenteilige Erklärung abgibt. Die Rechtsprechung des Bundesgerichtshofs in dieser Frage ist uneinheitlich; BGHSt. **19** 377 = NJW **1964** 1969 neigt, ohne die Frage zu entscheiden, zu der Auffassung, daß in einer kraft des Legalitätsprinzips erhobenen Anklage, weil es dabei für eine Ermessensentscheidung an jeder Grundlage fehle, eine positive Erklärung, es liege ein besonderes Interesse vor, nicht zu finden sei. Wegen weiterer Einzelheiten muß auf die Erläuterungswerke zum Strafgesetzbuch, insbes. zu § 232 StGB verwiesen werden. Über die Frage, inwieweit die Erklärung der Staatsanwaltschaft nach der Richtung, ob ein besonderes öffentliches Interesse an der Strafverfolgung vorliegt, der gerichtlichen Nachprüfung unterliegt, vgl. Kap. 8, 16 und Anm. 9 d, aa zu § 23 EGGVG.

122 **3. Ermächtigung, Strafverlangen** (§ 77 e StGB). In einer Reihe von Strafvorschriften wird die Durchführung eines Strafverfahrens davon abhängig gemacht, daß eine Behörde oder Stelle ein Strafverlangen (§ 104 a StGB) stellt oder die Ermächtigung zur Verfolgung erteilt (§§ 90 Abs. 4, 90 b Abs. 2, 97 Abs. 3, 104 a, 194 Abs. 4, 353 a Abs. 2, 353 c Abs. 4 StGB). Diese Akte sind in gleicher Weise wie der Strafantrag nach §§ 77 ff. StGB Prozeßvoraussetzungen. Jedoch sind (vgl. § 77 e) die für den Strafantrag geltenden Vorschriften auf Strafverlangen und Ermächtigung nur z. T. entsprechend anwendbar. Strafverlangen und Ermächtigung sind insbesondere nicht an die Antragsfrist des § 77 b gebunden. Wohl aber sind sie — wie der Strafantrag — zurücknehmbar (§§ 77 e, 77 d) und sachlich und persönlich teilbar; ferner gelten §§ 127 Abs. 3, 130 StPO in gleicher Weise wie bei zunächst fehlendem Strafantrag auch beim Ausstehen von Strafverlangen und Ermächtigung (s. auch § 78 b Abs. 1 Satz 2 StGB). Wo das materielle Recht neben dem Verletzten auch seinem Dienstvorgesetzten ein Antragsrecht einräumt (§§ 194 Abs. 3 Satz 1, 232 Abs. 2, 355 Abs. 3 StGB), handelt es sich um einen Strafantrag i. S. des § 77; § 77 a regelt, wer als Dienstvorgesetzter anzusehen ist.

123 4. Im Fall des § 238 Abs. 2 StGB ist die **Auflösung und Nichtigkeitserklärung der Ehe** nach h. M. nicht Tatbestandsmerkmal oder objektive Bedingung der Strafbarkeit, sondern Verfahrensvoraussetzung; ihr Mangel führt also zur Einstellung des Verfahrens (RGSt. **2** 62; **6** 334; **7** 298; **15** 122, 262; **22** 137; **41** 155; **74** 382).

124 **5. Vorabentscheidung.**[28]

a) Bei bestimmten Straftaten macht das Gesetz — hauptsächlich zur Vermeidung widersprechender Entscheidungen in rechtlicher oder tatsächlicher Hinsicht — die Verfolgung von der Vorabentscheidung einer anderen Behörde oder eines anderen Gerichts abhängig. Diejenige Behörde soll nach dem Willen des Gesetzes mit der Entscheidung vorangehen, die über die besseren Mittel zur tatsächlichen Feststellung und zur rechtlichen Würdigung verfügt. Das Gericht darf eine Sachentscheidung in dem bei ihm eingeleiteten Verfahren nicht erlassen, bevor die andere Behörde, die gleichfalls ein Gericht sein mag, abschließend entschieden hat. Z. T. ist dabei auch vorgeschrieben, daß der Strafrichter an die in dem vorausgehenden Verfahren (vor einer Verwaltungsbehörde oder vor einem anderen Gericht) getroffene Entscheidung gebunden ist. Soweit es sich dabei um die Bindung an die im vorangehenden Verfahren getroffene Entscheidung **eines anderen Gerichts** handelt, unterliegen solche Vorschriften keinem rechtlichen Bedenken im Hinblick auf Art. 97 Abs. 1 GG. Denn diese Vorschrift garantiert die richterliche Unabhängigkeit nur im Verhältnis zu den Trägern nichtrichterlicher Gewalt; wird aber ein Gericht an die Entscheidung eines anderen Gerichts (des gleichen oder eines anderen Gerichtsbarkeitszweiges) gebunden, so liegt nur eine mit Art. 97 Abs. 1 GG vereinbare Aufteilung der Zuständigkeit unter verschiedenen Gerichten vor (BVerfG NJW **1961** 655; Anm. VII zu § 1 GVG). Rechtliche Bedenken bestehen auch nicht, wenn die Aussetzung des gerichtlichen Verfahrens bis zur Entscheidung einer Verwaltungsbehörde vorgeschrieben ist und diese Entscheidung entweder das Gericht nicht bindet oder nur deshalb bindet, weil es sich um einen rechtsetzenden (konstitutiven) Verwaltungsakt handelt (vgl. BayVerfGH **1963** 376).

---

[28] **Schrifttum:** *Nicklisch* Die Bindung des Gerichts an gestaltende Gerichtsentscheidungen und Verwaltungsakte, 1969; *Mohrbotter* Bindung des Strafrichters an das Handeln der Verwaltung? JZ **1971** 213; *Sommerlad* Die sogenannte Selbstbindung der Rechtsmittelgerichte, NJW **1974** 123.

b) Zweifelhaft ist dagegen, ob und inwieweit Vorschriften, die eine **Bindung des Strafrichters an nichtrechtsetzende (nichtkonstitutive) Entscheidungen einer Verwaltungsbehörde** vorsehen und eine Aussetzung des Strafverfahrens bis zum Ergehen einer solchen Entscheidung vorschreiben, mit der Unabhängigkeit der Gerichte und ihrem Rechtsprechungsmonopol (Art. 92, 97 GG) vereinbar sind. Diese Frage wurde besonders bezüglich der §§ 7, 40 Abs. 3 des früher geltenden Personenbeförderungsgesetzes vom 4. 12. 1934 (RGBl. I 1217) erörtert (vgl. BayOblG NJW **1960** 1534 mit Nachw. aus Rechtsprechung und Schrifttum und *Gall* NJW **1960** 1509), wobei überwiegend und mit wechselnder Begründung diesen Vorschriften die Weitergeltung abgesprochen wurde. **125**

c) Die **neuere Gesetzgebung** ist deshalb dazu übergegangen, von Bindungen des Strafrichters an Vorabentscheidungen von Verwaltungsbehörden abzusehen. So ließ das Personenbeförderungsgesetz vom 21. 3. 1961 — BGBl. I 241 — (§§ 10, 60) die im Personenbeförderungsgesetz 1934 vorgesehene Bindung fallen. § 468 a F. AbgO, wonach die rechtskräftige Entscheidung der Finanzbehörde (oder des Finanzgerichts) über Grund und Betrag des Steueranspruchs in bestimmtem Umfang Voraussetzung für die Entscheidung des Strafrichters über die Steuerhinterziehung oder fahrlässige Steuerverkürzung war (BGHSt. **14** 11), wurde durch das Änderungsges. vom 10. 8. 1967 (BGBl. I 877) aufgehoben, und § 442 n. F. bestimmt — in Klarstellung dessen, was sich bereits aus § 262 Abs. 2 StPO ergeben würde — lediglich, daß, wenn eine Verurteilung wegen Steuerhinterziehung davon abhängt, ob ein Steueranspruch besteht oder verkürzt ist oder ein Steuervorteil zu Unrecht gewährt ist, das Gericht das Strafverfahren bis zum rechtskräftigen Abschluß des Besteuerungsverfahrens aussetzen könne (dazu *Kühn*, Abgabenordnung [11] zu § 442). Aufgehoben wurde auch durch das gleiche Änderungsgesetz § 423 a. F. AbgO, wonach die im ehrengerichtlichen Verfahren getroffene Feststellung einer Verletzung der Berufspflicht eine Voraussetzung für die Einleitung einer strafrechtlichen Verfolgung eines Rechtsanwalts wegen einer fahrlässigen Steuerzuwiderhandlung bildete; § 448 n. F. AbgO, wonach gegen einen Rechtsanwalt, Steuerberater, Steuerbevollmächtigten, Wirtschaftsprüfer oder vereidigten Buchprüfer ein Bußgeldbescheid wegen einer Steuerordnungswidrigkeit, die er in Ausübung seines Berufs bei der Beratung in Steuersachen begangen hat, nur erlassen werden darf, wenn zuvor wegen dieser Handlung gegen ihn ehren- oder berufsgerichtliche Maßnahmen verhängt sind oder ihm durch den Vorstand der Berufskammer eine Rüge erteilt ist, gilt nur für Bußgeldbescheide des Finanzamts, nicht aber für Bußgelderkenntnisse des Gerichts nach §§ 45, 82 OWiG (*Kühn* 2 zu § 448). **126**

d) Das Problem der Vorabentscheidung als Verfahrensvoraussetzung erhebt sich nicht, wenn das Gesetz eine bestimmte vorangegangene Entscheidung eines Gerichts oder einer Verwaltungsbehörde **zum Tatbestandsmerkmal** oder wenigstens zur objektiven Bedingung der Strafbarkeit in der Strafnorm **erhoben hat,** wie dies — angesichts früherer Zweifelsfragen, die an §§ 90 a, 93, 129 a. F. StGB anknüpften (vgl. BGHSt. **6** 318, 322 einerseits, BVerfG NJW **1961** 723; BGH NJW **1961** 1315 andererseits) — jetzt bei den sog. Organisationsdelikten der Fall ist, deren Strafbarkeit von einem vorangegangenen unanfechtbaren oder wenigstens vollziehbaren Verbot (oder einer entsprechenden Feststellung ihres verbotenen Charakters) abhängt (dazu *Dreher* 2 zu § 85 StGB). **127**

e) Ist ein **sofort vollziehbarer Verwaltungsakt sanktionsbewehrt** (durch Strafgesetz oder Bußgeldandrohung), so hat das Gericht, sofern er nicht offenbar nichtig ist, ohne Rücksicht auf seine mögliche Anfechtbarkeit von seiner Bestandskraft auszugehen (BGH NJW **1969** 2025; OLG Hamm GA **1974** 375 m. w. Nachw.). Die Strafbarkeit (Ahndbarkeit) der Zuwiderhandlung bleibt auch dann bestehen, wenn der Verwaltungs- **128** akt nach Tatbegehung auf Grund einer vom Täter erhobenen Anfechtungsklage im verwaltungsgerichtlichen Verfahren aufgehoben wird; daher besteht keine Verpflichtung, ein Strafverfahren, das den Verstoß gegen den vollziehbaren Verwaltungsakt zum Gegenstand hat, wegen der Anhängigkeit des verwaltungsgerichtlichen Verfahrens über die Anfechtung auszusetzen (BGHSt. **23** 86; vgl. dazu auch BGHSt. **22** 146; AG Bonn NJW **1967** 1480; *Honnacker* NJW **1967** 1769; OLG Frankfurt NJW **1967** 262; BVerfGE **32** 40 [betr. Zulässigkeit der Bestrafung eines Soldaten wegen Gehorsamsverweigerung, der nach Einreichung der verwaltungsgerichtlichen Klage auf Anerkennung als Kriegsdienstverweigerer, aber vor der Entscheidung sich weigerte, militärischen Dienst zu tun]).

129 f) Die **Hauptfälle,** in denen der Strafrichter eine Vorabentscheidung einer anderen Stelle abwarten muß, sind die folgenden: Nach § 154 e StPO, der an die Stelle der früheren §§ 164 Abs. 3, 191 StGB getreten ist, soll von der Erhebung der öffentlichen Klage wegen falscher Verdächtigung oder Beleidigung (§§ 164, 185 bis 187 a StGB) abgesehen werden, solange wegen der angezeigten oder behaupteten Handlung ein Straf- oder Disziplinarverfahren anhängig ist; ist die öffentliche oder eine Privatklage bereits erhoben, so hat das Gericht das Verfahren bis zum Abschluß des Straf- oder Disziplinarverfahrens einzustellen. Der Abschluß dieser Verfahren ist also Prozeßvoraussetzung für das Verfahren wegen falscher Verdächtigung oder Beleidigung (RGSt. **31** 231; **41** 155; BGHSt. **8** 151; **10** 88). Da § 154 e nur widersprechende tatsächliche Feststellungen ausschließen will, ist die Vorschrift unanwendbar, wenn das Verfahren betr. die falsche Verdächtigung oder Beleidigung sich bereits in der Revisionsinstanz befindet und erst jetzt das andere Verfahren anhängig wird (RGSt. **26** 365). Die Nichtbeachtung des Verfahrenshindernisses führt in der Revisionsinstanz nicht zur Einstellung, sondern zur Aufhebung und Zurückverweisung (BGHSt. **8** 154; Kap. 11, 52). Der Tatrichter verstößt durch Aburteilung auch dann gegen das Gebot des § 154 e, wenn er zwar keine Kenntnis von der gegen den falsch Verdächtigten oder Beleidigten erstatteten Strafanzeige hat, sich diese Kenntnis aber aus den von ihm beigezogenen Akten hätte verschaffen können (BayObLG JZ **1959** 253).

130 g) **Entscheidungskonzentration.** In anderen Fällen ist die **Entscheidung einer Rechtsfrage,** auf die es für die Entscheidung ankommt, einem bestimmten Gericht übertragen, sei es wegen der überragenden Bedeutung dieser Frage, sei es im Interesse der Erhaltung oder Herbeiführung der Rechtseinheit. Dann hat das andere Gericht mit seinem eigenen Verfahren innezuhalten (Verfahrenshindernis) und die Frage dem dafür zuständigen Gericht vorzulegen und dessen Entscheidung als Vorabentscheidung für die eigene Entscheidung abzuwarten. Fälle dieser Art sind in § 121 Abs. 2 GVG und in Art. 100 Abs. 1, 2, 126 GG (Verfassungsmäßigkeit von Gesetzen; Zweifel, ob eine Regel des Völkerrechts Bestandteil des Bundesrechts ist, Fortgeltung von vorkonstitutionellem Recht als Bundesrecht) geregelt (VII zu § 1 GVG). Auch hier ist, wenn das Gericht das Verfahrenshindernis übersieht und selbst entscheidet, mit der Rechtskraft der Entscheidung der Mangel geheilt.

131 **6. Rücksicht auf das Verhältnis zu einer ausländischen Behörde.** Wird ein Beschuldigter von einer ausländischen Macht der deutschen Gerichtsgewalt ausgeliefert (Einlieferung), so kann der Umfang der Aburteilungsbefugnis, wie er sich aus den Vorschriften des deutschen Rechts ergibt, durch Erklärung des ausliefernden Staates im Einzelfall, durch bestehende Auslieferungsverträge und schließlich durch den allgemeinen völkerrechtlichen Grundsatz der sog. Spezialität, der nach Art. 25 GG als Inlandsrecht gilt, beschränkt sein (näheres Vorbem. 5 III vor § 156 GVG). Auslieferungsvertrag und

Auslieferungsbescheid sind maßgebend für die tatsächliche und rechtliche Begrenzung der Verfolgung des ausgelieferten Beschuldigten (Vorbem. III a aaO). Also müssen die Gerichte — auch die Rechtsmittelgerichte — wenn sie über einen Ausgelieferten zu urteilen haben, von Amtswegen prüfen, ob und inwieweit die Verfolgung des Beschuldigten nach dem im Einzelfall geltenden Auslieferungsrecht zulässig ist; wird die Zulässigkeit verneint, so muß das Verfahren wegen Mangels der Verfahrensvoraussetzung eingestellt werden (RGSt. **70** 286; BGHSt. **18** 218; **19** 119; NJW **1960** 2201; gegen die Annahme eines Prozeßhindernisses *v. Weber* JZ **1963** 515). Dagegen ist es Aufgabe der Behörden des ausliefernden Staats, darüber zu wachen, daß die Bewilligung der Auslieferung den dort geltenden Vorschriften entspricht; den deutschen Gerichten steht z. B. kein Nachprüfungsrecht zu, wenn der Beschuldigte geltend macht, daß er nicht habe ausgeliefert werden dürfen (Vorbem. 5 III d vor § 156 GVG). Wird das Verfahrenshindernis der beschränkten Aburteilungsbefugnis übersehen und die ergangene Entscheidung rechtskräftig, so ist das Urteil wirksam, denn es liegt hier nicht ein Fall fehlender Gerichtsbarkeit vor, in dem die Überschreitung der Gerichtsbarkeit auch das rechtskräftige Urteil unwirksam (nichtig) macht (Kap. 16, 7).

XI. Sachliche und örtliche Zuständigkeit[29]. **132**

1. Auch sachliche und örtliche Zuständigkeit des Gerichts sind Verfahrensvoraussetzungen, deren Bedeutung sich im Hinblick auf den Grundsatz des gesetzlichen Richters (Art. 101 Abs. 1 Satz 2 GG, § 16 GVG) ergibt. Und zwar ist sachliche Unzuständigkeit ein dauerndes Prozeßhindernis (BGHSt. **18** 79, 81; NJW **1975** 886), örtliche Unzuständigkeit dagegen nur ein Hindernis von zeitlich vorübergehender Bedeutung (§§ 16, 18 StPO). Wird der Mangel der örtlichen Zuständigkeit aber gerügt, so führt auch er zur Einstellung des Verfahrens; dadurch wird eine erneute Anklage vor dem örtlich zuständigen Gericht nicht ausgeschlossen (BGHSt. **18** 1). Die sachliche Unzuständigkeit indessen führt, wenn sie hervortritt — und darin unterscheidet sie sich von anderen dauernden Prozeßhindernissen — nicht zur Einstellung des Verfahrens, sondern, soweit sie nicht nach § 269 überhaupt unbeachtlich ist, im Eröffnungsverfahren zur Eröffnung

---

[29] In der 20. Auflage (Einl. S. 50) sprach *Niethammer* – im Gegensatz zu der durchaus herrschenden Meinung (vgl. BGHSt. **18** 79, 81 = NJW **1963** 60) – der Zuständigkeit die Bedeutung als Verfahrensvoraussetzung ab, weil es bei einem Zuständigkeitsverstoß „lediglich gelte, ein an sich zulässiges Verfahren, das auf die falsche Bahn geraten ist, von dieser weg auf die rechte Bahn zu leiten". Indessen gehört zum Begriff des Prozeßhindernisses (des Fehlens einer Prozeßvoraussetzung) lediglich, daß es das Gericht an einer eigenen Sachentscheidung – also das sachlich unzuständige Gericht am Erlaß eines Urteils hindert. Dagegen ist Einstellung des Verfahrens zwar die Regel, aber nicht die notwendige Folge bei Zutagetreten eines Verfahrenshindernisses (vgl. Rdn. 129); es ist deshalb mit dem Begriff des Prozeßhindernisses nicht unverträglich, wenn das Gesetz im Falle der sachlichen Unzuständigkeit dem Gericht vorschreibt, sein eigenes Prozedieren zu beenden und ihm gleichzeitig aus prozeßökonomischen Gründen aufgibt, das Verfahren durch Verweisung (§ 270) „auf die rechte Bahn" zu bringen (ebenso *Eb. Schmidt* Lehrkomm. I 127). In der Berufungsinstanz bedarf es dazu, um dem zuständigen Gericht das Prozedieren zu ermöglichen, der Beseitigung des schon vorliegenden ersten Urteils. Deshalb schreibt § 328 Abs. 3 StPO vor, daß das Berufungsgericht die Verweisung „unter Aufhebung des (angefochtenen) Urteils" auszusprechen hat. Jedoch schließt die Abgabe durch das Berufungsgericht, da in ein und demselben Verfahren nur Raum für *ein* Urteil des ersten Rechtszuges sein kann, zwangsläufig den Fortfall des mit der Berufung angefochtenen Urteils ein, so daß es unschädlich ist, wenn das Berufungsgericht bei Verweisung den förmlichen Ausspruch der Aufhebung des Urteils unterläßt, der bloß der Klarstellung einer unabhängig davon allein schon mit der Verweisung eintretenden Folge dient (BGHSt. **21** 245).

vor dem zuständigen Gericht (§ 209 Abs. 1) oder zur Vorlage an dieses Gericht (§ 209 Abs. 3), im Hauptverfahren zur Verweisung an das zuständige Gericht (§§ 270, 328 Abs. 3, 355).

133 **2. Formen der Verweisung.** Die Verweisung erfolgt in der Hauptverhandlung durch Beschluß nach § 270. Auch im Stadium nach Ergehen des Eröffnungsbeschlusses und vor der Hauptverhandlung ist eine Verweisung durch Beschluß an das sachlich zuständige Gericht zulässig. Diesem Beschluß fehlt zwar die Bindungswirkung des § 270 Abs. 3; die Sache wird bei dem Gericht, an das sie verwiesen wurde, erst durch Übernahme anhängig. Zu einer Übernahme bedarf es aber keines förmlichen Gerichtsbeschlusses; es genügt, wenn in der Hauptverhandlung die Anklageschrift, der frühere Eröffnungsbeschluß und der Verweisungsbeschluß verlesen werden (BGHSt. **18** 290; **25** 309 m. Schrifttumsnachw.). Darüber hinaus ist eine solche Verweisung außerhalb der Hauptverhandlung ohne Bindungswirkung aus Gründen der Prozeßökonomie (Verfahrensbeschleunigung) auch dann zulässig, wenn das Gericht, nachdem bereits eine Hauptverhandlung stattgefunden hat, die aus irgendwelchen Gründen vertagt wurde, erst jetzt seine sachliche Unzuständigkeit erkennt; es bedarf dann keiner erneuten Hauptverhandlung lediglich zu dem Zweck, eine Verweisung gemäß § 270 zu beschließen (BGHSt. **25** 309).

134 Ist bei sachlicher Unzuständigkeit **fehlerhafterweise** nicht an das zuständige Gericht verwiesen, sondern das Verfahren **eingestellt** und diese Entscheidung formell rechtskräftig geworden, so hat dies die fortdauernde sachliche Unzuständigkeit des Gerichts in dieser Sache zur Folge, mag auch die Unzuständigkeitserklärung zu Unrecht erfolgt sein (BGHSt. **18** 1).

135 **3. Prüfung der sachlichen Zuständigkeit.** Nach § 6 haben das Gericht des ersten Rechtszuges und das Berufungsgericht ihre sachliche Zuständigkeit stets nach den Regeln des Freibeweises zu prüfen und die Verweisungspflicht (§ 270 Abs. 1) ist nicht erst dann gegeben, wenn das Gericht die Tatsachen, aus denen die Zuständigkeit des anderen Gerichts folgt, als erwiesen, sondern schon dann, wenn es sie als wahrscheinlich ansieht (RGSt. **64** 180). Dagegen wurde die Frage, ob das **Revisionsgericht** nur seine eigene sachliche Zuständigkeit oder auch die des vor ihm mit der Sache befaßten Gerichts von Amtswegen zu prüfen habe, früher nicht einheitlich beantwortet. Nach RGSt. **34** 256; **62** 63 hatte zwar das Reichsgericht seine eigene Zuständigkeit von Amtswegen zu prüfen, also, ob die Revisionszuständigkeit des Reichsgerichts oder des Oberlandesgerichts gegeben sei; dagegen sollte das Reichsgericht zur Prüfung der sachlichen Zuständigkeit der Vorinstanz nur berechtigt und verpflichtet sein, wenn ein Beteiligter die Unzuständigkeit rügte (so auch jetzt noch *Peters* 240). Im Gegensatz dazu sah RGSt. **61** 322 in der Überschreitung der sachlichen Zuständigkeit durch den Vorderrichter einen Mangel, der auch ohne Rüge von Amtswegen aufzuklären und ohne Rücksicht darauf, ob das Urteil darauf beruht, durch Aufhebung des Urteils unter Verweisung nach § 355 zu berücksichtigen sei. Diese letztere Auffassung hat sich in der Folgezeit in der Rechtsprechung unangefochten durchgesetzt (RGSt. **66** 256; **67** 58; BGHSt. **7** 76; **10** 74; **13** 157, 378; **14** 64; **18** 79, 81; NJW **1960** 2203). Ohne Bedeutung ist dabei, ob der Angeklagte durch die Verkennung der sachlichen Unzuständigkeit beschwert ist oder nicht (BGHSt. **13** 157).

136 **4. Jugendgericht und Erwachsenengericht.** Ein Fall der unter dem Gesichtspunkt einer fehlenden Verfahrensvoraussetzung von Amtswegen zu würdigenden sachlichen Unzuständigkeit lag nach der früheren Rechtsprechung auch vor, wenn die **Erwachsenengerichte** mit Sachen befaßt werden, die vor die **Jugendgerichte** gehören, also z. B. an

Stelle des Jugendrichters der Amtsrichter (BayObLG NJW **1955** 959) oder an Stelle des Jugend-Schöffengerichts oder der Jugendkammer die große Strafkammer (BGHSt. **7** 26; **8** 349; **10** 64, 74, 100; NJW **1960** 2203) entscheidet, oder wenn umgekehrt das Jugendgericht in die Zuständigkeit des Erwachsenengerichts eingreift (BGHSt. **9** 399; **10** 74)[30]. Diese Rechtsprechung führte zu Umständlichkeiten, die durch öffentliche Interessen nicht geboten sind. BGHSt. **18** 29 (GrS) = NJW **1963** 60 und BayObLG JR **1975** 202 haben sie daher mit Recht aufgegeben — entgegen abweichenden Stimmen im Schrifttum (vgl. *Hanack* JZ **1971** 90; *Brunner* JR **1975** 202), die den „Schutzgedanken" des JGG ins Feld führen. Eine von Amts wegen zu berücksichtigende sachliche Unzuständigkeit liegt danach nur vor, wenn das (Jugend- oder Erwachsenen-)Gericht die eigene Strafgewalt überschreitet, während im übrigen das versehentliche Eindringen in den Geschäftsbereich des Jugend- oder Erwachsenengerichts (z. B. Entscheidung durch den Amtsrichter statt durch den Jugendrichter) sich nur als ein Übergriff in den Geschäftsbereich einer anderen Gerichtsabteilung gleichen Ranges darstellt und vom Revisionsgericht nur auf Rüge zu prüfen ist. Es kann danach das irrtümlich angegangene Erwachsenengericht die Sache an das gleichrangige Jugendgericht des Gerichtsbezirks abgeben und umgekehrt (BGHSt. **18** 173).

5. Im **gerichtlichen Bußgeldverfahren** hat das Gericht nicht von Amtswegen die sachliche Zuständigkeit der Verwaltungsbehörde zu prüfen, die den mit Einspruch angefochtenen Bußgeldbescheid erlassen hat (so BayObLG GA **1974** 244 unter Auseinandersetzung mit abw. Stimmen im Schrifttum). **137**

6. Erwächst die Sachentscheidung, die das sachlich unzuständige Gericht erlassen hat, in Rechtskraft, so **heilt die Rechtskraft den Mangel,** wie sich ohne weiteres aus §§ 328 Abs. 3, 338 Nr. 4, 355 ergibt (RGSt. **55** 100; **56** 352; **71** 378). **138**

7. Die **örtliche Zuständigkeit** steht an Bedeutung hinter der sachlichen Zuständigkeit weit zurück. Während die Wahrung des öffentlichen Wohls maßgebend dafür ist, daß die Untersuchung und Entscheidung bestimmter strafbarer Handlungen wegen ihrer Schwere oder Eigenart Gerichten höherer Ordnung oder Gerichten mit besonderer Besetzung (Jugendgerichte) anvertraut wird, üben auch Zweckmäßigkeitsgründe einen erheblichen Einfluß auf die Verteilung gleichartiger Strafsachen unter die nach örtlichen Rücksichten ausgewählten Gerichte gleicher Ordnung aus. Dementsprechend ist die örtliche Zuständigkeit durch die §§ 16 und 18 StPO in ihren Wirkungen abgeschwächt; die Erörterung der Frage der örtlichen Zuständigkeit ist eingeschränkt (*Oetker* JW **1928** 2260). Eine Prüfung von Amtswegen findet nach Eröffnung des Hauptverfahrens nicht mehr statt. Der Beschuldigte muß den Einwand der örtlichen Unzuständigkeit in der Hauptverhandlung bis zum Beginn der Vernehmung zur Sache geltend machen. Führt die Verhandlung, nachdem das Recht des Beschuldigten zur Erhebung eines Einwandes erloschen ist, zu einer tatsächlichen Feststellung oder zu einer rechtlichen Würdigung, aus der die Unzuständigkeit des Gerichts an sich folgen würde, so muß es doch bei der einmal begründeten örtlichen Zuständigkeit verbleiben (RGSt. **65** 267). Im Auslieferungsverfahren wird der Beschluß des OLG über die Zulässigkeit der Auslieferung durch den Mangel der örtlichen Zuständigkeit (§ 9 DAG) nicht berührt (BGH NJW **1958** 759). **139**

---

[30] Zur Frage, ob ein Eingriff der Jugendkammer in die Zuständigkeit der Strafkammer als Schwurgericht vorliegt, wenn eine Schwurgerichtssache gegen einen Erwachsenen durch Verbindung mit dem Verfahren gegen einen tatbeteiligten Jugendlichen vor die Jugendkammer gebracht wird, vgl. OLG Koblenz NJW **1975** 1289 m. abl. Anm. *Sieg* NJW **1975** 1936.

140 8. Für bestimmte Strafsachen sieht das GVG eine **Konzentration der Zuständigkeit bei einem Gericht** innerhalb eines größeren Gerichtsbezirks vor. So ist z. B. nach § 74 a GVG die Strafkammer des Landgerichts, in dessen Bezirk das Oberlandesgericht seinen Sitz hat, als Staatsschutzstrafkammer bei bestimmten politischen Verbrechen und Vergehen für den ganzen Oberlandesgerichtsbezirk zuständig. Über weitere Fälle dieser Art s. insbes. § 74 c (Wirtschaftstrafkammer), § 78 a (Strafvollstreckungskammer), § 120 (Staatsschutzstrafsenat), § 140 a (Wiederaufnahmegericht). In solchen Fällen handelt es sich um die Begründung einer sachlichen Zuständigkeit nur insoweit, als Gerichten mit Rang unter dem Gericht, bei dem die Zuständigkeit liegt (im Beispielsfall: den Amtsgerichten des Oberlandesgerichtsbezirks) die Zuständigkeit entzogen ist. Dagegen liegt im Verhältnis zu den gleichrangigen Gerichten des Bezirks nur die Begründung einer örtlichen Zuständigkeit vor, so daß also, wenn in einer der in § 74 a GVG bezeichneten Strafsachen statt der Staatsschutzstrafkammer am Sitz des Oberlandesgerichts eine andere Strafkammer des Bezirks entscheidet, nicht die Überschreitung der sachlichen, sondern nur die der örtlichen Zuständigkeit in Frage steht (BGHSt. **13** 378; s. aber auch Anm. 2 zu § 74 a GVG).

141 **XII. Sühneversuch.**

Nach § 380 ist die Erhebung der Privatklage wegen bestimmter Vergehen erst zulässig, nachdem von einer Vergleichsbehörde die Sühne erfolglos versucht worden ist. Der Sühneversuch ist eine Klagevoraussetzung und erfordert Prüfung von Amts wegen. Hat ein Sühneversuch vor Erhebung der Klage nicht stattgefunden, so ist die Klage zurückzuweisen; eine Nachholung kommt — was freilich sehr streitig ist — nicht in Betracht (zu § 380). Eröffnet aber (unrichtigerweise) das Gericht gleichwohl das Verfahren, so ist dadurch der Mangel der Klagevoraussetzung geheilt, da der Zweck, die Klage zu vermeiden, nicht mehr erfüllt werden kann und es dem Gericht jederzeit freisteht, den versäumten Sühneversuch durch die eigene Bemühung um gütliche Befriedung zu ersetzen (6 zu § 380).

KAPITEL 13
Die Prozeßmaximen.

A. Allgemeines. 1

I. Begriff und Wesen. Die Aufgabe, die die StPO dem erkennenden Gericht im Strafverfahren zuweist, ist, die Wahrheit zu erforschen und ein gerechtes Urteil zu fällen. Diese Zielsetzung erschien dem Gesetzgeber so selbstverständlich, daß sich die StPO in ihrer ursprünglichen Fassung nach beiden Richtungen eines ausdrücklichen Ausspruchs hierüber enthielt — erst Jahrzehnte nach dem Inkrafttreten der StPO und auch nur zur Verdeutlichung ist die Wahrheitserforschungspflicht des Gerichts in der Hauptverhandlung förmlich niedergelegt worden (I zu § 244) — und sich damit begnügte, den Weg zu regeln, auf dem die Wahrheit zu finden sei, und damit Garantien für die Fällung eines gerechten, dem sachlichen Recht entsprechenden Urteils zu schaffen. Dieser Weg aber ist nicht ein mehr oder weniger zwangsläufig durch die Natur der Sache, das Wesen des Prozesses oder Überlegungen der Dogmatik oder Rechtslogik gewiesener, sondern ist das Ergebnis eines positiv-rechtlichen Abwägens zwischen widerstreitenden Belangen (Kap. 4, 1) und die Auffassungen über die zweckmäßigste Gestaltung des Verfahrens, über die „richtige“, d. h. dem Ideal der Ausgleichung sich am meisten nähernde Grenzziehung zwischen der Macht des verfolgenden Staats und dem Schutzbedürfnis des Individuums, zwischen dem öffentlichen Interesse an straffer Durchführung des Prozesses im Zuge einer raschen und nachdrücklichen Verbrechensverfolgung und dem Interesse des Beschuldigten an möglichst weitgehender Ausdehnung seiner Schutz- und Verteidigungsrechte sind, wie die Darstellung der Änderungen, die StPO und GVG seit ihrem Inkrafttreten am 1. 10. 1879 bis heute erfahren haben, und die Übersicht über die in diesem Zeitraum hervorgetretenen und unerfüllt gebliebenen Reformwünsche (Kap. 3 bis 5) zeigen, wandelbar und werden vom Wechsel der weltanschaulichen Vorstellungen und der politischen und wirtschaftlichen Verhältnisse, ja selbst von gewissen vorübergehenden Tagesbedürfnissen beeinflußt. Schließlich wirken auch Regelungen des Auslands, die ihrerseits — unbeschadet der Übereinstimmung in gewissen grundsätzlichen Fragen, die aus der Menschenrechtskonvention erhellt — von Staat zu Staat und von Kontinent zu Kontinent wechseln, auf die Reformideen und schließlich auch auf die gesetzgeberischen Maßnahmen ein. Immerhin haben sich aber mit der Durchsetzung des reformierten Strafprozesses im 19. Jahrhundert gewisse Grundprinzipien (Prozeßmaximen) herausgebildet, die, von der StPO übernommen, den deutschen Strafprozeß charakterisieren und die, in Zeiten des Krieges, wirtschaftlicher Not, bedrohlichen Anwachsens der Kriminalität und in einer der Vergangenheit angehörigen Periode entarteter Staatsgewalt vorübergehend abgeschwächt oder zurückgedrängt, bis heute, wenn auch nicht ohne mehr oder minder weitgehende Änderungen im einzelnen, so doch im Grundsatz in Geltung geblieben sind. Sie werden ihrerseits von dem obersten Prinzip der Rechtsstaatlichkeit beherrscht, dessen immanente Wesensmerkmale die Gerechtigkeit, die Rechtssicherheit und die Verhältnismäßigkeit des Mittels zu dem erstrebten Zweck sind (vgl. BVerfGE 7 89, 92; NJW **1969** 1059; BGHSt. **18** 274, 279).

II. Einschränkungen. Diese Grundprinzipien sind aber nicht streng und bis zur 2
letzten Konsequenz durchgeführt, sondern von **Ausnahmen** durchbrochen, zu denen die

Ausgleichung gegensätzlicher Interessen zwang. So ist z. B. der Verfolgungszwang (unten Rdn. 27 ff.) zur Milderung von Schärfen, die er im Einzelfall mit sich bringt, aber auch aus kriminalpolitischen, Rationalisierungs- und Zweckmäßigkeitsgründen und aus Erwägungen der Staatsraison im Lauf der Zeit zunehmend eingeschränkt worden. Und der Grundsatz der Mündlichkeit und Unmittelbarkeit (unten Rdn. 56, 62) gilt zwar, wenn es zur Hauptverhandlung kommt, aber die überwiegende Zahl der kleineren Straffälle wird ohne Hauptverhandlung, nämlich durch Strafbefehl erledigt. Dem Grundsatz der Mündlichkeit wird hier dadurch Genüge getan, daß dem Beschuldigten das Recht zusteht, durch Einlegung des Einspruchs eine Hauptverhandlung herbeizuführen. Auch gestattet das Gesetz zuweilen in Fällen, in denen eine Hauptverhandlung grundsätzlich stattfindet, zur Beschleunigung des Verfahrens bei einfacher Sachlage von der Hauptverhandlung abzusehen und im schriftlichen Verfahren durch Beschluß zu entscheiden (§§ 206 a, 206 b, 349 Abs. 2[1] und 4, 371 Abs. 1), z. T. auch in der Form, daß grundsätzlich durch Beschluß entschieden wird, eine mündliche Verhandlung aber stattfindet, wenn ein Beteiligter es beantragt oder das Gericht es von Amtswegen für angebracht hält (§ 440). Auch gibt es — abweichend von dem Grundsatz, daß die Hauptverhandlung mit einem Urteil schließt (§ 260 Abs. 1) — Kombinationen von Urteil und Beschluß. So wird neben dem Urteil in der Hauptsache über Nebenpunkte durch Beschluß entschieden (z. B. §§ 268, 268 a: Entscheidung über die Strafaussetzung zur Bewährung durch Urteil, über Bewährungszeit, Auflagen usw. durch gleichzeitigen Beschluß; § 464: Entscheidung über die Kosten des Verfahrens durch Urteil, über die notwendigen Auslagen eines Beteiligten durch Beschluß), oder die Entscheidung, ob Urteil oder Beschluß, ist dem Gericht überlassen (vgl. § 8 StrEG: Entscheidung über die Entschädigung des Freigesprochenen im Urteil, notfalls durch Beschluß). Mitunter ist auch die Entscheidung durch Urteil vorgeschrieben, die Anfechtung erfolgt aber — wie bei einem Beschluß — durch Beschwerde (vgl. § 464 Abs. 3 betr. Verfahrenskosten).

3 **B. Die einzelnen Grundsätze.**

I. Der Anklagegrundsatz.

1. Trennung von inquirierender und richtender Tätigkeit. Ein wesentliches Merkmal des gemeinrechtlichen Inquisitionsprozesses war die Vereinigung der Tätigkeiten des Verfolgens und des Richtens in einer Hand, der des Richters. Zum Richten aber gehört innere Unbefangenheit, die bei dem nicht erwartet werden kann, der früher angreifend und ermittelnd in der Sache tätig geworden ist; und noch weniger wird der Beschuldigte dem Richter das Vertrauen der inneren Unbefangenheit und Unparteilichkeit entgegenbringen, wenn dieser ihm zunächst angreifend und inquirierend, gewissermaßen als Gegner gegenübergetreten ist. Auf der psychologischen Grunderfahrung von der Unvereinbarkeit der Stellung von Inquirent und Richter in einer Person beruhten die

---

[1] Bei der Diskussion um die Aufrechterhaltung des § 349 Abs. 2 (Verwerfung der Revision als offensichtlich unbegründet durch Beschluß des Revisionsgerichts; vgl. Kap. 3, 71) war es also kein sinnvolles Argument gegen diese Vorschrift, wenn geltend gemacht wurde, das schriftliche Verfahren „verstoße" gegen den Grundsatz der Mündlichkeit, denn dieser Grundsatz gilt nicht apodiktisch, sondern nur in der Ausprägung und mit den Beschränkungen, die das geltende Recht vorsieht. Die Frage konnte also nur lauten, ob die lex lata insoweit auf einer zweckmäßigen Interessenabwägung beruhe. Auch mit Art. 6 Abs. 1 MRK, soweit er dem Beschuldigten Anspruch auf „öffentliches Gehör" zuerkennt, steht § 349 Abs. 2 nicht in Widerspruch, denn der Mündlichkeitsgrundsatz gilt in erster Linie für die Tatsacheninstanzen und läßt dem nationalen Gesetzgeber Raum für Vorschriften, die für das auf die rechtliche Nachprüfung beschränkte Revisionsverfahren Ausnahmen vorsehen.

Forderungen in der Reformbewegung des 19. Jahrhunderts, beide Aufgabenbereiche zu trennen, die Aufgabe des Einschreitens und Ermittelns einem besonderen Organ, einem die Öffentlichkeit, die Staatsgewalt repräsentierenden Ankläger, zu übertragen und dem Gericht die weitere Verfügung über das Verfahren erst durch einen förmlichen Akt, die Erhebung der öffentlichen Klage, zu überlassen, wenn der Ankläger auf Grund seiner Ermittlungen und des zusammengetragenen Belastungsmaterials einen hinreichenden Tatverdacht für gegeben hält. Diese Forderungen fanden um die Mitte des 19. Jahrhunderts im reformierten Strafprozeß ihre gesetzgeberische Verwirklichung und auf diesem Grundgedanken beruht auch die Regelung der Strafprozeßordnung.

2. **Die Klage als Prozeßvoraussetzung.** Grundsätzlich wird danach gegen straf- **4**
bare Handlungen von Amtswegen eingeschritten. Das Einschreiten von Amtswegen ist jedoch dem Gericht verwehrt. Nur ausnahmsweise hat der Richter des Amtsgerichts bei Gefahr im Verzug auf Grund des § 165 als „Notstaatsanwalt" einzelne der Vorbereitung der öffentlichen Klage dienende Untersuchungshandlungen vorzunehmen. Vielmehr wird die Eröffnung einer gerichtlichen Untersuchung gemäß § 151 durch die Erhebung einer Klage bedingt **(Anklagegrundsatz).** Die Klage bildet eine Voraussetzung für die Zulässigkeit der gerichtlichen Untersuchung und Entscheidung; sie ist Verfahrensvoraussetzung, der Mangel einer ordnungsmäßigen Klage ein Verfahrenshindernis (Kap. 12, 1 ff.). Zur Erhebung der öffentlichen Klage ist nach § 152 Abs. 1 der Staatsanwalt berufen. Er kann die von ihm erhobene öffentliche Klage nach § 156 nicht mehr zurücknehmen, wenn das Hauptverfahren eröffnet und damit die Herrschaft des Gerichts über das Verfahren begründet ist (Ausnahme §§ 153c Abs. 3, 4, 153d Abs. 2, 411 Abs. 3), während der Privatkläger einer solchen Beschränkung nicht unterliegt (§ 391).

3. In **strengster Folgerichtigkeit** durchgeführt würde der Anklagegrundsatz **5**
etwa zu folgender Verfahrensgestaltung führen: Die ermittelnde Tätigkeit liegt ausschließlich dem Staatsanwalt ob. Der Richter trägt keine Verantwortung für die Klage; die Klageerhebung führt alsbald zur Hauptverhandlung. In dieser treten zwei Beteiligte, der Kläger und der Angeklagte, behauptend und begehrend vor ihm auf. Sie tragen — zumeist widerstreitend — vor, was die Klage erhärten oder entkräften soll. Der Richter ist aus der untersuchenden Tätigkeit völlig verdrängt und ausschließlich damit betraut, den Stoff, den die am Verfahren Beteiligten vor ihm ausbreiten, in sich aufzunehmen und hieraus das Bild zu formen, auf das er die Entscheidung stützt. Das geltende Strafverfahren ist jedoch nicht so gestaltet.

4. Eine Abweichung besteht zunächst darin, daß dem Hauptverfahren, dessen **6**
Kernstück die Hauptverhandlung bildet, ein **Zwischenverfahren,** das **Eröffnungsverfahren** vorgeschaltet ist. Die Anklageschrift des Staatsanwalts enthält den Antrag, das Hauptverfahren vor einem bestimmten Gericht zu eröffnen (§§ 199 Abs. 2, 200 Abs. 1); das Gericht ist an die Zuständigkeitsauffassung der Staatsanwaltschaft jedoch nicht gebunden. Das Gericht prüft aber nicht nur seine örtliche und sachliche Zuständigkeit, sondern auch, ob der Angeschuldigte nach den bisherigen Ermittlungen einer strafbaren Handlung hinreichend verdächtig ist (§ 203). Der Angeschuldigte wird — auch in Einzelrichterstrafsachen — zuvor gehört (§ 201). Das Gericht kann ergänzende Ermittlungen anordnen (§ 202). Soweit es nicht wegen sachlicher Unzuständigkeit nach § 209 Abs. 3 verfährt, lautet seine abschließende Entscheidung auf Eröffnung des Hauptverfahrens und Zulassung der Anklage zur Hauptverhandlung oder Ablehnung der Eröffnung des Hauptverfahrens; vorübergehende Verfahrenshindernisse führen zu vorläufiger Einstellung des Verfahrens (§§ 203 bis 205). Der Sinn dieses Zwischenverfahrens ist die „negative Kontrollfunktion": dem Angeschuldigten zu ersparen, sich in einer öffent-

lichen Hauptverhandlung verantworten zu müssen, wenn nach Sachlage mit einer Verurteilung mangels hinreichenden Verdachts nicht zu rechnen ist, aber auch das erkennende Gericht von der Belastung mit einer überflüssigen Hauptverhandlung freizuhalten.

7 Die **Kehrseite dieser Vorprüfung** ist freilich, daß das in der Hauptverhandlung erkennende Gericht, obwohl an den Eröffnungsbeschluß nicht gebunden (§§ 261, 264 Abs. 2), doch wenigstens in den Augen des Angeklagten als innerlich festgelegt erscheinen kann. So ist — von den Vorwürfen, daß es schleppend und umständlich, aber auch ungeeignet sei, die Interessen der Anklage oder des Beschuldigten zu wahren, ganz abgesehen — die Zweckmäßigkeit des Eröffnungsverfahrens seit langem umstritten und auch die Stellungnahme des Gesetzgebers und der amtlichen Reformgremien hat im Laufe der Zeit gewechselt: Die VO vom 13. 8. 1942 hatte unter Vorwegnahme der im EGStGB = Entw. 1930 (Art. 70 Ziff. 115) und im StPO = Entw. 1939 (§§ 32 ff.) vorgeschlagenen Regelung den Eröffnungsbeschluß beseitigt (Kap. 3, 39), das Rechtsvereinheitlichungsgesetz vom 12. 9. 1950 hat ihn wieder hergestellt. Das StPÄG 1964 hat zwar den Eröffnungsbeschluß dem Namen wie der Kontrollfunktion nach beibehalten, seinen Inhalt aber dahin verändert, daß er aus „optischen Gründen" förmlich nicht mehr die Feststellung enthält, der Angeschuldigte sei der ihm von der Anklage zur Last gelegten Tat hinreichend verdächtig, sondern sich mit dem Ausspruch begnügt, die Anklage werde „zur Hauptverhandlung zugelassen". Reformwünsche gehen u. a. dahin, daß das Gericht nur noch prüfe, ob Verfahrenshindernisse vorlägen, die Verdachtsfrage aber ungeprüft lasse (*Eb. Schmidt* NJW **1969** 1143).

8 5. Eine weitere Durchbrechung des Grundsatzes, den Richter von inquirierender Tätigkeit freizuhalten, bildete bis vor kurzem die **gerichtliche Voruntersuchung** (§§ 178 ff. a. F.), die durch das 1. StVRG vom 9. 12. 1974 beseitigt wurde. In ihr fiel dem Untersuchungsrichter die Aufgabe zu, durch eigene Sachaufklärung die dem beschließenden Gericht obliegende Entscheidung vorzubereiten, ob gegen den Beschuldigten hinreichender Tatverdacht besteht. Abgesehen von der Erwägung, daß es dem Schutz des Beschuldigten diene, wenn die Ermittlungen nicht in der Hand eines weisungsgebundenen Staatsanwalts, sondern in der eines unabhängigen Richters lägen (BVerfG NJW **1969** 1104, 1106), erwartete man bei der Schaffung der Strafprozeßordnung von ihr eine besonders günstige Aufklärung des Sachverhalts und sah darin einen Ausgleich für das Fehlen einer zweiten Tatsacheninstanz in den erstinstanzlich vor das Reichsgericht, die Oberlandesgerichte, die Schwurgerichte und die Strafkammern gehörigen Sachen. Die Voruntersuchung gehörte seitdem zu den umstrittensten Einrichtungen der Strafprozeßordnung. Man machte ihr insbesondere den Vorwurf, daß sie häufig den Abschluß des Vorverfahrens verzögere, ohne daß diese Verzögerung allgemein durch besonders gute Ergebnisse der Ermittlungen ausgeglichen würde. Der Gesetzgeber gab den auf Einschränkung oder Beseitigung der (teils obligatorischen, teils fakultativen) Voruntersuchung gerichteten Wünschen lange Zeit kein Gehör. Der EGStGB-Entw. 1930 wollte zwar bei der fakultativen Voruntersuchung durch Einfügung eines Absatz 3 des § 178 („Die Staatsanwaltschaft soll.... den Antrag.... nur stellen, wenn die Voruntersuchung nach Umfang oder Bedeutung der Sache notwendig erscheint") die Staatsanwaltschaft auf die Notwendigkeit der Vermeidung überflüssiger Voruntersuchungen hinweisen, begründete aber die Beibehaltung der Voruntersuchung damit, daß sie „häufig geeigneter ist, tiefere Einblicke in die Persönlichkeit des Angeschuldigten zu eröffnen als das staatsanwaltschaftliche Ermittlungsverfahren, weil Angeschuldigte und Zeugen dem Richter oft unbefangener und offener gegenübertreten als dem Staatsanwalt". Erst in der Zeit des „Dritten Reichs" führte das grundsätzliche Anliegen des damaligen

Gesetzgebers, die Tätigkeit des Richters vor dem Hauptverfahren in möglichst weitem Umfange durch die des weisungsgebundenen Staatsanwalts zu ersetzen (Kap. 3, 21), zu einer erheblichen Einschränkung der Voruntersuchung (Ges. vom 28. 6. 1935), indem die obligatorische Voruntersuchung beseitigt und das Recht, eine Voruntersuchung zu beantragen, nur dem Staatsanwalt eingeräumt wurde. Der StPO-Entw. 1939 (§ 377) wollte noch weiter einschränken; nur bei „außergewöhnlichen Umständen" sollte der Staatsanwalt den Antrag auf Bestellung eines Untersuchungsrichters stellen können. Aber selbst dieser Entwurf hielt die Voruntersuchung in gewissem Umfange für unentbehrlich. „Vereinzelt" (so die amtl. Begründung zu §§ 377 ff. — S. 181 —) „kommen Fälle vor, in denen die Vornahme der Ermittlungen durch den weisungsgebundenen Staatsanwalt zu Mißdeutungen Anlaß geben könnte, z. B. wenn eine Untersuchung wegen der Persönlichkeit des Täters oder der Art der Tat unter innen- oder außenpolitischen Umständen besonders heikel ist. Um auch den Anschein zu vermeiden, als ob in solchen Fällen die Ermittlungstätigkeit von unsachlichen Erwägungen beeinflußt sei, kann es im wohlverstandenen Interesse der Strafrechtspflege liegen, die Führung der Ermittlungen in die Hand des nichtweisungsgebundenen Richters zu legen. Um solcher Bedürfnisse willen soll die Voruntersuchung für Ausnahmefälle beibehalten werden". Das Rechtsvereinheitlichungsgesetz vom 12. 9. 1950 kehrte im wesentlichen zu dem vor 1933 geltenden Recht zurück und das StPÄG 1964 beließ es dabei. Nur insofern hatten die auf Beseitigung der Voruntersuchung abzielenden Wünsche Erfolg, als die Voraussetzungen der obligatorischen Voruntersuchung eingeengt und die fakultative Voruntersuchung davon abhängig gemacht wurde, daß der Antragsteller erhebliche Gründe für ihre Notwendigkeit geltend mache.

Die **Erwägungen,** die jetzt schließlich **zur Beseitigung der Voruntersuchung** führten, stehen im Zusammenhang mit dem Hauptanliegen des 1. StVRG, das Strafverfahren durch Übertragung bisher richterlicher Zuständigkeiten auf den Staatsanwalt zu straffen und zu beschleunigen. Die amtliche Begründung des Entwurfs (BTDrucks. 7 551, S. 38) führt dazu u. a. aus, die Übernahme der Voruntersuchung „aus dem durch uneingeschränkte Verfahrensherrschaft [des Richters] gekennzeichneten Inquisitionsprozeß" in die Strafprozeßordnung habe auf einem „gewissen Mißtrauen" des Gesetzgebers des Jahres 1879 „gegenüber dem damals noch jungen Amt des Staatsanwalts" beruht, das jedenfalls heute nicht mehr gerechtfertigt sei. Es möge zwar zutreffen, daß Angeschuldigter und Zeugen dem Untersuchungsrichter unbefangener und offener gegenüberträten als dem Staatsanwalt. Dem wird als Argument entgegengesetzt: „Ein Rechtsstaat sollte aber der vertrauenden Offenheit der Beteiligten nicht damit begegnen, daß er ein seiner Natur nach staatsanwaltschaftliches Amt durch einen Richter führen läßt, dessen Niederschriften zudem noch in der Hauptverhandlung als richterliche Protokolle zum Zwecke des Beweises verlesen werden können (§ 251 Abs. 1)". Es sei auch richtig, daß sich in aller Regel ein nur mit wenigen Fällen befaßter Untersuchungsrichter diesen mit mehr Gründlichkeit und Zeit widmen könne als ein mit der Erledigung zahlreicher laufender Geschäfte belasteter Staatsanwalt, doch sei zu erwarten, daß dies ausgeglichen werde durch Fortführung der von den Justizverwaltungen bereits getroffenen Maßnahmen zur Freistellung von spezialisierten und qualifizierten Staatsanwälten für bedeutsame und verwickelte Verfahren. Auch biete die Voruntersuchung dem Beschuldigten keine größeren Verfahrensgarantien als das staatsanwaltschaftliche Ermittlungsverfahren. Zwar bestehe bei Vernehmung von Zeugen und Sachverständigen durch den Staatsanwalt — anders als bei entsprechenden richterlichen Vernehmungen (§ 168 c Abs. 2) — Kein Anwesenheitsrecht des Beschuldigten und seines Verteidigers; dieser Nachteil werde aber dadurch ausgeglichen, daß die Niederschriften über staatsan- **9** waltschaftliche Vernehmungen — anders als die über richterliche Vernehmungen — grundsätzlich nicht in der Hauptverhandlung verlesen werden dürfen (§ 251 Abs. 1, 2).

10 Nachdem die in der Reformliteratur zwar weithin, aber keineswegs einhellig (vgl. an Gegenstimmen z. B. *Hanack* JZ **1971** 707) geforderte Abschaffung der Voruntersuchung res judicata ist, lohnt es nicht mehr, das pro und contra dieser Maßnahme zu erörtern. Die Zukunft wird lehren, ob es tatsächlich zu jener erwarteten „Freistellung spezialisierter und qualifizierter Staatsanwälte für bedeutsame und verwickelte Verfahren" kommt, die den Untersuchungsrichter ersetzen sollen (vgl. dazu die skeptischen Ausführungen von *Lampe* NJW **1975** 195 unter V „Schlußwort").

11 6. Als eine **weitere Durchbrechung** des Grundsatzes, den Richter von inquirierender Tätigkeit freizuhalten, kommt noch die im § 238 StPO angeordnete Übertragung der **Vernehmung** des Angeklagten und der Erhebung der Beweise in der Hauptverhandlung an den **Vorsitzenden** in Betracht. Seit langem werden auch diese Einrichtungen als lästiges Überbleibsel älterer, nach dem Untersuchungsgrundsatz geformter Ordnungen bekämpft. Reformvorschläge, vor allem von Seiten der Anwaltschaft, gipfeln in dem Wunsch nach allgemeiner Einführung des dem anglo-amerikanischen Vorbild angepaßten Kreuzverhörs[2].

12 7. **Das Kreuzverhör im geltenden Recht** ist nach § 239 nur in beschränktem Umfang zulässig, nämlich nur, wenn Staatsanwalt und Verteidiger es übereinstimmend beantragen; es erstreckt sich nur auf die von ihnen benannten Zeugen und Sachverständigen. Sein Wesen besteht darin, daß die Aufnahme des Beweises insoweit vom Vorsitzenden (§ 238) auf die „Parteien" übergeht und die Sachleitung des Vorsitzenden während der Dauer des Kreuzverhörs sich auf die Verhinderung von Mißbräuchen und die Zurückweisung ungeeigneter oder nicht zur Sache gehöriger Fragen beschränkt (§ 241). Dagegen bewirkt das Kreuzverhör nicht, daß das Gericht für diesen Ausschnitt des Verfahrens in die Rolle des zuschauenden Unparteiischen versetzt wird, der lediglich das Ergebnis der Vernehmung, so, wie es von den Parteien geformt ist, entgegenzunehmen und im Urteil zu werten hat; vielmehr tritt nach Beendigung des Kreuzverhörs die Aufgabe des Gerichts, das zur Erforschung der Wahrheit Erforderliche zu tun (§ 244 Abs. 2) wieder in Kraft und der Vorsitzende hat demgemäß auch nach dem Kreuzverhör die ihm zur weiteren Aufklärung der Sache erforderlich erscheinenden Fragen an die Zeugen und Sachverständigen zu richten (§ 239 Abs. 2). **Ausgeschlossen** ist nach dem durch das Ergänzungsges. vom 20. 12. 1974 (BGBl. I 3686) neu eingefügten § 241 a das Kreuzverhör gegenüber Zeugen unter 16 Jahren. Durch die darin vorgesehene grundsätzliche Monopolisierung der Vernehmungsbefugnis auf den Vorsitzenden soll ein solcher kindlicher oder jugendlicher Zeuge vor aggressiven Fragen der Verfahrensbeteiligten geschützt und daneben eine psychische Spannungssituation ausgeschlossen werden, der er nach jugendpsychologischen Erfahrungen ausgesetzt ist, wenn er mehrere Adressaten für seine Äußerungen hat und sich auf verschiedene, einander widersprechende

---

[2] Aus dem neueren Schrifttum zu diesem Fragenbereich vgl. u. a. *v. Stackelberg* Gedanken zur Reform des deutschen Strafverfahrens, Gedenkschrift für *Cüppers* (1955) 122; *Stock* Zur Frage der Übernahme anglo-amerikanischer Strafprozeßgrundsätze in das deutsche Strafprozeßrecht, Festschrift für *Rittler* (1957) 305; *Grünhut* Die Bedeutung englischer Verfahrensnormen für eine deutsche Strafprozeßreform, Festschrift für *v. Weber* (1963) 343; *Hirschberg* Das amerikanische und das deutsche Strafverfahren in rechtsvergleichender Sicht, 1963; *Hermann* Die Reform der deutschen Hauptverhandlung nach dem Vorbild des anglo-amerikanischen Strafverfahrens, 1971; *Roxin* Die Reform der Hauptverhandlung im deutschen Strafprozeß, in: Problem der Strafprozeßreform (1975) 52.

Empfänger seiner Äußerungen einstellen muß (amtl. Begr. BTDrucks. 7 2526 vom 6. 9. 1974, S. 24).

8. Das Kreuzverhör in dieser Form hat **keine praktische Bedeutung erlangt**; in den seltensten Fällen wird von ihm Gebrauch gemacht. Das mag sich daraus erklären, daß im System eines Verfahrensrechts, das dem **Gericht** die Aufgabe zuweist, die **materielle** Wahrheit als Grundlage seines Urteils zu erforschen, das Kreuzverhör sich als ein Fremdkörper darstellt und auch von den an die Formen des deutschen Strafprozesses gewöhnten Beteiligten so empfunden wird. So fehlt es denn völlig an praktischen Erfahrungen für eine Prognose, mit welchen Ergebnissen zu rechnen wäre, wenn die Beweisaufnahme nach dem Vorbild des anglo-amerikanischen Rechts umgestaltet würde, von dem die Befürworter einer solchen Reform sich eine Abhilfe gegenüber den Mängeln des deutschen Rechts und im Ergebnis eine Verminderung von Fehlurteilen versprechen. **13**

9. Die **Mängel des geltenden Rechts** sehen seine **Kritiker** zunächst darin, daß der Vorsitzende (und neben ihm der Berichterstatter oder auch alle richterlichen Mitglieder des Gerichts) die Akten des Vorverfahrens kennt. Nach den Ergebnissen des Vorverfahrens könne er bereits eine mehr oder weniger feste Vorstellung von der Schuld des Angeklagten erlangt haben, die auf die Art seiner Verhandlungsleitung nicht ohne Einfluß sei. Es liege dann nahe, daß er seine Aufgabe darin sehe, den Angeklagten im Sinne der Anklage zu überführen. Auch verliere er, durch die Tätigkeit des Inquirierens in Anspruch genommen, den freien Überblick. Die Befürchtung oder gar die aus dem Verhalten des Vorsitzenden entnehmbare Erkenntnis, daß dieser ihn bereits für schuldig halte, nehme dem Angeklagten den Glauben an die Unbefangenheit und Unparteilichkeit des Gerichts und hemme ihn in seiner Verteidigung, die ohnedies dadurch beschränkt sei, daß der Angeklagte nicht alles ihm geeignet erscheinende Entlastungsmaterial selbst aufbieten könne, sondern auf die Stellung von Beweisanträgen angewiesen sei und in der Furcht lebe, ob seinen Anträgen auch stattgegeben werde. **14**

10. Im anglo-amerikanischen Strafprozeß liegt es freilich entscheidend anders[3]. **15**
Der Überblick soll hier auf das englische Recht beschränkt werden. Der englische Richter (übrigens stets ein ehemaliger Verteidiger) kennt keine Akten. Seine Stellung „läßt sich wohl am besten mit der eines Schiedsrichters in einem Fußballkampf oder eines Ringrichters in einem Boxkampf vergleichen"[4]. Er überwacht das fair trial der Parteien. Er kann keine Zeugen laden, es gibt keine Beweisanträge, über die er zu entscheiden hätte, ihm obliegt nicht die Befragung des Angeklagten und die Vernehmung der Zeugen. Denn ein Richter, der selbst Zeugen vernimmt, „steigt sozusagen selbst in die Arena und ist in Gefahr, daß sein Blick vom Staub des Konflikts verdunkelt wird"[5]. Die Beweisaufnahme liegt vielmehr in vollem Umfang in den Händen der Parteien (des Staats-

---

3 Vgl. dazu u. a. *Grünhut* ZStW **71** (1959) Mitteilungsblatt S. 144 und *Allen* ZStW **72** (1960) Mitteilungsblatt S. 154 ff., *Reynolds* DRiZ **1962** 74; **1964** 127; *Max Hirschberg* Das amerik. und deutsche Strafverfahren in rechtsvergleichender Sicht, 1963; *Paulsen* Grundzüge des amerikanischen Strafprozesses, ZStW **77** 637; *Romberg* Die Richter Ihrer Majestät, Porträt der englischen Justiz, 2. Aufl. 1966; *Reynolds* Justiz in England, 1968; *Knittel* Das englische Schwurgericht, 1968; *Honig* Beweisverbote und Grundrechte im amerikanischen Strafprozeß, 1968; *Herrmann*, Beweisaufnahme durch die Parteien und Kreuzverhör im anglo-amerikanischen Strafverfahren ZStW **80** (1968) 775 ff. und dazu der Bericht über das Kolloquium „Reform der deutschen Hauptverhandlung" in ZStW **80** (1968) 915 ff.; *J. Henkel* Rechtsstaat ohne „gesetzlichen Richter", 1971; *Damaska* Strukturmodelle der Staatsgewalt und ihre Bedeutung für das Strafverfahren, ZStW **87** [1975] 7/3.

4 *Allen* 157; s. auch *Herrmann* ZStW **80** (1968) 778 ff.

5 Ausspruch eines englischen Richters nach *Allen* aaO.

6 Über den Staatsanwalt im amerikanischen Recht s. *Händel* DRiZ **1961** 357.

anwalts und des Verteidigers); sie bestimmen selbst und ausschließlich über Art und Umfang der Beweisaufnahme. Der englische Staatsanwalt[6] (übrigens kein berufsmäßiger Staatsanwalt, sondern ein Verteidiger, dem diese Rolle übertragen ist) ist — anders als sein deutscher Kollege (§§ 160 Abs. 2, 296 Abs. 2) — nicht gehalten, auf die Erforschung der materiellen Wahrheit auch zugunsten des Angeklagten hinzuwirken, sondern sieht seine Aufgabe darin, der Anklage zum Erfolg zu verhelfen. Jede Partei vernimmt zunächst die von ihr benannten Zeugen — auch der Angeklagte kann „in den Zeugenstand gerufen" werden — (examination-in-chief), dann folgt „cross-examination" durch den Gegner mit der Möglichkeit einer reexamination durch den ursprünglich Vernehmenden. Urteilsgrundlage ist lediglich das Beweismaterial, das die Parteien dazu bestimmen. Dazu tritt ein System von Beweisregeln, das dem deutschen Strafprozeß (vgl. § 261) fremd ist[7]. Allerdings wird dem englischen Richter auch nicht zugemutet, auf der Grundlage dieser ohne sein Mitwirken erarbeiteten „formellen Wahrheit" über die Schuld des Angeklagten zu entscheiden. Diese Entscheidung erfolgt vielmehr durch den Wahrspruch der Geschworenen und die Mitwirkung des Richters beschränkt sich auf die Rechtsbelehrung der Geschworenen und den Strafausspruch, wenn der Wahrspruch auf schuldig lautet. Gerade darin, daß die Schuldfeststellung nicht beim Richter liegt und ihn niemals der Vorwurf mangelhafter Sachaufklärung und falscher Beweiswürdigung treffen kann, liegt der Grund seines hohen Ansehens, seine Autorität und „Macht"[8]. Gegen ein solches Urteil gibt es aber auch kein Rechtsmittel nach Art des deutschen Strafprozeßrechts. Der Freispruch ist jeder Anfechtung entzogen[9] und die sehr beschränkte Anfechtung der Verurteilung führt weder zu einer erneuten Nachprüfung in einer Tatsacheninstanz noch, wie die Revision des deutschen Rechts, zu einer umfassenden rechtlichen Nachprüfung, die ja nur auf der Grundlage eines ausführlich begründeten schriftlichen Urteils erfolgen könnte. Eine Wiederaufnahme des Verfahrens gibt es nicht; es bleibt bei Fehlurteilen zum Nachteil des Angeklagten nur der Weg der Gnade.

16 Zur Abrundung des Bildes ist wichtig zu wissen, daß in England nur etwa 2% aller Strafsachen in dem geschilderten Verfahren unter richterlichem Vorsitz abgeurteilt werden; die übrigen 98% werden im sog. summarischen Verfahren durch Magistrates-Laien-Friedensrichter — nur in einigen Großstädten berufsmäßige Richter — erledigt[10].

17 **11. Stellungnahme zu den Reformwünschen.**

a) Die **früheren Entwürfe** hatten sich gegenüber den Wünschen einer Umgestaltung des Hauptverfahrens zum Parteiprozeß ablehnend verhalten. Art. 70 Nr. 133 EGStGB-Entw. 1930 schlug lediglich vor, das Kreuzverhör auch auf die von Amtswegen geladenen Zeugen und Sachverständigen zu erstrecken. Die Begründung (S. 83) bemerkt dazu, an die Erörterungen auf dem Salzburger Juristentag 1928[11] anknüpfend, „die zur Zeit noch nicht genügend geklärte Frage" müsse einer späteren Gesamtreform der StPO überlassen werden, um so mehr, als gewichtige Stimmen aus den Kreisen der Wissenschaft und insbesondere der Praxis sich über die angeblichen Vorzüge des Kreuzverhörs sehr skeptisch ausgesprochen hätten. Selbst der Vorschlag der Reichsratsvorlage, das Zustandekommen eines Kreuzverhörs dadurch zu erleichtern, daß der Vorsitzende befugt sein sollte, schon auf Antrag *einer* der Parteien das Kreuzverhör anzuordnen, hatte im Reichsrat keine Mehrheit gefunden. Der StPO-Entwurf 1939 wollte das Kreuz-

---

[7] *Hartung* in Festschrift für *Rosenfeld* (1950) S. 231 ff.
[8] *Grünhut* aaO.
[9] *Allen* 177.
[10] *Grünhut* aaO.
[11] Vgl. 35. DJT S. 134 ff. – *Graf zu Dohna – und S. 441 ff. – Alsberg –.*

verhör überhaupt beseitigen, weil es mit der Pflicht des Gerichts, die Wahrheit von Amtswegen zu erforschen, unvereinbar sei und in der gerichtlichen Praxis kaum Leben gewonnen habe. „Wurde es gelegentlich angewandt, so hat es meist dann versagt, wenn es auf die schwierige Feststellung innerer Tatsachen ankam. Die Gefahr eines Mißbrauchs, insbesondere durch suggestive Fragen, kann auch dadurch nicht ganz ausgeschlossen werden, daß der Vorsitzende nach der Regelung des bisherigen Rechts bei Mißbrauch einschreiten und nach Abschluß des Kreuzverhörs selbst ergänzende Fragen stellen kann". In Vorwegnahme dieser Reformpläne wurde das Kreuzverhör durch die 2. VereinfachungsVO vom 13. 8. 1942 beseitigt, durch das Rechtsvereinheitlichungsgesetz vom 12. 9. 1950 aber wieder in der bisherigen Form eingeführt. Doch hatte auch in der Zeit danach das Kreuzverhör keine praktische Bedeutung erlangt. In der Begründung des RegEntw. des 1. StVRG vom 9. 12. 1974 werden zwar die Reformziele beschrieben, zur Frage einer Neugestaltung einer Hauptverhandlung des ersten Rechtszuges wird aber zurückhaltend nur bemerkt, sie werde im Zuge der Gesamtreform „zu prüfen sein" (BTDrucks. 7 551 S. 34). Immerhin ist mit der Einfügung des § 241 a (oben Rdn. 12) eine Regelung getroffen worden, die die Grenzen zeigt, die auch bei einer Erweiterung des Kreuzverhörs respektiert werden müßten.

b) Das **deutsche Schrifttum** hat sich bisher überwiegend ablehnend gegenüber **18**
den Wünschen einer Gestaltung der Beweisaufnahme nach anglo-amerikanischem Vorbild geäußert. Diese Stellungnahme war auch mit beeinflußt durch die Erfahrungen, als in der Zeit nach dem zweiten Weltkrieg die Besatzungsgerichte in Anlehnung an die Grundsätze des anglo-amerikanischen Prozeßrechts auf deutschem Boden Recht sprachen und die Öffentlichkeit sich an Ort und Stelle ein Bild über die Handhabung des Kreuzverhörs und seine ihm nachgerühmten Vorzüge machen konnte. Das Ergebnis dieser — freilich in einer ressentimentsgeladenen Zeit gewonnenen und deshalb nicht allgemein gültigen Erfahrungen — hat *Niethammer* unter Verweisung auf seine Ausführungen JZ **1951** 132 in der 20. Auflage dieses Werkes (S. 31) in die Worte gefaßt: „Die Lehre, die gezogen werden konnte, als fremde Gerichte das Kreuzverhör auf deutschem Boden gegen deutsche Angeklagte anwandten, läßt den Wunsch nicht aufkommen, daß diese Art der Beweiserhebung in der deutschen Strafrechtspflege Leben gewinne und sich ausbreite". Und ebenso meint *Eb. Schmidt* (I 365): „Daß unser Verfahrensrecht uns vor einem Anwalt des *Staates* bewahrt hat, der prozeßrechtlich in der Lage wäre, entlastendes Material zu unterdrücken, nur um als Partei die Anklage zu halten und die Verurteilung durchzusetzen, das sollte man gerade nach den Erfahrungen, die uns die Tätigkeit anglo-amerikanischer Ankläger in Prozessen auf deutschem Boden vermittelt hat, als eine niemals preiszugebende Errungenschaft zu würdigen wissen". Auch nach zeitlicher Entfernung von den vorerwähnten Ereignissen hat sich an der überwiegend ablehnenden Stellungnahme des Schrifttums nichts geändert[12]. Dagegen

---

[12] S. außer den im Text Genannten u. a. *Bader* NJW **1949** 737 ff.; derselbe in „Strafprozeß und Rechtsstaat" in der Festschrift für *Pfenniger* (1956) S. 8; derselbe JZ **1962** 720 „... die schweren Unzulänglichkeiten des englischen Strafverfahrens mit seinen halb antiquierten, halb spielerischen Beweisregeln ... ", *Dahm* Deutsches Recht **1951** 636; *Eb. Schmidt* MDR **1951** 1 ff.; DRiZ **1957** 279, *Peters* 303 (Gefahr suggestiver Einflüsse des Kreuzverhörs auch bei strenger richterlicher Kontrolle), *Henkel* 109; *Grützner* GA **1967** 221, 222: „Würde diese Art von Kreuzverhör in Deutschland eingeführt, dann würde wohl kaum einer die Neigung haben, als Zeuge auszusagen, sondern alle Möglichkeiten ausnutzen, dem zu entgehen.„ Ablehnend auch *Hartung* ZStW **82** (1970) 601, 608; *Peters* Fehlerquellen im Strafprozeß Bd. 2 (1972) 305 ff.

sieht *Hirschfeld*[13], freilich mit wenig überzeugenden Gründen[14], in der Übernahme des Parteiprozesses ein Mittel zur Verhütung von Fehlurteilen.

19 c) **Kombinationsformen.** Eine Beweisaufnahme nach anglo-amerikanischem Vorbild **ausschließlich in der Hand der Parteien** ist überhaupt nur denkbar in einem Verfahren, in dem nicht ein mit rechtsgelehrten Richtern (neben Laienrichtern) besetztes Gericht über Schuld oder Nichtschuld entscheidet. Denn es ist — jedenfalls nach unseren Rechtsvorstellungen — ein unzumutbares Verlangen an den Richter, daß er eine solche Entscheidung treffe, solange er nicht die Überzeugung erlangt hat, daß alles zur Erforschung der Wahrheit Mögliche und Nötige getan sei. Es ist wohl denkbar — wie es im alten Schwurgericht mit seiner Trennung von Richter- und Geschworenenbank der Fall war und im anglo-amerikanischen Strafprozeß noch ist —, dem Richter die Schuldfeststellung abzunehmen und sie dem Wahrspruch der Geschworenen zu überlassen und den Richter auf die Straffrage zu beschränken. Überträgt man dem Richter aber auch die Schuldfeststellung, so muß er unabdingbar auch die Möglichkeit haben, den Sachverhalt selbst so aufzuklären, daß er einen Spruch mit seinem Gewissen und seiner Überzeugung vereinbaren kann. Ein Schuldspruch auf der Grundlage einer lediglich von den Parteien erbrachten formellen Wahrheit wäre ein sacrificium intellectus[15].

20 Solange es also dabei bleibt, daß der Richter auch über die Schuldfrage entscheidet, wäre nur eine **gewisse Annäherung** an das System des anglo-amerikanischen Rechts diskutabel, etwa in dem Sinn, daß zwar den Parteien das Recht des (gegenüber dem geltenden Recht erweiterten) Kreuzverhörs zusteht, dem Gericht aber das Recht und die Pflicht verbleibt, eine ihm unvollständig erscheinende Beweisaufnahme zu ergänzen[16]. Für solche Übergangsformen und Kombinationen des Untersuchungsgrundsatzes mit dem Verhör durch die Beteiligten, die die inquirierende Tätigkeit des Rich-

---

[13] Das Fehlurteil im Strafprozeß (1960).

[14] Treffend dagegen *Kleinknecht* GA **1961** 45 ff.

[15] Übrigens setzt das Kreuzverhör stets voraus, daß der Angeklagte einen Verteidiger hat, der ihm, wenn er ohne die Mittel zur Bestellung eines Wahlverteidigers wäre, von Amts wegen bestellt werden müßte; die Verteidigung wäre immer obligatorisch. Das würde nicht nur für schwerere Kriminalität gelten, die in England (s. Rdn. 16) allein vor den Richter kommt, sondern auch für die Masse der Fälle aus dem Bereich der mittleren Kriminalität, die der deutsche Richter abzuurteilen hat. Oder sollte dann zweierlei Beweisrecht gelten?

[16] So z. B. *Herrmann* Die Reform der deutschen Hauptverhandlung nach dem Vorbild des anglo-amerikanischen Strafverfahrens (1971): Umgestaltung des Beweisverfahrens unter Berücksichtigung des anglo-amerikanischen Rechts, aber unter Verstärkung der Stellung des Richters gegenüber dem englischen Recht durch Verpflichtung zur Mitwirkung bei der Wahrheitserforschung und Sachverhaltsaufklärung; bei einer solchen Kombination des Prinzips der Beweisaufnahme durch die Parteien mit dem Untersuchungsgrundsatz sollte der Richter auch Aktenkenntnis haben (s. dazu *Koffka* ZStW **86** [1974] 1171). Über ähnliche Vorstellungen s. auch *Dahs* Festschrift für *Schorn* (1966) 14; *Tröndle* DRiZ **1968** 123; *Roxin* Reform der Hauptverhandlung (1975) 58. Einen Schritt in der Richtung eines erweiterten Kreuzverhörs auf der Grundlage des geltenden Rechts empfiehlt *Kleinknecht* 1 zu § 239; danach sollte in geeigneten Fällen der Vorsitzende unmittelbar oder bald nach Entgegennahme des Berichts der Zeugen zunächst die Staatsanwaltschaft und den Verteidiger Fragen stellen lassen und erst dann erforderlichenfalls eigene Fragen stellen.

ters in der Hauptverhandlung zurücktreten lassen, finden sich Vorbilder im ausländischen Recht[17]. Ob sie bessere Ergebnisse versprechen als das geltende deutsche Recht, ist eine andere **und** hier nicht zu erörternde Frage. Immerhin gibt es auch in England Reformtendenzen, die auf die Übernahme von Grundsätzen des kontinentalen Strafprozesses abzielen (vgl. *Reynold* DRiZ **1964** 16; auch *Bottoms* JZ **1970** 477, 481)[18].

12. Reformvorschläge nach Umgestaltung der Hauptverhandlung in anderer Richtung. Neben den die Erweiterung des Kreuzverhörs betreffenden Vorschlägen gibt es in der umfangreichen Reformliteratur Wünsche, die auf eine weniger eingreifende Neugestaltung der Hauptverhandlung mit anderen Mitteln abzielen. Empfohlen wird z. B. die **Bestellung eines besonderen Verhandlungsführers,** der die Akten kennt, aber bei der Entscheidung des Gerichts nicht mitwirkt *(Eb. Schmidt* DRiZ **1959** 20; mit Bedenken auch *Roxin,* Reform der Hauptverhandlung [1975] 59). Im Vordergrund steht heute die Einführung des sog. **Schuldinterlokuts** nach angelsächsischem Recht — sei es allgemein oder beschränkt auf bedeutsamere Strafverfahren —, d. h. die Zerlegung der Hauptverhandlung in zwei Abschnitte, von denen der erste die Schuldfeststellung (conviction), der zweite den Strafausspruch (sentence) zum Gegenstand hat. Vgl. zu diesem Thema, das auf dem X. Internationalen Strafrechtskongreß 1969 in Rom erörtert wurde, aus dem Schrifttum (jeweils m. w. Nachw.) u. a. *Eb. Schmidt* MDR **1967** 877; NJW **1969** 1141; *Dahs* ZRP **1968** 22; NJW **1970** 1705; *Herrmann* ZStW **80** (1968) 775; *Römer* GA **1969** 1333; *Blau* und *Fischinger* ZStW **81** (1969) 31 ff., 49 ff.; *Jescheck* JZ **1970** 201; *Dahs* GA **1971** 353; *Hanack* JZ **1971** 528, 705; *Peters,* Fehlerquellen im Strafprozeß, Bd. 2 (1972) 308; *Krauß* ZStW **85** (1973) 355; *Horn* ZStW **85** 320; *Achenbach* JR **1974** 401; *Knittel* Zweiteilung der Hauptverhandlung nach englischem Vorbild? in Festschrift f. *Schwinge* (1973) 215; *Heckner* Die Zweiteilung der Hauptverhandlung nach Schuld- und Reaktionsfrage, Diss. München 1973; *Ulmen* Das Schuldinterlokut, Diss. Bonn 1973; *Roxin* Reform der Hauptverhandlung (1975) 62. Die Zweiteilung soll vor allem verhindern, daß die vorzeitige Erörterung ungünstiger persönlicher Verhältnisse des Angeklagten, namentlich seiner Vorstrafen, zu seinem Nachteil auf die Feststellung seiner Schuld einwirkt, und daß ihm zum Schutz seines Persönlichkeitsrechts die Bloßlegung seiner persönlichen Verhältnisse erspart bleibt, wenn es schließlich nicht zu einem Schuldspruch kommt. Im einzelnen bestehen mancherlei Zweifelsfragen, auf die hier nicht eingegangen werden kann. Einen ersten Schritt in der Richtung auf ein Schuldinterlokut bedeutet es, wenn nach § 243 Abs. 4 Vorstrafen, soweit sie für die Entscheidung von Bedeutung sind, frühestens bei der Vernehmung des 21

[17] Vgl. die Darstellungen des skandinavischen und des spanischen Rechts in ZStW **72** (1960) Mitteilungsblatt 110 ff., ferner *G. Tackenberg* Kreuzverhör und Untersuchungsgrundsatz im spanischen Strafprozeß (1960) und dazu *Geerds* GA **1961** 159; *Kleinknecht* GA **1961** 53. S. auch die Darstellung der Grundgedanken anderer ausländischer Verfahrensordnungen bei *Kern-Roxin* § 84.

[18] Erwähnenswert im Zusammenhang mit der Übernahme von Institutionen des anglo-amerikanischen Rechts ist der Vorschlag im RegEntw. des 1. StVRG 1974, in einem neu einzustellenden § 153 f nach dem Vorbild des englischen Rechts dem sog. **Kronzeugen** der Anklage Straflosigkeit zu gewähren, der in Rauschmittelsachen die Aufklärung und Überprüfung ermöglicht. Er verfiel vor allem deshalb der Ablehnung, weil ohne Verletzung des Gleichheitsgrundsatzes die Einführung einer solchen Rechtsfigur nicht auf Rauschmitteldelikte beschränkt, sondern auch auf andere schwere Straftaten, z. B. Mord, ausgedehnt werden müsse (vgl. DRiZ **1975** 57). Inzwischen ist der Vorschlag aber erneut in verallgemeinerter Form und unter anderem rechtlichen Gesichtspunkt (tätige Reue) aufgegriffen worden und wird erneut die Gesetzgebungsorgane beschäftigen. **Schrifttum:** *Jung* Straffreiheit für den Kronzeugen? 1974 und dazu *Baumann* JuS **1975** 342.

Angeklagten zur Sache (nicht schon zur Person, § 243 Abs. 2) festgestellt werden dürfen. Über weitere mögliche Schritte in der Richtung auf ein informelles Schuldinterlokut schon nach geltendem Recht durch die Praxis, die ausführliche Vernehmung des Angeklagten über seine Lebensumstände, die Erstattung psychiatrischer und psychologischer Persönlichkeitsgutachten, die Anhörung von Leumundszeugen usw. aufzuschieben, bis sich das Gericht durch eine interne Zwischenberatung einigermaßen Klarheit über den Schuldspruch verschafft hat, vgl. *Kleinknecht* Informelles Schuldinterlokut im Strafprozeß nach geltendem Recht, in Festschrift für *Heinitz* (1972) 651 und *Kleinknecht* 3 D zu § 244 m. w. Nachw. — Über die Einführung des plea of guilty des angloamerikanischen Prozesses als Mittel einer durchgreifenden Prozeßbeschleunigung vgl. *Dünnebier* Reform der Untersuchungshaft? in Probleme der Strafrechtsreform (1975) 50.

22 13. **Die Wirkung der Anklage** ist vor allem, daß sie den Prozeßgegenstand fest umgrenzt: Das gerichtliche Verfahren erstreckt sich nach § 155 Abs. 1 nur auf die in der Klage bezeichnete Tat (dazu § 264) und die durch die Klage beschuldigten Personen; nur unter den Voraussetzungen des § 266 kommt die Einbeziehung weiterer, in der Hauptverhandlung hervorgetretener Straftaten des Angeklagten in Betracht. Diese den Schutz des Beschuldigten gegen willkürliche Ausdehnung des gerichtlichen Verfahrens bezweckende Regelung richtet sich historisch gegen den Mißbrauch richterlicher Machtbefugnisse in der polizeistaatlichen Zeit des gemeinrechtlichen Inquisitionsprozesses (*Eb. Schmidt* I 353).

23 14. **Anklagesurrogate.** In einer Reihe von Fällen findet ein gerichtliches Verfahren statt, ohne daß eine förmliche Anklage erhoben ist. Eine Durchbrechung des Anklagegrundsatzes liegt aber in diesen Fällen nicht vor, vielmehr treten an die Stelle der Anklage Anklagesurrogate, so beim Sicherungsverfahren (§§ 413, 414 Abs. 2), beim selbständigen Einziehungsverfahren (§§ 440 bis 442) und beim Strafbefehlsverfahren (§ 407 Abs. 1) der Antrag der Staatsanwaltschaft, beim Strafbefehlsverfahren wegen Steuervergehen der Antrag des Finanzamts (§ 435 AbgO), beim Klageerzwingungsverfahren der Antrag des Verletzten (§ 172).

24 **II. Das Anklagemonopol des Staatsanwalts.**

1. **Öffentliche Klage, Privat- und Nebenklage.** Die Erhebung der öffentlichen Klage steht grundsätzlich der Staatsanwaltschaft zu (§ 152 Abs. 1), die die Anklage auch in der Hauptverhandlung vertritt und ihre Anträge zum Urteil stellt (§ 258). Dieser Grundsatz ist aber nach mehreren Richtungen durchbrochen. Bei bestimmten Delikten, die das öffentliche Interesse weniger berühren, ist es dem Verletzten überlassen, durch Erhebung einer Privatklage die Verfolgung und Entscheidung herbeizuführen (§ 374). Soweit diese Möglichkeit besteht, wird die öffentliche Klage nur erhoben, wenn es im öffentlichen Interesse liegt (§ 376); doch steht es der Staatsanwaltschaft frei, ein auf Privatklage eingeleitetes Verfahren durch Übernahme der Verfolgung in ein Offizialverfahren umzuwandeln (§ 377). Nach Erhebung der öffentlichen Klage durch den Staatsanwalt kann neben ihm und mit selbständigen Rechten der Nebenkläger auftreten (§§ 395, 397). Darüber, daß anstelle des Staatsanwalts im Strafbefehlsverfahren in Steuersachen das Finanzamt antragsberechtigt ist, s. Rdn. 23.

25 2. **Klageerzwingung.** Als Ausgleich dafür, daß der **Verletzte,** soweit er nicht im Wege der Privatklage gegen den Täter vorgehen kann, infolge des Anklagemonopols der Staatsanwaltschaft keine Möglichkeit besitzt, selbst ein Strafverfahren herbeizuführen, wenn der Staatsanwalt die Erhebung einer Klage ablehnt, gewährt ihm § 172 das Recht, unter den dort bezeichneten Voraussetzungen die **Erhebung der Anklage** durch

den Staatsanwalt **zu erzwingen.** Die Klageerzwingungsmöglichkeit reicht so weit, als das Legalitätsprinzip (unten 26) gilt, erfaßt also nach überwiegend vertretener Auffassung auch das Jugendstrafverfahren, in dem das Legalitätsprinzip durch § 45 JGG zwar in weiterem Umfange aufgelockert, aber nicht grundsätzlich durch das Opportunitätsprinzip ersetzt ist (OLG Braunschweig NJW **1960** 1241; *Brunner* I zu § 45 JGG m. w. Nachw.). Die Verwaltung des Anklagemonopols und die Wahrung des Legalitätsprinzips ist also in diesem Umfang der gerichtlichen Kontrolle unterstellt.

III. Die Verfolgungspflicht des Staatsanwalts (Legalitätsprinzip) und ihre Ausnahmen. 26

1. Grundsatz. Die Kehrseite des Anklagemonopols, eine zwangsläufige Folgerung daraus, ist der durch § 258 a StGB mit Strafschutz ausgestattete Grundsatz der Verfolgungspflicht **(Legalitätsprinzip),** ohne den eine rechtsstaatlichen Anforderungen genügende Strafrechtspflege undenkbar erscheint. Nach § 152 Abs. 2 ist die Staatsanwaltschaft, soweit nicht gesetzlich anders vorgeschrieben ist, verpflichtet, wegen aller gerichtlich strafbaren und verfolgbaren Handlungen einzuschreiten, sofern zureichende tatsächliche Anhaltspunkte vorliegen[19]. Die Verpflichtung der Polizei zum ersten Angriff von Amts wegen ist in § 163 und ihre Pflicht zur Mitwirkung bei der Verfolgung Kraft Ersuchens in § 161 ausgesprochen.

2. Ausnahmen. 27

a) Der Verfolgungsgrundsatz ist aber von einer Reihe von Ausnahmen durchbrochen („soweit nicht gesetzlich ein anderes bestimmt ist"). Die **Verfolgungspflicht entfällt** dann mit der Folge, daß an die Stelle der Verfolgungspflicht Ermessensfreiheit **(Opportunitätsprinzip)**[20] tritt. Die Zahl dieser Fälle war ursprünglich ganz gering; sie beschränkte sich bei Privatklagedelikten auf die Verweisung auf den Weg der Privatklage, sofern nicht — worüber der Staatsanwalt nach pflichtmäßigem Ermessen entscheidet — ein öffentliches Interesse an der Verfolgung besteht (§§ 374, 376), und auf die Herbeiführung des objektiven Einziehungsverfahrens (§§ 440 bis 442). Erst in einem späten Stadium der Geltung der Strafprozeßordnung (seit 1924) wurden weitere Ausnahmen vom Verfolgungszwang geschaffen, und sie sind seitdem aus den verschiedensten Erwägungen bis in die jüngste Zeit laufend vermehrt worden.

b) Was die **Gründe dieser Entwicklung** anlangt, so diente ursprünglich (1924) 28
die weitergehende Lockerung des Verfolgungszwangs dazu, angesichts der wachsenden Zahl neu geschaffener Straftatbestände, namentlich auf dem Gebiet des Nebenstrafrechts, die Strafjustizorgane vor einer Überflutung mit Fällen mit strafwürdiger Kleinkriminalität (Übertretungen, geringfügige Vergehen) zu bewahren und zugleich dem Täter eine gerichtliche Untersuchung und Bestrafung zu ersparen. Soweit es sich um die früheren Übertretungen handelt, ist diesem Anliegen seitdem generell dadurch genügt, daß nach dem Inkrafttreten des OWiG 1952 die Aufstellung neuer Übertretungstatbestände weitgehend unterblieb und schließlich mit dem 1. 1. 1975 die Figur der Übertre-

---

[19] Zu den Auswirkungen der Verfolgungspflicht auf den Umfang des dem Gericht zu unterbreitenden Sachverhalts, wenn die Staatsanwaltschaft wegen einer einheitlichen Tat i. S. des § 264 Anklage erhebt, vgl. OLG Hamm NJW **1974** 68.

[20] **Schrifttum:**
Heinitz Zweifelsfragen des Opportunitätsprinzips, in Festschrift für *Rittler* 1957; *Zipf* Kriminalpolitische Überlegungen zum Legalitätsprinzip, in Festschrift für *Peters* (1974) 487; *Faller* Verfassungsrechtliche Grenzen des Opportunitätsprinzips im Strafprozeß, in Festgabe für *Maunz* (1971) 69.

tungen überhaupt verschwand; die Verfolgung von Ordnungswidrigkeiten aber unterliegt dem Opportunitätsprinzip (§ 47 OWiG). Geblieben ist die Fülle von Fällen der „kleinen" Vergehen, insbesondere durch die Erhöhung der bisherigen Übertretung des „Mundraubs" (§ 370 Abs. 1 Nr. 5 StGB a. F.) zum Vergehen (§ 248 a StGB), die z. T. als Massenerscheinung (Ladendiebstähle usw.) auftreten. Andere Gründe für die Lockerung des Verfolgungszwangs sind die Zunahme des Auslandsverkehrs, die Rücksichtnahme auf Konfliktsituationen beim Täter und Erwägungen der Staatsraison. Immerhin ist das Legalitätsprinzip, wenn auch namentlich im Bereich der kleineren Kriminalität, in nicht unbeträchtlichem Umfang von Ausnahmen durchbrochen, mit Recht als Grundsatz aufrechterhalten worden. Eine so weitgehende Aushöhlung des Verfolgungszwangs, wie sie § 15 des StPO-Entw. 1939 vorsah (Kap. 4, 19), würde das Mißtrauen nähren, daß es entgegen dem Gleichheitsgrundsatz (Art. 3 Abs. 1 GG) dem einflußreichen Rechtsbrecher auf dem Wege über Weisungen der Exekutive (§ 146 GVG) gelingen könnte, sich der verdienten Strafe zu entziehen.

29 c) **Im einzelnen** dient die Einstellungsbefugnis aus § 153 Abs. 1 dazu, in Bagatellfällen, die durch geringe Schuld und fehlendes öffentliches Interesse an der Verfolgung gekennzeichnet sind, Härten des Verfolgungszwangs für den Täter abzumildern, zugleich aber auch die Strafjustizorgane zu entlasten. Kriminalpolitische Zwecke, nämlich durch die Auferlegung einer „Sanktion" im Vorverfahren das an sich trotz geringer Schuld bestehende öffentliche Interesse an der Strafverfolgung zu beseitigen und dem Täter ein gerichtliches Verfahren zu ersparen, verfolgt die vorläufige Einstellung des Verfahrens unter Auflagen und Weisungen nach § 153 a Abs. 1. In Fällen, in denen nach materiellem Recht das Gericht von Strafe absehen könnte, soll das „Absehen" in Form der Verfahrenseinstellung durch die Staatsanwaltschaft mit Zustimmung des Gerichts in das Ermittlungsverfahren vorverlegt werden können (§ 153 b).

29 d) **Im übrigen** betrifft die Einstellungsbefugnis außerhalb der Bundesrepublik und Berlins (West) begangene Taten, die entweder das inländische Interesse nicht berühren oder die aus der Konfliktssituation des einer anderen Rechtsordnung unterstehenden Täters erwachsen sind (§ 153 c Abs. 1 Nr. 1), ferner Auslandstaten von Ausländern und solche Inlandstaten eines Ausländers, bei denen die Ahndung wegen der Besonderheit des Tatorts (ausländisches Schiff oder Luftfahrzeug) dem Heimatstaat überlassen werden kann (§ 153 c Abs. 1 Nr. 2), weiter Fälle, in denen die Bestrafung im Hinblick auf eine bereits erfolgte oder noch zu erwartende Bestrafung nicht ins Gewicht fällt (§ 153 c Abs. 1 Nr. 3, §§ 154, 154 b), Fälle, in denen die Durchführung eines Verfahrens die Gefahr eines schweren Nachteils für die Bundesrepublik herbeiführen würde oder in denen der Verfolgung sonstige überwiegende öffentliche Interessen entgegenstehen (§§ 153 c Abs. 2, 153 c), Fälle von Staatsschutzdelikten, in denen der Täter in bestimmter Weise tätige Reue geübt hat (§ 153 e), Fälle, in denen im Interesse der Vereinfachung, Beschleunigung und klareren Gestaltung des Verfahrens eine Beschränkung der Verfolgung auf den Kern der Tat unter Ausscheidung einzelner abtrennbarer Teile einer Tat oder — bei Tateinheit — einzelner von mehreren Gesetzesverletzungen angezeigt erscheint, weil die ausgeschiedenen Teile für die zu erwartende Strafe oder Maßregel der Sicherung und Besserung nicht ins Gewicht fallen (§ 154 a), Fälle, in denen wegen einer besonderen Konfliktssituation ein strafrechtliches Einschreiten unbillig wäre (§ 154 c), Fälle, in denen die Auslieferung oder Ausweisung eines Täters eine inländische Verfolgung entbehrlich macht (§ 154 b) und schließlich Fälle, in denen die besonderen Aufgaben und Ziele des Jugendstrafrechts auf anderem Wege erreichbar sind (§ 45 JGG). Eine besondere Lage berücksichtigt § 154 d, der dem Mißbrauch vorbeugen will, daß das Strafverfahren als kostenlose Vorbereitung eines Zivilprozesses oder eines sonsti-

gen vor andere Gerichte gehörenden Rechtsstreits benutzt wird. Die Lockerung des Verfolgungszwanges als prozessuale Einrichtung ist an sich nicht zu verwechseln mit der materiellrechtlichen Lockerung des Strafzwangs, die dann gegeben ist, wenn das sachliche Recht es in das Ermessen des Gerichts stellt, von Strafe abzusehen (vgl. z. B. §§ 23 Abs. 2, 60, 158 StGB); § 153 b läßt aber den Verfolgungszwang entfallen, wenn nach materiellem Recht das Gericht von Strafe absehen darf. Die Entscheidung über die Abstandnahme von der Verfolgung trifft teils allein die Staatsanwaltschaft[21], teils ist sie an die Zustimmung des Gerichts, ausnahmsweise auch an die des Beschuldigten (§ 153 a Abs. 1) gebunden, der durch ihre Verweigerung die Anklage erzwingen kann, wenn er sich durch gerichtliche Entscheidung Reinigung vom Verdacht erhofft.

e) Die dem anglo-amerikanischen Verfahren bekannte Figur des **Kronzeugen,** **30**
eines Tatbeteiligten, der sich Straflosigkeit verdienen kann, indem er sein Wissen um die Tat preisgibt, zu deren Aufdeckung und zur Überführung der anderen Tatbeteiligten beiträgt, kennt das deutsche Recht nicht. Anklänge finden sich in § 153 e. Der Vorschlag des RegEntw. des 1. StVRG vom 9. 12. 1974, einen neuen § 153 f einzustellen, wonach die Staatsanwaltschaft von Verfolgung absehen kann, wenn in Rauschmittelsachen der Täter zur Aufdeckung oder Verfolgung eines besonders schweren Falles eines Verstoßes gegen das Betäubungsmittelgesetz beigetragen hat, ist zunächst nicht Gesetz geworden (oben Fußn. 18 zu Rdn. 20).

3. **Untersuchungspflicht des Gerichts.** Das Gegenstück zur Verfolgungspflicht **31**
des Staatsanwalts ist die Untersuchungspflicht des mit der Anklage angegangenen Gerichts (§ 155 Abs. 2). Auch sie ist von Ausnahmen durchbrochen. Der Grundsatz, daß die Anklage nach Eröffnung des Hauptverfahrens nicht mehr zurückgenommen werden kann (§ 156), zwang zu Abhilfemöglichkeiten für den Fall, daß die Voraussetzungen, unter denen die Anklageerhebung nach §§ 153 ff. unterbleiben kann, erst nach Eröffnung der gerichtlichen Untersuchung zutage treten. Das Gesetz sieht hier teils die Zurücknahme der Klage „in jeder Lage des Verfahrens" (§§ 153 c Abs. 3, 153 d Abs. 2), teils die Einstellung des Verfahrens durch das Gericht auf Antrag oder mit Zustimmung des Staatsanwalts, z. T. auch mit Zustimmung des Angeschuldigten (§§ 153 a, 153 b) vor, jedoch ist eine solche Einstellung durch gerichtlichen Beschluß nicht in allen Fällen möglich, in denen der Staatsanwalt von der Verfolgung absehen darf (vgl. § 154 c StPO). Bei Privatklagesachen, wo es an einem Ermittlungsverfahren fehlt, ist es in der Natur der Sache begründet, daß die Einstellung wegen Geringfügigkeit durch das Gericht erfolgt (§§ 383 Abs. 2, 390 Abs. 5) und einer Zustimmung des Privatklägers nicht bedarf.

4. **Verfolgungspflicht bei Antragsvergehen.** Eine besondere Lage ergibt sich, **32**
wenn Voraussetzung der Verfolgung ein Antrag des Verletzten oder die Ermächtigung

---

[21] Das Absehen von Verfolgung ist im allgemeinen von der Absicht einer endgültigen Erledigung des Verfahrens getragen, ohne daß mit der Einstellung des Verfahrens durch die Staatsanwaltschaft der Verbrauch der Strafklage verbunden wäre. Es gibt aber auch Fälle, in denen die Einstellung von vornherein nur vorläufig erfolgt (vgl. § 154 Abs. 3, 4), und Fälle vorläufiger Einstellung, an die eine Art Bewährungszeit geknüpft ist, deren positiver Ausgang zur endgültigen, mit beschränkter Rechtskraft verbundenen Einstellung führt (§ 153 a Abs. 1). Ein Fall der Ausnahme von der Verfolgungspflicht liegt nicht vor, wenn die Staatsanwaltschaft vorübergehend mit ihrem Verfahren innehält, etwa wegen tatsächlicher Hindernisse i. S. des § 205 oder um – von dem Fall des § 154 d abgesehen – die Klärung einer präjudiziellen Vorfrage abzuwarten. Vgl. dazu *Krause* Die vorläufige Einstellung von Strafsachen praeter legem, GA **1969** 97.

oder das Strafverlangen (§ 77 e StGB) einer dritten Person oder Stelle ist, falls diese Erklärung zwar noch nicht vorliegt, aber noch beibringbar ist. Dann bewirkt der Umstand, daß die Erklärung noch nicht abgegeben ist, keineswegs, daß dem Staatsanwalt jede Verfolgungstätigkeit verboten ist oder er von jeder Verfolgungspflicht von vornherein befreit wäre (vgl. §§ 127 Abs. 3, 130). Vielmehr ist er zunächst verpflichtet, eine Stellungnahme des Einwirkungsberechtigten herbeizuführen, ohne seinen Entschluß, ob er die Verfolgung begehrt oder nicht, zu beeinflussen. Ferner ist es während des Schwebezustandes Sache des Staatsanwalts, alles Erforderliche für den Fall zu tun, daß die gesetzlichen Verfolgungsvoraussetzungen eintreten (der Antrag gestellt, die Ermächtigung erteilt wird usw.), insbesondere Beweise zu sichern, eine Beschlagnahme anzuordnen, den Verdächtigen vorläufig festzunehmen oder den Richter um Erlaß eines Haftbefehls anzugehen (RGSt. **33** 381). Die Verfolgungspflicht wird erst dann von dem aus einem Verfahrenshindernis sich ergebenden Verfolgungsverbot verdrängt, wenn der Ausfall der Verfahrensvoraussetzung feststeht, also z. B. der Antragsberechtigte erklärt, einen Strafantrag nicht stellen zu wollen, oder die Antragsfrist ungenutzt abgelaufen ist. Beschränkungen gelten aber für die Dauer einer Untersuchungshaft (§ 130 n. F.).

33 **5. Abstufungen der Verfolgungspflicht.** Die Verfolgungspflicht besteht nach § 152 Abs. 2, wenn **„zureichende tatsächliche Anhaltspunkte** vorliegen". Die Anforderungen nach dieser Richtung sind naturgemäß in den einzelnen Stadien des Verfahrens verschieden. Zum ersten Einschreiten genügt bereits Kenntnis vom Verdacht einer strafbaren Handlung: die Verfolgungspflicht besteht hier in der Erforschung des Sachverhalts bis zur Gewinnung eines Urteils, ob die öffentliche Klage zu erheben ist (§ 160). Die Anklage in Befolgung des Legalitätsgrundsatzes ist nach § 170 zu erheben, wenn die Ermittlungen „genügenden Anlaß" zur Erhebung der öffentlichen Klage bieten[22]). Soweit es sich um die **tatsächliche** Würdigung des Ermittlungsergebnisses handelt, bedeutet dies in der Regel, daß der Beschuldigte einen strafbaren Handlung **hinreichend** verdächtig im Sinne des § 203 sein muß, d. h. es muß in tatsächlicher Hinsicht eine Verurteilung wahrscheinlich[23], die Erbringung des vollen Beweises in der Hauptverhandlung eher zu erwarten sein als ein non liquet. Denn nur wenn diese Voraussetzung gegeben ist, darf das Gericht die Eröffnung des Hauptverfahrens beschließen; aus dem Zusammenspiel der Verfahrensakte aber folgt ohne weiteres, daß die Erhebung der Anklage im allgemeinen nur gerechtfertigt ist, wenn der Staatsanwalt den Erlaß eines Eröffnungsbeschlusses erwarten kann (vgl. Anm. 5 zu § 170). Bestimmte, wesentlich in die Rechtssphäre des Beschuldigten eingreifende Verfolgungsmaßnahmen setzen einen erhöhten Verdachtsgrad voraus, so z. B. darf der Erlaß eines Haftbefehls nur bei dringendem Tatverdacht (§ 112) beantragt werden (s. dazu auch § 100 a: „auf bestimmte Tatsachen" gegründeter Verdacht, §§ 111 a, 132 a: „dringende Gründe" für die Annahme künftiger Entziehung der Fahrerlaubnis oder Anordnung eines Berufsverbots).

34 **6. Bedeutung zweifelhafter Rechtsfragen.**

a) Problemstellung. Sehr streitig ist, wann für den Staatsanwalt „genügender Anlaß" zur Klageerhebung vorliegt, wenn die Beurteilung der Strafbarkeit oder Ver-

---

[22] Vgl. hierzu im einzelnen *Lüttger* Der „genügende Anlaß" zur Erhebung der öffentlichen Klage, GA **1957** 193 ff.

[23] Ausnahmsweise darf trotz eigener Zweifel der Staatsanwalt Anklage erheben, um eine richterliche Entscheidung herbeizuführen, wenn es wegen der Bedeutung des Prozeßstoffs und der Anteilnahme der Öffentlichkeit geboten erscheint, die Entscheidung dem unabhängigen Richter zu überlassen (vgl. *Güde* NJW **1960** 519).

folgbarkeit von der Beantwortung zweifelhafter Rechtsfragen abhängt[24]. Für das über eine Anklage beschließende Eröffnungsgericht besteht hier kein Problem. Denn der unabhängige Richter entscheidet auch bei Rechtsfragen, soweit er nicht ausnahmsweise an die Rechtsauffassung des Revisionsgerichts (§ 358 Abs. 1) oder einer anderen Stelle (Kap. 12, 124 ff.) gebunden ist, nur gemäß seiner eigenen Überzeugung und handelt auch dann gesetzmäßig, wenn er es ablehnt, sich einer „ständigen Rechtsprechung" der oberen Gerichte anzuschließen (Anm. VII zu § 1 GVG). Darf auch der Staatsanwalt unter Berufung auf § 150 GVG von der Anklage einer nach fester höchstrichterlicher Rechtsprechung eindeutig strafbaren Handlung absehen, weil er diese Auslegung des Gesetzes für unrichtig hält und etwa der im Schrifttum dagegen erhobenen Kritik sich anschließt? Gewiß wird der Staatsanwalt kaum jemals so verfahren und, selbst wenn ihm seine Arbeitslast Zeit ließe, sich in die Materie so zu vertiefen, daß er eine fundierte **eigene** Auffassung besäße, sich nicht auf seine wirklich oder vermeintlich bessere Einsicht versteifen, sondern den Rechtswirrwarr bedenken, der entstehen müßte, wenn jeder Staatsanwalt nur seiner eigenen abweichenden Rechtsüberzeugung folgen wollte. Aber das sind praktische Erwägungen, die die grundsätzliche Rechtsfrage nicht berühren, ob der Staatsanwalt bei der Beurteilung des „genügenden Anlasses" von seiner eigenen Rechtsauffassung ausgehen darf, wenn er (ausnahmsweise) aus wohlerwogenen Gründen glaubt, sich der „ständigen Rechtsprechung" versagen zu müssen.

b) Es ließe sich sehr wohl daran denken, die **Antwort** auf die Frage **unmittelbar** **35**
aus § 170 zu gewinnen, indem die mit den Worten „genügender Anlaß" angeordnete Prognose der Wahrscheinlichkeit einer Verurteilung nicht auf die tatsächliche Seite beschränkt, sondern auf die rechtliche Wertung erstreckt wird, wenn durch eine gleichförmige Rechtshandhabung — mag sie auch noch nicht zur Entstehung von Gewohnheitsrecht geführt haben — für die Strafrechtspraxis eine Rechtswirklichkeit entstanden ist, die eine Verurteilung im Falle der Anklageerhebung als gewiß erscheinen läßt (so wohl auch *Peters* ZStW **68** [1956] 383). Aber bei der Erörterung des Problems hat sich die Fragestellung verschoben. Woraus sollte sich, so wird gefragt (vgl. z. B. *Lüttger*

---

[24] Die Diskussion um dieses bis dahin sporadisch als Randproblem behandelte Thema entbrannte im Jahre 1960 mit der Veröffentlichung der im Text erwähnten und aus besonderem Anlaß ergangenen Entscheidung BGHSt. **15** 155 und erneut, als der 45. Deutsche Juristentag 1964 es zum Verhandlungsthema erhob; dabei traten so unüberbrückbare Gegensätze in den Auffassungen zutage, daß keine Abstimmungsergebnisse zu erreichen waren (vgl. dazu Gutachten von *Nowakowski*, Bd. I Teil 2; Referate von *Schwalm* und *Hermann*, Bd. II Teil D S. 7 ff.; Diskussion S. 68 ff.). Aus dem reichen Schrifttum vgl. u. a. *Eb. Schmidt* MDR **1961** 269; *Dünnebier* JZ **1961** 312; *Arndt* NJW **1961** 1616; *Nüse* JR **1964** 281; *Sarstedt* NJW **1964** 1756; *Kohlhaas* DRiZ **1964** 286. Daß dieses Problem trotz des damaligen literarischen Eifers mehr von dogmatischer als von praktischer Bedeutung ist, zeigt sich darin, daß es jetzt zwar allgemein von Lehrbüchern (z. B. *Henkel* 139, 311; *Peters* 144; *Kern-Roxin* § 10 A III 4) und Kommentaren (z. B. *Kleinknecht* I A zu § 170 StPO; 5 vor § 141 GVG; *Kohlhaas* in der 22. Aufl. des vorliegenden Werkes Anm. 5 zu § 170) pflichtgemäß behandelt wird, einschlägige praktische Fälle aber, soweit ersichtlich, nicht mehr hervorgetreten sind. Offenbar haben praktische Vernunft und der Sinn für die Bedürfnisse der Rechtssicherheit und möglichst einheitlicher Gesetzesauslegung es nicht dazu kommen lassen, die theoretischen Gegensätze in den juristischen Alltag hineinzutragen. Der Verfasser dieser Einleitung sah keinen Anlaß, von seiner in den Vorauflagen vertretenen Auffassung abzugehen. — Unproblematisch ist übrigens, daß der Staatsanwalt Anklage erheben darf, wenn er entgegen einer ständigen Rechtsprechung die Anwendbarkeit einer Strafvorschrift bejaht und Gründe vorbringt, die nach seiner Auffassung eine Überprüfung der bisherigen Rechtsprechung rechtfertigen (unten Rdn. 38).

GA **1957** 211; *Eb. Schmidt* MDR **1961** 269), eine Bindung des Staatsanwalts bei seinen Entschließungen an Präjudizien ergeben, wenn auch der Richter (kraft seiner Unabhängigkeit) nicht daran gebunden ist und die Staatsanwaltschaft institutionell selbständig und im Einzelfall gemäß § 150 GVG von gerichtlichen Weisungen unabhängig ist? Muß der Staatsanwalt bei seiner Prognose überhaupt darauf abstellen, wie der Richter voraussichtlich die Rechtslage würdigen wird, oder ist nicht vielmehr für den Staatsanwalt maßgebend, welchen Antrag er selbst am Ende einer Hauptverhandlung bei Zugrundelegung seiner eigenen Rechtsauffassung stellen würde? (so z. B. *Kleinknecht* 1 zu § 170.) Entgegen dieser die Entschließungsfreiheit des Staatsanwalts im Grundsatz bejahenden Auffassung hält aber BGHSt. **15** 155 = NJW **1960** 2346 den Staatsanwalt für anklagepflichtig, wenn sich auf der Grundlage einer festen höchstrichterlichen Rechtsprechung ein hinreichender Verdacht einer strafbaren Handlung ergibt, weil sich anderenfalls entgegen Art. 92 GG (Rechtsprechungsmonopol der Gerichte) der Staatsanwalt im Ergebnis dem Richter überordnete und auf dem Wege über die Weisungsbefugnis der Justizverwaltung (§§ 146, 147 GVG) Strafbarkeit und Strafverfolgung nicht mehr von der Gesetzesanwendung durch unabhängige Gerichte, sondern von der Auffassung der dafür unzuständigen Exekutive abhinge. Eine Korrektur fester Ergebnisse der Rechtsprechung sei nicht Sache der Verwaltung, sondern nur des Gesetzgebers. Jedenfalls sei, so wendet *Jagusch* JZ **1975** 320 diesen Gedanken, die Beachtlichkeit höchstrichterlicher Entscheidungen für den Staatsanwalt nicht geringer einzuschätzen als die Rechtsmeinung der weisungsberechtigten vorgesetzten Behörde.

36 **c) Pflicht des Staatsanwalts zur Mitwirkung an einheitlicher Rechtsauslegung.** Ob der vorgenannte auch im Schrifttum vertretene[25] Gedanke eines **Primats der Rechtsprechung** gegenüber Staatsanwaltschaft und Justizverwaltung im Hinblick auf die institutionelle Selbständigkeit der Staatsanwaltschaft unbedingt zwingend ist, ob von einer Verletzung des Art. 92 GG gesprochen werden kann, wenn die Rechtsprechung keine Gelegenheit erhält, Entscheidungen zu fällen[26], kann hier dahingestellt bleiben. Im Ergebnis ist jedenfalls der Auffassung des Bundesgerichtshofs beizutreten[27]. Es ist gewiß richtig, daß die Instanzgerichte auch an eine feste höchstrichterliche Rechtsprechung nicht gebunden sind. Aber das rechtfertigt nicht die Folgerung, daß der Staatsanwalt kraft des § 150 GVG nicht weniger von Präjudizien unabhängig sei als „der Richter" kraft der richterlichen Unabhängigkeit. Denn „der Richter" in toto ist keineswegs bei seiner Entscheidung völlig frei gegenüber Präjudizien, sondern unterliegt den Bin-

---

[25] *v. Kries* S. 484; *Peters* ZStW **68** (1956) 384. Dieser Auffassung nähert sich der Gedanke von *Henkel* 311, genügender Anlaß zur Erhebung der Klage bestehe, wenn eine höchstrichterliche (nicht notwendig eine „gefestigte" oder „ständige") Rechtsprechung die Strafbarkeit bejahe, weil diese Rechtsprechung „die Vermutung der Richtigkeit" für sich habe. Ähnlich auch *Müller-Sax* 33: Der Staatsanwalt muß, auch wenn er von der Rechtsprechung nicht überzeugt ist, Anklage erheben, denn es hat „nicht er, sondern das Gericht den Rechtswillen der Gemeinschaft verbindlich zu formen".

[26] Vgl. z. B. die kritischen Einwendungen von *Dünnebier* JZ **1961** 312 und *Göbel* NJW **1961** 856.

[27] Manche Autoren, z. B. *Dünnebier* JZ **1961** 312, treten im Ergebnis dem Bundesgerichtshof bei, indem sie bei einer festen höchstrichterlichen Rechtsprechung in der Regel sowohl die Voraussetzungen des Gewohnheitsrechts als auch die des mit Rechtsquellencharakter ausgestatteten Richterrechts als erfüllt ansehen. Eine feste höchstrichterliche Rechtsprechung liegt nach *Dünnebier* im allgemeinen aber nur bei Übereinstimmung mehrerer Gerichtskörper (mehrerer Senate des Bundesgerichtshofs, mehrerer Oberlandesgerichte) vor. Diese Gedankengänge führen z. T. zu anderen Ergebnissen als die oben im Text angestellten Erwägungen.

dungen, die ihm im Interesse der **Einheitlichkeit der Rechtsprechung** auferlegt sind. Allerdings trifft diese Bindung (in Form der Anrufungs- und Vorlegungspflicht nach §§ 136, 121 Abs. 2 GVG; § 79 Abs. 3 OWiG, § 27 DAG, Gesetz zur Wahrung der Einheitlichkeit der Rechtsprechung der obersten Gerichtshöfe des Bundes vom 19. 6. 1968, [BGBl. I 661] und anderen entsprechenden Vorschriften) nur die Revisions- und die Rechtsbeschwerdegerichte, weil der Gesetzgeber eine ernstliche Gefahr für die Einheitlichkeit der Gesetzesauslegung nur von einem Auseinandergehen dieser Gerichte befürchtet, während er bei den Gerichten der Tatsacheninstanz die Gefahren, die sich aus der richterlichen Unabhängigkeit für die Gleichmäßigkeit der Rechtsanwendung ergeben können, dadurch als hinreichend gebannt ansieht, das ihre Urteile im Rechtsmittelweg letztlich vor die Revisionsgerichte gebracht werden können. § 121 Abs. 2 GVG zeigt die **zentrale Bedeutung,** die die neuere Gesetzgebung mit Recht — denn was bleibt von der Rechtseinheit übrig, wenn das dem Wortlaut nach einheitlich geltende Gesetz nicht auch in der Strafrechtspflege einheitlich ausgelegt wird — dem Gedanken der Einheitlichkeit der Gesetzesauslegung beimißt (vgl. dazu Anm. 14 zu § 121 GVG) und der ihr so gewichtig erscheint, daß sie in dem zur Erreichung des Ziel gebotenen Umfang die richterliche Freiheit und Unabhängigkeit bei der Auslegung des Gesetzes zurücktreten läßt. Die Richtigkeit des langsam gewachsenen, jetzt aber beherrschenden Gedankens, daß die richterliche Freiheit eine Grenze an dem höheren Interesse an einheitlicher Gesetzesauslegung finden müsse, tritt gerade in Zeiten einer umfassenden Rechtserneuerung hervor, in denen es bei der Fülle neu auftauchender Zweifelsfragen besonders wichtig ist, möglichst rasch durch Herbeiführung höchstrichterlicher Entscheidungen eine gleichmäßige Gesetzesauslegung zu gewährleisten. Die eminent praktische Bedeutung dieses Gesichtspunkts zeigt sich in der großen Zahl der Vorlegungsbeschlüsse, die in Anwendung des § 121 Abs. 2 ergangen sind und noch täglich ergehen.

So gesehen steht auch der **Staatsanwalt unter der Pflicht,** an der Herbeiführung **37**
und Erhaltung einer **einheitlichen Rechtsanwendung mitzuwirken.** Es handelt sich eben bei § 121 Abs. 2 nicht, wie *Lüttger* (GA **1957** 211) meint, um einen seltenen Ausnahmefall einer Beschränkung der richterlichen Entscheidungsfreiheit, sondern um eine Bindung von grundsätzlicher und auch praktisch-quantitativ weittragender Bedeutung, die nicht ohne Auswirkung auf die Frage sein kann, welche Bedeutung einer festen höchstrichterlichen Rechtsprechung für die Entschließung des Staatsanwalts, ob Anklage zu erheben sei, zukommt. Die Staatsanwaltschaft ist zwar institutionell selbständig; aber sie ist an das Gesetz und damit an das Rechtsstaatsprinzip mit dem diesem immanenten Postulat der Rechtssicherheit (BVerfG NJW **1969** 1059) gebunden und diese Bindung verpflichtet sie, als Organ der staatlichen Strafrechtspflege zu ihrem Teil im Interesse der Rechtssicherheit zur Verwirklichung einer einheitlichen Rechtsanwendung, mitzuwirken, auch wenn es an unmittelbaren ihr Verhalten regelnden Vorschriften fehlt. Wenn schon die letztinstanzlich entscheidenden Revisionsgerichte bei der Entscheidung von Rechtsfragen in weitem Umfang um der Einheitlichkeit der Rechtsauslegung willen gebunden sind und ihnen die Entscheidungsfreiheit entzogen ist, so wäre es mit den dieser Regelung zugrunde liegenden gesetzgeberischen Absichten unvereinbar, wenn der Staatsanwalt auch gegenüber einer festen höchstrichterlichen Rechtsprechung, gegenüber dem Recht, wie es in der praktischen Wirklichkeit lebt, rechtlich bindungslos wäre, zumal eine gerichtliche Nachprüfung einer Einstellungsverfügung nur unter den verhältnismäßig engen Voraussetzungen des § 172 in Betracht kommt und da entfällt, wo es, wie namentlich bei den Delikten gegen den Staat und die öffentliche Ordnung, an einem durch die Tat Verletzten fehlt, während doch immerhin gerichtliche Entscheidungen mit Rechtsmitteln anfechtbar sind. Natürlich bleibt es dem so zur Anklageerhebung ver-

pflichteten Staatsanwalt unbenommen, seine abweichende Auffassung in jeder geeigneten und prozessual zulässigen Form (durch eine an das Eröffnungsgericht gerichtete Anlage zur Anklageschrift, durch Vortrag in der Hauptverhandlung, durch Einlegung von Rechtsmitteln) zum Ausdruck zu bringen, um eine erneute gerichtliche Überprüfung der „festen" Rechtsprechung herbeizuführen.

38 **d) Folgerungen.** Darüber hinaus aber wird man eine Verpflichtung des Staatsanwalts zur Erhebung der Anklage trotz eigener abweichender Rechtsauffassung, dem Grundgedanken des § 121 Abs. 2 GVG entsprechend, auch schon dann anzunehmen haben, wenn **noch keine feste Rechtsprechung,** wohl aber zu einer neuen oder nur gelegentlich auftauchenden Rechtsfrage bereits eine (nicht erkennbar überholte und nicht nur beiläufige) Entscheidung des Bundesgerichtshofs oder eines Oberlandesgerichts vorliegt, die ein als Revisionsgericht erneut mit dieser Frage befaßtes Oberlandesgericht zur Vorlegung zwingen würde, wenn es von der Entscheidung abweichen will. Auch hier erfordert das öffentliche Interesse an einer einheitlichen Gesetzesauslegung, daß Bedenken gegen die Richtigkeit einer bereits vorliegenden höchstrichterlichen Entscheidung durch Herbeiführung einer neuen höchstrichterlichen Entscheidung, die die vorgetragenen neuen Gesichtspunkte zu würdigen hat, erledigt werden[28]. Auch solche Entscheidungen stellen (zunächst) für die Rechtshandhabung, für die Öffentlichkeit, der es auf eine bestimmte Auslegung des Gesetzes ankommt, konkretisiertes Recht dar. Der Bürger richtet sein Verhalten danach aus. Daß dies die Auffassung des Gesetzes ist, ergibt sich auch aus § 153 Abs. 1 Satz 2 StPO, wonach Vergehen trotz geringer Schuld und geringen Schadens zu verfolgen sind, wenn ein öffentliches Interesse an der Verfolgung besteht, und ein solches öffentliches Interesse liegt gerade auch dann vor, wenn es sich darum handelt, zur Gewährleistung gleichmäßiger Rechtsanwendung eine zweifelhafte Rechtsfrage der Klärung durch die höchstrichterliche Rechtsprechung zuzuführen. Erst recht muß unter diesem Gesichtspunkt bei Zugrundelegung des strengsten Standpunktes eines Anklagepflicht bejaht werden, wenn — was gelegentlich vorkommt, dann aber von besonderem Schaden für die Einheitlichkeit der Rechtsprechung ist — voneinander abweichende gleichrangige höchstrichterliche Entscheidungen vorliegen. Über den durch die Vorlegungspflicht nach § 121 Abs. 2 GVG bezeichneten Bereich hinaus die Anklagepflicht bei zweifelhafter Rechtslage auszudehnen, besteht allerdings keine Veranlassung. Ist also eine neu auftauchende Rechtsfrage bisher nur im Schrifttum streitig oder liegen nur widersprechende Entscheidungen von Amts- oder Landgerichten vor, so darf der Staatsanwalt seiner eigenen Rechtsüberzeugung folgen; einen Rechtssatz, daß er bei mehreren vertretbaren Auslegungsmöglichkeiten der strengeren den Vorzug einräumen müsse, gibt es nicht (*Lüttger* aaO. 213). Er ist aber auch nicht gehindert, entgegen seiner eigenen Auffassung Anklage zu erheben, wenn er dies zur Klärung der Streitfrage für angezeigt hält. Und er darf — das entspricht wiederum dem § 121 Abs. 2 GVG — selbst entgegen einer festen höchstrichterlichen Rechtsprechung, die zur Einstellung führen müßte, Anklage erheben, wenn er glaubt, daß gewichtige neue Gesichtspunkte zu einer Änderung dieser Rechtsprechung drängen.

39 e) Für die **Verfolgungspflicht der Polizei** beim ersten Angriff (§ 163) gelten diese Ausführungen nur mit Einschränkungen. Es ist nicht Sache der Polizei als eines

---

[28] In gleicher Weise wird der Staatsanwalt bei (eigenen) Bedenken gegen die Verfassungsmäßigkeit eines Gesetzes Anklage erheben müssen, um auf die Einholung einer Entscheidung des Bundesverfassungsgerichts durch das Gericht (Art. 100 Abs. 1 GG) hinzuwirken; vgl. dazu *Faller* JZ **1961** 478.

Hilfsorgans der Staatsanwaltschaft, in eigener Zuständigkeit über streitige Rechtsfragen zu entscheiden. Über eine feste Rechtsprechung darf sie sich selbstverständlich nicht hinwegsetzen (BGHSt. **15** 155), und bei einer unausgetragenen Streitfrage, die noch nicht Gegenstand einer höchstrichterlichen Entscheidung war, wird sie im allgemeinen von dem strengeren Standpunkt ausgehen und die weitere Entschließung dem Staatsanwalt überlassen müssen.

7. **Bedeutung der Weisungsgebundenheit.** Nach § 146 GVG ist der Staatsanwalt **40** an die **dienstlichen Weisungen** seiner Vorgesetzten einschließlich der Justizverwaltung (§ 147 Nr. 1, 2 GVG) gebunden. Keinesfalls bedeutet dies eine Einschränkung des in § 152 StPO ausgesprochenen Verfolgungszwangs; das Legalitätsprinzip gilt vielmehr auch für die Justizverwaltung (heute ganz unbestritten; 3 zu § 146 GVG und BGHSt. **15** 161). Das Recht, zur Nichterhebung einer Anklage anzuweisen, beschränkt sich sowohl nach der tatsächlichen wie nach der rechtlichen Seite auf den dem Staatsanwalt im Fall eigener Entschließung verbleibenden Ermessensspielraum. Weisungen, die entgegen einer klaren, einen vernünftigen Zweifel gar nicht aufkommen lassenden Sachlage erteilt worden, sind unverbindlich und setzen den, der sie erteilt und den, der sie gegen besseres Wissen befolgt, der Verfolgung nach § 258 a StGB aus. Unzulässig und unverbindlich sind vor allem auch Weisungen, die sich über eine feste höchstrichterliche Rechtsprechung hinwegsetzen (BGH aaO.). Wenn Zentralbehörden bei Wahrnehmung ihres Aufgabenbereichs der Auffassung sind, daß eine solche Rechtsprechung, die durch die weisungsgemäß im Verfahren vom Staatsanwalt zur Geltung gebrachten Gegengründe nicht zu erschüttern ist, zu unvertretbaren Folgerungen und Störungen auf bestimmten Lebensgebieten führe, so steht zur Abhilfe nicht der Weg der Weisung an die Staatsanwaltschaften und Polizeibehörden, von der Verfolgung abzusehen, sondern nur der Weg zur Verfügung, eine Änderung des Gesetzes zu betreiben.

IV. Die Pflicht zur Wahrheitserforschung (Instruktionsmaxime). **41**

1. **Mittel der Wahrheitserforschung.** Wie oben (Rdn. 1) dargelegt, ist das vordergründige Ziel des Strafprozesses die Erforschung und Feststellung der materiellen Wahrheit, um auf dieser Grundlage die Entscheidung über Schuld oder Nichtschuld und die daraus zu ziehenden rechtlichen Folgerungen zu treffen. Dies ergibt sich aus der Summe der das Verfahren regelnden Vorschriften und würde auch gelten, wenn es an einem förmlichen Ausspruch darüber fehlte. Es ist deshalb zwar zu bedauern, aber unschädlich, daß die auf dem Gesetz vom 28. 6. 1935 beruhende alte Fassung des § 244 Abs. 2: „das Gericht hat von Amtswegen alles zu tun, was zur Erforschung der Wahrheit notwendig“ ist, durch die Neufassung des Vereinheitlichungsges. vom 12. 9. 1950 abgelöst wurde, die nunmehr — wenn auch systemgemäß — sich darauf beschränkt, die Bedeutung des Obersatzes für die Beweisaufnahme in der Hauptverhandlung klarzustellen. Die Wahrheitserforschungspflicht verlangt vom Gericht (vom Tatrichter) die Benutzung aller zumutbaren Mittel, die nach der jeweiligen Verfahrenslage in Betracht kommen. Die Art der Mittel ist nicht begrenzt. Zulässig und geboten ist jedes Mittel, das nach den Beweisbedürfnissen und der Beweislage des einzelnen Falles Aufklärungserfolg verspricht. Dem Grundsatz der freien Beweiswürdigung (§ 261) entspricht die grundsätzliche Freiheit in der Wahl der Mittel, deren Gebrauch die Wahrheit fördern kann (BGH NJW **1960** 2156). Die Grenzen dieser Freiheit[29] ergeben sich aus den Er-

[29] **Schrifttum:**
Krause Grenzen richterlicher Beweiswürdigung im Strafprozeß, in Festschrift für *Peters*, 1974.

mittlungs-, Beweis- oder Beweisverwertungsverboten, die in Einzelvorschriften ausgesprochen sind oder aus allgemeinen Grundsätzen, insbesondere aus der Achtung der Menschenwürde (Art. 1 Abs. 1 GG) hervorgehen. Näheres dazu Kap. 14.

42 2. **Umfang der Erforschungspflicht.** Eine weitere Ausprägung des genannten Obersatzes enthält § 155 Abs. 2, wonach die Gerichte zu einer selbständigen — also von Amtswegen zu entfaltenden — „Tätigkeit" (zur Erforschung der Wahrheit) berechtigt und verpflichtet sind. Die Wahrheitsforschungspflicht macht sich also keineswegs nur in der Beweisaufnahme geltend, sondern bei jeder richterlichen Entschließung und Tat, schon bei der Frage, ob das Hauptverfahren zu eröffnen sei. Hat der Staatsanwalt eine Klageschrift eingereicht, ohne genügende Ermittlungen zur Vorbereitung der Klage angestellt zu haben, so ist das eröffnende Gericht berechtigt und verpflichtet, gemäß § 202 vorzugehen, gegebenenfalls auch dem Staatsanwalt eine Ergänzung seiner Ermittlungen anheimzugeben (RGSt. **76** 255). Auch die Vorbereitung der Hauptverhandlung, insbesondere die Entscheidung des Gerichts über Beweisanträge des Angeklagten und die Entschließung des Vorsitzenden über die von Amtswegen zu treffende Anordnung der Ladung von Zeugen oder Sachverständigen oder der Herbeischaffung anderer Beweismittel, wird durch jene Pflicht bestimmt. Sie ist maßgebend, wenn in Frage kommt, ob Haftbefehl gegen den Angeklagten zu erlassen sei; denn die Verhaftung kann einerseits erforderlich sein, um eine Verdunkelung zu verhüten, andererseits die Aufklärung des Sachverhalts erschweren, indem sie den Angeklagten verhindert, Beweismittel zu erkunden und beizubringen. Bei der Entscheidung über die Aussetzung oder Unterbrechung der Hauptverhandlung, über das nach der Unterbrechung einzuhaltende Verfahren, über die Verbindung zusammenhängender Strafsachen sowie über die vorübergehende Entfernung des Angeklagten aus dem Sitzungsraum steht die Pflicht des Richters, sich einen möglichst ungetrübten und vollkommenen Einblick in das Geschehene zu verschaffen, im Vordergrund. Sie hat eine große Bedeutung für die Entschließung darüber, ob die Hauptverhandlung ohne den Angeklagten durchzuführen sei, da die allgemeine Lebenserfahrung lehrt, daß der Richter ein zuverlässiges Urteil über Täterschaft und Schuld, und, wenn Täterschaft und Schuld bejaht werden, über die angemessene Strafe kaum jemals fällen kann, ohne den Angeklagten gesehen und über die Klage und die Aussagen der Zeugen gehört zu haben. Die Wahrheitserforschungspflicht muß den Vorsitzenden bestimmen, wenn er die Verhandlung leitet, den Angeklagten vernimmt und die vorhandenen Beweise erhebt. Die Art, wie er diese Tätigkeit ausübt, kann — je nach der Gesinnung, Gewissenhaftigkeit, Selbstbeherrschung, Menschenkenntnis und Klugheit des Vorsitzenden — die Wahrheit fördern oder ihr schaden.

43 3. In untrennbaren Zusammenhang mit der Wahrheitserforschungspflicht steht die **Pflicht zu Gewährung des rechtlichen Gehörs** an die Prozeßbeteiligten entsprechend dem Verfassungssatz des Art. 103 Abs. 1 GG, dessen Auswirkung zwar in zahlreichen Einzelvorschriften der Strafprozeßordnung beschrieben, aber nicht erschöpfend geregelt ist (Rdn. 79 ff.). Sie umfaßt die Sorge dafür, daß der Dolmetscher seiner Aufgabe genüge (RGSt. **76** 177), und das im § 265 Abs. 4 ausgesprochene Verbot, den Angeklagten im Urteil mit der Feststellung eines für die Verurteilung wesentlichen tatsächlichen Gesichtspunktes zu überraschen, auf den er weder durch den Inhalt der Anklageschrift noch durch den Gang der Hauptverhandlung vorbereitet worden ist (RGSt. **76** 85; BGHSt. **11** 88, 91; **19** 88, 141). Das Verhältnis der Aufklärungspflicht des Gerichts zum Beweisrecht der Beteiligten ist unten (Rdn. 69 ff.) näher darzustellen.

44 4. **Erforschungspflicht des Staatsanwalts.** Eine Pflicht, zur Erforschung der materiellen Wahrheit tätig zu werden, trifft aber auch — und gerade darin besteht der grund-

legende Unterschied des „reformierten" Strafprozesses in seiner Ausprägung durch die Strafprozeßordnung zu dem Parteiprozeß des anglo-amerikanischen Rechts (Rdn. 15) — den Staatsanwalt. Sie ergibt sich aus § 160 Abs. 2, 3 und aus seinem Recht, Rechtsmittel zugunsten der Beschuldigten einzulegen (§§ 296 Abs. 2, 301) und den Antrag auf Wiederaufnahme des Verfahrens zugunsten des Verurteilten zu stellen (§ 365). Diese Mitwirkungspflicht des Staatsanwalts erwächst aus seiner Stellung als Organ des verfolgenden Staates. Da der Staat nur daran interessiert sein kann und darf, daß den wirklich Schuldigen die im sachlichen Recht vorgesehenen Unrechtsfolgen treffen, so muß die Tätigkeit der zur Verwirklichung des staatlichen Strafanspruchs berufenen Staatsorgane gleichermaßen — die des Staatsanwalts nicht anders als die des Richters — von dem Bestreben getragen sein, alles zu tun, daß nur der Schuldige bestraft, der unschuldig in Verdacht geratene Beschuldigte aber aus dem Verfahren entlassen wird. Diese Zielsetzung der dem Staatsanwalt übertragenen Aufgaben schließt es aus, ihn auch nur **formell als Partei** zu bezeichnen (Kap. 9, 4 und BGHSt **15** 155). An der Erforschungspflicht wird auch nichts dadurch geändert, daß der Staatsanwalt — im Gegensatz zum unabhängigen Richter (§ 261) — weisungsgebunden ist. Denn er muß, wenn er selbst anderer Meinung ist, nur solche Weisungen befolgen, die sich — bei zweifelhafter oder verschieden beurteilbarer Tat- oder Rechtslage — innerhalb der Grenzen des zulässigen Ermessens halten (Rdn. 40). Das gilt auch, jedenfalls nach geltendem Recht (3 zu § 146 GVG), für Weisungen, die dem Staatsanwalt bez. seines Verhaltens **in der Hauptverhandlung,** insbesondere seiner Schlußanträge erteilt werden. Eine im voraus erteilte Weisung, in der Tatfrage unabhängig von den Ergebnissen der Hauptverhandlung einen bestimmten Antrag zur Schuld- oder Straffrage zu stellen, wäre danach, weil dem Legalitätsgrundsatz widersprechend, unverbindlich (*Dünnebier* JZ **1958** 421), verbindlich dagegen die bei Kenntnis des Beweisergebnisses erteilte Weisung, auf Verurteilung anzutragen, wenn der Sitzungsvertreter bereits die Anwendbarkeit des Satzes in dubio pro reo bejaht, der Weisende aber in vertretbarer Weise gegenteiliger Ansicht ist.

5. Keine „Beweislast" im Strafverfahren. Im Zivilprozeß entscheidet sich bei un- **45**
aufklärbarem oder nicht eindeutig geklärtem Sachverhalt der Ausgang des Prozesses danach, welche Partei die Beweislast hat; es unterliegt, wer beweisfällig geblieben ist, den ihm obliegenden Beweis nicht geführt hat. Im Strafverfahren gibt es keine Parteien und damit auch keine Beweislast im zivilprozessualen Sinn. Das gilt auch im Privatklageverfahren, dessen Besonderheit insoweit nur darin besteht, daß den Privatkläger die aus der Amtsstellung des Staatsanwalts sich ergebende Pflicht zur Mitwirkung bei der Wahrheitserforschung nicht trifft[30]. Sofern man überhaupt im Strafprozeß von Beweislast im übertragenen Sinn sprechen kann, so trifft sie kraft der Wahrheitserforschungspflicht die Behörde, die „Herr" des betreffenden Verfahrensabschnitts ist, also im Vorverfahren den Staatsanwalt, sonst das Gericht. Verfehlt wäre auch die Vorstellung einer „materiellen" Beweislast, die darin bestehen soll, daß der Angeklagte, dessen Entlastungsbemühungen versagten, oder der Kläger, wenn das Gericht sich von der Schuld des Angeklagten nicht überzeugen kann, die Folgen der Ergebnislosigkeit der Bemühungen trage. Denn der Angeklagte ist zu solchen Bemühungen nicht verpflichtet, wenn es auch in seinem Interesse liegt, das Gericht durch die Angabe entlastender Umstände bei seiner Pflicht, die Wahrheit nach allen Richtungen zu erforschen, zu unterstützen, namentlich da, wo nach sachlichem Recht ein non liquet bezüglich bestimmter Umstände

---

[30] Wegen der zweifelhaften Frage, ob der Privat- oder Nebenkläger Rechtsmittel zugunsten des Verurteilten einlegen kann, vgl. 3 zu § 390, 4 zu § 401.

zu Lasten des Angeklagten wirkt (vgl. § 186 StGB). Der Kläger aber entfaltet die Bemühungen nicht einmal in seinem Interesse, sondern schon kraft seiner Amtsstellung zur Unterstützung des Gerichts bei der diesem obliegenden Wahrheitserforschung. Diese Pflicht des Gerichts, jede prozeßordnungsmäßig zulässige Möglichkeit zur Aufklärung des wirklichen Sachverhalts auszunutzen, können ihm Kläger und Beschuldigter nicht durch Verzichte auf Wahrheitserforschung ersparen, auch da nicht, wo ein einverständlicher Verzicht auf die Einhaltung verfahrensrechtlicher Vorschriften ausnahmsweise zulässig ist (§§ 61 Nr. 5, 245 Satz 3). Während nach anglo-amerikanischen Recht eine bei Verhandlungsbeginn abgegebene Schuldigerklärung des Angeklagten jede Beweisaufnahme erübrigt, darf sich das deutsche Gericht mit dem Geständnis des Angeklagten nur begnügen, wenn es ihm zur Bildung seiner Überzeugung voll glaubwürdig und ausreichend erscheint, um Schuldspruch und Strafbemessung zu tragen, und Entlastungsmöglichkeiten muß das Gericht auch gegen den Willen des Angeklagten nachgehen (RG HRR **1940** Nr. 840). Nur bei dem summarischen Strafbefehlsverfahren (§ 407), dem in gewisser Weise die vorläufige Einstellung mit Auflagen und Weisungen (§ 153 a) entspricht, können sich Gericht und Staatsanwaltschaft mit einer schmaleren Grundlage für die Bildung über Überzeugung von der Schuld begnügen; eine den Beschuldigten treffende Beweislast gibt es aber selbstverständlich auch hier ebensowenig wie ein Schuldzugeständnis des Beschuldigten, das ohne weiteres hinzunehmen wäre[31].

46 6. Ein **Versäumnisurteil** — Verurteilung des ausgebliebenen Beschuldigten ohne Beweisaufnahme auf die Anklage hin — gibt es ebenfalls nicht; wo überhaupt die Verurteilung in Abwesenheit des Angeklagten stattfindet (Kap. 12, 104), wird die Hauptverhandlung im übrigen nach den allgemeinen Vorschriften durchgeführt. Wenn die Strafprozeßordnung die Verwerfung von Rechtsmitteln und Rechtsbehelfen des unentschuldigt ausgebliebenen Beschuldigten vorsieht (§§ 329, 412 Abs. 1), so ist dies keine Durchbrechung des Wahrheitserforschungsgrundsatzes, vielmehr liegt dem Gesetz entweder der Gedanke einer Verwirkung des Rechtsmittels zugrunde, oder es stellt — so die wohl herrschende Meinung — eine (freilich unwiderlegliche) Vermutung auf, daß mit dem unentschuldigten Ausbleiben stillschweigend die Zurücknahme des Rechtsmittels (Rechtsbehelfs) zum Ausdruck gebracht sei (Anm. 8 f zu § 329; Anm. 1 a zu § 412; *Hanack* JZ **1973** 694); es liegt nicht anders als bei der ausdrücklichen Rücknahmefiktion des § 391 Abs. 2 — Ausbleiben des Privatklägers — (s. auch § 401 Abs. 3). Wollte man aber hier doch von Versäumnisurteilen sprechen, so liegt keine Verurteilung ohne Wahrheitserforschung vor, denn diese hat ja im vorangegangenen Verfahren stattgefunden, und die Verwerfung des Rechtsbehelfs als unzulässig zieht die Folgerungen aus der Befugnis des Angeklagten, über das eingelegte Rechtsmittel (durch Zurücknahme oder ein der Zurücknahme gleichstehendes unentschuldigtes Ausbleiben) zu verfügen[32]. Üb-

---

[31] Mit dem Geist der StPO unvereinbar ist daher die Würdigung des Strafbefehlsverfahrens als eines Verfahrens, in dem der Richter die im Antrag des Staatsanwalts behauptete Tat mangels eigener Feststellung als wahr unterstellt und auf diese Behauptung hin eine Strafe festsetzt (so aber BVerfG NJW **1954** 69; dazu Anm. 12 d zu § 407).

[32] Anders ist die Rechtslage im Fall des § 74 OWiG, der die Folgen regelt, wenn der Betroffene nach Einspruch gegen den Bußgeldbescheid in der Hauptverhandlung ausbleibt. Hier setzt die Verwerfung des Einspruchs außer dem unentschuldigten Ausbleiben voraus, daß das persönliche Erscheinen des Betroffenen angeordnet war, und die Verwerfung ist nicht zwingend vorgeschrieben, sondern es steht im Ermessen des Gerichts, ob es den Einspruch verwerfen oder die Hauptverhandlung in Abwesenheit des Betroffenen durchführen will. Die Verwerfung beruht demgemäß hier nicht auf einer unwiderleglichen Vermutung, mit dem Ausbleiben sei die Rück-

rigens steht es dem ungenügend entschuldigten Ausbleiben i. S. der §§ 329 Abs. 1, 412 gleich, wenn der Angeklagte zwar erscheint, aber sich schuldhaft in einen seine Verhandlungsfähigkeit ausschließenden Zustand versetzt hat (Trunkenheit), sodaß eine ordnungsmäßige Durchführung der Verhandlung ausgeschlossen ist (BGHSt. **23** 331). Wegen der Bedeutung vorsätzlich herbeigeführter Verhandlungsunfähigkeit in anderen Fällen vgl. § 231 a.

V. Der Grundsatz „In dubio pro reo". 47

1. Anwendungsbereich. Eine Verurteilung setzt voraus, daß die Schuld des Angeklagten bewiesen ist. Das ist der Fall, wenn das Gericht die **Überzeugung** (über diesen Begriff s. Anm. 2 zu § 261; ferner BGHSt. **10** 210 mit Nachw.; OLG Zweibrücken MDR **1968** 945; *Heescher,* Untersuchungen zum Merkmal der freien Überzeugung in § 286 ZPO und § 261 StPO. Versuch einer Neubestimmung, Diss. Münster, 1974) erlangt hat, daß er alle Merkmale des gesetzlichen Tatbestandes rechtswidrig und schuldhaft verwirklicht hat. Wohl hat der Strafrichter bei der Beweiswürdigung gesicherte (sog. allgemeine) Erfahrungsgrundsätze zu berücksichtigen, aber das zivilprozessuale Institut des Anscheinsbeweises (prima-facie-Beweises) hat im Strafverfahren keinen Platz[33]. Ein Zweifel, der nach Erschöpfung aller Aufklärungsmöglichkeiten nicht zu beheben ist, wirkt sich also zugunsten des Angeklagten aus. Der in dieser Form nicht ausdrücklich im Gesetz niedergelegte, aber aus § 261 (dort Anm. 6) entnehmbare allgemein gültige verfahrensrechtliche Grundsatz: in dubio pro reo[34] erstreckt sich auf sämtliche Merkmale des äußeren und inneren Tatbestandes und sämtliche schuld- und rechtswidrigkeitsausschließende Umstände einschließlich persönlicher Strafaufhebungs- und Strafausschließungsgründe (BGHSt. **18** 274, 276)[35].

nahme des Einspruchs zum Ausdruck gebracht. Die Verwerfung ist vielmehr als Antwort auf den Ungehorsam charakterisiert: Lehnt der Betroffene es ab, zur Aufklärung des Sachverhalts beizutragen, so soll auch das Gericht von der Pflicht zur Prüfung der Beschuldigung entbunden sein; der Betroffene soll nicht in der Lage sein, die von ihm mit dem Einspruch erstrebte richterliche Entscheidung durch sein Ausbleiben zu verzögern (Begr. zu § 63 Entw. des OWiG; *Göhler* 3 A e zu § 74).

[33] **Schrifttum:**
Volk Anscheinsbeweis und Fahrlässigkeit im Strafprozeß, GA **1973** 16.

[34] **Schrifttum:**
Stree In dubio pro reo, 1962; *Frisch* Zum Wesen des Grundsatzes „in dubio pro reo", in Festschrift für *Henkel* (1974) 273; *Schöneborn* Verfassungsrechtliche Aspekte des strafprozessualen Wiederaufnahmeverfahrens, MDR **1975** 441.

[35] Eine **Auswirkung des Grundsatzes** der Rechtswohltat des Zweifels ist es auch, wenn gegen einen Beschuldigten, bei dem nicht feststeht, daß er zur Tatzeit schon 18 Jahre alt war, Jugendstrafrecht (mit Ausnahme der Jugendstrafe von unbestimmter Dauer) anzuwenden ist (BGHSt. **5** 366). Das gleiche gilt, wenn bei einem Heranwachsenden nicht festgestellt werden kann, ob er zur Zeit der Tat noch einem Jugendlichen gleichstand oder nicht (§ 105 Abs. 1 Nr. 1 JGG), und zwar weniger unter dem Gesichtspunkt, daß Jugendstrafrecht stets das mildere gegenüber dem allgemeinen Recht sei, als vielmehr, weil das vom Erziehungsgedanken beherrschte Jugendstrafrecht für die Entwicklung des Angeklagten günstiger erscheint (BGHSt. **12** 116). Ohne Bedeutung für die Anwendbarkeit des Grundsatzes in dubio pro reo ist es, worauf die Unaufklärbarkeit des Sachverhalts beruht. Er ist demgemäß auch z. B. anwendbar, wenn der Nachweis der vom Angeklagten behaupteten, ihm günstigen Tatsachen daran scheitert, daß amtlich verwahrte Schriftstücke, auf die er sich beruft, gemäß § 96 StPO dem Gericht nicht zur Verfügung gestellt werden (vgl. BGHSt. **20** 189).
Zur Frage der **entsprechenden Anwendung** des Grundsatzes in dubio pro reo, wenn zweifelhaft bleibt, ob der Angeklagte mit Täter- oder mit Gehilfenvorsatz gehandelt hat, vgl. BGH **23** 203, NJW **1970** 668 mit Anm. *Fuchs* NJW **1970** 1053; dazu *Dreher* MDR **1970** 369. BGHSt. **23** 8

48 **Beispiele:** Die Rechtswohltat des Zweifels greift ein, wenn nicht auszuschließen ist die Möglichkeit der Schuldunfähigkeit wegen seelischer Störungen (§ 20 StGB), des Handelns in Notwehr, des Vorliegens der Voraussetzungen eines strafbefreienden Rücktritts (§ 24 StGB) oder eines privilegierenden Umstandes, z. B. der Voraussetzungen des § 213 StGB oder — was freilich umstritten ist — (BGHSt. **10** 373 dazu *Küper* JZ **1968** 651, 656) des Vorliegens einer Erstbeleidigung als Voraussetzung für Straffreierklärung des Zweitbeleidigers nach § 199 StGB, der die Erstbeleidigung auf der Stelle erwidert haben will. Er umfaßt auch die für die Strafzumessung bedeutsamen Tatsachen dergestalt, daß die eine höhere Bestrafung begründenden Tatsachen zur richterlichen Überzeugung bewiesen sein müssen, während ein Zweifel, ob die Voraussetzungen für die Annahme eines minder schweren Falles oder für eine sonstige Milderung oder das Abgesehen von Strafe gegeben sind, sich zugunsten des Angeklagten auswirkt (vgl. zu § 157 StGB BGH bei *Dallinger* MDR **1952** 407 und BGH vom 13. 12. 1960 — 1 StR 507/60 —, zit. von *Dreher* 1 zu § 157; **a.M.** betr. § 158 StGB *Uibel* NJW **1960** 1893). Kraft des Grundsatzes in dubio pro reo ist bei einer zulässigen Wahlfeststellung in der Urteilsformel nur das mildeste Gesetz zu erwähnen (über diese sehr streitige Frage vgl. *Dalcke-Fuhrmann-Schäfer*[37] S. 9 und *Dreher* D III 2 c vor § 1 StGB; BGHSt. **25** 182, 186). Darüber, inwieweit die Rechtswohltat des Zweifels auch bei Prozeßvoraussetzungen (Verfahrenshindernissen) in Betracht kommt, s. Kap. 11, 36 ff.

49 Dagegen gilt der Grundsatz in dubio pro reo **nicht** für **Rechtsfragen** (BGHSt. **14** 68, 73; OLG Celle NJW **1968** 2119). Bestehen also über die Auslegung oder Anwendbarkeit eines Gesetzes Zweifel, so darf sich das Gericht nicht deshalb für eine bestimmte Auffassung entscheiden, weil sie für den Angeklagten günstiger ist. Er gilt auch nicht für behauptete Verfahrensfehler (BGHSt. **16** 164, 166); hier kann nur ein erwiesener — nicht aber nur ein möglicher — Verfahrensfehler den Bestand eines Urteils gefährden (BGHSt. **17** 351, 353). Auch dem sog. Alibibeweis kommt Bedeutung nur zu, wenn er „gelungen" ist (vgl. BGHSt. **25** 285 = NJW **1974** 869 m. Anm. *Foth* 1572; weitere Besprechungen von *Stree* JZ **1974** 298; *Schneider* MDR **1974** 944; *Volk* JuS **1975** 25). Der bezeichnete Grundsatz gilt schließlich nicht im Probationsstadium des Wiederaufnahmeverfahrens (§ 370 StPO), d. h. bei der Entscheidung, ob die im Wiederaufnahmeantrag aufgestellten Behauptungen eine genügende Bestätigung gefunden haben (OLG Köln NJW **1968** 2119; OLG Karlsruhe GA **1974** 250; Vorbem. 2 vor § 359; *Kleinknecht* 1 zu § 370 m. w. Nachw.; *Schöneborn* MDR **1975** 441, 443; **a.M.** *Schünemann* Das strafprozessuale Wiederaufnahmeverfahren propter nova und der Grundsatz „in dubio pro reo", ZStW **84** [1972] 870 ff.). BVerfG MDR **1975** 469 hat offen gelassen, „ob der Satz in dubio pro reo Verfassungsrang hat und ob er etwa deshalb uneingeschränkt auch im gesamten Wiederaufnahmeverfahren gelten müsse."

50 **2. Ausnahmen.** Der Grundsatz in dubio pro reo ist aber in gewissem Umfang von Ausnahmen durchbrochen. In einigen Fällen stellt das materielle Recht widerlegbare Beweisvermutungen auf. Zwar ist die Rechtsentwicklung deutlich auf die Beseitigung

---

wendet den Grundsatz in dubio pro reo auch in **übertragenem Sinn** an, wenn es sich um generelle Fragen der Beweisforderungen handelt. Danach gebietet, wenn in der Wissenschaft die Auffassungen darüber auseinandergehen, inwieweit in Grenzfällen bei der Beurteilung der Glaubwürdigkeit von jugendlichen Zeugen ein Psychologe ohne Mitwirkung eines Psychiaters das Vorliegen krankhafter Störungen ausschließen kann, der Grundsatz in dubio pro reo die Mitwirkung eines Psychiaters, wenn offen bleibt, ob der hinzugezogene Psychologe den Anforderungen entspricht, die von der strengeren Auffassung gestellt werden. Über „in dubio pro reo" bei der Handhabung **strafrechtlicher Generalklauseln** vgl. *Naucke* Über Generalklauseln und Rechtsanwendung im Strafrecht (1973) 23, 25.

solcher Vermutungen gerichtet. Wo aber widerlegbare und selbst unwiderlegbare Vermutungen im geltenden Recht noch bestehen, sind sie weder mit rechtsstaatlichen Grundsätzen noch mit Art. 6 Abs. 2 MRK unvereinbar (BVerfG NJW **1959** 619; *Schröder* NJW **1959** 1903).

Beispiele: Die Verwarnung mit Strafvorbehalt (§ 59 StGB) setzt die Erwartung **51**
voraus, daß der Täter künftig auch ohne Verurteilung zu Strafe keine Straftaten mehr begehen werde. Nach § 59 Abs. 2 ist die Verwarnung mit Strafvorbehalt *in der Regel* ausgeschlossen, wenn der Täter in den letzten drei Jahren vor der Tat mit Strafvorbehalt verwarnt oder zu Strafe verurteilt worden ist. Dann ist es nicht Sache des Angeklagten, darzutun und zu beweisen, daß Umstände vorliegen, die ein Abweichen von der Regel rechtfertigen (ihn trifft keine „Beweislast"). Vielmehr hat das Gericht (dazu § 267 Abs. 3 Satz 4 StPO) von Amtswegen in der Hauptverhandlung mit den ihm zur Verfügung stehenden Möglichkeiten die Frage aufzuklären, ob nicht trotz der vorangegangenen Verwarnung mit Strafvorbehalt oder Bestrafung die Voraussetzungen des § 56 Abs. 1 vorliegen; ein verbleibender Zweifel schlägt aber contra reum aus. Entsprechendes gilt für die Strafaussetzung zur Bewährung (§ 56 StGB), bei der zur Überzeugung des Gerichts die Erwartung begründet sein muß, daß der Verurteilte sich schon die Verurteilung zur Warnung hat dienen lassen und künftig auch ohne die Einwirkung des Strafvollzuges keine Straftaten mehr begehen werde. Es bedarf also einer positiven Sozialprognose; der Grundsatz in dubio pro reo kann hier nicht gelten (*Dreher* 4 zu § 56 mit RechtsprNachw.). Bei der Aussetzung der Reststrafe zur Bewährung (§§ 57, 58 StGB; 454 StPO) mag anderes gelten, da es hier nur darauf ankommt, ob „verantwortet werden kann zu erproben, ob der Verurteilte außerhalb des Strafvollzugs keine Straftaten mehr begehen wird", eine positive Sozialprognose also nicht gefordert wird (s. zu dieser hier nicht weiter zu erörternden Frage *Dreher* 3 zu § 57 m. w. Nachw.). Eine den Grundsatz der Wohltat des Zweifels ausschließende Beweisregelung enthält § 186 StGB, wo die nicht erweisbare Wahrheit einer ehrenrührigen Behauptung Bedingung der Strafbarkeit für die üble Nachrede ist: die Wahrheit der ehrenrührigen Behauptung ist Gegenstand der Amtsaufklärungspflicht; die Nichterweislichkeit der Wahrheit aber trifft den Täter[36]. Schließlich hatte schon die Rechtsprechung (BGHSt. **9** 390) im Falle des § 330 a a. F. StGB im Wege der Auslegung die Anwendbarkeit des Satzes in dubio pro reo verneint, soweit es sich um das Tatbestandsmerkmal des die Schuldfähigkeit ausschließenden Rausches handelt, und angenommen, daß wegen Volltrunkenheit nicht nur zu bestrafen ist, wenn die rauschbedingte Schuldunfähigkeit festgestellt ist, sondern auch, wenn sie nicht auszuschließen ist; diese Auslegung ist jetzt durch § 330 a n. F. legalisiert.

3. Was die **Maßregeln der Besserung und Sicherung** (§§ 61 ff. StGB) anlangt, so **52**
enthält § 69 StGB betr. Entziehung der Fahrerlaubnis in Abs. 1 eine dem § 330 a StGB entsprechende Regelung („weil seine Schuldunfähigkeit erwiesen oder nicht auszuschließen ist"). § 69 Abs. 2 sieht eine dem § 59 Abs. 2 StGB (Rdn. 51) entsprechende Regelung vor, indem bei den dort aufgezählten Straftaten der Täter „in der Regel als unge-

[36] Zweifelhaft ist, ob der Grundgedanke des § 186 oder der Grundsatz in dubio pro reo durchgreift, wenn der Täter eine ehrenrührige Tatsachenbehauptung nur dem Beleidigten gegenüber aufstellt (§ 185 StGB) und der Wahrheitsbeweis mit einem non liquet endet. Für Anwendung der Rechtswohltat des Zweifels BayObLG NJW **1959** 57; OLG Köln NJW **1964** 2121; dagegen wohl mit Recht *Hartung* NJW **1959** 640; *Hirsch* Ehre und Beleidigung (1967) 204 ff.

eignet zum Führen von Kraftfahrzeugen anzusehen ist"; ein Zweifel, ob ein Ausnahmefall vorliegt, geht also zu Lasten des Täters. Ob bei den übrigen Maßregeln der Besserung und Sicherung die Gefährlichkeitsprognose unter dem Grundsatz: in dubio pro reo steht, ist zweifelhaft und streitig (Nachw. aus Rechtsprechung und Schrifttum bei *Dreher* Vorbem. I vor § 61), wird aber mit der wohl überwiegend vertretenen Meinung zu bejahen sein. Insbesondere gilt dies für die Aussetzung der weiteren Vollstreckung der Unterbringung zur Bewährung (§ 67 d Abs. 2 StGB; § 463 Abs. 2 StPO), wo — wie im Fall der Aussetzung eines Strafrestes zur Bewährung (§ 57 Abs. 1) — nur zu prüfen ist, ob verantwortet werden kann, zu erproben, ob der Untergebrachte außerhalb des Maßregelvollzuges keine rechtswidrigen Taten mehr begehen wird, und überdies mit der Aussetzung Führungsaufsicht eintritt (*Dreher* 5 zu § 67 d).

53 4. Die Wahrheitsfindung und die Entscheidung nach eigener Überzeugung finden ihre Grenze, wo das Gesetz eine **Bindung an Vorabentscheidungen** vorsieht (vgl. z. B. § 190 StGB und Kap. 12, 124 ff., 129). Prozessuale Beschränkungen ergeben sich durch das Verbot der reformatio in peius (§ 331) und die Sperrwirkung der Teilrechtskraft, wie sie durch Beschränkung des Rechtsmittels oder durch Teilaufhebung eines Urteils eintreten kann. So schließt die Beschränkung der Berufung auf das Strafmaß eine Nachprüfung der tatsächlichen Feststellungen des ersten Gerichts zur Schuldfrage durch das Berufungsgericht aus[37] (Anm. 5 f zu § 318), während freilich Verfolgungshindernisse auch bei Teilanfechtung zu beachten sind (Kap. 11, 13).

54 **VI. Erforschungspflicht bei Nichtverurteilung.**

1. **Freispruch.** Einer Überzeugung des Gerichts davon, wie sich ein bestimmter Sachverhalt in der Außenwelt und im Innern des Täters abgespielt habe, bedarf es nur zur Verurteilung einschließlich der Anordnung von Maßregeln der Besserung und Sicherung oder (soweit ein Schuldspruch ohne Verhängung von Strafe zulässig ist, wie bei der Verwarnung mit Strafvorbehalt und beim Absehen von Strafe — § 260 Abs. 4 Satz 4 StPO — oder bei der Aussetzung der Verhängung der Jugendstrafe nach § 27 JGG) zum Erlaß eines Schuldspruchs. Zur **Freisprechung** genügt, daß das Gericht die für eine Verurteilung erforderliche Überzeugung von der Schuld des Angeklagten nicht zu erlangen vermag. Sobald dies feststeht, kann die Hauptverhandlung mit einem Freispruch beendet werden und es erfordert die Wahrheitserforschungspflicht keine weitere Aufklärung nach der Richtung, ob über die Nichtbeweisbarkeit der Schuld hinaus die Unschuld des Angeklagten festgestellt und ein noch verbleibender, möglicherweise dringender Verdacht weiter entkräftet werden kann. Allerdings ist es für den Angeklagten unter dem Gesichtspunkt der Rehabilitierung von Bedeutung, ob der Freispruch nur mangels Beweises, der jeden Verdachtsgrad offen läßt oder deshalb erfolgt, weil die Unschuld erwiesen oder dargetan sei, daß ein begründeter Verdacht nicht vorliege[38], während dies für den Ersatz der außergerichtlichen Kosten des Freigesprochenen aus der

---

[37] Mit der Folge, daß eine im Verfahren zur Straffrage hervortretende Schuldunfähigkeit nur bei der Strafzumessung berücksichtigt werden kann, aber nicht zum Freispruch führt (BGHSt. **7** 283; GA **1959** 305). Auf Einzelfragen nach dem Umfang der Bindungswirkung ist hier nicht einzugehen; vgl. hierzu etwa BGHSt. **10** 71; *May* und *Eckels* NJW **1960** 465, 1942; *Seibert* NJW **1961** 9 und *Bruns* Zur Feststellungswirkung des rechtskräftigen Strafurteils in Festschrift für *Eb. Schmidt* (1961) 602 ff. (604).

[38] Wegen ähnlicher Probleme beim Eingreifen eines Verfahrenshindernisses s. Kap. 11, 35, 53.

Staatskasse nach Beseitigung des sog. Freispruchs zweiter Klasse (Kap. 3, 75), wie auch für die Entschädigung wegen Strafverfolgungsmaßnahmen nach dem StrEG keine Rolle mehr spielt. Die **Fürsorgepflicht** des Gerichts (Kap. 6, 21) kann aber — im Sinne eines nobile officiums — gebieten, diesen Belangen Rechnung zu tragen, wenn ohne Schwierigkeiten und ohne jede Verzögerung des Prozesses eine weitergehende Aufklärung nach dieser Richtung möglich ist. Kann jedoch eine dahingehende Feststellung nach dem bisherigen Beweisergebnis nicht ohne weitere Frmittlungen getroffen werden, so kann der Angeklagte nicht verlangen, daß das Verfahren in seinem (privaten) Interesse weitergeführt werde, nachdem das im öffentlichen Interesse aufgestellte Prozeßziel — die Feststellung der Schuld oder Nichtschuld — erreicht ist (vgl. BGHSt. **7** 155; **8** 53; **13** 149; **15** 374, 379; *Hanack* JZ **1972** 114; **a. M.** *Henrichs* MDR **1956** 196). Seinem Rehabilitierungsbedürfnis ist durch die im Freispruch liegende Verneinung strafrechtlicher Schuld genügt. Auch für ihn hat das rechtskräftige Urteil gestaltende Bedeutung, indem es ihn aus der Rechtsposition des Beschuldigten, auf dem der Vorwurf strafrechtlicher Schuld lastet, in die Rechtsposition des Freigesprochenen versetzt, gegen den ein Schuldvorwurf von Rechtswegen nicht mehr erhoben werden kann. Eine solche Verfahrensgestaltung verstößt — gegen *Schwenk* NJW **1960** 1932, der in der Freisprechung mangels Beweises zum mindesten dann einen Verstoß gegen die Menschenwürde (Art. 1 Abs. 1 GG) sehen will, wenn Beweise für die Unschuld des Angeklagten angeboten, aber nicht erhoben sind — grundsätzlich weder gegen Art. 1 Abs. 1 noch gegen Art. 2 GG (BVerfGE **6** 7; MDR **1957** 22; BGHSt. **7** 153; **13** 149) und zwar um so weniger, als beim Hervortreten eines Verfahrenshindernisses, das zum Verzicht auf eine Sachentscheidung zwingt, wenn ein Freispruch nicht bereits ohne weitere Aufklärung nach dem bisherigen Ergebnis der Hauptverhandlung begründet ist (Kap. 11, 54), der Beschuldigte grundsätzlich nicht einmal eine Fortsetzung des Verfahrens mit dem Ziele eines Freispruchs mangels Beweises verlangen kann[39].

2. Keine Beschwer durch die Urteilsgründe. Der mangels Beweises oder aus sub- **55**
jektiven Gründen Freigesprochene kann auch nicht Rechtsmittel einlegen mit dem Ziel, eine erneute tatsächliche Nachprüfung der objektiven Unschuld herbeizuführen, denn nach dem Grundgedanken des geltenden Rechtsmittelrechts kann eine Beschwer nur durch den Inhalt des Spruchs, nicht durch den Inhalt der Gründe erfolgen. Ob es freilich richtig ist, diesen Grundsatz ausnahmslos und auch da durchzuführen, wo die Urteilsgründe in vermeidbarer Weise den Angeklagten in seiner Ehre und seinem Fortkommen schwer beeinträchtigen, ist eine andere Frage (wegen möglicher Verfassungsbeschwerde vgl. BVerfGE **6** 7; **28** 151, 159; MDR **1970** 822). Nach überwiegend vertretener Auffassung kann sich das Gericht damit begnügen, den Angeklagten wegen Schuldunfähigkeit zur Tatzeit freizusprechen, ohne den Sachverhalt nach der objektiven Seite weiter aufklären zu müssen, und der Freigesprochene kann dann mangels Beschwer durch den entscheidenden Teil des Urteils dieses nicht mit dem Ziel der Freisprechung aus objektiven Gründen anfechten (RGSt. **69** 12; BGH NJW **1954** 519;

---

[39] Auch die Vorschriften der Amnestiegesetze, die dem Beschuldigten, der seine „Unschuld" geltend macht, ein Recht zum Antrag auf Fortsetzung des Verfahrens beilegen (Kap. 11, 53), führen nicht zur Durchführung des Verfahrens bis zur restlosen Aufklärung des Sachverhalts, sondern nur zu einer Fortsetzung des Verfahrens „nach den allgemeinen Vorschriften", d. h. bis zum Freispruch mangels Beweises, sobald dessen Voraussetzungen gegeben sind, ohne daß das Gericht genötigt wäre, den Sachverhalt weiter nach der Richtung aufzuklären, ob der Beschuldigte im engeren Sinne des Wortes unschuldig ist oder ein begründeter Verdacht nicht mehr besteht.

BGHSt. **16** 374; *Hanack* JZ **1973** 659; — offengelassen in BGHSt. **7** 153 — und die Mehrzahl der Oberlandesgerichte). Aber die immer wieder im Schrifttum (Kap. 11, 55) und in der Rechtsprechung erneuerten Angriffe gegen diese Auffassung (vgl. z. B. OLG Schleswig JZ **1958** 374 mit abl. Anm. *Eb. Schmidt;* OLG Stuttgart NJW **1959** 1840 mit abl. Anm. *Bech)*[40] lassen zweifelhaft erscheinen, ob hier nicht das Rehabilitierungsbedürfnis des Angeklagten — auch im Hinblick auf die Eintragung im Zentralregister (§ 12 Abs. 1 Nr. 2 BZRG) — zu sehr zurückgedrängt wird. Auf dem Gebiet des Beleidigungsrechts, wo der Rehabilitierungsgesichtspunkt sowohl für den Verletzten wie auch für den Beschuldigten, der nicht als Ehrabschneider dastehen will, besonders bedeutsam ist (Kap. 12, 78), ist die Rechtsprechung denn auch bereits andere Wege gegangen. Sie sieht es als unzulässig an, daß der Täter ohne Aufklärung, ob die behauptete Tatsache wahr, nichterweislich wahr oder unwahr ist, mit der Begründung freigesprochen wird, es bedürfe einer solchen Aufklärung nicht, weil im Falle der Wahrheit der Freispruch aus § 186 StGB, im Fall der Unwahrheit aus § 193 StGB (Wahrnehmung berechtigter Interessen) gerechtfertigt sei (BGHSt. **4** 194; **7** 392; **11** 273). Obwohl hier die Beschwer nur in den Gründen des Urteils liegt, wird bei Unterlassung des Wahrheitsbeweises jedenfalls dem Verletzten die Anfechtung des Urteils zugestanden; sie muß aber (was BGHSt. **11** 278 — zur Verneinung neigend — offen läßt) folgerichtig dem aus § 193 StGB Freigesprochenen zustehen, wenn der von ihm angebotene Wahrheitsbeweis nicht erhoben wurde, da sein Rehabilitierungsbedürfnis doch wohl nicht geringer gewertet werden kann als das des Verletzten. Der StPO-Entw. 1939 (Kap. 4, 21) wollte allgemein bei Freispruch oder Einstellung des Verfahrens dem Angeklagten die Anfechtung des Urteils und sogar die Wiederaufnahme des Verfahrens gewähren, wenn die Urteilsgründe seine Ehre schwer mindern oder ihn sonst erheblich schädigen (§§ 316, 355).

56 **VII. Der Grundsatz der Mündlichkeit.**

1. Bedeutung. Nach § 261 schöpft das Gericht seine Überzeugung „aus dem Inbegriff der Verhandlung", d. h. der Hauptverhandlung. Das bedeutet, daß das Urteil sich nur auf den Prozeßstoff stützen darf, der in die Hauptverhandlung prozeßordnungsgemäß eingeführt und zum Gegenstand der Erörterungen gemacht worden ist. Erkenntnisquellen außerhalb der Hauptverhandlung darf der Richter für sein Urteil nicht verwerten (RGSt. **71** 325; BGHSt. **5** 278, 354; **6** 292; **7** 6; **11** 159; **13** 73); er darf anderen Stoff auch dann nicht verwerten, wenn er den Verhandlungsteilnehmern bekannt und der Angeklagte mit seiner Verwertung einverstanden ist (BGHSt. **17** 112, 120). Der das gemeinrechtliche schriftliche Inquisitionsverfahren kennzeichnende Grundsatz: quod non est in actis, non est in mundo erklärte sich daraus, daß in allen bedeutsameren Strafsachen nicht der Inquisitionsrichter selbst das Urteil fällte, sondern die Urteilsfällung dritten Stellen (Schöppenstühlen und Juristenfakultäten, an die die Akten versandt wurden, oder dem Landesherrn als Inhaber der richterlichen Gewalt) oblag, denen eine umfassende schriftliche Grundlage ihres Spruchs geboten werden mußte (*Eb. Schmidt* I 427 f.), beruhte also auf praktischen Notwendigkeiten der damaligen Verfahrensgestaltung, die entfielen, als das moderne Recht dazu überging, die Entscheidung ausschließlich dem Gericht vorzubehalten. Das allein hätte zur Aufgabe des Schriftlichkeitsgrund-

---

[40] Ein Parallelproblem bietet die streitige Frage, ob der Angeklagte, der seine Unschuld geltend macht, beschwert ist, wenn das Gericht durch Beschluß gem. § 206 a wegen dauernder Verhandlungsunfähigkeit einstellt (dazu – bejahend – OLG Hamburg JZ **1962** 125; **1967** 546).

satzes nicht gezwungen. Der Übergang zum Mündlichkeitsprinzip entstammt vielmehr der aus den Mängeln des Inquisitionsverfahrens gewonnenen Erkenntnis und Überzeugung, daß die eigne unmittelbare Wahrnehmung des Prozeßstoffs durch die erkennenden Richter in einem durch die Verfahrensgesetze vorgeschriebenen mündlichen Verkehr am besten geeignet sei, dem Gericht ein zuverlässiges Bild der entscheidungserheblichen Tatsachen zu verschaffen und so ein gerechtes Urteil zu gewährleisten. Denn der mündliche Verkehr ist regelmäßig erschöpfender und eindrucksvoller als ein schriftlicher Bericht über die in der Vergangenheit liegenden Ermittlungsergebnisse. Er ermöglicht es in ungleich größerem Maße, daß das erkennende Gericht sich ein zutreffendes Bild von der Persönlichkeit des Angeklagten, von der Glaubwürdigkeit, Wahrnehmungs- und Beurteilungsfähigkeit der Zeugen usw. verschafft. Auf dem Gedanken, daß die mündliche Verhandlung, weil sie einen unmittelbaren Eindruck von der Person des Angeklagten vermittelt, eine größere Gewähr für die Findung der gerechten Strafe bildet als ein schriftliches Verfahren, beruht es z. B., wenn BGHSt. **12** 1; **25** 384 = NJW **1975** 126 die streitig gewordene Frage, in welchem Umfang die Bildung einer Gesamtstrafe dem schriftlichen Beschlußverfahren nach §§ 460, 462 StPO überlassen bleiben könne, dahin beantwortet, daß grundsätzlich das erkennende Gericht in der Hauptverhandlung die Gesamtstrafe zu bilden habe.

2. Freilich hat auch das Mündlichkeitsprinzip seine (im Schrifttum häufig hervorgehobenen) **Schattenseiten,** die vor allem darin bestehen, daß die mündlichen Ergebnisse der Beweisaufnahme nicht mehr verkörpert, sondern dem Täuschungen unterworfenen Erinnerungsvermögen anvertraut sind. Insbesondere bei sogenannten Monstreprozessen, die bei einer Vielzahl von Angeklagten oder Anklagepunkten eine mehrwöchige oder auch mehrmonatige Hauptverhandlungsdauer erfordern, werden an die Konzentrationsfähigkeit und die Gedächtnisstärke der Mitglieder des Gerichts, namentlich der solcher Anstrengung ungewohnten Laienrichter, aber auch der übrigen Prozeßbeteiligten, größte Anforderungen gestellt. Das in §§ 271, 273 Abs. 1 vorgeschriebene Protokoll über die Hauptverhandlung dient vorzugsweise zur Nachprüfung der Gesetzmäßigkeit der Hauptverhandlung in der höheren Instanz. Ein weitergehendes, auch die „wesentlichen Ergebnisse der Vernehmungen" umfassendes Protokoll ist nur in der Hauptverhandlung vor dem Strafrichter (= Einzelrichter) und dem Schöffengericht vorgeschrieben. Das StPÄG 1964 hatte dieses sog. **Inhaltsprotokoll** für alle tatrichterlichen Hauptverhandlungen vorgeschrieben; das 1. StVRG hat diese Erweiterung als verfahrensverzögernd wieder beseitigt und den früheren Rechtszustand wiederhergestellt. Als knappes Inhaltsprotokoll — im Gegensatz zu dem unter den Voraussetzungen des § 273 Abs. 4 aufzunehmenden „Wortprotokoll" — hatte es übrigens als Gedächtnisstütze für die an einer Hauptverhandlung von langer Dauer Beteiligten nur sehr beschränkten Wert. Die Führung eines Nebenprotokolls in Kurzschrift, die zulässig ist (Anm. 3 d zu § 261), aber das Protokoll i. S. der §§ 271, 273 nicht ersetzt (*Eb. Schmidt* JZ **1956** 206; *Röhl* JZ **1956** 591) oder die — jedenfalls mit Zustimmung der Beteiligten zulässige — Aufnahme der Äußerungen von Angeklagten, Zeugen und Sachverständigen auf Tonband, um sie bei der Beratung als Gedächtnisstütze zu verwenden (vgl. BGHSt. **19** 193; *Bruns* GA **1960** 160; *Hanack* JZ **1971** 170; der 50. DJT 1974 empfahl, die Befugnis des Gerichts zur Aufnahme der Aussagen von Zeugen und Sachverständigen auf Tonband gesetzlich festzulegen [Sitzungsbericht K 272]) mag in gewissem Umfang helfen können. Im allgemeinen aber bleibt es dem einzelnen Richter überlassen, sich Gedächtnisstützen in Form von Notizen zu schaffen. Durch beschränkende Vorschriften (§§ 229, 231 a Abs. 3: Höchstdauer der Unterbrechung einer Hauptverhandlung, § 268 Abs. 3: Verkündung des Urteils spätestens am elften Tag nach Schluß der **57**

Verhandlung, § 275: Fristen für die schriftliche Absetzung des Urteils), aus denen sich zusammen mit anderen Vorschriften (§ 248) die sog. **Konzentrationsmaxime** ergibt, sucht das Gesetz den Gefahren für die Wahrheitsfeststellung, die sich aus der Schwäche der Erinnerung ergeben können, entgegenzutreten. Die Höchstdauer der Unterbrechung und der Urteilsverkündungsfrist waren übrigens im Interesse des Mündlichkeitsprinzips früher kürzer bemessen; die Erfahrungen mit langdauernden Hauptverhandlungen zwangen aus Praktikabilitäts-, insbesondere Ersparnisgründen zu den im 1. StVRG 1974 vorgenommenen Änderungen.

58 3. **Bedeutung der Akten des Vorverfahrens.** Auch unter der Herrschaft des Mündlichkeitsgrundsatzes verlieren die Akten des Vorverfahrens mit den darin enthaltenen polizeilichen und sonstigen Vernehmungsprotokollen nicht gänzlich ihre Bedeutung für die Hauptverhandlung. Sie dienen zunächst dazu, dem Vorsitzenden[41] eine zweckgerechte Gestaltung der Hauptverhandlung zu ermöglichen. In gewissem Umfang dürfen aushilfsweise auch Aktenbestandteile verlesen werden (§§ 249, 251, 253, 254). Im übrigen kann der Akteninhalt, insbesondere bei nicht verlesbaren Schriftstükken, in Befolgung der Wahrheitserforschungspflicht (§ 244 Abs. 2) Veranlassung zu Fragen und Vorhaltungen geben (Anm. 14 zu § 249, Anm. 6 zu § 254). Das muß freilich in einer Art und Weise geschehen, die bei den Beteiligten keinen Zweifel aufkommen läßt, daß nicht das vorgehaltene Schriftstück, sondern die Antwort des Befragten zur Beweisgrundlage werden soll. So darf das polizeiliche Protokoll über ein Geständnis des Angeklagten zwar nicht zum Zweck der Beweisaufnahme verlesen werden (§ 254 Abs. 1), es darf aber dem als Zeugen vernommenen Verhörsbeamten zur Stützung seines Gedächtnisses vorgehalten und zu diesem Zweck ihm sogar vorgelesen werden.[41a] In gleicher Weise kann auch das im Einverständnis mit dem Beschuldigten über ein Geständnis vor der Polizei aufgenommene Tonband zum Zweck des Vorhalts an die Verhörpersonen abgespielt werden (BGHSt. **14** 339). Beweismittel bleibt aber allein die Erklärung des Zeugen. Kann er nur bekunden, die Angaben des Angeklagten getreulich aufgenommen zu haben, sich aber trotz Vorhalts an den Inhalt nicht mehr erinnern, so kann auf diese Zeugenaussage nicht die Feststellung gestützt werden, daß der Angeklagte ein polizeiliches Geständnis bestimmten Inhalts abgelegt habe, denn dann wäre in Wahrheit nicht die Zeugenaussage, sondern im Widerspruch zu § 254 das polizeiliche Protokoll die Beweisgrundlage (BGHSt. **14** 310; **22** 170). Ebenso schließt, wenn ein vor der Hauptverhandlung richterlich vernommener Zeuge erst in der Hauptverhandlung von seinem Zeugnisverweigerungsrecht Gebrauch macht, das Verlesungsverbot des § 252 nicht aus, den Richter, vor dem die Aussage gemacht wurde (nicht auch andere, bei der Verneh-

---

[41] Wie der Vorsitzende, so dürfen selbstverständlich auch die richterlichen Beisitzer Aktenkenntnis haben, namentlich der Berichterstatter, der das Urteil abfassen soll. Für die Laienrichter gilt dies aber nicht. Die Rechtsprechung, gegen die sich freilich Bedenken erheben lassen (vgl. in der 21. Aufl. 2 zu § 261; kritisch auch *Hanack* JZ **1972** 314; *Roxin* Reform der Hauptverhandlung [1975] 59), sieht es bereits als einen Verstoß gegen die Grundsätze der Unmittelbarkeit und Mündlichkeit (§ 261 StPO) an, wenn die mitwirkenden Laienrichter vor oder während der Hauptverhandlung in das Ermittlungsergebnis der Anklageschrift Einblick nehmen (RGSt. **69** 120), auch wenn dies ohne Zutun der richterlichen Mitglieder geschieht (BGHSt. **13** 73 = JR **1961** 30 mit zust. Anm. von *Eb. Schmidt)*, weil die Lektüre der Anklageschrift geeignet sei, die Unbefangenheit der Laienrichter zu beeinträchtigen. Vgl. zum Ganzen: *Schreiber* Akteneinsicht für Laienrichter? in Festschrift für *Welzel* (1974) 941.

[41a] **Schrifttum**
Mehner Die Vernehmung von Verhörspersonen im deutschen Strafprozeß, Neue Kölner Rechtswiss. Abhandl. Heft 78, 1975; *Schroth* Der Vorhalt eigener protokollierter Aussagen an den Angeklagten, ZStW **87** [1975] 103.

mung anwesend gewesene Personen, BGHSt. **13** 394), über den Inhalt der Aussage als Zeugen zu vernehmen und ihm zur Unterstützung des Gedächtnisses den Inhalt der nichtverlesbaren Urkunde zu vergegenwärtigen; auch hier kann aber nur die Bekundung des Zeugen zur Beweisgrundlage gemacht werden (insgesamt zu dieser streitigen Frage Anm. 4, 5 zu § 252).

Soweit im **Schrifttum** gegen die dargestellte Rechtsprechung **Einwendungen** erhoben werden, liegt ihnen nicht (oder weniger) der Gedanke einer Verletzung des Mündlichkeitsgrundsatzes als vielmehr der der Umgehung eines Beweisverbotes (Kap. 14) zugrunde, so wenn geltend gemacht wird, es laufe auf eine Umgehung des § 254 hinaus, wenn zwar das Protokoll über das vor der Polizei abgelegte Geständnis nicht verlesen werden dürfe, das Geständnis des in der Hauptverhandlung in Wahrnehmung seines Wahlrechts (§ 243 Abs. 4 Satz 1) schweigenden Angeklagten aber durch Vernehmung der polizeilichen Verhörspersonen rekonstruiert werden könne (dazu *Grünwald* JZ **1968** 754; *Hanack* JZ **1972** 274). Gegenüber diesen Einwendungen betont die Rechtsprechung aber mit Recht das Interesse an der Wahrheitsfindung. **59**

4. **Geltungsbereich des Mündlichkeitsgrundsatzes.** Der Mündlichkeitsgrundsatz beherrscht nur die Gewinnung des Tatsachenmaterials, das das Urteil über Täterschaft und Schuld und die sich daraus ergebenden Rechtsfolgen begründen soll; er gilt nicht bei der Feststellung von Tatsachen, die nicht unmittelbar Grundlage der Entscheidung zur Schuld- und Straffrage sein sollen (Anm. II 2 zu § 244; IV 1 zu § 251). Dies trifft z. B. zu für die Feststellung der gesetzlichen Voraussetzungen für die Vornahme von Prozeßhandlungen (BayObLG NJW **1960** 687) und insbesondere für die Feststellung der Verfahrensvoraussetzungen, von denen die Zulässigkeit des ganzen Verfahrens abhängt (Kap. 11, 14); das folgt schon daraus, daß es zur Hauptverhandlung gar nicht kommt, das Verfahren vielmehr außerhalb der Hauptverhandlung durch Beschluß eingestellt wird (§ 206 a), wenn im Wege des Freibeweises das Vorliegen eines Verfahrenshindernisses festgestellt ist. **60**

5. Eine **„mündliche Verhandlung" außerhalb der Hauptverhandlung** kennt die Strafprozeßordnung in den Fällen der §§ 118, 122, 138 d StPO. Über die Durchführung der mündlichen Verhandlung bestimmen §§ 118 a und 138 d, daß die anwesenden Beteiligten „zu hören" seien. Die Beweisaufnahme erfolgt zwar nach den Regeln des Freibeweises, aus dem Begriff der mündlichen Verhandlung ergibt sich aber, daß als Grundlage der Entscheidung nur solche Umstände berücksichtigt werden dürfen, die Gegenstand der mündlichen Frörterung in der Verhandlung waren. Nicht hierher gehören die Fälle, in denen (bei Neben- und Nachtragsverfahren) die Strafprozeßordnung von „mündlicher Verhandlung" spricht, gleichzeitig aber die Vorschriften über die Hauptverhandlung für entsprechend anwendbar erklärt (z. B. § 441 Abs. 3); der Sache nach handelt es sich hier um Hauptverhandlungen, die aber nicht das Ziel haben, über die strafrechtliche Schuld eines Beteiligten zu entscheiden (Anm. 4, 5 zu § 441.). **61**

VIII. Der Grundsatz der Unmittelbarkeit[42]. **62**

1. **Bedeutung.** Der Grundsatz der Unmittelbarkeit steht in engem Zusammenhang

[42] **Schrifttum:**
Rohwer Materielle Unmittelbarkeit der Beweisaufnehme — ein Prinzip der StPO wie der ZPO — Diss. Kiel 1972; *Löhr* Der Grundsatz der Unmittelbarkeit im deutschen Strafprozeßrecht (1972).

mit dem Grundsatz der Mündlichkeit[43] In ihm „verschränkten sich" zwei an und für sich verschiedene Gesichtspunkte miteinander, die Unmittelbarkeit der **Beweiserhebung,** wonach es grundsätzlich Aufgabe des erkennenden Gerichts ist, die Beweise selbst zu erheben, um von ihnen „in unmittelbarer eigener sinnlicher Wahrnehmung" Kenntnis zu erlangen, und die Unmittelbarkeit des **Beweismittels,** wonach sich das Gericht seine Überzeugung **tunlichst** durch solche Beweismittel verschaffen soll, deren Benutzung an die Klarstellung des Sachverhaltes am nächsten heranführt (*Eb. Schmidt* I 144; *Henkel* 342 ff.). Dem Erfordernis der Mündlichkeit wäre an sich genügt, wenn der Prozeßstoff in irgendeiner Form mündlich (durch das gesprochene Wort) in die Verhandlung eingeführt und zum Gegenstand mündlicher Rede und Gegenrede gemacht würde. Es wäre mit diesem Grundsatz noch verträglich, wenn in weiterem Umfang die schriftlich niedergelegten Ergebnisse des Vorverfahrens (die Erklärungen des Beschuldigten, die Aussagen der Zeugen usw.) durch Verlesen in der Hauptverhandlung mündlich in dieser ausgebreitet werden könnten (vgl. § 249). Der Grundsatz der Unmittelbarkeit dagegen verlangt, daß in der Regel der Angeklagte selbst in der Hauptverhandlung seine Erklärungen abgibt (dies übrigens auch unter dem Gesichtspunkt einer nachdrücklichen Gewährung rechtlichen Gehörs), die Zeugen ihre Aussagen mündlich in der Hauptverhandlung machen, ein Augenschein vom Gericht in der Hauptverhandlung erhoben wird usw. und daß auf entsprechende Akte, die außerhalb der Hauptverhandlung erfolgt sind, in der Hauptverhandlung (durch Verlesen) nur dann zurückgegriffen werden darf, wenn eine Einbringung unmittelbar in der Hauptverhandlung nicht oder nur mit unverhältnismäßigen Schwierigkeiten möglich ist oder wenn andere Gründe dies ausnahmsweise rechtfertigen.

63 **2. Folgerungen, Ausnahmen.** Dem Unmittelbarkeitsgrundsatz entspricht es, daß grundsätzlich eine Hauptverhandlung ausgeschlossen ist, wenn der Angeklagte ausbleibt (§ 230), weil es dann in der Regel dem Gericht nicht möglich ist, sich nach seinem Verhalten und seiner Einlassung ein unmittelbares Bild von der Persönlichkeit des Angeklagten und seiner Einstellung zu dem Schuldvorwurf zu machen. Auf dem gleichen Gedanken beruht die Pflicht des Angeklagten zum Verbleiben in der Verhandlung (§ 231). Entfernt er sich unerlaubterweise aus der Hauptverhandlung, so darf diese nur dann ohne ihn zu Ende geführt werden, wenn er schon zur Anklage vernommen war und das Gericht seine weitere Anwesenheit nicht für erforderlich erachtet (§ 231), wenn das Gericht also bereits ein genügend deutliches unmittelbares Bild von dem Angeklagten und seiner Einlassung erlangt hat. Durchbrochen ist der Grundsatz der Anwesenheitspflicht in den Fällen der §§ 231 a und 231 b; hier ist eine Verhandlung in Abwesenheit des Angeklagten zulässig, wenn das Gericht seine Anwesenheit nicht für unerläßlich hält. Es muß ihm aber wenigstens Gelegenheit gegeben worden sein, sich zur Anklage zu äußern. Den Fall einer nur vorübergehenden Entfernung aus dem Sitzungssaal regelt § 247. In den weiteren Fällen, in denen das Gesetz ausnahmsweise die Durchführung einer Hauptverhandlung gegen einen ausgebliebenen Angeklagten zuläßt (Kap. 12, 104), tritt an die Stelle seiner unmittelbar vorgetragenen Einlassung zur Anklage die Verlesung seiner richterlichen Vernehmung außerhalb der Hauptverhandlung (§ 232 Abs. 3, § 233 Abs. 2). Gegenüber dem in der Hauptverhandlung erschienenen Angeklagten ist ein

[43] Darauf beruht es, daß eine scharfe begriffliche Abtrennung beider Grundsätze Schwierigkeiten bereitet und die Begriffsbestimmungen im Schrifttum mindestens in Nuancen auseinandergehen, z. T. sogar ein begrifflicher Unterschied bezweifelt wird. Dazu eingehend *Eb. Schmidt* I 340, 444 ff.

Rückgriff auf seine früheren schriftlich niedergelegten Erklärungen durch Verlesen nur unter den Voraussetzungen des § 254 möglich.

Am deutlichsten ist der Unmittelbarkeitsgrundsatz in **§ 250** ausgesprochen. Danach muß, wenn der Beweis einer Tatsache auf der Wahrnehmung einer Person beruht, diese **in der Hauptverhandlung vernommen** werden und es darf die Vernehmung nicht durch Verlesung des Protokolls über eine frühere Vernehmung oder einer schriftlichen Erklärung ersetzt werden. Nur wenn eine „unmittelbare" Vernehmung aus bestimmten, in § 251 Abs. 1 Nr. 1 bis 3, Abs. 2 bezeichneten Gründen nicht oder nur mit unzumutbaren Schwierigkeiten möglich ist — wobei ein strenger Maßstab angelegt werden muß; bei einem im Ausland wohnenden Zeugen muß sich das Gericht ggf. bemühen, ihn zum Erscheinen zu bewegen (BGHSt. **22** 118; OLG Koblenz GA **1974** 120) und u. U. ist selbst einem in Übersee wohnenden Zeugen das Erscheinen vor Gericht zuzumuten (BGHSt. **9** 230) — oder wenn alle Prozeßbeteiligten einverstanden sind (§ 251 Abs. 1 Nr. 4), darf an ihre Stelle die mittelbare durch Verlesung der Niederschrift über frühere Vernehmungen (dazu § 223) treten. Der Unmittelbarkeitsgrundsatz verlangt auch eine prozeßordnungsmäßige Einbringung der von dem **Sachverständigen** in seinem Gutachten verwerteten Tatsachen, die er sich durch Selbstinformation verschafft hat (BGHSt. **9** 292; näheres Rdn. 66). Dagegen ist der Grundsatz der Unmittelbarkeit in weiterem Umfange bei der Augenscheinseinnahme durchbrochen, indem § 225 ohne Einschränkung die Einnahme des Augenscheins außerhalb der Hauptverhandlung durch einen ersuchten oder beauftragten Richter zuläßt, deren Ergebnis in der Hauptverhandlung durch Verlesung des Augenscheinprotokolls verwertet wird (§ 249). **64**

3. **Beweisnähe.** Dagegen bedeutet der Grundsatz der Unmittelbarkeit nach der weitaus herrschenden Meinung nicht, daß grundsätzlich und allgemein das der Beweisfrage nähere Beweismittel den Vorzug vor dem ferneren verdiene. Beruht z. B. der Beweis einer Tatsache auf die Wahrnehmung eines ausgebliebenen Zeugen, so verbietet zwar § 250 Satz 2 die Verlesung des Protokolls über dessen frühere Vernehmung, verbietet aber nicht die alsbaldige Vernehmung dritter Personen **(Zeugen vom Hörensagen, mittelbare Zeugen),** denen der unmittelbare Zeuge seine Wahrnehmungen mitgeteilt hat (BGHSt. **6** 209; **7** 382, 384 = NJW **1962** 1876; BGHSt. **22** 268; *Hanack* JZ **1974** 237; **a. M.** *Peters* 267; *Grünwald* JZ **1966** 494), einschließlich der Verhörspersonen einer früheren Vernehmung. In welchem Umfang der unmittelbare Zeuge den Vorrang vor mittelbaren Zeugen hat, ist also nicht aus dem Unmittelbarkeitsgrundsatz, sondern aus dem Wahrheitserforschungsgrundsatz des § 244 Abs. 2 zu beantworten[44]. **65**

[44] Unter diesen Gesichtspunkten behandelt die Rechtsprechung (Anm. 3 b zu § 250 und in der vorliegenden Einleitung Kap. 14, 58 Fußnote 10) auch das umstrittene Problem der prozessualen Einführung des Wissens anonymer Gewährsmänner („V-Leute") von Verfassungsschutzämtern, Polizei usw., die von diesen Stellen nicht als unmittelbare Zeugen „freigegeben" werden – § 54 StPO – und über deren Angaben die Angehörigen dieser Stellen als Zeugen vom Hörensagen bekunden (BVerfG JZ **1967** 570 m. Anm. *Tiedemann;* BGHSt. **17** 382 = NJW **1962** 1876; BGHSt. **20** 164; **22** 311; OLG Hamm NJW **1970** 821). Der 46. DJT 1966 sprach sich demgegenüber dafür aus, die Wahrnehmungen eines V-Mannes sollten nur durch dessen eigene Vernehmung in die Hauptverhandlung eingeführt werden können (Bericht NJW **1966** 2051 unter II 3). S. im Sinne solche Bestrebungen BGH GA **1968** 370, wo Einschränkungen aus Art. 6 Abs. 3 d

66 **4. Sachverständigenbeweis.** Eine Besonderheit gilt nach der Rechtsprechung (BGHSt. **18** 107; **20** 164; **22** 268, 271) für den Sachverständigenbeweis: hier dürfen sog. **Zusatztatsachen** (= Tatsachen, zu deren Ermittlung und Wahrnehmung keine besondere Sachkunde erforderlich ist, die vielmehr auch das Gericht mit den ihm zur Verfügung stehenden Erkenntnis- und Beweismitteln unmittelbar feststellen könnte) nicht ohne Einführung in die Hauptverhandlung durch eine weitere Beweisaufnahme — die ggf. auch in der Vernehmung des Sachverständigen als Zeugen bestehen kann — aus dem Gutachten übernommen werden, wohl aber die sog. **Befundtatsachen** (= Tatsachen, die nur der Sachverständige auf Grund seiner besonderen Sachkunde erkennen konnte). Wegen der Behandlung des Falles der Sachverständigenteamarbeit (der vom Gericht ernannte Sachverständige verwertet in seinem Gutachten die Untersuchungsergebnisse eines von ihm im Auftrag des Gerichts oder aus eigenem Entschluß herbeigezogenen Hilfssachverständigen, z. B. des vom Psychiater beigezogenen Psychologen) und des Falles, daß der Sachverständige an die selbständig ermittelten Ergebnisse eines anderen Sachverständigen anknüpft, vgl. BGHSt. **22** 268.

67 5. Der Grundsatz der Unmittelbarkeit gilt in der **Berufungsinstanz** nur mit Einschränkung (§ 325).

68 IX. Die **Konzentrationsmaxime** (Beschleunigungsgebot).

Die sog. Konzentrationsmaxime steht insofern in engem Zusammenhang mit dem Grundsatz der Mündlichkeit, als aus den Vorschriften über die Zulässigkeit von Unterbrechungen der Hauptverhandlung (§ 229), über den Abschluß der Hauptverhandlung durch Urteilsverkündung (§§ 260 Abs. 1, 268 Abs. 3) und über die Absetzung der schriftlichen Urteilsbegründung (§ 275) der gesetzgeberische Gedanke entnommen werden kann, daß eine Hauptverhandlung möglichst in einem Zuge durchzuführen ist und Beratung, Urteilsverkündung und Absetzung der Urteilsgründe sich möglichst unmittelbar an die Beweisaufnahme anschließen, damit sich alles dies unter dem frischen Eindruck des Prozeßverlaufs vollziehe. Die in diesem Zusammenhang mitunter angeführten Rechtsmittelfristen haben mit der Konzentrationsmaxime nichts zu tun; sie sollen — regelmäßig außerhalb der Hauptverhandlung — einen Schwebezustand möglichst schnell zur Erlangung von Rechtsgewißheit beenden. Keinen unmittelbaren Zusammenhang mit der Konzentrationsmaxime hat auch das allgemeine Beschleunigungsgebot, das alle Verfahrensstadien beherrscht (Kap. 12, 91).

69 **X. Das Beweisantragsrecht der Beteiligten**[45].

1. Bedeutung. Die Wahrheitserforschungspflicht des Gerichts ist unabdingbar; sie kann dem Gericht durch Verzicht des Angeklagten oder des Anklägers auf weitere Be-

---

MRK hergeleitet werden, und *Koffka* ZStW **81** (1969) 963, wo die Frage aufgeworfen wird, „ob nicht eine solche Teilung der Aussagegenehmigung für einen Beamten seitens des Staates, der die Strafverfolgung betreibt, mißbräuchlich ist und ob nicht deshalb der Strafrichter eine solche Teilgenehmigung wie eine verweigerte Genehmigung zu behandeln hat und die Aussage des Polizeibeamten ohne Angabe des Gewährsmanns als verweigerte Aussage". Kritisch zur Rechtsprechung auch *Hanack* JZ **1972** 237. Den Versuchen, dem Problem dadurch auszuweichen, daß der „V-Mann" zwar als Zeuge auftritt, seine Personalien aber vom Gericht vor dem Angeklagten und seinem Verteidiger geheimgehalten werden, ist BGHSt. **23** 244 entgegengetreten.

[45] **Schrifttum:**
Eb. Schmidt ZStW **61** 429; *Graf zu Dohna* Probleme der Strafrechtserneuerung (1944) 319; *Niethammer* Festschrift für *Sauer* (1949) 26; *Alsberg-Nüse* Der Beweisantrag im Strafprozeß, 4. Aufl., 1969.

weiserhebung nicht abgenommen werden. Dagegen haben es Beschuldigter und Kläger in der Hand, das Gericht durch Beweisanträge (§ 244 Abs. 3) zu Ermittlungen zu zwingen, die das Gericht, hätte es frei über den Umfang der Beweisaufnahme zu bestimmen, nicht erheben würde, weil nach seiner Auffassung alles zur Erforschung der Wahrheit Erforderliche bereits getan ist. Eine weitere Beschränkung des gerichtlichen Ermessens ergibt sich aus dem Zwang, die Beweisaufnahme auf die präsenten Beweismittel zu erstrecken (§ 245). Das Beweisantragsrecht der Beteiligten schlägt, sofern es ihnen eine gewisse Disposition über den Prozeßstoff einräumt, eine Brücke zu dem Beweiserhebungssystem des anglo-amerikanischen Prozeßrechts, bei dem die Parteien entscheiden, welche Beweise beigebracht werden sollen (Rdn. 15)[46].

2. Entwicklungsgeschichte. Die Frage, ob und in welchem Umfang das Gericht **70**
oder die Parteien **den Umfang der Beweisaufnahme bestimmen** dürfen, war schon im Entstehungsstadium der StPO lebhaft umstritten und seit dem Inkrafttreten der StPO hat die Auffassung des Gesetzgebers wiederholt gewechselt. Im Entwurf der StPO war vorgesehen, daß das Gericht allgemein nach freiem Ermessen den Umfang der Beweisaufnahme bestimme, ohne hierbei durch Anträge oder Verzichte der „Parteien" gebunden zu sein. Die Reichstagskommission sah darin eine zu weit gehende Beschränkung der Parteirechte, wobei der Blick naturgemäß vorzugsweise auf die Verteidigungsrechte des Beschuldigten gerichtet war. Die Kompromißverhandlungen (Kap. 2) führten zu einem Mittelweg: in den Verhandlungen vor den Schöffengerichten und, sofern Übertretungen oder Privatklagevergehen den Gegenstand der Verhandlungen bildeten, auch in den Verhandlungen vor den Landgerichten in der Berufungsinstanz, sollte das Ermessen des **Gerichts,** im übrigen der **Wille der Parteien** insofern maßgebend sein, als sich die Beweisaufnahme grundsätzlich auf sämtliche vorgeladenen Zeugen und Sachverständigen sowie auf andere herbeigeschaffte Beweismittel erstrecken mußte; nur im Einverständnis mit Kläger und Angeklagten durfte das Gericht von der Erhebung einzelner Beweise absehen. Das in dieser Form nur sehr summarisch geregelte Beweisrecht ist durch die Rechtsprechung des Reichsgerichts ausgebaut worden, das — gewissermaßen aus dem Nichts heraus — in langen Jahren feste Grundsätze entwickelte, wann bei dem „Strengbeweis" eine Ablehnung von Beweisanträgen zulässig sei. Sie beruhten auf dem Gedanken, daß eine **Vorwegnahme der Beweiswürdigung unzulässig** sei, weil die Erfahrung lehre, daß der Gebrauch eines zur Verfügung stehenden, nicht offensichtlich untauglichen Beweismittels das Bild des zu beurteilenden Sachverhalts selbst dann wider Erwarten verändern könne, wenn das Gericht glaubt, die Feststellung einer Tatsache unbedenklich auf das bisherige Beweisergebnis stützen zu können (RGSt. **65** 305).

Die **Emminger-Reform 1924** führte, obwohl der Wortlaut des § 245 Abs. 2 a. F. **71**
(abgesehen von der Einbeziehung der Verhandlungen vor dem Amtsrichter als Einzelrichter) nicht geändert wurde, zu einer Erweiterung des Bereichs, in dem das Ermessen des Gerichts den Umfang der Beweisaufnahme bestimmte, weil infolge Beseitigung der erstinstanzlichen Strafkammern deren Zuständigkeit auf die Schöffengerichte überging. Diese aus der Finanznot der Währungsumstellung geborene Erweiterung wurde

---

[46] Diese Brücke erscheint freilich dem englischen Juristen nicht weit genug gespannt; er sieht im Hinblick auf die Grenzen, die § 244 Abs. 3 dem Beweisantragsrecht zieht, den Vorzug des englischen Rechts darin, daß dem Angeklagten das angstvolle Warten erspart bleibt, wie das Gericht seinen Beweisantrag bescheidet (*Allen* ZStW **72** [1960] Mitteilungsblatt 159). *M. Hirschberg* Das Fehlurteil im Strafprozeß (1960) macht für Fehlurteile im deutschen Strafverfahren u. a. den Mißbrauch der Möglichkeit, Beweisanträge abzulehnen, verantwortlich und befürwortet auch aus diesem Grund die Übernahme des anglo-amerikanischen Systems.

indessen bereits durch das Gesetz vom 22. 12. 1925 (RGBl. I 475) wieder rückgängig gemacht. Danach bestimmte in Verhandlungen vor dem Amtsrichter, dem Schöffengericht und dem Landgericht als Berufungsinstanz das Gericht den Umfang der Beweisaufnahme nur noch bei Übertretungen und Privatklagevergehen. Auswüchsen des Parteibestimmungsrechts trat das Gesetz vom 27. 12. 1926 (RGBl. I 529) entgegen, indem es zum Zweck der Prozeßverschleppung gestellte Anträge für unbeachtlich erklärte. Die „Diktatur der Armut“ in den Zeiten der 1930 beginnenden wirtschaftlichen Depression brachte von neuem erhebliche Beschränkungen der Parteidisposition: die Not-VO vom 14. 6. 1932 (Erster Teil Kap. I Art. 3 § 1) bestimmte, daß in der Verhandlung vor dem Amtsrichter, dem Schöffengericht und dem Landgericht in der Berufungsinstanz das freie pflichtmäßige Ermessen des Gerichts den Umfang der Beweisaufnahme bestimme. Der „Strengbeweis“ galt nunmehr nur noch für erstinstanzliche Gerichte, gegen deren Urteil es keine Berufung gab (Große Strafkammer, Schwurgerichte, Oberlandesgericht und Reichsgericht als Gerichte erster und letzter Instanz); das Erfordernis des Strengbeweises sollte hier die Gefahren abmildern, die sich aus dem Fehlen einer zweiten Tatsacheninstanz ergeben.

72 Das **Gesetz vom 28. 6. 1935** übernahm diese (z. Z. ihres Erlasses als vorübergende Notmaßnahmen gedachte) Regelung **förmlich als Dauerrecht in die StPO,** brachte aber wichtige Ergänzungen. Es führte für den Beweis durch Augenschein und Sachverständige allgemein das freie Ermessen des Gerichts ein und gab im übrigen dem Strengbeweis seinen gesetzlichen Inhalt, indem im Anschluß an die in der Rechtsprechung ausgebildeten Grundsätze die Voraussetzungen umschrieben wurden, unter denen ein Beweisantrag abgelehnt werden darf. Dabei wurde der bis dahin unausgesprochen gebliebene Grundgedanke, daß das Gericht von Amtswegen alles zur Erforschung der Wahrheit Erforderliche zu tun habe, förmlich niedergelegt und als beherrschender Grundsatz an die Spitze der Vorschriften über die Beweisaufnahme gestellt. Zugleich wurde die Pflicht des Gerichts, die Beweisaufnahme auf die präsenten Beweismittel zu erstrecken, beseitigt.

73 Die Regelung durch das Gesetz vom 28. 6. 1935 war zwar als Dauerrecht gedacht. Indessen wollte der **StPO-Entw. 1939 erneut** entscheidend **abweichen** und die Bestimmung des Umfangs der Beweisaufnahme allgemein dem richterlichen Ermessen überlassen. Das sollte zwar nicht mit dürren Worten, sondern in verhüllter Form ausgesprochen werden. Unter der Überschrift „Umfang der Beweisaufnahme“ enthält § 64 des Entwurfs lediglich den Satz: „Das Gericht ist verpflichtet, von Amtswegen alles zu tun, was zur Erforschung der Wahrheit notwendig ist“ und § 65 („Entscheidung über Beweisanträge“) begnügt sich mit dem Satz: „Über Beweisanträge entscheidet der Vorsitzer durch Beschluß“. Die Begründung (S. 46) führt dazu aus, der alles beherrschende Wahrheitserforschungsgrundsatz sei „so einfach und klar, daß eine gesetzliche Erläuterung des Umfanges der Beweisaufnahme durch Einzelvorschriften unnötig ist“. Der Entwurf, so heißt es weiter, verzichte abweichend vom geltenden Recht darauf, die in der Rechtsprechung herausgearbeiteten Ablehnungsgründe ausdrücklich in das Gesetz aufzunehmen und dabei zwischen Verfahren mit einem oder zwei Tatsachenrechtszügen zu unterscheiden, „denn das Gebot, von Amtswegen die Wahrheit zu erforschen, ist die erschöpfende Grundlage dieser Regeln und muß auch künftig in der Rechtsprechung Leitstern für die Bestimmung des Umfangs der Beweisaufnahme sein“.

74 Aber während die summarischen Vorschriften des Entwurfs und die unklaren, das Problem verhüllenden Ausführungen der Begründung der Rechtsprechung Raum zur Entwicklung neuer Grundsätze gelassen hätten, bekannte die **VO vom 1. 9. 1939**

(RGBl. I 1685) Farbe, deren § 24 bestimmte, daß das Gericht einen **Beweisantrag ablehnen** könne, wenn es **nach seinem Ermessen** die Erhebung des Beweises zur Erforschung der Wahrheit nicht für erforderlich halte. Der Sinn dieser Vorschrift ging eindeutig dahin, daß die bisher unterschiedliche Regelung des Beweisaufnahmerechts, je nachdem, ob zwei oder nur eine Tatsacheninstanz gegeben waren, entfallen und in den Verhandlungen vor allen Gerichten das pflichtmäßige Ermessen des Gerichts über den Umfang der Beweisaufnahme entscheiden solle. Die rechtspolitischen Bedenken gegen die globale Beseitigung des Verbots der vorweggenommenen Beweiswürdigung erwiesen sich aber stärker, als der Gesetzgeber angenommen hatte. Da die VO es unterlassen hatte, die Vorschriften der StPO förmlich zu bezeichnen und außer Kraft zu setzen, die durch die neuen Vorschriften ersetzt werden sollten, entstand im Schrifttum Streit, ob § 24 der VO nur den § 245 Abs. 1 (betr. Verhandlungen vor Amtsrichter, Schöffengericht und Landgericht als Berufungsinstanz) oder auch den § 245 Abs. 2 (betr. Verhandlungen vor den anderen Gerichten) ersetzt habe. Auch wurde darüber gestritten, nach welchen Gesichtspunkten das „freie Ermessen" auszuüben sei. Die Rechtsprechung (RGSt. **74** 147; **75** 11) — von *Niethammer* in der 20. Aufl. S. 53 f. hart getadelt — zeigte sich zum Nachgeben gegenüber den gesetzgeberischen Absichten bereit. Gegen ein Wiederaufleben solcher Tendenzen richten sich die beschwörenden Mahnungen *Niethammers*, die Wahrheitserforschungspflicht mit größtem Ernst wahrzunehmen, die die Einleitung in der 20. Aufl. durchziehen.

3. Das geltende Recht. a) Strafsachen. Das Vereinheitlichungsgesetz vom **75** 12. 9. 1950 kehrte grundsätzlich zu dem vor der Not-VO vom 14. 6. 1932 geltenden, auf dem Gesetz vom 22. 12. 1925 beruhenden Rechtszustand zurück, zog aber den Anwendungsbereich des Strengbeweises weiter als das frühere Recht: entgegen dem Vorschlag des Regierungsentwurfs wurden nur noch die Privatklagesachen — aber nicht mehr die Übertretungen — dem Strengbeweis des § 244 Abs. 3, § 245 entzogen (§ 384 Abs. 3) und die praktische Bedeutung der Ausnahmeregelung in § 384 Abs. 3 ist nicht eben groß. Zwar wird in thesi die freiere Stellung des Gerichts und sein „förmliches" Recht, einen Beweisantrag abzulehnen, weil es die Sachlage für hinreichend geklärt halte, anerkannt, gleichzeitig aber geltend gemacht, daß Beschränkungen des Beweisantragsrechts „mit innerer Notwendigkeit ganz allgemein zu einer gesteigerten Aufklärungspflicht führen", und daß in einer Ablehnung eines Beweisantrags wegen genügender Aufklärung des Sachverhalts eine Vorwegnahme des Beweisergebnisses liege, bei der besondere Vorsicht geboten sei (Anm. 3 zu § 384).

b) Ordnungswidrigkeiten. Mit der Umgestaltung der bisherigen Übertretungen **76** in Ordnungswidrigkeiten ist zwar praktisch in vollem Umfang die Rückkehr zu dem vor der NotVO vom 14. 6. 1932 geltenden Recht vollzogen worden, indem § 77 OWiG in wörtlicher Übereinstimmung mit § 384 Abs. 2 StPO bestimmt, daß unbeschadet des § 244 Abs. 2 das Gericht den Umfang der Beweisaufnahme bestimme. Doch zeigt sich auch hier in der Rechtsprechung das Bestreben, den durch die Entbindung vom Beweisantragsrecht des § 244 Abs. 3 eröffneten Ermessungsspielraum des Gerichts eng zu begrenzen. Es ist danach zwar nicht schlechthin unzulässig, einen Beweisantrag mit der Begründung abzulehnen, das Gegenteil der Beweistatsache sei bereits durch andere Zeugenaussagen bewiesen (vgl. OLG Hamm JMBlNRW **1973** 177), aber das kommt, um den Vorwurf einer mit § 244 Abs. 2 unvereinbaren Vorwegnahme des Beweisergebnisses zu vermeiden, nur ausnahmsweise, praktisch nur dann in Betracht, wenn keinerlei Zweifel an der Aussichtslosigkeit der Beweiserhebung bestehen (vgl. die Rechtspr Nachw. bei *Göhler* 2 zu § 77, sowie OLG Köln VRS **4** [1974] 373; OLG Karlsruhe „Die Justiz" **1975** 110) und das Gericht in nachprüfbarer Weise die Berechtigung seiner bereits sicheren Überzeugung dartut (OLG Stuttgart JR **1975** 383). Generell — und wohl etwas zu summarisch, aber im Zusammenhang gerechtfertigt — heißt es in BGHSt. **25** 368 = NJW **1974** 1570: „Die in § 77 vorgesehenen Erleichterungen bedeuten nicht, daß in Bußgeldsachen geringere Anforderungen an den Schuldnachweis zu stellen wären als im Strafverfahren."

77 c) Wegen **weiterer Entbindungen vom Beweisantragsrecht** vgl. §§ 436 Abs. 2, 437 Abs. 1 Satz 2, 439 Abs. 3, 440 Abs. 3, 442 Abs. 1, 444 Abs. 2, 3.

78 d) **Freibeweis.** Das Beweisantragsrecht der Beteiligten zwingt das Gericht nur zur Beweiserhebung über Tatsachen, die für das Urteil über Täterschaft und Schuld und die daraus sich ergebenden Rechtsfolgen von Bedeutung sind (BGHSt. **17** 337, 344); es gilt nicht für sonstige prozeßerhebliche Umstände, insbesondere nicht für die Feststellung von Verfahrensvoraussetzungen (Anm. II 2 zu § 244).

79 **XI. Der Grundsatz des rechtlichen Gehörs**[47].

1. Gehörsrecht des Beschuldigten. Art. 103 Abs. 1 GG bestimmt: „Vor Gericht hat jedermann Anspruch auf rechtliches Gehör". Wer behauptet, in diesem Recht verletzt zu sein, kann nach Erschöpfung des Rechtswegs Verfassungsbeschwerde zum Bundesverfassungsgericht erheben (§ 90 BVerfGG). Soweit es sich um das rechtliche Gehör des Beschuldigten im ordentlichen Strafverfahren handelt, sind die Vorschriften der Strafprozeßordnung darauf ausgerichtet, daß der Beschuldigte schon frühzeitig und in allen Verfahrensstadien Kenntnis von dem gegen ihn erhobenen Schuldvorwurf und Gelegenheit zur Verteidigung erhält.

80 a) Nach §§ 163 a, 169 a StPO ist im **Ermittlungsverfahren** der Beschuldigte spätestens vor dem Abschluß der Ermittlungen zu vernehmen oder — in einfachen Sachen — ihm Gelegenheit zu schriftlicher Äußerung zu geben, es sei denn, daß das Verfahren zur Einstellung führt. Hinzu tritt im vorbereitenden Verfahren bei der gerichtlichen Vernehmung von Zeugen und Sachverständigen und bei der richterlichen Leichenschau (nicht auch bei entsprechenden Maßnahmen der Staatsanwaltschaft) das Recht des Beschuldigten und seines Verteidigers auf Anwesenheit (§§ 168 c Abs. 2, 168 d Abs. 1 StPO). In erster Linie soll die Anhörungspflicht im Vorverfahren dem Beschuldigten die Möglichkeit eröffnen, die Erhebung einer ungerechtfertigten Anklage abzuwenden. Wo das Gesetz die Einstellung des Ermittlungsverfahrens wegen Geringfügigkeit von der Zustimmung des Beschuldigten abhängig macht, dient dies der Gewährung richterlichen Gehörs im Hauptverfahren, die der Beschuldigte durch Verweigerung seiner Zustimmung herbeiführen kann.

81 b) **Ist die Anklage erhoben,** so wird dem Angeschuldigten die Anklageschrift mitgeteilt, und er erhält vor dem Beschluß über die Eröffnung des Hauptverfahrens Gelegenheit zu Einwendungen und Verteidigungsmaßnahmen (§ 201). Ferner soll ihm die Mindestladungsfrist des § 217 eine sachgemäße Vorbereitung seiner Verteidigung ermöglichen. Dem Angeschuldigten, der durch die Erhebung der Anklage in nachdrücklicher Form mit einem Verdacht belastet wird (§ 203), erwächst — auch das ein Ausfluß des Gehörsgrundsatzes — grundsätzlich ein Recht auf Durchführung der Hauptver-

---

[47] **Schrifttum:**
Lesser DRiZ **1960** 421; *v. Winterfeld* Das Verfassungsprinzip des rechtlichen Gehörs NJW **1961** 849; *Pfeiffer* Die Verfassungsbeschwerde (1959) 214 ff.; *H. Dahs* Das rechtliche Gehör im Strafverfahren, 1965; *Jagusch* NJW **1959** 265; *Brüggemann* Rechtliches Gehör im Zivilprozeß JR **1969** 361; *Zeuner* Der Anspruch auf rechtliches Gehör, in Festschrift für *Nipperdey* (1965) 1016.

handlung, die ihm Gelegenheit bietet, sich von dem Verdacht zu reinigen; dem tragen (in gewissem Umfang) Vorschriften Rechnung, die einen Abbruch des Hauptverfahrens durch Verfahrenseinstellung gegen den Willen des Angeschuldigten dadurch ausschließen, daß sie die Einstellung von seiner Zustimmung abhängig machen (§§ 153 Abs. 2, 153 a Abs. 2, 153 b Abs. 2).

c) Insbesondere die Vorschriften über die **Gestaltung der Hauptverhandlung** — **82**
grundsätzlich obligatorische Anwesenheit des Angeklagten, seine Vernehmung zur Sache schon zu Beginn der Hauptverhandlung nach Vortrag des Anklagesatzes nach Maßgabe der §§ 243 Abs. 4, 136 Abs. 2, die Befragung des Angeklagten nach der Vernehmung einer jeden Beweisperson und jedes Mitangeklagten und nach der Verlesung eines jeden Schriftstückes, ob er etwas zu erklären habe (§ 257), die Belehrung über die Veränderung des rechtlichen Gesichtspunkts und neu hervorgetretene strafbarkeitserhöhende Umstände (§ 265), das Beweisantragsrecht (§ 244 Abs. 3), das Recht zum Schlußvortrag (§ 258 Abs. 1) und auf das letzte Wort (§ 258 Abs. 2, 3) u. a. m. — bezwecken, daß der Angeklagte von allem ihm nachteiligen Prozeßgeschehen Kenntnis erhält und sich verteidigen kann. Sie bringen den Grundgedanken des Gesetzes zum Ausdruck, daß der Angeklagte nicht durch das Urteil mit der Feststellung von Tatsachen überrascht werden darf, auf die er weder durch Anklage und Eröffnungsbeschluß noch durch den Gang der Hauptverhandlung ausreichend vorbereitet war (RGSt. **76** 82; BGHSt. **8** 92; JZ **1958** 284).

d) Auch dem Erlaß des **Strafbefehls** muß die Vernehmung des Beschuldigten **83**
vor Abschluß der Ermittlungen vorausgehen (§ 163 a StPO); einer vorherigen gerichtlichen Vernehmung bedarf es freilich mit Rücksicht auf den Zweck des summarischen Verfahrens nicht (§ 407 Abs. 4); das Recht, sich vor dem Richter zu verteidigen, bleibt dem Beschuldigten dadurch erhalten, daß er Einspruch gegen den Strafbefehl einlegen und dadurch eine Hauptverhandlung erzwingen kann (BVerfGE **3** 248, 253; **25** 158, 165 = NJW **1969** 1103, 1104). Dieses „Minimum von rechtlichem Gehör“ darf dem Angeklagten nicht in verfassungswidriger Weise durch überspannte Anforderungen bei Auslegung und Anwendung der die Fristwahrung betreffenden Vorschriften beschnitten werden. Zwar ist es nicht verfassungswidrig, den Lauf der Einspruchsfrist durch eine Ersatzzustellung nach § 181 oder § 182 ZPO zu eröffnen. Eine Verkürzung des Rechts auf rechtliches Gehör bedeutet es aber, wenn von einem Angeklagten, der eine ständige Wohnung hat und diese nur vorübergehend — z. B. während einer dreiwöchigen Urlaubsreise — nicht benutzt, verlangt wird, er müsse für die Zeit seiner Abwesenheit besondere Vorkehrungen treffen, daß ihm mögliche Zustellungen bekannt werden, und wenn ihm die Wiedereinsetzung in den vorigen Stand versagt wird, weil es ihm zum Verschulden gereiche (vgl. § 44 Satz 1 StPO), daß er infolge Unterlassens solcher Vorkehrungen von der Zustellung keine Kenntnis erlangt habe (BVerfGE **25** 158 = NJW **1969** 1103; BVerfGE **26** 315; **31** 388; **34** 154; **35** 296, 298). Auch die Anforderungen an die fristgerechte Glaubhaftmachung der Versäumnisgründe dürfen bei einem Wiedereinsetzungsantrag nicht überspannt werden (BVerfG MDR **1975** 31). Das gilt freilich nicht, wenn ihm ein Verschulden nach anderer Richtung zur Last gelegt werden kann, z. B. wenn er die Abholung vernachlässigt hat oder er sich einer erwarteten Zustellung vorsätzlich entziehen wollte (BVerfGE **25** 158). Jedoch liegt nach BVerfGE **31** 388 (mit dissenting vote S. 391) keine verfassungswidrige Verkürzung des Minimums an rechtlichem Gehör vor, wenn die Rechtsmittelbelehrung (§ 409 Abs. 1 Nr. 7) — und das gilt für alle Rechtsmittelbelehrungen (§ 35 a StPO) — keinen Hinweis darauf enthält, daß der Fristablauf wegen eines landesrechtlichen gesetzlichen Feiertags erst an einem bestimmten Tag abläuft und der Beschuldigte bei Zweifeln über das Ende der Einspruchs-

frist eine rechtzeitige Erkundigung an rechtskundiger Stelle unterläßt und deshalb die Frist versäumt. Wird einem der deutschen Sprache nicht hinreichend mächtigen Ausländer ein Strafbefehl in deutscher Sprache ohne eine ihm verständliche Belehrung über den Rechtsbehelf des Einspruchs zugestellt, so folgt aus Art. 103 Abs. 1, daß er so zu behandeln ist, als wenn die Rechtsmittelbelehrung unterblieben wäre — § 44 Satz 2 StPO — (BVerfG NJW **1975** 1597).

84 **2. Verhältnis des Art. 103 Satz 1 GG zu den die Anhörung regelnden Vorschriften der StPO.**

a) Selbständige Bedeutung des Art. 103 Abs. 1 GG. Es fragt sich, ob Art. 103 Abs. 1 GG lediglich den Grundsatz des rechtlichen Gehörs zum Verfassungssatz erhebt, seine Ausgestaltung im einzelnen aber dem Prozeßgesetzgeber überläßt und sich auch mit derjenigen Ausgestaltung zufrieden gibt, die das Grundgesetz bei seinem Inkrafttreten in den damals geltenden Verfahrensvorschriften vorfand — in diesem Sinne hat BVerfG NJW **1954** 69 die Bedeutung des Verfassungssatzes ne bis in idem in Art. 103 Abs. 3 GG aufgefaßt — oder ob die Vorschrift einen allgemeinen Programmsatz enthält, der den Prozeßgesetzgeber zur Prüfung zwingt, ob es eines Ausbaues des Verfahrensrechts unter dem Gesichtspunkt weiterer Garantien des rechtlichen Gehörs bedarf oder ob schließlich die Verfassungsbestimmung unmittelbar geltendes Recht darstellt, indem sie — in freilich summarischer Weise und mit nicht ohne weiteres übersehbaren Auswirkungen — das geltende Verfahrensrecht unmittelbar ändert und ergänzt, soweit es den Grundsatz des rechtlichen Gehörs nicht voll verwirklicht. In diesem letzteren Sinn hat die Rechtsprechung unter Führung des Bundesverfassungsgerichts die Bedeutung des Verfassungssatzes gewürdigt. Sie sieht in dem mit Verfassungskraft ausgestatteten Anspruch auf rechtliches Gehör ein Grundrecht (BVerfGE **9** 95). Der Anhörungsanspruch ist danach eine Folgerung aus dem Rechtsstaatsgedanken für das Gebiet des gerichtlichen Verfahrens. Die Anhörung ist zunächst Voraussetzung einer richterlichen Entscheidung. Darüber hinaus erfordert die Würde der Person, daß über ihr Recht nicht kurzerhand von Obrigkeitswegen verfügt wird; der einzelne soll nicht nur Objekt der richterlichen Entscheidung sein, sondern soll vor einer Entscheidung, die seine Rechte nachteilig betrifft, zu Wort kommen, um Einfluß auf das Verfahren und sein Ergebnis zu nehmen (BVerfGE **9** 89, 95; **34** 7). Von dieser Wertung her hat sich das Bundesverfassungsgericht auf den Standpunkt gestellt, daß das geltende Prozeßrecht und seine Anwendung in der Praxis der Gerichte das rechtliche Gehör zwar weitgehend, aber doch nicht immer in ausreichendem Maße gewährleisten; es hat demgemäß den Art. 103 Abs. 1 GG nicht nur zur verfassungskonformen Auslegung des geltenden Verfahrensrechts herangezogen, sondern auch unmittelbar aus dem Grundrecht Anhörungspflichten hergeleitet (BVerfGE **9** 89).

85 **b) Abschließende Regelung der StPO.** Wo aber das geltende Verfahrensrecht aus wohlerwogenen Gründen und in sorgfältiger Abwägung zwischen widerstreitenden Interessen bewußt eine vorherige Anhörung nicht fordert oder gar untersagt, um den Zweck einer auf gerichtlicher Entscheidung beruhenden Maßnahme nicht zu gefährden (wie beim Erlaß des Haftbefehls, der Anordnung von Durchsuchung und Beschlagnahme, § 33 Abs. 4), ist es nicht der Sinn des Art. 103 Abs. 1 GG, solche Einschränkungen zu beseitigen; in solchen Fällen muß aber die Anhörung nachträglich erfolgen, dem Betroffenen Gelegenheit zu Gegenvorstellungen gegeben werden (BVerfGE **9** 89). Ebenso verstößt es nicht gegen das Gebot des rechtlichen Gehörs, wenn das Gesetz in gewissem Umfang eine Verhandlung oder Entscheidung gegen den ordnungsmäßig geladenen, aber ohne genügende Entschuldigung ausgebliebenen Angeklagten zuläßt; er hat die ihm gebotene Möglichkeit des rechtlichen Gehörs nicht genutzt, und es geht nicht an,

daß er durch seinen Ungehorsam die Durchführung des Verfahrens verzögert oder unmöglich macht (vgl. BGHSt. **16** 287, 289 zu § 329 StPO).

3. **Andere Gehörsberechtigte.** Gehörsberechtigt — außer dem Beschuldigten — ist auch jeder andere („jedermann"), der durch eine Maßnahme der Strafrechtspflegeorgane nachteilig in seinen Rechten berührt werden kann. Dabei ist es ein Ausfluß des Rechts auf Gehör, daß der von einer Verfahrensmaßnahme Betroffene sich auch grundsätzlich da, wo es im Gesetz nicht ausdrücklich vorgesehen ist, zur wirksamen Ausübung seines Anhörungsrechts des Beistands eines Rechtskundigen bedienen darf. Daraus folgt, daß ein Zeuge, wenn er dies zur Wahrnehmung seiner Rechtsposition für erforderlich hält, zu seiner Vernehmung einen Rechtsbeistand hinzuziehen darf (Kap. 6, 19 f.). **86**

4. **Form der Gewährung des Gehörsrechts.** Art. 103 Abs. 1 GG begründet kein Recht des Gehörsberechtigten auf Anhörung in einer mündlichen Verhandlung. Er überläßt es dem (einfachen) Gesetzgeber, zu bestimmen, ob nur auf Grund mündlicher Verhandlung oder auch ohne solche entschieden werden kann (BVerfGE **5** 9, 11; **15** 249, 256; **21** 73, 77; **22** 232, 234; **25** 352, 357; **36** 85, 87). Läßt aber das Gesetz eine Entscheidung ohne mündliche Verhandlung zu, so muß in anderer Weise die Gewährung des rechtlichen Gehörs vor der Entscheidung sichergestellt werden (BVerfGE **34** 7; **36** 87). Im Beschwerdeverfahren gehört dazu, daß dem Beschwerdegegner mindestens die Beschwerdeschrift übersandt wird (BVerfGE **17** 190; **36** 88). **87**

5. **Inhalt des Gehörsrechts.** Der Grundsatz des rechtlichen Gehörs verpflichtet das Gericht, vor seiner Entscheidung dem Beteiligten von dem zugrunde liegenden Sachverhalt Kenntnis und zugleich Gelegenheit zu geben, sich dazu zu äußern (BVerfGE **34** 7 m. w. Nachw.), sei es auch nur mit Rechtsausführungen (BVerfGE **9** 261, 267) und seiner Entscheidung nur solche Tatsachen und Beweisergebnisse zugrunde zu legen, zu denen Stellung zu nehmen den Beteiligten Gelegenheit gegeben war (BVerfGE **7** 278 = NJW **1958** 665; **9** 261, 267 = NJW **1959** 1315; **9** 303, 305; BayVerfGH NJW **1960** 1051). Zum rechtlichen Gehör gehört auch eine entsprechende Behandlung des Verteidigers (oder anderer Beistandspersonen), deren zulässige Inanspruchnahme der Beteiligte dem Gericht angezeigt hat. Wenn also das Gesetz außerhalb einer Hauptverhandlung bestimmte gerichtliche Belehrungen des Beschuldigten (im Verfahren nach dem OWiG: des Betroffenen) über ihm offenstehende prozessuale Gestaltungsmöglichkeiten vorschreibt, entspricht es dem Grundsatz des rechtlichen Gehörs, daß auch dem Verteidiger, dessen Bestellung zu den Akten angezeigt ist, eine entsprechende Mitteilung zugeht und ihm Gelegenheit zur Äußerung geboten wird (BGHSt. **25** 252, 255 betr. die Mitteilung an den „Betroffenen" gemäß § 72 Abs. 1 OWiG). **88**

6. **Im einzelnen** bedeutet der Anhörungsgrundsatz: **89**

a) Das grundgesetzliche **Gebot,** rechtliches Gehör zu gewähren, richtet sich an den **Richter** („vor Gericht") (ebenso BVerfGE **9** 89; NJW **1970** 240; BGHSt. **23** 46, 55; *Henkel* 248; *Peters* 177; *Maunz-Dürig-Herzog* 92 ff. zu Art. 103 I). Den Staatsanwalt im Vorverfahren trifft keine aus Art. 103 Abs. 1 GG herleitbare Anhörungspflicht. Wenn der Prozeßgesetzgeber weitergehende Anhörungspflichten statuiert, so veranlassen ihn hierzu Gründe der Rechtsstaatlichkeit (vgl. BVerfG NJW **1970** 240) oder der Zweckmäßigkeit, aber nicht das Verfassungsgebot.

b) Nur **Tatsachen und Beweisergebnisse** sind Gegenstand der Anhörung. Zwar muß das rechtliche Gehör auch Gelegenheit zu Rechtsausführungen geben (BVerfGE **9** 266). Wo aber nur die rechtliche Würdigung eines Sachverhalts in Frage steht (wie bei einer auf die Rüge der Verletzung des sachlichen Rechts beschränkten Revision), besteht, soweit nicht die Verfahrensvorschriften (vgl. § 265) eine weitergehende Anhö- **90** rung vorschreiben, keine durch Art. 103 Abs. 1 GG begründete Pflicht des Gerichts, die Rechtsauffassung des Gegners oder gar die Rechtsauffassung, von der das Gericht bei seiner Entscheidung auszugehen beabsichtigt, dem Beteiligten zur Stellungnahme bekannt zu geben; der Grundsatz des rechtlichen Gehörs verpflichtet das Gericht **nicht, „Rechtsgespräche"** mit den Beteiligten zu führen (h. M.; u. a. BGHSt. **22** 336, 339; BayVerfGH NJW **1964** 2295; *Lesser* DRiZ **1960** 421; *Henkel* 250 m. w. Nachw.; s. auch BVerfGE **31** 370; **a. M.** *Arndt* NJW **1959** 6; JZ **1963** 65, 67; s. auch *Dahs* NJW **1961** 2106; *Müller* NJW **1957** 1016 und Anm. 1 c zu § 138 GVG). Legt also z. B. der Angeklagte Revision ein, mit der er Verletzung sachlichen Rechts durch fehlerhafte Anwendung des Gesetzes auf die festgestellten Tatsachen rügt, so ist zwar die Revisionsschrift der Staatsanwaltschaft zuzustellen, die damit Gelegenheit erhält, in ihrer Gegenerklärung zur Rechtsfrage Stellung zu nehmen (§ 347 StPO); der Angeklagte hat aber keinen Anspruch darauf, daß ihm die Äußerung der Staatsanwaltschaft zwecks Gegenäußerung bekanntgegeben werde. Begründet der Angeklagte dagegen die Revision, mit Verfahrensmängeln und enthält die Gegenerklärung der Staatsanwaltschaft für die Beurteilung der Verfahrensrügen erhebliche neue Tatsachen oder Beweisergebnisse, so verlangt der Grundsatz des rechtlichen Gehörs, daß dem Angeklagten diese Gegenerklärung mitgeteilt wird (BVerfGE 7 275).

91 c) Dem Beteiligten sind die entscheidungserheblichen Tatsachen und Beweisergebnisse in **einer Weise,** insbesondere so **rechtzeitig** mitzuteilen, daß er ausreichend Gelegenheit hat, sich zu ihnen zu äußern[48]. In der **Hauptverhandlung** vor dem Tatsachengericht hat im allgemeinen der Grundsatz des Art. 103 Abs. 1 GG keine selbständige Bedeutung, da bereits die Verfahrensvorschriften das rechtliche Gehör sicherstellen. So verpflichtet nach BVerfG NJW **1960** 30 der Grundsatz des rechtlichen Gehörs das Gericht, auch gerichtskundige Tatsachen zum Gegenstand der Verhandlung zu machen; für das Strafverfahren folgt dies aber bereits aus den allgemeinen verfahrensrechtlichen Grundsätzen (Anm. 4 b zu § 261). Immerhin können sich auch in der Hauptverhandlung Verfahrenssituationen ergeben, die unter Rückgriff auf Art. 103 Abs. 1 GG zu behandeln sind (BGHSt. **13** 123: Versagung des rechtlichen Gehörs durch Durchführung der Hauptverhandlung gegen einen gläubigen Juden an einem hohen jüdischen Feiertag, an dem er sich durch die Vorschriften seines Glaubens gehindert sieht, sich zur Sache zu erklären).

92 In der **Beschwerdeinstanz** gereicht die mit der Einlegung der Beschwerde erstrebte Änderung der angefochtenen Entscheidung zum Vorteil des Beschwerdeführers in der Regel dem Beschwerdegegner zum Nachteil. Der Grundsatz des rechtlichen Gehörs verlangt, daß das Gericht, wenn es der Beschwerde stattgeben will, sie dem Gegner zur Gegenerklärung mitteilt. Dem entspricht § 308 StPO, wonach das Beschwerdegericht die angefochtene Entscheidung nicht zum Nachteil des Gegners ändern darf, ohne diesem die Beschwerde (einschl. der Begründung BVerfGE **17** 188, 190) zur Gegenerklärung mitgeteilt zu haben. Hierbei kommt es nicht darauf an, ob die Beschwerde auf neue Tatsachen gestützt ist; die Anhörung des Gegners ist vielmehr, um ihn vor Überraschungen zu schützen, auch bei unverändertem Sachverhalt vorgeschrieben. Damit ist aber die Bedeutung des Art. 103 Abs. 1 GG für das Beschwerdeverfahren nicht er-

[48] Dagegen läßt sich aus der Anhörungspflicht nicht herleiten, der Beschuldigte müsse so zeitig gehört werden, daß seine Erinnerung an die Vorgänge, aus denen der Vorwurf hergeleitet wird, noch nicht verblaßt sei (so mit Recht OLG Düsseldorf NJW **1961** 1734). Eine solche Verpflichtung wäre in vielen Fällen gar nicht erfüllbar. Den Gefahren für die Sachaufklärung, die durch Zeitablauf drohen (Schrumpfung der Beweisgrundlagen), Rechnung zu tragen ist Sache der Verjährungsvorschriften (s. auch *Mendler* NJW **1961** 2103).

schöpft. Vielmehr darf das Beschwerdegericht, wenn es neue Ermittlungen angestellt hat (§ 308 Abs. 2), deren Ergebnis nicht ohne vorherige (weitere) Anhörung zum Nachteil des Beschwerdeführers verwenden, und es muß, wenn nach seiner Auffassung diese Ermittlungen die vollständige oder teilweise Zurückweisung der Beschwerde rechtfertigen, dem Beschwerdeführer selbst unter Mitteilung des Ermittlungsergebnisses Gelegenheit zur Stellungnahme geben (BVerfGE **8** 184, 208; **32** 195).

d) Das Gericht hat von der Stellungnahme des Gehörten **Kenntnis zu nehmen** **93**
und sie auch zu **würdigen** (BVerfGE **21** 46, 48; **34** 347; **36** 97; BGHSt. **22** 336, 339). Der Anspruch auf rechtliches Gehör ist demgemäß z. B. verletzt, wenn das Gericht gemäß §§ 153 Abs. 2, 153 a Abs. 2 StPO das Verfahren mit Zustimmung der Staatsanwaltschaft einstellt, bevor es über den vorliegenden Antrag auf Zulassung als Nebenkläger entschieden hat (§ 396 Abs. 2 Satz 2; BVerfG NJW **1962** 2248). Doch bedeutet die Pflicht zur Würdigung des Vorbringens des Gehörten nicht, daß das Gericht gehalten wäre, in den Gründen seiner Entscheidung auf jedes Argument einzugehen (BVerfG NJW **1969** 1104, 1108).

7. Der Anspruch auf Gehör **ist verletzt,** wenn objektiv die erforderliche Anhö- **94**
rung unterbleibt; ob das Gericht daran ein **Verschulden** trifft, ist ohne Bedeutung. Eine Verletzung liegt also auch vor, wenn ein Schriftsatz des Anzuhörenden bereits bei Gericht eingegangen, aber noch nicht zur Kenntnis des entscheidenden Richters gelangt ist (BVerfGE **11** 218, 220; **17** 265, 268; **34** 347). Der Erlaß einer Entscheidung unter Verletzung des Anspruchs auf rechtliches Gehör bedeutet einen Verfahrensverstoß, der nach den allgemeinen Vorschriften durch Einlegung der zulässigen Rechtsmittel gegen die ergangene Entscheidung geltend gemacht werden kann. Jedoch ist ein Urteil nur aufzuheben, wenn es auf dem Verstoß beruhen kann; er bildet keinen absoluten Revisionsgrund (BGHZ **31** 47; BVerfGE **7** 95, 99, 239, 241; **8** 253, 256; **9** 123, 124). Auch reicht die Bedeutung des Verstoßes nicht so weit, daß er, wenn Rechtsmittel nicht oder nicht mehr in Betracht kommen, das Urteil unwirksam machte (BGHSt. **11** 288). Denn für die Frage, ob ein Gesetzesverstoß die darauf beruhende Entscheidung unwirksam machen kann, kann es immer nur auf das Maß der Fehlerhaftigkeit der Entscheidung, nicht aber darauf ankommen, ob die verletzte Norm in einem einfachen Gesetz enthalten oder — mehr oder weniger zufällig — (auch) in einem Verfassungssatz niedergelegt ist.

8. **Prüfung durch das Revisionsgericht.** Eine Besonderheit des vorliegenden Ver- **95**
fahrensverstoßes besteht aber darin, daß er — nach Erschöpfung der Rechtsmittel (d. h. aller durch das Gesetz zur Verfügung gestellten anderen Rechtsbehelfe; BVerfGE **33** 192, 194) — gemäß § 90 BVerfGG mit der Verfassungsbeschwerde geltend gemacht werden kann; wird der Verfassungsbeschwerde stattgegeben, so hebt nach § 95 Abs. 2 BVerfGG das Bundesverfassungsgericht die Entscheidung, die auf der Verletzung des Anspruchs auf rechtliches Gehör beruht, auf. Um solche Verfassungsbeschwerden zu erübrigen, hat BGHSt. **22** 26 den Grundsatz aufgestellt, daß in allen Fällen, in denen die Revision eine Verletzung des Art. 103 Abs. 1 in der durch § 344 Abs. 2 Satz 2 vorgeschriebenen Form schlüssig behauptet, schon das Revisionsgericht nicht nur berechtigt, sondern mit Rücksicht auf die Bedeutung der Verfassungsnorm auch verpflichtet sei, selbst den von der Revision erhobenen Vorwurf zu prüfen und sich dabei aller zur Verfügung stehenden Beweismittel (z. B. Einholung dienstlicher Äußerungen der beteiligten Richter) zu bedienen, auch wenn das Strafverfahrensrecht als solches eine Beweiserhebung nicht vorsieht (Freibeweis).

9. **Nachholung der Anhörung.** Eine weitere Besonderheit der Verabsäumung **96**
des rechtlichen Gehörs besteht darin, daß die Anhörung von Amtswegen oder auf An-

trag nachzuholen ist, wenn das Gericht in einem mit Rechtsmitteln oder Rechtsbehelfen nicht oder nicht mehr angreifbaren **Beschluß** zum Nachteil eines Beteiligten Tatsachen oder Beweisergebnisse verwertet hat, zu denen er noch nicht gehört worden ist, oder wenn das Beschwerdegericht einer Beschwerde durch nicht mehr anfechtbaren Beschluß ohne Anhörung des Gegners des Beschwerdeführers stattgegeben hat. Je nach dem Ergebnis der Anhörung und etwaiger daraufhin veranlaßter Aufklärungen kann das Gericht seinen Beschluß ändern (§§ 33 a, 311 Abs. 3 Satz 2, 311 a). Die in diesen Vorschriften zugelassene Durchbrechung der Unanfechtbarkeit eines Beschlusses soll der Bedeutung des rechtlichen Gehörs Rechnung tragen und zugleich die Verfassungsbeschwerde solche Beschlüsse weitgehend überflüssig machen.

97 10. **Rechtsbehelfe bei Eingriffen in Rechte Dritter.** Art. 103 I GG bestimmt nicht, daß eine Person, die, ohne Prozeßbeteiligter zu sein, durch eine gerichtliche Entscheidung betroffen wird, ein Recht auf vorherige Anhörung und ein Rechtsmittel gegen eine sie belastende Entscheidung haben müßte (BVerfGE **1** 433, 437; BGH NJW **1957** 713; BGHSt. **19** 7, 19). Doch entspricht es dem richtig verstandenen rechtlichen Gehör, einem Beteiligten, der nicht Beschuldigter ist, wenn er durch eine Entscheidung in gleicher oder gar stärkerer Weise wie der Angeklagte betroffen wird, zur Wahrung seiner Rechte diejenigen Rechtsmittel einzuräumen, deren sich auch der Angeklagte bedienen kann (BGHSt. **19** 7, 19). Auf diesem Grundgedanken beruht es, wenn das EGOWiG 1968 Personen, die durch Anordnung der Einziehung, Verfallerklärung usw. in ihren Rechten beeinträchtigt werden könnten, die Stellung von Prozeßbeteiligten („Einziehungsbeteiligten") eingeräumt und sie mit Anhörungs- und Abwehrrechten ausgestattet hat (§§ 431 ff., 442). Hier sind auch, wenn eine rechtzeitige Verfahrensbeteiligung nicht möglich war, Rechtsbehelfe („Nachverfahren") geschaffen, um die Rechtskraft der Entscheidung, soweit sie auf Einziehung usw. lautet, erforderlichenfalls zu durchbrechen (§§ 439 bis 442).

98 11. **Kein selbständiger Rechtsmittelweg.** Aus Art. 103 Abs. 1 GG kann nicht hergeleitet werden, daß, wo das Gesetz gegen eine beschwerende Entscheidung Rechtsmittel nicht vorsieht, ein Rechtsmittelweg zur Nachholung und Vertiefung von Einwendungen in einer zweiten Instanz eröffnet werden müßte.

99 **XII. Öffentlichkeit der Verhandlung**[49].

1. **Grundgedanke.** Der Grundsatz der Öffentlichkeit der Verhandlung (§§ 169 ff. GVG), eine der „grundlegenden Einrichtungen des Rechtsstaats" (BGHSt. **9** 280), schließt aus, daß die Tätigkeit des Gerichts hinter verschlossenen Türen stattfindet und dadurch Mißdeutungen und dem Argwohn ausgesetzt ist. Über die Entstehungsgeschichte dieses Grundsatzes und seine allgemeine Bedeutung vgl. die Vorbemerkungen vor § 169 GVG. Der Grundsatz der Öffentlichkeit muß zurücktreten, wenn Schäden für vorgehende Belange — des öffentlichen Wohls wie auch von privaten Beteiligten — zu besorgen sind (§§ 170 ff., namentlich § 172). Im Interesse der Erziehung Jugendlicher ist die Verhandlung vor den Jugendgerichten nicht öffentlich (§ 48 JGG); die Verhandlung gegen Heranwachsende ist zwar grundsätzlich öffentlich, doch kann auch hier die Öffentlichkeit ausgeschlossen werden, wenn dies im Interesse der Erziehung des Angeklagten geboten ist (§ 109 Abs. 1 Satz 2 JGG). Der Grundsatz der Öffentlichkeit verlangt, daß die Hauptverhandlung in einem Raum (an einem Ort) stattfindet, zu dem während

[49] **Schrifttum:**
Roxin Aktuelle Probleme der Öffentlichkeit im Strafverfahren, in Festschrift für *Peters*, 1974; *Alber* Die Geschichte der Öffentlichkeit im deutschen Strafverfahren, 1974.

der Dauer der Verhandlung grundsätzlich jedermann der Zutritt in dem nach der Größe und Beschaffenheit des Raums möglichen Umfang offensteht; die Öffentlichkeit ist auch dann gewahrt, wenn bei einem kleinen Raum Zuhörer nur in sehr begrenzter Zahl Zutritt haben, dagegen ist sie grundsätzlich gesetzwidrig beschränkt, wenn der Raum so eng ist, daß Zuhörer nicht teilnehmen können (BGHSt. **5** 75). Über Einzelheiten s. Anm. 3 zu § 169 GVG.

Daß der Öffentlichkeitsgrundsatz — von den vorgedachten Nachteilen abgesehen — auch **Schattenseiten** hat, ist durch zwei moderne Erscheinungsformen besonders deutlich geworden: es handelt sich einmal um Gefahren aus der sog. mittelbaren Öffentlichkeit (darüber sogleich), zum anderen um das organisierte Auftreten von Sympathisanten des Angeklagten als Zuhörer, die durch ihr Auftreten und Verhalten die Durchführung der Verhandlung stören oder unmöglich machen, die Wahrheitserforschung erschweren, indem sie auf das Gericht einzuwirken versuchen, und die das Tribunal zur Farce entwürdigen. Durch Erweiterung der Befugnisse des Vorsitzenden und des Gerichts gegen Störer versucht die neueste Gesetzgebung, solche Perversionen des Öffentlichkeitsgrundsatzes zu unterbinden (§§ 175 ff. GVG). **100**

2. Mittelbare Öffentlichkeit. **101**

a) Problemstellung. Die technischen Errungenschaften der neueren und neuesten Zeit, die es ermöglichen, Vorgänge, die sich innerhalb eines Raumes abspielen, auch solchen Personen, die sich außerhalb dieses Raumes befinden, akustisch (Tonbandaufnahmen, Rundfunkübertragungen) oder optisch (Filmaufnahmen, Fernsehen) oder optisch und akustisch zugleich zur Wahrnehmung zu übermitteln, sei es durch unmittelbare Sendung aus dem Raum, sei es durch spätere Verbreitung von Film- und Tonbandaufnahmen, hat zu dem Problem der sogenannten mittelbaren Öffentlichkeit geführt[50]. Die Frage war namentlich, ob das Gericht und/oder die einzelnen Prozeßbeteiligten (insbesondere Angeklagter, Verteidiger, Zeugen) es im Interesse eines Informationsrechts der Öffentlichkeit hinnehmen müßten, daß durch Bild und Ton ihr Verhalten vor Gericht, in gleicher Weise, wie es für die im Gerichtssaal Anwesenden wahrnehmbar ist, der Wahrnehmung durch die Öffentlichkeit außerhalb des Gerichtssaals zugänglich gemacht werde.

b) Entwicklungsgeschichte. Die Auffassungen gingen zunächst weit auseinander. Im Widerstreit der Meinungen setzte sich aber schrittweise die die mittelbare Öffentlichkeit **einschränkende Tendenz** durch. **102**

c) Zunächst sprach, vom Schrifttum überwiegend begrüßt, BGHSt. **10** 202 den Satz aus, daß gegen den Widerspruch eines einzelnen Prozeßbeteiligten, der damit zugleich sein allgemeines Persönlichkeitsrecht geltend macht, eine Übertragung des ihn betreffenden Teils der Verhandlung nicht zulässig sei. Denn es sei etwas anderes, ob der Prozeßbeteiligte vor der begrenzten Zahl von Zuhörern im Gerichtssaal auftritt, oder ob er sich gewissermaßen der breitesten Öffentlichkeit und ihrer Kritik gegenübergestellt sieht. Diese Vorstellung kann ihn in gesteigertem Maß befangen machen, den Angeklagten bei seiner Verteidigung und seinen Verteidiger bei der Wahrnehmung seiner Aufgabe hemmen, auf den Zeugen in einem für die Wahrheitsfindung ungünstigen Sinn einwirken usw. **103**

---

50 Aus dem **Schrifttum** u. a. *Eb. Schmidt* Öffentlichkeit oder Publicity, in Festschrift für *W. Schmidt* (1959) 338; *Bockelmann* Öffentlichkeit und Strafrechtspflege, NJW **1960** 217; *Erdsiek* NJW **1960** 1048; *Arndt* NJW **1960** 423; *Eb. Schmidt* Justiz und Publizistik, 1968; *Maul* Bild- und Rundfunkberichterstattung im Strafverfahren MDR **1970** 286.

104 **d)** Dann schloß sich BGHSt. **16** 111 = NJW **1961** 1781; NJW **1964** 602 der im Schrifttum vertretenen weitergehenden Auffassung, daß auch ohne Rücksicht darauf, ob ein Prozeßbeteiligter widerspricht oder einverstanden ist, das **Gebot der Wahrheitsfindung** es dem Vorsitzenden ausnahmslos oder doch in aller Regel verbiete, Aufnahmen von Teilen der Hauptverhandlung zwecks öffentlicher Vorführung oder Übertragung zuzulassen, insofern an, als dort ausgesprochen ist, daß alle Vorgänge in der Hauptverhandlung, auf die sich die Überzeugungsbildung des Gerichts stützen kann, nicht durch Fernsehen übertragen werden dürften.

105 **e)** Den (vorläufigen?) **Abschluß der Entwicklung** brachte schließlich der durch das StPÄG 1964 eingefügte Satz 2 des § 169 GVG, wonach Ton- und Filmaufnahmen zum Zweck der öffentlichen Vorführung oder Veröffentlichung ihres Inhalts unzulässig sind, ohne Rücksicht darauf, ob die Prozeßbeteiligten den Aufnahmen widersprechen oder nicht, ob sie ausdrücklich mit ihnen einverstanden sind oder sie gar förmlich begehren, denn die Vorschrift ist u. a. auch dazu bestimmt, einen möglichen Anreiz für den Angeklagten „zum Herostratentum" auszuschließen (BGHSt. **22** 83 = NJW **1968** 804 m. Anm. *Eb. Schmidt* = JZ **1968** 803 m. Anm. *Roxin*). Dieses Verbot gilt auch — was bis dahin rechtspolitisch umstritten war — für die Urteilsverkündung und ist auch insoweit durch das Gebot der Wahrheitsfindung begründet, indem es ausschließt, daß die Beteiligten sich durch die Aufnahme davon abhalten lassen, noch während der Urteilsverkündung das Wort zur Stellung von Anträgen zu erbitten, oder daß der Vorsitzende sich bei seiner Ermessensentscheidung, ob er einer Wortmeldung stattgeben soll, bewußt oder unbewußt von der Rücksicht auf die Aufnahme beeinflussen läßt, oder daß gar die Erwartung der Aufnahme der Urteilsverkündung für Rundfunk oder Fernsehen die Beratung des Gerichts beeinflußt (BGH aaO).

106 **f)** Die **rechtspolitischen Auseinandersetzungen** über die Zulassung der „mittelbaren" Öffentlichkeit dauern aber auch nach Schaffung des § 169 Satz 2 an. So ist die „mangelnde Durchsetzbarkeit" der Vorschrift Gegenstand der Klage (*Kohlhaas* NJW **1970** 600). Bemängelt wird auch die „kleinliche Enge" der Vorschrift, die es nicht gestatte, „dem Schutz der justiziellen Atmosphäre im Gerichtssaal, der Würde des Gerichts, dem Ernst der Strafrechtspflege" genügend Rechnung zu tragen (so *Eb. Schmidt* in der Anm. zu BGHSt. **23** 123 = JZ **1970** 108, wonach § 169 Satz 2 nicht gilt für Ton-, Fernseh- und Filmaufnahmen, die während einer Verhandlungspause in Anwesenheit des Angeklagten gemacht werden). Gefordert wird auch, die auf den „normalen" Gerichtssaal beschränkte unmittelbare Öffentlichkeit dürfe nicht in anderer Form als durch Aufnahmen zwecks öffentlicher Vorführung und Veröffentlichung vor eine „künstlich erweiterte" Öffentlichkeit gebracht werden. Nach *Kern-Roxin* § 46 A steht es im Widerspruch zu § 169 Satz 2 (und muß durch dessen entsprechende Anwendung ausgeschlossen werden), wenn eine Verhandlung eigens wegen des erwarteten Publikumsandrangs aus dem Gerichtsgebäude heraus „in außergerichtliche Massensäle verlegt" wird (**a. M.** mit Recht *Seifert* NJW **1970** 1535). Im Zusammenhang damit steht auch der Streit über die Auslegung des absoluten Revisionsgrundes des § 338 Nr. 6: nach einer im Schrifttum vertretenen Auffassung muß er — entgegen der Rechtsprechung (vgl. BGHSt. **23** 82) — bei Erwachsenenstrafsachen nicht nur für die Fälle einer unzulässigen Beschränkung der Öffentlichkeit, sondern in gleicher Weise für die einer unzulässigen Zulassung oder Erweiterung der Öffentlichkeit gelten, da in beiden Fällen die „Unberührtheit des Richterspruchs von sachfremden Einflüssen" bedroht sei (dazu Anm. VI zu § 338; *Hanack* JZ **1973** 731 m. Nachw.).

3. Immanente Gefahren aus der Öffentlichkeit der Verhandlung. Die öffentliche 107
Durchführung der Hauptverhandlung dient auch dazu, das Interesse der breiteren Öffentlichkeit an Informationen über Strafverfahren, die die Aufmerksamkeit erregen, auf legitime Art — in erster Linie durch die Berichterstattung in Tageszeitungen — in einem Zeitpunkt zu befriedigen, in dem nach der Auffassung des Gesetzgebers im allgemeinen von der öffentlichen Ausbreitung des Prozeßstoffs vor der Öffentlichkeit keine Gefahren für die Wahrheitsfindung mehr zu besorgen sind. Aber auch hier drohen Gefahren. So sind z. B. Zeugen nach § 58 einzeln und in Abwesenheit der später anzuhörenden Zeugen zu vernehmen, damit der spätere Zeuge seine Aussage nicht auf die des früher Vernommenen abstimmen kann. Aber bei einer Hauptverhandlung von mehrtägiger oder noch längerer Dauer können die noch nicht vernommenen Zeugen sich jeweils über die Aussagen der bereits vernommenen Zeugen aus den Zeitungsberichten über die Verhandlung unterrichten. Das Gesetz sieht diese und ähnliche Schattenseiten des Öffentlichkeitsgrundsatzes um der vorrangigen Zwecke, denen die Öffentlichkeit der Verhandlung dient, als erträglich an. Die Presseerörterung kann aber für die Rechtsfindung bedrohlich werden, wenn sie, statt den Prozeßverlauf wahrheitsgetreu und objektiv zu schildern, zu dem Prozeß in einer Weise Stellung nimmt, die geeignet ist, auf das Verfahren und seinen Ausgang einzuwirken. Die Rechtsprechung sieht den Unmittelbarkeitsgrundsatz bereits als verletzt an, wenn die Schöffen und Geschworenen vor oder während der Hauptverhandlung Kenntnis von dem Ermittlungsergebnis der Anklageschrift erhalten, weil sie davon eine Beeinträchtigung der Unbefangenheit des Laienbeisitzers, der die Darstellung der Anklageschrift schon als erwiesen ansehen könnte, befürchtet (Kap. 13, 58 Fußn. 41). Aber nicht weniger wird seine Unbefangenheit gefährdet, wenn er in der Zeitung, mit großem Nachdruck und unter entsprechender Verteilung von Lob und Tadel an die Prozeßbeteiligten und Beweispersonen vorgetragen, liest, daß schon am ersten Verhandlungstag der Angeklagte vollständig überführt oder auch umgekehrt, daß die Anklage kläglich zusammengebrochen sei. Noch bedrohlicher sind solche Einwirkungen, wenn während einer **mehrtägigen Beratung** (§ 268 Abs. 3 Satz 2) Presseveröffentlichungen mit vorweggenommener Beweiswürdigung erscheinen; die Beschränkung der Beratungsdauer auf die Zehntagesfrist (§ 268 Abs. 3 i. d. F. des 1. StVRG v. 9. 12. 1974) beruht auch auf dem Bestreben, die Gefahr einer sachfremden Beeinflussung insbesondere der Laienrichter „zu verringern“ (vgl. Begr. des RegEntw. BTDrucks. 7 551 S. 83).

4. Öffentliche Erörterung von schwebenden Strafverfahren. Die vorgedachten 108
Gefahren für die Unbefangenheit der Prozeßbeteiligten sind aber keine spezifische Folge aus der Öffentlichkeit der Verhandlung, denn sie drohen stets, wenn ein schwebendes Verfahren vor die Öffentlichkeit gebracht wird — durch Presse, Rundfunk, Film, Protestversammlungen usw. — und durch die Art der Darstellung, durch Kritiken, Prognose, Forderungen in einer Weise erörtert wird, die das Ergebnis des Verfahrens vorwegnimmt. Das geltende Recht bietet nur geringe Möglichkeiten, diesen Gefahren entgegenzutreten (vgl. § 353 d Nr. 3 StGB: Verbot der öffentlichen Mitteilung des Wortlauts der Anklageschrift und anderer amtlicher Schriftstücke eines Strafverfahrens vor der Kundgabe in öffentlicher Verhandlung oder vor Verfahrensende). Die Forderung nach Schließung dieser Lücke durch ein strafbewehrtes Verbot, das künftige Ergebnis schwebender Strafverfahren in öffentlicher Erörterung vorwegzunehmen, wird seit langem erhoben. In Anknüpfung an den Entwurf des 1. Strafrechtsänderungsgesetzes 1950 (BTDrucks. Nr. 1367 der Wahlperiode 1949/53) und an Vorbilder des ausländischen Rechts sah § 452 StGB-Entw. 1962 eine Strafvorschrift gegen Störung der Strafrechtspflege vor: „Wer öffentlich während eines Strafverfahrens vor dem Urteil des er-

sten Rechtszuges in Druckschriften, in einer Versammlung oder in Darstellungen des Ton- oder Fernsehrundfunks oder des Films 1. den künftigen Ausgang des Verfahrens oder den Wert eines Beweismittels in einer Weise erörtert, die der amtlichen Entscheidung in diesem Verfahren vorgreift, oder 2. über das Ergebnis nichtamtlicher Ermittlungen, die sich auf die Sache beziehen, eine Mitteilung macht, die geeignet ist, die Unbefangenheit der Mitglieder des Gerichts, der Zeugen oder der Sachverständigen oder sonst die Findung der Wahrheit oder einer gerechten Entscheidung zu beeinträchtigen, wird. . . .bestraft".

109 Solange es an solchen gesetzlichen Maßnahmen zur Erhaltung der Unbefangenheit fehlt, kann der Ausweg nicht darin gesehen werden, **mit Hilfe von Ablehnungsgesuchen** die ehrenamtlichen Richter auszuschließen, die vor oder während der Verhandlung in der örtlichen Presse etwa eingehende Darstellungen des Tatgeschehens lesen, wonach an der Schuld des Angeklagten kein Zweifel bestehe. Nach BGHSt. **22** 289, 294 ist davon auszugehen, daß „auch der Laienrichter seine Pflicht, solchen Einwirkungen keinen Einfluß zu gewähren und seine Überzeugungen ausschließlich auf Grund der Hauptverhandlung zu gewinnen, kennt und beachtet. . . .Wollte man. . . .demgegenüber ohne besonderen Anhalt im Einzelfall ganz allgemein davon ausgehen, daß jeder Laienrichter durch die Lektüre eines die Ergebnisse des Verfahrens ungehörig vorwegnehmenden Zeitungsartikels einen Grund für seinen Ausschluß von der Mitwirkung an der Verhandlung und Entscheidung der betreffenden Sache schafft, so wäre damit nicht nur der Presse ein ihr nicht zukommender Einfluß auf die Besetzung der Gerichte eingeräumt, sondern auch die Mitwirkung von Laien an der Rechtspflege als Einrichtung von Grund auf in Frage gestellt".

110 5. **Gefahren** aus Veröffentlichungen über die öffentliche Hauptverhandlung können schließlich **für** die **Resozialisierung** des Angeklagten drohen, wenn mit Namensnennung seine Tat und sein Vorleben, soweit es Gegenstand der Verhandlung war, vor der weiteren Öffentlichkeit ausgebreitet werden. Hier sind unter dem Gesichtspunkt des zivilrechtlichen **Schutzes des allgemeinen Persönlichkeitsrechts** einschränkende Grundsätze über das Ausmaß der zulässigen Veröffentlichung entwickelt worden, auf die hier nicht weiter einzugehen ist (vgl. dazu *Staudinger-Schäfer* 10/11 Rz. 203 ff. zu § 823 BGB).

111 XIII. Der gesetzliche Richter[51].

Zu den Prozeßmaximen (im weiteren Sinn) läßt sich auch der Grundsatz zählen, daß niemand seinem Richter entzogen werden darf (Art. 101 Abs. 1 Satz 2 GG; § 16 GVG).

1. **Tragweite.** Den Anspruch auf den gesetzlichen Richter haben nicht nur die „Parteien" des Strafverfahrens, sondern alle, die sich — auch in Nebenverfahren und Nebenrollen (vgl. Kap. 9, 1, 3) — in einer **parteiähnlichen** Stellung befinden (vgl. dazu — betr. Recht auf Richterablehnung — *Hamm* NJW **1974** 682).

112 2. **Normadressat.** Die Vorschrift richtet sich an den Gesetzgeber und an alle Organe der Staatsgewalt, auch an die Richter selbst und gilt auch, soweit es sich um Maßnahmen innerhalb der Gerichtsorganisation handelt (BVerfGE **4** 12; BGHZ **20** 358; BVerwG NJW **1960** 1542). Verletzungen des Grundsatzes können auch mit der Verfassungsbeschwerde geltend gemacht werden (§§ 90 ff. BVerfGG).

---

[51] Vgl. die Schrifttumsangaben bei § 16 GVG.

3. **Inhaltlich** besagt der aus dem Verbot der Richterentziehung entwickelte Grundsatz des gesetzlichen Richters, daß grundsätzlich im voraus durch Gesetz und die in ihm vorgesehenen Maßnahmen (Geschäftsverteilungsplan der Gerichte, §§ 21 e ff. GVG) nach **generellen Merkmalen** der künftig mit einer Sache befaßte Richter so eindeutig und genau wie möglich bestimmt werden muß (BVerfGE **18** 345, 351; **21** 139, 145; **31** 145, 163) und daß niemand das Tätigwerden des Richters, der nach den allgemeinen (für jedermann geltenden) Vorschriften zur Entscheidung über die in Frage stehende Tat berufen ist, durch andere als verfahrensmäßig zulässige Maßnahmen[52] ausschließen darf. Das schließt nicht aus, daß notfalls ein Richter nach Maßgabe gesetzlicher Vorschriften ad hoc bestellt wird. So läßt § 21 i Abs. 2 GVG zu, daß, wenn bei Verhinderung eines Richters auch sein im Geschäftsverteilungsplan bestellter regelmäßiger Vertreter seinerseits verhindert ist, notfalls der Gerichtspräsident in richterlicher Unabhängigkeit als Vorsitzender des Präsidiums durch Bestellung eines zeitweiligen Vertreters für Abhilfe sorgt; diese Vorschrift, die unvermeidlichen Fällen Rechnung trägt, in denen eine generell-abstrakte Regelung im voraus nicht möglich ist, ist mit Art. 101 Abs. 1 Satz 2 GVG vereinbar (BVerfGE **31** 163 f.). **113**

4. **Erweiterungen des Entziehungsverbots.** Über den ursprünglichen Sinn der Regelung hinaus kann nach BVerfGE **10** 200 (zustimmend *Kern* JZ **1960** 244) eine Richterentziehung auch dadurch erfolgen, daß die abstrakte Zuständigkeitsregelung des GVG verletzt wird, indem durch Gesetz allgemein gewisse Sachen **einer Instanz zugewiesen** werden, **die nicht als Gericht** i. S. des Art. 92 GG **anzusehen** ist. Eine Ausweitung des Verbots der Richterentziehung über den Wortlaut des Art. 101 Abs. 1 Satz 2 GG hinaus liegt ferner darin, daß nach BVerfGE **21** 139 der Verfassungssatz nicht als eine „nur formale Bestimmung" verstanden werden darf, die stets dann schon erfüllt ist, wenn die Richterzuständigkeit allgemein und eindeutig geregelt ist; vielmehr wird aus ihm abgeleitet, es müsse im System der normativen Vorausbestimmung des gesetzlichen Richters **Vorsorge dafür getroffen** werden, daß im Einzelfall ein Richter, der nicht die Gewähr der Unparteilichkeit bietet, von der **Ausübung seines Amtes ausgeschlossen** ist **oder abgelehnt werden kann.** **114**

5. **Bewegliche Zuständigkeit.** Der Grundsatz des gesetzlichen Richters bedeutet **nicht,** schon die allgemeinen gesetzlichen Zuständigkeitsvorschriften müßten **von vornherein** so beschaffen sein, daß in jedem Einzelfall das sachlich und örtlich zur Entscheidung berufene Gericht **unveränderlich** und ohne weiteres aus dem Gesetz ablesbar nach abstrakten Merkmalen feststeht und jede Sache **„blindlings"** in die Hand bestimmter Richter gelangt. Das ist freilich nicht unstreitig. Im Schrifttum wird z. T. die Auffassung vertreten, daß gesetzliche Vorschriften, die es Staatsorganen (Staatsanwaltschaft, Gericht) durch Einräumung von Beurteilungsfreiheit ermöglichen, im Einzelfall bestimmenden Einfluß auf die Begründung der Zuständigkeit des Gerichts zu nehmen, gegen **115**

---

[52] Selbst eine nach Verfahrensrecht zulässige Maßnahme wäre eine Entziehung, wenn sie darauf gerichtet ist, **aus sachfremden Erwägungen** den zunächst berufenen Richter durch einen anderen zu ersetzen, so wenn der Staatsanwalt die zunächst beim Landgericht wegen der besonderen Bedeutung des Falles erhobene Anklage (§ 24 Abs. 1 Nr. 3 GVG) vor der Eröffnung des Hauptverfahrens wieder zurücknähme (§ 156 StPO) und Anklage vor dem Schöffengericht erhöbe, um eine im Zwischenverfahren zutage getretene, für den Erfolg der Anklage möglicherweise ungünstige Auffassung der Eröffnungskammer auf diese Weise zu umgehen (BGHSt. **15** 11, 17; s. dazu aber auch BVerfGE **18** 423, 428 = NJW **1965** 1223 betr. Zurücknahme einer beim Schöffengericht erhobenen Anklage zwecks erneuter Anklage bei der Strafkammer).

Art. 101 Abs. 1 Satz 2 GG verstießen. Mit dieser Begründung ist namentlich im Schrifttum die „bewegliche“ Zuständigkeitsregelung in §§ 24 bis 26 GVG (s. auch §§ 74 a Abs. 2, 120 Abs. 2 GVG), die dem Staatsanwalt in gewissem Umfang und vorbehaltlich der gerichtlichen Nachprüfung Beurteilungsspielraum läßt, das sachlich zuständige Gericht dadurch zu bestimmen, daß er bei ihm die Anklage erhebt, als grundgesetzwidrig angegriffen worden (näheres zu § 16 GVG).

116 Solche Auffassungen verkennen indessen, daß das Grundgesetz — wie bei dem Verbot der Doppelbestrafung in Art. 103 GG (Kap. 12, 26) — dem Begriff des gesetzlichen Richters **keinen völlig neuen Inhalt** gegeben, sondern den Grundsatz in der durch die bisherige Gesetzgebung geprägten Form übernommen und mit institutioneller Verfassungsgarantie ausgestattet hat; dabei sind die der Durchführung des Verfassungsgrundsatzes dienenden einfachen gesetzlichen Vorschriften, wie jede andere Norm, **verfassungskonform** auszulegen. Unter diesen Gesichtspunkten hat BVerfGE **9** 223 = NJW **1959** 871 — wie schon vorher BGHSt. **9** 367 und NJW **1958** 889 — die Grundgesetzmäßigkeit der §§ 24, 25 GVG bejaht mit der Maßgabe, daß die Staatsanwaltschaft bei der Frage, bei welchem Gericht die Anklage zu erheben ist, nicht ein Ermessen auszuüben, sondern den unbestimmten Rechtsbegriff der „besonderen Bedeutung“ auszulegen und den konkreten Fall darunter zu subsumieren hat, so daß die Staatsanwaltschaft, wenn sie die besondere Bedeutung bejaht, Anklage beim Landgericht erheben muß und nicht beim Amtsgericht erheben darf. Entsprechendes gilt für die bewegliche Zuständigkeit nach §§ 26, 74 b GVG (BGHSt. **13** 297 = NJW **1960** 56) und nach §§ 74 a Abs. 2, 120 Abs. 2 GVG sowie nach § 25 Nr. 3 GVG (BVerfGE **22** 254 = NJW **1967** 2151; dazu kritisch *Grünwald* JuS **1968** 452).

117 **6. Der überbesetzte Spruchkörper.** Die Berücksichtigung des Grundsatzes des gesetzlichen Richters hat weiterhin die Rechtsprechung veranlaßt, feste Grundsätze aufzustellen, inwieweit die **Überbesetzung** einer Kammer oder eines Senats, d. h. ihre Besetzung mit mehr Beisitzern, als zu einem Spruch erforderlich sind, zulässig ist (BVerfGE **17** 294; **18** 65; **22** 282; vgl. Anm. 4 zu § 21 f GVG). Über das verfassungsmäßig Notwendige hinaus (BVerfGE **18** 351; **22** 286; BGHSt. **21** 254) soll schließlich § 21 g einer weiteren Durchführung des Grundsatzes des gesetzlichen Richters dienen, indem er dem Vorsitzenden einer Kammer (Senat) die Pflicht auferlegt, vor Beginn des Geschäftsjahres für dessen Dauer zu bestimmen, nach welchen Grundsätzen die Mitglieder in der Kammer (Senat) an den durch den Geschäftsverteilungsplan zugewiesenen Verfahren mitwirken. Praktikabilität und Tragweite dieser Vorschrift sind indessen zweifelhaft und streitig (dazu Anm. 3 zu § 21 g GVG).

KAPITEL 14

Beweisverbote.

I. Allgemeines. Zweck des Strafverfahrens ist die Erforschung der materiellen Wahrheit. Diese Erforschung ist nicht an bestimmte Beweismittel gebunden; entsprechend dem Grundsatz der freien Beweiswürdigung (§ 261) ist das Gericht vielmehr grundsätzlich frei in der Wahl der Mittel, die zur Ermittlung der Wahrheit dienlich sind (Kap. 13, 41). Andererseits gibt es aber **Grenzen der Wahrheitserforschung;** es ist „kein Grundsatz der Strafprozeßordnung, daß die Wahrheit um jeden Preis erforscht werden müsse" (BGHSt. **14** 365). Schon aus einer Reihe von Einzelvorschriften ergibt sich, „daß der Zweck, Straftaten aufzuklären und zu ahnden, zwar von überaus großer Bedeutung ist, aber nicht stets und unter allen Umständen das überwiegende Interesse des Staates ist und sein kann" (BGHSt. **19** 329). So zeigen etwa die §§ 54, 96 StPO in Verb. mit §§ 61, 62 BBG, daß das staatliche Interesse an der Aufklärung von Straftaten hinter anderen staatlichen Interessen zurücktreten kann. Insbesondere tritt in den Vorschriften über das Zeugnisverweigerungsrecht (§§ 52 ff.), die dem Zeugen Konfliktslagen ersparen sollen, „der für einen Rechtsstaat selbstverständliche Grundsatz hervor, daß Zeugenpflicht und staatlicher Strafanspruch nicht rücksichtslos und unter allen Umständen durchgesetzt werden sollen" (BGHSt. **17** 337, 348). Allgemein steht auch die Wahrheitserforschung unter den Geboten der Gerechtigkeit, die es verbietet, die Erforschung der Wahrheit mit Mitteln zu betreiben, die für den Beschuldigten oder andere Verfahrensbeteiligte oder -betroffene, insbes. Zeugen, unzumutbar sind, die den Verhältnismäßigkeitsgrundsatz grob verletzen, gegen die Menschenwürde verstoßen, zur Wahrheitsfindung ungeeignet sind oder sonst gegen öffentliche Interessen verstoßen. Dem Zweck, diesen Grundsätzen Geltung zu verschaffen, dienen die Beweisverbote[1]. 1

---

[1] Die wissenschaftliche Behandlung des Themas beginnt mit *Beling* Die Beweisverbote als Grenzen der Wahrheitsforschung im Strafprozeß 1903. Namentlich befaßte sich mit ihm der 46. DJT 1966. Die hierzu erwachsenen Gutachten, Diskussionsbeiträge sowie Abstimmungsergebnisse sind zusammengefaßt in „Beweisverbote im Strafprozeß", 1966 (Verhandlungen Bd. I T. 3 A und B, Bd. II T. F). Der Band enthält Gutachten von *Andenaes* für die nordischen Länder, von *Müller* für den amerikanischen Strafprozeß, von *Nuvolone* für den romanischen Rechtskreis, von *Peters* für das deutsche Strafverfahren, von *Rupp* über „Beweisverbote im Strafprozeß in verfassungsrechtlicher Sicht", ein rechtsvergleichendes Gutachten von *Jescheck* – im Text als „Jescheck, Generalgutachten" zitiert – und die Referate von *Sarstedt* und *Klug*. Über die Verhandlung des 46. DJT s. auch die in den Fachzeitschriften veröffentlichten Übersichten, z. B. NJW **1966** 2049, 2050.

Aus dem sehr umfangreichen Schrifttum – abgesehen von der Kommentar- und Lehrbuchliteratur – seien u. a genannt: *Eb. Schmidt* Sinn und Tragweite des Hinweises auf die Aussagefreiheit des Beschuldigten, NJW **1968** 1210; s. auch JZ **1970** 337, 340 ff.; *Spendel* Wahrheitsfindung im Strafprozeß, JuS **1964** 465; derselbe: Beweisverbote im Strafprozeß, NJW **1966** 1602; *Schütz* Die Verletzung des § 55 StPO als Revisionsgrund, Erlanger Diss. 1960; *Eb. Schmidt* Die Verletzung der Belehrungspflicht gem. § 55 Abs. 2 StPO als Revisionsgrund, JZ **1958** 596; *Eser* Aussagefreiheit und Beistand des Verteidigers, ZStW **79** (1967) Auslandsteil 213 ff., 267, *Grünwald* Beweisverbote und Verwertungsverbote im Strafverfahren, JZ **1966** 497; *Honig* Beweisverbote und Grundrechte im amerik. Strafprozeß, Recht und Staat in Geschichte und Gegenwart 333/334, 1967; *Fincke* Verwertbarkeit von Aussagen des nicht belehrten Beschuldigten, NJW **1969** 1014; *Kleinknecht* Die Beweisverbote im Strafprozeß, NJW **1966** 1537; *Sendler* Die Ver-

2 Eine Reihe von ihnen sind der Strafprozeßordnung seit jeher bekannt. Parallel mit der „Ethisierung" des materiellen Strafrechts hat sich aber eine Ethisierung des Strafverfahrensrechts vollzogen, die zu einer Zunahme der geschriebenen Beweisverbote geführt hat. Andere Verbote hat die Rechtsprechung aus verfassungsrechtlichen Obersätzen, aus den Grundsätzen der Verhältnismäßigkeit, den Grundrechten des Schutzes der Persönlichkeit und der Menschenwürde hergeleitet. Die Entwicklung ist dadurch gekennzeichnet, daß früher die Beweisverbote als Ausnahmen, als Einschränkungen des Rechts, die Wahrheit mit sämtlichen zur Verfügung stehenden Mitteln zu erforschen, angesehen wurden, während heute der Gedanke in den Vordergrund tritt, daß „der den Gerichten zur Verfügung stehende Aufklärungsbereich schon in seinem Kern beschränkt wird" (*Jescheck*, Generalgutachten S. 4). Die Diskussion um die Beweisverbote wurde belebt, als der 46. Deutsche Juristentag 1966 sie zum Verhandlungsgegenstand wählte. Sie ist seitdem nicht mehr abgeklungen. Starke Gegensätze sind dabei zutage getreten, wie sie sich regelmäßig im Spannungsfeld zwischen den Bedürfnissen einer nachhaltigen Verbrechensbekämpfung und der Rücksichtnahme auf andere beachtliche Belange, insbesondere auf Individualinteressen ergeben. Viele Sachfragen sind noch im Fluß; sie betreffen insbesondere die Verwertbarkeit unter Gesetzesverstoß erlangter Beweismittel, wobei dem nüchternen Beobachter scheinen will, daß mitunter unter der Devise der Rechtsstaatlichkeit Verwertungsverbote propagiert werden, ohne zu bedenken, daß der scheinbare Gewinn an Rechtsstaatlichkeit mit einem größeren Verlust an Rechtsstaatlichkeit erkauft wird, indem sich das Verbot zu Lasten einer gebotenen nachhaltigen Verbrechensbekämpfung auswirkt, die ja schließlich auch ein legitimes Anliegen des Rechtsstaats ist. Aber auch hinsichtlich der Terminologie besteht noch keine Einigkeit.

Die nachstehende kurze Darstellung im Rahmen einer Einleitung muß sich mit einer allgemeinen Übersicht begnügen; die Vertiefung der Einzelfragen ist Sache der Erläuterungen an gehöriger Stelle.

---

wertung rechtswidrig erlangter Beweismittel im Strafprozeß mit Berücksichtigung des anglo-amerikanischen und des französischen Rechts, Diss. Berlin 1956; *Egbert Peters* Die Verwertbarkeit rechtswidrig erlangter Beweise und Beweismittel im Zivilprozeß, ZZP **1963** 145; *Dünnebier* Zur Tagebuchentscheidung des BGH, MDR **1964** 1965; *Baumann* Sperrkraft der mit unzulässigen Mitteln herbeigeführten Aussage, GA **1959** 33; *Feldmann* Verwertbarkeit widerrechtlich erlangter Beweise, NJW **1959** 853; *Kohlhaas* Beweisverbote im Strafprozeß, DRiZ **1966** 286; *Nüse* Zu den Beweisverboten im Strafprozeß JR **1966** 281; *Osmer* Der Umfang des Beweisverwertungsverbots nach § 136 a StPO, Hamb. Diss. 1966; *Bosch* Grundsatzfragen des Beweisrechts 1963; *Arzt* Der strafrechtliche Schutz der Intimsphäre, 1970; *G. Schmidt* Zur Problematik des Indiskretionsdelikts, ZStW **79** (1967) 74; *Kühne* Strafprozessuale Beweisverbote und Art. 1 GG, 1970; *Otto* Grenzen und Tragweite der Beweisverbote im Strafverfahren, GA **1970** 289; *Petry* Beweisverbote im Strafprozeß, 1971; *Blomeyer* Die Revisibilität von Verfahrensfehlern im Strafprozeß, JR **1971** 142; *Kohlhaas* Strafprozessuale Beweisverbote im Straßenverkehrsrecht, DAR **1971** 62; *Rudolphi* Die Revisibilität von Verfahrensmängeln im Strafprozeß, MDR **1970** 93; *Haffke* Schweigepflicht, Verfahrensrevision und Beweisverbot, GA **1973** 65; *Peters* Fehlerquellen im Strafprozeß, Bd. 2 (1972) § 49; *Kaiser* Verwertbarkeit von Äußerungen Dritter während überwachter Telefongespräche (§ 100 a StPO), NJW **1974** 349; *Doller* Der schweigende Angeklagte und das Revisionsgericht, MDR **1974** 979; *Seiler* Beweismethodenverbote im österreichischen Strafprozeß, in Festschrift für *Peters*, 1974; *Arzt* Zum Verhältnis von Strengbeweis und freier Beweiswürdigung, in Festschrift für *Peters* (1974) 223; *Eser* in Deutsche strafrechtliche Landesreferate zum IX. Internationalen Kongreß für Rechtsvergleichung Teheran 1974, Beiheft zur ZStW **1974** 159; *Dencker* Belehrung des Angeklagten über sein Schweigerecht und Vernehmung zur Person, MDR **1975** 359; *Hegmann* Die Belehrung des Angeklagten gemäß § 243 IV 1 StPO in der Berufungshauptverhandlung, NJW **1975** 915.

II. Einordnung der Beweisverbote. 3

Die Die Beweisverbote lassen sich unter verschiedenen Gesichtspunkten einordnen.

1. Man kann einmal nach dem Gegenstand des Verbots unterscheiden zwischen Beweis**mittel**verboten, Beweis**thema**verboten und Beweis**methoden**verboten.

a) Ein **Beweismittelverbot** ist das Verbot, ein bestimmtes Beweismittel zu benutzen, während die Aufklärung des Beweisthemas mit anderen Mitteln offen steht. Beispiele: verboten ist die Benutzung der Aussage des Zeugen, der von seinem Zeugnisverweigerungsrecht als naher Angehöriger keinen Gebrauch gemacht hat, weil die Belehrung über sein Zeugnisverweigerungsrecht unterblieben war (§ 52 StPO). Bei Aussageverweigerung des Beschuldigten (§§ 136, 163 a Abs. 3, 4, 243 Abs. 4) scheidet zwar seine Einlassung als Beweismittel aus; dies hindert aber nicht, den Beschuldigten anderen Personen zum Zweck der Klärung seiner Täterschaft gegenüberzustellen (dazu *Eb. Schmidt* JZ **1968** 354). 4

b) Beim **Beweisthemaverbot** darf ein bestimmter Sachverhalt nicht Gegenstand eines Beweises sein, wie (grundsätzlich) die dem Beratungsgeheimnis unterliegenden Vorgänge in der Beratung (§§ 43, 45 Abs. 3 DRiG), die Art der Ausübung des Wahlrechts bei geheimen Wahlen (Art. 28, 38 GG), die Wahrheit einer ehrenkränkenden Behauptung, wenn der Beleidigte vor der Behauptung wegen des Vorwurfs rechtskräftig freigesprochen worden war (§ 190 StGB). Ein Beweisthemaverbot enthalten auch die §§ 49, 60, 61 BZRG. Wenn dort aus Gründen der Resozialisierung strafgerichtlich Verurteilter verboten ist, nach Tilgung der Eintragung über eine Verurteilung im Bundeszentralregister oder nach Eintritt der Tilgungsreife die Verurteilung im Rechtsverkehr zum Nachteil des Betroffenen zu verwerten, so umfaßt dies auch das Verbot, in einem neuen Strafverfahren die — etwa aus den Akten erkennbare — Verurteilung als Beweisanzeichen bei der Beweiswürdigung oder bei der Strafzumessung zum Nachteil des Angeklagten zu berücksichtigen (BVerfGE **36** 174 = NJW **1974** 179; BGHSt. **24** 378; **25** 20; *Götz* Rz. 15, 16 zu § 49; *Stadie* DRiZ **1972** 347). Auf Zweifelsfragen (vgl. insbesondere die krit. Einwendungen von *Dreher* JZ **1972** 618, 620) und auf die Einschränkungen in BGHSt. **25** 24 betr. Zulässigkeit der Verwertung der früheren Tat als Beweisanzeichen für die Begehung einer neuen Straftat, wenn diese Tat als unerlaubte Handlung i. S. des bürgerlichen Rechts Ansprüche Dritter (§ 50 BZRG) begründet, ist hier nicht weiter einzugehen (vgl. dazu *Creifelds* Straftilgung und Verwertungsverbot, GA **1974** 129; *Schwarz* Das Verwertungsverbot des § 49 BZRG in der Verwaltungspraxis, NJW **1974** 209; s. auch *Brauser* NJW **1973** 1007; *Götz* JZ **1973** 496). 5

c) Ein **Beweismethodenverbot** liegt vor, wenn eine bestimmte Art der Beschaffung eines Beweismittels absolut oder relativ (nach den Umständen des Einzelfalles) unzulässig ist, andere Methoden aber zur Verfügung stehen. Beispiele: der Ausforschungsbeweis, die Herbeiführung des Aussage des Beschuldigten oder der Bekundung eines Zeugen auf die in §§ 136 a, 69 Abs. 3 StPO verbotene Weise; die Ermittlung der Schuldfähigkeit des Beschuldigten durch eine Liquorentnahme (§ 81 a StPO) unter Verletzung des Grundsatzes der Verhältnismäßigkeit bei unerheblichen Straftaten (BVerfGE **16** 194). Ein Beweismethodenverbot ergibt sich ferner z. B. aus § 81 c StPO, wonach bei Zeugen, wenn zu ermitteln ist, inwieweit geistige Defekte ihre Glaubwürdigkeit berühren, eine Untersuchung nur mit ihrer Einwilligung (bzw. derjenigen ihres gesetzlichen Vertreters oder Pflegers) zulässig ist; die Verweigerung der Einwilligung schließt aber lediglich die Untersuchung aus und läßt andere Wege der Beweiserhebung unberührt, wie z. B. die Zuziehung eines Sachverständigen zur Vernehmung des Zeugen in der Hauptverhandlung und die Vorbereitung eines Gutachtens gemäß § 81 StPO (BGHSt. **23** 1). 6

7 d) Die **Protokollverlesungsverbote** der StPO (§§ 250 ff.) spielen unter dem Gesichtspunkt der Beweisverbote nur insofern eine Rolle, als sie nicht der Wahrung der Grundsätze der Unmittelbarkeit und Mündlichkeit dienen, sondern im Zusammenhang mit Beweisverboten bedeutsam sind (vgl. § 252 i. Verb. mit § 52 StPO).

8 **2. Beweisverfahrensverbote.**

a) Von den Beweisverboten werden unterschieden die Verstöße gegen **Beweisregelungen** oder **Beweisverfahrensregeln**[2], die aus Gründen der äußeren guten Ordnung des Verfahrens Modalitäten der Beweiserhebung regeln. Wegen des mehr formalen Charakters wiegen Verletzungen der Beweisregelung weniger schwer mit der Folge, daß das so gewonnene Beweismittel (mag auch der Verfahrensverstoß selbst nach anderer Richtung angreifbar sein) bei der Entscheidung verwendet werden darf, ohne daß darauf eine Verfahrensrüge gestützt werden könnte.

9 b) Als **Beispiele** eines bloßen Beweisregelungsverstoßes werden zuweilen genannt die Entnahme einer Blutprobe (§ 81 a) nicht durch einen Arzt, sondern einen Nichtarzt, wie einen Medizinalassistenten oder eine Krankenschwester, die Untersuchung einer Frau (§ 81 d) nicht durch eine Frau oder einen Arzt, sondern durch einen Nichtarzt, die Anwesenheit des später gehörten Zeugen bei der Vernehmung eines früher gehörten Zeugen (entgegen § 68); Nichtbelehrung des Beschuldigten über ein Schweigerecht (§§ 36, 163 a Abs. 3, 243 Abs. 4). „Allenfalls die Verletzung eines sog. Beweisverfahrensverbots" liegt vor, wenn die Polizeibeamten im Streifenwagen die Überschreitung der zulässigen Höchstgeschwindigkeit durch einen Kraftfahrer in der Weise feststellen, daß sie selbst unter Überschreitung der zulässigen Höchstgeschwindigkeit dem Fahrer folgen (BayObLG NJW **1974** 1342 m. abl. Anm. *Schneider* NJW **1974** 1915). Eine andere Betrachtungsweise will die Verwertbarkeit des unter Verstoß gegen „Ordnungsvorschriften" gewonnenen Ergebnisses davon abhängig machen, daß es im konkreten Fall auch bei ordnungsgemäßem Vorgehen erlangt worden wäre (vgl. z. B. *Grünwald* JZ **1966** 489, 396).

10 c) **Abgrenzungsschwierigkeiten.** Gegen den Satz, daß die Verletzung „bloßer **Form- und** anderer **Ordnungsvorschriften**" bei der Gewinnung des Beweises dessen Verwertung nicht hindert, ist an sich nichts einzuwenden. Die Frage ist nur, was unter „bloßen Formvorschriften" zu verstehen ist (vgl. dazu auch Rdn. 15). Zur Illustration der insoweit bestehenden Schwierigkeiten: In der bekannten Streitfrage (Anm. 12 zu § 81 c), ob die unter Verstoß gegen § 81 a durch einen Nichtarzt (hier: einen Medizinalassistenten) erfolgte Blutprobenentnahme den Untersuchungsbefund als Beweismittel unverwertbar macht, wird die Formalnatur des § 81 a u. a. damit begründet, daß die Vorschrift außerprozessualen Zwecken diene (so *Petry* 31: Schutz der körperlichen Unversehrtheit des Beschuldigten), oder daß das Ergebnis auch auf anderem Wege jederzeit erlangbar sei. Auch BGHSt. **24** 125 = NJW **1971** 1097 hat die ein Verwertungsverbot verneinende Auffassung zwar u. a. — mehr nebenbei (S. 130) — auch damit begründet, die gesetzwidrig erlangte Probe hätte auch auf gesetzmäßigem Wege jederzeit erlangt werden können. Der entscheidende Gesichtspunkt aber ist für den Bundesgerichtshof (S. 131), daß nach den Umständen des Falles (der Hilfsbeamte der Staatsan-

[2] Die Terminologie und selbst die Einordnung ist schwankend. Statt von Beweisverfahrensregeln wird z. B. auch von einfachen (im Gegensatz zu „qualifizierten") Beweisverfahrensverboten gesprochen, zu denen „die bloßen Form- und andere Ordnungsvorschriften gehören, deren Zweck sich in dem Verbot einer Verfahrensweise erschöpft" (so *Kleinknecht* Einl. 1 J e).

waltschaft hatte den Beschuldigten durch Androhung von Gewalt zur Duldung der Entnahme veranlaßt, dabei aber irrtümlicherweise den Medizinalassistenten für einen Vollarzt gehalten) sich insgesamt der Fehler „nicht als so schwer darstellt, daß das Interesse an der Tataufklärung [hier: der Frage, ob der Beschuldigte bei dem Verkehrsunfall unter Alkoholeinwirkung stand] zurücktreten müßte, dem angesichts Tausender von Todesopfern, die der Alkohol am Steuer jährlich fordert, eine sehr erhebliche Bedeutung zukommt. Nicht zuletzt dieser Umstand ließe es als eine doktrinäre Überspitzung erscheinen, wollte man an den Verfahrensmangel in jedem Falle die Folge der Unverwertbarkeit knüpfen". Die Unverwertbarkeit würde sich allerdings aus der Verletzung des Anspruchs auf fair trial durch bewußten Mißbrauch staatlicher Zwangsbefugnisse ergeben, wenn dem den Zwang androhenden Beamten bekannt gewesen wäre, daß der entnehmende Medizinalpraktikant kein Arzt war. Da er sich aber in einem unverschuldeten tatsächlichen Irrtum befand, „kann in der Verwertung des Ergebnisses keine Beeinträchtigung grundlegender Elemente des Rechtsstaats gesehen werden" (S. 132).

Danach hängt also (jedenfalls im Fall des § 81 a) die **Qualifizierung** einer Vor- **11**
schrift **als** Formal- oder **Ordnungsvorschrift** weitgehend von den Umständen des Falles ab, und wo solche Erwägungen angestellt werden müssen, entfernt sich der Verfahrensverstoß aus dem Bereich „bloßer Form- oder Ordnungsvorschriften" und gehört in den Erörterungsbereich von Rdn. 12. Entsprechendes gilt bei der Nichtbelehrung des Beschuldigten über sein Aussageverweigerungsrecht (Rdn. 15).

3. Im Schrifttum wird z. T. (*Peters,* Gutachten 93 ff.; Lehrb. 253) unterschieden **12**
nach der Intensität des Verbots zwischen **Beweisverfolgungs-** und **Beweisverfahrensverboten,** wobei als Verfolgungsverbote diejenigen verstanden werden, deren Verletzung in besonders schwerwiegender Weise verfassungsrechtlich geschützte Werte antastet. Der Unterscheidung wird insbesondere Bedeutung beigemessen für die Behandlung in der Revisionsinstanz: Die Verletzung von Beweisverfahrensverboten (z. B. Liquorentnahme nach § 81 a unter Verletzung des Grundsatzes der Verhältnismäßigkeit) wird nur auf Verfahrensrüge (§ 344 Abs. 2) nachgeprüft, während die Verletzung von Beweisverfolgungsverboten (z. B. Einbruch in die Intimsphäre durch Verwertung höchstpersönlicher Tagebuchaufzeichnungen als Beweismittel; vgl. BGHSt. **19** 325) wie ein Verfahrenshindernis behandelt wird (also Nachprüfung von Amtswegen), weil im letzteren Fall ein „strafverfolgungsfreier Raum" begründet sei. Dieser Unterscheidung fehlt die Überzeugungskraft; sie ist im wesentlichen ohne Nachfolge geblieben (ablehnend z. B. *Grünwald* JZ **1966** 501; *Kleinknecht* NJW **1966** 1544; *Kohlhaas* DRiZ **1966** 288; *Sarstedt,* Referat S. F 27; *Henkel* 269).

4. Es ist weiter zu unterscheiden zwischen **Beweiserhebungsverboten** und **Be- 13**
weisverwertungsverboten. Es gibt selbständig aufgestellte Verwertungsverbote, bei denen es auf die Art, wie das Beweismittel erlangt wurde, nicht ankommt (vgl. das Rdn. 5 angeführte Beispiel der getilgten Vorstrafe — § 49 BZRG —, die durch Zufall bekannt wird); dann entspricht dem Verwertungsverbot allenfalls ein stillschweigendes Verbot an die Strafverfolgungsorgane, sich um die Erlangung dieses Beweismittels zu bemühen (vgl. BGHSt. **25** 100, 102). Im **Regelfall** betrifft die Unterscheidung zwischen Erhebungs- und Verwertungsverboten die Frage, ob und inwieweit ein Beweis, der entgegen einem Verbot erhoben worden ist, bei der Urteilsfindung verwertet werden darf. Das Gesetz enthält nur z. T. ausdrückliche Regelungen. So sind z. B. nach § 52 nahe Angehörige des Beschuldigten vor jeder Vernehmung über ihr Zeugnisverweigerungsrecht zu belehren; es besteht also ein Verbot, sie ohne diese Belehrung zu vernehmen. Ein Verbot, das Ergebnis der Vernehmung zu verwerten, wenn die Belehrung unterblieben ist,

ist aber im Gesetz nicht ausdrücklich ausgesprochen. Dagegen ist ausdrücklich bestimmt, daß die Aussage eines Beschuldigten oder Zeugen und das Gutachten eines Sachverständigen, die durch die in § 136 a verbotenen Vernehmungsmittel zustande gekommen sind, nicht verwertet werden dürfen, und zwar auch dann nicht, wenn der Betroffene der Verwertung zustimmt (vgl. § 136 a Abs. 3, 163 a Abs. 3, 5). Entgegen einer im Schrifttum vertretenen Auffassung, daß grundsätzlich oder doch in der Regel jedem Beweiserhebungsverbot ein Beweisverwertungsverbot entspricht[3], hält die Rechtsprechung mit Recht daran fest, daß es, wenn ein Verwertungsverbot nicht ausdrücklich ausgesprochen ist, der **Einzelprüfung** bedarf, ob eine Verletzung des Beweisverbots auch ein Verwertungsverbot zur Folge hat (BGHSt. **19** 325, 331; **24** 125 — oben Rdn. 10 —; s. auch BayObLG NJW **1974** 1342).

14 Die **Ergebnisse einer Einzelprüfung** sind sehr unterschiedlich[4]. So ist es z. B. anerkannten Rechtens, daß Gegenstände, die entgegen dem Verbot des § 97 beschlagnahmt worden sind, nicht für die Überzeugungsbildung verwertet werden dürfen (BGHSt. **18** 227; OLG Celle Nds.Rpfl. **1963** 20; *Heinitz* JR **1964** 443). Unverwertbar ist auch die Aussage des Zeugen, der über ein Verweigerungsrecht aus § 52 nicht belehrt wurde (BGHSt. **11** 213, 216). „Einfache" Beweisverbote, die nicht durch ein Verwertungsverbot „qualifiziert" sind, liegen dagegen vor, wenn das Gericht eine Aussage entgegennimmt, die ein Beamter über Umstände, auf die sich seine Pflicht zur Amtsverschwiegenheit bezieht, ohne die nach den beamtenrechtlichen Vorschriften erforderliche Genehmigung abgibt — § 54 StPO — (RGSt. **44** 291; **48** 38; BGH NJW **1952** 151), oder wenn ein Zeuge vernommen wird, bei dem die erforderliche Belehrung über ein Zeugnisverweigerungsrecht nach § 55 Abs. 2 unterblieben war (BGHSt. **11** 213).

15 **III. Einzelheiten zur Verwertbarkeit von Aussagen, die unter Verletzung einer Pflicht zur Belehrung über ein Aussageverweigerungsrecht erfolgt sind.**

1. Nichtbelehrung des Beschuldigten.

a) Sehr streitig ist, welche Folgen sich daran knüpfen, wenn **bei** der **Vernehmung** des Beschuldigten der **Hinweis unterlassen** wird, daß es ihm freistehe, sich zu der Beschuldigung zu äußern oder nicht zur Sache auszusagen und jederzeit einen von ihm zu wählenden Verteidiger zu befragen (vgl. §§ 136 Abs. 1 Satz 2; 163 a Abs. 3, 4; 243 Abs. 4). Die Vernehmung ohne diesen „Hinweis" (der Sache nach handelt es sich um eine „Belehrung" über den Grundsatz „nemo tenetur se ipsum accusare") läßt sich als ein relatives Beweismittelverbot auffassen: nur der belehrte und aussagebereite Beschuldigte soll zur Sache vernommen werden. Die Frage ist, ob die Verletzung eines solchen Beweisverbots durch Unterlassung des Hinweises die Aussage des Beschuldigten bei der

---

[3] Es wird z. B. gelehrt, daß sich das Verwertungsverbot schon aus der Begriffsbestimmung des Beweisverbots ergebe; von diesem Standpunkt aus liegt überhaupt kein Beweisverbot, sondern nur eine Beweisregelung vor, wenn der Erhebungsverstoß kein Verwertungsverbot begründet (so z. B. *Henkel* 270). Dem kann aber nicht gefolgt werden. Gegen eine zu weitgehende Annahme von Verwertungsverboten auch *Arzt* in Festschrift für *Peters* (1974) 234: Nur scheinbar bedeute eine Zunahme an Verwertungsverboten eine Zunahme an Rechtsstaatlichkeit, tatsächlich würden – rechtsstaatswidrig – an die richterliche Beweiswürdigung Anforderungen gestellt, die auf eine psychische Überforderung hinauslaufen; bei leichteren Verstößen gegen das Prinzip streng formaler Beweisaufnahme könne vernünftigerweise nur eine Mitberücksichtigung des Verstoßes bei der freien Beweiswürdigung verlangt werden (s. auch *Arzt* JZ **1971** 387).

[4] Nach *Jescheck* Generalgutachten S. 10 wird „in der Regel" als Folge der Verletzung eines Erhebungsverbots ein Verwertungsverbot angenommen. In dieser Allgemeinheit trifft das nicht zu.

Urteilsfindung unverwertbar macht, also ein Verwertungsverbot vorliegt, wenn der Beschuldigte in der Folgezeit schweigt.

b) Die **Auffassungen** gehen weit auseinander (vgl. Anm. 8 zu § 243; ferner die eingehende Darstellung bei *Eb. Schmidt* NJW **1968** 1209 und die Nachweise über den Stand der Kontroverse in BGHSt. **22** 129 — Beschluß vom 30. 4. 1968 auf Vorlage gemäß § 121 Abs. 2 GVG — und in BGHSt. **22** 170 = JZ **1968** 750 m. Anm. *Grünwald; Fincke* NJW **1969** 1014; *Eb. Schmidt* NJW **1969** 1144 Fußn. 73; *Rudolphi* MDR **1970** 98; *Hanack* JZ **1971** 169; *Blomeyer* JR **1971** 142, 149; *Kern-Roxin* § 24 III 2 e; *Jescheck* JZ **1970** 206). Der Bundesgerichtshof (und ebenso die Mehrzahl der Oberlandesgerichte) lehnte zunächst ein Verwertungsverbot ab; eine Rolle spielte dabei die Überlegung, daß es sich bei der Belehrungspflicht um eine Sollvorschrift handele. **16**

c) Im **Schrifttum** wird überwiegend ein Verwertungsverbot angenommen, wobei geltend gemacht wird, daß der Klassifizierung der Belehrungsvorschrift des § 136 a. F. als einer Soll- oder Ordnungsvorschrift nach der Neufassung der oben genannten Vorschriften durch das StPÄG 1964 der Boden entzogen sei, weil nach der Entstehungsgeschichte die Schaffung einer zwingenden Vorschrift beabsichtigt gewesen sei. Eine gewisse Mittelmeinung vertritt *Eb. Schmidt* (NJW **1968** 1209, 1218), indem er zwar von einem Verwertungsverbot ausgeht, die Verwendung eines unter Unterlassung des Hinweises zustande gekommenen polizeilichen Vernehmungsprotokolls aber sowohl zu „Vorhalten" des Vorsitzenden in der Hauptverhandlung wie auch zur Stützung eines hinreichenden Tatverdachts bei der Anklageerhebung durch den Staatsanwalt und der Eröffnung des Hauptverfahrens durch das Gericht zulassen will. In BGHSt. **22** 129 und 170 wird die Annahme eines Verwertungsverbots hauptsächlich mit der Begründung abgelehnt, daß die Änderungen des StPÄG 1964 nur in der Verdeutlichung einer schon vorher bestehenden Rechtslage zu finden seien; wenn der Gesetzgeber, dem die Auslegung des § 136 a. F. durch die Rechtsprechung bekannt gewesen sei, ihren Sinn in der Richtung eines Verwertungsverbots hätte ändern wollen, so hätte er es deutlich sagen können und müssen. Anders möge es liegen, wenn die Unterlassung des Hinweises in dem Beschuldigten den Irrtum hervorgerufen hätte, zur Aussage verpflichtet zu sein; eine in diesem Sinn beabsichtigte Unterlassung könnte, als einer Täuschung gleichkommend, die unmittelbare oder entsprechende Anwendbarkeit des § 136 a Abs. 3 StPO begründen (OLG Bremen NJW **1967** 2022; BGHSt. **22** 175). **17**

d) Eine gewisse **Wendung der Rechtsprechung** bedeutet aber die Entscheidung BGHSt. **25** 325 = NJW **1974** 1570 betr. Unterlassung des in § 243 Abs. 4 Satz 1 vorgeschriebenen Hinweises (mit z. T. ablehnenden Besprechungen *Dencker* MDR **1975** 359; *Hegmann* NJW **1975** 915). Thema dieser Entscheidung ist allerdings nicht primär die Frage, ob die unterlassene Belehrung die Einlassung des Beschuldigten unverwertbar macht, sondern die Beantwortung der gemäß § 121 Abs. 2 GVG vorgelegten Rechtsfrage, ob § 243 Abs. 4 Satz 1 zwingendes Recht darstelle, dessen Verletzung mit der Revision gerügt werden kann. Nach der Entscheidung, die sich damit *Hanack* (JZ **1971** 169) anschließt, spielt es für die Frage der Revisibilität keine Rolle, ob die genannte Vorschrift eine „bloße Ordnungsvorschrift" darstellt — so zu unterscheiden sei eine „methodisch veraltete Vorstellung" —; entscheidend ist vielmehr, welche Auswirkung der Verstoß nach dem Zweck der Belehrungspflicht auf die Rechtsstellung des Angeklagten hat (S. 329). Das Recht des Angeklagten, nach freier Wahl zu reden oder zu schweigen, ist nicht erst durch die gesetzlichen Belehrungspflichten geschaffen, sondern ergibt sich bereits aus den Grundsätzen eines rechtsstaatlichen fairen Verfahrens. Die Belehrungspflicht bezweckt, daß der Angeklagte nicht in Unkenntnis dieses Rechts bleibt. **18**

Kennt er sein Wahlrecht (insbesondere durch vorgängige Erörterungen seiner Verteidigungsmöglichkeiten mit seinem Verteidiger) bereits oder ist er schon von vornherein entschlossen, sich durch Aussage zur Sache zu verteidigen, so wird er durch die Unterlassung der Belehrung nicht beeinträchtigt. Wenn gleichwohl auch in solchen Fällen zu belehren ist, so hat dies nur die Bedeutung einer Ordnungsvorschrift. Eine Verkürzung der Verteidigungsmöglichkeiten des Angeklagten, eine Gesetzesverletzung von Gewicht, liege aber vor, wenn er von seinem Wahlrecht keine Kenntnis hat, der Hinweis nach § 243 Abs. 4 Satz 1 erforderlich war, ihn über seine Verteidigungsmöglichkeiten zu unterrichten und er bei einer solchen Unterrichtung die Aussage zur Sache verweigert hätte (S. 331). Da aber Schweigen nicht ohne weiteres die zweckmäßigste Art der Verteidigung sei, sei es — bei Unterbleiben der Belehrung — nicht selbstverständlich, daß der Angeklagte sich nur deshalb äußerte, weil er um sein Schweigerecht nicht wußte. Daraus ergäben sich Folgerungen für den Tatsachenvortrag der Revisionsbegründung nach § 344 Abs. 2 Satz 2 (S. 332). Diese Grundsätze über die Verletzung des § 243 Abs. 4 Satz 1 seien aber nicht ohne weiteres auch für die Bewertung von Verstößen gegen die Belehrungspflicht im Vorverfahren maßgebend; insoweit hat auch BGHSt. **25** 331 an der bisherigen Rechtsprechung (BGH GA **1962** 148; BGHSt. **22** 129, 170) festgehalten.

19 e) Die **Einwendungen im Schrifttum** gegen BGHSt. **25** 325 (*Dencker* MDR **1975** 359; *Hegmann* NJW **1975** 915) richten sich gegen eine unterschiedliche Behandlung der unterlassenen Belehrung im Vorverfahren gegenüber der in der Hauptverhandlung, vor allem aber gegen die Anforderungen an die Begründung der Verfahrensrüge. M. E. beruht BGHSt. **25** 325 jedoch auf einer beifallswerten Abwägung zwischen den Belangen des Beschuldigten und dem öffentlichen Interesse an der Wahrheitserforschung. Folgt man der Entscheidung, so begründet im Ergebnis die Verletzung des § 243 Abs. 4 Satz 1 ein Verbot der Verwertung der Einlassung des nicht belehrten Angeklagten nur in dem Umfang, in dem er mit seiner Revision durchdringen würde; der Unterlassung der Belehrung eine weitergehende Verwertungsverbotswirkung beizulegen, würde den Schutzzweck der Norm des § 243 Abs. 4 Satz 1 überschreiten.

20 f) **Heilung des Mangels.** Auf jeden Fall darf ein Geständnis, das der Angeklagte vor der Polizei nach ordnungsgemäßer Belehrung abgelegt hat, auch dann bei der Urteilsfindung verwertet werden, wenn er in einer vorausgegangenen Vernehmung durch Polizei und Staatsanwaltschaft inhaltsgleiche Angaben ohne Belehrung und selbst in der irrtümlichen Annahme einer Aussagepflicht gemacht hatte, denn durch die spätere in Kenntnis des Wahlrechts abgegebene Aussage ist der Mangel der unterbliebenen Belehrung geheilt (BGHSt. **22** 135).

21 g) Über die **Art und Weise,** in der frühere Aussagen des Beschuldigten verwertet werden können, wenn er in der Hauptverhandlung schweigt, vgl. § 254 StPO und die Anm. zu dieser Vorschrift; s. auch BGHSt. **21** 285 und unten Rdn. 35.

22 2. **Nichtbelehrung von Zeugen.** Bei der Frage, inwieweit Zeugenaussagen verwertbar sind, die unter Verletzung der für die Vernehmung von Zeugen geltenden Pflichten, insbes. der Pflicht zur Belehrung über ein Zeugnisverweigerungsrecht, zustande gekommen sind, spielt die in der Rechtsprechung vertretene, im Schrifttum umstrittene sog. **Rechtskreistheorie** eine wesentliche Rolle. Danach ist zu unterscheiden zwischen Beweisverboten aus § 52 (Rdn. 51) und aus §§ 53, 53 a (Rdn. 52) auf der einen und solchen aus §§ 54, 55 StPO auf der anderen Seite. Nach der Rechtskreistheorie kann der Angeklagte die Verletzung der Beweisverbote nach §§ 54, 55 nicht mit der Revision rügen, weil das erstere nur im staatlichen Interesse, das letztere nur im Interesse des Zeugen bestehe, beide Verbote also seinen Rechtskreis nicht berührten, soweit nicht §§ 136 a Abs. 3, 163 a Abs. 3, 5 eingreifen. Den durch das Beweisverbot Geschützten stehen ihrerseits keine Angriffsmittel gegen das Urteil zur Verfügung; auch die Staatsanwaltschaft hat kein Rechtsmittel, weil die Verwendung des verbotswidrig erlangten Beweismittels der Wahrheitsermittlung nicht schadet. Daraus ergibt sich eine mit Rechtsmitteln nicht angreifbare Verwertbarkeit des unter Gesetzesverletzung erlangten Beweismaterials (vgl. z. B. BGHSt. **11** 213 = NJW **1958** 557; BGHSt. **17** 245 = NJW **1962** 1259; BGH NJW **1952** 151; MDR **1969** 1024; *Kleinknecht* NJW **1966** 1539; *Blomeyer* JR **1971** 145). Die Angriffe des Schrifttums gegen die Rechtskreistheorie (vgl. z. B. *Eb. Schmidt* JZ **1958** 596; NJW **1968** 1212; *Gossrau* MDR **1958** 468, 469; *Spendel* NJW **1966** 1108; *Müller-Sax* 1 b und 5 zu §§ 55; *Kern-Roxin* § 24 III; *Grünwald* JZ **1966** 489; *Hanack* JZ **1971** 127; **1972** 238; *Schöneborn* NJW **1974** 535) gehen dahin, § 55 diene — ebenso wie § 52 — dazu, die Gefahr falscher Aussagen von der Rechtspflege abzuwenden; allgemein wird der Rechtskreistheorie entgegengehalten, § 136 a Abs. 3 Satz 2 bringe einen allgemein gültigen Rechtsgedanken zum Ausdruck, nämlich daß Beweisverbote jeder Art als Einschränkungen der richterlichen Erkenntnisgewinnung zugleich Garantien gegen richterliche Schrankenlosigkeit seien, die auch bei der Wahrheitserforschung nur zu leicht zur Maßlosigkeit und damit zum Machtmißbrauch führe (*Spendel* aaO.). Dieser Auffassung steht aber der allgemeine strafprozessuale Grundsatz entgegen, daß der Angeklagte einen Verfahrensmangel nur insoweit rügen kann, als er durch ihn selbst beschwert ist; zur Wahrung der Rechtsstaatlichkeit des Verfahrens im allgemeinen ist er nicht berufen. Eine Verletzung des § 55 böte danach dem Angeklagten nur dann einen Revisionsgrund, wenn die Vorschrift zugleich bezweckte, mit Hilfe der Belehrung des Zeugen über sein Auskunftsverweigerungsrecht ihn von falschen, den Angeklagten benachteiligenden Aussagen fernzuhalten; das ist aber nicht der Zweck des § 55 (dazu ausführlich BGHSt. **11** 213 [GrSen] = NJW **1958** 557).

IV. Beweisverbote aus dem Grundgesetz[5]. **23**

1. Beweiserhebungs- und -verwertungsverbote können eine **unterschiedliche Bedeutung** haben, je nachdem ob sie in einem geschriebenen Gesetz (hauptsächlich in der Strafprozeßordnung) förmlich niedergelegt sind oder aus den Grundrechten der Verfassung hergeleitet werden. Im ersteren Fall ist der Rahmen des Verbots abgesteckt; seine Bedeutung im einzelnen, insbesondere seine Grenzen werden durch die Auslegung nach allgemeinen Grundsätzen bestimmt. Beweisverbote können sich aber auch aus den Grundrechten des Grundgesetzes ergeben.

a) Erweiterung von Verboten des Verfahrensrechts durch das Grundgesetz. Zunächst ist es denkbar, daß ein in der Verfahrensordnung vorgesehener und als **abschließend gedachter Katalog** von Beweiserhebungsverboten sich unter grundgesetzlichen Gesichtspunkten als zu eng erweist. Dieser Fall ist aber selten. In dem der Entscheidung BVerfGE **33** 367 zugrundeliegenden Fall war geltend gemacht worden, es sei grundgesetzwidrig, daß § 53 nicht auch Sozialarbeitern (hier: Eheberatern) ein Zeugnisverweigerungsrecht einräume, denn auch bei ihnen verstoße der Zwang zur Preisgabe ihnen in dieser Eigenschaft anvertrauter oder bekanntgewordener Tatsachen aus der **24**

---

5 **Schrifttum:**
Petry S. 142 ff. („Verfassungsrechtliche Beweisverbote"); *Krauss* Der Schutz der Intimsphäre im Strafprozeß, in Festschrift für *Gallas* (1973) 365.

Privatsphäre der Ratsuchenden gegen Art. 1, 2 GG. Das Bundesverfassungsgericht hat indessen die Beschränkung des Katalogs der aus Berufsgründen Zeugnisverweigerungsberechtigten für grundgesetzgemäß erklärt. Zwar kann danach im Einzelfall ausnahmsweise und unter ganz besonders strengen Voraussetzungen eine Begrenzung des Zeugniszwangs unmittelbar aus der Verfassung folgen, wenn unabhängig von der Berufszugehörigkeit des Zeugen dessen Vernehmung wegen der Eigenart des Beweisthemas in den durch Art. 1, 2 geschützten Bereich der privaten Lebensgestaltung des Einzelnen, insbesondere in seine Intimsphäre eingreifen würde (S. 374). Aber nur äußerst selten — etwa bei der Verfolgung bloßer Bagatelldelikte oder Ordnungswidrigkeiten von geringer Bedeutung — habe der Richter Veranlassung, eine verfassungsrechtliche Begrenzung des Zeugniszwangs über die das Zeugnisverweigerungsrecht aus Berufsgründen regelnden Normen der Prozeßgesetze hinaus in Betracht zu ziehen (S. 375). Selbst der (einfache) Gesetzgeber habe nicht freie Hand bei der Ausdehnung des Zeugnisverweigerungsrechts auf neue Personengruppen, da jede Ausdehnung die Beweismöglichkeiten und damit die Findung einer materiell richtigen und gerechten Entscheidung einschränke. Die Einräumung von neuen beruflichen Zeugnisverweigerungsrechten bedürfe deshalb einer **besonderen Legitimation,** um vor der Verfassung Bestand zu haben. Andernfalls verstoße sie gegen das Rechtsstaatsprinzip, das die Aufrechterhaltung einer funktionstüchtigen Rechtspflege gebietet und die Rücksichtnahme auf die unabweisbaren Bedürfnisse einer wirksamen Strafverfolgung und insbesondere die Aufklärung schwerer Straftaten verlangt. An diesen Grundsätzen hat BVerfG MDR **1975** 467 festgehalten: es ist grundgesetzmäßig, wenn § 53 Abs. 1 Nr. 3 wegen Vorranges der Wahrheitserforschung dem Tierarzt kein berufsbezogenes Zeugnisverweigerungsrecht einräumt.

25 b) Ferner können die Grundrechte die **in der Strafprozeßordnung vorgesehenen Eingriffe begrenzen** und insoweit in Anwendung des Verhältnismäßigkeitsgrundsatzes zu relativen Beweisverboten führen. Dazu ist insbesondere auf die zu § 81 a erwachsene Rechtsprechung des Bundesverfassungsgerichts (zuletzt NJW **1970** 505) zu verweisen.

26 c) **Schutz der Privat- und Intimsphäre** (des vertraulich gesprochenen und geschriebenen Wortes). Unabhängig von den Vorschriften der Strafprozeßordnung sind — mit dem Vorbehalt zu Rdn. 24 — Beweisverbote mit Verwertungsverbotswirkung auch **unmittelbar aus dem Grundgesetz ableitbar.** Dies gilt in besonderem Maß für Beweiserhebungen, die mit einer Verletzung der (durch § 201 StGB materiellrechtlich verstärkt mit Strafschutz ausgestatteten und verfahrensrechtlich auch durch Art. 8 MRK geschützten) Privat- und Intimsphäre verbunden sind; die Strafprozeßordnung enthält insoweit keine abschließende Regelung (BGHSt. **19** 325)[6]. Die Art 1 und 2 GG gewährleisten die Unantastbarkeit der Menschenwürde und das Recht auf freie Entfaltung der Persönlichkeit als Grundwerte der Rechtsordnung; sie binden den Staat und seine Organe, aber auch jedermann im privaten Bereich. Für das Strafverfahren hat ein solcher Schutzbereich die Bedeutung, daß grundsätzlich ein Verbot zur Verwertung der durch Einbruch in die Intimsphäre gewonnenen Beweismittel besteht, wenn der Betroffene nicht in die Benutzung als Beweismittel einwilligt. Auf dieser Grundlage wird aus der Pflicht der öffentlichen Gewalt zur Achtung der Menschenwürde das grundsätzliche Verbot hergeleitet, im Strafverfahren ohne Zustimmung des Angeklagten gegen ihn **Tonbandaufnahmen** als Beweismittel zu verwenden, die außerhalb des Strafverfahrens heimlich von Gesprächsteilnehmern über von ihm geführte Privatgespräche hergestellt wurden, soweit es sich nicht um die im geschäftlichen Verkehr übliche Festhaltung fernmündlicher Durchsagen, Bestellungen usw. handelt, bei denen das gesprochene Wort

[6] Die Vorschriften des GVG über den Schutz der Intimsphäre durch Ausschluß der Öffentlichkeit der Verhandlung, insbes. § 172 GVG, interessieren in diesem Zusammenhang nicht.

seinen privaten Charakter einbüßt und deshalb kein Einbruch in das grundsätzlich jedermann zustehende Recht zur alleinigen Verfügung über sein nicht öffentlich gesprochenes Wort vorliegt (BGHSt. **14** 358; BVerfGE **34** 238, 246; JZ **1973** 504 m. Anm. *Arzt*).

In gleicher Weise wie beim nicht öffentlich gesprochenen Wort besteht auch zum Schutz der Intimsphäre ein Recht des Einzelnen zur alleinigen Verfügung über sein nicht für die Öffentlichkeit bestimmtes (sein „vertrauliches") **geschriebenes Wort** (dazu *Schäfer* in Staudinger 10/11 Rz. 193 zu § 823 BGB). BGHSt. **19** 35 = NJW **1964** 1139 m. Anm. *Händel* = LM Nr. 9 zu Art. 2 GG m. Anm. *Krumme* und dazu *Dünnebier* MDR **1964** 965 — die viel erörterte sog. „Tagebuchentscheidung", die im Schrifttum Zustimmung gefunden, aber auch Widerspruch ausgelöst hat — hat aus der Pflicht zur Achtung der Menschenwürde und dem Recht auf freie Entfaltung der Persönlichkeit das grundsätzliche Verbot gefolgert, tagebuchartige Aufzeichnungen des Beschuldigten, die mit der Persönlichkeitssphäre des Verfassers verknüpft sind, und die er nicht zur Kenntnis Dritter bringen wollte, im Strafverfahren (in dem sie der Strafverfolgungsbehörde von dritter privater Seite zur Verfügung gestellt wurden) als Beweismittel gegen seinen Willen zu benutzen. **27**

2. Vorrang der Wahrheitserforschungspflicht bei Schwerkriminalität. Der Vorrang der Intimsphäre vor den Bedürfnissen der Strafrechtspflege nach Wahrheitserforschung tritt aber zurück, wenn in Anwendung des Grundsatzes der Verhältnismäßigkeit unter Abwägung der Bedeutung des Grundrechts der Achtung der Menschenwürde und der freien Entfaltung der Persönlichkeit überwiegende Bedürfnisse der Strafrechtspflege die Zulässigkeit der Erlangung und Verwertung des Beweismittels verlangen, z. B. wenn die Verwertung von Tonbandaufnahmen und tagebuchartigen Aufzeichnungen das einzige strafprozessuale Mittel ist, eine andere Person von einer besonders schweren Anklage zu entlasten oder wenn gegen den Beschuldigten ein hinreichender Verdacht schwerer Angriffe auf die Rechtsordnung — etwa gegen Leib und Leben anderer, gegen die existentiellen Grundlagen der freiheitlich-demokratischen Grundordnung oder gegen sonstige Rechtsgüter vergleichbaren Ranges — besteht (BGHSt. **19** 325, 332 ff.; BVerfGE **34** 238, 249 = NJW **1973** 891; s. auch BVerfGE **33** 367, 383 = NJW **1972** 2214; NJW **1975** 103, 104). **28**

Dieser Vorrang der Bedürfnisse der Strafrechtspflege bei der Verfolgung der Schwerstkriminalität hat z. T. bereits **in verwandten Bereichen** seinen gesetzlichen Niederschlag gefunden. Nach § 248 Abs. 2, 3 AO i.d.F. des Art. 161 Nr. 17 EGStGB 1974 besteht in gewissem Umfang ein Verbot, Tatsachen oder Beweismittel, die der Staatsanwaltschaft oder dem Gericht in einem Strafverfahren aus Steuerakten des Finanzamts bekannt werden, gegen den Steuerpflichtigen für die Verfolgung einer Tat zu verwenden, die kein Steuerstrafgesetz verletzt. „Dies gilt nicht für Straftaten, an deren Verfolgung ein zwingendes öffentliches Interesse besteht. Ein zwingendes öffentliches Interesse ist namentlich gegeben bei Verbrechen und vorsätzlichen Vergehen gegen Leib und Leben sowie bei Verbrechen und schwerwiegenden Vergehen gegen den Staat und seine Einrichtungen." Nach § 100 a StPO tritt das grundsätzliche Beweiserhebungsverbot der Überwachung und Aufnahme des Fernmeldeverkehrs auf Tonträger zurück bei Verdacht bestimmter schwerer politischer und allgemeiner Straftaten. Der Straftatenkatalog des § 100 a gibt wohl auch einen Anhaltspunkt dafür, wann ein schwerer Angriff auf die Rechtsordnung angenommen werden kann, bei dessen Verfolgung und Aufklärung ein Vorrang der Bedürfnisse der Strafrechtspflege gegenüber der Rücksichtnahme auf die Intimsphäre (Rdn. 26, 27) in Betracht kommt (BVerfGE **34** 250 läßt diese Frage offen). Die genannten Vorschriften sprechen aber jedenfalls gegen den im Schrifttum (z. B. *Grünwald* JZ **1966** 489, 496; s. auch *Hanack* JZ **1971** 170) aufgestellten Satz, daß die durch verbotene staatliche Eingriffe erlangten Beweismittel grundsätzlich ohne **29**

Rücksicht auf die Schwere der dem Beschuldigten zur Last gelegten Straftaten unverwertbar seien. Durch die Erfahrungen der jüngsten Vergangenheit überholt erscheint auch das Argument, die durch § 100 a vorgenommene Abwägung des Strafverfolgungsinteresses gegenüber der geschützten Vertraulichkeit des Wortes sei nicht als ein auf andere Eingriffe erweiterungsfähiges Beispiel einer gerechten Abwägung anzusehen, weil § 100 a auf einer „bedauerlichen Überschätzung des öffentlichen Interesses an der Strafverfolgung und einer Unterschätzung des öffentlichen Interesses an Ermittlungen, die die Persönlichkeitsrechte des Verdächtigen achten", beruhe (so aber *Arzt*, Der strafrechtliche Schutz der Intimsphäre [1970] 76; s. auch dort S. 91 f.).[6a]

30 3. **Zur Schutzwirkung grundgesetzlicher Beweisverbote für Dritte.** Läßt das Grundgesetz zu, daß ein mit Beweisverbotsbedeutung ausgestattetes Grundrecht durch (einfaches) Gesetz durchbrochen wird und gestattet dieses gegen bestimmte Personen bestimmte Formen der Beweiserhebung nur unter engen Voraussetzungen, so fragt sich, ob solche Beschränkungen mit Schutzwirkung für Dritte verbunden sind. So gestattet der durch Art. 10 GG zugelassene § 100 a die Überwachung des Fernmeldeverkehrs und seine Übertragung auf Tonträger nur gegen als Täter oder Teilnehmer bestimmter schwerer Straftaten Verdächtige und (Satz 2) den Nachrichtenvermittler. Werden nun bei einer nach § 100 a zulässigen Überwachung auch Äußerungen Dritter übertragen, aus denen sich gegen diese der Verdacht anderer als der in § 100 a bezeichneten Straftaten ergibt, so fragt sich, ob die Beschränkung der Zulässigkeit der Überwachung des Fernmeldeverkehrs auf bestimmte Taten zur Folge hat, daß die „Zufallsfunde" (vgl. § 108) in einem Strafverfahren gegen Dritte unverwertbar sind. Die Antworten lauten verschieden: bejahend OLG Hamburg NJW **1973** 157; mit Einschränkungen bejahend auch *Kaiser* NJW **1974** 349; verneinend *Weber* NJW **1973** 1056; *Welp* JZ **1973** 208; *Schroeder* JR **1973** 253; *Kleinknecht* 7 zu § 100 a). Dagegen wird das zur Wahrung des Steuergeheimnisses in § 428 Abs. 2 AO enthaltene Verbot, Angaben des Steuerpflichtigen zu den Steuerakten zur Verfolgung anderer Straftaten als Steuerstraftaten zu verwenden, nur als Verbot zugunsten des Steuerpflichtigen selbst verstanden; was auf diese Weise über einen Dritten bekannt wird, kann grundsätzlich zur Strafverfolgung gegen ihn verwertet werden (*Kaiser* aaO.).

31 4. Zur Frage der Verwertbarkeit von Sendungen als Beweismittel im Strafverfahren, die unter Verletzung des **Postgeheimnisses** (Art. 10 GG) an die Staatsanwaltschaft gelangen, vgl. BGHSt. **23** 329 und dazu *Meyer* JR **1971** 162; **1972** 188.

32 **V. Zur Fernwirkung der Beweisverbote.** Das Problem der Fernwirkung kann **in verschiedener Gestalt** auftreten. Einmal fragt sich, ob, wenn die Erhebung eines Beweises dadurch ausgeschlossen ist, daß von einem Aussageverweigerungsrecht Gebrauch gemacht wird, gerade aus dieser Rechtsausübung bei der Bildung der Überzeugung des Gerichts nachteilige Folgerungen für den Angeklagten gezogen werden dürfen, oder ob nicht nach dem Sinn und Zweck des Beweiserhebungsverbots als dessen Fernwirkung solche Folgerungen ausgeschlossen sind. Bei den Beweisverboten mit Verwertungsverbotswirkung erhebt sich die Frage, ob das Verwertungsverbot sich auf das unmittelbar prozeßwidrig erlangte Beweismittel beschränkt oder sich auf die Beweismittel

---

[6a] Im Gegensatz dazu ist das Zeugnisverweigerungsrecht zur Wahrung des Berufsgeheimnisses (§§ 53, 53a) nicht durch das Bedürfnis nach Aufklärung der Schwerkriminalität beschränkt. Bei den parlamentarischen Beratungen des Ges. v. 25. 7. 1975 (BGBl. I 1973) betr. Neuregelung des Zeugnisverweigerungsrechts der Mitarbeiter von Presse und Rundfunk — § 53 Abs. 1 Nr. 5 n. F. — war zwar eine entsprechende Beschränkung heftig umstritten, ist aber schließlich auch dort unterblieben (vgl. *Groß* NJW **1975** 1764).

erstreckt, die mit Hilfe des unverwertbaren Beweismittels erlangt werden können oder erlangt sind. Endlich bleibt zu fragen, inwieweit ein nachträglich eingetretenes Beweisverbot den Rückgriff auf ein vorher rechtmäßig und verbotsfrei erlangtes Beweismittel ausschließt.

A. Aussageverweigerung. **33**

1. Bedeutung der Aussageverweigerung des Beschuldigten[7]. Verweigert der Beschuldigte nach Hinweis auf sein Wahlrecht, auszusagen oder nicht auszusagen, die Aussage, so fragt sich, ob das damit eröffnete Verbot, Beweis durch seine Vernehmung zu erheben, sich darin erschöpft, daß seine Aussage als Beweismittel nicht geschaffen werden kann, oder ob ihm eine weitergehende Wirkung zukommt, nämlich die, daß auch aus der Tatsache der Aussageverweigerung selbst keine ihm nachteiligen Folgerungen bei der Überzeugungsbildung selbst gezogen werden dürfen. Dabei sind drei Fallgruppen zu unterscheiden, die des völligen, des zeitweisen und teilweisen Schweigens (s. dazu auch Rdn. 28 ff. zu § 136).

a) Völliges Schweigen liegt vor, wenn der Beschuldigte in allen Stadien des Ver- **34**
fahrens sich nicht zur Sache einläßt. Ein völliges Schweigen liegt auch in dem lediglich globalen Abstreiten der Täterschaft, etwa: „ich bin unschuldig", „ich bestreite die mir zur Last gelegte Tat" oder „ich bin nicht der Täter" (vgl. OLG Celle NJW **1974** 202 mit Nachw.). Es ist unstreitig, daß aus der völligen Verweigerung der Einlassung zur Sache keine dem Täter nachteiligen Schlüsse gezogen werden dürfen, andernfalls würde ihm die vom Gesetz eingeräumte freie Entscheidung, zwischen Einlassung und Nichteinlassung zu wählen, verkümmert (so z. B. BGHSt. **20** 281, 298; **25** 368; OLG Hamm MDR **1973** 870; VRS **46** 143; OLG Celle VRS **46** 140; weitere Rechtsprechungs- und Schrifttumsnachweise S. 174 der Vorauflage und in Anm. 8 c zu § 243 im vorliegenden Kommentar).

b) Zeitweises Schweigen liegt vor, wenn der Beschuldigte sich in den verschiede- **35**
nen Verfahrensstadien unterschiedlich verhält, z. B. im Vorverfahren bei der Vernehmung durch die Polizei schweigt, aber vor dem Haftrichter sich äußert, oder im Vorverfahren eine Einlassung verweigert, in der Hauptverhandlung erster Instanz sich einläßt oder in der Berufungsinstanz schweigt, während er im ersten Rechtszug redete. Auch hier dürfen aus der Aussageverweigerung — aus den gleichen Gründen wie bei gänzlichem Schweigen — keine dem Täter nachteiligen Schlüsse gezogen werden (BGHSt. **20** 281 = NJW **1966** 210; BGH bei *Dallinger* MDR **1971** 18). Im Fall BGHSt. **20** 281 — dort hatte der Beschuldigte die Aussage vor der Polizei verweigert, weil er sie nur vor dem Richter machen wolle — war dies noch (überflüssigerweise) damit begründet worden, daß die Befürchtung nachteiliger Schlüsse für den Beschuldigten trotz des ihm eingeräumten Wahlrechts einen psychischen Zwang, schon vor der Polizei auszusagen, bedeute und damit auf eine nach § 136 a verbotene Willensbeeinträchtigung durch Zwang hinauslaufe. Daß nach der Rechtsprechung die Aussagen des früher redenden, später schweigenden Beschuldigten dennoch verwertet werden können, die Äußerungen im Vorverfahren durch Vorhalt oder Vernehmung der Verhörspersonen in der Hauptverhandlung (BGH MDR **1971** 18; BGHSt. **25** 369; Kap. 13, 58), die Äußerungen in 1. Instanz in der Berufungsinstanz durch Verlesung des erstinstanzlichen Urteils zu Beweiszwecken (OLG Hamm NJW **1974** 1880 m. Bespr. *Hassemer* JuS **1975** 58) steht auf einem anderen Blatt.

---

7 **Schrifttum:**
Doller Der schweigende Angeklagte und das Revisionsgericht, MDR **1974** 979 (zur Frage, ob rechtsfehlerhafte Folgerungen aus dem Schweigen nicht nur auf die Verfahrensrüge, sondern auch auf die allgemeine Sachrüge hin zu prüfen sind).

36 c) **Teilweises Schweigen.** Anders wertet — entgegen Auffassungen des Schrifttums — die Rechtsprechung den Fall, daß der Angeklagte sich nur teilweise zu dem Schuldvorwurf äußert, also auf Fragen teils — richtig oder falsch — antwortet, teils schweigt oder sie mit Ausflüchten umgeht (OLG Hamm NJW **1973** 1708; OLG Celle NJW **1974** 202). Der These „im Spannungsfeld zwischen Aussagefreiheit und Wahrheitserforschung hat diese zurückzutreten, der Vorrang gebührt der Aussagefreiheit" (so *Stree* JZ **1966** 593, 600) hat sie den Grundsatz entgegengestellt, daß der freien Beweiswürdigung (§ 261) der Vorrang vor der nur teilweise ausgenutzten Aussagefreiheit gebühre (vgl. dazu BGHSt. **20** 281, 282 = NJW **1966** 210; BGHSt. **20** 298 = NJW **1966** 209; BGHSt. **25** 368 [Verweisung auf BGHSt. **20** 298]; OLG Oldenburg NJW **1969** 806 und dazu *Meyer* JR **1966** 352; *Eb. Schmidt* JZ **1970** 340; *Hanack* JZ **1971** 169).

37 Die **unterschiedliche Bewertung** des völligen Schweigens gegenüber der Teileinlassung findet eine Entsprechung und zugleich eine Rechtfertigung in anderen gesetzlichen Vorschriften. So erhält nach § 467 Abs. 1 der freigesprochene Angeklagte auch dann vollen Ersatz seiner notwendigen Auslagen, wenn er jegliche Einlassung verweigerte, während das teilweise Schweigen („obwohl er sich zur Beschuldigung geäußert hat") unter den Voraussetzungen des § 467 Abs. 3 Satz 2 Nr. 1 den Überbürdungszwang ausschließt (Anm. IV 1 c zu § 467; dort auch über die ratio legis dieser Ausnahme). In gleicher Weise und aus den gleichen Erwägungen unterscheidet auch das StrEG vom 8. 3. 1971 zwischen dem völligen Schweigen, d. h. dem Fall, daß der Beschuldigte „sich darauf beschränkt hat, nicht zur Sache auszusagen" (§ 5 Abs. 2 Satz 2) und dem teilweisen Schweigen, das in § 6 Abs. 1 Nr. 1 mit denselben Worten wie in § 467 Abs. 3 Satz 2 Nr. 1 StPO umschrieben ist.

38 d) **Sonderfälle.** Besondere Schwierigkeiten für die Wahrheitserforschung durch das Schweigen des als Täter in Betracht Kommenden sind hervorgetreten, wenn beim Führen eines Kraftfahrzeugs Gesetzesverstöße (in der Regel Ordnungswidrigkeiten im Straßenverkehr) begangen wurden und zwar der Halter des Fahrzeugs, nicht aber dessen Führer zur Tatzeit feststeht und der Halter sich darauf beschränkt, seine Täterschaft abzustreiten, und sich im übrigen nicht zur Sache einläßt. Auch hier gilt, daß aus diesem Verhalten keine nachteiligen Schlüsse für den Kraftfahrzeughalter gezogen werden dürfen. Die Rechtsprechung (BGHSt. **25** 365 = MDR **1975** 67) versucht aber, wenigstens bei sog. Privatfahrzeugen, die überwiegend von ihren Haltern selbst gefahren werden, die Haltereigenschaft in Verbindung mit anderen Umständen und Erfahrungstatsachen, z. B. daß wertvolle Spezialfahrzeuge im allgemeinen nicht ohne Not Dritten überlassen werden, daß ein Arzt Gewicht darauf legt, seinen Wagen ständig für eilige Krankenbesuche zur Verfügung zu haben usw., als genügende Beweisanzeichen für die Täterschaft des Halters zu verwenden. Über ähnliche Probleme bei dem Halter eines Privatflugzeugs vgl. OLG Frankfurt MDR **1974** 688 und dazu *Diersch* MDR **1975** 334.

39 2. **Bedeutung der Aussageverweigerung eines verweigerungsberechtigten Zeugen.** Nach der früheren Rechtsprechung ließ das Beweisverbot, das mit der Verweigerung des Zeugnisses eines nach § 52 verweigerungsberechtigten Angehörigen entstand, kraft des Grundsatzes der freien Beweiswürdigung die Befugnis des Gerichts bestehen, bei der Bildung seiner Überzeugung aus der Zeugnisverweigerung Schlüsse zum Nachteil des Angeklagten zu ziehen (BGHSt. **2** 351 m. w. Nachw.). Von dieser Rechtsprechung hat sich BGHSt. **22** 113 (dazu *Schneider* JuS **1970** 271) abgewandt und aus den gleichen Gründen, die es verbieten, aus der (völligen) Aussageverweigerung des Beschuldigten nachteilige Schlüsse zu ziehen, hergeleitet, daß auch die Zeugnisverweigerung nicht zum Nachteil verwertet werden darf: wenn der Angehörige damit rechnen muß, daß das Gericht seine Aussageverweigerung gegen den Angeklagten verwerte, könne er von seinem Recht nicht unbefangen Gebrauch machen. Es wird dabei nicht im Sinne der

Rechtsprechung über die Teileinlassung des Beschuldigten unterschieden, ob der Zeuge „völlig" (d. h. in allen Verfahrensstadien) nicht aussagt, oder ob er zunächst (im ersten Rechtszug) die Aussage verweigert, um später (im zweiten Rechtszug) auszusagen. Nach BayObLGSt. **1968** 83 verbietet der Gedanke, der Zeuge dürfe nicht durch die Befürchtung über Auswirkungen seines Verhaltens bei der Beweiswürdigung in der freien Entschließung über den Gebrauch seines Zeugnisverweigerungsrechts beeinträchtigt werden, Schlüsse auf die Unglaubwürdigkeit der den Angeklagten entlastenden Aussage zu ziehen, wenn der Angehörige von der Aussageverweigerung zur Aussage übergeht.

B. Fernwirkungen des Verwertungsverbots. **40**

1. Ist die Verletzung des Beweisverbots mit einem **Beweisverwertungsverbot** verbunden, so taucht die Frage auf, ob nur die Verwendung des unmittelbar erlangten Beweismittels verboten ist, oder ob dem Verwertungsverbot eine sog. **Fernwirkung** in dem Sinne zukommt, daß auch die Verwertung solcher Beweismittel verboten ist, deren Erlangung zwar selbständig erfolgte, aber erst durch das verbotswidrig erlangte Beweismittel ermöglicht wurde, jedenfalls nicht unabhängig von diesem möglich gewesen wäre. Wenn z. B. der Beschuldigte, der eines Tötungsverbrechens verdächtig ist, mit nach § 136 a verbotenen Mitteln zum Geständnis gebracht wird, so ist nach § 136 a Abs. 3 Satz 2 die Verwertung dieses Geständnisses bei der Urteilsfindung ausgeschlossen. Wird aber auf Grund des Geständnisses weiter ermittelt und die vergrabene Leiche des Getöteten gefunden, und ermöglicht dieser Umstand in Verbindung mit weiteren Ermittlungen die Überführung des Verdächtigen, so fragt sich, ob unter Ausschaltung des Geständnisses als Beweismittel der Schuldspruch auf die weiteren Tatsachenfeststellungen gegründet werden darf, die erst durch das Geständnis ermöglicht wurden, oder ob auch die Verwendung der mittelbar erlangten Beweismittel ausgeschlossen ist.

2. **Im amerikanischen Recht** gilt — mindestens bei der Verletzung bestimmter **41**
Beweisverbote wie unzulässige Durchsuchungen, Beschlagnahmen, Abhören von Telefongesprächen mittels Anzapfung der Leitung — der Grundsatz, daß sich das Beweisverwertungsverbot sowohl auf das unmittelbar durch Verletzung der Schutzregel erlangte Beweismaterial als auch auf die mittelbar dadurch erlangten Beweismittel erstreckt, weil gewissermaßen derMangel ansteckend fortwirkt — „fruit of the poisonous tree doctrine" — (*Jescheck* Generalgutachten S. 14)[8]. Begründet wird dieser Satz von der Unverwertbarkeit der „Früchte des vergifteten Baumes" besonders damit, daß er eine „Disziplinierung" der Polizei bezwecke; es ist das gleiche Argument, das im deutschen Schrifttum auch bei Angriffen gegen die „Rechtskreistheorie" verwendet wird (Rdn. 22), daß nämlich ein weitgehendes Verwertungsverbot als Folge eines Beweiserhebungsverbots eine Garantie gegen richterliche Schrankenlosigkeit mit ihrer Gefahr der Maßlosigkeit und des Machtmißbrauchs darstelle.

3. Im **deutschen Schrifttum** gehen die Meinungen weit auseinander (vgl. etwa **42**
die Nachweise bei *Henkel* 271; *Petry* 126; *Kern-Roxin* § 24 D V; *Arzt* 231; *Haffke* GA **1973** 80). Nach der Auffassung derer, die *für* ein Fernwirkungsverbot eintreten, ergibt sich die Unverwertbarkeit der „Früchte" als Beweismittel schon aus dem Gesetzeswortlaut: wenn § 136 a Abs. 3 die Verwertung der „Aussage" verbiete, so sei damit auch verboten, die Aussage zum Ausgangspunkt und zur Grundlage weiterer Ermittlungen zu machen (so *Henkel* 271). Dem Gesetz wird als Grundgedanke entnommen, daß das Ver-

---

8 Anders wendet *Arzt* (Festschrift für *Peters* (1974) 231 den Gedanken: die „Ansteckung" ergreift nicht die mittelbaren Beweismittel, sondern den Richter, der bei der Beweiswürdigung nicht das unter das Verwertungsverbot fallende Wissen „ausblenden" könne.

fahren durch die verbotswidrige Herbeiführung der Aussage mit einem Makel behaftet sei, und daß die Rückkehr zu einem gesetzmäßigen, makelfreien Verfahren nur durch die radikale Auslöschung des Makels zu erreichen sei, d. h. dadurch, daß die Aussage als nie erfolgt fingiert werde. Aber auch die **Gegenmeinung** beruft sich auf den Gesetzeswortlaut: das Verbot der Verwertung der „Aussage" bedeute nur das Verbot, die Aussage selbst als Beweismittel bei der Urteilsfindung zu verwenden; ein Verbot, andere Beweismittel zu verwenden, seien sie auch mit Hilfe der „Aussage" erlangt, sei nicht ausgesprochen. Die Lehre von der Fernwirkung müsse auch zu kriminalpolitisch unerträglichen Folgen (Freispruch des unzweifelhaft überführten Mörders), häufig aber auch zu kaum lösbaren Kausalitätsprüfungen führen, ob wirklich weitere Beweisergebnisse nur mit Hilfe der verbotswidrig zustande gekommenen Aussage erlangt seien; schließlich sei der Gedanke den amerikanischen Poisened-Fruit-Theorie und der ihr verwandten Makel-Theorie, erzieherisch auf das Vorgehen der Strafverfolgungsorgane einzuwirken, mit deutschen Rechtsvorstellungen so wenig vereinbar wie mit denen des nordischen Rechtskreises (zu letzterem vgl. *Jescheck* Generalgutachten S. 15).

43 4. Es ist im Rahmen dieser Einleitung nicht möglich, das Problem an dieser Stelle weiter zu vertiefen (s. dazu auch Rdn. 51 f zu § 136 a). Der Verfasser begnügt sich mit der Bemerkung, daß auf dem 46. DJT 1966 die weitaus größte Zahl der Teilnehmer sich **gegen die Fernwirkung** des Verwertungsverbots aussprach; er hält diesen auch in der Rechtsprechung (OLG Stuttgart NJW **1973** 1941; BayObLG NJW **1974** 1342) vertretenen Standpunkt für richtig. Aber selbst vom Standpunkt derer aus, die für die Fernwirkung eintreten, muß es Grenzen geben. Gelänge es etwa, in Anknüpfung an eine Aussage, die mit einem Mittel hart an der untersten (leichtesten) Grenze des § 136 a Abs. 1 zustande kam, einen Massenmörder zu überführen, der lange den Schrecken eines weiten Bereichs bildete, oder auch nur den Kidnapper (§ 239 a StGB), der das entführte Kind tötete, dessen erpresserisches Vorgehen gegen die gequälten Eltern aber die Öffentlichkeit in Atem gehalten hatte, so erscheint es undenkbar, einen Freispruch auf eine extensive, die Fernwirkung umfassende Auslegung des § 136 a Abs. 3 Satz 2 zu gründen. Das ist keine bloß auf Emotionen beruhende Erwägung; es widerspräche vielmehr schlicht der Gerechtigkeit, an einen im Verhältnis zur Tat geringen Verstoß der Strafverfolgungsorgane die Folge zu knüpfen, daß die Strafrechtsordnung kapitulierte und schwerste Rechtsbrüche nur deshalb ungeahndet lassen müßte, weil die eindeutigen Beweismittel nicht völlig von der (als Beweismittel unverwertbaren) Aussage losgelöst sind. Es mag dabei unter Verzicht auf weitere Ausführungen nur auf ein Parallelproblem aus dem Gebiet des Schutzes der Intimsphäre verwiesen werden: das deutsche Recht verbot bis vor einiger Zeit — damit allein stehend (*Jescheck* Generalgutachten S. 39) — ausnahmslos das Abhören von Telefongesprächen für Zwecke des Strafverfahrens (§ 12 FAG, Art. 10 GG); Durchbrechungen des Beweisverbots wurden als unzulässig angesehen (dazu *Zillmer* NJW **1965** 2094). Dagegen läßt — als Ergebnis bitterer Erfahrungen aus neuerer Zeit — § 100 a unter engen Voraussetzungen bei bestimmten schweren Delikten die Überwachung und Aufnahme des Fernmeldeverkehrs auf Tonträger zu und räumt damit wesentlichen Interessen der Strafrechtspflege den Vorrang ein (Rdn. 28, 29). Im Licht dieser Rechtsentwicklung müßte jedenfalls ein Fernwirkungsverbot, wenn es überhaupt anerkannt werden könnte, sich Ausnahmen unter Anwendung des so verstandenen Verhältnismäßigkeitsgrundsatzes gefallen lassen.

44 **C. Das nachträglich eingetretene Beweisverbot.**

1. Unter dem **Gesichtspunkt der Fernwirkung** läßt sich auch der Problembereich erörtern, ob ein nachträglich eintretendes Beweisverbot es ausschließt, die frühere **Aus-**

sage zu rekonstruieren. Nach § 252 darf die Aussage eines vor der Hauptverhandlung durch eine Verhörsperson vernommenen Zeugen, der erst in der Hauptverhandlung von seinem Zeugnisverweigerungsrecht Gebrauch macht, nicht verlesen werden. Die Frage ist zunächst, ob § 252 ein bloßes Verlesungsverbot statuiert, das die Einführung der früheren Aussage auf anderem Wege in die Hauptverhandlung nicht hindert, oder ob er — über das Verlesungsverbot hinaus — ein Beweisverbot enthält. Wird die Frage im Sinn der 2. Alternative beantwortet, so stellt sich die weitere Frage, ob § 252 der nachträglichen Zeugnisverweigerung und dem damit entstehenden Verbot des Beweises durch Vernehmung rückwirkende Kraft in dem Sinn beilegt, daß die frühere Aussage als nicht erfolgt angesehen werden muß, also in keiner Form bei der Urteilsfindung verwertet werden darf, nicht anders, als habe der Zeuge von vornherein die Aussage verweigert (umfassende Fernwirkung), oder ob das nachträglich entstandene Beweisverbot nur eine beschränkte Fernwirkung entfaltet, indem es in gewissem Umfang eine Rekonstruktion der früheren Aussage erlaubt.

2. Die **Entwicklung der Rechtsprechung** im einzelnen ist in Anm. 3 zu § 252 dar- **45**
gestellt; darauf muß hier verwiesen werden. Wie dort ausgeführt ist, sah das Schrifttum in § 252 stets ganz überwiegend ein umfassendes Verwertungsverbot, während das Reichsgericht, dessen Rechtsprechung aber nicht einheitlich verlief, ihm aus Gründen nachhaltiger Verbrechensbekämpfung die Bedeutung eines Verlesungsverbotes (Einschränkung des Urkundenbeweises durch Ausschluß der Protokollverwertung) beimaß. Die — im Schrifttum überwiegend bekämpfte (Anm. 3 zu § 252; *Jescheck* JZ **1970** 206; *Hanack* JZ **1972** 238) — Rechtsprechung des Bundesgerichtshofs hat eine Mittelstellung eingenommen: sie gibt einerseits dem Schrifttum darin Recht, daß § 252 ein auf die Lage und Gefühle des nachträglich die Aussage verweigernden Zeugen Rücksicht nehmendes Verwertungsverbot enthalte, schränkt dies aber dadurch ein, daß sie bei den früheren Vernehmungen zwischen nichtrichterlichen und richterlichen Vernehmungen unterscheidet: die frühere Aussage darf nur (durch Vernehmung des Richters, Vorhaltungen an den Zeugen usw.) zum Gegenstand der Beweiserhebung gemacht und als Beweisgrundlage verwertet werden, wenn der Zeuge nach Belehrung gemäß § 52 Abs. 3 **vom Richter** (auch in einer früheren Hauptverhandlung) vernommen war. Dann muß die Rücksichtnahme auf den Zeugen hinter dem Grundsatz der Wahrheitserforschung und den Bedürfnissen der Verbrechensverfolgung zurücktreten, und es muß „der Zeuge sich an seiner eigenverantwortlich getroffenen damaligen Entscheidung in der Weise festhalten lassen, daß seine frühere Aussage mittelbar verwertbar bleibt" (BGHSt. **2** 99, 106; **11** 338, 341; **13** 394, 398; **17** 324, 326; **20** 384; **21** 149, 150, 218; BGH JZ **1970** 261). Die Eigenverantwortlichkeit der früheren Aussage, die den Rückgriff auf sie erlaubt, wurde dabei in der Rechtsprechung nachdrücklich betont: ein kindlicher Zeuge wird vor einer Aussagebereitschaft, deren mögliche Folge er vielleicht nicht erkennen und beurteilen kann, dadurch geschützt, daß er der Zustimmung des gesetzlichen Vertreters zur Aussage bedarf (BGHSt. **19** 85, 86); aber auch wenn dieser zustimmt, kann das Kind dennoch die Aussage verweigern und ist darüber zu belehren (BGHSt. **21** 303, 306; JZ **1970** 261). Der durch das 1. StVRG eingefügte Abs. 2 des § 52 hat die Ergebnisse der Rechtsprechung in verallgemeinerte Form (Erstreckung auf Minderjährige oder wegen Geisteskrankheit oder Geistesschwäche entmündigte Personen, die wegen mangelnder Verstandesreife oder wegen Verstandesschwäche von der Bedeutung des Zeugnisverweigerungsrechts keine genügende Vorstellung haben) übernommen. Dagegen hat die Rechtsprechung bei **nichtrichterlichen** (polizeilichen) Vernehmungen an dem Verbot der Vernehmung der Verhörspersonen auch festgehalten, nachdem durch das StPÄG 1964 für diese die Pflicht zur Belehrung über das Zeugnisverweigerungsrecht einge-

führt war (§ 163 Abs. 5); die Vernehmung des Polizeibeamten über den Inhalt der polizeilichen Vernehmung ist danach auch ausgeschlossen, wenn die Belehrung erfolgt war (BGHSt. **21** 218). Das gleiche gilt auch bei Vernehmungen von Zeugen durch den Staatsanwalt (§ 161 a).

46 3. Um dem **Beweisverwertungsverbot** des § 252 nachdrücklich **Geltung** zu verschaffen, ist in der Rechtsprechung der Grundsatz entwickelt worden, daß beim **Ausbleiben** des zeugnisverweigerungsberechtigten Zeugen in der Hauptverhandlung eine Vernehmung von Verhörspersonen nur zulässig sei, wenn Gewißheit bestehe, daß er zur Aussage bereit sei. Das setzt freilich voraus, daß der Zeuge erreichbar ist und befragt werden kann, ob er das Zeugnisverweigerungsrecht geltend machen wolle. Kann sein Aufenthalt aber nicht mehr ermittelt werden, so hat der Grundsatz der Wahrheitserforschung den Vorrang vor einer Rücksichtnahme auf den Zeugen, der durch das Verheimlichen seines Aufenthalts seinen Belangen selbst die Schutzwürdigkeit entzieht (BGHSt. **25** 176; **a. M.** *Kern-Roxin* § 45 B III 3).

47 4. Den im Gesetz **ausdrücklich mit Verwertungsverbot ausgestatteten Beweisverboten** (so § 136 a Abs. 3 Satz 2) ist eigen, daß auch eine Rekonstruktion durch Vernehmung der Verhörspersonen ausgeschlossen ist, denn sonst würde die Aussage, die nicht verwertet werden darf, ja doch wieder verwertet werden. Das Verbot einer solchen mittelbaren Verwertung kann sich auch aus der Natur des Gegenstandes und dem Grund ergeben, der ihn dem Zugriff als Beweismittel entzieht; so darf nach BGHSt. **19** 325, 334, wenn Tagebuchaufzeichnungen intimen Inhalts unter den dort bezeichneten Voraussetzungen aus Gründen des Persönlichkeitsschutzes nicht als Beweismittel verwendet werden dürfen, über ihren Inhalt auch nicht in anderer Weise, etwa durch Vernehmung von Personen, die Kenntnis von dem Inhalt haben, als Zeugen Beweis erhoben werden.

48 **VI. Einteilung der Beweisverbote nach den Gründen für ihre Aufstellung.** Die Gründe, die zur Aufstellung gesetzlicher Beweisverbote führten, können unter dem Gesichtspunkt der Schutzbereichswirkung und des Verbotsadressaten von Bedeutung sein. Dies gilt insbes. für die Frage, ob dem unmittelbar durch das Verbot Begünstigten die Verfügungsmacht zusteht, auf seine Einhaltung zu verzichten. Wo indessen über eine solche Verfügungsmacht nicht ausdrücklich Bestimmung getroffen ist (vgl. §§ 52, 53 Abs. 2, 136 a Abs. 3 Satz 2), können sich Zweifel ergeben, weil häufig Aufstellungsgründe zusammentreffen, die sowohl auf Berücksichtigung privater Interessen wie auf die öffentlicher Belange zurückzuführen sind.

49 1. Das **Verbot des § 136 a** ist ein typisches Beispiel für das Zusammentreffen einer Reihe von Verbotsgründen. Maßgebend sind hier sowohl die Gefahr für die Wahrheitserforschung, die Achtung der Menschenwürde, die Sicherung der Stellung des Beschuldigten als eines Prozeßsubjekts wie der Gedanke, daß Übergriffe der Verfolgungsorgane, auch wenn sie auf den Einzelfall beschränkt sind, doch geeignet sind, das Vertrauen der Allgemeinheit in die Rechtsstaatlichkeit des Strafverfahrens zu erschüttern und so dem Staatswohl zu schaden. Die Unverzichtbarkeit der Menschenwürde und die Rücksichtnahme auf das öffentliche Interesse schließen es hier aus, dem Beschuldigten eine Verfügungsmacht über die Verwertbarkeit der verbotswidrig zustande gebrachten Aussagen einzuräumen (§ 136 a Abs. 3 Satz 2).

50 Das Verbot richtet sich an die staatlichen Strafverfolgungsorgane und die etwa in ihrem Auftrag handelnden Personen (Sachverständige; vgl. BGHSt. **11** 211). Es richtet sich aber **nicht an Privatpersonen.** Würde etwa der Verletzte den Täter durch Androhung körperlicher Gewalt zu einem schriftlichen Geständnis zwingen, so wäre dieses, in

das Verfahren eingeführt, als Beweismittel verwertbar, und die Art seines Zustandekommens wäre nur bei der Beweiswürdigung von Bedeutung. Der Grundsatz der Bedeutungslosigkeit privater Einwirkungen, die zur Hervorbringung des Beweismittels geführt haben, gilt im allgemeinen auch bei den sonstigen Beweisverboten. Er gilt aber nicht, wo Beweisverbote aus Obersätzen des GG (Schutz der Menschenwürde und Persönlichkeitsentfaltung und daraus folgender Schutz der Intimsphäre) abgeleitet werden. Vom Standpunkt der (freilich umstrittenen) Lehre von der Drittwirkung der Grundrechte aus ergibt sich die Folgerung, daß ein Beweismittel unverwertbar ist, wenn es durch schwere und offensichtliche Grundrechtsverletzungen seitens eines Privaten geschaffen wurde. Dieser Gedanke kommt auch in der bisherigen Rechtsprechung zum Ausdruck. So besteht nach der „Tagebuchentscheidung" (BGHSt. **19** 331) bei Tagebuchaufzeichnungen, die mit der Persönlichkeitssphäre des Verfassers verknüpft sind und der Kenntnis Dritter entzogen sein sollten, das aus dem GG sich ergebende Verwertungsverbot „gleichviel ob die Aufzeichnungen durch staatlichen Akt oder durch privates Eingreifen zur Kenntnis der Strafverfolgungsbehörde gelangen" (s. dazu auch BGHSt. **14** 364; *Kohlhaas* Jur. Jahrb. Bd. **4** 70; *Evers* JZ **1965** 663; *Kern-Roxin* § 24 V).

2. §§ 52, 252. Bei dem Beweisverbot aus § 52 steht der Gedanke im Vorder- **51**
grund, dem Zeugen den aus dem nahen Angehörigenverhältnis sich ergebenden Konflikt zwischen der Zeugnispflicht und der Rücksichtnahme auf die Familienbande zu ersparen (RGSt. **19** 396). Daneben entspringt — so BGHSt. **11** 213, 216 — das Zeugnisverweigerungsrecht auch „der schonenden Rücksicht auf die Familienbande, die den Angeklagten mit dem Zeugen verknüpfen", d. h. nicht nur wegen des Gewissenskonflikts des Zeugen, sondern auch zum Schutz der Familie des Angeklagten ist dem Zeugen das Aussageverweigerungsrecht eingeräumt, und insofern wird der Rechtskreis des Angeklagten unmittelbar berührt, wenn bei unterlassener Belehrung der rechtsunkundige Zeuge sich nicht frei über den Gebrauch oder Nichtgebrauch des Weigerungsrechts entscheiden kann, mit der Folge, daß der Angeklagte die Nichtbelehrung des Zeugen mit der Revision rügen kann. Schließlich könnte auch die Gefahr unzuverlässiger Sachverhaltsfeststellung — die Gefahr, daß der Zeuge, der sich bei unterlassener Belehrung zur Aussage verpflichtet glaubt, falsch zugunsten des Beschuldigten aussagt — als Begründung des Zeugnisverweigerungsrechts eine Rolle spielen; sie tritt aber — da sie ja auch besteht, wenn der Zeuge nach Belehrung aussagebereit ist (vgl. dazu § 60 Nr. 2) — zurück, so daß das Gesetz es dem Zeugen überläßt, ob er aussagen will, ihm aber auch das Recht gibt, den Verzicht auf sein Weigerungsrecht später zu widerrufen. Der Widerruf hat die in § 252 bezeichnete Folge, die aber nach der umstrittenen Rechtsprechung nicht so weit reicht, die einmal aus freiem Entschluß abgegebene Aussage jeglicher Verwertung zu entziehen (oben Rdn. 45). Aus der Berücksichtigung der Konfliktslage als dem tragenden Grund des Zeugnisverweigerungsrechts ergibt sich, daß das (beschränkte) Verbot der Verwertung früherer Aussagen nicht nur Aussagen, die in der Eigenschaft als Zeuge erstattet wurden, sondern auch solche Aussagen umfaßt, die der jetzige Zeuge in einem Strafverfahren gegen einen nahen Angehörigen früher als Angeklagter in einem gegen ihn selbst gerichteten Strafverfahren als Beschuldigter gemacht hat (BGHSt. **20** 384). Andererseits sind frühere Aussagen des inzwischen verstorbenen Zeugen, weil die Konfliktslage entfallen ist, nach § 251 Abs. 2 verlesbar, auch wenn sie zu polizeilichem Protokoll abgegeben wurden und eine Belehrung nach § 163 a Abs. 5 unterblieben war, denn „die berechtigte Forderung der Allgemeinheit nach wahrheitsgemäßer Aufklärung von Straftaten, die dem § 251 Abs. 2 zugrunde liegt, braucht nicht weiter zurückzutreten, als es die schutzwürdigen Interessen des zeugnisverweigerungsberechtigten Zeugen verlangen" (BGHSt. **22** 35 = NJW **1968** 559; s. auch oben Rdn. 46).

Das Verlesungs- und Verwertungsverbot des § 252 umfaßt auch **Schriftstücke,** die der Zeuge bei seiner polizeilichen Vernehmung überreicht und zum Bestandteil seiner Aussage gemacht hatte; Beweis über ihren Inhalt kann nur erhoben werden, wenn die Schriftstücke unabhängig von der früheren Vernehmung als selbständige Beweismittel in die Hauptverhandlung eingeführt werden können (BGHSt. **22** 219).

52 **3.** Die **§§ 53, 53 a** beruhen ursprünglich auf dem Gesichtspunkt der **Wahrung des Berufsgeheimnisses.** Da aber der Katalog der verweigerungsberechtigten Personen im Lauf der Zeit ausgedehnt worden ist, ist das Zeugnisverweigerungsrecht nicht vom Geheimnischarakter der anvertrauten oder bekannt gewordenen Tatsachen abhängig. Maßgebend ist der Gedanke, ein bei der Berufsausübung bestehendes Vertrauensverhältnis deshalb zu respektieren, damit wichtige Berufe ungestört ausgeübt werden können. Eine Pflicht zur Belehrung über das Zeugnisverweigerungsrecht ist — anders als in § 52 Abs. 3 — nicht vorgesehen (BGHSt. **18** 146, 150). Die in § 53 Abs. 2 bezeichneten Berufsangehörigen dürfen das Zeugnis nicht verweigern, wenn sie von der Verschwiegenheitspflicht entbunden sind; in den übrigen Fällen des § 53 läßt die Entbindung das Zeugnisverweigerungsrecht unberührt. Verzichtet der Nichtentbundene auf sein Zeugnisverweigerungsrecht, so kann es sein, daß er sich nach materiellem Strafrecht (vgl. z. B. § 203 StGB) strafbar macht. Denn materiellrechtlich ist die Preisgabe eines Geheimnisses nicht schon deswegen „befugt", weil sie vor Gericht erfolgt; verfahrensrechtlich aber ist auch die unter Bruch des Berufsgeheimnisses erstattete Aussage als Beweismittel verwertbar (BGHSt. **9** 59). Der Verzicht auf das Verweigerungsrecht aus §§ 53, 53 a ist in gleicher Weise widerruflich wie im Fall des § 52, und zwar mit der Folge, daß § 252 eingreift (BGHSt. **17** 245; **18** 146).

53 **4. §§ 54, 96.** § 54 dient dem **Schutz der öffentlichen Belange.** Eine Belehrung des Zeugen ist nicht vorgeschrieben. Die genehmigungslos gemachte Aussage darf das Gericht rügelos verwerten, da nach der (im Schrifttum umstrittenen) Rechtsprechung die Revision nicht darauf gestützt werden kann, daß der Beamte oder Zeuge ohne Genehmigung aussagte oder die Genehmigung inhaltlich überschritt und die Aussage als Beweismittel verwertet wurde, weil durch eine Wahrheitserforschung unter Verletzung anderer öffentlicher Belange der Rechtskreis des Angeklagten nicht berührt wird (oben Rdn. 22). Die erteilte Aussagegenehmigung der Behörde ist widerruflich; widerruft sie, so darf zwar eine in einem früheren Verfahrensstadium erfolgte Aussage, auch bei richterlicher Vernehmung, nicht durch Vernehmung der richterlichen Verhörsperson verwertbar gemacht werden; dem steht das öffentliche Interesse entgegen. Die Rechtslage ist hier eine andere als bei späterem Widerruf des Verzichts auf das Aussageverweigerungsrecht in den Fällen der §§ 52, 53, 53 a. Eine Verletzung dieser Pflichten ist aber wiederum für den Angeklagten unrügbar. § 54 wird ergänzt durch § 96; bei dessen Verletzung gelten die gleichen Grundsätze wie bei Verletzung des § 54 (vgl. Anm. 8 zu § 96).

54 **5. § 55.** Das Zeugnisverweigerungsrecht aus § 55 beruht — anders als dasjenige nach § 52 — nicht auf den Beziehungen des Zeugen zum Angeklagten, sondern ist ein **Persönlichkeitsrecht des Zeugen;** es soll — wie bei der Einlassungsfreiheit des Beschuldigten — dem Zeugen den Konflikt ersparen, gegen sich selbst auszusagen (BGHSt. **11** 213, 216; BVerfG NJW **1975** 104). Verweigert der Zeuge später die Aussage, so greift nach BGHSt. **17** 245; MDR **1973** 19 der § 252 nicht ein; über die frühere Aussage dürfen die Verhörspersonen vernommen werden, auch wenn der Zeuge seinerzeit nicht über sein Aussageverweigerungsrecht belehrt worden ist. Da der Rechtskreis des Beschuldigten durch Verletzung des § 55 nicht berührt wird, kann er einen Verstoß gegen § 55 nicht mit der Revision rügen (BGHSt. **11** 213; **17** 245; Rdn. 22).

6. § 97. Wie § 96 den § 54, so ergänzt § 97 die §§ 52, 53, 53 a. Das **Beschlagnahmeverbot** beruht auf dem Gedanken, daß das auf das gesprochene Wort bezügliche Zeugnisverweigerungsrecht unvollkommen wäre, wenn es durch Beschlagnahme der schriftlichen Mitteilungen zwischen dem Beschuldigten und den zeugnisverweigerungsberechtigten Personen, die sich in deren Gewahrsam befinden, umgangen werden könnte (BVerfGE **32** 373, 384). Das Beschlagnahmeverbot entfällt, wo der Gewahrsamsinhaber nicht als Zeuge, sondern (wegen Teilnahmeverdachts usw.) als Beschuldigter in Betracht kommt (§ 97 Abs. 2 Satz 3). Diese ratio bestimmt die Auslegung des § 97. Es erstreckt sich z. B., schon unter dem Gesichtspunkt des verfassungsrechtlichen Schutzes der Intimsphäre des Patienten, das Verbot, die ärztliche Karteikarte des Beschuldigten zu beschlagnahmen (§ 97 Abs. 1 Nr. 2), auch auf den Fall, daß diese sich nicht mehr im Besitz des behandelnden Arztes, sondern im Gewahrsam eines Berufskollegen befindet, der Praxis und Patientenkartei seines Vorgängers übernommen hat (BVerfGE **32** 373). Andererseits verliert ein Verwertungsverbot, das an eine zunächst gegen § 97 Abs. 1 Nr. 1 verstoßende Beschlagnahme anknüpft, seine Bedeutung, wenn die zeugnisverweigerungsberechtigte Person sich durch eine Zeugenbekundung in der Hauptverhandlung einer Begünstigung verdächtig macht und nunmehr die Voraussetzungen einer Beschlagnahme nach § 97 Abs. 2 Satz 3 vorliegen; mit dem Beschlagnahmeverbot endet auch das frühere Verwertungsverbot und entfaltet keine Nachwirkungen (BGHSt. **25** 168). Ist nach § 97 Abs. 2 Satz 3 eine Beschlagnahme wegen Teilnahmeverdachts eines Zeugnisverweigerungsberechtigten zulässig, so dürfen die beschlagnahmten Gegenstände nicht als Beweismittel für *andere* Straftaten des Beschuldigten verwendet werden, hinsichtlich deren kein Teilnahmeverdacht des Gewahrsamsinhabers besteht; das Verwertungsverbot entfällt aber, wenn das Gericht die Zustimmung des Zeugnisverweigerungsberechtigten einholt, und zwar in den Fällen des § 52 in entsprechender Anwendung des § 52 Abs. 3 unter Belehrung über sein Recht, die Verwertung des Beschlagnahmegegenstandes als Beweismittel zu verweigern (BGHSt. **18** 227). Wegen der Bedeutung des Grundsatzes der Verhältnismäßigkeit auch in den Fällen des § 97 Abs. 2 Satz 3 vgl. BVerfGE **32** 381. 55

7. § 100 a. Die **Beschränkung der Beweiserhebung** durch Überwachung und Aufnahme des **Fernmeldeverkehrs** auf Tonträger in § 100 a dient dem öffentlichen Interesse an der Erhaltung des Post- und Fernmeldegeheimnisses. Daraus folgt die Unverwertbarkeit der Beweismittel, die in Überschreitung der in § 100 a zugelassenen Ausnahmefälle erlangt sind. Verstöße werden auch nicht durch Zustimmung des Betroffenen geheilt; das ergibt sich auch aus § 100 b Abs. 5. 56

8. Die aus dem **Persönlichkeitsrecht** ohne förmliche Grundlage in der Strafprozeßordnung abgeleiteten Beweisverbote (vgl. BGHSt. **14** 358; **19** 325) dienen vorzugsweise dem Individualinteresse und unterliegen daher grundsätzlich der Verfügungsmacht des durch das Verbot Geschützten. 57

VII. Die Rollenvertauschung[9]. 58

1. Das **Problem und die Stellungnahme der herrschenden Meinung.** Unter dem Gesichtspunkt des Beweismethodenverbots wird auch die sog. Rollenvertauschung, d. h.

---

9 **Schrifttum:**
Schöneborn Das Problem der Rollenvertauschung und der Zeugnisverweigerungsrechte bei mehreren Mitbeschuldigten in vergleichender Betrachtung, ZStW **86** (1974) 921.

der **Austausch von Verfahrensrollen** erörtert. Sie soll hier nur insoweit[10] kurz gestreift werden, als es sich um die Versetzung des Mitbeschuldigten oder -angeklagten in die Rolle des Zeugen handelt, die durch Abtrennung bisher nach §§ 2 bis 4 verbundener Sachen herbeigeführt wird. Rechtsprechung und überwiegend auch das Schrifttum sehen eine Abtrennung zum Zweck des Rollenaustauschs grundsätzlich als zulässig an; nur das die gesamte Rechtsordnung beherrschende Willkürverbot verbiete es, daß die Strafverfolgungsbehörden aus sachfremden Erwägungen den Verdächtigen in die Rolle eines Zeugen drängen (BGHSt. **10** 12). Nach BGH NJW **1964** 1034 ist es aber nicht mißbräuchlich, wenn der Richter verbundene Sachen vorübergehend nur zu dem einzigen Zweck trennt, einen Mitangeklagten im Verfahren gegen den anderen zu Anklagepunkten, die ihn nicht betreffen, als Zeugen zu vernehmen, sofern er die Vernehmung als Zeugen für zweckmäßig oder sogar für erforderlich hält, weil ihm die Aussage als Zeuge bessere Gewähr für die Ermittlung der Wahrheit zu bieten scheint als die Äußerung des Mitangeklagten. Problematisch ist bei einer Abtrennung freilich, daß der Mitangeklagte (auch zum Vorteil des anderen Mitangeklagten) schweigen darf, der Zeuge aber wahrheitsgemäß aussagen muß (§§ 57, 70), soweit er nicht nach § 55 die Antwort auf bestimmte Fragen verweigern darf. BGH JR **1969** 148 m. Anm. v. *Gerlach* hat daraus die Folgerung gezogen, „es ließe sich sehr wohl die Meinung vertreten, daß die vorübergehende Abtrennung der Strafsache gegen einen Angeklagten, nur um ihn im Verfahren gegen einen Mitangeklagten **zu demselben Tatgeschehen,** das auch ihm als Mittäter zur Last liegt, als Zeugen zu vernehmen, mit dem Gesetz nicht in Einklang stehe". Denn wenn auch im konkreten Fall der jetzige Zeuge nur über die Beteiligung des anderen Mitangeklagten an der Tat vernommen werden solle, so lasse sich doch diese Beteiligung von dem gesamten Tatgeschehen nicht trennen, so daß der jetzige Zeuge notwendig auch über seine eigene Beteiligung aussagen müßte; es bestehe bei solchem Verfahren zumindest die Gefahr, daß die so zustande gekommene Zeugenaussage verwertet werde.

59 Sehr deutlich hat nunmehr BGHSt. **24** 257 Stellung bezogen: die vorübergehende Abtrennung und spätere Wiederverbindung sei rechtlich unbedenklich, wenn in der weitergeführten Hauptverhandlung ausschließlich Vorgänge erörtert werden, die mit dem abgetrennten Verfahrensteil in keinem inneren Zusammenhang stehen. Hat die weitergeführte Hauptverhandlung aber Vorgänge zum Gegenstand, die den Mitangeklagten des abgetrennten Verfahrens berühren, so läuft diesem gegenüber nach der gemeinsamen Weiterführung der Hauptverhandlung gegen beide Mitangeklagte die vorangegangene Abtrennung auf eine Umgehung des Anwesenheitsgebots des § 230 hinaus, und der absolute Revisionsgrund des § 338 Nr. 5 greift ein, wenn nicht sicher auszuschließen ist, daß die — infolge der vorübergehenden Abtrennung — in Abwesenheit des Mitangeklagten geführte Hauptverhandlung den Gegenstand seiner späteren Verurteilung sachlich mitbetroffen hat.

60 **2. Abweichende Stimmen.** Demgegenüber wird von einer Minderheit im Schrifttum (*Peters* Gutachten für den 46. DJT; Lehrb. 290; Nachtrag S. 27; Fehlerquellen Bd. 2 §§ 27 II 5, 49 IV 4; *Klug* Verhandl. d. 46. DJT F 56 f.; *Kern-Roxin* § 26 III 1; s. auch *v. Gerlach* JR **1969** 151), die Auffassung vertreten, daß unabhängig von den Umständen

---

[10] Unter dem Gesichtspunkt des verbotenen Rollenaustauschs wird auch das Problem erörtert, inwieweit die Erklärungen des anonymen V-Mannes durch Verhörspersonen in die Hauptverhandlung eingeführt werden können (dazu Kap. 13, 65 Fußn. 44); es wird dabei geltend gemacht, die Verhörsperson erfülle keine Zeugenfunktionen, sondern übernehme die dem Richter vorbehaltene Beweiswürdigung.

des konkreten Falles die Rolle als Mitbeschuldigter oder Mitangeklagter einer von dem formalen Verfahrensstand unabhängigen Sachbeziehung entspringe; durch ein „Arrangieren“ von Verfahrensverbindung und Verfahrenstrennung könne die Prozeßstellung des Mitbeschuldigten nicht verändert werden; der Mitbeschuldigte werde auch bei Abtrennung nicht Zeuge, sondern bleibe Mitbeschuldigter. Damit würden die psychologischen Auswirkungen der Rollenvertauschung (Anschein größerer Glaubwürdigkeit des „Zeugen“)mit ihrer Gefahr für die Wahrheitsfindung ausgeschaltet. Indessen spricht schon § 60 Nr. 2 dagegen, dem geltenden Recht einen solchen allgemeinen Grundsatz zu entnehmen, der ohne zwingenden Grund die Ermittlungsmöglichkeiten einschränken würde, zumal sich die berechtigten Interessen der Beteiligten auch in anderer Weise wahren lassen (dazu *Koffka* ZStW **81** [1969] 960 f.; *Schönborn* ZStW **86** [1974] 921, 936).

VIII. Verfahrensrechtliches[11]. Ob gegen ein Beweisverbot mit der Folge der Unverwertbarkeit des Beweismittels verstoßen ist, unterliegt den Regeln des **Freibeweises.** Dies gilt auch — gegen *Peters* 284 — für Verstöße gegen § 136 a im ersten Rechtszug (BGHSt. **16** 164; allg. M.). In der Revisionsinstanz ist der Verstoß — anders als bei der Nichtbeachtung von Verfahrenshindernissen — nicht von Amts wegen, sondern nur auf Rüge gemäß § 344 Abs. 2 zu beachten (offen gelassen in BGHSt. **25** 25 f.). Bei der Würdigung des Ergebnisses der Ermittlungen gilt der Grundsatz „in dubio pro reo“ nicht; Verfahrensfehler müssen nachgewiesen werden (BGH aaO.). Verstöße gegen das Verwertungsverbot des § 49 BZRG sieht BGHSt. **25** 103, 233 als sachlichrechtlichen Mangel an, der auf die allgemeine Sachrüge hin geprüft wird (s. auch Fußn. 7 zu Rdn. 33). **61**

---

[11] **Schrifttum:**
Petry 128 ff. („Bedeutung der Beweisverbote für die Revisionsinstanz“).

KAPITEL 15

Mitwirkung des Volkes bei der Rechtsprechung[1].

1 **1. Umfang der Mitwirkung.** Zum Begriff des Gerichts i. S. des Art. 92 gehört, soweit es sich um die Besetzung handelt, daß wenigstens der Vorsitzende ein Berufsrichter ist (§ 28 Abs. 2 DRiG). Als Beisitzer können dagegen je nach den die Besetzung des Gerichts regelnden Vorschriften nur Berufsrichter oder neben Berufsrichtern ehrenamtliche Richter (sog. Laienrichter) oder nur ehrenamtliche Richter mitwirken. Diese ehrenamtlichen Richter sind nach Art. 97 Abs. 1 GG, § 45 DRiG in gleicher Weise wie die Berufsrichter sachlich unabhängig und nur dem Gesetz unterworfen. Das geltende Recht sieht im Strafverfahren die Mitwirkung von Laienrichtern als „Schöffen" vor. Diese Bezeichnung führen, statt der früheren Bezeichnung „Geschworene", heute auch die ehrenamtlichen Richter beim Schwurgericht (§ 45 a DRiG). Die Schöffen der Jugendgerichte heißen „Jugendschöffen" (§ 35 JGG). Und zwar wirken zwei Schöffen in der Hauptverhandlung vor dem Schöffengericht und vor der großen Strafkammer als Gerichte des ersten Rechtszuges und vor der großen und kleinen Strafkammer als Berufungsgerichten mit. Bei dem früheren Schwurgericht, das einen selbständigen Spruchkörper eigener Art des Landgerichts bildete und jeweils auf besondere Anordnung zu Tagungen zusammentrat, wirkten in der Hauptverhandlung neben drei Berufsrichtern sechs Schöffen mit. Durch das 1. StVRG 1974 ist nunmehr „als Schwurgericht" eine Strafkammer der Landgerichte zuständig, die wie die übrigen erstinstanzlich entscheidenden Strafkammern mit drei Berufsrichtern und zwei Schöffen besetzt ist. Im Jugendstrafverfahren wirken **Jugendschöffen** mit in der Hauptverhandlung vor dem Jugendschöffengericht und vor der Jugendkammer als Gericht des ersten Rechtszuges und als Berufungsgericht. Eine Mitwirkung von Laienrichtern außerhalb der Hauptverhandlung kennt das Gesetz nicht. In der Hauptverhandlung üben die Schöffen das Richteramt in vollem Umfang und mit gleichem Stimmrecht wie die Berufsrichter aus (§§ 30, 77 GVG). Ohne Mitwirkung von Schöffen entscheiden der Richter beim Amtsgericht und der Jugendrichter, wo das Gerichtsverfassungsgesetz und das Jugendgerichtsgesetz es vorsehen, ferner die Oberlandesgerichte und der Bundesgerichtshof als Revisionsgerichte und die Oberlandesgerichte als Gerichte des ersten Rechtszuges. Rechtlich besteht zwischen den Schöffen bei den Schöffengerichten, den Strafkammern und den Strafkammern „als Schwurgericht" kein Unterschied. Vorschriften über das Geschlecht der Laienrichter (etwa dahin, daß Männer und Frauen je in gleicher Zahl mitwirken müßten) sind im Hinblick auf den Gleichberechtigungsgrundsatz (Art. 3 Abs. 2 GG) nicht vorgesehen, doch „sollen" nach § 33 Abs. 3 JGG als Jugendschöffen zu jeder Hauptverhandlung ein Mann und eine Frau herangezogen werden.

---

[1] **Schrifttum:**
Schorn Der Laienrichter in der Strafrechtspflege, 1955; *Baur* Laienrichter – heute? in Festschrift für *Kern* (1968) 49 ff.; *Knittel* Mitbestimmung in der Strafjustiz, 1970; *Klausa* Ehrenamtliche Richter, 1972; *Honig* Ehrenamtliche Richter im Schwurgericht, MDR **1974** 898; *Nowakowski* Reform der Laiengerichtsbarkeit in Strafsachen, Verhandl. des 4. österr. Juristentages, 1970, Bd. I.

II. Entwicklungsgeschichte. 2

1. Die **Mitwirkung von Laienrichtern** in der Strafrechtspflege beruht auf den Reformideen und -forderungen des 19. Jahrhunderts, die mit den Wünschen auf Mitwirkung des Volkes bei Gesetzgebung und Verwaltung parallel erhoben wurden. Die **ursprüngliche Regelung,** die die Strafprozeßordnung und das Gerichtsverfassungsgericht bei ihrem Inkrafttreten am 1. 10. 1879 vorsahen, beruhte im Anschluß an die Rechtsgedanken des französischen Rechts auf der in § 1 a.F. StGB vorgenommenen Einteilung der Straftaten in Verbrechen, Vergehen und Übertretungen. Über schwere und schwerste Verbrechen entschied das Schwurgericht, dessen Besonderheit die Trennung des Gerichts in die Richter- und die Geschworenenbank war: den zwölf Geschworenen fiel die Entscheidung über die Schuldfrage, den drei Berufsrichtern die Entscheidung über die Straffrage zu. Die übrigen Verbrechen und die Masse der Vergehen wurden von der ausschließlich mit (fünf) Berufsrichtern besetzten Strafkammer abgeurteilt. Für leichtere Vergehen und für Übertretungen war das Schöffengericht zuständig, bei dem die beiden Schöffen mit dem Berufsrichter gemeinsam über Schuld- und Straffrage entschieden. Bei den Rechtsmittelgerichten und beim Reichsgericht als erstinstanzlichem Gericht für Hoch- und Landesverrat wirkten Laienrichter nicht mit.

2. Schon bald **nach dem Inkrafttreten** von StPO und GVG wurden **Reformwünsche** laut. Die Anhänger des Gedankens der Laienbeteiligung in der Strafrechtspflege bemängelten, daß die erstinstanzlichen Strafkammern nur mit Berufsrichtern besetzt und dadurch auf einem großen und wichtigen Gebiet das Volk von der Teilnahme an der Rechtsprechung ausgeschlossen sei. Ferner wurde die Zulassung der Berufung gegen erstinstanzliche Strafkammerurteile und die Besetzung auch der Berufungsinstanz mit Laienrichtern gefordert. Der Widerstand, den der Bundesrat gerade dem letzteren Verlangen entgegensetzte, hat schließlich zum Scheitern der vor dem ersten Weltkrieg betriebenen Reform geführt (Kap. 4, 3). Sieht man von einer Erweiterung der Schöffengerichtszuständigkeit im ersten Weltkrieg (VO vom 21. 10. 1917, RGBl. 1037), von dem Gesetz über die Heranziehung der Frauen zum Schöffen- und Geschworenenamt vom 25. 4. 1922 (RGBl. I 465), und von dem Gesetz zum Schutz der Republik vom 21. 7. 1922 (RGBl. I 585), das die erstinstanzliche Zuständigkeit des Reichsgerichts für Hochverratssachen auf den bei diesem gebildeten, mit Berufs- und Laienrichtern besetzten „Staatsgerichtshof zum Schutze der Republik" übertrug, ab, so blieben die ursprünglichen Vorschriften über den Umfang der Laienbeteiligung unverändert bis zur Emminger-Reform vom 4. 1. 1924 bestehen. Diese brachte mit der Beseitigung der Strafkammer als Gericht erster Instanz die grundsätzliche Beteiligung des Laienelements bei der Aburteilung im ersten Rechtszug, die freilich wieder dadurch eingeschränkt wurde, daß in nicht unerheblichem Umfang die Zuständigkeit des Amtsrichters als Einzelrichter begründet wurde. Sie erfüllte weiter das alte Reformverlangen nach allgemeiner Eröffnung einer zweiten Tatsacheninstanz und ihrer Besetzung mit Schöffen und wandelte schließlich das alte Schwurgericht unter Beibehaltung seines Namens in ein großes Schöffengericht um. Die grundsätzliche Beteiligung von Laien bei der erstinstanzlichen Aburteilung blieb auch aufrechterhalten, als die VO vom 14. 6. 1932 allgemein die große Strafkammer als erstinstanzliches Gericht wieder einführte, deren Urteile aber nunmehr wieder nur mit der Revision anfechtbar waren. 3

3. An diesem Rechtszustand ist auch **in der Zeit nach 1933** und bis zum Beginn des zweiten Weltkrieges förmlich nichts geändert worden. Jedoch brachte die Einführung der mit drei Berufsrichtern besetzten Sondergerichte als Dauereinrichtung in beträchtlichem Umfang die Ausschaltung der Laien. Mit Kriegsbeginn (VO vom 1. 9. 1939, RGBl. I 1658) entfiel die Mitwirkung von Schöffen und Geschworenen. Zwar han- 4

delte es sich hierbei nicht um eine auf Dauer berechnete Maßnahme. Immerhin aber wollte der StPO-Entw. 1939 die Laienbeteiligung einschränken (Begr. S. 2). Bei der kleinen und mittleren Kriminalität sollte danach — unter Wegfall der Schöffengerichte — im ersten Rechtszug nur der Amtsrichter als Einzelrichter, über Berufungen gegen seine Urteile die mit drei Berufsrichtern und zwei „Volksrichtern" besetzte „Schöffenkammer" entscheiden. In der gleichen Besetzung sollte — unter Wegfall der Schwurgerichte — die Schöffenkammer als erstinstanzliches Gericht für die schwere und schwerste Kriminalität zuständig sein, gegen deren Urteile nur die Revision vorgesehen war. Daneben sollten die bisherigen Sondergerichte in der Besetzung mit drei Berufsrichtern und unter der Bezeichnung als Strafkammer fortbestehen. Volksgerichtshof und die Oberlandesgerichte sollten im ersten und letzten Rechtszug für Hoch- und Landesverrat und einige gleichgestellte Straftaten zuständig sein und in der Besetzung mit zwei Berufs- und drei „Volksrichtern" entscheiden. Die Zurückdrängung des Laienelements bei der kleineren und mittleren Kriminalität wurde mit der „angespannten Arbeitslage und dem Mangel an Arbeitskräften" begründet.

5 4. Die **Nachkriegsgesetzgebung** führte allmählich — unterschiedlich in den einzelnen Ländern und Zonen — zur Wiederheranziehung der Schöffen und Geschworenen, und zwar im großen und ganzen im Anschluß an das Vorbild des vor Kriegsbeginn geltenden Rechts bei Wegfall der Sondergerichte. Aus diesem Rahmen fiel die Wiedereinführung des Schwurgerichts in alter Form mit der Trennung in Richter- und Geschworenenbank in Bayern (Kap. 3, 47). Das Rechtsvereinheitlichungsgesetz vom 12.9. 1950 brachte auch hier die Rechtseinheit unter Rückgriff auf den durch die Emminger-VO geschaffenen und durch die VO vom 14.6. 1932 geänderten Rechtszustand. Eine Neuerung von Belang bedeutete die Änderung der Vorschriften über die Wahl der ehrenamtlichen Richter. Sie erfolgte früher durch den Wahlausschuß beim Amtsgericht aus den von den Gemeinden aufgestellten Urlisten, die alle schöffenfähigen Gemeindeeinwohner oder einen nach äußeren Merkmalen (Anfangsbuchstaben der Namen oder Straßen) beschränkten Teil enthielt. Nach dem neuen Recht (§ 36 GVG) trifft dagegen die Gemeindevertretung eine Vorwahl, indem sie aus der Zahl der schöffenfähigen Gemeindeeinwohner eine beschränkte Zahl auswählt (Vorschlagsliste); der Wahlausschuß (§ 40 GVG) ist dann bei seiner Wahl auf den in der Vorschlagsliste namhaft gemachten Personenkreis beschränkt. Durch diese Änderung sollte, von einer Vereinfachung des Schreibwerks abgesehen, vorzugsweise erreicht werden, daß dem Wahlausschuß nur für das Schöffenamt besonders geeignete Bürger präsentiert werden.

6 5. Eine Reihe von **Änderungen** brachte das **1. StVRG 1974**. Sie bestehen, abgesehen von der Verminderung der bei der Strafkammer „als Schwurgericht" mitwirkenden Schöffen von (früher) sechs auf zwei hauptsächlich in der Verlängerung der bisher zwei Jahre betragenden Amtsperiode der Schöffen in eine solche von vier Jahren (aus Gründen der Geschäftsvereinfachung), in der Herabsetzung des Wahlalters von bisher 30 auf 25 Jahre und in der Einführung einer Altersgrenze von 70 Jahren, sowie in Richtlinien für die Aufstellung der Vorschlagslisten durch die Gemeinden und die Wahl der Schöffen durch den Wahlausschuß (neue Absätze 2 der §§ 36, 42). Eine Vorschrift, daß Männer und Frauen in gleichem Ausmaß vorzuschlagen seien, enthält das Gesetz nicht. Einer Wahl nach parteipolitischen Gesichtspunkten suchen § 36 Abs. 1 und 2 (neu), § 40 Abs. 2, § 42 Abs. 2 (neu) GVG entgegenzuwirken. Danach ist zur Aufnahme in die Vorschlagsliste die Zustimmung von 2/3 der gesetzlichen Mitgliederzahl der Gemeindevertretung erforderlich, die Vertrauenspersonen des Wahlausschusses müssen mit einer 2/3-Mehrheit gewählt werden, und der Wahlausschuß selbst wählt mit 2/3-Mehrheit. Die Vorschlagsliste soll alle Gruppen der Bevölkerung nach Geschlecht, Alter, Beruf

und sozialer Stellung angemessen berücksichtigen; auf eine entsprechende Berücksichtigung soll auch bei der Wahl durch den Wahlausschuß geachtet werden (§ 36 Abs. 2; § 42 Abs. 2).

6. Besonderheiten gelten für die **Wahl der Jugendschöffen** (§ 35 JGG). An die Stelle der allgemeinen Vorschlagsliste tritt hier die vom Jugendwohlfahrtsausschuß aufgestellte Vorschlagsliste, in die nur erzieherisch befähigte und in der Jugenderziehung erfahrene Personen aufgenommen werden sollen. Männer und Frauen sollen in gleicher Zahl vorgeschlagen und gewählt werden. **7**

III. Der **Sinn der Laienbeteiligung** ist, nachdem das alte Geschworenensystem mit seiner Aufgabenverteilung unter die Geschworenenbank und das Gericht der Vergangenheit angehört, allgemein der, das Vertrauen der Allgemeinheit (des Volkes) in die Strafrechtspflege zu erhalten und zu stärken. Dem Schwurgericht in seiner ursprünglichen Form lag der Gedanke eines Übergewichts des Laienelements (als der „Stimme des Volkes") gegenüber den rechtsgelehrten Richtern bei Findung des Schuldspruchs zugrunde. Ein Rest dieser Vorstellung erhielt sich auch bei der Umwandlung des Schwurgerichts in ein „erweitertes Schöffengericht" durch die Emminger-Reform 1924 in Form der Besetzung dieses Gerichts mit drei Berufsrichtern und sechs Schöffen. Auch dieser Rest ist jetzt geschwunden. Bei der Beseitigung der bisherigen Organisationsform des Schwurgerichts durch das 1. StVRG 1974 sah der Gesetzgeber keinen Anlaß mehr, das zahlenmäßige Verhältnis der Laienrichter zu dem der Berufsrichter in der Strafkammer „als Schwurgericht" anders zu gestalten als bei der „gewöhnlichen" erstinstanzlichen großen Strafkammer. Wie bei letzterer, so ist auch bei der „Schwurgerichtsstrafkammer" nur noch der Gedanke eines gemeinsamen Zusammenwirkens zwischen ehrenamtlichen und Berufsrichtern bei der Willensbildung in der Schuld- und Straffrage der tragende Gesichtspunkt. Über die durch die Öffentlichkeit der Hauptverhandlung gebotenen Möglichkeiten hinaus soll danach das Volk durch seine Vertreter Einblick auch in die Geschehnisse im Beratungszimmer erhalten, die Schwierigkeiten, Zweifel und selbst Gewissenskonflikte, die bei der Findung des gerechten Spruchs entstehen, kennenlernen und durch Mitübernahme der Verantwortung für den gefundenen Spruch einer sonst nur leicht aufkommenden Kritik entgegenwirken, daß Urteile „vom grünen Tisch" her durch „welt- und lebensfremde" Juristen gesprochen seien[2]. Den Richter aber soll die Laienmitwirkung davor bewahren, in Routine zu versinken; er soll die Richtigkeit seiner Wahrnehmungen und Vorstellungen, die Überzeugungskraft seiner Überlegungen an den Einwendungen messen und klären, die ihm aus dem ungeprüften Rechtsempfinden her entgegengesetzt werden. **8**

Der Gedanke, daß die Aufgabe der Laienrichter — etwa wie bei den ehrenamtlichen Richtern der Kammer für Handelssachen und der Arbeitsgerichte — im Strafverfahren auch darin bestehe, durch **eigne Sachkunde** und **besondere Vertrautheit** mit der den Gegenstand der Verhandlung bildenden Materie den Richter zu unterstützen, liegt **9**

---

2 S. dazu BGHSt. **22** 85: Ein Geschworener wird kurz vor Abschluß der Beweisaufnahme beim Besuch eines Ladengeschäfts auf den mutmaßlichen Ausgang des Verfahrens angesprochen, wobei ihm vorgestellt wird, dem Angeklagten sei bis jetzt noch nichts bewiesen worden. Seine Antwort „Das glauben Sie" führte zu seiner Ablehnung wegen Befangenheit, die für unbegründet erklärt wurde, weil einem beteiligten Geschworenen gegenüber der völlig einseitigen Abwertung der bisher erhobenen Beweise ein „klärendes Wort", mit dem er nicht zugleich in bestimmter Weise eine eigene Auffassung zur Frage der Schuld oder Unschuld äußert, nicht versagt werden könne.

dem Gesetz fern; er tritt nur bei den Jugendschöffen zutage. Aus der beschränkten Zielsetzung des Gesetzgebers, durch die Beteiligung der Laien der Volkstümlichkeit der Rechtspflege in den Tatsacheninstanzen zu dienen, erklärt es sich auch, daß das Gesetz nicht die Gewinnung routinierter Laienrichter durch eine länger dauernde intensive Heranziehung zum Dienst anstrebt, wie sie etwa *Eb. Schmidt* Lehrkomm. I 574 empfiehlt. Denn nicht auf solchen Erwägungen, sondern in erster Linie auf dem Gedanken einer Vereinfachung und Beschränkung des Aufwands bei der Aufstellung der Vorschlagslisten und der Tätigkeit der Wahlausschüsse beruht es, wenn die Amtsperiode der Schöffen von ursprünglich einem Jahr zunächst auf zwei Jahre und schließlich auf vier Jahre verlängert wurde. Doch hat der Gedanke, daß eine zu seltene Heranziehung einer sinnvollen Ausübung des Amtes abträglich ist, weil es dann an einer genügenden allgemeinen Bekanntschaft mit den gesetzlichen Bestimmungen fehlt, dazu geführt, daß die ursprüngliche Beschränkung der Heranziehung (zu höchstens fünf Sitzungstagen im Jahr) aufgegeben wurde. Während der zweijährigen Amtsdauer sollte der Hauptschöffe mindestens zu zwölf Sitzungstagen im Jahr herangezogen werden; mit Rücksicht auf die Verdoppelung der Amtsperiode soll er jetzt zu nicht mehr als zwölf Sitzungstagen im Jahr herangezogen werden (§ 43 GVG). Im übrigen sollen Maßnahmen der Justizverwaltung (Übersendung eines Merkblatts an die Gewählten, z. T. Vorbereitung durch Vorträge, Empfehlungen an die Richter über die Durchführung der Hauptverhandlung und Beratung — s. Nr. 122 RiStBV —) bewirken, daß die Laienrichter Kenntnis von den ihre Obliegenheiten regelnden Vorschriften erhalten, daß sie den Vorgängen der Verhandlung mit Verständnis folgen können und an der Beratung selbständig und mit dem Gefühl der Mitverantwortlichkeit für die Entscheidung teilnehmen. S. im übrigen auch Kap. 13, 109.

10 IV. Die **Vorschläge de lege ferenda** gehen im allgemeinen auf die Beibehaltung der Laienbeteiligung; nur vereinzelt wird im Schrifttum ihre Beteiligung als entbehrlich empfohlen (so z. B. *Baur* Laienrichter — heute?; gegen ihn *Honig* MDR **1974** 898). Die „Reform“ des Schwurgerichts durch das 1. StVRG bedeutet eine Absage an die Gegner der Laienrichterbeteiligung, zugleich aber auch an solche Stimmen, die für eine verstärkte Laienbeteiligung, z. T. sogar für den Wiederaufbau des Schwurgerichts alten Stils eintraten. Ungelöste zbd schwer befriedigend lösbare Probleme ergeben sich, wenn Schöffen an Monate oder gar Jahre dauernden Monstreverfahren bei der erstinstanzlichen großen Strafkammer oder der Strafkammer als Schwurgericht teilzunehmen haben, die ihre physischen und psychischen Kräfte übersteigen und ihre wirtschaftliche Bewegungsfreiheit erheblich beeinträchtigen können.

KAPITEL 16

Zur Frage des nichtigen Urteils[1].

I. Heilung „gewöhnlicher" Mängel eines Urteils durch die Rechtskraft. Beruht ein Strafurteil auf unrichtigen (dem wirklichen Sachverhalt widersprechenden) tatsächlichen Feststellungen, so steht nach Eintritt der Rechtskraft in engen Grenzen der Weg der Wiederaufnahme des Verfahrens (§§ 359 ff.) zur Verfügung, um das falsche Urteil zu beseitigen und durch ein richtiges zu ersetzen. Es bedarf dann, wenn es sich um die hier vorzugsweise interessierende Wiederaufnahme zugunsten des Verurteilten han- 1

---

[1] Zur **Abgrenzung des Erörterungsbereichs** ist folgendes zu bemerken:

a) Auf **Fragen der Terminologie,** über die keine Einigkeit besteht (nichtige Urteile, unbeachtliche oder unwirksame Urteile, Nichturteile, Scheinurteile usw.), soll hier nicht näher eingegangen werden, da sich keine praktischen Folgerungen daran knüpfen. Von „Nicht"-Urteilen wird meist gesprochen, wo nur durch die Wahl eines technischen Ausdrucks ganz entfernt eine Beziehung zu einem Urteil besteht, so wenn am Stammtisch Referendare ein „Urteil" in einer Prozeßsache „fällen" oder wenn sich (vgl. *Dürrenmatt* Der Richter und sein Henker) ein pensionierter Richter, ein im Ruhestand befindlicher Staatsanwalt und ein aus dem Berufsleben ausgeschiedener Rechtsanwalt regelmäßig zusammenfinden, um mit einem Gast als Beschuldigten „Strafprozesse" durchzuführen, oder wenn ein bloßer Urteilsentwurf als Urteil behandelt wird. Diese Fälle interessieren hier nicht. Von Scheinurteilen wird gesprochen, wenn staatliche Organe reine Schauprozesse veranstalten, d.h. nur äußerlich und zum Schein ein gerichtliches Verfahren durchgeführt wird, während es sich in Wahrheit bei dem „Urteil" um die Verhängung reiner Willkürmaßnahmen handelt (vgl. BGHSt. **2** 173; **10** 300; KG NJW **1954** 1901 – sog. Waldheimer Urteile). Von einem „bloßen Scheinurteil" spricht aber auch BGH NJW **1964** 1568, 1569, wenn es „im Rechtssinn überhaupt nicht verlautbart" ist. So gesehen liegt ein bloßes Scheinurteil auch vor, wenn eine Entscheidung an einer nicht behebbaren Unbestimmtheit leidet, z. B. ein Strafbefehl gegen zwei bestimmt bezeichnete Personen eine **einzige Geldstrafe** festsetzt, da auch bei Eintritt formeller Rechtskraft die völlige Unbestimmtheit seines Inhalts nicht behebbar wäre (vgl. OLG Karlsruhe MDR **1974** 955 m. w. Nachw. betr. einen Bußgeldbescheid solchen Inhalts, wo dem Verfahren aktenmäßig durch Einstellung nach § 46 Abs. 1 OWiG, § 206 a StPO ein Ende bereitet wurde).

b) Nach *Roeder* Die Begriffsmerkmale des Urteils im Strafverfahren, ZStW **79** (1967) 250, 294, 303 ist die Frage des nichtigen Urteils ein **bloßes Scheinproblem;** es gibt nur das Urteil („Strafurteil ist eine unter Mitwirkung mindestens eines mit Strafgerichtsbarkeit ausgestatteten, funktionell zuständigen Organes auf Grund einer vorausgegangenen mündlichen Verhandlung gefällte und in der Gerichtssprache verkündete Entscheidung über das Bestehen oder Nichtbestehen eines staatlichen Straf- oder Sicherungsanspruchs") und das **Nichturteil,** wobei auch das Strafurteil zum „Nichturteil" wird, wenn es lautet 1. auf völlig unbestimmte oder vom Gesetz nicht vorgesehene Strafen, 2. auf Unrechtsfolgen gegen eine vom Gesetz der inländischen Strafgerichtsbarkeit entzogene Person und 3. auf eine bereits rechtskräftig abgeurteilte Tat". Dem kann in dieser Allgemeinheit nicht beigepflichtet werden. In den nachfolgenden Ausführungen werden „nichtig, „unbeachtlich" und „unwirksam" als synonyme Begriffe gebraucht.

c) Nicht erörtert wird das Problem der Nichtigkeit (Unwirksamkeit) des von der **Verwaltungsbehörde erlassenen Bußgeldbescheids.** Es ist lediglich zu bemerken, daß hier vielfach bei „völliger sachlicher" Unzuständigkeit der den Bußgeldbescheid erlassenden Behörde dessen Unwirksamkeit angenommen wird (OLG Hamm JMBlNRW **1975** 71; *Göhler* 48 zu § 36 OWiG), wobei dann zweifelhaft ist, wann eine „völlige" Unzuständigkeit vorliegt, während bei örtlicher Unzuständigkeit diese Wirkung verneint wird (OLG Hamm aaO.). Wegen der Bedeutung eines vom Amtsgericht erlassenen Bußgeldbescheids s. Fußn. 3.

delt und die Wiederaufnahmegründe der Nr. 1 bis 4 des § 359 außer Betracht gelassen werden, der Beibringung neuer Tatsachen oder Beweismittel, die eine dem Verurteilten wesentlich günstigere Entscheidung zu begründen geeignet sind (§ 359 Nr. 5). Liegen die Voraussetzungen der Wiederaufnahme wegen fehlender Neuheit von Tatsachen oder Beweismitteln, die für die Unrichtigkeit des Urteils ins Feld geführt werden, nicht vor, so sind, soweit nicht ausnahmsweise eine Verfassungsbeschwerde (§ 93 BVerfGG) in Betracht kommt und zum Erfolg führt, Mängel des Urteils durch den Eintritt der formellen Rechtskraft nach der Grundidee der StPO „geheilt". Das gleiche gilt, wenn die Unrichtigkeit des Urteils auf Verfahrensverstößen oder auf unrichtiger Anwendung des Rechts auf die festgestellten Tatsachen beruht. Das erfordert die Rechtssicherheit: jedes Verfahren muß einmal ein Ende haben.

2 **II.** Es fragt sich aber, ob es nicht doch **Mängel von solcher Schwere** gibt, daß es auch bei Berücksichtigung der Belange der Rechtssicherheit und Rechtsgewißheit und des öffentlichen Vertrauens in die Rechtsbeständigkeit rechtskräftiger Urteile vom Standpunkt der Gerechtigkeit schlechthin unerträglich wäre, den Spruch als unabänderlich wirksam hinzunehmen, soweit nicht die Gnade für Abhilfe sorgt. Bejaht man dies, so fragt sich weiter, ob die Lücke, daß das Gesetz für die Beseitigung solcher fehlsamer Urteile ein förmliches Verfahren nicht vorsieht[2], dadurch auszufüllen ist, daß dem Urteil die rechtliche Wirksamkeit abgesprochen wird, dergestalt, daß die Unbeachtlichkeit (Nichtigkeit) überall und von jedermann, wo aus dem Urteil Folgerungen gezogen werden sollen, formlos geltend gemacht werden könnte. Es wäre dann etwa die Vollstreckungsbehörde, falls sie Nichtigkeit annimmt, in eigner Zuständigkeit und Verantwortung berechtigt und verpflichtet, von der Vollstreckung eines solchen Urteils abzusehen, so daß sie nur dann zur Einholung einer gerichtlichen Entscheidung nach § 458 genötigt wäre, wenn sie den auf die Nichtigkeit des Urteils gestützten Einwendungen des Verurteilten gegen die Zulässigkeit der Strafvollstreckung nicht Raum gäbe (vgl. Anm. 5 zu § 458). Oder es könnte in einem Strafverfahren gegen denjenigen, der dem rechtskräftig Verurteilten beistand, um ihn der Vollstreckung der Strafe zu entziehen, der Angeklagte mit der Begründung freigesprochen werden, ein vollstreckbarer Strafanspruch habe nicht bestanden, weil das Urteil wegen schwerster Mängel nichtig (unbeachtlich) sei.

3 In der Tat gibt es wenigstens **einen** Fall, in dem die Nichtigkeit eines Strafurteils mit den bezeichneten Folgen fast allgemein anerkannt ist, nämlich beim **Fehlen der Gerichtsunterworfenheit** (Kap. 12, 12); über außerstrafrechtliche Beispielsfälle s. BGH NJW **1959** 723 betr. Übergriff des Gerichts der freiwilligen Gerichtsbarkeit in das Gebiet der streitigen Gerichtsbarkeit, ferner betr. Übergriffe deutscher Gerichte in die ausschließliche Streitentscheidungsbefugnis des Europäischen Gerichtshofs *Lutter* ZZP **86**

---

[2] Art. 19 Abs. 4 GG bildet keine Grundlage, gegen solche Entscheidungen anzugehen. Denn Art. 19 Abs. 4 GG eröffnet keinen neuen Rechtsweg gegen Gerichtsentscheidungen, weil zur öffentlichen Gewalt i. S. dieser Bestimmung die Rechtsprechung nicht gehört. Art. 19 Abs. 4 gewährt Schutz durch den Richter, nicht gegen ihn (BVerfGE **4** 74, 96; BGHSt. **13** 113; **15** 73; *Maunz-Dürig-Herzog* 17 c zu Art. 19).

115 m. Nachw.[3] **Darüber hinaus** wird in Rechtsprechung und Schrifttum die Möglichkeit, daß eine Entscheidung (Urteil oder Beschluß) auch in anderen Fällen wegen schwerster Mängel — wenn auch unter deren Begrenzung „auf den allerengsten Raum" — unheilbar nichtig sein könne, im Grundsatz weithin bejaht (vgl. u. a. RGSt. **40** 273; **71** 378; **72** 78; **75** 59; BGH MDR **1954** 400; JZ **1963** 289; BGHZ **42** 360, 363; KG NJW **1954** 1901; JR **1955** 350; OLG Oldenburg JW **1931** 2389; OLG Bremen JZ **1958** 546; *Müller-Sax* Einl. 10 b; *Beling* 202; *Gerland* 294; *v. Hippel* 375; *Eb. Schmidt* Lehrkomm. I 253 ff.; Vorbem. 5 vor § 359; *Peters* 449; *Henkel* 257; *Spendel* ZStW **67** [1955] 561 und JZ **1958** 547; *Heinitz* JZ **1963** 133; *Schneider* MDR **1956** 465; *Luther* ZStW **70** [1958] 87; *Roeder* ZStW **79** [1967] 250; *Kleinknecht* Einl. 4 F a; *Peters* Festschrift für *Kern* [1968] 338; *Kern-Roxin* § 51 C; für den Bußgeldbescheid nach dem OWiG OLG Hamm JMBlNRW **1975** 71; *Göhler* 17 H zu § 66).

Die Stimmen, die die **Unwirksamkeit allgemein** verneinen, treten an Zahl zu- **4**
rück (vgl. u. a. *v. Kries*, Lehrb. [1892] 708, 761; *Niethammer* S. 61 der 20. Auflage dieses Werkes; *Sarstedt* JR **1955** 371; *Grünwald* ZStW **76** [1964] 250 und Beiheft zur ZStW **86** [1974] 123 ff.; *Geppert* GA **1972** 182 Fußn. 134; für den Bußgeldbescheid *Rebmann-Roth-Herrmann* 16 ff. zu § 66 OWiG).

Soweit nicht die Nichtigkeit auf bestimmte Fallgruppen beschränkt wird — im **5**
Vordergrund steht dabei die Verletzung des Grundsatzes ne bis in idem — werden in der Regel **die Voraussetzungen der Nichtigkeit** mit allgemeinen Wendungen umschrieben, etwa, es müsse sich um einen so groben Mangel handeln, daß das Urteil in keiner Weise den Vorschriften und dem Geist der Rechtsordnung entspräche (RGSt. **72** 78); es müsse das Urteil derart aus dem Rahmen der Strafprozeßordnung herausfallen und ihrem Geist widersprechen, daß es als schlechthin nichtig angesehen werden müßte (RGSt. **75** 59); die gewollten Wirkungen der Entscheidung müßten vom Standpunkt unseres Rechts aus nicht denkbar sein, oder die Entscheidung müsse mit den Grundprinzipien unserer rechtsstaatlichen Ordnung im Widerspruch stehen und der Mangel für einen verständigen Beurteiler offenkundig sein (*Kleinknecht* Einl. 4 F a), oder es müsse an einer Norm für einen Spruch gänzlich fehlen usw.

III. Geltendmachung der Nichtigkeit vor formeller Rechtskraft. Liegen solche **6**
schwersten Mängel vor, dann soll — so wird z. T. gelehrt — die Frage der Nichtigkeit nicht erst praktisch werden, wenn die Entscheidung formell rechtskräftig geworden ist. Da ein nichtiges Urteil Rechtskraftwirkung nicht erlangen könne, ist es nach dieser Auffassung ohne Bedeutung, ob sich der Betroffene darum bemüht, durch Ergreifung zur Verfügung stehender Rechtsbehelfe auf eine förmliche Aufhebung oder Abänderung

---

3 OLG Hamm NJW **1970** 1805 und JMBlNRW **1975** 71 bezeichnet einen vom Strafrichter (statt von der Verwaltungsbehörde) erlassenen Bußgeldbescheid als „nichtig". Ob das in dieser Allgemeinheit zutrifft, läßt sich bezweifeln. Beantragt z. B. die Staatsanwaltschaft einen Strafbefehl wegen einer Verkehrsstraftat, und sieht der Richter nur eine Verkehrsordnungswidrigkeit als gegeben an, so handelt er zwar gesetzwidrig, wenn er als Ergebnis seiner Prüfung der in dem Strafbefehlsantrag bezeichneten Tat unter dem rechtlichen Gesichtspunkt einer Ordnungswidrigkeit (§ 82 OWiG) einen auf Bußgeld lautenden Strafbefehl (und gar unter der Bezeichnung als Bußgeldbescheid) erläßt (*Göhler* 42 B zu § 82). Wenn der Betroffene aber keinen Einspruch einlegt, so bleibt die Frage, ob wirklich ein schwerster Mangel vorliegt, der Unwirksamkeit zur Folge hat. Im allgemeinen wird sich ja der Betroffene nicht schlechter stehen, als wenn das Amtsgericht den Staatsanwalt zur Zurücknahme des Strafbefehlsantrags veranlaßt und dieser die Sache an die Verwaltungsbehörde abgibt, die dann einen Bußgeldbescheid veranlaßt, den der Betroffene mit Einspruch angreift.

der Entscheidung hinzuwirken. Es sei zwar zulässig und im Interesse einer alsbaldigen förmlichen Bereinigung auch zweckmäßig, von den zulässigen Rechtsmitteln und Rechtsbehelfen Gebrauch zu machen, die Geltendmachung der Nichtigkeit sei aber auf diesen Weg nicht beschränkt. Diese Auffassung ist aber mit zwingenden Bedürfnissen der Rechtssicherheit und einer geordneten Rechtspflege unvereinbar (so schon *Goldschmidt*, Prozeß 501 f.). Gewiß sollte jedenfalls sein, daß, wo die Gesetzgebung zur Geltendmachung von bestimmten erheblichen rechtlichen Mängeln eines rechtskräftigen Urteils außerordentliche Rechtsbehelfe zur Verfügung stellt (Rdn. 10), in diesem Bereich von einer Nichtigkeit des Urteils, die vor oder nach Eintritt der formellen Rechts-Kraft auch auf andere Weise formlos geltend gemacht werden könnte, keinesfalls gesprochen werden kann.

7 **IV. Einzelergebnisse der Rechtsprechung.**

1. Grundsätzliche Haltung der Rechtsprechung. Die Rechtsprechung hat zwar im Grundsatz die Möglichkeit nichtiger Urteile für „ganz seltene Ausnahmefälle" (BGHZ **42** 360, 363) bejaht; mitunter werden auch Beispielsfälle „besonders schwerer Mängel, die ausnahmsweise zur Unwirksamkeit führen", genannt (so BGH JZ **1963** 289: Entscheidung durch ein Nichtgericht, fehlende Verlautbarung, fehlende Gerichtsbarkeit, inhaltliche Unmöglichkeit). Wo indessen in der Rechtsprechung die Frage der Nichtigkeit im Einzelfall zur Entscheidung stand, ist sie durchweg — häufig im Gegensatz zu Auffassungen des Schrifttums — verneint worden, und zwar bei den im Vordergrund des Interesses stehenden Verfahrensmängeln mit der Begründung, daß es sich im Vergleich mit Verfahrensverstößen, die die Strafprozeßordnung nur als absolute Revisionsgründe wertet (§ 338 StPO), nicht um so schwerwiegende Mängel handele, daß ein darauf beruhendes Urteil aus ihrem Rahmen herausfalle. So ist z. B. die Nichtigkeit eines Urteils verneint worden, das entgegen der Vorschrift des § 173 Abs. 1 GVG nicht öffentlich verkündet wurde (RGSt. **71** 381), das gegen einen Auslieferungsvertrag verstieß (RGSt. **72** 78) oder unter Nichtbeachtung einer Amnestie erging (KG DStR **1937** 165; OLG München SJZ **1950** 623; Bremen NJW **1951** 123). Das gleiche muß dann gelten, wenn das Verfahren zu Unrecht durch Urteil wegen Eingreifens einer Amnestie eingestellt wird (anders noch RGSt. **54** 11 auf der inzwischen überholten Grundlage, daß es sich bei der Prüfung der Niederschlagung nicht um eine echte Entscheidung über das Vorliegen eines Verfahrenshindernisses, sondern um die aktenmäßige Konstatierung einer ipso iure eingetretenen Verfahrensbedingung handele; Kap. 12, 77). Verneint wird die Nichtigkeit von Strafurteilen, die in Überschreitung der sachlichen Zuständigkeit ergingen, z. B. eines amtsgerichtlichen Urteils, das entgegen § 24 Abs. 2 GVG auf eine Freiheitsstrafe von mehr als drei Jahren oder auf Sicherungsverwahrung erkennt. Namentlich wurde von je her verneint die Unwirksamkeit von Urteilen der Erwachsenengerichte gegen Jugendliche und Herwanwachsende oder der Jugendgerichte gegen Erwachsene (Kap. 12, 136). Die gleichen Grundsätze gelten für den rechtskräftigen amtsrichterlichen Strafbefehl: er ist nicht unwirksam, weil die festgesetzte Strafe zugunsten oder zuungunsten des Beschuldigten von dem Antrag des Staatsanwalts abweicht (Anm. 3 c zu § 408), weil — in Überschreitung der für diese Verfahrensart gesetzten sachlichen Grenzen — die geahndete Tat ein Verbrechen darstellt (Verstoß gegen § 407 Abs. 1), oder weil unter Verletzung des § 407 Abs. 2 eine Freiheitsstrafe oder eine nicht zugelassene Maßregel der Besserung und Sicherung angeordnet wurde, oder weil schließlich der Strafbefehl unter Verstoß gegen §§ 79, 104 JGG gegen einen Jugendlichen oder einen dem Jugendstrafrecht unterliegenden Heranwachsenden erging (BayObLG NJW **1957** 838).

2. Auch die Entscheidung eines **funktionell unzuständigen Gerichts** ist nicht als unwirksam angesehen worden, so z. B. nicht ein Beschluß, durch den das Gericht des ersten Rechtszugs die Wiedereinsetzung gegen die Versäumung der Frist zur Einlegung des Rechtsmittels gewährt, während diese Entscheidung nach § 46 allein dem Rechtsmittelgericht zusteht (RGSt. **40** 271)[4] oder ein rechtskräftiger Beschluß, durch den das Gericht des 1. Rechtszuges, nachdem es unter Übersehung des Eingreifens einer Amnestie ein verurteilendes Erkenntnis erlassen hatte, seinen Fehler erkennend unter Berufung auf die Vorschrift des betreffenden Amnestiegesetzes, die die Einstellung anhängiger Verfahren gestattete, das Verfahren einstellte (RGSt. **75** 56) oder schließlich — unter der Herrschaft des OWiG 1952 — ein Beschluß, durch den im gerichtlichen Bußgeldverfahren das Amtsgericht eine Rechtsbeschwerde wegen Frist- oder Formmangels als unzulässig verwarf, obwohl diese Entscheidung nach § 56 Abs. 4 OWiG 1952 nur das Oberlandesgericht treffen durfte (KG JR **1955** 350). Von diesem Standpunkt aus ist nicht zu billigen OLG Hamm NJW **1971** 1623, wo das Oberlandesgericht seinen die Revision gemäß § 349 Abs. 2 verwerfenden Beschluß zurücknahm, nachdem es erkannt hatte, daß zuständiges Revisionsgericht nicht das Oberlandesgericht, sondern der Bundesgerichtshof war (ablehnend auch *Jauernig* NJW **1971** 1819; *Geppert* GA **1972** 165). 8

3. Auch **Mängel in der Person des Richters** machen die Entscheidung nicht unwirksam. So verneinte OLG Frankfurt NJW **1954** 207 die Unwirksamkeit einer Entscheidung, die ein Gerichtsreferendar, dem nach damaligem Recht (§ 10 a. F. GVG) nur bestimmte richterliche Aufgaben übertragen werden konnten, unter Überschreitung seines Auftrags oder unter Übergriff in den Bereich nicht übertragbarer Aufgaben gefällt hatte. Dem ist (für die damalige Rechtslage) zuzustimmen[5]. Denn selbst die Entscheidung eines Richters, bei dessen Anstellung infolge falscher Angaben unerkannt blieb, daß ihm die Befähigung zum Richteramt (§ 5 DRiG) fehlt, ist nicht nichtig. Die Anstellung ist zwar (ggf. auf Grund richterlicher Entscheidung) zurücknehmbar (§§ 19, 62, 78 DRiG). Damit steht aber nur fest, daß das erkennende Gericht nicht vorschriftsmäßig besetzt war (§ 338 Nr. 1), und dieser Fehler verliert mit Rechtskraft des Urteils seine Bedeutung, da die Strafprozeßordnung — anders als § 579 Abs. 1 Nr. 1 ZPO — darin keinen Wiederaufnahmegrund sieht. Dann können aber auch keine Be- 9

---

[4] Diese Entscheidung folgerte aus der Unanfechtbarkeit des die Wiedereinsetzung gewährenden Beschlusses (§ 46 Abs. 2) dessen „Rechtskraft", die auch der vom unzuständigen Gericht erlassenen Entscheidung zukomme (vgl. dazu Anm. II 1 zu § 46; OLG Braunschweig GA **1974** 152). Im Gegensatz dazu hat sich für das zivilprozessuale Verfahren wie auch für das der freiwilligen Gerichtsbarkeit die Auffassung durchgesetzt, daß gegen einen nach gesetzlicher Vorschrift unanfechtbaren Beschluß eine Beschwerde dann zugelassen werden müsse, wenn die Entscheidung jeder gesetzlichen Grundlage entbehre und inhaltlich dem Gesetz fremd sei, insbesondere wenn eine Entscheidung dieser Art oder dieses Inhalts oder dieser Stelle oder auf Grund eines derartigen Verfahrens im Gesetz überhaupt nicht vorgesehen sei (BGH JZ **1958** 482). S. noch BayObLG NJW **1961** 1982 zur Frage der Wirkung eines Beschlusses, durch den der unzuständige Tatrichter das Gesuch um Wiedereinsetzung gegen die Versäumung der Revisionsbegründungsfrist ablehnend beschieden hat.

[5] Vergleichbare Fälle sind in § 8 des Rechtspflegergesetzes vom 5. 11. 1969 (BGBl. I 2065) ausdrücklich geregelt. Nimmt ein Richter ein Geschäft wahr, das dem Rechtspfleger übertragen ist, so wird nach § 8 Abs. 1 die Wirksamkeit des Geschäfts hierdurch nicht berührt, d. h. die Überschreitung der richterlichen Zuständigkeit kann nicht einmal zur Aufhebung der Entscheidung im Rechtsmittelzug führen. Weist der Richter durch förmliche Entscheidung (§ 7) dem Rechtspfleger ein richterliches Geschäft zu, das nach dem Gesetz nicht übertragen werden kann, so ist dieses vom Rechtspfleger wahrgenommene Geschäft wirksam, weil es durch die richterliche Entscheidung gedeckt ist (§ 8 Abs. 4 Satz 2 RPflg.).

denken gegen die Wirksamkeit eines rechtskräftigen Urteils daraus hergeleitet werden, daß bei der Urteilsfällung ein geisteskranker oder ein kraft Gesetzes ausgeschlossener Richter mitgewirkt hat. Wenn das Gesetz dem Mangel der gesetzlichen Anstellungsvoraussetzungen keine Bedeutung für die Wirksamkeit der von dem Betroffenen erlassenen Amtshandlungen beimißt, so deshalb, weil die Rechtssicherheit es nicht zuläßt, die Wirksamkeit der vom Staat eingesetzten und unter staatlicher Autorität tätigen Organe im Hinblick auf die nachträglich — mitunter nach sehr langer Zeit — hervortretenden in ihrer Person liegenden Umstände in Zweifel zu ziehen, die im Zeitpunkt der Amtshandlung nicht erkennbar waren. Das gilt aber auch für Fälle der Ausschließung und der Geisteskrankheit des Richters. Die Frage, ob ein Richter kraft Gesetzes von der Ausübung des Richteramtes ausgeschlossen sei, bedarf regelmäßig einer eingehenden Untersuchung, bei der schwierige Rechtsfragen, wie die nach dem Begriff des Verletzten, zu lösen sind. Die Frage, ob Geisteskrankheit einen Richter unfähig gemacht habe, den Gegenstand der Klage zu erforschen und über ihn zu entscheiden, taucht immer nur dann auf, wenn das Leiden so verborgen war, daß es sich den mit dem Richter zusammenarbeitenden Menschen nicht rechtzeitig anzeigte; dann liegt aber der dem Urteil anhaftende Mangel nicht so offen zutage, daß jedermann zu jeder Zeit, also insbesondere auch ein Amtsträger, der im Sinne des § 258 a StGB zur Mitwirkung bei der Vollstreckung berufen ist, in der Lage sein und das Recht haben könnte, auf Grund seiner Ansicht zu erklären, das Urteil gelte nicht und sei nicht zu verwirklichen.

10 4. Die vielerörterte Frage, ob eine Entscheidung unwirksam sei, **die gegen den Satz ne bis in idem verstößt,** ist bereits in anderem Zusammenhang erörtert worden (Kap. 11, 34; Kap. 12, 56 ff.). Hier verneint die Rechtsprechung — entgegen Stimmen im Schrifttum — im allgemeinen die Unwirksamkeit des mit diesem Mangel behafteten späteren Urteils jedenfalls dann, wenn der Verstoß sich innerhalb desselben Verfahrens ereignet, also wenn unter Übersehung der bereits eingetretenen Rechtskraft oder Teilrechtskraft des ersten Urteils das Rechtsmittelgericht (oder trotz Rechtskraft des Strafbefehls auf verspäteten Einspruch hin das Amtsgericht) erneut entscheidet. Ist der Angeklagte dadurch beschwert, so kann er gegen die zweite rechtskräftige Entscheidung mit der Verfassungsbeschwerde (Art. 103 Abs. 3 GG, § 90 BVerfGG) angehen, die, wenn das Bundesverfassungsgericht sie als durchgreifend ansieht, zur Aufhebung der Entscheidung führt (§ 95 BVerfGG). Die Eröffnung dieses Weges schließt die Annahme einer ipso iure eintretenden Urteilsnichtigkeit ohne weiteres aus. Aber auch wenn trotz einer vorausgegangenen rechtskräftigen Aburteilung dieselbe Sache in einem selbständigen Verfahren erneut abgeurteilt wird, ist das spätere Urteil nicht unwirksam, sondern unterliegt — gleichviel ob es für den Angeklagten günstiger oder ungünstiger ist als das zuerst rechtskräftig gewordene Urteil — der Beseitigung im Wege der Wiederaufnahme des Verfahrens (§ 359 Nr. 5), wenn die Tatsache der vorausgegangenen Aburteilung dem Gericht unbekannt war; auch hier ist außerdem die Verfassungsbeschwerde gegeben.

11 V. Soweit es sich um die **Verurteilung auf Grund einer kraß fehlerhaften Anwendung des sachlichen Strafrechts** handelt, sind Rechtsprechung und Schrifttum geneigt, Urteilsnichtigkeit anzunehmen, wenn es an einer Norm für den Spruch überhaupt fehlt (so z. B. OLG Bremen JZ **1958** 546)[6]. Das klingt auf den ersten Blick einleuchtend;

---

[6] Die Fälle, die **Veranlassung zur Aufstellung des Satzes** gaben, lagen im allgemeinen so, daß das **Rechtsmittel auf die Straffrage beschränkt** war und das Rechtsmittelgericht zu dem Ergebnis kam, daß offensichtlich nach den tatsächlichen Feststellungen ein Strafgesetz, auf das der Straf-

die Bedenken ergeben sich aber bei näherer Prüfung an Hand praktisch denkbarer Fälle, was unter dem gänzlichen Fehlen einer Norm zu verstehen ist. Gehört hierher z. B. die Verurteilung auf Grund einer nichtigen Norm (KG JW **1932** 1774) oder auf Grund eines Gesetzes, das — infolge Hinausschiebung des Zeitpunkts seines Inkrafttretens — im Zeitpunkt der Verurteilung überhaupt noch nicht in Kraft getreten war? Auch die Verurteilung auf Grund eines Gesetzes, das zur Tatzeit noch nicht erlassen (entgegen Art. 103 Abs. 2 GG, § 2 Abs. 1 StGB) oder zur Zeit der Tat bereits aufgehoben war oder infolge Aufhebung nach Tatbegehung zur Zeit der Aburteilung nicht mehr galt (entgegen § 2 Abs. 2 StGB)? Fällt hierunter die — von *Spendel* ZStW **67** 561 und JZ **1958** 547

---

ausspruch gestützt werden könnte, nicht verletzt sei, so wenn infolge eines offensichtlichen Versehens die Verurteilung wegen Versuchs einer Tat erfolgt ist, obwohl der Versuch der Tat im Gesetz nicht mit Strafe bedroht ist (z. B. bei Verurteilung wegen versuchter Beleidigung). Hier fragt sich zunächst, ob die Beschränkung der Nachprüfungsbefugnis des Rechtsmittelgerichts auf den angefochtenen Teil (§§ 318, 327, 344, 352) lediglich eine prozessuale Bindung darstellt, über die sich das Rechtsmittelgericht ausnahmsweise in dem zur Vermeidung eines ersichtlich ungerechten Urteils erforderlichen Maß hinwegsetzen darf oder ob die „Teilrechtskraft" eine echte materielle Rechtskraft mit Verzehrwirkung bezüglich des Schuldspruchs darstellt, so daß der Satz ne bis in idem (Art. 103 Abs. 3 GG) einer erneuten Befassung mit dem Schuldspruch entgegensteht. Nur vom Standpunkt der letzteren Auffassung kann sich das Problem ergeben, ob das Rechtsmittelgericht nur dadurch zu der dem sachlichen Recht entsprechenden Freistellung kommen kann, daß es den Schuldspruch als nichtig ansieht. Die Rechtsprechung legt der (durch Beschränkung der Anfechtung oder der Aufhebung des Urteils auf den Strafausspruch eingetretenen) Rechtskraft des Schuldausspruchs allerdings Verzehrwirkung hinsichtlich der Schuldfrage bei. Eine im Verfahren zum Strafausspruch hervortretende Änderung der tatsächlichen Grundlagen des Schuldspruchs (des Hervortretens der Schuldunfähigkeit zur Tatzeit, oder einer anderen Schuldform) berührt – unbeschadet der Möglichkeit einer Wiederaufnahme des Verfahrens – im anhängigen Verfahren nicht die Strafbarkeit der Tat, sondern läßt nur eine Berücksichtigung im Rahmen der Strafzumessung zu (BGHSt. 7 282).

Eine andere Frage ist aber, welche Folgerungen das Gericht **beim Strafausspruch aus einem durch falsche Anwendung des sachlichen Rechts fehlerhaften Schuldspruchs,** den es hinnehmen muß, zu ziehen hat. Es ist nicht denkgesetzlich notwendig, aus der Rechtskraft des Schuldspruchs herzuleiten, daß eine Strafe auf jeden Fall ausgesprochen werden müsse, also etwa zwangsläufig bei rechtskräftigem Schuldspruch wegen versuchter Beleidigung mindestens auf die gesetzliche Mindeststrafe der vollendeten Beleidigung zu erkennen sei. Jedenfalls ist eine solche Folgerung nicht mehr zwingend, seitdem das Gesetz das Absehen von Strafe (freilich normalerweise nur in dem im materiellen Recht vorgesehenen Umfang) in leichtesten Fällen trotz rechtskräftiger Schuldfeststellung kennt (§ 260 Abs. 4 Satz 4). Die **Figur des Absehens von Strafe** in Fällen, in denen der rechtskräftige Schuldspruch inhaltlich keinen gesetzlichen Strafrahmen eröffnet, aus dem die Strafe entnommen werden kann, **rechtsanalog** anzuwenden erscheint zulässig und angemessen. Dieser Weg würde die widersprüchlichen Gedanken, dem rechtskräftigen Schuldspruch Anerkennung zu zollen, aber nur eine Strafe zu verhängen, die im Gesetz vorgesehen ist, angemessen versöhnen und schon deshalb den Vorzug vor der Lösung von *Spendel* ZStW **67** (1955) 561 verdienen, daß das Rechtsmittelgericht unter Feststellung der Nichtigkeit den „nur faktisch vorhandenen" Urteilsspruch zu beseitigen und den Angeklagten freizusprechen habe. Gegen die Annahme einer Nichtigkeit des teilrechtskräftigen Urteils erhebt sich im übrigen der schwerwiegende Einwand, warum die Bindung des über die Straffrage entscheidenden Richters an den rechtlich falschen Schuldspruch unerträglicher sein soll als die Bindung an den „nur" tatsächlich falschen Schuldspruch.

Aber selbst, wenn man dem Gedanken einer Unbeachtlichkeit des rechtskräftigen Schuldspruchs, der das „Schuldig" wegen einer im Gesetz nicht mit Strafe bedrohten Handlung ausspricht, in dem Sinn Raum gibt, daß das Rechtsmittelgericht nicht verpflichtet sei, den falschen Schuldspruch durch einen Strafausspruch zu zu vervollständigen, so ergeben sich daraus keine Folgerungen für die Behandlung des Falles, daß ein **rechtskräftiges Vollurteil** vorliegt, **dessen Strafaus-**

hervorgehobene — Verurteilung wegen Versuchs einer Tat, wenn der Versuch nicht mit Strafe bedroht ist, z. B. wegen versuchter Beleidigung (vgl. RMilG **8** 115, 127) oder (nach früherem Recht) wegen versuchter Übertretung (vgl. BayObLGSt. **17** 113, 115)? Wie steht es, wenn zwar der Schuldspruch rechtlich einwandfrei ist, aber die **erkannte Strafe dem Gesetz widerspricht?** Es kann freilich kein Zweifel bestehen, daß ein Urteil nichtig wäre, das auf eine dem Strafensystem unbekannte Strafe (Todesstrafe, Prügelstrafe) lautet (BGH bei *Dallinger* MDR **1954** 400); das aber gehört nur dem Bereich der Phantasie an[7]. Wie aber bei Überschreitung des gesetzlichen Höchstmaßes der Strafart (zeitige Freiheitsstrafe von 20 Jahren) oder der bei der Deliktsart zulässigen Höchststrafe (Freiheitsstrafe von mehr als zwei Jahren, wenn die Höchststrafe zwei Jahre beträgt)? Oder auch bei Unterschreitung der zulässigen Strafart, z. B. bei Verurteilung zu zwei Wochen Freiheitsstrafe (entgegen § 38 Abs. 2 StGB)? Wie, wenn gegen einen zur Tatzeit Jugendlichen Erwachsenenstrafrecht angewendet und er mit Erwachsenenfreiheits- oder Geldstrafe bestraft, wenn ein zur Tatzeit wegen kindlichen Alters Schuldun-

---

spruch durch den gesetzwidrigen Schuldspruch nicht getragen wird (etwa bei Verurteilung wegen versuchter Beleidigung zu einer Strafe im Rahmen des § 185 StGB). Es wäre offenbar verfehlt, von einer Unbeachtlichkeit des Schuldspruchs bei Teilrechtskraft auf die Unbeachtlichkeit des Vollurteils zu schließen. Denn zunächst würde jene Unbeachtlichkeit nur für das Rechtsmittelgericht gelten, während eine Unbeachtlichkeit des Vollurteils darin bestünde, daß jedermann die Unbeachtlichkeit in jeder Form und zu jeder Zeit geltend machen könnte. Andererseits ist die Rechtskraftwirkung eines Schuldspruchs bei Teilrechtskraft gegenüber der eines Vollurteils sehr begrenzt. Der rechtskräftige Schuldspruch ist ein Torso, der rechtliche Bedeutung erst mit seiner Vervollständigung durch einen rechtskräftigen Strafausspruch gewinnt. Dieser Vervollständigung durch die Entscheidung des Rechtsmittelgerichts aber können z. B. Verfahrenshindernisse entgegenstehen, die bei der im Strafausspruch angefochtenen erstinstanzlichen Aburteilung übersehen worden oder erst nach dieser eingetreten sind oder auch ein Wechsel der Gesetzgebung (§§ 206 b, 354 a), während das Übersehen von Verfahrenshindernissen oder ein Wechsel der Gesetzgebung den Bestand des rechtskräftigen Vollurteils nicht berührt. Es bedarf also auch vom Standpunkt derjenigen aus, die Unbeachtlichkeit des rechtskräftigen Schuldspruchs für das Rechtsmittelgericht annehmen, wenn eine dem sachlichen Recht unbekannte Schuldfeststellung getroffen ist, einer gesonderten Prüfung, ob auch gegenüber einem rechtskräftigen auf Strafe lautenden Urteil der Vorwurf der Unbeachtlichkeit wegen Fehlens einer die Verurteilung rechtfertigenden Norm erhoben werden kann. Verneinend z. B. *Jauernig* NJW **1960** 1885, der Nichtigkeit des Urteils wegen Fehlens einer den Spruch tragenden materiellrechtlichen Norm schlechthin ablehnt.

7 Nicht hierher gehört der Fall, daß **kurz nach einer Gesetzesänderung** der Richter in Unkenntnis des neuen Rechts – leider kein Phantasiegebilde; nach dem 1. 1. 1975 besaßen z. T. die Richter nicht einmal die Texte der kurz vorher erlassenen Gesetze – noch nach altem Recht judiziert. Hier bieten sich legale Mittel der Korrektur. Wenn z. B. im Widerspruch zu den Vorschriften des 1. Strafrechtsreformgesetzes vom 25. 6. 1969 nach dem 1. 4. 1970 auf Zuchthausstrafe erkannt worden wäre, so wäre ein solches Urteil notfalls gemäß § 458 dahin zu berichtigen gewesen, daß auf Freiheitsstrafe von gleicher Dauer erkannt ist. Wäre damals versehentlich auf dem neuen Recht nicht mehr bekannte Nebenstrafen und Sicherungsmaßregeln (Aberkennung der bürgerlichen Ehrenrechte, Eidesunfähigkeit, Unterbringung im Arbeitshaus) erkannt und das Urteil rechtskräftig geworden, so müßte die Überlegung durchgreifen, daß ein solches per nefas ergangenes Urteil nach dem Inkrafttreten des 1. StrRG keine weitergehenden Wirkungen entfalten könnte, als sie einem früheren Urteil, in dem nach dem damals geltenden Rechtszustand zu Recht auf diese Nebenstrafen und Sicherungsmaßregeln erkannt wurde, nach Art. 90 bis 92 des 1. StrRG zukämen. In gleicher Weise wäre der Fall zu behandeln, daß kurz nach dem 1. 1. 1975 noch auf Polizeiaufsicht erkannt wäre; dem Urteil wäre insoweit die Wirkung in gleicher Weise abzusprechen, wie nach Art. 304 EGStGB ein vor dem 1. 1. 1975 ergangener, auf Zulässigkeit von Polizeiaufsicht lautender Ausspruch seine Wirkung verliert. Wenn man will, kann man von einer analogen Anwendung dieser Vorschriften sprechen.

fähiger (§ 19 StGB) mit Jugendstrafe bestraft oder mit Jugendarrest belegt, wenn gegen einen zur Tatzeit Erwachsenen eine Maßnahme des Jugendstrafrechts verhängt wird? Liegt der Fall anders, als wenn ein zur Tatzeit jugendlicher Verwandter absteigender Linie unter Übersehung der Altersgrenze entgegen § 173 Abs. 3 StGB wegen Beischlafs zwischen Verwandten bestraft wird? Wie schließlich, wenn auf eine Rechtsfolge der Tat (Nebenstrafe oder Nebenfolge oder eine Maßregel der Besserung und Sicherung) erkannt wird, ohne daß die gesetzlichen Voraussetzungen vorliegen, z. B. entgegen dem § 40 Abs. 2 Nr. 1 StGB producta et instrumenta sceleris eingezogen werden, die nicht z. Zt. der Entscheidung dem Täter oder Teilnehmer gehören?

VI. Notwendigkeit einer Beschränkung des Fragenbereichs. 12

Wenn solche Fragen (Rdn. 11) aufgeworfen werden, so ist zunächst folgendes zu erwägen:

1. Der Richter ist **kraft seiner Unabhängigkeit in der Auslegung des Gesetzes frei** und weder an eine feste höchstrichterliche Rechtsprechung noch an „herrschende Meinungen“ gebunden (Kap. 13, 34). Wird sein Urteil rechtskräftig, so kann die Frage, ob seine **auf Auslegung** beruhende Rechtsanwendung richtig oder falsch, ob bei „richtiger“ Rechtsanwendung eine Norm für die Bestrafung überhaupt nicht vorhanden ist, nicht danach bemessen werden, wie das Revisionsgericht entschieden hätte, wenn gegen das Urteil Rechtsmittel eingelegt worden wäre. Kraß falsch mit der Folge, daß Urteilsnichtigkeit in Erwägung zu ziehen wäre, kann also ein auf Auslegung des Gesetzes beruhendes Urteil nur sein, wenn Wortlaut und Sinn des anzuwendenden Rechts so eindeutig sind, daß für die rechtliche Würdigung des Sachverhalts schlechterdings kein Raum ist, sondern der Rechtsmangel unmittelbar aus dem Urteil offen zutage tritt. Von einer solchen Offenkundigkeit kann keine Rede sein, wenn das Gericht, ohne daß das schlechthin unvertretbar wäre, eine vollendete Tat annimmt, während bei „richtiger“ rechtlicher Würdigung nur ein strafloser Versuch vorliegt.

2. Der Gedanke an eine Unwirksamkeit des Urteils muß ferner ausscheiden, 13
wenn **aus unrichtigen tatsächlichen Feststellungen rechtliche Folgerungen** gezogen werden, die bei richtigen tatsächlichen Feststellungen zutreffend wären. Das ist z. B. der Fall, wenn das Gericht auf Grund unrichtiger Angaben über das Alter, die der Angeklagte macht oder die den Unterlagen in den Akten entnommen werden, tatsächlich feststellt, daß er zur Tatzeit die für die Anwendung des Jugend- oder des Erwachsenen-Strafrechts maßgebliche Altersgrenze erreicht habe, und ihn demgemäß verurteilt oder wenn es zu diesem Ergebnis durch unzutreffende Feststellungen über den Zeitpunkt der Tatbegehung gelangt. Stellt sich nachträglich heraus, daß bei dem vermeintlichen Jugendlichen das Verfahrenshindernis des kindlichen Alters vorlag (Kap. 12, 95) und daß der vermeintliche Heranwachsende durch Anwendung des Erwachsenenstrafrechts zu schwer bestraft worden ist, so steht zur Beseitigung der Weg der Wiederaufnahme des Verfahrens (§ 359 Nr. 5) zur Verfügung. Dann bleibt nur noch zu prüfen, ob und wie in solchen Fällen Abhilfe möglich ist, in denen es, wenn später die Unrichtigkeit des Urteils erkannt wird, (nach bisheriger Auslegung) an der Neuheit von Tatsachen oder Beweismitteln fehlt, weil das Gericht nicht über das wirkliche Alter irrte, sondern es versehentlich unterließ, diesem Umstand bei der Urteilsfällung Rechnung zu tragen.

Aber im **Schrifttum** finden sich gelegentlich auch Stimmen, die die Folge der Urteils- 14
nichtigkeit (ausnahmsweise) auch an das **durch unzutreffende tatsächliche Feststellungen unrichtige Urteil** knüpfen wollen. So ist nach *Luther* ZStW 70 (1958) 93 ein Urteil nichtig, das einen Jugendlichen mit einer Erwachsenenstrafe belegt, die dem Jugendstrafrecht fremd ist, ohne Rücksicht darauf, ob das Gericht irrtümlich von einer unzutreffen-

den Altersstufe ausging, weil ihm das wirkliche Alter nicht bekannt war, oder ob es trotz zutreffender Altersfeststellung versehentlich eine unrichtige rechtliche Einordnung vornahm, weil die Vollstreckung einer solchen jugendungeeigneten Strafe den Grundgedanken der Rechtsordnung zuwiderliefe[8].

15 Solchen Auffassungen kann nicht gefolgt werden. Die Korrektur von Urteilen, die sich nachträglich nach der tatsächlichen Seite als Fehlurteile erweisen, erfolgt nach den Grundgedanken des Prozeßrechts **ausschließlich im Wege der Wiederaufnahme des Verfahrens**; notfalls steht, wenn die (gewollte) Enge der Wiederaufnahmevoraussetzungen diesen Weg versperrt, die korrigierende Gnade zur Beseitigung von Unbilligkeiten zur Verfügung. Denn es ist ja gerade der Sinn der Wiederaufnahmeregelung, daß die Prüfung, ob neu beigebrachte Tatsachen und Beweismittel das Urteil als unrichtig erscheinen lassen, nicht incidenter, sondern nur in einem besonderen Verfahren erfolgen soll, ohne Rücksicht darauf, ob die Unrichtigkeit ohne Mühe festzustellen ist und alsbald offen zutage tritt — dann vereinfacht sich auch das Wiederaufnahmeverfahren (§ 371 Abs. 2) — oder ob umfangreiche Ermittlungen nötig sind, deren Ergebnis einer richterlichen Wertung bedarf. Eine Sonderbehandlung des Falles, daß gegen einen Jugendlichen eine Strafe des Erwachsenenrechts verhängt wird, kann auch nicht mit den schädlichen Folgen der Vollstreckung einer solchen Strafe begründet werden; schließlich ist ja auch eine Freiheitsstrafe, die gegen einen Erwachsenen erkannt wird, dessen schon zur Tatzeit vorhandene Geisteskrankheit erst nachträglich hervortritt, praktisch unvollziehbar, und doch kann nicht zweifelhaft sein, daß das Urteil nur durch Wiederaufnahme des Verfahrens zu beseitigen ist. Auch kann es nicht darauf ankommen, ob das Urteil gegen Vorschriften des Grundgesetzes verstößt; sonst müßten ja auch z. B. Verletzungen des Anspruchs auf rechtliches Gehör oder des Satzes: nulla poena sine lege (Art. 103 Abs. 1, 2 GG) das darauf beruhende Urteil nichtig machen, während die Vorschriften über die Verfassungsbeschwerde (§§ 90 ff. BVerfGG) zeigen, daß Grundrechtsverletzungen allein die Wirksamkeit des Urteils nicht berühren, sondern nur — über das Rechtsmittel- und Rechtsbehelfssystem der Strafprozeßordnung hinaus — mit Verfassungsbeschwerde geltend gemacht werden können, über die das Bundesverfassungsgericht entscheidet.

16 3. Eine **Urteilsnichtigkeit kann daher nur in Betracht kommen,** wenn es sich nicht um richtige Rechtsanwendung auf der Grundlage unrichtiger Tatsachenfeststellung, sondern um fehlerhafte Rechtsanwendung auf den (richtig oder falsch) festgestellten Sachverhalt handelt.

17 **VII. Prüft man mit dieser Beschränkung des Fragenbereichs** die Richtigkeit und Tragweite des in der Rechtsprechung z. T. aufgestellten Grundsatzes, ein Urteil sei nichtig, wenn es an einer Norm für die Verurteilung überhaupt fehle, so ergibt sich:

1. Von **Urteilsnichtigkeit** kann jedenfalls dann **keine Rede** sein, wenn die Verurteilung in Anwendung eines zur Tatzeit noch nicht in Kraft gesetzten oder bereits wieder aufgehobenen Gesetzes erfolgt. Denn die **Verletzung des Grundsatzes nulla poena sine lege** (Art. 103 Abs. 2 GG) rechtfertigt die fristgebundene Verfassungsbeschwerde (§§ 90, 93 BVerfGG); hat die Verfassungsbeschwerde Erfolg, so hebt das Bundesverfas-

---

8 Die früher von *Schmidt* NJW **1957** 1628 vertretene Auffassung, ein Urteil, das gemäß § 40 a. F. StGB auf Einziehung der producta et instrumenta sceleris in der irrtümlichen Annahme erkennt, sie seien Eigentum des Täters oder Teilnehmers, während sie in Wahrheit einem tatunbeteiligten Dritten gehören, sei unheilbar nichtig, weil es sich um eine durch Art. 14 GG verbotene entschädigungslose Enteignung des Dritteigentümers handele, ist durch § 439 StPO überholt.

sungsgericht die das Grundgesetz verletzende Entscheidung auf (§ 95 BVerfGG). Aus dieser Regelung — der Fristgebundenheit der Verfassungsbeschwerde, dem Entscheidungsmonopol des Bundesverfassungsgerichts, der Notwendigkeit einer förmlichen Aufhebung der Entscheidung — folgt zwingend, daß ein Urteil, das den genannten Verfassungssatz verletzt, nicht von vornherein und unheilbar nichtig ist mit der Folge, daß die Nichtigkeit von jedermann und zu jeder Zeit und in jeder Form geltend gemacht werden könnte. Die Wirksamkeit eines solchen Urteils, das nicht fristgemäß und nicht erfolgreich mit Verfassungsbeschwerde angegriffen ist, kann nicht mehr in Zweifel gezogen werden.

2. Dann aber ist auch kein Raum mehr für die Annahme von Nichtigkeit eines **18**
Urteils, das in Anwendung eines zwar zur Tatzeit geltenden, zur **Zeit der Aburteilung** aber **außer Kraft getretenen Gesetzes** erfolgt, denn eine solche Verletzung eines einfachen Bundesgesetzes (§ 2 Abs. 3 StGB) kann keine weiterreichenden Folgen haben als die rückwirkende Anwendung von Gesetzen, um so weniger, als ein solcher Verstoß keineswegs stets offenkundig ist, sondern häufig die schwierige Frage auftaucht, ob nicht ein Zeitgesetz (§ 2 Abs. 4 StGB) vorliegt. Und erst recht entfällt Urteilsnichtigkeit, wenn das Urteil **geltendes Recht anwendet und nur die Grenzen der Strafbarkeit verkennt,** also etwa wegen Versuchs bestraft, wo der Versuch nicht strafbar ist. Ein solcher Verstoß wiegt jedenfalls nicht schwerer als eine Bestrafung in Anwendung eines noch nicht oder nicht mehr geltenden Gesetzes oder auf Grund verbotener analoger Anwendung eines Gesetzes. Rechtsverstöße dieser Art liegen auf gleicher Ebene wie etwa die Bestrafung unter Übersehung strafausschließender Altersgrenzen wie z. B. die Bestrafung des jugendlichen Verwandten absteigender Linie wegen Verwandtenbeischlafs entgegen § 173 Abs. 3 StGB oder die Bestrafung eines männlichen Jugendlichen wegen homosexueller Handlungen entgegen § 175 StGB oder die Bestrafung wegen Versuchs in Übersehung, daß freiwilliger Rücktritt vorliegt (§ 24 StGB), oder schließlich eine Bestrafung, bei der das Vorliegen eines Verfahrenshindernisses wie Verjährung oder fehlender Strafantrag übersehen wird. Bei Rechtsfehlern dieser Art schließt schon das verhältnismäßig häufige Vorkommen den Gedanken an eine Nichtigkeit des rechtskräftig gewordenen Urteils aus; sie werden durch die Rechtskraft „geheilt".

3. Kann es dann bei der **Verhängung** (der Art oder Höhe nach) **gesetzwidriger** **19**
Strafen anders liegen? BGH MDR **1954** 400 nimmt — wie erwähnt — Urteilsnichtigkeit bei der Verhängung dem Strafsystem unbekannter Strafen (Todesstrafe, Prügelstrafe) an, will aber die Nichtigkeit wegen grober Gesetzwidrigkeit des Strafausspruchs auf diesen Fall beschränken und lehnt in Übereinstimmung mit OLG Hamburg NJW **1952** 1252 die Annahme von Urteilsnichtigkeit ab, wenn das Gericht infolge unrichtiger rechtlicher Einordnung den Jugendlichen nach Erwachsenenstrafrecht aburteilt. Hier wird also darauf abgestellt, ob die Strafe ihrer Art nach dem Strafensystem unbekannt ist und ob sie dem gesamten Strafensystem — nicht nur dem System des im Einzelfall anwendbaren Sonderrechts — unbekannt ist. Im Gegensatz dazu hat nach *Luther* ZStW 70 87 die Verhängung einer dem Jugendstrafrecht unbekannten Strafe des Erwachsenenstrafrechts stets Urteilsnichtigkeit zur Folge. Dagegen wollten — in der Zeit vor Einführung der Einheitsfreiheitsstrafe im Erwachsenenstrafrecht — *Dallinger-Lackner* 21 zu § 1 JGG und *Lackner* GA **1955** 39 unterscheiden: wurde ein Jugendlicher zu Zuchthausstrafe verurteilt, so sei Urteilsnichtigkeit anzunehmen „in krassen Fällen", wenn der Vollzug der Zuchthausstrafe „absolut abwegig und für die weitere Entwicklung des Jugendlichen unerträglich wäre", und ebenso liege es, wenn ein Kind (trotz richtiger Beurteilung der Tatzeit und des Alters) zu Jugendstrafe verurteilt wird, falls es noch weit von der Altersgrenze entfernt ist. Indessen erscheint es unter rechtsstaatlichen Ge-

sichtspunkten nicht angängig, die Frage einer Urteilsnichtigkeit von den **Verhältnissen des Einzelfalles** abhängig zu machen, etwa ein auf Jugendstrafe lautendes Urteil hinzunehmen, wenn das Kind die Tat unmittelbar vor der Erreichung des Strafmündigkeitsalters beging oder (nach früherem Recht) die Unerträglichkeit einer Zuchthausstrafe zu verneinen, wenn der Jugendliche einen Mord am Vorabend seines 18. Geburtstages ausführte. Der Gesetzgeber würde bei einer gesetzlichen Regelung des Problems einer Korrektur grob falscher Urteile nicht so verfahren dürfen, sondern müßte nach generellen Merkmalen suchen.

20 4. Auch erscheint es nicht angängig, das Problem auf die grob unrichtige Bestrafung **von Kindern und Jugendlichen zu beschränken**; die Nachteile aus der Vollstreckung einer Strafe, die nach Art und Höhe nicht verhängt werden durfte, können auch bei Heranwachsenden und Erwachsenen, wenn auch vielleicht nach anderer Richtung, nicht weniger schwerwiegend sein als bei gesetzwidriger Bestrafung von Kindern und Jugendlichen. Aber wie sollte bei einer das gesetzlich zulässige Höchstmaß offenkundig übersteigenden Bestrafung die Grenze zwischen dem durch Rechtskraft heilbaren und dem unerträglichen, Nichtigkeit (des Urteils im Ganzen oder nur des Strafausspruchs, soweit er das zulässige Maß überschreitet?) bewirkenden Verstoß gezogen werden? Nimmt man zur Vereinfachung des Problems nur den gröbsten Fall, daß durch Versehen (etwa infolge Benutzung einer veralteten Textausgabe) auf eine das Höchstmaß der angedrohten Vergehensstrafe beträchtlich überschreitende Freiheitsstrafe erkannt und dieses Urteil (wiederum infolge Verkettung von Umständen) rechtskräftig geworden wäre[9]: müßte oder dürfte dieser Fall anders beurteilt werden, als wenn das Gericht, obwohl ihm das Alter des Angeklagten bekannt ist, dies versehentlich bei der Urteilsfällung nicht berücksichtigt und den zur Tatzeit noch Jugendlichen wegen homosexueller Handlungen mit einem minderjährigen Mann (§175 Ab. 1 StGB) zu Freiheitsstrafe verurteilt, obwohl dieser Tatbestand voraussetzt, daß der Täter nicht mehr jugendlich ist?

21 5. In dem vorgenannten Fall handelt es sich nicht um ein Vergreifen im Strafrahmen, sondern um eine **rechtsirrtümliche Subsumtion** der Tat unter eine bestehende Norm. Es ist also keineswegs der zur Erörterung stehende Fall gegeben, daß es an einer Norm für den Spruch überhaupt fehlt; Nichtigkeit des Urteils kommt also auch bei Anerkennung des gedachten Satzes nicht in Betracht. Liegt aber dieser Fall einer unrichtigen Subsumtion infolge Übersehens entscheidungserheblicher Umstände qualitativ irgendwie anders als die versehentliche Entnahme der Strafe aus einem nicht zur Verfügung stehenden Strafrahmen? Läßt es sich wirklich mit Überzeugungskraft rechtfertigen, beide Fälle verschieden zu behandeln? Aber auch wenn man hier noch zweifeln wollte, weil der Beispielsfall infolge des Eingreifens einer Altersgrenze sich dem zuvor erörterten Fall der irrtümlichen Anwendung des Erwachsenenstrafrechts auf den zur Tatzeit noch Jugendlichen sehr nähert: wie wäre es, wenn das Gericht wegen eines besonders schweren Falls des Diebstahls (§ 243 StGB) zu einer hohen Vergehensstrafe verurteilt und dabei übersieht, daß eindeutig nur Diebstahl einer geringwertigen Sache (§§ 243 Abs. 2, 248 a StGB) in Betracht kommt, der zudem wegen fehlenden Strafantrags nicht hätte geahndet werden dürfen? Von Urteilsnichtigkeit wegen Fehlens einer Norm für die Vergehensstrafe könnte nicht gesprochen werden. Und wieder die Frage:

---

9 Ist die Strafe infolge der fehlerhaften Rechtsanwendung „übermäßig hart", so kann eine Verletzung der Menschenwürde des Verurteilten (Art. 1 GG) vorliegen (vgl. BayVerfGH Rpfleger **1962** 12). Aber eine solche Verletzung wäre nur mit der fristgebundenen Verfassungsbeschwerde (§§ 90 ff. BVerfGG) rügbar (Rdn. 33).

liegt ein solcher Fall grob irrtümlicher Rechtsanwendung entscheidend anders als ein Vergreifen im Strafrahmen?

6. Der Satz, daß ein Urteil **nichtig** sei, wenn es an einer **Norm** für den Spruch **überhaupt fehle,** mag also bestehen bleiben, aber er kommt dann nur in Betracht für **Phantasiefälle,** wie die Verhängung von Todes- oder Prügelstrafe, also dem gesamten Strafensystem der Art nach unbekannter Maßnahmen, aber nicht für Fälle grob falscher Rechtsanwendung, die auf einem Übersehen der für den Schuld- oder Strafausspruch erheblichen Umstände beruht und auch nicht für Fälle, in denen lediglich das gesetzliche Höchstmaß der Strafe überschritten wird. **22**

VIII. Auswirkungen des Wiederaufnahmerechts. Wenn die Rechtsprechung zwar in thesi — gewissermaßen rein platonisch — daran festhält, daß Urteilsnichtigkeit wegen gröbster Rechtsverletzung begrifflich möglich sei, sich aber — von dem Fall fehlender Gerichtsunterworfenheit abgesehen — weigert, bei den „Betriebsunfällen" praktische Folgerungen daraus zu ziehen, so trägt sie damit nur der Grundkonzeption des geltenden Verfahrensrechts Rechnung. Bei der Frage, in welchem Umfang gegen ein rechtskräftiges Urteil Einwendungen gegen seine Richtigkeit erhoben werden können, wird — in gleicher Weise wie bei der Frage nach dem Umfang der Verzehrwirkung des rechtskräftigen Urteils (Kap. 12, 28 ff.) — das problembeladene Spannungsfeld zwischen materieller Gerechtigkeit und Rechtssicherheit betreten. Mit der Regelung des Wiederaufnahmerechts hat das geltende Recht den Ausgleich in einer Weise vorgenommen, die eindeutig seine Auffassung erkennen läßt, daß eine Überprüfung des einmal nach Erschöpfung oder Nichtausnutzung der zulässigen Rechtsmittel rechtskräftig gewordenen Urteils (oder Urteilssurrogats) nur unter den dort bezeichneten Voraussetzungen und in dem dort beschriebenen Verfahren möglich und aus Gründen der Rechtssicherheit eine weitere Überprüfung ausgeschlossen sein soll. Wie bei jedem positivrechtlichen Ausgleich zwischen widerstreitenden Interessen sind Härten im Einzelfall unvermeidlich. Nach dieser Grundkonzeption soll auch eine grobe rechtliche Mangelhaftigkeit des Urteils ohne eine Veränderung der tatsächlichen Grundlagen bedeutungslos sein. Die Gesetzgebung hat zwar im Laufe der Zeit die Wiederaufnahmevoraussetzungen vorsichtig erweitert, und die neuere Zeit hatte sogar vorübergehend außerordentliche Rechtsbehelfe bei bestimmten Rechtsmängeln des rechtskräftigen Urteils gebracht (Kap. 3, 38 ff.). An der Grundtendenz der Regelung, daß die Rechtssicherheit nur in engsten Grenzen die Anzweifelung der rechtlichen und tatsächlichen Richtigkeit des rechtskräftigen Urteils erlaubt, hat sich indessen bisher nichts geändert. Es geht dann aber, wenn die zugelassenen Angriffsmöglichkeiten im Einzelfall als zu eng empfunden werden, nicht an, den Engpaß auf Kosten der Rechtssicherheit gewaltsam zu erweitern und neben die nach Voraussetzungen und Verfahren genau geregelten außerordentlichen Rechtsbehelfe der Wiederaufnahme und der Verfassungsbeschwerde (§ 90 BVerfGG) contra legem den außerordentlichen Rechtsbehelf der frei waltenden Urteilsnichtigkeit zu setzen. Wer so verfährt, maßt sich das Amt des zur Reform ausschließlich berufenen Gesetzgebers an. **23**

IX. Abhilfemöglichkeiten. Reformbestrebungen. Damit freilich, daß man — von den Fällen fehlender Gerichtsbarkeit und der Verhängung von Strafen und Unrechtsfolgen, die die Rechtsordnung der Art nach überhaupt nicht kennt (Todesstrafe, Prügelstrafe) abgesehen — die Möglichkeit unheilbar nichtiger Urteile, die ohne weiteres als rechtlich wirkungslos behandelt werden könnten, verneint, ist das Problem nicht erschöpft. Es fragt sich, ob es nicht in gewissem Umfang dem Verfahrensrecht entsprechende und durch Auslegung, Gesetzes- oder Rechtsanalogie gewinnbare Abhilfemög- **24**

lichkeiten gibt, wenn ein Urteil durch fehlerhafte Anwendung des Rechts, insbesondere durch Übersehen entscheidungserheblicher Umstände grob unrichtig ist. Denn es erscheint allerdings sehr unbefriedigend, daß z. B. der Weg der Wiederaufnahme zur Verfügung steht, wenn der erforderliche Strafantrag zulässigerweise nach Eröffnung des Hauptverfahrens durch Schriftsatz gegenüber dem Gericht zurückgenommen wird, der Schriftsatz aber versehentlich aus den Akten verschwindet und infolgedessen dem erkennenden Gericht in der Hauptverhandlung die Zurücknahme unbekannt ist — die nachträgliche Aufklärung dieses Sachverhalts ist i. S. des § 359 Nr. 5 StPO die Beibringung einer neuen (dem Gericht bei der Aburteilung unbekannten) Tatsache, die die Freisprechung in Form der Einstellung des Verfahrens des Angeklagten zu begründen geeignet ist —, während nur die Verweisung auf den Weg der Gnade möglich sein sollte, wenn das Gericht bei der Aburteilung die in den Akten enthaltene Zurücknahmeerklärung übersieht und das Versehen erst nach Rechtskraft des Urteils erkannt wird. Dazu kommt es aber, wenn als „neu" i. S. des § 359 Nr. 5 weiterhin nur solche Tatsachen angesehen würden, die „dem erkennenden Gericht nicht vorgelegen haben, bei der Entscheidung also nicht in Betracht gezogen werden konnten" (Anm. 18a zu § 359 der 22. Aufl.); aus den Akten sich ergebende, aber übersehene Tatsachen wären danach nicht neu (dazu aber unten Rdn. 44). Ein Blick auf die Reformvorschläge und die gesetzgeberische Behandlung vergleichbarer Fragen mag Lösungsmöglichkeiten aufzeigen.

25 1. Der **EGStGB-Entw. 1930** wollte durch die in Art. 70 Nr. 195 vorgesehenen Änderungen des Wiederaufnahmerechts über das bisherige Recht hinaus zur Beseitigung fehlerhafter Urteile den Weg der Wiederaufnahme des Verfahrens nach drei Richtungen eröffnen

a) durch eine **Ausweitung des Erfordernisses der „Neuheit"** der beizubringenden Tatsache. Nach § 360 i.d.F. des Entwurfs setzt die Wiederaufnahme zugunsten des Verurteilten die Beibringung von Tatsachen voraus, die geeignet gewesen wären, die Einstellung des Verfahrens, die Freisprechung oder in Anwendung eines milderen Gesetzes eine geringere Bestrafung zu begründen, es sei denn, daß „die Tatsachen dem erkennenden Gericht in der Hauptverhandlung bekannt gewesen sind". Nach der Begründung (S. 96) sollte durch diese Fassung festgestellt werden, „daß neue Tatsachen.... alle die sind, die bei der Urteilsfällung nicht berücksichtigt worden sind, ohne Rücksicht darauf, ob sie in den Akten des ursprünglichen Verfahrens bereits bekannt waren oder nicht". Damit wären in gewissem Umfang die Fälle des „Übersehens" entscheidungserheblicher Tatsachen einer Korrektur im Wege der Verfahrenswiederaufnahme zugänglich gemacht worden;

26 b) durch Zulassung der Wiederaufnahme zugunsten des Verurteilten (§ 360 a), „wenn das Gericht **auf eine Strafe,** Nebenstrafe oder Nebenfolge oder auf eine Maßregel der Besserung und Sicherung **erkannt hat, auf die** nach dem Gesetz **nicht erkannt werden konnte".** Die Begründung führt als Anwendungsfälle die Verhängung einer Zuchthausstrafe, obwohl das Gesetz nur Gefängnis zuließ, oder die Festsetzung einer den gesetzlichen Strafrahmen übersteigenden Strafdauer, also Fälle der Überschreitung des gesetzlichen Strafrahmens an. Aber der Wortlaut der Vorschrift deckt zur Not auch den Fall der Verhängung einer Strafe, der keine Strafnorm zugrundeliegt. Wären diese Vorschläge Gesetz geworden, so würde die Rechtsprechung vielleicht oder sogar wahrscheinlich in erweiternder Auslegung oder in entsprechender Anwendung der Vorschrift auch die Fälle hierher eingeordnet haben, in denen eine Strafe festgesetzt wurde, obwohl die Handlung im Gesetz nicht mit Strafe bedroht ist, also z. B. bei Verurteilung wegen versuchter Tat, obwohl der Versuch nicht mit Strafe bedroht ist, oder bei Verurteilung unter Anwendung einer Strafvorschrift, die zur Tatzeit bereits außer Kraft war;

c) durch Zulassung der Wiederaufnahme (§ 360 a Abs. 2), wenn bei Eintritt der Rechtskraft des Urteils **bereits eine andere rechtskräftige Entscheidung** wegen derselben Tat **vorlag.** **27**

Diese Vorschläge sind zwar nicht Gesetz geworden, aber die Vorschläge zu a) **28**
und b) lassen sich auch ohne förmliche Gesetzesänderung auf dem Boden der lex lata durchführen. Wie Kap. 12, 59 dargelegt, gewährt das geltende Recht jetzt die Möglichkeit, Verstöße gegen den Grundsatz ne bis in idem im Wiederaufnahmeweg zu korrigieren, wenn dem später entscheidenden Gericht nicht bekannt war, daß eine rechtskräftige Aburteilung wegen derselben Tat vorlag; daneben steht jetzt auch der Weg der Verfassungsbeschwerde (Art. 103 Abs. 3 GG, § 90 BVerfGG) zur Verfügung. Auch steht kein zwingendes Hindernis dem entgegen, die vorgeschlagene Erweiterung des Begriffs der „neuen" Tatsachen im Wege der Auslegung schon auf dem Boden des geltenden Rechts durchzuführen (dazu Rdn. 44). Und der Vorschlag des EGStGB-Entw. 1930, bei einer inhaltlich dem Gesetz widersprechenden Strafe die Wiederaufnahme zuzulassen, fand auf einem vergleichbaren Gebiet, nämlich im Disziplinarverfahren, bereits Verwirklichung. Und zwar zunächst im preuß. Recht (§ 60 Nr. 5 der preuß. DienststrafO für die richterlichen Beamten vom 27. 1. 1932; PrGS S. 79), das die Verfahrenswiederaufnahme zuließ im Fall einer Bestrafung, „die nach Art und Höhe gesetzlich nicht verhängt werden konnte", und von da aus im Reichs- und jetzt im Bundesdisziplinarrecht (§ 83 Abs. 2 RDO vom 26. 1. 1937; § 97 BDO und § 123 Abs. 1 WehrdisziplO), wonach die Wiederaufnahme auch zulässig ist, „wenn rechtskräftig eine Disziplinarmaßnahme verhängt worden ist, die nach Art und Höhe im Gesetz nicht vorgesehen war". Ein innerer Grund, der es rechtfertigen könnte, die Voraussetzungen des Wiederaufnahmeverfahrens in diesem Punkt im Disziplinarverfahren anders als im Strafverfahren zu behandeln, erscheint nicht erkennbar. So erscheint es wohl auch nicht überkühn, sich für eine rechtsanaloge Anwendung dieses Gedankens schon im geltenden strafprozessualen Wiederaufnahmerecht auszusprechen und nicht erst eine Reform des Wiederaufnahmerechts abzuwarten, für die Änderungswünsche nach dieser Richtung schon hervorgetreten sind (vgl. *Hanack* JZ **1973** 401 Fußn. 84). Jedenfalls aber bietet die disziplinarrechtliche Regelung ein weiteres Argument dafür, daß grundsätzlich die Verhängung einer nach Art und Höhe im Gesetz nicht vorgesehenen Strafe usw. keine Nichtigkeit des Ausspruchs zur Folge haben kann.

2. Mit dem Problem der Abhilfe bei grober rechtlicher Unrichtigkeit eines **29**
rechtskräftigen Urteils beschäftigte sich in der Folgezeit auch der **StPO-Entwurf 1939.** Er suchte aber im Gegensatz zum EGStGB-Entw. 1930 die Lösung nicht in einer Erweiterung der Wiederaufnahmevoraussetzungen, sondern in der Einführung neuer außerordentlicher Rechtsbehelfe, der **Nichtigkeitsbeschwerde**[10] und des **außerordentlichen Einspruchs** „gegen rechtskräftige Urteile (§§ 370 f.), die an Vorbilder des österreichischen Strafprozeßrechts, die Nichtigkeitsbeschwerde des Generalprokurators und die außerordentliche Wiederaufnahme, anknüpften. Nach § 370 des Entwurfs sollte der Oberreichsanwalt beim Reichsgericht die Nichtigkeitsbeschwerde binnen sechs Monaten nach Rechtskraft des Urteils (des Amtsrichters, der Schöffenkammer und der Strafkammer) erheben können, wenn das Urteil wegen eines groben Fehlers bei der Anwendung des Rechts auf die festgestellten Tatsachen ungerecht ist; bei Erfolg der Nichtigkeitsbeschwerde sollte das Reichsgericht das Urteil aufheben und entweder selbst in der

---

[10] **Schrifttum:**
Suchomel „Die außerordentliche Nichtigkeitsbeschwerde im künftigen Strafverfahren" in Festgabe für *Bumke* (1939) 134 ff.; *Brettle* DJ **1941** 561; *Nüse* JR **1949** 245.

Sache entscheiden, oder, wenn die tatsächlichen Feststellungen des Urteils dazu nicht ausreichten, die Sache an das Instanzgericht zu erneuter Verhandlung zurückverweisen. Als Beispiele grober Fehler in der Rechtsanwendung führte die Begründung (S. 177) u. a. die Anwendung eines unrichtigen Strafgesetzes, die zu einer völlig abwegigen Beurteilung geführt hat, die irrige Anwendung oder Nichtanwendung eines Straffreiheitsgesetzes, die Wahl einer im angewendeten Strafgesetz nicht zugelassenen Strafart oder die Außerachtlassung der gesetzlichen Strafgrenzen an. Der ebenfalls vom Oberreichsanwalt beim Reichsgericht zu erhebende und in gleicher Weise wie die Nichtigkeitsbeschwerde fristgebundene außerordentliche Einspruch sollte nach § 378 des Entwurfs zulässig sein, wenn der Oberreichsanwalt „wegen schwerwiegender Bedenken gegen die Richtigkeit des Urteils eine neue Verhandlung und Entscheidung in der Sache für notwendig hält". Die „schwerwiegenden Bedenken" sollten die Rechtsanwendung, die Ausübung des richterlichen Ermessens, die Richtigkeit der tatsächlichen Feststellungen oder der Strafbemessung betreffen können (Begr. S. 179). Der Einspruch sollte nach § 374 den Wegfall des Urteils bewirken und zu einer neuen Verhandlung der Sache vor dem Reichsgericht führen (§ 375). Die Kriegsgesetzgebung verwirklichte mit gewissen Abwandlungen die Vorschläge des Entwurfs (Kap. 3,38 f.).

30 3. Durch die **Nachkriegsgesetzgebung** wurden Nichtigkeitsbeschwerde und außerordentlicher Einspruch wieder beseitigt. Das entsprach nicht nur dem Bestreben des Rechtsvereinheitlichungsges. vom 12. 9. 1950, im Interesse einer raschen Wiederherstellung der Rechtseinheit schwierige Probleme auszuklammern, vielmehr kam darin zum Ausdruck, daß, ganz abgesehen von dem Odium des Mißbrauchs, mit dem diese Einrichtungen belastet waren, jedenfalls der außerordentliche Einspruch mit seinen unbestimmten Voraussetzungen, der auf den Vorstellungen der nationalsozialistischen Gesetzgebung von dem Vorrang der „materiellen" Gerechtigkeit gegenüber der „formalen" Rechtskraft beruhte, einen mit rechtsstaatlichen Anforderungen unverträglichen Eingriff in die Rechtskraft und die Rechtssicherheit bedeute. Die Nichtigkeitsbeschwerde als Rechtsinstitut, die das österreichische Recht nach dem Kriege beibehielt (*Luther* ZStW 70 102), würde dagegen bei sinnvoller Begrenzung solchen Bedenken nicht begegnen.

31 4. **Folgerungen.** Beiden **Lösungsversuchen** der vorgenannten Entwürfe ist **gemeinsam,** daß sie — freilich in sehr verschiedenem Ausmaß und in technisch sehr verschiedener Ausgestaltung — zur Beseitigung von Urteilen, die durch fehlerhafte Rechtsanwendung unrichtig sind, den **Weg einer förmlichen gerichtlichen Nachprüfung** zur Verfügung stellen wollten. Beide Entwürfe wollten damit das Problem des nichtigen Urteils gegenstandslos machen, denn indem sie auch zur Beseitigung rechtlich mangelhafter Urteile Wege eröffneten, brachten sie zum Ausdruck, daß auf andere Weise und in anderen Fällen keine Einwendungen gegen die Rechtsbeständigkeit eines rechtskräftigen Urteils wegen falscher Rechtsanwendung in Betracht kommen sollten.

32 **X. Neue Teilregelungen.** So sehr die Lösungsversuche aus der Zeit der Weimarer Republik und aus der Zeit des Nationalsozialismus auch auseinandergehen, so liegt ihnen doch **gemeinsam die Überzeugung** der damals zur Mitwirkung bei der Gesetzgebung berufenen Organe zugrunde, daß es Fälle grob fehlerhafter Rechtsanwendung gibt, die der Abhilfe bedürfen, und bei denen die Verweisung auf die Korrekturmöglichkeiten der Gnadenstellen unangemessen wäre, daß aber, den Bedürfnissen einer geordneten Rechtspflege entsprechend, Abhilfe nur durch Prüfung und Entscheidung in einem förmlichen gerichtlichen Verfahren möglich sein kann. Diese Grundgedanken, mit denen die Annahme, daß gröbste Rechtsverstöße zu einer ipso iure eintretenden

Nichtigkeit des Urteils führen könnten, unverträglich ist, sind von zeitloser Gültigkeit. Sie liegen auch eindeutig den Regelungen zugrunde, in denen auf Teilgebieten das geltende Recht neue Wege zur Nachprüfung rechtskräftiger Urteile zur Verfügung stellt, wenn bestimmte Mängel geltend gemacht werden[11].

1. Verfassungsbeschwerde. Nach dem schon in anderem Zusammenhang mehrfach erwähnten § 90 BVerfGG kann jedermann mit der Behauptung, durch ein rechtskräftiges (ausnahmsweise nach § 90 Abs. 2 auch durch ein noch nicht rechtskräftiges) Strafurteil in einem Grundrecht oder in den in Art. 101, 103, 104 GG enthaltenen Rechten verletzt zu sein, fristgebundene (§ 93) **Verfassungsbeschwerde** zum Bundesverfassungsgericht einlegen. Wird ihr stattgegeben, so hebt das Gericht das Urteil auf (§ 95 Abs. 2). Aus dieser Regelung erhellt ohne weiteres, daß Verstöße der gedachten Art — also auch die Verletzung des Satzes: ne bis in idem (Art. 103 Abs. 3) und die Verletzung des Satzes: nulla poena sine lege (Art. 103 Abs. 2) — das Urteil nicht nichtig machen; vielmehr kann nur das Bundesverfassungsgericht und auch es nur auf fristgebundene Verfassungsbeschwerde hin ein solches rechtskräftiges Urteil nachprüfen. Dadurch wird ein Antrag auf Wiederaufnahme des Verfahrens, soweit seine gesetzlichen Voraussetzungen in Betracht kommen, nicht ausgeschlossen; die Verfassungsbeschwerde ist dann wohl erst zulässig, wenn der Rechtsweg auch nach dieser Richtung erschöpft ist (**a. M.** *Pfeiffer* Die Verfassungsbeschwerde [1959] 31; *Arndt* NJW **1964** 166). 33

In der **Erweiterung der Verfassungsbeschwerde** des Verurteilten auf jeden Verstoß gegen das materielle wie gegen das formelle Strafrecht, welches eine Entscheidung grob ungerecht macht, sieht *Lampe* GA **1968** 33 den richtigen Weg der Korrektur grob fehlerhafter Urteile (dazu kritisch *Eb. Schmidt* JZ **1968** 681 mit Erwiderung *Lampe* JZ **1969** 287).

2. Normenkontrolle. Das Bundesverfassungsgericht entscheidet im abstrakten Normenkontrollverfahren (Art. 93 Abs. 1 Nr. 2 GG; § 76 BVerfGG), im konkreten Normenkontrollverfahren (Art. 100 GG) und im Verfahren auf Verfassungsbeschwerde (§ 90 BVerfGG) über die **Verfassungswidrigkeit von Gesetzen.** Bejaht es diese und spricht es mit rückwirkender Kraft die Nichtigkeit des Gesetzes aus (§§ 78, 82, 95 Abs. 3 BVerfGG), so ist nach §§ 79, 82, 95 Abs. 3 Satz 3 aaO. gegen ein rechtskräftiges Strafurteil, das auf der für nichtig erklärten Norm beruht, „die Wiederaufnahme des Verfahrens nach den Vorschriften der Strafprozeßordnung zulässig". Das gleiche gilt (nach der Erweiterung des § 79 Abs. 1 BVerfGG durch Gesetz vom 21. 12. 1970, BGBl. I 1765), wenn ein Strafurteil auf der Auslegung einer Norm beruht und das Bundesverfassungsgericht diese Auslegung als für unvereinbar mit dem Grundgesetz erklärt hat.[11a] 34

Über die **Bedeutung dieser Vorschriften** entstand ein lebhafter Streit, als BVerfGE **10** 200 (= NJW **1960** 186 = BGBl. I 1960 S. 9) auf Verfassungsbeschwerde hin die im ehemaligen Land Württemberg-Baden erlassenen Vorschriften über die Frie- 35

---

[11] Ergänzend zu der Darstellung der neuen Nachprüfungsmöglichkeiten (Verfassungsbeschwerde, Normenkontrollverfahren, Überprüfung von DDR-Urteilen) ist zu bemerken, daß auch die **Menschenrechtskonvention** eine Individualbeschwerde wegen Verletzung der in der Konvention enthaltenen Grundrechte – nach Erschöpfung des innerstaatlichen Rechtswegs (Art. 26) – an die Menschenrechtskommission vorsieht. Sie ist aber in diesem Zusammenhang nicht weiter zu erörtern, da eine Aufhebung rechtskräftiger Erkenntnisse, die auf einem Verstoß gegen die Grundrechte beruhen, durch die in der Konvention vorgesehenen Kontrolleinrichtungen nicht in Betracht kommt (*Woesner* NJW **1961** 1381).

[11a] Vgl. dazu auch BVerfG v. 10. 6. 1975 — 2 BvR 1018/74 (NJW Nr. 13/**1975** Umschlag S. II) —: Bindung aller Gerichte an die „verfassungskonforme Auslegung einer Norm des einfachen Rechts durch das Bundesverfassungsgericht.

densgerichte für verfassungswidrig und nichtig erklärte, weil die Friedensgerichte nicht Gerichte i. S. des Art. 92 GG seien. Über das rechtliche Schicksal der von den Friedens- und Friedensobergerichten erlassenen rechtskräftigen Urteile traten die verschiedensten Auffassungen zutage (Nachw. S. 197 der Voraufl.). Nach der extremsten Auffassung lagen von Nichtgerichten erlassene, rechtlich unbeachtliche Nichturteile vor. Nach anderer Ansicht war gegen die Strafurteile in Anwendung des § 79 Abs. 1 BVerfGG die Wiederaufnahme des Verfahrens zulässig. Nach einer dritten Meinung waren die Strafurteile, soweit sie nicht gemäß § 95 Abs. 2 BVerfGG vom Bundesverfassungsgericht zugunsten derjenigen, die Verfassungsbeschwerde erhoben hatten, aufgehoben waren, wirksam und unangreifbar, weil § 79 BVerfGG nur an Strafurteile denke, die auf einer für nichtig erklärten Norm des materiellen Rechts beruhen. Streitig war schließlich die Bedeutung des § 79 Abs. 2 BVerfGG in diesem Zusammenhang. Auf die Einzelheiten ist hier nicht einzugehen. In diesen Meinungsstreit griff zunächst BVerfG NJW **1960** 1051 mit dem Ausspruch ein, daß die Entscheidungen der Friedensgerichte keine „Nichturteile" seien, die von jedermann als nichtexistent behandelt werden könnten. Sie als schlechthin nichtig anzusehen, verbiete das Interesse des Rechtsfriedens und der Rechtssicherheit, nachdem die Friedensgerichtsbarkeit ein Jahrzehnt bestanden habe, ohne daß ihre Verfassungswidrigkeit erkannt worden wäre. Schließlich sprach BVerfG NJW **1960** 1563 aus, § 79 Abs. 1 (Wiederaufnahme des Verfahrens) gelte nur, wenn das Urteil auf einer für nichtig erklärten Norm des **materiellen** Rechts beruhe. Dem § 79 Abs. 2 liege der Gedanke zugrunde, daß bei der Behandlung von rechtskräftigen Gerichtsurteilen, die eine für nichtig erklärte Norm zur Grundlage haben, die Rechtssicherheit und der Rechtsfriede den Vorrang vor dem Rechtsschutz des einzelnen habe; solche Urteile könnten daher grundsätzlich nicht mehr angefochten werden. Nur für Strafurteile sei im § 79 Abs. 1 eine Ausnahme geschaffen, um den auf Grund einer nichtigen strafrechtlichen Norm Verurteilten die Möglichkeit einzuräumen, das Strafverfahren noch einmal aufzurollen. Auf Strafurteile, die auf nichtigen Normen des Gerichtsverfassungs- oder des Verfahrensrechts beruhten, erstreckte sich die Ausnahmevorschrift nach ihrem Sinn und Zweck nicht.

36 Auf der **Grundlage dieser Rechtsprechung ergibt sich folgendes Bild:** Erklärt das Bundesverfassungsgericht ein Gesetz für nichtig, so steht kraft der Wirkung, die § 31 BVerfGG dem Spruch beilegt, unangreifbar fest, daß das Gesetz von vornherein nichtig war. Bildet die für nichtig erklärte Norm die materiellrechtliche Grundlage eines Strafurteils, so ist jetzt offenkundig, daß es an einer Norm für die Verurteilung fehlte, mag auch das Fehlen einer die Verurteilung tragenden Norm zu der Zeit, als das Urteil erlassen wurde, nicht offenkundig gewesen sein. Die Wirksamkeit des (materiell unrichtigen) Urteils wird dadurch aber im Interesse der Rechtssicherheit nicht berührt. § 79 BVerfGG überläßt es vielmehr dem Verurteilten wie dem Staatsanwalt (§ 365), im Einzelfall einen Antrag auf rechtliche Nachprüfung des Urteils zu stellen, die in den Formen des Wiederaufnahmeverfahrens erfolgt.

37 Die **grundsätzliche Bedeutung des § 79 BVerfGG** besteht also darin, daß er — wie es schon der EGStGB-Entw. 1930 vorschlug — den neuen **Wiederaufnahmegrund der Rechtsfehlerhaftigkeit des Urteils** schuf, allerdings beschränkt auf den Fall, daß die Rechtsfehlerhaftigkeit auf der Anwendung einer grundgesetzwidrigen Norm oder der grundgesetzwidrigen Auslegung einer Norm beruht. Da die Wiederaufnahmevorschriften nur darauf zugeschnitten sind, daß eine Erschütterung der tatsächlichen Grundlagen des Urteils in Frage steht, können sie gegenüber dem neu geschaffenen Wiederaufnahmegrund nur sinngemäß anwendbar sein (dazu BGH NJW **1963** 1364). Gegenstand der Nachprüfung ist nur, welche Folgerungen sich aus dem Wegfall des für nichtig erklärten Gesetzes für den Schuld- und Strafausspruch ergeben. Die tatsächlichen Feststellungen des Strafurteils bleiben grundsätzlich unberührt (OLG Hamm NJW **1962** 68). Ein Freispruch kommt nur in Betracht, wenn es nunmehr an jeder Grundlage für eine Verurteilung fehlt. Ist eine solche aber unter einem anderen rechtlichen Gesichtspunkt — wegen einer tateinheitlich zusammentreffenden Gesetzesverletzung, aus einer subsidiär anwendbaren Norm, die durch die für nichtig erklärte Norm verdrängt wurde usw. — gerechtfertigt, so ist die neue Entscheidung der veränderten Rechtslage anzupassen. So ist es möglich, daß die neue Entscheidung trotz der Änderung der Rechtslage im Ergebnis den Strafausspruch des Urteils unverändert aufrechterhält. Demgemäß führte, als das BVerfG (NJW **1962** 1563) die damaligen §§ 49 StVO, 71 StVZO für nichtig erklärte, die auf Grund dieser Vorschriften ausgesprochenen Strafen aber in § 21 StVG eine Grundlage fanden, die Wiederaufnahme nur zu einer Auswechslung der Strafvorschriften im Spruch, ohne daß der Schuldspruch und die hierzu getroffenen Schuldfeststellungen nachzuprüfen gewesen wären (BVerfG NJW **1963** 756; BGHSt. **19** 46).

3. In anderer Gestalt tritt das Problem der Urteilsnichtigkeit auf, wenn die **38**
Wirksamkeit der von **Gerichten der DDR erlassenen Strafurteile** in Frage steht. Diesen Fragenbereich regelt das Gesetz über die innerdeutsche Rechts- und Amtshilfe in Strafsachen vom 2. 5. 1953, zuletzt geändert durch Gesetz vom 18. 10. 1974 (BGBl. I 2445, sog. lex Brückmann). Dieses Gesetz geht davon aus, daß die DDR im Verhältnis zur Bundesrepublik kein ausländischer Staat ist, sondern die beiden deutschen Staaten trotz tiefstgreifender Unterschiede in Gesetzgebung, Rechts- und Weltanschauung im Grundsatz noch immer ein (der Regelung durch Vereinbarungen unterliegendes) einheitliches Rechtspflegegebiet darstellen, daß es aber nicht angeht, Urteile von Gerichten der DDR in der Bundesrepublik anzuerkennen, wenn diese mit dem Recht der Bundesrepublik und rechtsstaatlichen Grundsätzen unvereinbar sind, sei es, daß die Rechtsstaatswidrigkeit dem materiellen Recht anhaftet, auf dem das Urteil beruht, oder dem Verfahren, in dem es zustande gekommen ist, oder dem Inhalt des Urteils selbst. Die Frage der Rechtsstaatswidrigkeit eines DDR-Urteils kann hervortreten, wenn es sich darum handelt, ob in der Bundesrepublik den DDR-Behörden Rechtshilfe bei der Vollstreckung des Urteils (durch Ergreifung und Zulieferung des Verurteilten oder Vollzug in den Anstalten der Bundesrepublik) zu leisten ist, ob die Rechtskraft eines DDR-Urteils einer erneuten Aburteilung in der Bundesrepublik entgegensteht, ob die Verurteilung in der DDR im Bundeszentralregister zu vermerken ist und schließlich, wenn der Verurteilte ganz allgemein ein Interesse daran hat, daß die mangelnde Rechtsstaatlichkeit der Verurteilung (in Form des Ausspruchs der Unzulässigkeit der Vollstreckung, § 15 RHG) festgestellt wird. In allen diesen Fällen wird über die Rechtsstaatlichkeit der Verurteilung in einem förmlichen Verfahren entschieden (§§ 5, 11, 15 RHG). Eine Nichtigkeit eines DDR-Urteils, die von jedermann und bei jeder in Betracht kommenden Gelegenheit geltend gemacht werden könnte und über die jeweils incidenter zu entscheiden wäre, gibt es hier grundsätzlich nicht, obwohl der Gedanke daran hier in manchen Fällen viel näher läge als bei den Fällen, die im Schrifttum unter dem Gesichtspunkt des nichtigen Urteils behandelt werden. Nur bei den sog. Waldheimer-Urteilen hat die Rechtsprechung die Auffassung vertreten, daß es sich um offenkundige Willkürakte handele, die die Bezeichnung als Urteil überhaupt nicht verdienten (Fußn. zu Rdn. 1).

---

[12] **Schrifttum:**
Straßburg Rückwirkungsverbot und Änderung der Rechtsprechung im Strafrecht, ZStW **82** (1970) 948; *Grunsky* Grenzen der Rückwirkung bei Änderung der Rechtsprechung, 1970; *Groß*

39 4. In einem gewissen Zusammenhang mit dem Problem des nichtigen Urteils steht die Frage nach der **Bedeutung eines grundsätzlichen Wandels der Rechtsprechung** (des „Richterrechts“) in der Auslegung eines Gesetzes[12]. Ein solcher Wandel kann sich in der Weise vollziehen, daß bei der Auslegung eines Strafgesetzes ein bestimmtes Verhalten, das als straflos angesehen wurde, nunmehr als Verwirklichung des Tatbestandes gilt und damit auch der erfaßt wird, der im Zeitpunkt der Tat entsprechend der damaligen Rechtshandhabung straflos zu handeln glaubte. Die Frage ist, ob er sich nur auf unverschuldeten Verbotsirrtum (§ 17 StGB) berufen kann, oder ob der Wandel der Rechtsprechung einer Gesetzesänderung gleichkommt und entsprechend dem Grundgedanken des § 2 StGB zu behandeln wäre. Diese Frage interessiert hier nicht. Umgekehrt kann eine Wandlung der Rechtsprechung in dem Sinn erfolgen, daß das bisher für strafbar gehaltene Verhalten nunmehr als straflos angesehen wird, und es fragt sich, ob ein unter der Herrschaft der früheren Auslegung Verurteilter eine Rückwirkung des Wandels für sich in Anspruch nehmen und sich auf den Standpunkt stellen kann, er sei ohne gesetzliche Grundlage verurteilt.

40 Nach der bisher herrschenden Meinung (z. B. BGH NJW **1962** 2054) ist ein solcher Wandel der Rechtsprechung über die Auslegung eines Gesetzes keine neue Tatsache, die die Wiederaufnahme des Verfahrens zugunsten des Angeklagten ermöglichte. Unzulässig wäre es auch, einem solchen Urteil durch Entscheidung nach § 458 Abs. 1 die Vollstreckbarkeit abzusprechen; es bliebe danach nur der Weg der „korrigierenden“ Gnade. Nachdem aber § 79 Abs. 1 BVerfGG den Schritt vollzogen hat, auch grundlegende Veränderungen in der Rechtswelt und zwar auch, soweit sie in einer Veränderung der Auslegung einer Norm bestehen, zur Wiederaufnahmevoraussetzung zu erheben, wäre es wohl — jedenfalls de lege ferenda — richtiger, in dem vorbezeichneten Fall die Wiederaufnahme des Verfahrens zuzulassen.[13]

Über das „Rückwirkungsverbot“ in der strafrechtlichen Rechtsprechung, GA **1971** 13; *Müller-Dietz* Verfassungsbeschwerde und richterliche Tatbestandsauslegung im Strafrecht in Festschrift für *Maurach* (1972) 41; *Schreiber* Rückwirkungsverbot bei einer Änderung der Rechtsprechung im Strafrecht? JZ **1973** 713; *Arndt* Probleme rückwirkender Rechtsprechungsänderung, dargestellt an Hand der Rechtsprechung des BGH, des BAG und des BVerfG, 1974 (dazu *Schneider* MDR **1974** 789; *Berkemann* JZ **1975** 70); *Sommerlad* Die sog. Selbstbindung der Rechtsmittelgerichte, NJW **1974** 123.

[13] Es versteht sich, daß damit nicht einer allgemeinen Erhebung des Wandels der Rechtsprechung zum Wiederaufnahmegrund das Wort geredet wird, obwohl es auch außerhalb der im Text erörterten Probleme Fälle geben kann, in denen der „Wandel der Rechtsprechung“ die Frage nahelegt, ob es rechtspolitisch richtig ist, gegenüber rechtskräftigen Urteilen, die auf der Grundlage einer später aufgegebenen Auslegung erwachsen sind, in gleicher Weise wie bei einem Wandel der Gesetzgebung nur auf den Weg der Gnade oder eines mit einer Gesetzesänderung gekoppelten Straffreiheitsgesetzes zu verweisen. Insbesondere können sich bei **neuen Gesetzen** zunächst erhebliche Auslegungszweifel ergeben, bis sich schließlich eine feste Rechtsprechung bildet. Die Kontroverse wird dann sozusagen auf dem Rücken der Angeklagten ausgetragen. Wenn etwa OLG A als Revisionsgericht eine Auslegung vertrat, die die Verurteilung des Angeklagten zur Folge hatte, OLG B aber die entgegengesetzte Auffassung, die zum Freispruch führen muß, für richtig hält und gemäß § 121 Abs. 2 GVG vorlegt, so ist, wenn der Bundesgerichtshof dem vorlegenden Oberlandesgericht beistimmt und sich in der Folgezeit eine feste Rechtsprechung bildet, das im früheren Verfahren ergangene verurteilende Erkenntnis im Sinne der Rechtswirklichkeit als „falsch“ erwiesen. Mit einer Nichtigkeitsbeschwerde, wie sie der StPO-Entw. 1939 vorsah, oder mit einer Erstreckung der Entscheidung des Bundesgerichtshofs nach Art. des § 357 wäre zum Teil Abhilfe denkbar. Auf die Problematik dieses weiten Feldes einzugehen, würde den Rahmen der vorliegenden Einleitung überschreiten.

XI. Schlußbetrachtung. 41

1. Im Licht der vorerörterten Regelungen muß auch das **Gesamtproblem des nichtigen Urteils** behandelt werden. Die in Rdn. 33 ff. genannten neueren Gesetze befassen sich mit Fällen, in denen ohne eine gesetzliche Regelung der Gedanke, ein Urteil als nichtig zu behandeln, mehr oder weniger nahe läge. Die gesetzgeberische Lösung der Probleme beruht aber gerade auf dem Gedanken, daß die Rechtssicherheit es ausschließt, ein mit Mängeln (inhaltlich, nach dem angewendeten Recht oder nach der Art seines Zustandekommens) behaftetes Urteil als nichtig anzusehen, dergestalt, daß die Unwirksamkeit jederzeit formlos geltend gemacht und incidenter darüber entschieden werden könnte; vielmehr können die schweren Mängel, mit denen sich der Gesetzgeber befaßt — des Verstoßes gegen Verfassungsvorschriften, der Verurteilung auf Grund eines nichtigen Gesetzes oder der grundgesetzwidrigen Auslegung eines Gesetzes, der Rechtsstaatswidrigkeit eines DDR-Urteils — nur in einem besonders geregelten Verfahren geltend gemacht und geprüft werden. Angesichts dieser Regelungen läßt es sich — wenn man die Fälle eines Überschreitens der Gerichtsbarkeit und sinnloser Strafaussprüche (Todesstrafe, Prügelstrafe) beiseite läßt — schlechterdings nicht mehr vertreten, daß es unheilbar nichtige Strafentscheidungen geben könnte, deren Unwirksamkeit bei jeder sich bietenden Gelegenheit geltend gemacht werden könnte. Wie soll, wenn die Verurteilung auf Grund eines autoritativ für nichtig oder rechtsstaatswidrig erklärten Gesetzes wirksam bleibt, solange nicht in einem förmlichen Verfahren die aus dem Mangel sich ergebenden Folgerungen gezogen sind, noch Raum sein für einen Satz, daß eine Entscheidung nichtig sei, wenn es an einer Norm für die Entscheidung fehle?

2. Auf der anderen Seite zeigen die erörterten neueren Vorschriften, daß der 42
Gesetzgeber — wie schon die Entwürfe der Jahre 1930 und 1939 — die **Wiederaufnahmevorschriften des geltenden Rechts nicht als ausreichend ansah,** um bei schweren Mängeln eines rechtkräftigen Urteils in dem durch die Gerechtigkeit und Rechtstreue geforderten Umfang eine Nachprüfung und Änderung des Urteils zu ermöglichen. Er erweiterte deshalb, ohne den Wortlaut der Strafprozeßordnung zu ändern, die Wiederaufnahmevoraussetzungen dahin, daß nicht nur eine Erschütterung der tatsächlichen Grundlagen des Urteils, sondern auch eine Veränderung in der Rechtswelt (durch rückwirkenden Wegfall des dem Urteil zugrunde gelegten sachlichen Rechts) zur Nachprüfung des Urteils führt. Er schuf ferner neben dem außerordentlichen Rechtsbehelf des Wiederaufnahmeverfahrens den außerordentlichen Rechtsbehelf der Verfassungsbeschwerde[14].

Die Frage erhebt sich, ob es **nach dem Grundgedanken und der Tendenz dieser** 43
Rechtsentwicklung möglich ist, auch andere mit groben Rechtsmängeln behaftete Urteile einer Nachprüfung und Korrektur in einem geordneten Verfahren im Wege einer (gewiß kühnen) Rechtsanalogie zuzuführen. Soweit verfahrensrechtliche Mängel eines Urteils in Frage stehen, ist das zu verneinen. Der Bereich der Verfassungsbeschwerde (§ 90 BVerfGG), mit der namentlich die Verletzung der Menschenwürde (Art. 1 Abs. 1 GG) und der in Art. 101, 103, 104 GG zu Verfassungsgeboten und -verboten erhobenen Rechtspflegefundamentalsätze geltend gemacht werden kann, ist so umfassend, daß mit Verfassungsbeschwerde nicht rügbare Verfahrensverstöße, die andere Abhilfemöglichkeiten zwingend geboten erscheinen lassen könnten, kaum denkbar sind, zumal nach der Auslegung des § 79 Abs. 1 BVerfGG durch das Bundesverfassungsgericht (Rdn. 35)

---

[14] Der weitere außerordentliche Rechtsbehelf des Unzulässigkeitsantrags gegenüber DDR-Strafurteilen nach § 15 des Rechts- und Amtshilfegesetzes trägt nicht allgemeinen kriminalpolitischen Forderungen, sondern einer besonderen staatsrechtlich-politischen Lage Rechnung und kann in diesem Zusammenhang außer Betracht bleiben.

der Wegfall verfahrens- und gerichtsverfassungsrechtlicher Vorschriften durch Nichtigkeitserklärung nicht zur Wiederaufnahme des Verfahrens führt. Die Regelung in § 90 BVerfGG ist also, was Verfahrensmängel anlangt, als abschließend anzusehen. Vertretbar erscheint es dagegen, bei sachlichrechtlichen Verstößen eine Nachprüfung in den Grenzen zuzulassen, in denen der EGStGB-Entw. 1930 eine Wiederaufnahme des Verfahrens zulassen wollte und das Disziplinarverfahren sie bereits heute zuläßt (Rdn. 28). Dann wären z. B. die Fälle erfaßbar, in denen das Gericht Erwachsenen-Verbrechensstrafe gegen den zur Tatzeit Jugendlichen verhängt, weil es das ihm aus der Hauptverhandlung bekannte jugendliche Alter bei der Urteilsfällung außer Acht läßt. Es wäre auch nicht zu kühn, eine solche Nachprüfung und Abhilfe dem Wiederaufnahmeverfahren zuzuweisen, nachdem § 79 BVerfGG — darin dem Vorbild des EGStGB-Entw. 1930 folgend — und schon vorher das Disziplinarverfahrensrecht den grundsätzlichen Schritt vollzogen hat, das Wiederaufnahmeverfahren auf gewisse nachträglich zutage tretende Mängel des Urteils im sachlichen Recht zu erstrecken. Wer eine solche Rechtsanalogie für zu gewagt hält, könnte den prozessualen Anknüpfungspunkt in § 458 suchen (**a. M.** *Grünwald* ZStW **76** [1964] 259).

44 Bekennt man sich ferner — entsprechend den Vorschlägen des EGStGB-Entw. 1930 — zu der zunehmend vertretenen Auffassung, daß als „**neu**" **i. S. des § 359 Nr. 5** auch Tatsachen anzusehen sind, die dem Gericht zwar aus den Akten bekannt oder erkennbar, aber versehentlich nicht in die Hauptverhandlung eingeführt und deshalb bei der Urteilsfällung nicht berücksichtigt worden sind (so *Kleinknecht* 6 A zu § 359; *Peters* 589; *Meyer* Zum Begriff der Neuheit von Tatsachen oder Beweismitteln im Strafverfahren, JZ **1968** 7 m. w. Nachw.; *Schöneborn* MDR **1975** 11; *Göhler* 6 A b zu § 85 OWiG), so ist schon auf dem Boden des geltenden Rechts bei manchen durch „Übersehen" wesentlicher tatsächlicher Umstände (z. B. der Zurücknahme des Strafantrags) rechtlich unrichtigen Urteilen Abhilfe im Rechtsweg möglich und insoweit der Notbehelf der korrigierenden Gnade entbehrlich.

45 3. In diesem Zusammenhang mag noch als Beitrag **zur Frage der Nichtigkeit „justizförmiger" Verwaltungsakte** ein Blick auf die frühere Zweifelsfrage gestattet sein, welche Wirkung es auf **Beschlüsse des Präsidiums** über die Besetzung der Spruchkörper (§§ 21 a ff. GVG) hat, wenn das Präsidium nicht ordnungsgemäß gebildet worden ist. Nach früherem Recht bestand die Möglichkeit, daß sich ein Prozeßbeteiligter auf die Nichtigkeit eines die Besetzung der Spruchkörper regelnden Beschlusses des Präsidiums berief, indem er rügte, das erkennende Gericht sei infolge fehlerhafter Zusammensetzung des Präsidiums nicht vorschriftsmäßig besetzt gewesen (§ 338 Nr. 1). Die Rechtsprechung (BGHSt. **12** 227, 402; **13** 268) ließ offen, ob nicht diese Beschlüsse nichtig seien mit der Folge einer gesetzwidrigen Besetzung des Gerichts, wenn bei der Bildung des Präsidiums offensichtlich gegen eindeutige Gesetzesvorschriften oder gar bewußt dagegen in der Absicht verstoßen wurde, sachfremden Einfluß auf die Besetzung der Kammern und Senate zu gewinnen, verneinte aber eine Nichtigkeit der Beschlüsse jedenfalls dann, wenn die unrichtige Bildung des Präsidiums auf zwar letztlich unrichtiger, aber vertretbarer Auslegung nicht eindeutiger Gesetzesvorschriften beruht.

46 **Nichtigkeitsprobleme** dieser Art **bestehen** jetzt **nicht mehr**. Nach § 21 b Abs. 6 GVG wird jetzt bei Zweifeln über die gesetzmäßige Zusammensetzung des Präsidiums in einem förmlich geregelten Verfahren entschieden und selbst eine dabei festgestellte Fehlerhaftigkeit begründet keinesfalls die Rüge nicht ordnungsgemäßer Besetzung der Spruchkörper (Anm. 3 c zu § 21 b GVG).

Sachregister

Die Zahlen hinter den Stichwörtern verweisen auf Kapitel und Randnummer, also z.B. 5,64 = Kapitel 5 Randnummer 64.

Kolibri 360 GmbH
Ferdinand-Jühlke-Straße 7
99095 Erfurt, Deutschland
produktsicherheit@kolibri360.de